Acta Joannis [The Accounts of Prochorus and Leucius] Bearb. Von T. Zahn

ACTA JOANNIS

unter

Benutzung von C. v. Tischendorf's Nachlass

bearbeitet

Theodor Zahn,

D. u. o. Professor der Theologie in Erlangen.

Erlangen.

Verlag von Andreas Deichert.

1880.

ACTA JOANNIS

unter

Benutzung von C. v. Tischendorf's Nachlass

bearbeitet

von

Theodor Zahn,

D. u. o. Professor der Theologie in Erlangen.

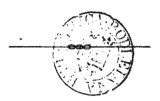

Erlangen.

Verlag von Andreas Deichert.

1880.

Inhalt.

Einleitung.

Wahrheit und Dichtung, echte Ueberlieferung von dem, was geschehen ist, und Erfindung sei es des Einzelnen sei es der halb bewusst dichtenden Gemeinschaft gehen überall nicht lange Zeit ohne gegenseitige Berührung und Mischung neben einander her; sie fliessen zusammen in der Anschauung der Menge und in der Feder dessen, der für die Menge schreibt. Das gilt auch von der erzählenden Literatur des kirchlichen Alterthums. Es sollte aber nicht nur bei der Behandlung der christlichen Geschichtschreiber von Hegesippus oder von Lucas an bedacht werden, sondern auch bei der Beurtheilung der viel grösseren Zahl meist anonymer oder pseudonymer Schrift- steller, denen wir die Absicht, nur wirklich Geschehenes zu be- richten, nicht zutrauen mögen. Wie jene vielfach zu mytholo- gischer Forschung reizen, so bieten diese dem historischen For- scher einen Stoff, den er nicht ungestraft, jedenfalls nicht ohne Schaden ungenutzt liegen lässt. Das ist der Gesichtspunct, unter welchem ich seit Jahren unter anderem auch auf die apo- kryphische, legendarische, martyrologische Literatur der vier ersten christlichen Jahrhunderte mein Augenmerk etwas anhal- tender gerichtet habe, als es unter den Theologen von heute und gestern üblich ist. Nicht zur Abwehr möglicher Angriffe, sondern zur Rechtfertigung vor wohlmeinenden Freunden erlaube ich mir das hier auszusprechen und fühle jetzt, da ich zum ersten Mal umfangreichere Texte dieser Gattung herausgebe, um so mehr das Bedürfnis dazu, als ich bisher immer nur gelegentliche Andeutungen und kleine Proben von der Arbeit habe geben kön- nen, welche ich auf diesem Gebiet lieber von Anderen gethan sähe[1]).

1) Zeitschr. f. hist. Theol. 1869 S. 627—639; Ignatius v. Antiochien

Nächst der Pflicht, einer urtheilslosen Ueberschätzung namentlich neu ans Licht getretener Stücke dieser Art entgegenzutreten, war es der Wunsch und die Hoffnung, der kirchenge-
schichtlichen Forschung auf der quellenarmen Strecke der
Jahre 70—200 die eine oder andere, sei es auch spärlich und
trübe fliessende Quelle zu erschliessen, was dazu veranlasste.
Das ist auch der Gesichtspunct, unter welchem dies Buch entstanden ist, und nur so weiss ich den erheblichen Aufwand von
Mühe und Zeit, welchen seine Herstellung veranlasst hat, vor
mir selbst zu verantworten. Die Pietät gegen verstorbene Gelehrte wie J. C. Thilo und C. von Tischendorf, deren unvollendet gebliebene Vorarbeiten ich hierdurch zu dem mir für jetzt
erreichbaren Ziele führen wollte, würde allein kein ausreichender Grund dazu gewesen sein.

Im voraus ist gewiss, dass der Hang zur Bequemlichkeit
und die Furcht, etwas Neues zu erfahren, auch dieser Arbeit
gegenüber sich hinter dem geistvollen Urtheil verbergen wird:
„Sage, also nicht Geschichte“ oder „apokryphisch, also werthlos.“ Aber ich hoffe auch auf theilnehmendere Leser. Die
Dichtung hat sich der apostolischen Gestalten schon zu der
Zeit bemächtigt, als noch zuverlässige Kunde über dieselben
reichlich vorhanden war; zu einer Zeit, da auch die Dichtung
nur durch innigen Anschluss an unvergessene geschichtliche
Thatsachen bei den Zeitgenossen sich Eingang verschaffen
konnte. Freilich nicht Alles, was über Johannes erzählt worden ist, hat Wurzel in apostolischer oder auch nachapostolischer
Zeit. Das Buch des Prochorus, welches hier zum ersten Mal
in einem lesbaren Text dargeboten wird, ist ein etwa 400 Jahre
nach dem Tode des Johannes geschriebener Roman, in welchem
die willkürliche Erfindung viel breiteren Raum einnimmt als die
überlieferte Sage. Es musste herausgegeben werden, weil ohne
Kenntnis desselben keine sichere Einsicht in die Entwicklung
der Johanneslegende zu gewinnen ist. Auch das uralte Buch,
dessen Fragmente ich im zweiten Theil dieser Schrift theilweise
zum ersten Mal herausgebe und im übrigen neu bearbeitet habe,
ist eine höchst phantastische Dichtung. Auch wenn sie voll-

S. 2—56; Patr. apost. II p. XLVIII—LVI u. 132—170; Gött. gel. Anz.
1877 S. 161—184; 1292—1308; J. 1878 S. 98—114; Zeitschr. für Kir-
chengesch. II S. 454 f.; Weltverkehr und Kirche S. 49 f.

ständig erhalten wäre, würde sie das neugierige Verlangen
nach anschaulicher Darstellung eines apostolischen Lebens [1]),
welches in der alten Kirche der apokryphischen Literatur eine
so grosse Verbreitung verschafft hat, nur sehr mangelhaft befriedigen. Die absichtsvolle Erfindung des Dichters ist mit
Händen zu greifen. Aber es bleibt etwas übrig, was man dem
Geschichtsforscher mit den Worten des Clemens von Alexandrien
empfehlen darf: Ἄκουσον μῦθον, οὐ μῦθον, ἀλλὰ ὄντα λόγον
περὶ Ἰωάννου τοῦ ἀποστόλου παραδεδομένον καὶ μνήμῃ πεφυ-
λαγμένον.

I. Ueber Prochorus.

§. 1. Geschichte des gedruckten Textes.

Die griechische Erzählung von den Thaten oder den
Wanderungen des Apostels Johannes, als deren Verfasser
sich Prochorus, einer der siebzig Jünger und der sieben
„Diakonen" von Jerusalem [2])˙ zu erkennen giebt, hat während der Zeit ihrer nur handschriftlichen Fortpflanzung ein
Glück gemacht, zu welchem das Misgeschick, von dem sie seit
ihrer ersten Berührung mit der Druckerpresse verfolgt wurde,
einen sonderbaren Gegensatz bildet. Während des Mittelalters
und bis ins 16. Jahrhundert hinein von den Griechen fleissig
gelesen und häufig abgeschrieben, ins Lateinische, Koptische,
Armenische, Altslavische übersetzt, ist sie im Druck nur er-

---

1) Chrysost. hypomn. in ep. ad Philem. (Montfaucon XI, 772):
ἀλλ' εἴθε γὰρ ἐνῆν εὐπορῆσαι τοῦ τὴν ἱστορίαν ἡμῖν παραδιδόντος τῶν
ἀποστόλων, οὐ λέγω ὑπὲρ ὧν ἔγραψαν καὶ διελέχθησαν, ἀλλὰ καὶ τὴν
ἄλλην αὐτῶν ἀναστροφὴν καὶ τί ἔφαγον καὶ πότε ἔφαγον, πότε ἐκάθι-
σαν καὶ ποῦ ἐβάδισαν καὶ τί καθ' ἑκάστην ἡμέραν διεπράξαντο, ἐν ποίοις
μέρεσι γεγόνασι καὶ εἰς ποίαν οἰκίαν εἰσῆλθον καὶ ποῦ κατήχθησαν, καὶ
μετ' ἀκριβείας ἅπαντα διηγήσασθαι. οὕτω πάντα τὰ παρ' αὐτῶν γενόμενα
πολλῆς ὠφελείας γέμει.

2) AG. 6, 5. Die ausdrückliche Bezugnahme hierauf und die Annahme einer Verwandtschaft mit Stephanus habe ich p. 3 nicht in den
Text aufgenommen. S. den Commentar. Prochorus glaubte auch ohne-
dies deutlich zu sein. Vgl. die Siebenzahl p. 162, 12. Einer der 70
Jünger p. 7, 2. Beides vereinigt Dorotheus (hinter Chron. paschal.
ed. Dindorf II, 122) und macht ihn hinterdrein noch zum Bischof von
Nikomedien gegen Prochorus selbst p. 163, 10.

schienen, um sofort wieder für drei Jahrhunderte beinahe vollständig zu verschwinden. Der erste und eigentlich einzige Herausgeber war Michael Neander aus Sorau, der verdiente Rector
der Schule zu Ilfeld am Harz. Die Sammlung apokryphischer
Schriften, welche er schon 1563 der zweiten Auflage einer
griechischen Uebersetzung von Luthers kleinem Katechismus
angeschlossen hatte, wurde erst bei ihrer zweiten Herausgabe
i. J. 1567, welche die dritte Auflage jener Stilübung begleitete,
um das Buch des Prochorus vermehrt. Der Titel ist: „*Κατήχη-
σις Μαρτείνου τοῦ Λουθέρου, ἡ μικρὰ καλουμένη, ἑλληνηκολα-
τίνη.* Catechesis Martini Lutheri parva, Grecolatina, postremum
recognita. Ad eam vero accesserunt sententiae aliquot Patrum
selectiores Grecolatinae: Narrationes item Apocryphae de
Christo, Maria etc. extra Biblia: sed tamen apud veteres pro-
batos autores, Patres, Historicos, Philologos, et multos alios
Scriptores Graecos repertae. His adiecimus nunc primum Prochori (qui unus ex Septem ministris fuit, Stephani protomartyris
consobrinus) de Joanne theologo et evangelista historiam, num-
quam hactenus in lucem editam. Omnia Graeolatina, descripta,
exposita et edita studio et opera Michaelis Neandri Sorauiensis.
Basileae, Per Joannem Oporinum.“ Am Schluss des Bandes
steht: „Basileae, ex officina Joannis Oporini, anno salutis huma-
nae MDLXVII. Mense Septembri“. Auf dem Blatt vor p. 323
findet sich der Sondertitel: „Apocrypha: hoc est narrationes de
Christo (etc. ähnlich wie auf dem Haupttitel). His nunc primum accessit, praeter alia, divi Prochori qui ex Septem ministris unus fuit (etc. wie oben), nunquam antea in lucem edita:
Sebastiano Castalione interprete. Basileae“. Es folgt eine Epistola nuncupatoria vom 10. April 1563, in welcher von Prochorus noch nicht die Rede ist; und ohne dass irgendwo über Herkunft, muthmassliches Alter und die Art der Benützung der
handschriftlichen Quelle ein Wort gesagt wäre, folgt p. 526—663
unser Buch mit dem Titel: *Προχόρου τοῦ ἐπὶ ταῖς χρείαις τῶν
ἑπτὰ κατασταθέντων* (sic), *ἀνεψιοῦ Στεφάνου τοῦ πρωτομάρ-
τυρος, περὶ Ἰωάννου τοῦ θεολόγου καὶ εὐαγγελιστοῦ ἱστορία.*
Zur Seite steht die nach dem dort gedruckten griechischen Text
angefertigte lateinische Uebersetzung des S. Castalio. Da dieser
schon 1563 gestorben ist, so scheint nicht Neander, sondern Castalio den griechischen Text aus der Handschrift abgeschrieben zu
haben; und es ist wahrscheinlich der Buchhändler Oporin gewesen,

welcher Original und Uebersetzung aus dem Nachlass des armen Castalio erworben und Neander veranlasst hat, diese Neuig-
keit seiner Apokryphensammlung in der Auflage von 1567 an-
zuschliessen. Dass Neander oder Castalio nur eine einzige Hs.
hatten, lehrt die am Rand der lateinischen Uebersetzung p. 537
stehende Bemerkung: „Hic haud dubie multa desunt, id quod
contextus orationis indicat, et ego ex manuscripto exemplari
conjicio: ex quo plus quam 6 paginae avulsae erant". Die
Lücke reicht von p. 13, 4 — 56, 12 meines Textes. Ein Blick
in den griechischen Druck lehrt, dass Neander[1]) den Text seiner Hs. genau hat wiedergeben wollen; und es besteht nur an
wenigen Stellen Grund zu der Annahme, dass er nicht richtig
gelesen, oder Setzer und Corrector ihre Schuldigkeit nicht gethan haben. Die Fehler sind durchweg orthographische und
überhaupt solche Schreibversehen, wie sie in griechischen Hss.
vorzukommen pflegen, und die nicht eben zahlreichen Fälle,
wo Neander neben einen im Text belassenen Unsinn am Rand
einen Verbesserungsversuch gestellt hat, sind Beweise seiner
Gewissenhaftigkeit. Um so gewissenloser verfuhr zwei Jahre
später Joh. Jac. Grynaeus, als er in den ersten Band (p. 85—90)
seines elend zusammengeraubten Sammelwerkes[2]) ohne jede
Andeutung über seine Quelle ein Stück aus der Geschichte des
Prochorus aufnahm, das nur ein um einige Druckfehler ver-
mehrter Nachdruck aus Neanders Ausgabe ist. Grynäus glaubte
ohne Frage das Ganze zu geben, weil er sich durch die bei Neander ·p. 540 (p. 59, 13 m. Ausg.) mit fetter Schrift gedruckte
Ueberschrift Ἀπολλωνίδης Ῥήτωρ τῷ ἐμῷ πατρὶ Μύρωνι. χαίρειν und die dortige Randbemerkung Ἐπιστολὴ τοῦ υἱοῦ τοῦ
Μύρωνος zu dem Irrthum verführen liess, hier höre Prochorus
auf, und hier beginne die Epistel irgend eines griechischen
Rhetors. Er gab in der ·That kaum den zehnten Theil der

---

1) Ich gebrauche trotz obiger Bemerkungen über die wahrscheinlich
vorwiegende Verantwortlichkeit Castalio's doch durchweg den Namen
Neander zur Bezeichnung des Herausgebers.

2) Monumenta S. Patrum orthodoxographa hoc est theologiae sa-
crosanctae ac syncerioris fidei doctores numero circiter LXXXV . . . .,
quorum quidam hactenus non aediti latuerunt. Basileae., Unter der
Vorrede der Name des Herausgebers und das Jahr 1569. In der Vorrede spielt Grynaeus den Kritiker und hat dagegen kein Wort für Neander und Castalio.

Editio princeps wieder [1]). Es ist kaum nöthig, zur Bestätigung des hiermit aufgedeckten Sachverhalts auf die Identität der grossen Lücke bei Neander und Grynäus und auf das Verhältnis der Druck - und Schreibfehler in Original - und Nachdruck hinzuweisen. Nur das sei noch bemerkt, dass man sich in letzterer Hinsicht nicht des abermaligen Abdrucks aus Grynäus bei Birch [2]) bedienen darf. Der Erfolg des Grynäus war glänzend. Die Gelehrten alter und neuer Zeit haben entweder ohne jede Kenntnis von Neanders Arbeit den Grynäus als ersten und einzigen Herausgeber angesehn und benutzt, wie Lambek [3]), Cave [4]), Birch [5]), Usener [6]) und Amphilochius [7]), oder haben, was noch mehr befremdet, wie J. A. Fabricius [8]) und J. C. Thilo [9]), über Neanders Werk berichtet und trotzdem gemeint, die Ausgabe des Grynäus sei eine wirkliche Wiederholung derjenigen Neanders, und diese enthalte auch nur eine *exigua pars huius historiae.*

An die Stelle des somit wieder begrabenen griechischen Textes trat eine lateinische Uebersetzung, welche zuerst M. de la Bigne in der Sacra bibliotheca sanctorum Patrum, Par. 1575, tom. II col. 185—230 herausgab unter dem Titel „Prochori discipuli beati Joannis apostoli et evangelistae de vita, miraculis et assumptione eius tractatus". Von dorther nahm sie L. de la Barre in seine Historia christiana veterum patrum, Par. 1583, fol. 1 sqq. auf, änderte den Titel ein wenig [10]), theilte den Stoff in 48 Capitel, gab diesen Ueberschriften eigener Erfindung und sorgte für einen, soweit meine Vergleichung reicht, recht

1) Grynäus giebt von m. Text nur p. 3—13, 4 und 56, 12—59, 13, also etwa den 13. Theil.

2) Auctarium codicis apocr. N. T. Fabriciani ed. A. Birch, Havniae 1804 p. 263 sqq.

3) Comment. de bibl. Caes. Vindob. ed. Kollarius IV, 298 Anm.

4) Scriptorum eccl. historia lit. ed. Genev. 1720 p. 24.

5) a. a. O. Die Notizen bei Fabricius über M. Neander müssen ihm entgangen sein.

6) Acta S. Timothei p. 19 n. 1. (Programm z. 22. März 1877).

7) In der weiter unten zu besprechenden moskauer Ausgabe p. III.

8) Codex apocr. N. T. (ed. 2. 1714) II, 815 sq.

9) Acta S. Thomae. Lipsiae 1823 p. LXXXVII sq. cf. Cod. apocr. N. T. opera et stud. J. C. Thilo. tom. I. 1832 p. III sq.

10) Bei de la Barre lautet er: Historia Prochori, Christi discipuli, de vita miraculis et assumptione B. Joannis apostoli.

correcten Abdruck [1]). Sehr unerheblich sind auch die Fehler,
welche sich in den aus de la Barre entlehnten und heute wohl
noch am meisten verbreiteten Text in der Maxima Bibliotheca
Patrum, Lugd. 1657, tom. II, 1, p. 46—67 eingeschlichen haben.

Seitdem ist C. J. Thilo der Erste gewesen, welcher sich
um Prochorus bemühte und eine Ausgabe des griechischen
Textes vorbereitete. Ueber die von ihm untersuchten, abgeschriebenen, verglichenen pariser Hss. berichtet er in den Acta
Thomae p. LXXVIII—LXXXI; zur Ausführung ist er nicht
gekommen. So hat es auch Tischendorf nur zu wiederholten
Ankündigungen seiner Absicht einer Herausgabe des Prochorus [2]) und zur Ansammlung eines bedeutenden Apparats gebracht. Ob es das Gedränge anderer wichtigerer Arbeiten oder
die Einsicht in die Unzulänglichkeit seiner Vorarbeiten war,
was ihn von der Verarbeitung seiner Materialien abhielt, weiss
ich nicht. Als mich meine Studien über die Ueberlieferung
vom Apostel Johannes auf Prochorus führten, hielt ich die An-
frage für erlaubt und war freudig überrascht, als mir Frau
von Tischendorf im Herbst 1877 die wohl geordneten und, wie
sich bald zeigte, keines Blattes beraubten Abschriften und Col-
lationen des Verewigten zum Zweck meiner Studien zur Verfügung stellte und bald auch gestattete, dieselben zu einer Ausgabe zu verwerthen. Es war nicht allein die Versetzung in
einen neuen verantwortungsvollen Wirkungskreis, was mich erst
jetzt dazu kommen lässt, den Text zu veröffentlichen. Es zeigte
sich auch bald, dass die Tischendorf'schen Materialien nebst
dem, was gedruckt vorlag, keineswegs ausreichten. Es mussten
manche Erkundigungen eingezogen werden, der pariser cod.
Gr. 1468 hier in Erlangen vollständiger, als es von Tischendorf
geschehen war, ausgebeutet und der cod. 363 (Zanetti) der

---

1) Die lat. Editio princeps und das Buch von de la Barre habe
ich nur eine Zeit lang, von der Münchener Bibliothek entlehnt, benutzen
können. Bei der Herstellung meines Textes musste die Bibliotheca maxima
die Stelle jener vertreten. Doch kann dadurch nach meiner sporadi-
schen Collation mit der princeps kein nennenswerther Schaden ange-
richtet sein. Die wichtigeren und längeren unten abgedruckten Stücke
sind verglichen. Eine unrichtige Vorstellung über das Verhältnis der
Ausgaben verräth Thilo, Acta Thomae p. LXXXI.

2) Acta apostol. apocr. 1851, p. LXXVI n. 87; Apocalypses apocryphae, 1866, p. X; Aus dem heiligen Lande 1862 S. 343 Anm.

Marcusbibliothek in Venedig, den Tischendorf nicht berücksichtigt hatte, verglichen werden. Im Begriff dorthin zu reisen, erhielt ich die Nachricht, dass einige Monate vorher der Archimandrit Amphilochius zu Moskau den griechischen Prochorus nach drei Hss. der moskauer Synodalbibliothek und zugleich eine altslavische Uebersetzung desselben edirt habe. Die Furcht, mit meinen Bemühungen zu spät zu kommen, legte sich sofort bei näherer Einsicht in diese prachtvolle Ausgabe. Ein ärgeres Misverhältnis zwischen äusserer Ausstattung und innerem Werth eines gelehrten Buchs ist kaum zu denken. Es ist erstlich ein Abdruck, und zwar ein alle Schreibfehler nachbildender Abdruck der ältesten jener moskauer Hss., welche, wie sich nachher zeigen wird, einer der zahlreichen Vertreter einer durchgreifend interpolirten Recension ist. Die Varianten der beiden andern Hss. sind, wo es sich um stärkere Abweichungen handelt, unter dem Text angegeben, zum grösseren Theil aber in eckigen und runden Klammern in den Text der ältesten Hs. eingeschaltet, in welchem gesperrter Druck die Worte auszeichnet, auf welche sich die Variantenangaben beziehen. Dass dies selbst bei sehr correcter Ausführung des Drucks zu endlosen Verwechselungen führen musste, und dass ein halbwegs lesbares Buch so nicht entstehen konnte, liegt auf der Hand. Nun ist aber der Druck in seltener Weise fehlerhaft gerathen. Wenn von den 104 Druckfehlern, welche auf der letzten Seite des Buchs verzeichnet sind, 50 Stück auf den griechischen Text kommen, so ist damit sicherlich kaum der 10. Theil der wirklichen Fehler angegeben. Es müsste z. B. nach Amphilochius im Titel des Prochorus nach allen drei Hss. der Name des

---

1) Die Ausgabe erschien als XXXI. Publication einer „Gesellschaft alter Schriftstücke" mit russischem, daher hier nicht zu reproducirendem Titel und russischer Vorrede in Moskau, nach dem äusseren Titel 1878, nach dem inneren Titel und der Unterschrift der Vorrede dagegen 1879. Der unermüdlichen Hülfeleistung meines Freundes Bonwetsch in Dorpat haben es die Leser ausschliesslich zu danken, dass ich trotz völliger Unkenntnis des Russischen von dieser bei allen Mängeln werthvollen Schrift für meine Ausgabe zuverlässigen Gebrauch machen konnte. Durch eine eigenthümliche Verkettung von Umständen gelangte jedoch die erbetene und mit gleicher Bereitwilligkeit gegebene Auskunft über die slavische Uebersetzung erst so spät in meine Hände, dass sie nur noch der Einleitung, nicht mehr dem Texte zu gute kam.

Johannes fehlen, während er sich in allen dreien vorfindet. Endlich hat Amphilochius weder von der Editio princeps, die ihm unbekannt war, noch von irgend einer Hs. ausserhalb Moskaus Gebrauch gemacht, noch auch den Versuch gemacht aus den ihm selbst zu Gebote stehenden Materialien durch kritische Bemühung einen glaubhaften Text herzustellen. Doch bleibt ihm das Verdienst, uns mit dem Inhalt dreier Hss., leider nicht in sehr zuverlässiger Weise, bekannt gemacht zu haben.

§. 2. Uebersicht über die Textquellen.

Ich gebe zunächst ein Verzeichnis der mir mehr oder weniger genau bekannt gewordenen Hss.

1. Der von Neander und Castalio benutzte Codex, wie es scheint, nicht mehr vorhanden, umfasste abgesehn von der oben p. V erwähnten Lücke das Buch des Prochorus vollständig. Ich bezeichne ihn oder seinen Abdruck durch N.

2. Auf der Marcusbibliothek zu Venedig enthält ziemlich das Gleiche ohne Lücke der Nanianus 153, jetzt class. VII cod. XXXVII, eine Papierhs. des 16. Jahrhunderts. So urtheilte Mingarelli [1]), welchem um jene Zeit mehrere datirte Hss. derselben Zeit durch die Hand gegangen waren, ebenso Hr. Veludo, der gegenwärtige Präfect der Marcusbibliothek, und Hr. v. Gebhardt in Halle [2]). Tischendorf, welcher die Bedeutung dieser jungen Hs. für die Petrus- und Paulusacten wohl erkannt hatte, bemerkte in den Prolegg. zu den Acta apostol. apocr. p. XVII: *Codex est bonae notae, sed quae de aetate eius accuratius notaveram, mihi non amplius ad manum sunt.* Er enthält den Prochorus auf fol. 111r.—168v., wo mit den Worten εἰσήλϑαμεν ἐν Ἐφέσῳ abgebrochen wird. Es folgt eine Erzählung von der Kreuzesauffindung durch Kaiserin Helena. Aber schon der Umstand, dass die Worte ἐν Ἐφέσῳ wie ein Custos unter der letzten Vollzeile stehn, und dass den letzten Worten jede Verzierung oder zierliche Vertheilung fehlt, wie sich solches bei den übrigen Tractaten dieser Hs. findet, zeigt, dass hier etwas ausgefallen ist. Worauf mich schon v. Gebhardt aufmerksam machte, dass nämlich eine alte griechische

---

1) Graeci codices mss. apud Nanios asservati, Bononiae 1784, p. 345.
2) Letzterer schrieb mir am 28. Februar 1879 aus Venedig „allenfalls saec. XV extr."

Zählung der Blätter fol. 168 mit σιδ und fol. 169 mit σιϛ bezeichnet, lehrt, dass ein Blatt (σιε) ausgefallen ist, welches einen noch zu Prochorus gehörigen Inhalt hatte. Da die letzte Seite nach Analogie der übrigen Tractatschlüsse nicht ganz vollgeschrieben gewesen sein wird, so mag am Schluss etwas weniger ausgefallen sein, als 40—45 Zeilen dieser Ausgabe, welche durchschnittlich einem Blatt der Hs. entsprechen. Ich besitze eine vollständige, alle Wunderlichkeiten genau wiedergebende und besonders hervorhebende Abschrift des den Prochorus betreffenden Theils von Tischendorfs Hand, deren Sorgfalt ich bei unvollständiger eigener Vergleichung bewährt gefunden habe. Ich bezeichne diese Hs. und Tischendorfs Abschrift derselben durch V.

3. In derselben Bibliothek c. Gr. 363 (Zanetti), eine schön geschriebene Pergamenths., wie es heisst des 11. Jahrhunderts, von mir vollständig collationirt resp. abgeschrieben. Sie enthält fol. 53v. — 98r. nicht sowohl einen vollständigen Prochorus, als vielmehr ausgewählte Kapitel aus diesen und anderen Johannesacten, nämlich a) bis fol. 70v. die Erzählung des Prochorus von Anfang bis zur Ankunft auf Patmos p. 57, 8 cf. p. 178, 14 m. Ausg. b) bis fol. 76v. die Erzählung von Kynops p. 90, 1—107, 5 m. Ausg. Sie bricht hier mit προσδεχομενοι εν απω | ab und fährt fol. 77r. mit αυτον υπουργους και μαϑητας fort s. p. 109 m. Ausg. oder besser Amphil. p. 45 med., um fol. 79v. = Amphil. 48 = p. 116, 17 m. Textes mit einer Doxologie zu schliessen. c) fol. 80r.—90v. folgen die Erzählungen über Myron, Basilius, Chrysos etc., welche nach allen anderen Zeugen vor b. gehören und in m. Ausg. p. 57, 9—89, 16 stehn. d) folgt fol. 90v. — 92r. ein Kapitel mit der Ueberschrift τα περι μιερεως και του υιον αυτου εις μυρνουσαν την πολιν = p. 122, 13—127, 5 (s. zu 126, 12) m. Ausg. e) fol. 92r.—98r. das Kapitel απο Λαοδικιας εν εφεσω το δευτερον, welches ich als Frgm. IV des Leucius habe abdrucken lassen. Die grosse Umstellung von c. hinter statt vor b. ist nicht etwa auf Rechnung des Buchbinders zu setzen, denn b. beginnt auf fol. 70v. vor dem Ende der Seite, und an c. schliesst sich auf fol. 90v. in der zweiten Columne unmittelbar d. an. Es ist also eine gleichgültige Zufälligkeit, dass b. am Ende eines Blattes schliesst, und c. zu Anfang eines solchen beginnt. Auch der Defect nach b. fol. 79v, und vor d. fol. 96v., der Ausfall nämlich dessen,

was p. 117, 1—122, 13 m. Ausg. steht, ist nicht so mechanisch
verursacht, wie die bezeichnete Lücke innerhalb b. zwischen
fol. 76 und 77. Der Schreiber selbst hat eben nur Stücke geben wollen. Er hat die Grenze der Kapitel z. B. fol. 79v.
beim Uebergang von b. zu c. durch verzierte Schlussformeln und
Leerlassen des noch nicht vollgeschriebenen Blattes und überall
durch kräftig in roth geschriebene Ueberschriften markirt, hat
ferner wiederholt (z. B. fol. 87r. nach der Ueberschrift: *εν Φορα
τη πολει ην ανηρ ονοματι Χρυσος* cf. p. 78, 10 m. Ausg.) durch
Weglassen der anknüpfenden Formeln die Kapitel verselbstän-
digt, und hat endlich in dem zu Anfang des Bandes stehenden
Index, der vom Schreiber des ganzen cod. herzurühren scheint, die
Kapitel von b. an ganz ebenso wie den Gesammttitel des Werks
aufgeführt und als diesem ebenbürtig hingestellt. Der Gesammttitel fol. 53v. ist: *περιοδοι ητοι θαυματα του αγιου Ιω του
αποστολου και θεολογου σαγγραφεισαι παρα Προχορου του αυτου μαθητου. πατερ ευλογησον.* Ich nenne die Hs. v.

4. In der Bibliothèque nationale zu Paris Gr. 1454, angeblich aus dem X. saec. [1]), enthält fol. 83v.—91r. das erste Stück
des Prochorus bis p. 36, 8 m. Ausg., dessen Schluss er mit den
Worten macht: *πολλα δε και ετερα σημεια εγενοντο υπο του
Χριστου δια Ιωαννου. και παντες εδοξαζον τον θεον, οτι αυτω
πρεπει δοξα κρατος μεγαλωσυνη και μεγαλοπρεπεια εις τους
αιωνας των αιωνων. αμην.* Seine Titelüberschrift ist p. 3 angegeben. Nach Tischendorf ist das Stück von p. 6, 2 m. Ausg. [2])
ηγειρε bis p. 8, 6 *τεκνον* von einer andern, jedoch auch alten
Hand geschrieben. Ich besitze eine vollständige Collation Tischendorfs nur von dem ersten kleinen Stück bis zum Eintritt der
zweiten Hand, von da an nur Einzelnes. Ich bezeichne die
Hs. durch P[1].

5. Ebendort Gr. 1468, Pergamenths. saec. XI [3]), ganz so
wie v geschrieben. Nur den Schluss vom Auftreten des Noetianus p. 129, 1 m. Ausg. an hatte Tischendorf abgeschrieben.
Ich habe den Cod. hier in Erlangen vollständig durcharbeiten

1) Catal. II, 323; Thilo acta Thomae p. LXXXI; Tischendorf acta
apocr. p. LXVIII.

2) Ich muss hier einen Fehler meines dortigen Commentars beken-
nen. P[1] mit der folgenden Parenthese gehört hinter das Zeichen >
zu N.

3) Catal. II, 328. Thilo l. l. LXXX. Tischend. l. l. LXVII.

können [1]). Er enthält fol. 46 v. — 83 r. den Prochorus nicht nur vollständig, sondern auch um eigenthümliche Zuthaten bereichert, welche als Beilage D abgedruckt sind. Leider ist gerade in diesem interessantesten Theil ein Blatt vor fol. 83 ausgefallen. Der Titel des Ganzen ist: περιοδοι τευ αγιου και πανευφημου αποστολου και ευαγγελιστου και θεολογου Ιωαννου εκτεθεντων (nicht εκτεθεισαι, wie Thilo l. l. angiebt) υπο Προχωρου του μαθητου αυτου. Sein Zeichen ist P².

6. Ebendort Gr. 1176, Pergamenths. saec. XIII [2]), enthält fol. 34 v. (wo nur noch der Titel steht) — 65 v. einen ziemlich vollständigen Prochorus. Zwischen fol. 62, welches mit den Worten και ημεθα παρ᾽ αυτω εως χρονου· διαδεχθεντος δε schliesst (p. 135, 8 m. Ausg.), und fol. 63, welches mit den Worten ανεστη βασιλευς ετερος beginnt (p. 151, 2 m. Ausg.), ist, wie mir Herr Ch. Graux in Paris gütigst mitgetheilt hat, wenigstens ein Blatt, nämlich das, welches mit fol. 62 einen Bogen bildet, ausgefallen. Nach dem Inhalt zu urtheilen muss der Ausfall bedeutend grösser sein, wenn der Schreiber hier nicht, wie vielfach sonst, absichtlich grössere Abschnitte ausgelassen hat. Der Titel ist von mir zu p. 3 des Textes mitgetheilt. Ich besitze was Tischendorf aus dieser Hs. der Aneignung werth gefunden, nämlich Abschrift mancher kleinerer und grösserer Stücke z. B. des Schlusses von εξελθοντων δε ημων an s. die Beilage C p 184 sqq. und p. 160, 6—165, 4 m. Ausg., ausserdem eine nicht vollständige Collation, welche Tischendorf an den Rand der Abschrift einer hiezu nicht geeigneten Hs. (s. unter Nr. 9) geschrieben hat. Ich nenne ihn P³.

7. Ebendort Gr. 881, saec. XI [3]), enthält fol. 204—212 das

---

1) Er enthält auch sonst viel Ungewöhnliches, unter anderem die Acten des Carpus, Papylus und der Agathonice (Eus. h. e. IV, 15, 48), welche ich in Verbindung mit anderem zu veröffentlichen gedenke, und über welche im Zusammenhang mit den acta Pionii gehandelt werden muss. In Bezug auf letztere muss ich mich auch hier noch auf die vorläufigen Bemerkungen in „Weltverkehr u. Christenthum" S. 49 f. berufen, um das kirchenhistorische Interesse an dieser Gruppe von Märtyreracten zu beweisen. Einen wirklich alten und so wie jene Acten des Carpus wesentlich echten griechischen Text der Pioniusacten zu finden, ist bisher nicht gelungen.

2) Catal. II, 233; Thilo p. LXXX; Tischendorf p. LXVIII.

3) Catal. II, 169 sq. Thilo p. LXXXI; Tischend. p. LXVII. LXIX.

erste Stück des Prochorus bis p. 32, 24 m. Ausg, mit dem Titel
πραξεις εκ των περιοδων ευαγγελιστου [1]) *και παντευφημου αποστολου Ιωαννου του Θεολογου* und den Schluss *και ημεθα εν
τω οικω αυτου αινουντες και ευλογουντες Χριστον τον αληθι-
νον Θεον ημων.* Darauf folgt mit der Ueberschrift *τα* (mit
übergeschriebenem *π*, wie Tischendorf erklärt = *περι*) *της
του τιμιου και αγιου αυτου σωματος καταπαυσεως ηγουν μετα-
στασεως* ein Bericht eben dieses Inhalts. Abgesehen von dem
Titel, welcher dort fehlt, ist der Eingang wörtlich übereinstimmend in dem Wiener cod. theol. gr. 123 (Nessel I, 204 = 151
Lambek ed. Koll. IV, 298 sq.) zu finden. Von dem ersten grösseren
Stück habe ich Tischendorfs Collation, von dem zweiten seine
Abschrift. Das Zeichen ist p.

8. Ebendort Coislinianus 121, Papierhs. vom J. 1343 [2]),
enthält fol. 101 r. — 107 v. nur ein Fragment mit dem Anfang
*του αγιου αποστολου Προχωρου λογος εις τον αγιον Ιωαννην
ευαγγελιστην Θεολογον οταν προεγραψεν το αγιον ευαγγελιον.
του κυριου ημων Ιησου Χριστου την χαριν. επιδοντος κτλ.* Es
reicht von p. 150, 13 — 163, 12 m. Ausg. Ich habe eine anschei-
nend vollständige Collation von Tischendorfs Hand [3]). Ich bezeichne das Fragment durch P⁴.

9. Ebendort Coislinianus 306, Papierhs. vom J. 1549 (Montfaucon, bibl. Coisl. p. 421). Auf fol. 471 r. findet sich nach
Mittheilung des Herrn Graux von derselben Hand, welche den
ganzen Codex geschrieben hat: *η βιβλος εσχεν ηδε συν Θεω
περας πονω ταλαντος δανιηλ ρακενδυτου. εν ετει ͵ζνζ· ινδ. ζ.
μηνι ιουλλιω ιζ της αγιας μαρινης.* Er enthält den ganzen Prochorus fol. 78 r. — 117 r. Ich habe eine vollständige Abschrift,
zu Anfang und zu Ende von Tischendorfs Hand, in der Mitte
von der viel schöneren Hand eines Franzosen in Tischendorfs
Auftrag angefertigt. Den Titel habe ich p. 3 m. Ausg. mitgetheilt. Das Zeichen ist c.

10. Aus einem Cod. Vaticanus 455 hatte Engelbreth die
*περιοδοι του αγιου Ιωαννου του Θεολογου και ευαγγελιστου
παρα Προχωρου μαθητου αυτου* abgeschrieben, woraus Birch

---

1) So nach Tischendorf. Thilo giebt *του ευαγγελιστου.*
2) Montfaucon bibl. Coisl. p. 196. Tischend. p. XVII. XLVI.
3) S. jedoch zu p. 156, 5 und das Fehlen einer Angabe über diese
Hs. an mehreren Stellen p. 155—158.

im Auctar. cod. apocr. Fabriciani p. 261—306 diejenigen Stücke mitgetheilt hat, welche dem von Grynäus nachgedruckten Stück der Editio princeps (p. 3—13, 4 m. Ausg.) und den Fragmenten der koptischen Uebersetzung (p. 128, 9—133, 20 m. Ausg.) parallel sind.

11. In der Synodalbibliothek zu Moskau Nr. 162, ehemals 163, geschrieben im J. 1022 [1]). Den Prochorustext hat hieraus Amphilochius vollständig in der oben p. VIII besprochenen Ausgabe abgedruckt. Der Titel lautet so wie in c (Coisl. 306), doch ohne die Attribute ενδοξον και πανευφημον αποστολον. Das Zeichen ist m^1.

12. Ebendort Nr. 178, ehemals 179, saec. XI oder XII nach Matthaei l. l. 110 und Amphilochius, welcher die Varianten zu m^1 in der oben beschriebenen Weise angemerkt hat. Der Titel, welchen Matthaei ungenau angiebt, ist dem in m^1 (und c) ähnlich, doch fehlt ητοι θαυματα und ενος των επτα — πρωτομαρτυρος, und vorher heisst es wie in meinem Text nach V του αυτου μαθητου. ' Das Zeichen ist m^2.

13. Ebendort Nr. 159, ehemals 160, nach Matthaei p. 89 theils im XII., theils im XIII. Jahrhundert geschrieben. Während Matthaei nicht bemerkt, ob der Prochorus von der jüngeren oder der älteren Hand geschrieben ist, schreibt Amphilochius die Hs. dem saec. XIII zu [2]). Die sehr zahlreichen und durch-

---

1) Matthaei, accurata codd. graec. bibliothecarum Mosquensium S. Synodi notitia et recensio, I, 94. Er trägt auf dem letzten Blatt die Jahreszahl ‚ςφλ' = 6530 = 1022 p. Chr. Die etwas misverständliche Bemerkung, welche Matthaei dieser Angabe hinzufügt: *deest enim ultimus numerus, qui cum aliis pluribus ibi deletus est*, kann sich nur auf einen möglicher Weise hinter λ fehlenden Einer beziehen. Die etwaige Differenz würde ziemlich gleichgültig sein; denn statt mit Schiada, dem Verfasser des älteren Katalogs v. 1723, und mit Amphilochius ohne weiteres d. J. 1022 zu nennen, wäre hinzuzufügen „oder in einem der 9 folgenden Jahre bis 1031".

2) So auf dem Titel u. p. V der Vorrede. Wenn p. 49 Anm. 1 gesagt wird „In der Handschrift 178 des XII—XIII. Jahrhunderts folgt (die Erzählung) von Sosipater und seiner Mutter Prokliana; hierauf von dem Wolf", so ist die Zahl der Hs. = m^2 richtig, die Angabe des Alters der Hs. falsch. Und wenn es p. 51 Anm. 1 heisst: „Die Worte εν χω — πνευματι fehlen, darauf in der zweiten Hs. Nr. 218 des XII. u. XIII. Jahrhunderts von dem dämonischen Wolf", so ist die Nummer falsch, denn cod. 218 enthält den Prochorus gar nicht, und der vorige

greifenden Abweichungen derselben vom m¹ scheint Amphilochius vollständig mitgetheilt zu haben. Nur über die Ueberschrift, welche nach Matthaei p. 190 getilgt sein soll, schweigt er; dagegen berichtet mir Bonwetsch, dass sie allerdings auf fol. 165 zu lesen ist und zwar so wie ich p. 3 m. Ausg. angemerkt habe, übereinstimmend mit dem der gleichen Zeit zugeschriebenen P³ (Paris. 1176). Ich bezeichne die Hs. durch m².

14. Schliesslich stelle ich noch einige Notizen über solche Hss. zusammen, von denen ich entweder wegen ihrer einleuchtenden Nichtsnutzigkeit oder wegen meiner mangelhaften Kenntnis keinen weiteren Gebrauch gemacht habe. — a) Unter Tischendorfs Papieren habe ich ein grosses Blatt voller Excerpte aus cod. Paris. 523, welcher in seinem mit fol. 277 beginnenden papierenen und nach Tischendorf etwa um 1300—1400 geschriebenen Theil fol. 294—335 den Prochorus enthält, aber in der Geschichte von Sosipatros (p. 149 m. Ausg.) abbricht. Der Titel ist *αι περιοδοι του αγιου αποστολου και ευαγγελιστου ηγαπημενου Ιω. του θεολογου. συνεγραφησαν δε παρα του αγιου Προχορου* ¹) *ενος των ζ διακονων.* Er gehört zur Gruppe c m¹ m² v. — b) Aus cod. Ambros. A 63 Inf. hat Tischendorf 5 Blätter Excerpte hinterlassen, welche beweisen, dass Prochorus hier von einem elenden Schönredner arg mishandelt worden ist. Der Titel ist *Περιοδοι και πραξεις του αγιου και πανευφημου αποστολου και ευαγγελιστου Ιωαννου του θεολογου και Προχωρου του αυτου μαθητου,* wo erstlich das Wort *πραξεις* und die Stellung der letzten Worte zu beachten ist. Auch hätte ich zu p. 3, 3 und p. 4, 4 bemerken können, dass im Ambros. der Mutter Jesu in eigenthümlicher Weise gedacht ist. Um für die Fabeln von dem wunderbaren Lebensausgang der Maria Raum zu behalten, ist nicht nur die Erwähnung ihres Todes getilgt, sondern auch ausdrücklich auf ihre Anwesenheit hingewiesen. Zu *Γεθσημανη* p. 3, 3 ist zugesetzt *ενθα και η παναμωμος αυτου και παναγια μητηρ ηυλιζετο,* ferner hinter *η το κελευσθεν υπο του διδασκαλου πληρωσαι* (cf. p. 4, 3) hinzugefügt: *μαλιστα και της σεβασμιωτατης αυτου και παναμωμου*

Fehler in der Altersangabe ist wiederholt. Gemeint ist auch hier, wie die Stelle der Anmerkung, die Bezeichnung als zweite Hs. und die Vergleichung mit p. 49 Anm. 1 zeigt, der cod. 178 saec. XI—XII, mein m².

1) Nach Thilo p. LXXXI oben *Προχωρου.*

μητρος (ohne αυτου) τουτο διακελευομενης των μελλοντων δη‐
λονοτι πιστευειν την απαρχην εφιεμενη του κηρυγματος κατ‐
ιδειν. Dies wird zugleich als Stilprobe genügen. — c). Der
Freundlichkeit des Herrn v. Gebhardt verdanke ich Mittheilung
über eine Pergamenths. auf der Universitätsbibliothek zu Mes‐
sina ohne Nummer, ehemals dem Kloster S. Salvadore dei Greci
gehörig, datirt v. J. 1308. Der Anfang (fol. 46 v.) ist: λογος
ιᾱ μαιω Η̄. Πραξεις και περιοδοι του αγιου και ενδοξου απο‐
στολου και ευαγγελιστου Ιωαννου του θεολογου και Προχορου
του αυτου μαθητου, ενος των ō αποστολων. ευλογισον π̄ερ:
Εγενετο μετα το αναλειφθηναι τον κυριον κτλ. Der Schluss
fol. 67 r. ist beinahe buchstäblich gleich mit dem in P³ (p. 164 sq.
m. Ausg.). — Ferner gab mir Hr. v. Gebhardt aus dem Katalog
der griechischen Hss. der eigentlichen Vaticana folgende No‐
tizen: „cod. 1190 Προχορου περι των πραξεων Ιωαννου: Inc. Εγε‐
νετο μετα χρονον τινα“, sodann „cod. 716. Προχορου και αν‐
εψιου Στεφανου κτλ. Inc. Εγενετο μετα το αναληφθηναι τον
κυριον“, endlich „cod. 654. Προχορον περιοδοι Ιωαννου. Inc.
Σαλπισατε φησιν εν νεομηνια σαλπιγγι.“ Schon hiernach ist
zu urtheilen, dass 654 völlig werthlos und 1190 sehr beachtens‐
werth ist. — d) Endlich weiss ich durch gütige Mitttheilung
von Bonwetsch, dass im cod. gr. XCIV der Petersburger Biblio‐
thek fol. 12 sqq. ein Excerpt εκ των περιοδων του μεγαλου
Ιωαννου του θεολογου και ευαγγελιστου sich findet, welches
beginnt εν πολει τινι καλλουμενη Καρρω ηλθεν ο μακαριος
Ιωαννης. εν δε τη πολει εκεινη ην πλουσια γυνη· αυτη δε ην
χηρα και το ονομα αυτης Προκλιανη (s. unten p. 135, 12), und
welches im wesentlichen ebenso schliesst, wie mein Text p. 165.

15. Eine hervorragende Stelle unter den Textquellen ge‐
bührt der lateinischen Uebersetzung, welche ich mit L bezeichne
(s. oben p. VI). Dass nicht etwa de la Bigne sie nach einer
griechischen Hs. angefertigt habe, bedarf keines Beweises. Da‐
gegen ist nicht sofort deutlich, wie es sich mit der dem latei‐
nischen Prochorus eigenthümlichen Episode verhalte, welche in
der ersten Ausgabe col. 198 mit den Worten beginnt: Secundam
vero postea persecutionem Domitianus excitarat, und bei de la
Barre uud in den nachfolgenden Ausgaben folgende Kapitel
umfasst: c. 8. D. Ioannes ex scripto Domitiani carceri manci‐
patur. c. 9. Proconsul Ephesiorum de captura S. Ioannis scribit
ad Domitianum. c. 10. D. Ioannes vinctus Romam mittitur,

tondetur et in dolium ferventis olei conjicitur. c. 11. D. Joannes de dolio ferventis olei exiit illaesus, unctus, non ustus.

Gewiss dürfte zunächst sein, dass dies der lateinische Uebersetzer nicht in einer griechischen Hs. des Prochorus gefunden hat. Wenn es auch in griechischen Quellen der Tradition von einem römischen Aufenthalt des Johannes nicht ganz an Zeugnissen fehlt[1]), so ist doch die Sage vom römischen Oelmartyrium des Johannes eine specifisch abendländische, worüber nachher mehr zu sagen ist. Ferner beweist die Erwähnung der Johanneskirche ante portam Latinam (Bibl. Max. II, 1, 52 G) die lateinische Herkunft, mehr noch die Anfangsworte des cap. X: *In illo vero tempore Romae Domitianus cum Marcello et Lino de Christi. adventu] altercatur.* Ferner finden sich die oben mitgetheilten Anfangsworte der Episode beinah wörtlich bei Mellitus[2]); und auch was dieser wenige Zeilen später in Bezug auf Patmos schreibt: *in qua insula apocalipsim, quam ei dominus revelavit, manu sua conscripsit* steht beinah wörtlich so im lateinischen Prochorus, nur an einer weit abgelegenen Stelle c. 47 (Bibl. Max. l. l. 66 H), sehr ähnlich aber auch bei dem sogenannten Abdias[3]). Sodann ist das Schlusswort des lat. Prochorus, der Zuruf der ephesischen Christen bei der Rückkehr des Apostels von Patmos *benedictus qui venit in nomine dei*, auch bei Mellitus[4]) zu lesen. Das sind Einzelheiten. Aber beinah den ganzen Inhalt der Episode findet man in einer Recension der auf Mellitus von Laodicea sich selbst zurückführenden Passio Joannis, welche die Benedictiner von Monte Cassino im Florilegium des 2. Bandes ihrer Bibl. Casinensis (1875) p. 66 sqq. veröffentlicht haben. Das erste in der Ausgabe des Florentinius nicht enthaltene und, wenn ich die nicht allzudeutlichen

---

1) S. die Beilage D zu Prochorus p. 191, 3 und den ersten Theil der von Tischendorf herausgegebenen Πρᾶξις Ἰωάννου (Act. apocr. p. 266— 271), welcher mit dem zweiten nur oberflächlich zusammengeleimt ist.

2) Nach der ersten Ausgabe des Florentinius von Fabricius im Cod. pseudep. N. Ti (ed. 2) III, 604—623 wiederholt. Dort p. 606: *Secundam post Neronem persecutionem Christianorum Domitianus exercuit.*

3) Hist. apost. V, 2 Fabric. II, 535: *in qua et apocalypsin, quae ex nomine eius legitur, et vidit et scripsit..* Hiemit buchstäblich (auch *apocalypsin*) übereinstimmend in einer anderen Recension des Mellitus in der Bibl. Casinensis II, 2. Theil [Florilegium] p. 68.

4) Fabric. p. 607; Bibl. Casin. p. 68.

Angaben der Herausgeber richtig auffasse [1]) in den Codd. Cas.
99 und 101 ziemlich gleichlautend enthaltene Stück entspricht
dem c. 8 des lat. Prochorus; das dort in Parenthese gestellte,
aus cod. 99 abgedruckte Stück entspricht den capp. 9—11 des
Prochorus. Diese verschiedenen lateinischen Relationen mit Einschluss des Abdias berühren sich aber sonst in keinem cha-
rakteristischen Punct mit Prochorus. Wenn sie hier mit dem
lateinischen Prochorus vielfach wörtlich identisch sind, so ist
vollends klar, dass der lateinische Uebersetzer [2]) des Prochorus
hier als guter Abendländer von seinem griechischen Original
abgegangen ist und zu einer lateinischen Quelle gegriffen hat,
um seine Leser die Verherrlichung Roms durch Johannes nicht
vermissen zu lassen. Aus ihr hat er auch einen andern für
jeden Lateiner empfindlichen Defect des Prochorus ersetzt, indem er die erwähnte Angabe über die Apokalypse mit den
Worten derselben Quelle aufnahm. Diese Quelle ist nicht etwa
Mellitus; denn es ist leicht einzusehn, dass das in der Bibl. Casinensis unter diesem Titel neu Publicirte der Passio Joannis,
als deren Verfasser sich Mellitus durch seinen Prolog einführt
(Fabric. III, 604; Bibl. Cas. II, 2, 66), ursprünglich nicht angehört
hat, sondern aus derselben Quelle, aus welcher der lateinische
Prochorus wahrscheinlich unmittelbar geschöpft hat, interpolirt ist.
Der cod. 99, welcher allein die mit Prochorus wesentlich identische grosse Erweiterung hat, enthält den Prolog des Mellitus
gar nicht; er hat ihn mit Recht beseitigt; denn dieser wollte
laut Prolog nur das allerletzte Stück des Lebens des Johannes

---

1) Man muss die Nachrichten ziemlich mühsam zusammenlesen: über
cod. 57 Bibl. II, 125; Floril. II, 72; über cod. 99 Bibl. II, 400; Floril.
II, 67 Text u. Anm. 1; über cod. 101 Bibl. II, 416; Floril, II, 67 Anm. 1;
über cod. 145 Bibl.III, 288; Floril. II, 66. Dazu kommen noch mehrere
Hss., welche bei der Herausgabe nicht benutzt wurden z B. cod. 117
Bibl. III, 62, welcher statt der Vorrede des Mellitus und unter dem ver-
kehrten Titel Prologus eine kurze Vita Johannis giebt (abgedruckt
Floril. III, 38), abgesehn von den ersten Worten identisch mit dem be-
treffenden Capitel des sogenannten Isidor Mon. orthodoxogr. Bas. 1569,
II, 597 sq.

2) Diesen dafür verantwortlich zu machen und nicht eine spätere
Interpolation der ursprünglich davon freien lateinischen Uebersetzung
anzunehmen, empfiehlt sich besonders auch darum, weil man eine verrä-
therische Fuge nicht entdeckt. Der Uebersetzer hat sich hier als einen
nicht ungeschickten Compilator bewiesen.

geben. Ferner hat dieser cod. 99 ebenso wie cod. 117 [1]) die Geschichte vom geretteten Jüngling aus Clemens Alexandrinus, oder vielmehr aus Rufins Uebersetzung der eusebianischen Kirchengeschichte [2]) wörtlich abgeschrieben. Endlich setzen diese Stücke voraus, dass an einer früheren Stelle desselben Buchs von der Virginität des Johannes gesagt war [3]). Davon enthalten aber diese ausführlicheren Passiones ebensowenig etwas, als der kürzere Mellitus des Florentinius. Man hat also dieses in sich durchaus einheitliche Schriftchen durch allerlei andere Johanneslegenden theils aus Rufin - Eusebius, theils aus einer lateinischen Geschichte des Johannes, in welcher dieser als Virgo und zugleich als römischer Confessor verherrlicht war, bereichert. Nur mit den aus letzterer Quelle geflossenen Zuthaten läuft der lateinische Prochorus parallel. Also wird er ebenso wenig aus dem interpolirten als aus dem ursprünglichen Mellitus, sondern vielmehr aus derselben lateinischen Geschichte des Johannes geschöpft haben, welche schon der ursprüngliche Mellitus, dann dessen Interpolator und, wie sich später zeigen wird [4]), auch Abdias ausgebeutet haben.

---

1) Floril. II, 75 nebst Anm. Bibl. II, 401; III, 62.

2) Eccl. hist. Eusebii interprete Rufino III, 23 ed. Cacciari (Romae 1740) I, 144. Diesen durch den Wortlaut beider Texte unzweideutigen Ursprung verrathen die Fragmente auf dem Einbanddeckel des cod. Casin. 57 (Floril. II, 76) sehr ungeschickt: *Huc usque Yrenaeus et Clemens Alexandrinus* (vgl. die Zusammenstellung bei Rufin = Euseb. l. l. p. 143 sq.) *quanta et qualia s. Johannes apostolus in Antiochia et in aeterna urbe Roma passus est, fida relatione descripserunt. Nunc qualiter ad dominum de hac luce migravit, prout a Mellito Laodiceno episcopo descriptum est, stilo presente tradimus.*

3) Floril. II, 68: *Unde tam illaesus protegente eum gratia dei a paena exiit, quam a corruptione carnis mansit immunis.* Cf. Proch. Bibl. Max. II, 1 p. 52 F; auch eine Homilia Augustini bei Mai, Nova Bibl. I, 1, 379.

4) Nur das sei schon hier bemerkt, dass nicht etwa Abdias die Quelle der Interpolationen des lat. Prochorus und des Mellitus ist. Er hat das Oelmartyrium als ephesinisches Ereignis (Fabric. II, 534 sq.); und er hat Vieles nicht, worin jene übereinstimmen. Auch die Erzählung des Clemens Al. haben die codd. Cas. 57. 99. 117 nicht aus Abdias; denn nicht bei diesem (Fabric. II, 536 sqq.) nur bei Rufin selbst fand cod. 57 die Anm. 2 mitgetheilten Namen und codd. 99. 117 ihre Einleitungsformel: *audite fabulam et non fabulam.* Andrerseits schöpft auch Abdias nicht aus Mellitus, geschweige denn aus einer interpolirten Recension desselben.

Sieht man von dieser Einschaltung des lateinischen Prochorus ab, so ist er ein nicht gerade treuer, aber doch auch nicht durch besondere dogmatische oder historische Tendenzen beherrschter Uebersetzer, welcher einen alterthümlichen, aber damals vielleicht nicht alten griechischen Text vor sich hatte. Sonderbar ist, dass er die meisten, freilich zum Theil sehr unhistorisch klingenden Ortsnamen des Prochorus stillschweigend beseitigt hat [1]). Nur an einer Stelle fand ich eine Spur davon, dass entweder der Uebersetzer zwei griechische Hss. benutzt hat, oder dass seine Uebersetzung nachträglich mit einer griechischen Hs. verglichen worden ist [2]). Das Alter der Uebersetzung bestimmen zu wollen, ehe die leichter zu ermittelnde Zeit des Originals festgestellt ist, wäre unverständig. — Das Zeichen ist L.

16. Viel wortgetreuer ist eine koptische Uebersetzung, von welcher Mingarelli (Aegyptiorum codicum reliquiae Venetiis in bibl. Naniana asservatae. Bonon. 1785, fasc. II p. CCC—CCCXIV) ein zusammenhängendes Bruchstück mit lateinischer Uebersetzung herausgab. Letztere hat Birch (Auctar. cod. pseud. Fabriciani p. 293—307) in einer durch Engelbreth stellenweise verbesserten Gestalt neben dem griechischen Text aus dem Vatic. 455 abdrucken lassen. Das Stück, welches ich mit Cp bezeichne, entspricht meinem Text p. 128, 9 — 133, 20.

17. Die altslavische Uebersetzung, welche Amphilochius neben dem griechischen Text hat drucken lassen, hat er einer ihm selbst gehörigen Hs. des XV—XVI. Jahrhunderts entnommen. Ein Theil derselben ist nach einer andern Hs. schon

---

1) Cap. 18 in Bibl. Max. I, 1, 52 B findet sich der verstümmelte Name *Myrrh.* mit der Randbemerkung *deest quidpiam.*

2) Der Namen Σέλευχος p. 12, 14 heisst beim Lateiner *Selemnis.* Dazu ist am'Rand schon der Editio princeps (in der Bibl. Maxima p. 47 G zwei Zeilen zu tief heruntergerückt, weil in der Magna Bibl. P. Colon. 1618, I, 50 ein Columnenzeichen E dem Wort seinen richtigen Platz geraubt hatte) angemerkt *Scambarius.* Das ist die LA der griechischen Editio princeps statt σχρινιάριος s. zu p. 12, 13. Nirgendwo zeigt die lateinische Ausgabe eine Berücksichtigung der griechischen Ausgabe; und es wäre nicht begreiflich, wie der Herausgeber des lat. Textes dies sinnlose Wort, welches im griech. Text Neanders neben dem Namen steht, als Glosse zu dem Namen gesetzt haben sollte. Daher obige Behauptung.

1875 von Sreznewskin veröffentlicht worden. Die Uebersetzung, welche aus dem XI. Jahrhundert stammen soll, scheint nicht ungenau zu sein; aber der zu Grunde liegende griechische Text gehört, was das Einzelne anlangt, zu den schlechteren. Er hat z. B. die ὁμοούσιος τριάς (unten zu p. 4, 5), hat nicht das μετὰ χρόνον τινά p. 3, 1 und keine Erwähnung der Mutter Jesu p. 4, 3 sq. Andererseits ist er frei von der sogleich nachzuweisenden systematischen Interpolation in den codd. c m¹ m² (v), was Amphilochius (Vorrede p. VIII Anm. 1) schon durch die Bemerkung bezeugt, die Version entspreche im allgemeinen mehr dem m², als den beiden andern Hss. m¹ m², daher eine Zusammenstellung mit dem von ihm zu Grunde gelegten m¹ unbequem gewesen sei. Die Version hat z. B. die Erzählung vom Aufenthalt in Epikurus p. 51, 7 — 53, 15 m. Textes cf. Amphil. p. 22, ebenso die in c m¹ (ausnahmsweise nicht in m²) fehlende Geschichte von der Verwandelung des Meerwassers in Trinkwasser p. 54, 21 — 56, 9 cf. Amphil. p. 23. Auch p. 117 m. Textes steht die slavische Version auf dessen Seite. Von grösserer Wichtigkeit ist die Bestätigung, welche mein Text in einem grösseren, aufs mannigfaltigste umgestalteten Abschnitt durch diese Version erfährt. Es wird von Nutzen sein, den meiner Ausgabe p. 42, 22 — 47, 16 entsprechenden slavischen Text in einer wörtlichen deutschen Uebersetzung mitzutheilen, welche ich wie alles mit der Publication des Amphilochius Zusammenhängende der aufopfernden Hülfsleistung des dorpater Freundes verdanke:

Es versammelten sich alle auf einen Platz und sprachen zu einander: Was das mit diesem Menschen Geschehene ist, wissen wir nicht, aber wir wollen ihn übergeben dem Aeltesten der Stadt, und nach dem Gesetz mag er gemartert werden. Einer von ihnen, ein Jude mit Namen Marion, antwortete und sprach: Ich sage, dass dieser und der mit ihm beide Zauberer und schlimmer Sache schuldig und beide Uebelthäter sind. Und es sprachen die anderen beiden (?) von den Dastehenden zu Marion: Sind sie Uebelthäter, so sollen sie mit Recht inquirirt werden, ja übel gemartert. Und Marion wollte, dass man uns nicht übergebe dem Aeltesten der Stadt, damit man das Volk gegen uns aufreize, dass es uns erschlage. Das Volk stand ihnen nicht bei und glaubte nicht einem einzigen ihrer Worte. Man führte uns also zu den Aeltesten der Stadt und übergab uns.

Diese sagten zu ihnen: Wegen welcher Schuld übergebt ihr uns diese Männer? Sie sagten: wegen zauberischer Magie. Und sie sprachen zum Volk: Was nämlich bringt ihr bei von zauberischer Magie? Marion vorgetreten sprach: Ihr Verfolger, aus ihrem Vaterland gekommen, hat Beweise gegen sie ausgesagt. Sie sagten ihm: Du sprichst mit Kühnheit, nachdem du gekommen bist, Geschichten über sie. Aber die führet in das Gefängnis, bis dass er gekommen die ganze Wahrheit kundthut. Und sie führten Johannes ins Gefängnis und setzten uns ein und befestigten uns in Eisen. Alles Volk aber der Stadt ging suchend den Dämon, genannt Taxeotes, und durch einen Herold riefen sie alle herbei. Und nachdem sie ihn nicht gefunden, nach drei Tagen kamen sie zu den Aeltesten, sprechend: Wir haben nicht gefunden den Mann, der die Wahrheit weiss von diesen beiden. Da sagten die Aeltesten der Stadt zu ihnen: Wir können fremde Menschen, welche keinen Widersacher haben, nicht festhalten uud im Gefängnis bewahren. Und es sandten die Aeltesten die Stadtdiener, welche uns losliessen und uns verboten, (nicht) diese Lehre' zu lehren, und uns befahlen, aus der Stadt zu gehn. Aus ihrer Gegend kamen wir in das Marmora (sc. Meer), wo Johannes aus dem Meer geworfen war. Und wir blieben dort drei Tage. Und unser Herr Jesus Christus sprach in einem Gesicht zu Johannes: Gehe hinein in Ephesus; denn nach wenig Tagen wirst du in die Verbannung gehen auf eine Insel, wohin man dich fordert, und wirst viel versucht werden und wirst dort viel Samen ausstreuen. Sofort gingen wir hinein nach Ephesus, und ihre übrigen Tempel fielen auseinander, und es gab keine Opfer. Dieses alles that Johannes, ehe er im Exil war, und das litt er von Juden und Hellenen, indem der Teufel es ihnen einflüsterte, welche eine Bittschrift sandten dem Kaiser Hadrian: „Alle in Ephesus Wohnenden bitten, weil Einige, die von den Juden gekommen sind, welchen sind die Namen Johannes und Prochorus, eingegangen sind in unsere Stadt, eine neue Lehre verkündigend, welche durch magische Zauberei die Tempel der hellenischen Götter zerstörten und alte Gesetze zu nichte machten. Dies alles ist durch sie geschehen“. Der Kaiser Hadrian nahm die Bittschrift an, und nachdem er sie gelesen, befahl er, uns auszutreiben, legte bei diese Antwort: „Der Kaiser Hadrian den Fürsten und den durch sie Beherrschten. Die bösen Männer und unreinen christlichen Lehrer, den Johannes nämlich und Prochorus,

*da sie gegen den wohlthuenden Gott täglich sündigen: in Bezug
auf diese befehlen wir, dass sie in die Verbannung gehen auf
der Insel Patmos". Nachdem dieser Befehl in die Stadt Ephesus
gekommen war, nahmen uns die Abgesandten des Kaisers und
legten uns Eisen an ungesetzlich und unbarmherzig, sprechend
zu ihm: „Das ist der böse Verführer und der Zauberkünste
treibt; und diesen festhaltend kümmern wir uns nicht um seinen
Schüler. Aber er ist bei uns angebunden, harte Worte und mit
vielen Wunden (?)". Es waren der uns aufnehmenden Männer
60 Protictoren, 10 Diener ihnen, 40 Krieger mit Schiffsleuten,
ihrer aller 100 (sic). Und nach Befestigung der Eisen meines
Lehrers, des Apostels Christi Johannes nahmen sie mich, banden
mich aber nicht, und viele Wunden legten sie mir auf, und harte
Worte trafen mich. Nachdem Jeder von ihnen in das Schiff an
seinen Ort getreten war, befahlen sie uns, inmitten der Krieger
sclavengleich zu sitzen.*

18. Endlich ist noch eine armenische Uebersetzung des
Prochorus zu erwähnen, auf welche mich der ehrwürdige Pater
Leo Alishan auf S. Lazzaro bei Venedig gesprächsweise aufmerksam machte und worüber er mir am 26. October 1879 unter anderem Folgendes brieflich mitzutheilen die Güte hatte:
*Cet ouvrage n'est pas encore publié par la presse. Nous possé-
dons un mauvais manuscrit, qui dans ce moment échappe à mes
recherches. Le „British Museum" en possède un meilleur ex-
emplaire, comme je crois sous le Nr. Ms. 19728, écrit en 1305.
Nous en possédons aussi d'une date à peu près égale, mais qui
ne sont pas complets. — La traduction arménienne en tout cas
est antérieure au VIII siècle et probablement au VII même....
La mention de l'apocalypse s'y trouve aussi.*

§. 3. Kritik der Textzeugen.

Die Vergleichung der mir bekannt gewordenen Texte führte
bald [1]) zu der Erkenntnis, dass von denjenigen griechischen
Hss., welche den Prochorus einigermassen vollständig enthalten,
c (Coisl. 306), m[1] (Mosq. 162), m[2] (Mosq. 178) und in seiner
grösseren ersten Hälfte v (Venetus 363 nach Zanetti) eine

---

1) Vor meiner Bekanntschaft mit der Ausgabe von Amphilochius
war die Beobachtung zwar auch schon sicher; aber sehr erwünscht war
doch die jetzt durch die moskauer Hss. gegebene breitere Basis.

durch genaueste Familienähnlichkeit zusammengehaltene und, abgesehn von einzelnen nachher zu erörternden Erscheinungen, gegen die meisten übrigen Zeugen abgesonderte Gruppe bilden. Zu derselben gehört auch [1]), soweit ich urtheilen kann, Par. 523 (oben p. XV unter Nr. 14a) und sicher Par. 881 p. XII sq. Die beiden datirten vollständigen Hss., c vom J. 1549 und m^1 vom Jahre 1022, stimmen trotz des halben Jahrtausends, welches zwischen der Anfertigung der einen und der andern liegt, so genau mit einander überein, dass nur sehr wenige Zwischenglieder beide mit ihrer gemeinsamen Quelle verbinden können; und der Text gerade der jüngeren ist so rein, dass man annehmen könnte, er sei unmittelbar aus jener Quelle geflossen. Dies war nicht der Archetyp der ganzen Gruppe, denn die beiden näher unter sich verwandten v und m^2 bieten einen Text, welchen sowohl die Vergleichung mit c m^1, als mit der sonstigen Ueberlieferung vielfach als den ursprünglicheren erscheinen lässt. Stünde nun dieser Resension, welche ich durch B (= c m^1, m^2 v) bezeichne, eine andere von gleich ausgeprägtem Charakter und ähnlich starker Verbreitung gegenüber, so könnte es sich ernstlich fragen, auf welcher Seite die ursprüngliche Gestalt, und auf welcher die umgestaltende Hand eines späteren Redactors zu erkennen sei. Und wenn die Gründe, aus welchen sich seiner Zeit Thilo bei freilich noch sehr mangelhafter Kunde der Tradition dafür entschieden hatte, den Prochorus hauptsächlich nach dem Coisl. 306 herauszugeben [2]), überhaupt

---

1) Von dem Vatic. 455 (oben p. XIII unter Nr. 10) sehe ich hier ab; denn erstlich ist das grösste der drei Stücke, welche Birch mittheilt (Auctar. p. 262—284 bis zur Lücke bei Neander und Grynäus), ein solches, in welchem die Eigenthümlichkeit von B noch nicht ausgeprägt genug hervortritt, um eine sichere Vergleichung zu gestatten; die beiden anderen Stücke aber sind von geringem Umfang; sodann enthält dieser Vatic. viele ihm eigenthümliche kleinere und, wie nachher zu zeigen, wenigstens eine grössere willkürliche Zuthat und Umgestaltung, so dass er jedenfalls nicht als zuverlässiger Zeuge irgend einer sonst noch vertretenen Recension gelten kann. Endlich fehlt mir über seinen sonstigen Inhalt, soweit ihn Birch nicht mitgetheilt hat, jede Kunde. Uebrigens liegt auf der Hand, dass er in dem dritten Stück (Birch p. 294—306) zu B gehört.

2) Acta Thomae p. LXXIX: *ex hoco libro ... nostrum exemplar exprimetur ... Scriptura huius ms. recentioribus adnumerandi accurata, expressa atque nitida est, ut sine magna molestia textum a vitiis li-*

zulässig wären, so könnte auch heute noch Einer jene Frage
zu Gunsten von B entscheiden. Wie die Dinge wirklich liegen,
entsteht die Frage kaum. Denn Alles, was nicht zur Gruppe
B gehört, stellt nicht eine einheitliche Recension dar, deren
eigenthümlicher Charakter auf einen bewusst verfahrenden Redactor zurückgeführt werden könnte, sondern ist nur einig im
Ausschluss der unverkennbaren Charakterzüge jener Gruppe
und zeigt im übrigen grösste Mannigfaltigkeit. Die krause und
breite Verzweigung der Ueberlieferung in den ausserhalb der
Gruppe B stehenden Urkunden lässt sie als Arme des natürlichen Stroms erkennen, während die Glätte und Einheitlichkeit
der in c m^1 m^2 v vorliegenden Recension diese als künstlichen
Canal charakterisirt. Das ursprüngliche Werk des Prochorus
kann man nur wiedergewinnen, wenn man den Versuch wagt,
aus jenen zum Theil sehr rohen Materialien seine Urgestalt herzustellen, zu deren Erkenntnis selbstverständlich auch die andere, eben hieraus durch bewusstes Verfahren entstandene Recension sehr wesentlich beizutragen hat. Es wäre methodisch
das Sicherste gewesen, die Recension B in kritischer Bearbeitung für sich drucken zu lassen, um sie bequemer als einheitliche Grösse im kritischen Apparat für den wirklichen Prochorus verwerthen zu können. Ich glaubte jedoch solche Papier-
verschwendung nicht rechtfertigen zu können. Indem ich diejenigen, welche von dem Prochorus der Recension B eine voll-
ständigere Vorstellung zu haben wünschen, als meine Ausgabe
sie gewährt, auf die von Amphilochius verweise, habe ich mich
auf die p. 167—184 mitgetheilten Probestücke und die unvollständige Verwerthung der bezeichneten Hss. im Commentar zu meinem Text beschränken zu sollen gemeint. Dies wird genügen,
um erstlich das Verwandtschaftsverhältnis der 4 Haupthss. dieser Recension unter einander zu veranschaulichen; ferner um
zu zeigen, dass es schlechthin unthunlich sein würde, diese
Hss. mit den übrigen in einem einzigen Apparat zusammenzu-

---

berum nobis comparaverimus. Als ob der kritische Werth einer Hs.
irgendwie davon abhinge, ob der Herausgeber häufig oder selten die
bekannten orthographischen Fehler zu berichtigen hat. — Vérzeih-
licher ist es, dass Amphil. eine Hs. dieser Gruppe in den Vordergrund
gestellt hat; denn erstlich imponirte ihr Alter; sodann war die einzige
Hs. anderer Recension, welche Amphil. kannte (m^3), eine ganz besonders entartete.

fassen; endlich um zu beweisen, dass wir es hier mit einer künstlichen Umarbeitung desjenigen Buchs zu thun haben, welches ich p. 3—165 in seiner Urgestalt wiederzugeben wenigstens ernstlich bemüht war. Zu letzterem Beweise ist das 3. Probestück p. 180 sqq. insofern besonders geeignet, als es dem Fragment der koptischen Version parallel läuft, welche in diesem Fragment ebenso, wie die lateinische und die altslavische Version durchweg starkes Zeugnis gegen die Ursprünglichkeit der Recension B ablegt. Das erste Stück p. 167 sqq. wählte ich aus, weil es den Punct bezeichnet, von wo an die stilistische Umgestaltung in B durchgreifender zu werden beginnt; das zweite darum, weil hier die materiellen Abweichungen am weitesten greifen. Gleich bei der ersten derselben p. 173, 12 sqq. cf. mit p. 44, 5 sqq. muss es einleuchten, dass B hier solches, was ihm unwesentlich schien, wie eine dreimonatliche Abwesenheit des Johannes von Ephesus, von der nichts weiter zu melden ist, getilgt hat. Wie B überhaupt sehr häufig die breite, in vielen Wiederholungen sich gefallende directe Rede der im alten Prochorus auftretenden Personen durch kurzes indirectes Referat ersetzt hat, so wird hier der Bericht der heidnischen und jüdischen Epheser an den Kaiser und dessen Antwort in wenig Worte zusammengefasst. Aber das Verfahren verräth sich durch Widersprüche. Wenn nach B die Mehrzahl der Epheser in Folge des Sturzes des Artemistempels gläubig geworden (p. 172, 25), Johannes und Prochorus von dem billigdenkenden Statthalter bereits entlassen sein (p. 173, 12), und in Folge weiterer Wunder des Johannes eine zahllose Menge den heidnischen Cultus verachtet haben soll (p. 173, 15), so begreift man nicht, wie dann doch die ganze Stadt über die Verödung des Tempels in Zorn gerathen (p. 173, 12), und von wem nun die Beschwerdeführung beim Kaiser ausgegangen sein soll (p. 173, 17); oder wenn man die andere, in sich inconcinne LA von c bevorzugt, warum der Bericht im Widerspruch mit seiner angeblichen Veranlassung doch wieder nur von einigen Ephesern ausgegangen sein soll. Der Widerspruch stammt aus dem von B weggelassenen Bericht an den Kaiser, welcher mit der Behauptung beginnt, dass alle Bewohner von Ephesus die kaiserliche Hülfe gegen Johannes anrufen. Die Behauptung soll eine Lüge sein, ist aber in der ursprünglichen Erzählung nicht unangemessen, weil nicht der Erzähler, sondern die Feinde der Wahrheit sie aussprechen, und sie klingt nicht absurd, da vorher nichts von einer Bekehrung der Majorität der Epheser gesagt war [1]).

Die Geschichte vom Aufenthalt in Epikurus, welche p. 177, 3 fehlt cf. p. 51, 7 sqq., enthält so wenig Interessantes, dass ihre nachträgliche Erfindung, Einschiebung und Verbreitung zu so verschiedenen Zeugen, wie die meines Textes sind, ebenso undenkbar wie ihre Tilgung in B begreiflich ist. Nicht wesentlich anders verhält sichs mit dem Aufenthalt in Lophus (p. 54, 21), welcher p. 177, 20 übergangen ist. Wenn hier eine Hs. von B, nämlich m², das in den drei anderen fehlende Stück enthält, so könnte dies zu beweisen scheinen, dass nicht schon der Redactor von B, sondern erst ein Späterer, dem dann c m¹ v folgten, das Stück getilgt habe. Aber dies Stück trägt in m² nichts vom stilistischen Charakter von B, sondern stimmt durchweg mit den ausserhalb der Gruppe stehenden Zeugen. Hier liegt also in m² eine Textmischung oder richtiger ein Einschub aus anderer Quelle vor [2]), wie deren sogleich in anderen Hss. noch mehrere zu verzeichnen sind.

Während B in Bezug auf den Erzählungsstoff und in Bezug auf solche Reden, welche bereits vom Verfasser Erzähltes den Personen innerhalb der Geschichte mittheilen, durchweg auf Kürzung bedacht war, hat er das Bedürfnis gefühlt, die Reden im eigentlichen Sinne mit mehr theologischem Gehalt und vor allem mit einer gehobeneren Sprache auszustatten. Jeden Urtheilsfähigen muss die Vergleichung der Reden und Gebete auf p. 31, 11—32, 6; 49, 16—18 = p. 170, 19—171, 14; 175, 25—176, 8, oder des Briefs des Apollonides p. 59, 13—60, 8 = p. 179, 20—180, 6 zur Anerkennung der affectirten Künstlichkeit von B führen [3]). Diese Recension ist das Werk eines im Vergleich

---

1) Weniger Gewicht lege ich darauf, dass der Bericht über die dem Johannes zu Theil gewordene Offenbarung in Bezug auf sein Exil von B in Folge seiner Aenderungen ungeschickt nachgetragen werden muss p. 174, 6 cf. p. 44, 9 sqq. und die Nachweisungen zu p. 44, 6. Bei L ist die Versetzung dieses Berichtes (von c. 7 extr. zu c. 13) anders veranlasst. Er hätte nach demselben nicht mehr die römische Reise einschalten können.

2) Derselbe Fall wiederholt sich von p. 153, 4 an, ist aber weniger auffällig, weil in dem Schlusscapitel die Recension B sich nicht sehr scharf als besondere Recension zu erkennen giebt.

3) Man vgl. etwa noch mit den Worten p. 35, 11 sqq., was statt dessen in c und wesentlich ebenso in v (vgl. auch die Texte bei Am-

zum Verfasser schulmässig höher gebildeten Mannes. Allerdings
war das Buch des Prochorus eine in Sprache und Darstellung
so einfache und einfältige Arbeit, dass man die Versuche begreift, seinen für das Mittelalter sehr anziehenden Inhalt in
eine gebildetere Form zu giessen. Ueberall erkennt man den
Schulmeister, der das rohe volksthümliche Märchen für den Geschmack der mehr buchmässig gebildeten Leser zurechtstutzen
will. B selbst schreibt begreiflicher Weise kein gutes Griechisch; er hat nicht alle Härten, wie z. B. die bei Prochorus
zahllos häufigen incorrecten Participialconstructionen [1]), getilgt;
er hat sogar durch sein zuweilen nicht hinreichend durchgreif-
fendes Verfahren einige Härten erst hineingebracht. Aber viel
mehr Derartiges hat er beseitigt und hat sich durchweg nicht
ohne Erfolg bemüht, die nachlässige, breite, niedrig gegriffene
Rede der alten Legende straffer, correcter und hochtrabender
zu machen. Nicht in allen Theilen des Buchs ist dieser Cha-

---

phil. p. 15) sich befindet: ο ων θεος προς τον αει οντα πατερα, κυριε
Ιησου Χριστε, υιε του θεου, ο επιφανεις επι σωτηρια των ανθρωπων και
συγχωρησας ημιν τοις πιστευουσιν επι σε τας αμαρτιας ημων, συγχω-
ρησον και τουτοις τοις τεθνηκοσιν και αναστησον αυτους τη παντοδυναμω
χειρι σου και ανοιξον τας καρδιας αυτων προς φωτισμον της επιγνωσεως σου, δος δε εμοι τω δουλω σου θαρσος του μετα παρρησιας λαλειν
τον λογον σου. An dem Eingang sieht man, dass der Redactor auch
an den theologischen Naivitäten des Prochorus Anstoss nahm. Das
ursprüngliche τον αει οντα θεον και πατερα war heterodox, schien dem
Sohn das ewige Gottsein abzusprechen. Nur das ewige Vatersein ist
das Eigenthümliche der ersten Person, daher die mitgetheilte LA von
c m², während v vollends auch das αει gestrichen, m¹ aber durch ein
θεον hinter πατερα den häretischen Schein am wenigsten gewaltsam beseitigt hat. Vielleicht hat m¹ die echte LA dieser Recension. — Lehrreich ist auch die Vergleichung der theologischen Rede Amphil. p. 45
mit den wenigen Worten p. 109, 11 sqq meiner Ausg. Man könnte
denken, die Worte και πλειονα τουτων p. 109, 17 seien ein Zeichen,
dass hier eine Kürzung, in B der vollständige Text vorliege, wenn nur
nicht ganz dasselbe auch in B hinter der langen Rede stünde.

1) Nominativi partic. statt gen. absol. und genitivi absol. vor Haupt-
sätzen, deren Subject in den betreffenden Genitiven steckt, sind mir
noch in keinem griechischen Buche annähernd so häufig vorgekommen
wie in diesem. Es verdriesst mich jetzt, dass ich nicht den Muth gehabt habe p. 4, 1 mit zahlreichen Zeugen drucken zu lassen: επιφοι-
τήσασα γὰρ ἡ χάρις αὐτοῦ εἰς ἡμᾶς πάντας, μηδὲν ἕτερον ζητήσωμεν.
Beispiele für diese Construction bietet beinah jede Seite.

rakter der Bearbeitung gleich scharf ausgeprägt, viel weniger
im Anfang und z. B. im Kapitel vom Magier Kynops p. 90—107
als in den von mir bisher hervorgehobenen Stücken. Es ist
auch selbstverständlich, dass nicht alle Verunstaltungen, welche
der Text des Prochorus erfahren hat, von B schon vorgefunden, oder gar von ihm verschuldet sind. Es wäre daher nichts
verkehrter, als eine völlige Vernachlässigung des B. In denjenigen Partien und einzelnen Sätzen, in welchen die bewusst
verfahrende Aenderung sich nur wenig zeigt, ist B ein schon
durch sein Alter sehr beachtenswerther Zeuge. Da die bis jetzt
älteste Hs. dieser Recension im J. 1022 geschrieben ist, und
sichtlich schon vielfach von der mit Hülfe von c m² v zu er-
kennenden ersten Gestalt dieser Recension abgewichen ist, so
muss der Redactor lange vor dem J. 1000 gearbeitet haben. Sein
Werk ist, nach den 4 Hss. zu urtheilen, sehr treu fortgepflanzt
worden. Wir haben also an B einen freilich meist nur indirect
und negativ redenden Zeugen, welcher älter ist als alle anderen
griechischen Hss., wahrscheinlich auch älter als L. Wenn z. B.
keine Hs. von B. die ὁμοούσιος τριάς p. 4, 5 hat, so ist das
ein starkes Zeugnis gegen diese LA, um so werthvoller, da L
sie stützt. Es kommt auch vor, dass Anstössigkeiten, welche
B vorgefunden und noch unangetastet gelassen hat, erst später
in Hss. anderer Gattung oder auch unabhängig von einander
innerhalb wie ausserhalb der Gruppe B getilgt worden sind.
Ein merkwürdiges Beispiel der letzteren Art liegt gleich in der
ersten Zeile des Buchs und der damit zusammenhängenden Stelle
p. 4, 3 sq. vor. Wer bedenkt, welche Popularität die so mannigfaltig bearbeitete Legende von dem Transitus Mariae gehabt
hat [1]), wornach die in alle Winde zerstreuten Apostel, unter
ihnen auch Johannes von Ephesus, durch die Lüfte nach Jerusalem gezaubert werden, um dem Lebensausgang der Maria
beizuwohnen, wird keinen Augenblick darüber im Zweifel sein
können, dass diejenige LA, nach welcher Prochorus die Maria
vor dem Aufbruch der Apostel zur Missionsarbeit ohne allen
Prunk gestorben sein liess, die ursprüngliche ist, welche jenen
Fabeln zu Liebe von Vielen getilgt wurde, ohne dass Einer
vom Andern zu wissen brauchte [2]). Diese LA hat aber B noch

1) Tischendorf, Apocal. apocr. p. XXXIV—XKVI, 45—136.
2) Dass Prochorus hier von Maria geredet hatte, bezeugt auch der

vorgefunden; zwei seiner Hss. (m² v) haben sie wesentlich un-
verändert bewahrt; und dagegen hat die lateinische und die altslavische Version sowie mehrere nicht zu B gehörige Hss.
ebenso wie die jetzt älteste und jüngste Hs. von B den Satz
getilgt. Consequenter Weise ist auch das schon auf denselben
hinweisende μετὰ χρόνον τινὰ p. 3, 1 in allen diesen Hss. und
Uebersetzungen getilgt worden, welches nur ausserdem auch als
stilistisch unschön von Anderen beseitigt wurde.

Der Urheber von B dagegen wird es gewesen sein, welcher
das Buch zuerst, freilich in sehr unvollkommener Art in Kapitel
eingetheilt und diese mit Ueberschriften zu Anfang und Doxo-

Ambros. oben p. XV sq.; und als director Zeuge wäre auch vt (p.167,15)
in den Apparat zu p. 4, 3 einzureihen; denn nicht etwa innerhalb seiner
Interpolation, sondern nachdem der Interpolator ausdrücklich erklärt hat,
dass er nun zur Geschichte des Johannes zurückkehren wolle, bemerkt
er: „Nachdem nun die hl. Gottesmutter vom Leben zum Leben, von
dem zeitlichen zu dem ewigen und unvergänglichen Himmelreich gegangen u. s. w." Die andere, bei weitem nicht so reich entwickelte Gestalt der Sage, wonach Maria dem Johannes nach Ephesus gefolgt sein
soll, kommt hier nicht in Betracht, weil Prochorus diese Sage auch nach
Beseitigung der Worte auf p. 4, 3 durch sein Stillschweigen ausschliesst.
Uebrigens ist auch diese Sage nicht so ganz jung. Epiphanius scheint
wenigstens ihre Anfänge zu kennen (haer. 78,11). Die Existenz einer grossen
Marienkirche in Ephesus, worüber am Ende dieser Einleitung gehandelt
wird, im Anfang des 5. Jahrhunderts (Mansi, Concil. IV, 1124; 1241;
1252; V, 186; Verhandlungen der Kirchenvers. zu Ephesus v. J. 449
aus dem Syrischen übersetzt von G. Hoffmann S. 3, 35; 82, 1) setzt
diese Sage voraus, und die Worte der Väter des 3. ökumenischen Concils in einem Schreiben an Klerus und Volk von Constantinopel (Mansi
IV, 1241: ἐν τῇ Ἐφεσίων, ἔνθα ὁ θεολόγος Ἰωάννης καὶ ἡ θεοτόκος παρθένος, ἡ ἁγία Μαρία) sind allerdings nicht anders zu verstehn, als dass
sie meinten, Maria sei in Ephesus in dem gleichen Sinne zu Hause wie
Johannes. Cf. Tillemont, mémoires, erste Ausg. I, 492 gegen Combefis,
auctar. novissimum I, 482. Alt war die Fabel jedenfalls schon zur
Zeit Gregors von Tours (de gloria mort. I. 30 Bibl. Maxima XI, 838)
und des etwas jüngeren Modestinus von Jerusalem (Phot. bibl. cod. 275
ed. Bekker p. 511); denn wenn nach diesen Maria Magdalena in Ephesus ihr Leben beschlossen haben soll, so ist dies eine offenbare Substi-
tution für Maria, die Mutter Jesu, veranlasst durch die steigende Popularität der oben kurz angegebenen Sage vom Transitus Mariae in Jerusalem.

logien am Schluss versehen hat. Es sind folgende Titel [1]): 1) *περὶ Μύρωνος* p. 57, 9. 2) *περὶ Βασιλείου* p. 74, 5. 3) *περὶ Χρύσου καὶ τῆς γυναικὸς αὐτοῦ* p. 78, 10. 4) *περὶ Κύνωπος τοῦ μάγου* p. 90, 1. 5) *περὶ τοῦ φαινομένου τοῖς τὴν πόλιν οἰκοῦσιν ὡς λύκον* p. 117, 1. 6) *περὶ Προκλιανῆς καὶ Σωσιπάτρου* p. 135, 8. 7) *περὶ τῆς ἐξηγήσεως τοῦ ἁγίου εὐαγγελίου καὶ τῆς μεταστάσεως Ἰωάννου τοῦ θεολόγου* 150, 12. Diese sämmtlichen Ueberschriften finden sich mit gleichgültigen Variationen in c m¹ m² und wie es scheint [2]) in Paris. 523. In v sind 1—4 enthalten, es fehlen die Kapitel 5—7 nebst ihren Titeln. Dagegen hat v allein einen Titel zu p. 122, 13 m. Ausg. s. oben p. XI, welcher demnach nicht auf den Redactor B zurückzuführen ist. So hat m² allein zu p. 33, 1 m. Ausgabe = Amphil. p. 13 n. 4 den Titel *περὶ τῆς Ἀρτέμιδος.* Unwahrscheinlich ist auch, dass der Titel *περὶ τοῦ Νοητιανοῦ* zu p. 129, 1; 180, 22, welcher sich in c m² und Paris. 523, bei jedem in anderer Gestalt findet, zur Recension B gehöre. Es fehlt demselben das Zeugnis von m¹; es geht ihm in keiner der drei Hss., welche ihn enthalten, eine Doxologie voran, welche sonst nur noch vor Nr. 6 fehlt; und der Umstand, dass die koptische Version, welche mit unserer Recension nichts zu schaffen hat, eben hier ein Kapitel mit voraufgeschicktem Argumentum beginnt, spricht eher dagegen, als dafür; denn es ist das 40. Kapitel der koptischen Version, was auf eine ganz andre Kapiteltheilung hinweist. Eine ähnliche oder gar dieselbe ist fragmentarisch erhalten in P² (Paris. 1468). Es sind hier am Rande Kapitelanfänge in Zahlen ohne Titelangaben angemerkt und zwar, wenn meine Beobachtungen und Aufzeichnungen mich nicht sehr täuschen, nur folgende: fol. 57r. ζ zu den Worten *πρωίας δὲ γενομένης* p. 44, 11 sq. m. Ausg. s. den Schluss der dazu gehörigen Anmerkung p. 45; fol. 58r. η zu den Worten *τοῦ δὲ θεοῦ κατευοδοῦντος ἡμᾶς* p. 50, 6 [3]); fol. 58v. θ zu *ἦν δὲ Ἰουδαῖος*

---

1) Die Variationen und Amplificationen findet man im Commentar zu den oben citirten Stellen.

2) Ich kann nur Nr. 3 nicht nachweisen. Nr. 7 fehlt, weil die Hs. fol. 335 im Anfang der Geschichte von Sosipatros abbricht.

3) P² hat zwischen p. 50, 6 u. 7 eine seiner vielen Erweiterungen. Erst nach den angeführten Worten lenkt er mit *προσορμίσθημεν ἐν πόλει τινὶ ὀνόματι Κατοικίῳ* (sic) in meinen Text ein.

p. 51, 8; fol. 59v. ζ zu *ἀπάραντες δὲ οἱ ναῦται* p. 53, 16; auf
derselben Seite noch ‾ι‾α zu *ἀπάραντες δὲ ἀπὸ Μυρσῶνος* p. 54, 21;
fol. 60v. ‾ι‾β zu *ἦν δέ τις ἐν τῇ πόλει* p. 57, 9; fol. 62v. ‾ι‾γ
zu *ἦν δὲ ἐν τῇ πόλει ἐκείνῃ ἀνήρ* p. 74, 5; fol. 63r. ιδ zu *καὶ
ἦν ἐν αὐτῇ τῇ πόλει* p. 78, 10[1]); fol. 63v. ιε zu *τότε παραλαβών με* p. 80, 10; fol. 64r. ις zu *καὶ λαβών με ἀπήλθομεν
ἐν τόπῳ τύχει πόλεως* p. 84, 4. Ob diese Kapiteleintheilung
mit derjenigen der koptischen Version identisch ist, d. h. ob P³
p. 129, 1 bereits bei c. 40 angelangt sein würde, wenn er weiterhin noch Ziffern angeschrieben hätte, vermag ich bei der sehr
ungleichen Länge seiner Kapitel nicht zu entscheiden. Jedenfalls haben wir es hier mit einer das ganze Buch umfassenden
Kapiteleintheilung zu thun, welche ebensowenig wie die Titel
der Recension B auf den Verfasser zurückzuführen ist. Während
nun diejenigen Hss., welche einen ohne alle Abtheilung fortlaufenden Text darbieten, wie V N etc. in diesem Stück die
ursprüngliche Gestalt des Werks bewahrt haben, wird die in B
nachgewiesene Kapitulation zu einem Kriterium für Hss., deren
Charakter noch erst zu bestimmen ist. Die vereinzelte Erscheinung in V, dass hier zu p. 150, 13 die Ueberschrift sich findet
*περὶ τῆς ἐξηγήσεως τοῦ ἁγίου εὐαγγελλίου τοῦ κατὰ Ἰωάννην
ἐν ποίῳ τόπῳ ἐξηγήσατο*, kann bei dem übrigens völlig deutlichen Charakter dieser Hs. nichts für einen Zusammenhang
derselben mit B beweisen. Wohl dagegen ist zu beachten, dass
P³ (Paris. 1176), dessen Mischcharakter ausserdem schon erkenn-
bar wird, zwei jener Titel hat, nämlich Nr. 1 und 4, beide jedoch ohne vorangehende Doxologie. Nr. 6 fällt in eine Lücke
der Hs., aber 2. 3. 5 und, wie es scheint, auch 7 fehlen ihr
ursprünglich. Eine andere Aeusserlichkeit weist auf dasselbe
Verhältnis. Während P³ den Stadtnamen *Φθορά* p. 117, 1. 3
zweimal in dieser auch sonst bezeugten Form giebt, hat er ihn
p. 57, 1. 9 in der nur in B bezeugten Form *Φλορά*. Er muss
aus zwei verschiedenartigen Hss. abgeschrieben sein, von welchen nur die eine zu B gehörte. Nachdem P³ bis p. 40, 6
m. Ausg. keine nähere Berührung mit B gezeigt und einen besonders mit der Editio princeps nahe verwandten, verständigen
Text gegeben hat, tritt von da an zunächst eine arge Verwir-

---

1) So nämlich heisst es dort in P³, wie ich überhaupt oben dessen
Text, nicht meinen angeführt habe.

rung ein. Die nächstfolgenden Worte in P³ [1]) tragen das unverkennbare Gepräge der Recension B (s. Amphil. p. 17 extr. sq.) und stimmen besonders mit m² überein. Darnach aber hat P³ folgende, zum Theil auf Früheres zurückgreifende, ziemlich sinnlose, weder in B (Amphil. p. 18) noch in m. Text p. 40, 10 bis 42, 22 wiederzufindende Sätze: οἱ δὲ ἄνδρες οἱ συνόντες τῷ Διοσκορίδῃ, ὅταν τὴν κράτησιν ἡμῶν ἐποιοῦντο οἱ ταξεῶται, συνήντησαν τοῖς ταξεώταις ὅτε ἦλθον ἐν τῷ σχήματι, ζητοῦντες τὸν δαίμονα τὸν νομιζόμενον παρ᾽ αὐτοῖς ταξεώτην· ἐπὶ πολὺ δὲ προσκαρτερούντων καὶ μὴ εὑρισκομένου τοῦ νομιζομένου ταξεώτου ἤρξαντο διεγείρεσθαι οἱ ἄνδρες κατὰ τῶν ταξεωτῶν λέγοντες· ὅτι κατηγόρου μὴ ὄντος ὑμεῖς συκοφάνται ἐστέ. οἱ δὲ διηγαῦντο τοῖς πᾶσι λέγοντες· ὅτι παρερχομένων ἡμῶν ἐν τῷ τόπῳ τούτῳ τῇ νυκτὶ ταύτῃ εὕρομεν ταξεώτην καθήμενον ἐν τῷ ὀχήματι καὶ διηγήσατο ἡμῖν πάντα ὅσα ἀκούετε ἀφ᾽ ἡμῶν, ἔχων καὶ τὰς καταθέσεις αὐτῶν. Hierauf folgen die p. 43 (zu p. 42, 22) mitgetheilten Worte οἱ δὲ ὄχλοι κτλ., welche sofort zu deutlicher Uebereinstimmung mit B (Amphil. p. 19 med., cf. unten zu p. 44, 6) fortschreiten. Nachdem er dann bis p. 46, 2 m. T. mit B gegangen ist, giebt er die Antwort·des Kaisers abgesehn vom Namen Hadrian statt Trajan beinah wörtlich so, wie sie unten p. 46, 5 sqq. gedruckt ist. Nur am Schluss fällt er ungeschickt genug in indirekte Rede, geht überhaupt mit B bis p. 47, 6 m. T., von wo an er auf kurze Zeit wieder ebenso entschieden auf die Seite der anderen Recension tritt. Von p. 51, 7 an aber lässt er auf τρεῖς νύκτας, die letzten mit m. T. identischen Worte, sofort folgen ἤλθομεν ἐν Μυρώνῃ = p. 53, 16, stösst also dasselbe Stück aus, welches in B fehlt. Dagegen hat er die in B fehlende Geschichte p. 54, 21 sqq., nur am Schluss gekürzt (s. zu p. 55, 17; 56, 9). Darauf folgt p. 57, 9 die erste mit B gemeinsame Titelüberschrift und andere charakteristische Uebereinstimmungen mit dieser Recension; aber es bleiben das sporadische Erscheinungen. Während z. B. der Titel zu p. 90, 1 an B erinnert, ist doch, wenn ich nach meiner unvollständigen Collation urtheilen darf,

---

1) οι δε ταξεωται ελθοντες εν τω τοπω ενθα εκαθεζετο ο δαιμων εν σχηματι ταξεωτου, και μη ευροντες αυτον εις λυπην μεγαλην και αμηχανιαν επεσαν λεγοντες οτι του κατηγορου μη ευρισκομενου ημεις ως συκοφανται παρα τω Διοσκοριδη λογισθησομεθα.

schon etwa von p. 59 an und bis zum Schluss der Text durchweg frei von den Zuthaten und Auslassungen von B. Den
Sprung von p. 125, 12 — 135, 2 macht P³ ohne B; die gleich
folgende Lücke zwischen p. 135, 8—151, 2 ist durch Ausfall
eines Blattes veranlasst s. oben p. XIII. Dem Schreiber, welcher zeitweilig neben seiner Hauptvorlage eine Hs. von B verglichen und hauptsächlich in der Hoffnung, rascher fertig zu
werden, gelegentlich befolgt hat, ist dies Verfahren nachher
mühsamer erschienen, als einfach seine erste Vorlage abzuschreiben und gelegentlich ein Kapitel derselben zu überschlagen.

Jedenfalls ganz anderer Art war das Verfahren des Schreibers von P² oder vielmehr desjenigen, dessen Hs. er copierte [1]).
Es finden sich manche Berührungen mit der Recension B [2]),
und der Umstand, dass P² am Schluss [3]) jedenfalls aus einer
ganz anderen Quelle geschöpft hat, als vorher, könnte die Annahme nahelegen, dass er in dem mittleren Theil der Erzählung
auch eine Hs. der Recension B benutzt habe. Nur wäre das
nicht als einfaches Abschreiben zu denken. Die im Apparat zu
p. 29, 9; 32, 6; 35, 12; 36, 23; 38, 5; 41, 2; 42, 1; 50, 14;
51, 8. 14; 52, 17; 60, 2. 19 theils ausführlich mitgetheilten,
theils angedeuteten starken Abweichungen dieser Hs. von aller
sonstigen Ueberlieferung beweisen, dass in P² streckenweise
eine sehr willkürliche Umgestaltung vorliegt, welche mit der
Recension B ebensowenig zu schaffen hat, wie die Kapiteleintheilung hier und dort s. p. XXXI. Vielleicht genügt zur Erklärung der Uebereinstimmungen mit dieser die zu p. 65, 4 aus-
gesprochene Annahme. Es ist noch zu bemerken, dass von
p. 108, 14 = fol. 69 r. der Hs. an gar keine solche Uebereinstimmungen mehr stattfinden. Obwohl die Hand die gleiche
bleibt, so ist doch hier eine Fuge sichtbar. Statt der Worte
ὅπως ὠφεληϑῶμεν p. 108, 13 sq. heisst es am Ende von fol. 68 v.
ὅπως χειραγωγήσῃ ἡμᾶς πρὸς τὸ φῶς τῆς ζωῆς. καὶ ἐξελϑόν-

---

1) Die heillose Orthographie nämlich in dem den Prochorus ent-
haltenden Theil dieser Hs. sticht gegen die leidlich correcte Schreibweise
in andern, von derselben Hand geschriebenen Stücken derselben Hs.,
welche ich durchlas, so stark ab, dass man annehmen muss, der Schreiber habe seine Vorlagen, gute und schlechte, mit mechanischer Treue
abgeschrieben.

2) S. die Noten zu p. 30, 20. 22; 31, 3. 4. 11; 59, 2; 65, 4; 85, 6.

3) S. Beilage D p. 185, 20—192, 12.

των ήμῶν πάντες πεσόντες [1]) *προσεκύνησαν ἐπὶ τὴν γῆν. ἤκου* |
darauf fol. 69 r. | *σεν δὲ Μύρων ὅτι δολοφωνοῦσιν* = p. 108, 14
m. Textes, welchem von da an P² ziemlich genau entspricht.
Das vor fol. 69 r. Stehende muss aus einer andern Hs. abgeschrieben sein; denn es greift über den fol. 69 dargestellten Moment
hinaus. Das *ἤκου* scheint mit anderer Tinte geschrieben zu sein
und steht ein wenig schief, wie es auch sachlich nicht zum Folgenden passt. Der Uebergang zu einer anderen Vorlage wird
auch dadurch bestätigt, dass von hier an keine Capitulation
mehr am Rande angemerkt ist; die letzte fand ich fol. 64 r.
(oben p. XXXII).

Einen einigermassen gemischten Charakter tragen auch die
ihrem grössten Theile nach zu B gehörigen codd. m² und v.
In Bezug auf letzteren lehrt das schon die Uebersicht über seinen Inhalt oben p. X sq. Woher er sein letztes Kapitel hat,
wird im 2. Theil dieser Einleitung nachgewiesen. Dass er aber
auch seine zu Prochorus gehörigen Kapitel verschiedenen Hss.
entnommen hat, beweist schon die Umstellung. Von fol. 53—70 v.
= p. 3—57 und fol. 70 v.—79 v. = p. 90, 1—116, 17 m. Textes ist er ein treuer Zeuge von B. Ebenso entschieden steht er
auf Seiten des nicht interpolirten Textes fol. 90 v.—92 r. =
p. 122, 13—127, 5 (s. zu 126, 12) m. Textes. Undeutlich ist sein
Charakter in dem bei ihm dazwischenstehenden, in der Erzählung des Prochorus aber vorangehenden Abschnitt fol. 80 r.—
90 v. = p. 57, 9—89, 16 m. T. Freilich weicht hier die Recension B nicht so weit von m. Texte ab, wie anderwärts, aber
das häufige Zusammengehn des Venetus mit den besseren Zeugen gegen die Hss. von B, besonders gegen m¹ c, wird der
Commentar von p. 69, 19 an ausreichend veranschaulichen [2]).
Der Schreiber hat sich immer weiter von seiner ersten Vorlage
entfernt. Während er Anfangs einer Hs. von B folgte, hat er
bei seiner von Anfang an eklektischen Absicht (s. oben p. XI)
nachher wenigstens noch zwei andere Hss. benutzt, eine zweite
Prochorushs. und eine Hs. der alten Johannesacten, von welchen er uns das wichtige Fragm. IV aufbewahrt hat. Ehe er
aber entschieden zu der zweiten Prochorushs. überging, muss er

1) Im Cod. *πεσωντες* und *προσεκυνησεν.*
2) Ich verweise z. B. auf p. 78, 10 cf. 57, 1, auch deshalb um zu
sagen, dass zu 57, 1 diese Ausnahme im cod. v hätte angemerkt werden sollen.

bei der Abschrift der Kapitel auf fol. 80—90 eine Zeit lang die zweite Hs. mit der ersten verglichen haben. Dass auch der Mosquensis 178 (m²) in ganz vereinzelten Fällen aus der Recension B herausfällt, wurde schon bemerkt (p. XXVII). Das ist aber nur insofern von Bedeutung, weil es dadurch zweifelhaft werden könnte, ob v m² da, wo sie im ganzen als Zeugen von B anzusehen sind, aber gegen c m¹ stimmen und, was nicht selten der Fall ist, zugleich mit den nicht interpolirten Hss. übereinstimmen, die ursprüngliche Gestalt von B bewahrt haben, welche erst später in die noch weiter abliegende Form von c m¹ gebracht worden wäre, oder ob sie durch Vergleichung einer nicht zu B gehörigen Hs. zu ihrem meiner Ausgabe näher stehenden Text gekommen sind. Ersteres ist das Einfachere und darum Wahrscheinlichere.

Eine sichere, den Text in seinem ganzen Umfang tragende Grundlage können nach dem Gesagten Hss. wie P² P³ ebensowenig bilden wie die Hss. der Recension B. Kurze Fragmente wie P¹ kommen trotz hohen Alters selbstverständlich nicht in Betracht. Es bleiben die vollständig oder beinah vollständig erhaltenen Zeugen, welche von der in B vorliegenden Bearbeitung völlig unberührt geblieben sind, vor allem der Nanianus 153 (V) und die Editio princeps (N). Bei aller Willkür alter Uebersetzer werden V und N gegenüber von B durchweg bestätigt durch die lateinische und, soweit sich nach den mir zugänglichen Proben urtheilen lässt, durch die koptische und die altslavische Uebersetzung. Unter sich aber weichen V und N in Kleinigkeiten unendlich oft von einander ab, während sie in Gang und Ton der Erzählung fast überall übereinstimmen. Sie gehören zwei verschiedenen Familien gleichen Stammes an. N nämlich ist nächstverwandt mit P³, abgesehn von den oben p. XXXII sq. nachgewiesenen Stücken, in welchen P³ entweder zu B übergegangen ist oder bis zur Sinnlosigkeit gekürzt hat. Etwas ferner steht, gehört aber doch hieher, soweit er nicht durch arge Willkürlichkeiten entstellt ist, der Mosquensis 159 (m³). Die Zusammengehörigkeit von N P³ m³ wird schon dadurch einleuchtend, dass diese drei eine identische Darstellung von der Abfassung der Apokalypse enthalten, welche ausserdem meines Wissens nur in der slavischen Version eine wirkliche Parallele hat, während P² eine davon ganz unabhängige Darstellung derselben Thatsache, die übrigen Zeugen aber gar keine haben.

Im übrigen muss ich mich auf den Apparat berufen, wo man oft genug N P³ m³ zusammenstehen sieht gegen alle übrigen. Auf die Verderbtheit des Textes in m³ habe ich manchmal hingewiesen, um mich darüber zu rechtfertigen, dass ich nur geringen Gebrauch von ihm gemacht habe (s. zu p. 29, 3; 42, 12. 22; 44, 11 sq.; 50, 4; 56, 17, 110, 8; 117, 6; 120, 5). Wie m³ der am meisten verwilderte Vertreter dieser Gruppe ist, so N der treuste. Ihm steht aber V nicht einsam gegenüber. Ich glaube mich auf die kritischen Noten als ausreichenden Beweis dafür berufen zu können, dass keiner der mir zugänglichen griechischen Texte so häufig durch die lateinische und durch die koptische Version bestätigt wird als V. Er nimmt eine centrale Stellung ein, indem er in den meisten Fällen den gemeinsamen Boden kennen lehrt, aus welchem die lateinische Version, die Recension B, die willkürlichen Wandelungen in P² und die Gruppe N P³ m³ gewachsen sind [1]). Ich habe ihn darum vor dieser Gruppe grundsätzlich bevorzugt. Allerdings ist V eine sehr junge Hs., aber der Text ist alt, und ich muss Tischendorf's Urtheil unterschreiben, wenn dieser in Bezug auf die Acta Petri et Pauli (Acta apocr. p. XVIII) über ihn sagt: *Quod plerumque praetulimus Venetum textum, erunt qui reprehendant; sed videant, ne temere convenientiam graeci et latini textus in graecorum codicum vitium vertant.* Wem die mangelhafte Orthographie anstössig ist, besonders die endlosen Vertauschungen von ω und o, η und ι, αι und ε, οι und υ, welche in einzelnen Fällen den Sinn verdunkeln können, der müsste unsern V, auch wenn er so alt wäre, wie der biblische Sinaiticus, ebenso wie diesen selbst für eine sehr werthlose Hs. erklären. In der That hindern diese Eigenschaften gar nicht, auch in formeller Hinsicht den V sehr hoch zu stellen. Die Formen ἤλθαμεν, εἶπαν etc. [2]), welche bekanntlich nicht aus dem 16. Jahrhundert stammen, finden sich nicht selten in N, auch in den hier in Betracht kommenden Theilen von P² P³ v; aber in keiner Hs. so häufig wie in V. Es fehlt nicht an Stellen, wo auch dieser Ungewöhnliches und Ursprüngliches durch das Gewöhnliche ersetzt hat, und wo

1) Unverhofft findet er in einzelnen Partien Bundesgenossen z. B. von p. 150, 13 bis zum Schluss an dem Fragment in Coisl. 121 (P⁴). Vgl. die Anm. zu p. 122, 13.

2) Ueber diese und andere seltenere Flexionsformen cf. die Zusammenstellung am Schluss des Wörterverzeichnisses.

er überhaupt nichts taugt. Darum habe ich mich nie damit begnügt, den Text des V ohne Mittel zur Controle darzubieten;
aber bei der Mannigfaltigkeit der Zeugen musste ich mich darauf
beschränken, vollständig nur über den Inhalt von V
und N zu berichten[1]), die übrigen aber nur soweit, als es zu
ihrer Charakteristik erforderlich schien oder sonst Gewinn ver-
sprach, heranzuziehn. Der auch so noch sehr ausführlich gerathene
Commentar wäre bei noch vollständigerer Berichterstattung un-
erträglich geworden. Es war aus diesem Grunde auch nicht
möglich, immer anzugeben, warum in der einen Zeile P² P³ m³
citirt seien, in der nächsten vielleicht nur P³. In der Regel ist
es daraus zu erklären, dass ich urtheilte, eine wirkliche Vergleichung sei nicht möglich oder unnütz. Nur in Bezug auf P³
liegt der Grund vielfach in der Unvollständigkeit der mir zu
Gebote stehenden Collation Tischendorfs. Der zu meinem eigenen
Bedauern etwas buntscheckig aussehende Commentar wird trotzdem deutlich sein. Griechische Worte ohne Klammern bezeichnen stets die LA sämmtlicher dahinter ohne Interpunction
aufgeführter Zeugen, die in Klammern gesetzten dagegen die
LA nur des letzten vorher genannten Zeugen mit Ausnahme
der Fälle, wo in der Klammer ein andrer Zeuge genannt ist.
Ueber die Bezeichnungen der Hss. und Versionen vgl. oben
p. IX—XX. Es bedeutet ferner + *fügt hinzu*, ✕ *schickt voraus*,
> *lässt aus*.

§. 4. Interpolirte Stücke.

Auch nach Ausscheidung der nur in der lateinischen Version vorhandenen Episode (oben p. XVI—XIX) fragt sich's noch
an mehr als einer Stelle, welches der ursprüngliche Inhalt und
Umfang des Buchs, und was spätere Zuthat sei. Nachdem eine
so erhebliche Zahl von Textzeugen zu Tage gefördert ist, werden

---

1) Ausgenommen habe ich die häufigen Vocalvertauschungen, welche
für den Sinn gleichgültig schienen. Sie sind in der Regel nur da angeführt, wo die LA ohnehin in extenso mitgetheilt werden musste, oder
wo sie die Entstehung einer andern LA erklären halfen. In Bezug auf
das ν ἐφελκ. habe ich V zum Führer genommen, welcher in der Regel
auch vor dem Consonanten es gebraucht. Meistens stimmt N, oft auch
andere Hss. darin mit V. Einige Inconsequenzen hierin wie in anderen
orthographischen Dingen, wo man schwanken konnte, ob man das in
den Hss. des Prochorus Bezeugte oder das Gewöhnliche wählen sollte
(z. B. χρήζω oder χρῄζω), bitte ich zu entschuldigen.

so leicht hingeworfene Vermuthungen von selbst hinfallen, wie
z. B. diejenige Usener's [1]), welcher die dem cod. Vat. bei Birch
eigenthümliche Darstellung bevorzugt und die unten p. 166 sq.
mitgetheilte Episode dem „Prochorus" selbst zuschreibt. Auch
wenn dieser vt nicht eine der schlechtesten Hss. wäre und mit
seinem Zeugnis für dieses Stück völlig vereinsamt dastünde,
würde klar sein, dass wir hier eine Interpolation vor uns haben,
welche dem Zweck dient, die Erzählung des Prochorus mit der
aus der Bibel bekannten Thatsache auszugleichen, dass Paulus
der Stifter der ephesinischen Kirche war, sowie mit der an den
1. Timotheusbrief sich anlehnenden Vorstellung, dass Timotheus
erster Bischof von Ephesus gewesen sei [2]). Der Interpolator
verräth sich zu deutlich durch die Worte, mit denen er wieder
zu seiner Vorlage zurückkehrt (p. 167, 10): „Wohlan denn,
lasst uns nun hineinschauen in den Lehrbegriff des Theologen
und anfangen einzugehn auf die Wunder und Zeichen seines
Wandels, die er in Ephesus und in ganz Asien und der Stadt
Milet (?) gethan, und auf die Leiden, die ihn auf dem Meer und
auf der Insel Patmos betroffen haben." Selbst die Sprache fällt
gänzlich aus der Rolle des Prochorus, wie in dem ursprünglichen
Werk an keiner Stelle auch nur in ähnlicher Weise. Prochorus
selbst hat die Wirksamkeit des Paulus vollständig ignorirt. In
der vollkommen heidnischen Stadt Ephesus gründet Johannes
nicht sehr lange Zeit nach der Himmelfahrt die Kirche. Prochorus steht damit keineswegs allein. Die angeblich von Eusebius von Cäsarea aufgefundene und dann in's Syrische über-
setzte „Geschichte des Johannes des Sohnes Zebedäi", welche
W. Wright aus einer Hs. des 6. und einer andern des 9. Jahrhunderts herausgegeben hat [3]), lässt den Jüngling Johannes kurze
Zeit nach der Himmelfahrt nach Ephesus aufbrechen, durch

---

1) Acta Timothei p. 19 sq., wogegen ich schon in den Gött. gel.
Anz. 1878 S. 110 vielleicht Ausreichendes bemerkt habe.

2) Sie findet sich in der Literatur apokrypher Apostelgeschichten
meines Wissens nur noch bei Abdias V, 2. Fabric. cod. pseudep. N. Ti
II, 534. Nicht ganz selten wird Timotheus sonst neben Paulus oder
Johannes als ephesinischer Heiliger genannt z. B. Pseudoign. ad Ephes.
6. 11 (Patr. ap. II, 276, 29; 282, 19), Brief des Pabstes Coelestin an
das ephesin. Concil von 431 (Mansi IV, 1285); Verhandlungen der Kirchenvers. zu Ephesus von 449 übersetzt von Hoffmann p. 81, 45.

3) Apocryphal Acts vol. I. II. 1871 zu Anfang beider Bände.

seine Predigt Ephesus, die Schwester von Edessa, von allen
Städten zuerst zum Christenglauben bekehrt werden, und erst
nach langer Zeit, nach einem Exil des Johannes, dessen Ort
nicht genannt wird, und seiner Rückkehr nach Ephesus die
Apostel Paulus und Petrus dahin kommen und 30 Tage lang
dort predigen. Selbst zu gelehrt sein wollenden Auslegern der
paulinischen Briefe ist schon vor dem 5. Jahrhundert die Meinung gedrungen, dass nicht Paulus, sondern Johannes der Mis-
sionar von Ephesus gewesen sei [1]). Man sieht aus der dagegen

---

1) Theodoret in der Hypothesis zum Epheserbrief (ed. Noesselt
p. 398): τινὲς τῶν προηρμηνευκότων τὸν θεῖον ἀπόστολον ἔφασαν τὸν
θεσπέσιον Ἰωάννην τὸν εὐαγγελιστὴν πρῶτον παραδεδωκέναι τοῖς Ἐφεσίοις τὸ σωτήριον κήρυγμα· τινὲς δὲ ἄλλους μέν τινας εἰρήκασι πεποιηκέναι, τὸν δὲ θειότατον Παῦλον μηδέπω τοὺς Ἐφεσίους τεθεαμένον τήνδε
τὴν ἐπιστολὴν πρὸς αὐτοὺς γεγραφέναι. ἀλλ' ἡ τῶν ἀποστολικῶν πράξεων
ἱστορία τούτων ἡμᾶς οὐδέτερον διδάσκει. Sodann zu Ephes. I, 15 sq.
p. 406: ἐντεῦθέν τινες ὑπετόπησαν, ὡς μηδέπω θεασάμενος αὐτοὺς ὁ θεῖος
ἀπόστολος γέγραφε τὴν ἐπιστολήν. Der Ausdruck an ersterer Stelle
erinnert stark an die Bemerkung des Theodor von Mopsuestia (Cramer
cat. in N. T. VI p. 97, 21 sqq. Theod. Mops. in N. T. comment. ed.
Fritzsche p. 130), welcher die positive Meinung von der Stiftung der
ephesinischen Kirche durch Johannes gleichfalls bestreitet, ohne gerade
Exegeten dafür verantwortlich zu machen, die andere damit nicht nothwendig zusammenhängende Meinung aber zu theilen scheint, dass Paulus
an die Epheser geschrieben habe, ohne sie gesehn zu haben. Aber die
Stelle ist sichtlich verderbt. Mit den nothwendigen Verbesserungen lautet
sie: ἐπῆλθέ μοι σφόδρα θαυμάζειν ἐκεῖνα τῶν εἰρηκότων, τὸν μακάριον
Ἰωάννην τὸν εὐαγγελιστὴν πρῶτον τοῖς Ἐφεσίοις παραδεδωκέναι τὸν τῆς
εὐσεβείας λόγον· οὐκ ἐνενόησαν γάρ, ὡς Ἰωάννης τοῖς ὑστέροις χρόνοις
(statt τοὺς ὑ. χρόνους) παρ' Ἐφεσίοις ἐγένετο, διαγενόμενος ἄχρι τῶν
Τραϊανοῦ τοῦ βασιλέως καιρῶν, ἀπὸ τῶν Νέρωνος ἀρξάμενος, ἐφ' (so auch
Fritzsche p. 130 Rand statt ἀφ') οὗ Παῦλος ἀπετμήθη τὴν κεφαλήν, καὶ
ὁ Ἰουδαϊκὸς πόλεμος ἀρχὴν ἐδέξατο. ἐπὶ τούτου γὰρ δὴ τοῦ πολέμου
πάντας μὲν ἀναχωρῆσαι τοὺς ἀποστόλους τῆς Ἰουδαίας ἐγένετο· τότε δὲ
καὶ Ἰωάννης εἰς τὴν Ἔφεσον γενόμενος διετέλεσεν ἐπ' αὐτῆς ἄχρι τῶν
Τραϊανοῦ διαγεγονὼς ὡς ἔφην καιρῶν. Παῦλος δὲ ἤδη (statt οὐδὲ) τε-
θεαμένος αὐτοὺς ἐπιστέλλων φαίνεται· καταλιμπάνει δὲ Τιμόθεον μετὰ
τοῦτο ἐπιστατήσοντα τῇ παρ' αὐτοῖς ἐκκλησίᾳ, γεγονὼς ἤδη παρ' αὐτοῖς
ὡς εἰκός. τίς δὲ οὕτως ἠλίθιος ὥστ' ἂν οἰηθῆναι, ὅτι παρόντος Ἰωάννου
Τιμόθεον ἐπὶ τῷ τὴν ἐκκλησίαν οἰκονομεῖν κατελίμπανεν; Ἔτι καὶ τοῦτο
πρὸς τοῖς εἰρημένοις λογίζεσθαι χρή· ὡς Ἐφεσίους ἐθεάσατο πολλῷ πρότερον ἢ ἐπὶ τὴν Ῥώμην ἀπὸ τῆς Ἰουδαίας ἀναχθῆναι ὅλως, ὡς ἐν ταῖς
πράξεσι τῶν ἀποστόλων μάθοι ἄν τις σαφέστερον· ὥστε φαίνεσθαι αὐτὸν

gerichteten Polemik eines Theodor von Mopsuestia und noch
deutlicher aus derjenigen des Theodoret, dass es nicht eine Ab-

παντοχόθεν πολλῷ πρότερον τῆς Ἰωάννου διατριβῆς ταῦτα γράφοντα
πρὸς αὐτούς. Beläset man wie auch Fritzsche und Usener (Acta Timothei p. 19) das οὐδέ statt ἤδη im Text, so ergiebt sich eine Verwirrung
des Gedankens, welche ich einem Manne wie Theodor nicht zutraue.
Er würde als zweiten Grund gegen die bestrittene Meinung von der Stiftung der ephesinischen Gemeinde durch Johannes das Zeugnis der Apostelgeschichte anführen, ohne zu bemerken, dass dadurch ebensosehr die
bei der LA οὐδέ von ihm selbst gehegte Meinung ausgeschlossen ist,
dass Paulus bei Abfassung des Epheserbriefs die Epheser noch nicht
gesehn hatte. Denn wenn Paulus nach der Apostelgeschichte die Epheser
lange vor der römischen Gefangenschaft gesehn haben soll, und der
Epheserbrief unverkennbar und nach allgemeiner Annahme des Alterthums von dem gefangenen Apostel — gleichviel ob in Cäsarea oder in
Rom — geschrieben ist, so muss Paulus auch lange vor Abfassung des
Epheserbriefs die Epheser gesehn haben. Aber auch abgesehn vom zweiten Argument Theodor's wäre unverständlich, warum er in die erste
Argumentation den Umstand eingeflochten hätte, dass Paulus bei Abfassung des Epheserbriefs noch nicht in Ephesus gewesen war. Er will
ja vielmehr beweisen, wie lange vor der Ankunft des Johannes in Ephesus Paulus mit dieser Gemeinde in Beziehung gestanden habe. Schon
aus dem Epheserbrief soll ersichtlich sein, dass Paulus sie damals gekannt hat; vollends der 1. Timotheusbrief, nach welchem Paulus den Timotheus als Verwalter der dortigen Gemeinde zurückgelassen, setzt selbstverständlich voraus, dass Paulus damals schon in Ephesus gewesen war,
und andrerseits konnte er dem Timotheus diese Stellung nicht anweisen,
wenn Johannes damals in Ephesus war. Eine gewisse Unklarheit kommt
auch so noch dadurch heraus, dass es nach den letzten Worten des
Fragments so scheint, als habe Theodor etwas wesentlich Anderes widerlegen wollen, als was der Anfang als den zu bestreitenden Irrthum hin-
stellt, nämlich vielmehr die Meinung, dass der Epheserbrief lange vor
der johanneischen Wirksamkeit in Ephesus geschrieben sei. Vielleicht
gehören die Worte von ἔτι καὶ τοῦτο πρὸς τοῖς εἰρημένοις gar nicht mehr
dem Theodor an, sondern dem Catenenverfasser, welcher auch sonst in
den Einleitungen das Wort führt. — Mag ich mit meiner Emendation im
Recht sein oder nicht, jedenfalls wäre es willkürlich, die Angabe Theo-
dorets, dass auch Exegeten den Johannes für den Stifter der ephesinischen Gemeinde ausgegeben haben, durch eine ungenaue Bezugnahme
auf Theodor zu erklären; denn dieser bestreitet eben dies, und von den
beiden von Theodoret deutlich unterschiedenen Meinungen könnte dem
Theodor auch nach der überlieferten LA nur die zweite nachgesagt werden. Aber älter als Theodoret ist auch der Severianus von Gabala

neigung gegen Paulus war, welche ihn bei Manchen um die Ehre
brachte, der Stifter der ephesinischen Gemeinde zu sein, sondern nächst dem Umstand, dass die nachapostolischen Grössen
und Traditionen der vorderasiatischen Kirche an den langlebigen
Johannes von Ephesus und nicht an Paulus geschichtlich geknüpft waren, auch die exegetische Beobachtung, dass der sogenannte Brief an die Epheser offenbar an Leute gerichtet sei,
mit denen Paulus bei Abfassung desselben nicht persönlich bekannt war, dass also unter der herrschenden unrichtigen Voraussetzung von der Bestimmung dieses Briefs nach Ephesus Paulus
·die Gemeinde von Ephesus nicht gestiftet und Ephesus überhaupt noch nicht betreten haben konnte, als er ihn schrieb.
An dem grellen Widerspruch dieser Annahme mit der Apostelgeschichte trug Prochorus nicht schwerer, als die von Theodoret
bekämpften Exegeten. Die an sich so berechtigte Polemik eines
Theodoret muthet uns dagegen die andere Unmöglichkeit zu,
dass der Epheserbrief an eine von Paulus gestiftete Gemeinde
gerichtet sei. Es hat keine dogmengeschichtliche, wohl aber
literargeschichtliche Bedeutung, dass Prochorus von Paulus als
Apostel von Ephesus keinerlei Notiz [1]) nimmt. Dieser dreiste·

(Gennadius de vir. illustr. 21), welchem das bei Cramer unmittelbar
vorangehende Fragment angehört, wo es heisst: ὥσπερ τοῖς Ῥωμαίοις
ἔγραφεν, ὅτε μηδέπω αὐτοὺς τεθέατο, οὕτως καὶ τοῖς Ἐφεσίοις, Ἰωάννου
προλαβόντος καὶ τὸ κήρυγμα αὐτοῖς καταβαλομένου (Cramer καταβαλλο-
μένου). Nachher nochmals εἶτα ἐπειδὴ ἱκανῶς ὁ Ἰωάννης ἐθεολόγησε κτλ.
Aelter als Theodoret ist auch die von Euthalius i. J. 458 in seine Ausgabe der paulinischen Briefe aufgenommene Einleitung zu denselben,
deren ungenannter Verfasser i. J. 396 geschrieben hat (Zacagni, coll.
monum. I, 536) und ebenso wie Severianus die Epheser mit den Römern
als solche zusammenstellt, die zur Zeit der Abfassung des an sie gerichteten Briefs mit Paulus nur durch Hörensagen bekannt waren (Zacagni
I, 524). Euthalius selbst eignet sich dies an, ohne an der Abfassung
des Epheserbriefs während der römischen Gefangenschaft zu rütteln (Zacagni I, 633 sq.). — Es fehlt also der Angabe des Theodoret nicht an der
ausreichenden und nachweisbaren Grundlage. Die Untersuchung darüber,
wann zuerst die von Theodor und Theodoret bestrittene, von Prochorus
gehegte Vorstellung aufgetaucht sei, gehört nicht hierhin.

1) Es mag nichts zu bedeuten haben, dass bei Prochorus nur wenige
deutliche Anspielungen an die paulinischen Briefe sich finden. — Ein
lehrreiches Gegenstück zu der einseitig johanneischen Tradition bietet
scheinbar die Vita Polycarpi, geschrieben zwischen 325 und 400 (Patr.

oder naive Widerspruch der Dichtung gegen die biblische Geschichte ist das Ursprüngliche; die Ausgleichungen wie die im cod. vt des Prochorus und in den angeblich von Polykrates von Ephesus geschriebenen Acten des Timotheus[1]), welche nicht ohne Kenntniss des Prochorus geschrieben zu sein scheinen, auch der halbe Versuch in der erwähnten syrischen Legende, sind das Spätere.

Eine ähnliche Interpolation, wie sie dem Prochorus hier am Eingang nur nach dem Zeugnis einer einzigen, überhaupt sehr werthlosen Hs. widerfahren ist, findet sich gegen den Schluss des Buchs in mehreren Hss. und Uebersetzungen. Auf die bei allen Zeugen ziemlich gleichlautende Erzählung von der Abfassung des Evangeliums des Johannes in der Stadt Karos auf Patmos folgt bei Allen[2]) eine Wirksamkeit des Johannes in den auswärtigen Dörfern der Insel, aus welcher in V N P³ B (m¹ m² c) und der slavischen Version die Heilung des blinden Sohnes eines Zeuspriesters Euchares hervorgehoben wird. In L wird die Geschichte nachgetragen, nachdem die Abreise des Apostels von Patmos und die feierliche Einholung durch Bischöfe und Gemeinden Asiens berichtet ist; und doch soll auch nach L seine Heilung in einem Dorf auf Patmos sich zugetragen haben. In P² (unten p. 186, 12—23) ist diese Geschichte in den Moment der Abfahrt von Patmos verlegt und von dem Bericht über die Abfassung des Evangeliums durch einen kurzen Bericht über die Abfassung der Apokalypse getrennt. L hat zwar keinen förmlichen Bericht, aber doch die Notiz, dass Johannes schon vor Abfassung des Evangeliums und überhaupt vor den letzten Tagen seines Exils die Apokalypse geschrieben haben soll. Hierauf hatte er auch schon vorher den Apostel als auf eine vergangene Thatsache zurückblicken lassen[3]). Völlig verschieden von diesen beiden kurzen Relationen ist der ausführliche Bericht über die Entstehung der Apokalypse, welcher sich we-

---

apost. II prolegg. p. L u. p. 169; Zeitschr. für Kircheng. II, 454 f.), worin, soweit sie erhalten ist, von Johannes keine Silbe sich findet. Doch ist es möglich, dass in dem verlorenen Theil von einer späteren Berührung Polykarps mit Johannes die Rede war.

1) Auch in dieser Hinsicht vgl. Gött. gel. Anz. 1878 S. 99 f.

2) Mit Ausnahme von m³, einer überhaupt durch viele Auslassungen ausgezeichneten Hs. S. die Erörterungen zu p. 158, 9.

3) S. unten die Note zu p. 158, 7. Cf. zu p. 153, 4; 160, 5.

sentlich gleichlautend in N P³ m³ und in der slavischen Version
zwischen die Heilung des blinden Priestersohnes und die Abreise
von Patmos gestellt findet. Er ist unten p. 184 sq. abgedruckt.

Es scheint auf der Hand zu liegen, dass mindestens ¹) drei
unabhängig von einander entstandene Versuche vorliegen, den
in späteren Zeiten empfundenen Mangel des ursprünglichen
Prochorus zu ersetzen, welcher auf Patmos statt der Apokalypse
das Evangelium hatte entstehen lassen und die Apokalypse überhaupt nicht erwähnt hatte. Abgesehen von der nachgewiesenen
fundamentalen Verschiedenheit der Berichte über die Apokalypse,
welche unbegreiflich würde, wenn man annähme, im ursprünglichen Prochorus habe auch schon ein solcher gestanden, entscheiden gegen diese Annahme die äusseren Zeugnisse. Mit
dem trefflichen V stimmt nicht nur der P⁴ und der hier nicht
zu B gehörige m² (s. oben p. XXVII Anm. 2), sondern auch
der Interpolator B; und dass nicht erst dieser die Apokalypse
beseitigt hat, ergiebt sich eben aus dieser Uebereinstimmung
mit Hss., welche sonst keinerlei charakteristische Berührung mit
B haben. Auch hat dieser B wie sich noch zeigen wird, zu
einer Zeit gearbeitet, wo die Abneigung der griechischen Kirche
gegen die Apokalypse ihre Kraft bereits verloren hatte und nicht
mehr eine solche Ausmerzung veranlasst haben kann. Symeon
der Metaphrast am Anfang des 10. Jahrhunderts, welcher den
Prochorus gelesen haben muss, da er den Apostel seinem Schüler Prochorus, Einem der Sieben, auf Patmos das Evangelium

---

1) Ueber die Art, in welcher die armenische Uebersetzung die Abfassung der Apokalypse erwähnt (s. oben p. XXIII) habe ich keine Nachricht. Gar kein Gewicht ist natürlich darauf zu legen, dass die Mönche
von Patmos heut zu Tage eine Grotte und Kapelle als Ort der Entstehung der Apokalypse bezeichnen. An Prochorus muss man allerdings dabei denken, denn es ist auch eine Sage von dem ins Meer ver-
sunkenen Zauberer (Kynops) auf einen in der Nähe der Insel im Meer
liegenden Felsen übertragen worden. S. Tischendorf, Reise in den Orient
II, 259. 264. Desselben „Aus dem heil. Land" S. 343. Aber die An-
siedelung der Mönche auf der damals ganz menschenleeren Insel fand im
11. Jahrhundert statt, zu einer Zeit, wo diese Interpolation schon nicht
mehr jung gewesen sein kann. Zudem kann Prochorus noch später nach
Patmos gekommen sein als die Mönche, und zwar in interpolirter Gestalt.
Pococke (Beschr. des Morgenl., deutsch Erlangen 1773, III, 46) giebt
an, dass Johannes in der Ἀποκάλυψις genannten Grotte sowohl die Offenbarung als das Evangelium geschrieben haben solle.

dictiren lässt, geht von da unmittelbar zu der Abreise nach
Ephesus über, ohne hier oder sonst die Apokalypse zu erwähnen[1]). Auch das um 980 in Konstantinopel geschriebene Menologium[2]), welches schon darum als von Prochorus abhängig
gelten muss, weil es die Abfassung des Evangeliums nach Patmos verlegt, und die ausführlicheren Menaia, welche ein förmliches Excerpt aus Prochorus geben[3]), schweigen völlig von
der Apokalypse. Nicetas Paphlago, um 880, welcher gleichfalls aus Prochorus schöpft[4]), obwohl er diesen Namen nicht

---

1) Ich muss dessen ὑπόμνημα εἰς τὸν ἅγιον ἀπόστολον Ἰωάννην τὸν
εὐαγγελιστὴν καὶ θεολόγον nach dem Nachdruck bei Migne tom. 116, 683 sqq.
citiren. Die Stelle über Prochorus 692 D—693 C. Als Zeit des Metaphrasten nehme ich die Jahre 900—960 an nach Jo. Bolland Acta SS.
Jan. tom. I, praef. p. XVI sq.; Cave, Hist. lit. ed. Gen. 1720 p. 492;
Basnage zu Canis. aut. lect. III, 1, 22 sq. und besonders Muralt in der
Vorrede zu Georgius Hamartolus (1859) p. XI.

2) Menologium Graecorum, jussu Basilii imperatoris graece olim
editum, ... nunc primum graece et latine prodit stud. et op. Annib.
Card. Albani, Urbini 1727. Zum 26. Sept. (tom. I, 70) beginnt es: Ὁ
μέγας ἀπόστολος καὶ εὐαγγελιστὴς Ἰωάννης μετὰ τὴν ἀνάληψιν τοῦ κυρίου καὶ τὴν κοίμησιν τῆς Θεοτόκου ἦλθεν εἰς Ἔφεσον, εὐαγγελιζόμενος
τὸν Χριστόν. καὶ διαβληθεὶς Δομετιανῷ τῷ Ῥωμαίων βασιλεῖ ἐξωρίσθη
εἰς Πάτμον τὴν νῆσον, ἔνθα καὶ τὸ ἅγιον ἔγραψεν εὐαγγέλιον. μετὰ δὲ
τελευτὴν Δομετιανοῦ ἀνακληθεὶς πάλιν ἦλθεν εἰς Ἔφεσον. Auch dass
hier und ebenso zum 15. Nov. p. 191 und zum 21. Januar II, 128 ausdrücklich des vorangegangenen Todes der Maria gedacht wird, weist auf
einen guten Text des Prochorus hin (s. oben p. XXIX). Im Bericht von
der μετάστασις des Apostels weist das ὄρυγμα βαθὺ σταυροειδές auf
Prochorus (unten p. 163, 7), wovon die älteren Johannesacten des Leucius nichts wissen.

3) Im 3. Band der zu Venedig 1628 erschienenen Menaia heisst es
unter anderem zum 26. September (das Buch ist nicht paginirt): καὶ εἴς
τι μετὰ τοῦ μαθητοῦ Προχόρου ὄρος γενόμενος τρεῖς ἡμέρας διῆγεν ἐν
αὐτῷ ἄσιτος, δεόμενος τὸν θεὸν περὶ τούτου ..... καὶ συμπεράνας τὸ
ἱερώτατον καὶ πάνσεπτον εὐαγγέλιον παρέδωκε τοῦτο αὐτοῖς, κἀκεῖθεν
εἰς ἅπαντα διεδόθη τὰ τοῦ κόσμου πέρατα. ἐξελθὼν δὲ εἰς τὴν ἀγροι-
κίαν ἰάσατο τυφλόν. μετὰ ταῦτα ἦλθεν εἰς Ἔφεσον.

4) Combefis, auctarium novissimum (1672) I, 358 sqq. In Folge der
Verlosung der Länder nach der Himmelfahrt geht Johannes nach Asien.
(Ein durch den Zweck der Rede gebotener Widerspruch gegen Prochorus liegt in den Worten οὐκ ἀνέβαλεν τοῦ πνεύματος τὴν ἐπιταγὴν ....
οὔτ᾽ οὖν διψυχίας περιπέπτωκε λογισμοῖς p. 359, s. dagegen Prochorus
p. 5, 13 sqq.). Aber Johannes erregt nicht sofort durch öffentliche Ver-

nennt, erkennt zwar am Schluss seiner Lobrede auf Johannes die Apokalypse als dessen Werk an, aber eben nur am Schluss und ganz nachträglich, während er im Zusammenhang seiner Erzählung nur des Evangeliums gedenkt und zwar so, dass man verstehen muss, es sei auf Patmos geschrieben; denn nicht nach der Rückkehr von dort, sondern nach der Verurtheilung zum Exil daselbst soll Johannes es geschrieben haben. Erst noch spätere oder sehr unsichere Zeugen machen Patmos zur Wiege des Evangeliums und der Apokalypse [1]). Auch ist Prochorus

----

kündigung das Volk, sondern predigt zunächst nur durch sanftmüthigen Wandel (cf. Prochorus p. 15, 4 sqq.). Dadurch gereizt erregt der Teufel ihm allerlei Anfechtungen: ἐξάπτει δὲ κατ' αὐτοῦ πρῶτον μὲν γυναικάριον ζηλότυπον καὶ θρασύ, πρῶτον ἐκείνης τῆς πόλεως νομιζόμενον, ἔπειτα καὶ τῶν ἐκ τοῦ δήμου καὶ τῶν προεχόντων Ἐφέσου τοὺς πονηροτάτους κτλ. p. 360. Nach dem Bericht über die Predigt- und Wunderwirksamkeit zu Ephesus heisst es p. 362: ἔτι μὴν καὶ ἐξορίαν κατὰ Πάτμον τὴν νῆσον ὑπὸ βασιλέων ἀδίκων κατακριθείς, ἐπειδὴ συνεχόμενον ἑαυτὸν ὁ μακαριώτατος ἑώρα καὶ τὴν πρὸς τὸν κύριον εἴσοδον ἐγγίζουσαν, συνιδὼν δὲ καὶ τὸν χρόνον ὡς δεινότατον ὄντα λήθης βυθοῖς ἀμαυροῦν τὰ καλά, κινεῖται μὲν ἀγαθοειδῶς τὸ τῆς αὐτοαγαθότητος ἔσοπτρον ὑπὲρ τῆς ἱερᾶς τοῦ εὐαγγελίου γραφῆς, κινεῖται δὲ πρὸς ἔρωτα θεολογίας ὑπερφυοῦς ὑπό τε τοῦ ἐνοικοῦντος θεοῦ λόγου καὶ τῶν πιστοτάτων τῆς ἐκκλησίας λιπαρούμενος. Die Abhängigkeit des Nicetas von Prochorus hat schon Combefis p. 482 völlig erkannt. Die Erwähnung der Apokalypse steht p. 364 B.

1) Dahin gehört ursprünglich nicht der bald dem Hippolytus bald dem Dorotheus bald beiden zugeschriebene Tractat περὶ τῶν δώδεκα ἀποστόλων. Während in dem Text hinter dem Chron. pasch. (ed. Dindorf II, 136) und bei Cave (hist. lit. ed. 1720 p. 107) die Abfassung des Evangeliums nach Ephesus verlegt, von der Apokalypse ganz geschwiegen und durch nichts an Prochorus erinnert wird, heisst es bei Combefis (auctar. novum, 1648, II, 838, Druckfehler statt 832): ἐξορισθεὶς ἐν Πάτμῳ τῇ νήσῳ, ἐν ᾗ καὶ τὸ εὐαγγέλιον συνεγράψατο καὶ τὴν ἀποκάλυψιν ἐθεάσατο. So der Sache nach auch in dem petersburger cod. vom J. 1111, aus welchem Lagarde (constit. apost. p. 282 sq.) einen aus den beiden genannten Recensionen sichtlich gemischten Text herausgegeben hat. Gegen die Ursprünglichkeit dieser Angaben im „Hippolytus" zeugen auch die Menaia (Venedig 1628) zum 26. September, wo es nach abgekürzter Anführung des Polykrates (aus Eus. h. e. V, 24) heisst: οὐ μὴν ἀλλὰ καὶ ὁ θεῖος Ἱππόλυτος περὶ τοῦ κηρύγματος καὶ τῆς τελειώσεως τῶν ἀποστόλων διεξιὼν ἔφη· Ἰωάννης ὁ ἀδελφὸς Ἰακώβου κηρύσσων ἐν τῇ Ἀσίᾳ τὸν λόγον ἐξωρίσθη τῇ Πάτμῳ τῇ νήσῳ, κἀκεῖθεν πάλιν εἰς Ἔφεσον ἐκ τῆς ἐξορίας ἀνακληθεὶς ὑπὸ Νερούα, τελευτᾷ ἐκεῖσε· οὗ τὸ

nur als Schreiber des Evangeliums [1]), nicht auch als derjenige
der Apokalypse, populär geworden und hat den Papias aus der
auch diesem gelegentlich zugeschriebenen Secretärstellung [2]) de-
finitiv verdrängt.

Zu diesen äusseren Zeugnissen kommen die stärksten inneren. Die Darstellungsweise in dem fraglichen Stück bleibt selbst
hinter den bescheidenen Ansprüchen zurück, zu welchen Prochorus berechtigt. Es ist eine langweilige Kopie des vorangehenden Berichts über die Abfassung des Evangeliums. Nicht einmal einen Namen hat der Interpolator der Oertlichkeit zu geben
gewusst, ganz gegen die Gewohnheit des Prochorus. Und der
Satz, in welchem Original und Interpolation sich die Hand
reichen, ist nicht trivial wie Prochorus, sondern unsinnig: *„Und
als wir aus seinem Hause gegangen waren, kamen wir in die
Stadt — als wir aber aus der Stadt gegangen waren, 3 Meilen
weit an einen ruhigen Ort, fanden wir eine Höhle am selbigen
Ort"*. Endlich ist die aller alten Tradition von Irenäus an
widersprechende Idee, dass auf Patmos das Evangelium geschrieben sei, nur begreiflich aus der bestimmten Absicht, die

---

λείψανον παρὰ τῶν ἐποίκων τῆς πόλεως πιστῶν ζητηθὲν οὐχ εὑρέθη. Aehnlich lautet dasselbe Citat aus Hippolyt bei Georgius Hamartolus (Chron.
III, 134 ed. Muralt p. 336, Migne tom. 110, 521), hat aber nach Νερβᾶ
folgende Erweiterung: καὶ τὸ κατ' αὐτὸν εὐαγγέλιον συγγραψάμενος,
ἔνθα καὶ τὴν ἀποκάλυψιν θεασάμενος, ἐτελεύτησε, οὗ τὸ λείψανον ζητηθὲν
οὐχ εὑρέθη. Statt ἔνθα wird wohl εἶτα zu lesen sein. Auch so noch
bleibt der Schein, als ob die Apokalypse nach dem Exil in Ephesus geschaut worden wäre, und jedenfalls ist es, mag man ἔνθα lesen oder
εἶτα, unmöglich Evangelium und Apokalypse auf Patmos zu verlegen.
Georgius selbst am Anfang des Kapitels stellt die Abfassung des Evangeliums zwischen die Rückkehr vom Exil und den Tod des Johannes.
Glykas dagegen stimmt mit dem interpolirten Hippolyt bei Combefis und
mit dem interpolirten Prochorus (Migne tom. 158, 452).

1) Von byzantinischen Bildern, welche die Scene darstellen, gibt
Montfaucon (Bibl. Coisl. p. 249) eine Nachricht aus einem Eclogadion
des X. oder XI. Jahrhunderts; Lambek (ed. Kollar. II, hinter p. 220) eine
Zeichnung; Amphilochius hinter p. X seiner Vorrede eine prachtvolle
chromolithographische Nachbildung nach dem Evangeliencodex Mosqu. 41
(42 bei Matthaei) fol. 206 aus dem X. oder XI. Jahrh.

2) Catena in Joann. ed. Corderius 1630, auf dem letzten Blatt des
nicht paginirten προοίμιον. Cod. Reginae Sueciae in Card. Thomasii
opp. ed. Vezzosi (1740) I, 344.

auf Patmos entstandene Apokalypse von dort zu verdrängen und
damit überhaupt zu beseitigen. Auf dem Boden der griechisch-
redenden Kirche war die Ueberlieferung vom Exil des Apostels
auf Patmos, welche nur an der Apokalypse ein urkundliches
Zeugnis hatte, so fest gewurzelt, dass sie auch von denen nicht
völlig aufgegeben werden konnte, welche von keiner johanneischen,
oder doch keiner apostolischen Apokalypse etwas wissen wollten. Eusebius, an dessen entschiedenem Willen, die Apokalypse
um ihr Ansehen als apostolische und kanonische Schrift zu
bringen, Niemand zweifeln kann, hält das Patmosexil des Apostels
als alte und glaubwürdige Ueberlieferung fest[1]), spricht davon
gelegentlich auch schlechthin als von einer Thatsache, und stellt
daneben als eine fragwürdige Tradition, dass der Apostel dort
die Apokalypse geschaut habe[2]). So begnügt sich Pseudopolykrates in seinen Acta Timothei mit der dürren Notiz: *Πάτμον
τὴν νῆσον οἰκῆσαι προσταχθείς, ἥτις μία τῶν κυκλάδων τυγχάνει νήσων*, ohne hier oder sonstwo die Apokalypse zu erwähnen[3]). Schon früher waren Andere radicaler verfahren. Chrysostomus, welcher niemals von der Apokalypse redet und sie
mit der antiochenischen Kirche seiner Zeit nicht anerkannt hat,
weiss von einem Exil des Johannes, denkt sich aber als Ort
des Exils dasselbe Ephesus, wo der Apostel gestorben ist[4]). So
auch sein Zeitgenosse, der Verfasser des sogenannten Opus imperfectum in Matthaeum, nach welchem das Exil des Apostels
mit seiner Wirksamkeit unter den Heiden sich deckt und die
Abfassung seines Evangeliums einschliesst[5]). Näher blieb der

---

1) Eus. h. e. III, 18, 2; 20, 9; Chron. ad ann. Abr. 2113 ed. Schoene
II, 162.

2) Chron. ad ann. Abr. 2109 ed. Schoene II, 160. Das *ubi apocalypsin vidisse eum aiunt; refert autem Irenaeus* verändert Hieronymus
l. l. p. 161 in *apocalypsin vidit, quam Hirenaeus interpretatur*. Cf. vir.
ill. 9. Ueber die der Rückkehr von Patmos folgende Wirksamkeit spricht
Eusebius auch h. e. III, 23, 1 ganz positiv.

3) Ed. Usener p. 10. Cf. Gött. gel. Anz. 1878 S. 107.

4) Die Worte sind unzweideutig (Hypothesis zum Epheserbrief Opp.
ed. Montfaucon XI, I): *καὶ ὁ μακάριος δὲ Ἰωάννης ὁ εὐαγγελιστὴς τὰ
πολλὰ ἐνδιέτριψεν ἐκεῖ* (sc. in Ephesus)· *καὶ γὰρ καὶ ἐξωρίσθη ἐκεῖ καὶ
ἐτελεύτησεν*. Tillemont (mém. I, 358 n. 1. Ausg. v. 1693) wollte lesen
ἐξωρίσθη ἐκεῖθεν καὶ ἐκεῖ ἐτελεύτησεν.

5) Chrysost. opp. VI, 2. Hälfte p. XI: *Quoniam Joannes, inter gen-*

alten Tradition die syrisch erhaltene, aber ursprünglich griechisch geschriebene „Geschichte Johannis des Zebedäussohnes", indem sie den Apostel durch Nero an einen namenlosen, zur See von Ephesus aus erreichbaren Ort deportirt und wieder von dort zurückgerufen werden liess [1]). Im Vergleich zu solchen furchtsamen Umgehungen verfährt Prochorus entschlossener und doch vorsichtiger. Das Patmosexil musste anerkannt werden, und gerade dieses Exil, wovon weiter nichts erzählt zu werden pflegte, suchte sich Prochorus als einen durch keine anderen Traditionen besetzten Zeitraum und Schauplatz für seine Erdichtungen aus. Das Einzige, was ihm die Tradition bot, war eine schriftstellerische Thätigkeit des Johannes auf Patmos. Da ihm deren Product, die Apokalypse verhasst war, substituirte er ihr das Evangelium [2]). Den Widerspruch mit der mächtigen Tradition, welche Ephesus als Geburtsstätte des Evangeliums bezeichnete, glich er einigermassen dadurch aus, dass er die nach dem Dictat des Apostels auf Papier geschriebene Urschrift des Evangeliums nach Ephesus kommen liess, mag er damit einer bereits vorhandenen Tradition über das zu Ephesus befindliche Original sich angeschlossen, oder diese, was ebenso möglich, geschaffen haben [3]). Auf Grund dieser Darstellung des Prochorus konnte man sogar dem Wortlaut ältester Tradition [4]) wieder gerechter werden, indem man wie die sogenannte Synopse des Athanasius und der Schreiber eines Evangeliencodex des 13. Jahrhunderts von der Abfassung des Evangeliums auf Patmos die Herausgabe in Ephesus unterschied [5]). Diejenigen aber, welche den Procho-

---

tes in exsilio constitutus, graeco sermone evangelium causa gentium scripsit etc.

1) Apocr. Acts ed. Wright I, ö sq. II, 55—57.

2) Man kann dies nicht zusammenstellen mit der eigenthümlichen Behauptung in einer, wie es scheint, zu Ephesus gehaltenen Lobrede auf Ephesus unter Chrysostomus' Namen (Chrysost. opp. ed. Montfaucon VIII, 2, 131), dass Johannes seine 3 Briefe auf Patmos geschrieben habe. Das ist eine ganz harmlose Hypothese, denn ebendort wird gesagt, dass er die Apokalypse auf Patmos, das Evangelium nach der Rückkehr von dort in Ephesus geschrieben habe.

3) Cf. Chron. pasch. ed. bonn. I, 11 und 411 und hier p. LIX.

4) Iren. III, 1, 2 (Harvey II, 6): ἐξέδωκε τὸ εὐαγγέλιον ἐν Ἐφέσῳ τῆς Ἀσίας διατρίβων.

5) Die Minuskel 145 (Vaticanus 1548) bei Tischendorf N. T. ed. 8. I, 967 u. Athan. Opp. ed. Montfaucon II, 202 F. Beide nennen den Namen

rus von der Abfassung auch der Apokalypse auf Patmos erzählen lassen, haben seine unverkennbare Absicht nicht verstehen
wollen, weil zu ihrer Zeit die Apokalypse wieder zu vollen
Ehren gekommen war.

Es könnte auch die Frage entstehen, ob wir den ursprünglichen Schluss des Werkes noch besitzen. Der beste Zeuge V
lässt uns im Stich (oben p. IX sq.); L schliesst mit der Rückkehr nach Ephesus. Der Ausdruck im cod. Vatic. 455 (unten
p. 167, 10—14) scheint einen Bericht über den Tod des Johannes
auszuschliessen. Das Uebergehen der Hss. P² und v zu anderen
Quellen in ihren Schlussabschnitten scheint dafür zu sprechen,
dass der ihnen vorliegende Prochorus am Schluss der Ergänzung
bedürftig war, d. h. dass er keine Erzählung vom Tode des
Johannes enthielt, sondern mit der Rückkehr von Patmos schloss.
Man könnte ferner das Wort des Johannes (unten p. 8, 1) als
einen Protest gegen die alten auf Joh. 21, 22 fussenden Traditionen von einem wunderbaren Lebensausgang des Johannes,
also auch gegen die p. 162—165 zu lesende Erzählung verstehen. Endlich konnte ein Πράξεις Ἰωάννου betiteltes Werk
an sich ebenso gut wie des Lucas Πράξεις τῶν ἀποστόλων ohne
Bericht vom Tode des Helden schliessen. Bei näherer Betrachtung sind alle diese Gründe nicht stichhaltig. Auf dem in V
fehlenden Blatt kann nichts wesentlich Anderes gestanden haben
als was unten p. 161, 9—165 steht. Das mit V in den kleinsten
Dingen beinah gleichlautende Fragment P⁴ (Coisl. 121) geht
über den mechanisch veranlassten Schluss von V noch eine gute
Strecke hinaus (p. 161, 9—163, 12) und bestätigt die Zugehörigkeit
des Ganzen zu Prochorus. Dass L nicht vollständig erhalten ist,
beweist die Ueberschrift in der Editio princeps (oben p. VI),
welche schon darum nicht vom Herausgeber herrühren kann,
weil sie sich mit dem von diesem publicirten Stoff nicht deckt.
Nach diesem Titel ist am Schluss von L auch über die Assumptio, also über einen wunderbaren Lebensausgang des Johannes berichtet gewesen, wie in meinem griechischen Text. Blos-
ser Schein ist die Beobachtung über den Vatic. 455, denn nach
Birch Proll. LXX enthält auch dieser die gleiche Erzählung.

---

des Prochorus nicht, aber die Synopse erinnert sehr bestimmt daran,
indem sie den Apostel das Evangelium auf Patmos dictiren, nicht wie
jene Hs. schreiben lässt.

Ferner ist die Bezeugung dieses Schlussabschnitts trotz des
Ausfalls wichtiger Zeugen darum eine gute, weil die Hss. von B
(m¹ m² c) mit der Gruppe N P³ m³ hier sehr einträchtig zusammengehn. Ausser der altslavischen Uebersetzung enthält auch
die armenische wenigstens Aehnliches. Endlich ist es in der
Literatur dieser Gattung zwar etwas sehr Gewöhnliches, dass
von umfangreicheren Erzählungen der den Tod des Heiligen
darstellende Theil selbständig verbreitet und verarbeitet wurde,
weil man an seinem Gedächtnistag eine nicht zu lange Lection
gerade dieses Inhalts haben wollte¹). Unerhört dagegen ist es,
dass eine grössere Legende so ganz ohne wirklichen Schluss gedichtet worden sei. Der räthselhafte Schluss der kanonischen
Apostelgeschichte konnte nicht zur Nachahmung reizen.

§. 5. Charakter und Zeit des Prochorus.

Eine unrichtigere Vorstellung von der Art dieses Buches kann
man kaum aussprechen als Thilo, wenn er urtheilt, es sei eine
amplissima collectio der altkirchlichen Sagen über Johannes²).
Im zweiten Theil dieser Einleitung kommen diese Sagen zum
grössten Theil zur Erörterung, und es ist leicht zu sehn, dass
kaum eine einzige von Prochorus verarbeitet ist. Aelteste und
verbreitetste Sage feiert den Johannes vor allem andern als den
Jungfräulichen³); kein Wort davon bei Prochorus. Eine Frau
hat er ihm freilich nicht angedichtet; aber zum Freund des
häuslichen und ehelichen Lebens hat er ihn gemacht. Dieser

---

1) Beispiele liefert gerade die Johanneslegende reichlich. Es giebt
lateinische, syrische, armenische, bei näherer Betrachtung auch griechische Darstellungen vom Lebensausgang des Johannes, welche als selbständige Fragmente fortgepflanzt wurden. S. das weiter unten z. Fragm. VI
in der Einl. Bemerkte. Cf. die allgemeine Angabe in der Vorrede des
„Africanus" zu Abdias bei Fabric. cod. pseudep. N. Ti II, 390.
2) Acta Thomae Proll. LXXVII; LXXIX Anmerk.
3) Von den zahllosen Stellen, welche ich unmöglich alle zu den Leu-
ciusfragmenten citiren konnte, zeigt eine pseudochrysostomische (Montfaucon VIII, 2, 246) besonders deutlich, wie sehr Johannes für die Virginität als typisch angesehen wurde. Petrus und Johannes werden von
Jesus zur Bestellung des Passamahles abgeschickt (Luc. 22, 8), ἵνα δει-
χθῇ ὅτι καὶ τῆς σεμνογαμίας καὶ τῆς παρθενίας ἅπτεται τὸ δῶρον.

**4

Johannes ist nicht gesandt, Mann und Weib um der Frömmigkeit willen von einander zu reissen. (p. 72, 10 sqq). Er verhilft der unfruchtbaren Frau zum Kindersegen (cf. p. 74—77); wenn er ins Haus tritt, wird die in bösen Wehen liegende Frau glücklich entbunden (p. 115, 16), und in zärtlichen Worten wird hier die Familienliebe geschildert (p. 58—60). Wir finden bei Prochorus nichts von den schönen durch Clemens Alex. (Quis div. §. 42), Hieronymus (Comm. in ep. ad Gal. l. III, Vallarsi Qartausg. VII, 528), Cassian (s. unten zu p. 190, 8) u. A. aufbewahrten Erzählungen von relativer Glaubwürdigkeit; nicht den alten Mythus vom unschädlichen Giftbecher (unten p. 237, 27). Wie Prochorus sich mit der Tradition vom Patmosexil abgefunden hat, hat sich gezeigt p. XLVIII sqq. In anderen Puncten mag er weniger Anlass gehabt haben, das Ueberlieferte durch Erfindungen zu verdrängen. Aber dass wir es hier im Grossen und Ganzen mit einer freien Dichtung zu thun haben, muss zuerst erkannt werden, ehe man nach einer etwaigen traditionellen Grundlage der Erzählung forschen kann. Bezeichnend sind schon die Namen, sowohl die geographischen als die persönlichen[1]). Jerusalem, Gethsemane, Joppe, Egypten, Asien, Seleucia, Antiochien, Ephesus, Patmos sind die einzigen wirklichen Oertlichkeiten. Alle anderen existiren entweder überhaupt nicht oder doch nicht da, wo sie nach Prochorus liegen sollen. Fictionen sind die Orte Marmareon, Katoikia, Epikuros, Myreon, Lophos bei Ephesus oder auf der Fahrt von da nach Patmos; ebenso die auf Patmos gelegenen Städte Phora, Myrinusa, Karos, die Plätze oder Baulichkeiten Topos Artemidos, Stoa Dometia, Thyra, Phlogion, Katastasis, Lithubole, Piasterion, Proclutopos, Tychion, Botrys, ein Fluss Lykos auf Patmos. Von dieser kleinen Insel hat Prochorus eine Vorstellung, welche auf Sicilien oder Cypern besser passen würde. Sie wird von einem besondern Statthalter verwaltet[2]), ist mit grossen und kleinen Städten besät. Zur Missionirung der Landschaft gebraucht Johannes 6 Monate p. 158, 9. Man macht überhaupt beträchtliche Reisen auf der Insel (p. 63, 12; 117, 3; 135, 3. 10 sqq.), und zur Fahrt

---

1) Die Stellen weist das Register III nach.

2) p. 58, 16; 69, 3; 77, 18; 81, 15; 135, 8. Es ist schon eine der nachdiocletianischen Provinzialeintheilung entsprechende Verbesserung, wenn statt dessen von einem Statthalter der Cykladen geredet wird s. zu 135, 9.

von Patmos nach Ephesus gebraucht man ohne Zwischenfälle
10 oder 14 Tage[1]).

Unter den Personnamen erinnern die wenigsten an Geschichte
oder Sage. Der reiche Dioskorides in Ephesus mit seinem Sohne
Domnus, das Mannweib Romana[2]), der gute Myron mit seinem
Weibe Phone, seiner Tochter Chrysippe und seinen drei der
Rhetorik beflissenen Söhnen, wovon Einer Appollonides heisst, die
Ehepaare Basilios und Charis, Chrysos und Selene, die lüsterne
Prokliane mit ihrem Sohn Sosipatros, die römischen Statthalter
Makrinus und Laurentius, die Juden Mareon, Carus und Faustus,
der Zeuspriester Euchares und der Sohn eines Solchen Mokas,
der Philosoph Mareotes, die Zauberer Kynops und Noetianus,
des letzteren Weib Phora und seine Söhne Rhox und Polykarp:
dies alles scheinen Gebilde der Phantasie zu sein. Bei dem
letzteren Namen denkt Jeder, der ihn in einer Johanneslegende
liest, zunächst an den berühmten Bischof von Smyrna[3]). Aber
Prochorus weiss von seinem Polykarp nur ebenso wie von seinem Bruder zu erzählen, dass er endlich bekehrt worden ist
p. 134, 18, und erinnert auch sonst durch nichts an den Smyr-
näer. Der Statthalter Aquila aus Sinope in Pontus p. 81 sq.
muss Jeden an den aus derselben Stadt stammenden Bibelübersetzer Aquila erinnern. Man meint, Prochorus habe aus Epiphanius (de mens. et. pond. 14 ed. Dindorf IV, 17, 28) abgeschrieben,
zumal Prochorus ausser den genannten drei Namen auch das
ὑπῆρχεν δὲ καὶ Ἕλλην mit Epiphanius gemein hat. Aber weder
Bibelübersetzer, noch kaiserlicher Verwandter, noch Proselyt des
Judenthums, noch Bruder des Clemens von Rom, noch Christ,

---

1) p. 161, 6. Tischendorf gebrauchte zur Fahrt auf einer mit vier Ru-
derknechten bemannten, theilweise segelnden Barke von Scala nuova (Neu-
Ephesus) bis Patmos einmal etwa 19 Stunden (Reise in den Orient II,
256 f.), ein andres Mal nicht ganz 14 Stunden (Aus d. heil. Land S. 339).

2) Von der Stärke und nicht von Rom scheint sie ihren Namen zu
haben p. 18, 2. Denn nur dazu passt ἀληθῶς. Vielleicht wäre dann
besser mit c m¹ τῆς ῥώμησ zu lesen; doch bleibt der Ausdruck sonderbar. Die Schilderung p. 15, 7—16, 4 ist Carricatur der mit Ephesus
verknüpften Amazonensage.

3) Es ist auffällig, dass dieser in den Sagen von Johannes keine
Rolle spielt. Er wird nur in zwei Compilationen und zwar ziemlich ungeschickt angebracht. S. unten p. 188, 12 u. Tischendorf, Acta apocr.
p. 272, 4.

noch Bischof in Asien[1]) und überhaupt nichts von alle dem,
was ältere Tradition aus dem Pontiker Aquila gemacht hat,
ist dieser Aquila des Prochorus. Es bleibt nur die Annahme
übrig, dass Prochorus anstatt wie sonst meistens einen Namen
von mehr oder weniger sinnvoller Bedeutung zu schaffen, eine
Reminiscenz seiner Phantasie die Mühe hat abnehmen lassen.
Ein wenig besser motivirt ist die Gestalt des jüdischen Schrift-
gelehrten Philo; denn der berühmte Alexandriner hat in der
christlichen Tradition eine nicht ganz unbedeutende Rolle ge-
spielt[2]); und es wäre keine ganz verächtliche Idee gewesen,
den jüdischen Logoslehrer mit dem christlichen zusammenzu-
bringen. Aber der Philo des Prochorus ist ein Bürger der Stadt
Phora auf Patmos, und es klingt wie eine Ironie auf den grossen Allegoreten von Alexandrien, dass dieser Philo die Bücher
Mosis und der Propheten im Streit mit Johannes eigensinnig
„nach dem Buchstaben" auslegt. Es ist nur der Name „Philo,
der gelehrte Jude", welcher diese Erzählung des Prochorus mit
Geschichte oder Sage verknüpft. Aus der Bibel hat er Petrus
und Jakobus, die Tabitha zu Joppe (AG. 9, 36) und Prochorus
(AG. 6, 5), unter dessen Maske er sich selber einführt. Aber
dass der Letztere bereits eine in der Sage ausgebildete Gestalt
gewesen und mit Johannes in Verbindung gesetzt worden sei,
ist nicht zu erkennen. Prochorus selbst führt sich nur als ein
Glied der Gemeinde von Jerusalem und einen der 70 Jünger

1) Constit. apost. VI, 8; VII, 46. Vergl. im übrigen Lagarde Cle-
mentina p. (12—14).

2) Nur Christen können ihn zum Verfasser der Weisheit Salomos
gemacht haben, und zwar lange vor Hieronymus (Prol. in ll. Salom.,
Vallarsi, Quartausg. IX, 1295). Ferner soll er mit Petrus in Rom zu-
sammengetroffen sein Eus. h. e. II, 17, 1; Georg Hamart. Chron. III,
118 ed. Muralt p. 243. Interessant möchte es auch sein, den räthselhaften Andeutungen bei Cramer, Caten. vol. II p. V nachzugehn. Endlich.
las ich in dem Cod. Gr. 505 (Zanetti) der Marcusbibliothek zu Venedig,
fol. 79—87 eine ἀντιβολὴ Παππίσχου καὶ Φίλωνος Ἰουδαίων, τῶν παρ'
Ἑβραίοις σοφῶν πρὸς μοναχόν τινα Ἀναστάσιον περὶ πίστεως Χριστιανῶν
καὶ νόμου Ἑβραίων. Da ist also der aus dem alten Dialog des Aristo
von Pella berühmte Jude Papiscus, nach der Vorrede des lateinischen
Uebersetzers Celsus (Cypr. opp. ed. Hartel app. p. 128, 13) gleichfalls
ein Alexandriner, mit seinem noch berühmteren Mitbürger und Glaubens-
genossen Philo als Polemiker gegen das Christenthum zusammengestellt. —

Jesu ein[1]). Der Name des Kaisers, welcher den Johannes in die Verbannung geschickt haben soll, mag er nun Trajan oder Hadrian[2]) von Prochorus genannt worden sein, ist freilich der Geschichte entlehnt; aber es bedarf auch keines Beweises, dass keiner dieser Namen von alter Ueberlieferung in diese Verbindung mit Johannes gesetzt worden ist.

Nemo tam otiosus fertur stilo, ut materias habens fingat, sagt Tertullian (adv. Valent. 5). Das scheint auf Prochorus nicht zu passen. Er kennt allerdings die älteren Johannesacten, deren Fragmente p. 219 sqq. zusammengestellt sind. Ihnen hat er sein Schlusscapitel in umgearbeiteter Gestalt und, was hier noch nicht gezeigt werden kann, manches Einzelne entlehnt. Aber es scheint, dass sein bewusster Gegensatz gegen dieses heterodoxe Buch ihn veranlasst hat, sich möglichst fern von demselben und damit von der alten Tradition zu halten, und statt dessen lieber biblische und andere heilige Geschichten nachzubilden. Ueber die biblischen Motive seiner Dichtung giebt schon das Register I einige Uebersicht. Merkwürdig ist besonders die durch den Namen Joseph p. 136, 3 zum Ueberfluss von Prochorus selbst aufgedeckte Parodie der Geschichte aus Gen. 39, 7 sqq. Viel genauer ist der Anschluss dieser Erzählung an eine von Abdias (III, 6 Fabric. cod. pseudep. II, 461 sqq.) aus alter Quelle geschöpfte Geschichte. Selbst der Name des Sostratus klingt in dem Sosipatrus des Prochorus noch nach. Zuletzt wäre auf Phaedra und Hippolyt zurückzugehn. Bemerkenswerth sind die Nachahmungen der Theklaacten. Man muss darauf schon durch den Umstand aufmerksam werden, dass der in der Literatur zuerst durch diese Acten bezeugte Ausdruck für die Bitte um die Taufe: $\delta \acute{o}\varsigma$ $\mu o\iota$ $\tau \grave{\eta}\nu$ $\grave{\epsilon}\nu$ $X\rho\iota\sigma\tau\tilde{\wp}$ $\sigma\varphi\rho\alpha\gamma\tilde{\iota}\delta\alpha$ von Prochorus bis zum Ekel ganz oder beinah wörtlich wiederholt wird[3]). Nicht ohne Grund meine ich zu p. 144, 8

---

1) S. oben p. III Anm. 2 und unten zu p. 3.

2) p. 44—46 nebst Commentar und zu p. 151, 2. Den Hadrian hat auch die slavische Version p. XXII und der cod. Ambros. oben p. XV. Den historisch richtigen Domitian hat nur L aus anderer Quelle.

3) Acta Thecl. et Paul. 25 Tischend. Act. apocr. p. 51. Ueber den Gebrauch bei Prachorus s. das Wortregister s. v. $\sigma\varphi\rho\alpha\gamma\acute{\iota}\varsigma$. Schon diese bildliche Bezeichnung selbst ist nicht allzugewöhnlich vgl. mein Buch über den Hirten des Hermas S. 154 f. 142 Anm. 2. Beinah so wie in den Theclaacten in den alten Diat. Clementis (Lagarde, rel. iur. eccl.

Acta Thecl. c. 32 citirt zu haben cf. noch c. 27 extr. 28 med.;
denn die bei Prochorus folgende Erzählung von dem die Ausführung des ungerechten Urtheils hindernden Erdbeben erscheint als Nachahmung von Thecl. c. 22. Dies wird um so
wahrscheinlicher, da in diesem Zusammenhang p. 145, 13 wie
auch sonst mehrfach eine Anrede des Johannes vorkommt,
welche an die Begrüssung des Paulus in Thecl. 4 ὑπηρέτα τοῦ
εὐλογημένου θεοῦ erinnert. An das zur Aufreizung gegen Paulus dienende Gastmahl Thecl. 13 muss man bei Prochorus
p. 53, 11 sqq. denken, an das οὐχ ὁρᾶ ἐν ὑμῖν καρπὸν δικαιο-
σύνης Thecl. 4 bei Proch. p. 150, 8. — Wer in der Heiligen-
literatur, besonders in den Vitae Patrum, Apophthegmata u. dgl.
Sammlungen besser bewandert ist, wie ich, wird mit geringer
Mühe manche Elemente der Dárstellung des Prochorus als ursprünglich der Ueberlieferung von Johannes ganz fremde erkennen. Merkwürdiger noch ist, dass sogar der Physiologus
Material hat liefern müssen [1]).

Soviel scheint mir hierdurch bewiesen zu sein, dass Prochorus nicht beflissen war, die vorhandenen Traditionen über
Johannes zu sammeln, sondern einen erbaulichen Roman zu
schreiben. Darin steht er auf gleicher Linie mit der syrisch
erhaltenen „Geschichte des Zebedäussohnes Johannes" (oben
p. XXXIX). Es finden sich auch einige sachliche Uebereinstimmungen zwischen beiden Dichtungen. Auch nach der syrischen Geschichte brechen die Apostel nach Himmelfahrt und
Pfingsten, aber doch erst „einige Tage" nachher zur Missionsarbeit auf (Wright, Engl. Theil p. 3 = Proch. p. 3, 1 sqq.),
so dass Johannes noch für lange Zeit als Jüngling dargestellt
wird (Wright p. 6. 10. 40. 48. 58), während Petrus ein alter
Mann ist[2]). Petrus hält auch hier die zum Aufbruch mahnende

graece p. 76, 19) τὸν δόντα σοι τὴν ἐν κυρίῳ σφραγῖδα. Cf. Epiphan.
de mens. 15 (Dindorf IV, 18, 17): τὴν ἐν Χριστῷ σφραγῖδα ἐκομίσατο.

1) Cf. mit p. 4, 9 sqq. was bei Pitra, Spicil. Soleam. III, 348 über
die Natur der Schlange zu lesen ist: ὅταν ἐπέλθῃ αὐτῷ ἄνθρωπος θέλων
αὐτὸν ἀποκτεῖναι, ὅλον τὸ σῶμα αὐτοῦ εἰς θάνατον παραδίδωσι, τὴν
κεφαλὴν μόνην φυλάσσων . . . ὀφείλομεν οὖν καὶ ἡμεῖς ἐν καιρῷ πει-
ρασμοῦ ὅλον τὸ σῶμα εἰς θάνατον παραδοῦναι, μόνην τὴν κεφαλὴν φυλάσσοντες, τουτέστι τὸν Ἰησοῦν, τὸν Χριστὸν μὴ ἀρνούμενοι, ὅπερ ἐποί-
ουν οἱ ἅγιοι μάρτυρες.

2) Wrigt II, 24 sq. Cf. das πάτερ Πέτρε Proch. 5, 7; 6, 6. Dage-

Rede (p. 4). In Ephesus tritt Johannes bei einem Bademeister
Secundus in Dienst p. 12, wie nach Proch. p. 15 sqq. bei der
Bademeisterin Romana[1]). Der freilich aus ganz anderer Veranlassung im Bade umgekommene Sohn eines hochstehenden
Mannes wird von Johannes auferweckt (p. 20 sq.), wie bei Proch.
p. 25—28. Eine grosse Rolle spielt auch hier die Artemis von
Ephesus; aber ihr Tempel wird nicht wie bei Proch. p. 42
durch ein Wunder zerstört, sondern nur ihr Bild von der bekehrten Menge heruntergerissen p. 46 u. 55 cf. Proch. p. 33.
Alles Andere ist verschieden. Während Prochorus Patmos mehr
als Ephesus verherrlicht, hat der Syrer nur ein Exil ohne Ort
und ohne Ereignisse. Kein einziger Person- oder Ortsname ausser Jerusalem und Ephesus, Petrus, Johannes und Jakobus ist
beiden Schriftstellern gemeinsam. Die Reise von Palästina nach
Ephesus macht Johannes nach dem Syrer ohne jegliches Aben-
teuer in 48 Tagen zu Fuss p. 8. Er ist hier der Jungfräuliche
p. 5. 10. Von seinem Tode ist nichts Anderes zu melden, als
dass Gott ihn in seiner Hütte auf dem Berge begraben hat,
wie den Moses auf dem Berge Nebo p. 59. Die beiden Erzählung gehen also nicht nur unabhängig neben einander her, sondern widersprechen sich in den entscheidendsten Puncten. Die
angegebenen Berührungen erklären sich nicht aus einer gemeinsamen Grundschrift, sondern aus der weiten Verbreitung einiger
unbestimmter Traditionen und geschichtswidriger Meinungen[2]).

Wann Prochorus geschrieben hat, vermag und will ich nicht
mit Bestimmtheit sagen. Die vorhandenen Handschriften machen
es nur wahrscheinlich, dass das Buch wenigstens vor dem J. 900
geschrieben sei. Denn die älteste datirte von 1022—1031 enthält den Text der interpolirten Recension nicht mehr in
sehr reiner Gestalt (oben p. XIV. XXIX. XXXVI). Die dem
X. Jahrhundert zugeschriebene Hs. P[1] (oben p. XI) hat einen

---

gen spricht nicht das an Johannes gerichtete Wort p. 6, 3. Es ist nur
ein Vergleich, und auch der Syrer spricht von der Jugend des Johannes
mit Einschränkung: „ein Jüngling am Körper und höher als der ganze
Kranz seiner Brüder" p. 10, syr. Text p. ‏ܢܐ‏.

1) Es wird schwer aufzuklären sein, was diese Verbindung des Johannes mit einem öffentlichen Bade in Ephesus bedeuten soll. Die Erinnerung an die Erzählungen bei Iren. III, 3, 4 (Harvey II, 13) und
Epiph. haer. 30, 24 steigert nur das Befremdende.

2) Ueber den wichtigsten Punct s. oben p. XXXIX sq.

nicht eben vorzüglichen Text der nicht interpolirten Recension.
Die Art wie Nicetas den Prochorus benutzte, (oben p. XLV),
beweist, dass das Buch damals nicht mehr jung war; und die
Angabe, dass die armenische Version vor dem 8. Jahrhundert
entstanden sei, hat von Seiten des Inhalts nichts gegen sich.
Die raffinirte Weise, in welcher Prochorus die Apokalypse beseitigt hat, was dann schon dem armenischen Uebersetzer und dem
Nicetas zu Correcturen Anlass gab (p. XLIV Anm. u. p. XLVI),
ist auf dem Boden der griechisch redenden Kirche nur zwischen 325 und 700 denkbar. Aber die Termini werden sich
einander bedeutend näher rücken lassen. Dass das Buch nicht
wohl vor dem 5. Jahrhundert geschrieben sein kann, folgt schon
daraus, dass hier eine volkreiche und gross vorgestellte Insel-
provinz als völlig christianisirt und Ephesus als vom Götzendienst gereinigt dargestellt wird, und zwar durch einen Apostel
im ersten Jahrhunderte [1]). So konnte man doch nicht dichten,
ehe die gewaltsamen Massregeln der Kaiser von Theodosius d. Gr.
an das Heidentum im griechischen Orient völlig von der Ober-
fläche hatten verschwinden lassen. Andrerseits wird wohl anerkannt werden, dass der Verfasser und Redactor der Paschachronik, welcher bald nach 630 gearbeitet hat, aus Prochorus
seine Zahlen zur Biographie des Johannes schöpfte. Er rechnet
9 Jahre Aufenthalt in Ephesus vor dem Exil, 15 Jahre Exil auf
Patmos, 26 Jahre in Ephesus von der Rückkehr bis zum Tode,
und Johannes stirbt 100 Jahre 7 Monate alt [2]), genau so wie
nach Prochorus. Bei Prochorus ist diese Addition nicht voll-
zogen, aber die Posten sind zusammengestellt [3]). Wenn man
die Zwischenzeit zwischen der Himmelfahrt Jesu und dem
Aufbruch der Apostel nach altem Vorgang auf 12 Jahre be-
rechnet [4]), so ergibt sich für den Tod des Johannes d. J. 62

---

1) Proch. p. 151, 2; 162, 2 cf. 44, 16; 188 2—4. Auch die syrische
Geschichte, welche sich Ephesus so völlig wie Edessa durch Johannes
christianisirt und über allen Thoren der Stadt die Kreuze aufgerichtet
sein lässt (Wright II, 55), wie es die Sieben Schläfer im 38. Jahre Theodosius des Grossen gesehn haben sollen, kann nicht vor dem 5. Jahrhundert entstanden sein. Aber auch nicht wohl später; denn eine vorhandene Hs. gehört dem 6. Jahrhundert an.
2) Chron. pasch. ed. Dindorf I, 461, 6—9; 470, 18 sq.
3) cf. p. 162, 5—9 cf. p. 77, 18; 80, 7; 117, 1.
4) Praedic. Petri bei Hilgenfeld Nov. T. extra can. IV. 58, 9; Apol-

nach der Himmelfahrt, und etwa 90—100 p. Chr. Das ist denkbar und in sich widerspruchslos. Dagegen lässt die Paschachronik den Johannes kurz vor der Zerstörung Jerusalems, nach dem Tode des Jakobus nach Ephesus gehn (p. 461, 6 cf. 460, 11), unter Domitian nach Patmos verbannt werden p. 467, 20, unter Nerva zurückkehren p. 469, 7, und im 7. Jahre Trajans sterben p. 470, 18 cf. l. 3 sqq. Wo bleiben da die 26 Jahre nach der Rückkehr von Patmos? Diese Verwirrung beweist die Abhängigkeit der Paschachronik von Prochorus. Dann wird es auch wahrscheinlich, dass sie oder ihr Gewährsmann auf Grund des Prochorus von dem Originale des Johannesevangeliums in Ephesus weiss [1]). Schwerlich wird man auf den Unterschied ein Gewicht legen dürfen, dass nach Prochorus Johannes dictirt hat, die Paschachronikaber von einem ἰδιόχειρον redet, da z. B. auch Urkunden, die nur etwa eigenhändig unterschrieben wurden, so genannt werden [2]). Doch ist es wahrscheinlich, dass man schon zur Zeit des Prochorus in Ephesus eine alte Papierhandschrift besass, welche man für die Urschrift hielt, und es wird keine Erfindung der Paschakronik sein, dass darin Joh. 19,14 τρίτη statt ἕκτη geschrieben stand.

Die hiernach sich ergebende Abfassungszeit, etwa 400—600, kann man dadurch nicht näher bestimmen, dass Pseudopolykrates in seinem Leben des Timotheus unter erlogener Berufung auf Irenäus aus Prochorus die Notiz geschöpft hat, Johannes sei durch einen Schiffbruch an die Küste von Ephesus geschleudert worden [3]); denn die Zeit des Pseudopolykrates lässt sich

---

lonius bei Euseb. h. e. V, 18, 14. Damit hängen auch die 11 Jahre zusammen, welche Maria nach dem Tode Jesu noch gelebt haben soll (Hippol. Theban. bei Basnage, Thesaur. monum. III, 1, 27. 29. 35); denn nach ihrem Ende gehen die Apostel in alle Welt nach Pochorus p. 4 und auch nach jenem Hippolytus; im Hause des Johannes zu Jerusalem soll Maria entschlafen sein. Nach den deutlichen Stellen ist die undeutliche und corrupte bei Basnage p. 36 zu verstehn.

1) Chron. Pasch. I, 11. „ὥρα ἦν ὡσεὶ τρίτη", καθὼς τὰ ἀκριβῆ βιβλία περιέχει αὐτό τε τὸ ἰδιόχειρον τοῦ εὐαγγελιστοῦ, ὅπερ μέχρι τοῦ νῦν πεφύλακται χάριτι θεοῦ ἐν τῇ Ἐφεσίων ἁγιωτάτῃ ἐκκλησίᾳ καὶ ὑπὸ τῶν πιστῶν ἐκεῖσε προσκυνεῖται. Dasselbe p. 411, nur Ἰωάννου hinter εὐαγγελιστοῦ und kein τοῦ vor νῦν. Cf. Proch. p. 158, 3.

2) Ducange s. vv. ἰδιόχειρον, οἰκειόγραφον.

3) Acta Timothei ed. Usener p. 9, 26. Vgl. Gött. gel. Anz. 1878

auch nur so ungenau wie die des Pseudoprochorus bestimmen.
Einigermassen nur lässt sich auch die Heimat des Prochorus angeben. Das ist nicht Egypten, denn dort hatte man sich die Apokalypse nicht rauben lassen; und nicht Kleinasien, denn dort
waren die unsinnigen geographischen Vorstellungen des Prochorus über Ephesus und Patmos (oben p. LII sq.) eine Unmöglichkeit. Von Jerusalem, von Joppe als Hafen, wo egyp-
tische Schiffe ihre Ladung löschen, von Seleucia als Hafenstadt
Antiochiens, auch wohl von der Entfernung zwischen Antiochien
und Ephesus hat er richtigere Vorstellungen[1]). Er wird in dem
westlichen, griechischen Syrien, vielleicht in Palästina zu Hause
sein, wo auch das griechische Original der mit Prochorus in
einigen Zügen übereinstimmenden syrischen Legende (oben
p. LVI sq.) entstanden sein wird. Für Jerusalem und Jakobus
als Oberhaupt der gesammten Kirche scheint Prochorus ein
besonderes Interesse zu haben. Ein Mönch ist er nicht; denn
ein Solcher würde nicht die einzige Eigenschaft des Johannes,
welche ihn zum Vorbild der Mönche hätte machen können, so
völlig verdunkelt haben (p. LI sq.). Auch spielt das Essen
und Trinken und die Freude daran eine zu grosse Rolle bei
Prochorus. Ich denke mir daher Prochorus als einen beweibten
Presbyter der westsyrischen Kirche um 500, ohne viel dogmatische oder asketische Interessen und ohne viel historische und
geographische Kenntnisse. Sein Publicum hat er gefunden, wenn
er auch populär erst geworden ist, nachdem durch die Bilder-
streitigkeiten des achten Jahrhunderts die älteren Johannesacten in der byzantinischen Kirche um den Rest ihres Ansehns
gekommen waren.

II. Ueber Leucius Charinus.

§. 6. Der Schriftstellername Leucius.

Wer ist eigentlich Leucius? So bin ich während meiner
Beschäftigung mit dem Inhalt dieses Buches mehrfach gefragt

S. 103 f. Ueber Polykrates als Verfasser ebenda S. 99 f., über die Zeit
S. 114.

1) Er gebraucht zur Fussreise von Seleucia nach Ephesus 40 Tage
p. 13, 4, die syrische Geschichte Wright l. l. II, 8 von Jerusalem bis
Ephesus 48 Tage. Johannes von Antiochien rechnete im 5. Jahrhundert
von Antiochien nach Ephesus 40 Mansionen (μοναί Mansi, Concil. IV,

worden. Ist der Sinn dieser Frage, wer der Mann gewesen sei,
welcher sich unter dem Namen „Leucius" als Schriftsteller eingeführt hat, so wird sie wahrscheinlich niemals beantwortet
werden können. Wohl dagegen lässt sich mit Sicherheit angeben, wer und was dieser Schriftsteller sein wollte, indem er
diese Maske anlegte. Und das zu wissen, ist erste Voraussetzung
einer richtigen Einsicht in den Charakter der Apostelgeschichten
des „Leucius" überhaupt und seiner „Wanderungen des Johannes" insbesondre. Anfänge des Richtigen finden sich vielfach
zerstreut, aber schon aus Mangel an authentischem Material
immer nur Anfänge [1]). Es kann nicht meine Absicht sein, hier
von Leucius und seinem Werk erschöpfend zu handeln. Es
werden noch mehr alte und neue Materialien so, wie es hier
versucht worden ist, in verarbeiteter Gestalt zu Tage gefördert
werden müssen, ehe Einer mit Hoffnung auf durchschlagenden
Erfolg an die Abfassung einer Monographie über Leucius gehn
kann. Mir soll es genügen zu zeigen, dass die hier dargebotenen Fragmente seiner Johannesacten vorläufig die allein sichere
Grundlage und den natürlichen Ausgangspunkt der Untersuchung
bilden.

Es empfiehlt sich von einer Stelle auszugehn, wo von Leucius gar nicht als von einem Schriftsteller die Rede ist. Epiphanius (unten p. 197, 9) kennt einen Leucius als einen Mann
aus der Umgebung des Apostels Johannes, welcher in Gemeinschaft mit diesem und mit anderen Gesinnungsgenossen schon
vor Abfassung des Johannesevangeliums in Kleinasien den dort
auftretenden Irrlehrern scharf und wiederholt entgegengetreten
ist. Auch wenn dies die einzige Nachricht des Alterthums über
Leucius wäre, müsste man annehmen, dass Epiphanius, welcher

1272) und machte die Reise angeblich sehr eilig, aber natürlich als
Grosswürdenträger nicht zu Fuss in 30 Tagen (Mansi IV, 1121).

1) Unter den mir bekannt gewordenen Untersuchungen ist die an-
regendste die von Beausobre, histoire de Manichée et du Manicheisme
1734, I, 383—425, die werthloseste die von Kleuker, die Apokryphen
des N. Ts. 1798 S. 318—359. Am meisten hat sich um Leucius Thilo
bemüht; aber zu einer einigermassen zusammenhängenden Untersuchung,
geschweige denn Darstellung hat er es nicht gebracht. Acta Thomae.
1823 p. LXXIV sqq. Acta SS. apost. Andreae et Matthiae. Programm,
Halle 1846. Fragmenta actuum S. Joannis a Leucio Charino conscriptorum. Part. I. Osterprogramm, Halle 1847.

seine Quellen sicherlich ebenso oft stillschweigend ausschreibt, als namentlich citirt, und insbesondre aus apokryphen Quellen Vieles sich angeeignet hat, hier einem Buche folge, in welchem Leucius unter den Freunden oder Schülern des Johannes in Asien eine hervorragende Rolle spielte, so dass Epiphanius ihn allein mit Namen zu nennen und als das Haupt der Mitkämpfer des Johannes hinzustellen veranlasst war. Da wir nun aber durch Augustin, Photius u. A. wissen, dass Leucius der Verfasser eines apostelgeschichtlichen Werkes hiess, worin er sich besonders auch mit Johannes befasst hatte, so ergiebt sich als natürlichste Erklärung der Nachricht des Epiphanius, dass der Verfasser jener apokryphen Apostelgeschichte sich selbst als mithandelnde Person, als Zeitgenossen, Freund oder Schüler des Johannes eingeführt hatte und zwar unter dem Namen Leucius. Die an derselben Stelle sich findenden Angaben des Epiphanius über die von Johannes und seinen Schülern bestrittenen Irrlehrer sind geeignet, jeden Zweifel daran zu beseitigen, dass Epiphanius hier aus einer schriftlichen Quelle schöpft. Schon das fällt auf, dass hier Demas und Hermogenes, welche Paulus weder mit einander in Verbindung gesetzt, noch deutlich als Irrlehrer bezeichnet hatte [1]), hier geradeso zusammengestellt und als Gegner apostolischer Lehre dargestellt sind, wie in den Theclaacten [2]). Die Theclaacten kennen dies Paar nur als treulose Jünger des Paulus, aber Epiphanius wird sie schwerlich auf eigene Gefahr mit Johannes in Verbindung gebracht haben; und vielleicht ist es beachtenswerth, dass der sogenannte Dorotheus (Chron. pasch. ed. Dindorf II, 124) von Demas, den er mit Hermogenes und Phygelus zusammenstellt, sagt: περὶ οὐ καὶ Ἰωάννης ὁ ἀπόστολος ἔγραψεν „ἐξ ἡμῶν ἐξῆλθον, ἀλλ’ οὐκ ἦσαν ἐξ ἡμῶν‘‘ (1 Joh. 3, 19). Ferner nennt Epiphanius hier denselben Merinth, welchen er anderwärts als einen Doppelgänger des Cerinth einführt, zweifelnd, ob er von diesem persönlich verschieden sei, aber sicher in dem Urtheil, dass Merinth gleiche Lehre mit Cerinth geführt habe [3]). Wenn er sich dort für die Erwähnung des

1) 2 Tim. 1, 15; 4, 10; Col. 4, 14; Philem. 24.
2) Acta Thecl. 1. 4. 12. 14. 16. Acta apocr. ed. Tischendorf p. 40. 41. 45. 46. 47.
3) Haer. 28, 8: καλοῦνται δὲ πάλιν οὗτοι Μηρινθιανοί, ὡς ἡ ἐλθοῦσα εἰς ἡμᾶς φήμη περιέχει. Dindorf II, 78, 32 cf. III, 615 giebt φάσις nach cod. Ven. und unter Berufung auf haer. 31, 2, wo φάσις mit φήμη wechsel

Merinth und seiner Anhänger auf die ihm zugekommene Kunde
beruft, so meint er damit schwerlich eine mündliche Tradition,
deren es damals über Personen der apostolischen Zeit überhaupt nicht mehr gab, sondern vielmehr einen schriftlichen Bericht, welcher den Namen Merinth darbot und zwar in Verbindung mit Lehren oder Thatsachen, deren Träger nach anderen
Quellen Cerinth war. Es kann auch nicht zufällig sein, dass
Epiphanius haer. 28, 8 ganz ähnlich wie da, wo er den Leucius
erwähnt, von den Genossen des Merinth sagt, dass sie sich in
Asien den Aposteln widersetzt haben. Noch mehr zu denken
giebt der Ketzernamen Kleobius oder Kleobulus. Epiphanius
erwähnt ihn meines Wissens nur hier [1]), wie er denn auch bei
Irenäus, Hippolytus und in der dem Epiphanius und dem Phi-
laster gemeinsam als Quelle dienenden Schrift nicht genannt
wird. In dem räthselhaften Fragment des Hegesippus bei Eus.
h. e. IV, 22, 5 wird Kleobius ähnlich wie const. apost. VI, 8 neben
Simon als Schüler des Dositheus, const. apost. VI, 16 neben
Simon als Verfasser giftiger mit den Namen Christi und seiner
Jünger bezeichneter Schriften genannt [2]). Als Zeitgenosse des
Paulus, welcher in dessen Abwesenheit mit Simon nach Korinth
gekommen, wird er in dem armenischen Brief der Korinther an
Paulus erwähnt [3]). Die von Epiphanius daneben gestellte Namensform Kleobulus finde ich nur noch bei Pseudoignatius neben
einem Theodotus [4]). Die Form Kleobius vertritt auch der Verfasser des sogenannten Opus imperfectum in Matthaeum, eines
wahrscheinlich zwischen 380 und 408, sicher aber griechisch
geschriebenen Werks [5]). Es bedarf wohl nur der Bemerkung, dass

Merinth oder die Merinthianer werden sonst noch im Titel von haer. 28;
haer. 51, 7; 69, 23; ancorat. 13 immer in ähnlicher Weise genannt.

1) Auch z. B. nicht in der Aufzählung ancorat. 12. 13.

2) Diese Stelle (VI, 16) wird von einem Timotheus von Konstantinopel citirt bei Fabric. I, 139.

3) Nach der wörtlichen Uebersetzung von La Croze bei Fabric. III, 681:
*Homines quidam Corinthum venerunt Simeon et Clobeus nomine, qui
nonnullorum fidem vehementer movent persuasoriis et corrumpentibus
verbis, quibus tu per temet ipsum occarrere debes.* Vgl. Rinck, Das Send-
schreiben der Korinther an Paulus S. 228.

4) ad Trall. IX p. 192, 28 meiner Ausg. nebst Anm.

5) Opp. Chrysost. ed. Montfaucon VI, append. p CXCIX (hom. 48
zu Matth. 24, 5): *Etenim hoc erat signum primum destructionis Jerusalem, quod vere factum est. Venerunt enim Dositheus et Simon et Cleo-*

der dortige *Cleonius* = *Κλεόβιος* und *Varisuas* = *Βαριησοῦς*
(AG. 13, 6) ist. Zwischen den Magier Simon, welcher dem Petrus,
und den Magier Barjesus, welcher dem Paulus widerstanden hat,
stellt dieser Exeget, welcher so Manches aus apokryphen Quellen
hat einfliessen lassen, denselben Kleobius, welchen nach Epiphanius der Apostel Johannes und Leucius in Asien vergeblich auf
bessere Wege zu bringen versucht haben sollen. Zu alle dem ist zu
bemerken, dass der Simon Magus, welcher so manchmal mit
Kleobius zusammengestellt wurde, nach Photius (unten p. 215, 26)
in den Apostelgeschichten des Leucius als Knecht des Juden-
gottes gebrandmarkt war. Dass Epiphanius und Pseudochryso-
stomus ihren Kleobius aus dem Buch des Leucius gewonnen
haben, stand mir auf Grund vorstehender Erwägungen fest, ehe
ich die Freude hatte in dem Fragm. IV (unten p. 225, 17),
welches ganz abgesehn von diesem Namen mit Sicherheit den
Johannesacten des Leucius zugewiesen werden darf, den Namen
Kleobius wiederzufinden. Er ist dort nicht als Ketzer charakterisirt, aber er steht neben einem anderen Schüler des Johannes
dem Lykomedes, welcher sich nach Leucius bei andrer Gelegenheit ernsten Tadel des Apostels zugezogen hat (Fragm. III
p. 224, 7—20). Und wenn Johannes mit seinen echten Jüngern
jene anderen, die sich doch auch Christen nannten, zu bessern
versucht haben soll, so können Kleobius und Consorten damals
noch nicht offensichtlich und endgültig „den Weg der Wahrheit
verlassen“ und den Verkehr mit Johannes aufgegeben haben.

Dass Epiphanius „die sogenannten Acten des Andreas, Thomas und Johannes“ von den Enkratiten, Apostolikern, Origenia-
nern besonders hochgeschätzt wusste, hielt ihn nicht ab, dieselben Bücher als Quelle historischer Tradition zu verwerthen
und ihren historischen Inhalt, soweit er ihm passte, als baare
Münze zu nehmen und zu geben, wie er sich auch durch den
Misbrauch der apostolischen Diataxen bei den Audianern nicht
dazu bestimmen liess, dies Buch überhaupt als unglaubwürdig
zu erachten (haer. 70, 10). Auch der theilweise dogmatisch sehr
bedenkliche Inhalt der leucianischen Apostelgeschichten war für
den bei allem Eifer der Rechtgläubigkeit so wenig kritischen
Epiphanius noch weniger als für Augustin ein ausreichender

---

nius et Varisuas in nomine Christi et alii multi, quos apostolus in epi-
stolis suis tangit.

Grund, diese Bücher so wegwerfend zu beurtheilen, wie der
allem Apokryphischen grundsätzlich abgeneigte Eusebius. Der
entschiedene Widerspruch des Leucius und seines Johannes gegen
die Irrlehre von Jesus als blossem Menschenkind deckte für das
Auge des Epiphanius der dogmatischen Sünde Menge und er-
muthigte um so mehr zu wohlwollender Deutung des Bedenk-
lichen, als die Häretiker, welche diese Bücher gebrauchten, auch
aus den kanonischen Schriften durch willkürliche Auswahl und
Auslegung die schlimmsten Dinge herauslasen (haer. 45, 4).
Die weiterhin noch vielfach zu constatirende Thatsache, dass
diese häretischen Acten in den orthodoxen Kreisen viel gelesen
wurden, kann man nicht urtheilsloser verwerthen, als wenn man,
wie so oft geschehen ist, daraufhin allein schon sich zur Annahme sei es von orthodoxen Bearbeitungen ursprünglich häreti-
scher Schriften oder von häretischen Interpolationen in ursprünglich orthodoxen Schriften verleiten lässt. Wer so grundsätzlich
wie Epiphanius die apokryphe Literatur ausbeutet [1]), muss vor-
lieb nehmen mit dem Vorhandenen. Dass Epiphanius insbesondre
die Johannesacten des Leucius mit gläubigem Auge gelesen hat,
wird auch dadurch bestätigt, dass er eine Vorstellung vom Lebensausgang des Johannes als selbstverständlich ausspricht, welche
der einfachsten und ursprünglichen Form des leucianischen Berichts hierüber genau entspricht [2]). Doch, es gilt hier noch nicht
festzustellen, was alles Epiphanius aus dem Buch des Leucius
geschöpft hat, sondern nur zu beweisen, dass er seine Kunde
über Leucius und was damit zusammenhängt, diesem Buche
verdankt. Das aber ist bewiesen.

Dass Leucius sich in seinem Buch als Apostelschüler eingeführt habe, wird auch sonst mannigfach bestätigt. Wenn nach
Pacianus (unten p. 198, 19) die nach Proklus sich nennende
montanistische Partei [3]) sich dessen rühmte, von Leucius ins
Leben gerufen, von Proklus aber unterwiesen zu sein, und wenn

---

1) Haer. 61, 1: δεῖ δὲ καὶ παραδόσει χρῆσθαι· οὐ γὰρ πάντα ἀπὸ
τῆς θείας γραφῆς δύναται λαμβάνεσθαι.

2) Haer. 79, 5: ἀλλ' οὔτε Ἡλίας προσκυνητὸς καίπερ ἐν ζῶσιν ὤν,
οὔτε Ἰωάννης προσκυνητὸς καίτοιγε διὰ ἰδίας εὐχῆς τὴν κοίμησιν αὐτοῦ
ἔκπληκτον ἀπεργασάμενος, μᾶλλον δὲ ἐκ θεοῦ λαβὼν τὴν χάριν.

3) Tert. adv. Valent. 5; Pseudotert. lib. adv. haer. 21; Eus. h. e.
II, 25, 6; III, 31, 4; VI, 20, 3. — Das *animatos* des Pacianus wird hier
nicht anders übersetzt werden dürfen, wie oben geschehen.

Pacianus Ersteres als Lüge bezeichnet, so muss Leucius eine
an sich über allen Zweifel auch des orthodoxen Spaniers er-
habene Auctorität ältester Zeit gewesen sein, auf welche sich
Proklus oder seine späteren Anhänger für ihre montanistischen
Meinungen in gleichem Sinne berufen haben werden, wie auf
die Töchter des Philippus in Hierapolis und andere Persönlichkeiten apostolischer und nachapostolischer Zeit, welchen dann
Cajus die Grabmäler des Petrus und des Paulus zu Rom gegen-
überstellte [1]).   Einen andern „apostolischen" [2]) Leucius neben
dem literarisch bezeugten und zwar einen orthodoxen neben dem
heterodoxen anzunehmen [3]), ist grösste Willkür.   Haben doch
noch die Bilderfeinde des 8. und des anfangenden 9. Jahrhunderts sich nicht nur auf die alten apokryphen Apostelgeschichten,
welche ihre Gegner für einen Abgrund der Ketzerei erklärten,
sondern, wenn nicht Alles trügt (unten zu p. 213, 8), gerade auch
auf die Person dieses Ketzers Leucius als einen glaubwürdigen
Zeugen für Thaten und Worte der Apostel und insbesondre des
Johannes berufen.   Das Gedächtnis des Apostelschülers Leucius
ist aber durchaus an das Buch geknüpft, in welchem er als
Mann der apostolischen Zeit auftrat und fortlebte.   Wäre er unabhängig von dieser Schrift eine kirchliche Berühmtheit gewesen,
so könnte doch kaum jede Spur seines Namens in der vorcon-
stantinischen Kirchenliteratur fehlen.   So werden auch die Montanisten den durch seine Schriften als Apostelschüler berühmt
gewordenen Leucius gemeint haben.   Und man braucht nur an
zwei Puncte der Uebereinstimmung zwischen dem Schriftsteller
Leucius und den Montanisten oder einem Zweig derselben zu
erinnern, um es völlig begreiflich zu finden, dass sie sich mit
diesem Leucius befreundet hatten.   Dieselbe asketische Tendenz
des Leucius, welche ihn den Enkratiten und anderen verwandten
Secten empfahl, war auch den Montanisten willkommen; und
die bei einigen Montanisten verbreitete modalistische Theologie [4])
fand nirgends so starke Stütze wie bei Leucius.

---

1) Eus. h. e. II, 25, 6; III, 31, 4; V, 17, 4.

2) Ich meine das im Sinn der Alten z. B. Tertullian's (adv. Her-
mog. 1: *apostolicus Hermogenes* 2 Tim. 1, 15).

3) Fabric. cod. pseudep. N. Ti I, 42 Anm.; II, 768; III, 624.

4) Hippol. refut. VIII, 19; X, 26 cf. 25. Nach Pseudotertullian
c. 21 wären es allerdings nicht die Montanisten κατὰ Πρόκλον, sondern

Der Prolog des „Melito von Sardes" zu dem Buch über den
Heimgang der Maria ist nicht ohne Kenntnis des leucianischen
Werks geschrieben. „Melito" gesteht aber bei aller Schärfe des
Gegensatzes gegen die Lehrmeinungen des Leucius völlig zu,
dass Leucius mit den Aposteln verkehrt habe und macht sich selbst
zu einem Schüler und Zeitgenossen der Apostel, insbesondre
aber des Johannes, um dem Apostelschüler Leucius mit ebenbür-
tiger Auctorität gegenüber zu treten (unten p. 217, 21; 218, 4).
Philaster (unten p. 198, 9) bestreitet gar nicht, dass die bei den
Manichäern verbreiteten d. h. die leucianischen Acten des Andreas
von Schülern und Begleitern dieses Apostels geschrieben seien,
und dehnt nur auch auf diese Acten das Urtheil aus, dass die
Häretiker in den Apokryphen Vieles zu- und abgethan haben.
Dass der Verfasser sich selbst Leucius Charinus nenne, sagt
erst Photius (unten p. 215, 17), er sagt es aber wirklich, und
im Zusammenhalt mit den Fragmenten ist es keineswegs zweifelhaft, wie Leucius sich eingeführt hat. Schon der Ausdruck des
Photius ist der Meinung, dass in dem Exemplar des Photius von
Schreiberhand der Name Leucius beigeschrieben gewesen sei[1]),
ebenso ungünstig wie derjenigen, dass von jeher dieser Name
als der des Verfassers vor dem Buch gestanden habe[2]). „Das
Buch selbst giebt es zu verstehen, dass Leucius Charinus es
geschrieben habe", sagt Photius, d. h. doch: es ist nicht bloss
eine vielleicht äusserlich an das Buch geheftete Tradition,

die κατὰ Αἰσχίνην, welche so lehrten. Aber nimmt man hinzu, dass den
Montanisten insgemein diese Theologie nachgesagt wird, so wird das
ein Erbstück aus der ersten Zeit des Montanismus sein, ehe er die
„noblere" Form der Lehre des Proklus annahm, und aus dieser früheren
Zeit wird ihre Bekanntschaft mit Leucius herstammen. Ich kann mich
der Vermuthung nicht erwehren, dass Hippolyt VIII, 19 sich ungenau
ausdrückt oder ungenau berichtet ist, wenn er die βίβλοι ἄπειροι und
die πολλὰ φλύαρα βιβλία der Montanisten nur Weissagungen ihrer Propheten enthalten lässt. Allerdings besassen sie schriftliche Aufzeichnungen davon (vgl. Zeitschr. f. histor. Theol. 1875 S. 79); aber die Aus-
drücke Hippolyts weisen auf eine sehr umfangreiche Literatur, worunter
auch die ausführlichen Apostelgeschichten mit ihrer Fülle von apostolischen Traditionen sich befunden haben mögen.

1) So Thilo, Acta SS. apost. Andreae et Matthiae p. IV (Hallenser
Programm zum 15. Oct. 1846). In den Acta Joh. (Progr. von 1847) p. 5
Anmerkung nähert sich Thilo dem Richtigen.

2) Kleuker, die Apokryphen des N. T. 1798 S. 318 f.

sondern der aufmerksame Leser muss es als Absicht des Schriftstellers erkennen, für Leucius zu gelten. Wollte man einen
Titel oder eine Beischrift mit diesem Namen bis in die Zeit vor
Augustin hinauf datiren, welcher zuerst und zwar ohne alles
Bedenken den Leucius ausdrücklich als Verfasser bezeichnet
(unten p. 202, 2), oder gar in die Zeit der von Pacianus erwähnten Montanisten (unten p. 198, 19), so wäre es schwierig zu
erklären, warum der Name Leucius so überaus selten genannt
wird, wo doch ohne Zweifel seine Apostelgeschichten gemeint
sind. Augustin nennt ihn nur ein einziges Mal, während er
so häufig von seinen Schriften zu reden hat. Epiphanius kennt
den Namen und zwar aus seinem Buch, aber an den verschiedenen Stellen, wo er von den Apostelgeschichten des Andreas,
des Johannes und des Thomas spricht, nennt er ihn nicht, und
dagegen redet er von Leucius so, dass man erkennt, der Name
ist dem Epiphanius im Zusammenhang einer Erzählung über
Johannes begegnet.

In den sicheren Fragmenten der Johannesacten tritt uns
der Erzähler wiederholt unter einem „Wir" entgegen, welches
gelegentlich, wo es sich um Johannes nebst seiner zahlreichen
Begleitung handelt, diesen mitumfasst [1]). Sonst tritt dieser stets
in dritter Person auf, und in der Regel bezeichnet das „Wir"
die Schüler im Unterschied vom Apostel [2]). Aber aus dem „Wir"
tritt auch einmal sicher, vielleicht zweimal [3]) ein „Ich" hervor.
Wenn an der sicheren Stelle kein Name das „Ich" deutet, so
erklärt sich das neben den beiden Personnamen Verus und
Andronicus nur daraus, dass der Name des Erzählers schon an
einer früheren Stelle vorgekommen war. Leucius hat sich also
nicht wie Lucas damit begnügt, in weiter Entfernung von einander ein Ich des erzählenden Schriftstellers mit einem mehrere
in der Geschichte mithandelnde Personen bezeichnenden „Wir"
wechseln zu lassen [4]), sondern hat ebenso wie Prochorus [5]), welcher darin seinem Beispiele gefolgt sein wird, einmal oder
mehrmals, jedenfalls an hervorragender Stelle gesagt, dass er,

---

1) Fragm. IV p. 225, 22; 226, 26; 231, 14.
2) Fr. IV, p. 226, 1—14; 232, 1; Fragm. VI, p. 244, 4; 245, 11.
3) Fr. IV, p. 226, 12. Zweifelhaft ist die LA p. 231, 15.
4) Ev. Luc. 1, 3; AG. 1, 1; 16, 10 sqq.
5) Proch. p. 7, 3; 11, 3; 18, 12; 21, 14; 162, 12.

Lèucius, kein Geringerer als ein persönlicher Freund des Johannes der Erzähler sei, an welchen dann jenes „Wir" im Verlauf der Erzählung wieder erinnern soll. Dies kann selbstverständlich nicht durch den Umstand verdunkelt werden, dass Augustin, Euodius u. A. [1]) gelegentlich bemerken, diese Apostelgeschichten seien unter dem Namen der Apostel Andreas, Thomas u. s. w. geschrieben. Bücher, welche die Ueberschrift πϱάξεις oder πεϱίοδοι τῶν ἀποστόλων führten, trugen in dieser Form den Namen der Apostel an der Stirne, und zwar in den Augen derer, welche sich zu ihrem Inhalt mehr oder weniger kritisch verhielten, nur angeblicher oder betrüglicher Weise [2]). Daher das ὡς Ἀνδϱέου καὶ Ἰωάννου πϱάξεις (unten p. 195, 9), αἱ λεγόμεναι Ἀ. καὶ Ἰ. πϱάξεις (p. 195, 19; 196, 4. 9. cf. 209, 28). Den Uebergang von dieser Ausdrucksweise zu der an sich misverständlichen bei Augustin bildet schon der Ausdruck des Amphilochius οὐχὶ τῶν ἀποστόλων πϱάξεις, ἀλλὰ δαιμόνων συγγϱάμματα p. 197, 19. Und schon bei Eusebius werden die Evangelien, welche fälschlich Aposteln als Verfassern zugeschrieben waren, und die über die Apostel berichtenden Apokryphen unter den gemeinsamen Begriff der von Häretikern unter dem Namen von Aposteln vorgebrachten Bücher (unten p. 195, 6) befasst. Aber dass die Apostel in diesen Büchern irgendwie als Mitverfasser eingeführt seien, hat Augustin so wenig wie Eusebius, und dieser so wenig wie Tertullian, wo er von den Theklaacten ähnlich misverständlich redet [3]), sagen wollen. Die Ungenauigkeit lag um so näher, wenn es sich um Schriften handelte, in welchen erstlich die Reden und Gebete der Apostel einen grossen Raum einnahmen, so dass man bei der Lectüre überall angeblich apostolische Worte zu hören bekam, und in welchen zweitens der Erzähler sich so manchmal mit den Helden seiner Geschichten als ihr Genosse in einem „Wir" zusammenfasste.

Dem aus den echten Fragmenten der Johannesacten und den

---

1) Unten p. 202, 8. 15 (nebst der Note zu 202, 2); 209, 10.

2) Diese Bücher sind dem Amphilochius (unten p. 197, 13) ψευδεπίγϱαφα, weil ἐπιγϱαφὰς ἔχοντα τῶν ἀποστόλων (p. 197, 16).

3) Tertull. de bapt. 17. Zu vergl. ist auch const. ap. VI, 16, wo nicht an Bücher zu denken ist, als deren Verfasser Jesus gemeint war, sondern an solche, die von Jesus erzählten und ihn gelegentlich redend einführten, an γϱαφαὶ κυϱιακαί nach dem Sprachgebrauch des 2. Jahrhunderts.

richtig verstandenen Nachrichten der Alten mit Sicherheit zu
gewinnenden Ergebnis darf man nicht den Anfang der griechischen Thomasacten entgegenhalten, wo die Apostel selbst die
Redenden sind [1]. Dass das nicht mehr echt leucianisch ist, sondern ebenso wie die Einrahmung der Andreasacten Zuthat eines
Bearbeiters, ergiebt sich erstlich schon aus dem Widerspruch
mit den echten Fragmenten der Johannesacten, zweitens aus
dem Selbstwiderspruch dieser Recension der Thomasacten, welche trotz der Anführung des Thomas unter den mit „Wir“ sich
einführenden Apostel nachher von Thomas in dritter Person
erzählt, und endlich aus der Vergleichung der syrischen Recension, welche ebenso wie mehrere griechische Hss. von dieser
Abnormität frei ist.

Ob nun der Name des Apostelschülers Leucius, wie ich bisher schon vorausgesetzt habe, eine Maske oder das ehrliche Gesicht des Schriftstellers selbst ist, wird von dem Urtheil über
den Inhalt seiner Berichte abhängen. Ist derselbe zu einem
grossen Theile erfunden und, wie gleich in den beiden ersten
Fragmenten handgreiflich wird, im Widerspruch mit der bezeugten Geschichte erdichtet, so schwindet auch die Möglichkeit,
dass ein wirklicher Apostelschüler seinem Meister solche Reden
und Thaten nachgesagt habe. Der wenn auch nur zum Theil
der Geschichte zum Trotz absichtlich erdichtete Inhalt ist ausreichender Beweis der Pseudonymie. Ob nun aber der Schriftsteller, welcher sich unter dem Namen Leucius einführt, die
Gestalt dieses Apostelschülers der Tradition und Geschichte entlehnt hat, oder ob er sie erst geschaffen und den Namen, vielleicht nicht ohne Erinnerung an den Verfasser der kanonischen
Apostelgeschichte gebildet hat [2]), lässt sich vorläufig nicht entscheiden. Je höher hinauf die Entstehung des Buchs zu setzen
ist, um so wahrscheinlicher ist Ersteres. Ein später Dichter
dagegen konnte den weder in der Bibel genannten, noch sonst

1) Acta apocr. ed. Tischend. p. 190. S. die dortigen Noten. Vgl.
die syrische Recension bei Wright, apocr. acts I, p. ‏מהב‎; II, 146. Die
Andreasacten bei Tischendorf p. 105.

2) Sehr Sonderbares giebt Kleuker S. 182 unter Berufung auf einen
unechten Brief des Arztes Lucius oder Lucas von Tarsus an seinen
Schüler Galen, worüber Kleuker nur durch Fabricius II, 925 dürftige
Kunde hat.

berühmten Namen Leucius nicht der Tradition entnehmen. Was
die Form des Namens anlangt, so ist Leucius allein sicher und
Lucius gar nicht für unseren Schriftsteller bezeugt. Wenn Leucius vielfach als gräcisirte Form für Lucius vorkommt, so ist
doch zu bemerken, dass nicht nur Lucius sehr häufig auch von
Griechen geschrieben wird, sondern dass sich auch dicht neben-
einander sowohl auf griechischem als lateinischem Sprachgebiet
beide Formen als zwei verschiedene Namen gebraucht finden [1]).
Unseren Leucius haben auch die Lateiner stets *Leucius* genannt.
Die Varianten *Leontius*, *Levitius*, *Lenticius*, *Lecutius*, *Leonidas*
setzen alle diese Form voraus [2]). Auch *Seleucus* [3]) gehört dahin, obwohl möglicherweise ein neben Hermias-Hermogenes
genannter Seleucus mitgewirkt hat. Den Nebennamen *Charinus*
bezeugt nur Photius; denn ob er in dem an sich schon zweifelhaften Nexocharides (unten p. 209, 11), woneben auch Xeno-
charides überliefert ist, verborgen liegt [4]); und ob es irgend
etwas zu bedeuten hat, dass die im griechischen Text des Evangelium Nicodemi namenlosen Söhne des Greises Simeon in der
lateinischen Version *Karinus* und *Leucius* heissen [5]), will ich
nicht entschieden haben.

---

1) Cypriani opp. ed. 'Hartel I, 448, 8 cf. 440, 10; Epiphan. haer.
51, 22 (Dindorf IV, 487, 1) cf. 51, 6, wo eben nur Dindorf p. 457, 7
Λουκίου statt *Λευκίου* liest s. unten zu p. 197, 9. — In der Inschrift
von Kirk-agatsch (Abhandlungen der Berliner Akad. Phil. hist. Classe
aus d. J. 1872 S. 63 oder, da dort mehrere Druckfehler, besser die dazu
gehörige Tafel VII) liest man l. 19. 21 *Λουκίου*, l. 26 *Λευκίος Λευκίου*
u. l. 61 *Λευκίος*.

2) Unten zu p. 202, 2; 210, 23; 213, 8. Auf die Identification unseres
Leucius mit *Lucanus*, *Lucianus* u. drgl., welche Mill (Nov. Test. 1707,
proll. p. XXXVII) gewagt hat, sehe ich keinen Anlass hier einzugehn.

3) Unten p. 201, 15. 19. Ueber den anderen Seleucus s. Philast. haer. 55;
August. de haer. 59. cf. Praedestin. 59. Die verdächtige Uebereinstimmung zwischen der Lehre dieses Seleucus und des Hermias = Hermogenes (Philast. l. l. *resurrectionem in filiorum procreatione hanc esse*)
mit der des Demas und des Hermogenes in Act. Thecl. 14 möge hier
auf sich beruhen.

4) So urtheilte Fabricius II, 767 sq., der übrigens Nexocharis und
Xenocharis als Nominativ voraussetzt.

5) Evang. Apocr. ed. (2) Tischend. p. 323 der griech. Text, p. 390.
406. 408 der lat. T. Die Varianten zu *Leucius* (s. besonders zu p. 390)
sind so ziemlich die gleichen wie die zum Namen unsres *Leucius*.

§. 7. Die Apostelgeschichten des Leucius.

Der Band, in welchem Photius die „sogenannten Wanderungen der Apostel" las [1]), umfasste mehrere je einem Apostel gewidmete Bücher. Wenn das nicht schon der Eingang seines Kapitels deutlich genug sagt, so macht es die nachherige besondere Anführung. der πράξεις Ἰωάννου (unten p. 216, 11) zweifellos. Dem entspricht die Aufzählung bei Nicephorus (unten p. 213, 5), in der Synopse des Athanasius [2]), und die Ausdrucksweise bei den Alten von Eusebius an; und es gehört viel Verkehrtheit dazu, daraus dass Augustin den Leucius *actus apostolorum* schreiben lässt, zu schliessen, Augustin kenne nur ein einziges die Apostel insgemein behandelndes Werk des Leucius. Er redet ja wiederholt von einer Mehrheit von s c r i p t u r a e a p o c r y p h a e unter dem Namen der Apostel. Die Zusammenstellung derselben in einem Bande lag sehr nahe; aber wir wissen nicht, ob diese vom Verfasser selbst herrührte. Noch weniger kann man daraus, dass unter dem gemeinsamen Titel der περίοδοι oder πράξεις τῶν ἀποστόλων oder auch nur in einem Bande mehrere Bücher solchen Inhalts zusammengestellt waren, von welchen einige auf Leucius zurückgeführt werden dürfen, den Schluss ziehen, dass die so zusammengestellten Bücher sämmtlich Werke des Leucius waren. Wir haben keinerlei Bürgschaft dafür, dass das Selbstzeugnis des Leucius, welches Photius richtig aus seinem Buch herausgelesen hat, sich auf den gesammten Inhalt jenes Bandes erstreckt, selbst wenn das die Meinung des Photius war. Vollends ist nicht daran zu denken, dass die πράξεις aller 12 Apostel, welche schon im 4. Jahr-

---

1) Der Irrthum Kleuker's l. l. 323, dass das dem Photius vorliegende Buch nur geringen Umfangs gewesen sei, weil dieser es ein βιβλίον nenne, bedarf keiner Widerlegung, und der damit verbundene, dass darin nicht besondere einzelnen Aposteln gewidmete Bücher zu unterscheiden gewesen seien, wird durch Photius selbst widerlegt, s. oben im Text.

2) Die unter den unten gesammelten Zeugnissen fehlende und doch nicht ganz entbehrliche Stelle möge hier stehn. Athan. opp. ed. Montfaucon II, 202: τῆς νέας διαθήκης ἀντιλεγόμενα ταῦτα· περίοδοι Πέτρου, περίοδοι Ἰωάννου, περίοδοι Θωμᾶ, εὐαγγέλιον κατὰ Θωμᾶ (sic), διδαχὴ ἀποστόλων, Κλημέντια· ἐξ ὧν μετεφράσθησαν ἐκλεγέντα τὰ ἀληθέστερα καὶ θεόπνευστα. ταῦτα τὰ ἀναγινωσκόμενα.

hundert bei Manichäern cursirt zu haben scheinen [1]), alte Bücher
waren und von Leucius herrühren sollten oder auch nur wollten.
Dagegen spricht schon der Umstand, dass so häufig die kanonische Apostelgeschichte mit und ohne Gegensatz zu apokryphen
Apostelgeschichten, welche es immer nur mit einzelnen Aposteln
zu thun hatten, als „Thaten aller" oder „der zwölf Apostel"
oder als „allgemeine Apostelacten" bezeichnet wird [2]). Sodann
wird ganz regelmässig nur eine sehr beschränkte Zahl von Aposteln als Object der leucianischen Darstellungen genannt. Hiervon ist auszugehn. Ich setze dabei voraus, dass nicht nur diejenigen Zeugen zu hören sind, welche den Namen des Leucius
darbieten. Wenn Philaster apokryphe Apostelgeschichten aufzählt, welche die Manichäer gebrauchen, und dabei Leucius nicht
nennt, so meint er doch selbstverständlich dieselben, über welche
sich Augustin im Kampf mit den Manichäern so mannigfach
ausläast, und welche nach Augustin und Euodius den Leucius
zum Verfasser haben. Dieselben Bücher benutzten aber auch
die Priscillianisten, gegen welche Turibius von Astorga und Leo
von Rom eingeschritten sind [3]). Auf diesen Vorgängen beruht
auch das Verdammungsurtheil des gelasianischen Decrets, und
daraus dass hier in einem besonderen Artikel die sämmtlichen
Schriften des Leucius verurtheilt werden, ist kein Beweis dagegen zu entnehmen, dass die vorher namhaft gemachten Apostelgeschichten eben die leucianischen seien (unten p. 210, 20).
Wenn ferner Epiphanius nachgewiesener Massen die Johannes-

1) Unten p. 216, 18. Auch da zeigt die Hervorhebung der Acten des
Andreas, dass es sich um eine Sammlung mehrerer je eines Apostels
Geschichte darstellender Bücher handelt.

2) So schon Can. Murat. lin. 34; Doctrine of Addai ed. Phillips
p. מו, engl. Theil p. 44 cf. p. לח u. 33, wo schon wegen des streng
kirchlichen Charakters dieser Schrift nicht mit Wagenmann (Herzog's
Realencykl. 2. Aufl. I, 24) an apokryphe Apostelgeschichten zu denken
ist; Wright, Catal. of the syr. mss. p. 77—83 cod. 122 u. 125—129; Acta
Timothei ed. Usener p. 8, 10 cf. Göttinger gel. Anz. 1878 S. 102; derselbe Ausdruck bei einem Theodor in Cramer's Cat. VII, 79, 24.

3) Unten p. 209, 14 sqq. Der Brief Leo's (ep. 15 § 15, Migne 54, col.
688) an Turibius ist Antwort auf einen verlorenen Brief dieses spanischen
Bischofs, welcher aber ähnlichen Inhalts gewesen sein muss wie der
unten mitgetheilte Brief desselben. — Dass die Priscillianisten theils
dieselben Apostelacten, theils Bearbeitungen derselben hatten s. auch
203, 20 sqq. und Noten zu 203, 17; 204, 5.

acten des Leucius gelesen hat, so kann er unter den sogenannten
Apostelgeschichten des Johannes (Andreas und Thomas), welche
er durch den Titel und den Mangel jeder Näherbestimmung als
die einzigen ihm bekannten bezeichnet, doch nur dieselben verstehen, aus welchen er sich Manches angeeignet hat[1]). Dann
wird dasselbe auch von Eusebius gelten. Es ist überhaupt zu
constatiren, dass von den Schriftstellern bis zum 9. Jahrhundert,
welche der bei den Häretikern gebräuchlichen Apostelgeschichten gedenken, kein Einziger diesen häretischen Acten orthodoxe
gegenüberstellt oder auch nur die Existenz anderer dieselben
Apostel behandelnder Acten andeutet. Hat es solche in der
griechischen Kirche vor dem 8. Jahrhundert gegeben, so können
sie bis dahin wie z. B. die Erzählung des Prochorus nur wenig
verbreitet gewesen sein. Erst so entschiedene Urtheile, wie das
der 3. ökumenischen Synode (unten p. 211 sq.), schufen Raum
sowohl für solche relativ selbständige Schöpfungen wie die des
Prochorus, als auch für katholische Bearbeitungen der lucani-
schen Bücher, wie die, welche die athanasianische Synopse andeutet (s. oben p. LXXII Anm. 2), und die uns erhaltenen Acten
des Andreas und des Thomas. Im Adendland fallen die ent-
scheidenden kirchlichen Verdammungsurtheile schon ins 5. Jahrhundert. Daher beginnen dort auch die katholischen Umarbeitungen schon so viel früher.

Das Mass nun, in welchem die einzelnen Apostel in den
Zeugnissen über die älteren apostelgeschichtlichen Apokryphen
vertreten sind, ist ein sehr ungleiches. Die folgende Uebersicht,
für welche ich mich auf die p. 195—218 mitgetheilten und im
wesentlichen chronologisch geordneten Auszüge ohne Häufung
einzelner Citate berufen kann, dürfte nützlich sein:

1. **Johannes:** (Clem. Al. zu Fragm. I p. 219, 3; die
Quartodecimaner bei Theodoret p. 210, 25) Euseb., Epiph. (2 mal,
wenn man p. 197, 9 mitrechnet), Amphil., Philaster, Faustus
Manich., August.[2]), Euodius (s. zu 202, 2), Innocentius, Turibius,
Ephraimius von Antiochien, die Synode der Bilderfeinde zu

---

1) Unten p. 195, 18 sqq. Von den ebjonitischen Apostelgeschichten
(s. die Note zu 195, 18) konnte er hier absehn.

2) Einmal citirt p. 202, 9; aber vielfach benutzt cf. p. 203, 17 sqq. mit
Frgm. l p. 220, 3 sqq.; p. 205, 8 sqq. mit Frgm. VI p. 245, 2 sqq.; 206, 6 sqq.
mit p. 247, 9 — 248, 12.

Konstantinopel vom J. 754, das 7. ökum. Concil von 787, Nicephorus CP., Photius (2 mal), Synopsis Athan., Mellitus, indirect
auch Pseudomelito und Epiphanius monachus.

2. Andreas: Euseb., Epiph. (3 mal), Philaster, Faustus
Man., August., Euodius, Innocentius (?), Turibius, Gelasius, Photius (2 mal), Mellitus.

3. Thomas: Epiph. (2 mal), August. [1]), Faustus, Innocentius (?), Turibius, Gelasius, Nicephorus CP., Photius, Synopsis
Athan., Mellitus.

4. Petrus [2]): Philaster, Faustus, Innocentius, Gelasius, Nicephorus CP., Photius, Synopsis Athan.

5. Paulus: Philaster, Faustus, Photius.

6. Philippus: Gelasius.

Dieses Verzeichnis' zeigt, dass die Acten des Johannes, des
Andreas und des Thomas den weitaus grössten Anspruch darauf
haben, der Sammlung, welche dem Photius vorlag und welche
gelegentlich in noch grösserer Vollständigkeit vorkam, von jeher
angehört zu haben. Wenn Eusebius den Thomas weglässt und
dafür neben Johannes und Andreas „die andern Apostel" stellt,
so kann damit vor allem Thomas gemeint sein, und es fragt
sich sehr, ob er bei seinem unbestimmten Ausdruck noch andere
Bücher im Sinn hat als diese drei, zumal in diesen gelegentlich
auch von anderen Aposteln die Rede gewesen sein kann. Diese
drei haben auch ausdrückliche und starke Zeugnisse dafür auf-
zuweisen, dass sie Werke des Leucius sind, nämlich ausser bei
Innocentius und Photius, welche den Leucius noch für Anderes
verantwortlich machen, bei Euodius (s. zu p. 202, 2), Mellitus
(p. 216, 25) und indirect doch auch bei Augustin, wenn man
den Einzelanführungen des Andreas, Johannes und Thomas
(p. 202, 9. 19 nebst Note) die allgemeine Angabe p. 202, 2 wie
billig zu Grunde legt.

Anders steht es zunächst mit den Paulusacten, welche nach
Philaster gleichfalls bei den Manichäern in Ansehn gestanden

1) Unten p. 202, 19 nebst den in der dortigen Note citirten Stellen.
2) Ich nenne hier nur die Zeugen, welche Acten des Petrus, Philippus und Paulus im Zusammenhang mit den bei den Häretikern beliebten
Acten des Johannes, Andreas und Thomas nennen. Es kommen hier
z. B. die im Decretum Gelasii abgesondert von diesen citirten actus
Theclae et Pauli nicht in Betracht, obwohl sie identisch sind mit den von
Faustus im Zusammenhang mit jenen citirten s. unten p. 203, 6.

haben sollen, und welche bei Photius als Bestandtheil der ihrem
Grundstock nach leucianischen Sammlung erscheinen. Der Manichäer Faustus citirt vor und nach seiner Berufung auf die von
den Katholiken aus ihrem Kanon ausgeschlossenen Apostel (d. h.
aber ohne Frage Acten der Apostel) Petrus, Andreas, Thomas,
Johannes die Acten der Thekla und des Paulus und schöpft
fast nur aus diesen das Urtheil des Paulus über Ehe und Virginität [1]). Daraus folgt unmittelbar, dass dies die Paulusacten
sind, welche nach Philaster bei den Manichäern in Ansehn standen. Will man ferner nicht ohne Noth und gegen alle Wahrscheinlichkeit annehmen, dass die 5 von Faustus zusammengestellten Apostelgeschichten von den 5 Büchern über genau
dieselben Apostel, welche Photius zusammengestellt fand, verschieden seien [2]), so sind auch des Photius πϱάξεις Παύλου die
Acten der Thekla und des Paulus, und es ist somit bewiesen,
was von vornherein als möglich behauptet wurde, dass Photius
die leucianische Autorschaft ungenauer Weise auf andere mit
dessen Büchern verbundene Apokryphen ausgedehnt hat. Es
ist auch unwahrscheinlich, dass die von den Manichäern gebrauchten Paulus- oder Theklaacten eine häretische Bearbeitung
der uns erhaltenen seien. Was Faustus daraus anführt, lesen
wir noch heute in denselben; und nur wenn Faustus dieselben
Acten besass, welche bei den Katholiken seiner Zeit verbreitet
waren, konnte er so sichtlich, wie er es thut, voraussetzen, dass
diese Paulusacten bei den Katholiken in höherem Ansehn stehen [3]),
als die zwischen den beiden Berufungen auf dieselben von ihm
erwähnten Acten des Johannes, Andreas, Thomas und Petrus.
Die Verbindung der Paulus- oder Theklaacten mit den Büchern
des Leucius, welche Photius vorfand, kann nicht sehr alt sein.

---

1) Bei Aug. c. Faust. XXX, 4 tom. X, 535, die wichtigsten Worte
unten p. 203, 5 sqq.

2) In Bezug auf die Mehrzahl kann die Vermuthung gar nicht entstehen; denn das wie sich zeigt ungenaue Urtheil des Photius über den
leucianischen Ursprung aller 5 Bücher muss a potiori gefällt sein. Die
von ihm besonders citirten Johannesacten sind diejenigen, deren Fragmente unten zusammengestellt sind, die unzweifelhaft leucianischen; und
leucianisch nannten Augustin und Andere die bei den Manichäern verbreiteten Apostelgeschichten.

3) Dem war wirklich so. Cf. Schlau, die Acten der Thekla und
des Paulus S. 22 f. 24 f. 36 ff. 45 ff.

Schon die Ausdrucksweise des Faustus sondert jene sehr scharf von diesem ab. Wenn Eusebius unter den nach seiner Meinung von Häretikern verfertigten, von keinem anerkannten Kirchenschriftsteller der Erwähnung werth gefundenen und daher schlechthin verwerflichen Apostelgeschichten des „Andreas, Johannes und der anderen Apostel" auch die Paulus- und Theklaacten gefunden hätte, so wäre sein ohnehin übertreibendes unterschiedsloses Urtheil sinnlos; und wenn er darunter überhaupt irgend welche Paulusacten gefunden hätte, so hätte er nicht unmittelbar vorher *τῶν Παύλου πράξεων ἡ γραφή* in eine viel günstiger beurtheilte Classe stellen können, ohne diese viel höher angesehene Schrift durch eine charakteristische Näherbestimmung von den häretischen Paulusacten zu unterscheiden.

Besser begründet scheint der Anspruch der nach dem Zeugnis des Philaster, des Faustus und des Augustinus[1]) von den Manichäern gebrauchten Petrusacten auf leucianischen Ursprung zu sein. Zu dem positiven Zeugnis des Innocentius und des Photius hiefür tritt bestätigend hinzu, dass sie und nur sie bei Nicephorus und in der Synopsis Athan. mit zwei unzweifelhaft leucianischen Apostelgeschichten zusammengestellt sind, auch im Decret des Gelasius gleich hinter den Andreas- und den Thomasacten stehen, worauf dann allerdings die Philippusacten folgen. Die bei den Manichäern beliebten Petrusacten waren keineswegs auf deren Kreise beschränkt. Die Tochter des Petrus, welche nach der eben angeführten Stelle Augustins darin eine Rolle spielte, kannte auch Hieronymus aus den *περίοδοι* des Petrus[2]). Wegen dieses Zusammentreffens in der Sache wird nicht der clementinische Roman gemeint sein, welchen er auch kennt[3]),

---

1) Aug. contra Adimantum XVII, 5 (tom. X, 166 sq.): *Quod isti magna caecitate vituperant* (sc. die Erzählung in AG. 5, 1 ff.), *cum in apocryphis pro magno legant et illud quod de apostolo Thoma commemoravi et ipsius Petri filiam paralyticam factam precibus patris et hortulani filiam ad precem ipsius Petri esse mortuam; et respondent, quod hoc eis expediebat, ut illa solveretur paralysi et illa moreretur.* Das in der Editio Lovaniensis eingeschobene *sanam* vor *factam* haben die Benedictiner mit Recht wieder beseitigt.

2) adv. Jovin. I, 26 s. unten p. 200, 15; Epist. 118, 4 (Vallarsi I, 795): *Habuit et Petrus* (sc. uxorem), *et tamen cum reti eam et naviculam dereliquit.*

3) Comm. in ep. ad Gal. lib. I (Vallarsi VII, 894): *ut Clemens in periodis eius refert.* Cf. vir. illustr. 15.

in welchem aber weder jene Geschichte, noch überhaupt die
Tochter des Petrus vorkommt[1]), sondern die actus Petri, welche
er (vir. illustr. 1) nach Eusebius (h. e. III, 3) als erstes der
Petrusapokrypha aufzählt[2]). Dass Petrus Kinder gehabt habe,
werden auch Clemens Alexandrinus[3]) und Epiphanius (haer. 30, 22),
nicht aus der Luft gegriffen, sondern diesen überall ohne jede
Andeutung von verschiedenen Recensionen derselben citirten Petrusacten entnommen haben. Clemens citirt sie ja förmlich und
entlehnt ihnen mehreres[4]). Es wäre eine durch nichts zu recht-
fertigende Bedenklichkeit, wenn man irgend etwas von dem,
was zuletzt Hilgenfeld zusammengestellt hat[5]), auf andere Petrusacten zurückführen wollte, als auf die bei Katholiken und
Häretikern von Clemens bis Photius allein bezeugten. Aber für
leucianisch sie zu halten, genügen die angeführten Wahrschein-
lichkeitsgründe doch in keiner Weise. Wenn Eusebius (h. e. III, 3, 2)
über die sämmtlichen Petrusapokryphen mit Einschluss dieser
πράξεις ein ähnliches, nur noch viel leichtfertigeres historisches
Urtheil zu fällen scheint, wie über die häretischen Apostelgeschichten in III, 25, 6, so fehlt doch ganz das dortige dogmatische Urtheil; und während er III, 25, 6, des Petrusevangeliums
noch einmal gedenkt, schweigt er dort von den Petrusacten.
Sie gehören nicht ursprünglich zu der Gruppe, mit welcher sie
vielleicht schon Philaster, Faustus und Augustin, sicher aber
Photius verbunden sahen.

Noch weniger ist daran zu denken, dass die Philippusacten
von Leucius herrühren sollten, welche nur das gelasianische
Decret hinter leucianische Schriften gestellt hat. Was uns

---

1) Clem. homil. XIII, 1; recogn. VII, 25 wird nur die Frau des Petrus erwähnt.

2) Sie werden auch im Decretum Gelasii von dem *Itinerarium nomine Petri apostoli, quod appellatur S. Clementis* und in der Syn. Athon.
von den Κλημέντια deutlich unterschieden (s. oben p. LXXII Anm. 2).

3) Strom. III, 52 p. 535 Potter; Eus. h. e. III, 30, 1.

4) Strom. VI, 63 p. 772; VII, 63 p. 869; Eus. h. e. III, 30, 2.

5) Nov. Test. extra can. IV, 69—73 mit Ausschluss der Sätze unter
II a, b, aber mit Einschluss von II c, wo doch sicherlich Πέτρου statt
Παύλου zu lesen ist. Hilgenfeld selbst p. 70 extr. nähert sich dem einfach Richtigen. Beausobre l c. II, 397 hatte es schon energisch ausge-
sprochen, freilich im Zusammenhang mit dem Irrthum, dass diese einzigen alten Petrusacten ein Werk des Leucius sein müssten.

von Philippusacten erhalten ist[1]), zeigt weder alterthümliches
Gepräge, noch eine Spur von dem Geist, der alle unversehrten
Bruchstücke des Leucius kennzeichnet. Doch mag es dem Verfasser nicht ganz an Anhaltspuncten in älteren Apostelgeschichten gefehlt haben. Wenn man bei Clemens Al. (strom. III, 25
p. 522 Potter) als selbstverständlich bemerkt findet, dass Jesus
das Wort Luc. 9, 60 ff. vgl. Matth. 8, 22 an Philippus gerichtet
habe, so versteht man, warum diese Philippusacten dem Philippus vor seinem Ende von Christus zurufen lassen: τίς ἐστιν
θέμενος τὴν ἑαυτοῦ χεῖρα ἐπ᾽ ἄροτρον καὶ στραφεὶς εἰς τὰ
ὀπίσω εὐθεῖαν ποιῶν τὴν αὔλακα[2]). Wenn es nicht selbstverständlich wäre, dass Clemens unsere Philippusacten überhaupt
nicht gelesen und insbesondre aus dieser Stelle seine Kunde
nicht geschöpft haben kann, so wäre darauf hinzuweisen, dass
Clemens gegen Heracleons Angabe, unter anderen Aposteln sei
auch Philippus kein Märtyrer geworden, nichts einzuwenden
hat[3]). Aeltere Philippusacten sind nicht bezeugt. Darum ist
es wahrscheinlich, dass des Philippus gelegentlich in der Geschichte eines anderen Apostels gedacht war; und es wäre sonderbar, wenn Leucius in seinen Johannesacten den Philippus,
welcher eine so bedeutende Rolle in den kleinasiatischen Traditionen des zweiten Jahrhunderts spielt[4]), gar nicht erwähnt haben sollte. In die nächste Nähe des Wohnsitzes des Philippus
hat er den Johannes auf seinen Wanderungen kommen lassen
(unten p. 225, 1). So wird auch das, was die Philippusacten
über eine Begegnung des Johannes mit Philippus in Hierapolis
berichten[5]), auf die Anregung eines älteren Berichts, am wahr-

---

1) Tischend. acta apocr. p. 75—94; 95—104; apoc. apocr. 141—150;
Wright, apocryphal acts I, p. עד sqq. II, 69—92. Besseres las auch
Anastasius nicht bei Cotelier, monum. eccl. gr. III, 428 sq., und bemerkenswerth ist, dass Abdias hist. ap. X (Fabric. II, 736—742) über Philippus so wenig und nichts aus den uns vorliegenden Acten zu erzählen
weiss.

2) Tischend. apoc. apocr. p. 147 cf. acta apocr. p. 87.

3) strom. IV, 73 p. 595. Dass Clemens über Philippus traditionelle
Kunde hat, sieht man auch strom. III, 52 p. 535 cf. Eus. h. e. III, 30, 1.

4) Papias von Hierapolis (Eus. h. e. III, 37, 9), Polykrates von Ephesus (Eus. III, 31, 3; V, 24, 2); Anonym. c. Montan. (Eus. V, 17, 3, cf.
III, 37, 1); Proklus (Eus. III, 31, 4).

5) Tischend. acta apocr. p. 83—85; apocal. apocr. 144 sq. 153 sq.
cf. Anastasius l. l.

scheinlichsten der Johannesacten zurückzuführen sein. Dass dies
nicht eine Erfindung des Verfassers der Philippusacten ist, erscheint um so sicherer, da auch in einer anderen Legende eines
zeitweiligen Zusammenwirkens des Johannes und des Philippus
in der Gegend von Kolossä (Chonä), Hierapolis und Laodicea
gedacht wird[1]), Aus unseren Philippusacten ist das nicht abgeschrieben; es muss vielmehr für wahrscheinlich gelten, dass
die Berührung dieser Erzählung mit den Philippusacten in Bezug auf den Schlangendienst zu Hierapolis auf eine gemeinsame
ältere Quelle zurückgeht, in welcher von Philippus in Hierapolis
im Zusammenhang mit der Geschichte des Johannes erzählt war.
Dass man im Anschluss an die drei alten Apostelgeschichten
des Leucius in der Folgezeit andere Apostelgeschichten gedichtet
hat, und dass auf diesem Weg allmählig eine alle Apostel
umfassende Sammlung entstand (oben p. LXXII), ist an sich
eine naheliegende Annahme. Wahrscheinlich ist es auch, dass
jener Kraton, welcher unter anderem auch die Apostel Simon
Zelotes (Kananäus) und Judas Thaddaeus nach Persien begleitet

---

1) Den Anfang wenigstens der Erzählung muss ich aus cod. Paris.
Gr. 1468 mittheilen. Der Titel lautet auf fol. 232: διήγησις καὶ ἀποκάλυψις τοῦ ἐν ἁγίοις πατρὸς ἡμῶν Ἀρχίππου τοῦ ἐρημίτου καὶ προσμονα-
ρίου τοῦ πανσέπτου καὶ σεβασμίου οἴκου ἀρχαγγέλου Μιχαὴλ ἐν ταῖς
Χώναις κτλ. Der Anfang der Geschichte (fol. 233 r.) ist abgerissen:
ἐξ ἀρχῆς ἐκηρύχθη ὑπὸ τῶν ἁγίων ἀποστόλων Φιλίππου καὶ Ἰωάννου
τοῦ θεολόγου. ἀποδιώξας γὰρ ὁ ἅγιος Ἰωάννης τὴν ἀκάθαρτον Ἄρτεμιν
ἀπὸ τῆς Ἐφέσου ἀνῆλθεν εἰς Ἱεράπολιν πρὸς τὸν ἅγιον Φίλιππον· ἦν
γὰρ καὶ αὐτὸς πολεμῶν μετὰ τῆς ἐχίδνης. καὶ ἀσπασάμενοι ἀλλήλους,
λέγει τῷ θεολόγῳ ὁ ἅγιος Φίλιππος· τί ποιήσωμεν, ἀδελφὲ Ἰωάννη, ὅτι
οὐ δύναμαι ταύτην τὴν ἀκάθαρτον καὶ μιαρὰν ἔχιδναν ἐκριζῶσαι ἐκ τῆς
πόλεως ταύτης κτλ. Durch gemeinsames Gebet beider Apostel wird die
Schlange vertrieben. Darauf kommen beide εἰς τόπον λεγόμενον Χαιρέ-
τοπα, verkündigen, dass dorthin der Engel Michael herabsteigen werde,
und besuchen andere Städte. Nach dem Tode beider Apostel beginnen
die Wunder an jener Stelle. Ein Götzenpriester aus Laodicea, dessen
stummgeborene Tochter an der dortigen Heilquelle Heilung gefunden,
baut daselbst ein kleines nach dem Erzengel Michael genanntes Bethaus.
Im 90. Jahre nach der Erbauung dieser Kapelle kommt ein etwa 10jäh-
riges Kind aus Hierapolis dorthin; das ist der Archippus, welcher die
Geschichte erzählt. — Die Verbindung der Apostel Johannes und Philippus in einer Vision des Kaisers Theodosius bei Theodoret hist. eccl.
V, 24 ist auch bezeichnend.

und ihre Geschichte in 10 Büchern beschrieben haben soll[1]),
dieselbe Person sein wollte oder sollte mit dem von Johannes
bekehrten und in einen Prediger des Evangeliums verwandelten
ehemaligen Philosophen Kraton[2]). Aber irgend ein apostelgeschichtliches Werk ausser den Acten des Johannes, des Andreas
und des Thomas dem Leucius zuzuschreiben, besteht nicht der
mindeste Grund.

Zum Ausgangspunct einer genaueren Untersuchung der leucianischen Schriften eignen sich die Johannesacten schon darum
am meisten, weil sich Leucius gerade zu Johannes in ein besonders nahes Verhältnis gesetzt hat, und nur dieses, nicht aber
ein ähnliches Verhältnis zu Andreas und Thomas durch alte
Zeugnisse zu erweisen ist. Sodann sind wir nur hier in der
Lage, nach Inhalt und Umfang bedeutende Bruchstücke in ur-
sprünglicher, jedenfalls nicht durch eine orthodoxe Bearbeitung
veränderter Gestalt zu lesen, an welchen man einen sicheren
Massstab für die Beurtheilung der in allerlei Verarbeitungen
versteckten Trümmer der übrigen Theile des leucianischen
Werks besitzt. Wenn die überaus verdienstvollen Vorarbeiten
Thilo's über Leucius, ohne welche ich wahrscheinlich gar nicht
gewagt hätte, diesen schlüpfrigen Boden zu betreten, nach keiner
Seite hin zu einem endgiltigen Ergebnis geführt haben, so ist
das vielleicht nicht zum geringsten Theil dem Umstand zuzuschreiben, dass der treffliche Mann von Thomas zu Andreas
und von da erst zu Johannes fortgeschritten ist, und die Bearbeitung gerade der Johannesacten unvollendet gelassen hat.

§. 8. Die im Original erhaltenen Fragmente der Johannesacten.

Ob der deutsche Titel, welchen ich der zweiten Abtheilung
dieses Buchs habe vordrucken lassen, der authentische sei, mag
bestritten werden; denn ebenso, wie die Hss. in Bezug auf den
Titel des Prochorus, schwanken die Nachrichten in Bezug auf
den Titel des leucianischen Werks zwischen περίοδοι[3]) und

---

1) Abdias hist. ap. VI, 20 Fabric. II, 628. Vgl. ebenda p. 931 das
Excerpt des Steph. Prätorius.

2) Abdias hist. ap. V, 15 Fabric. II, 557—560, unten p. 235 sq.

3) Unten p. 212, 4; 213, 5; 215, 13. 15; oben p. LXXII A. 2.

πϱάξεις[1]), und zwar scheint letzterer Ausdruck ältere Bezeugung
für sich zu haben. Aber es ist erstlich kein Gewicht darauf zu
legen, dass sämmtliche Lateiner *actus* haben; denn wenn man
nicht, wie Hieronymus manchmal, wo er von solchen Büchern
redet, das griechische Wort πεϱίοδοι beibehalten, und wenn
man andrerseits die wenig passende Uebersetzung *itinerarium*
vermeiden wollte, so bot sich *actus* als Ersatz für πεϱίοδοι
sehr leicht dar. Auch die Griechen ersetzten leichter πεϱίοδοι
durch πϱάξεις als umgekehrt, da von diesen Apostelgeschichten
sehr gewöhnlich als von Apokryphen im Gegensatz zur kanonischen Apostelgeschichte des Lucas geredet wurde. So bei Eusebius und Epiphanius. Photius giebt πεϱίοδοι als den gewöhnlichen Titel und gebraucht πϱάξεις als Bezeichnung des Inhalts.
Grösseres Gewicht als der Ausdrucksweise der Aelteren, welche
nicht die Absicht haben, einen buchhändlerischen Katalog zu
geben, lege ich dem Verzeichnis des Nicephorus und der atha-
nasianischen Synopse und namentlich der Titelangabe in den
Acten des zweiten nicänischen Concils bei, wo im Gegensatz zu
den angeblich unredlichen Citationen der Bilderfeinde zu Konstantinopel die Bücher, aus welchen Stücke zur Vorlesung kamen, genau nach Titel und Anfangsworten citirt wurden. Im
8. Jahrhundert haben die leucianischen Schriften demnach den
Titel πεϱίοδοι τῶν ἀποστόλων (τοῦ Ἰωάννου κτλ.) geführt, und
einen älteren Titel nachzuweisen ist unmöglich.

Die Fragmente I—III, über deren Herkunft und Stellung
p. 211 sq. und zu p. 219, 1; 221, 10; 223, 12 das Erforderliche bemerkt ist, verdienen in jeder Hinsicht den ersten Platz. Im Werk
des Leucius müssen sie vor den übrigen gestanden haben; denn
Frgm. IV—VI bilden, wenn man Frgm. V als Ersatz für das
fehlende Original gelten lässt, einen ununterbrochen bis zum
Tode des Johannes fortlaufenden Zusammenhang. Ferner sind
Frgm. I—III auf dem Generalconcil von 787 aus einem vollständigen Exemplar der πεϱίοδοι τῶν ἀποστόλων vorgelesen
und darnach in das Protokoll aufgenommen worden. Jeder Verdacht einer orthodoxen Umgestaltung ist ausgeschlossen durch
den Zweck der Vorlesung, den häretischen Charakter des Buchs
ins Licht zu setzen. Wesentlich dasselbe, was man im 8. Jahrhundert an den betreffenden Stellen las, muss schon im 4. Jahr-

---

1) Unten p. 195, 9; 196, 1. 5. 10; 197, 19; 198, 7. 10; 202, 2 (Anm.)
209, 18. 28; 210, 20. 30; 211, 13; 215, 16; 216, 12. 18. 25.

hundert dagestanden haben, da die von Augustin besprochenen
Stücke des Hymnus in Frgm. I, obwohl Augustin sie nicht der
ihm wohlbekannten Quelle, sondern einer bei den Priscillianisten
verbreiteten Verarbeitung derselben entnahm, fast wörtlich mit dem
Text der Concilsacten übereinstimmen [1]). Dass diese Fragmente
dem den Johannes betreffenden Theil des leucianischen Werks
angehören, versteht sich von selbst, da Johannes in den beiden
ersten, nur durch eine kleine Lücke getrennten Stücken der pre-
digende Lehrer, im dritten der Mittelpunct der Handlung ist.
Den Namen des Leucius, welcher auf dem Concil nicht genannt
wurde, ergänzt Photius durch die Bemerkung, dass Leucius nach
der Meinung der Bilderfeinde in seinen Johannesacten gegen
die Bilder dogmatisire, was dann wahrscheinlich noch durch
Nicephorus bestätigt wird [2]).

Ausführlicherer Rechtfertigung bedarf die Aufnahme von
Frgm. IV, dessen Herkunft die Hs. des 11. Jahrhunderts, woraus ich es abgeschrieben habe, nicht angiebt. Zwar das bedarf
keines umständlichen Beweises, dass dies Kapitel mit den in
der Hs. vorangehenden Kapiteln aus Prochorus nichts zu schaffen hat. Den Prochorus besitzen wir auf Grund mannigfaltig-
ster Bezeugung vollständig, und es ist keine Fuge in dessen
Erzählung zu entdecken, in welche eine Reise von Laodicea
nach Ephesus und Alles, was derselben folgt, eingeschoben werden könnte. Wie uns hier statt der bei Prochorus genannten
Personen lauter neue Namen in der Umgebung des Johannes

---

1) Unten p. 203, 17 sqq. und zu p. 220, 16 sqq. Die Meinung Beausobre's (hist. du Manich. I, 385), dass in den griechischen Text der Concilsacten wenigstens eine crass häretische Stelle erst später eingetragen
worden sei, nämlich p. 220, 1 sq, ist an sich sehr unwahrscheinlich.
Beachtet man übrigens den Ausdruck genau (s. d. dortige Note), so enthält er die Irrlehre gar nicht, dass der Teufel der Urheber des mosaischen Gesetzes sei; er ist vielmehr Urheber der ἀνομία.

2) Unten p. 216, 11 und p. 213, 8 sqq. Gelegentlich bemerke
ich, dass die Bilderfeinde nicht ohne alles Recht auf diese Geschichte
sich beriefen, die wie ein Echo von 1. Joh. 5, 21 lautet. Nach altem
Kirchenrecht (Lagarde, reliquiae jur. eccl. gr. p. 87, 22) fand der ζωγράφος seinen Platz zwischen dem Götzenfabrikanten und dem Schauspieler
unter denjenigen, welche ihr Gewerbe aufgeben müssen, um Christen
werden zu können. Dagegen hatte man noch im 8. Jahrhundert zu käm-
pfen cf. Harduini Acta conc. IV, 172: εὐσεβὴς τοιγαροῦν ἐστιν ἡ τέχνη
τοῦ ζωγράφου καὶ οὐ καθὼς αὐτήν τινες ἀφρόνως σκώπτουσιν κτλ.

begegnen (p. 225, 16—19), so ist auch das gelegentlich aus
dem „Wir" auftauchende „Ich" des Erzählers (p. 226,11 sq. 231,15)
nicht Prochorus — also Leucius; denn dass ein Dritter, nach
Leucius, von dem wir das auch abgesehen von diesem Fragment
wissen, und vor Prochorus eine Geschichte des Johannes in der
Rolle eines miterlebenden Schülers des Apostels gedichtet haben
sollte, ist ebenso unwahrscheinlich als unbezeugt. Ferner kommt
hier p. 225, 16 derselbe Lykomedes als Schüler des Johannes
vor, welcher in Frgm. III p. 223, 15 sqq. eine Rolle spielt, und
neben ihm derselbe Kleobius, welchen Epiphanius, wie sich
oben p. LXIII sq. auch ohne Rücksicht auf dies Fragment als
nahezu gewiss herausstellte, ebenso wie den Leucius selbst aus
dessen Johannesacten kennen gelernt hat. Es darf hier auch
schon auf den Verus, Berus oder Birrhus hingewiesen werden,
welcher hier p. 226, 12 und dann wieder in Frgm. VI p. 244, 7
als einer der Nächsten des Apostels erscheint. Frgm. IV ist
nicht wie I und II zu dem Zweck ausgezogen worden, um den
abnormen theologischen Charakter des Buchs zu beweisen, und
nicht wie III, um in einer liturgisch-dogmatischen Streitfrage
die Auctorität des Leucius geltend zu machen. Vielmehr ein von
epischem Interesse geleiteter Legendenschreiber hat dies Kapitel
ausgewählt. Daher darf man in demselben nicht soviel theolo-
gisch Auffälliges suchen, wie man es in Frgm. I. II findet.
Andrerseits besteht kein Grund zu dem Verdacht, dass der
Schreiber des 11. Jahrhunderts seine Vorlage in wesentlich veränderter Gestalt wiedergegeben habe. Schon der Verzicht desselben auf jeden Versuch, dies Stück mit den vorher von ihm
aus Prochorus mitgetheilten Stücken in irgend welchen scheinbaren Zusammenhang zu bringen, bürgt für seine Zuverlässigkeit
und unterscheidet ihn sehr vortheilhaft von dem Parisiensis 1468,
welcher ganz fremdartige Materien mit Prochorus zu einem
scheinbaren Ganzen verschmolzen hat (unten p. 185—192). Selbst
eine Ueberschrift, für welche seinen Lesern alle Voraussetzungen
fehlen, hat der Venetus aus seiner Vorlage abgeschrieben. Wenn
dieser Titel den Johannes von Laodicea, wohin Prochorus den Apostel nie geführt hat, zum zweiten Mal nach Ephesus kommen lässt,
so ist das schwerlich so gemeint, dass dies überhaupt die zweite
Ankunft des Johannes in Ephesus sei nach der ersten, womit
seine Wirksamkeit in Ephesus und in Asien überhaupt begann.
Denn die hier erzählte Rückkehr nach Ephesus geht, wie sich

zeigen wird, dem Tode des Apostels ziemlich nahe voran; und es ist unwahrscheinlich, dass der Verfasser der περίοδοι Ἰωάννου sich diesen bis kurz vor seinem Tode in Ephesus festsitzend gedacht habe. Lässt er ihn doch noch in seinen letzten Lebenstagen einen Ausflug nach Pergamum machen (p. 236, 12). Es ist also so zu verstehen, dass Johannes schon einmal in Laodicea gewesen war und nun zum zweiten Mal von Laodicea aus nach Ephesus reiste. Wie hier, hat auch sonst der Venetus durch nichts den fragmentarischen Charakter seiner Mittheilung zu verwischen gesucht. Die seinen Lesern bisher gar noch nicht vorgestellten Personen und deren Verhältnisse werden hier als längst bekannte eingeführt. So Andronikus und Drusiana p. 225, 16, von denen man erst nachher ganz beiläufig erfährt, dass sie Ehegatten sind p. 227, 7 sqq., und dass ihr Haus das Quartier des Apostels ist p. 227, 2. Wo der Verus, welcher in der Aufzählung p. 225, 16 — 19 keine Stelle gefunden hatte, zuerst auftritt p. 226, 12 vgl. zu p. 235, 25, wird er als ebenso bekannt vorausgesetzt wie Andronikus, der dort mitaufgezählt war. Dagegen begegnet uns in der Aufzählung eine ansehnliche Zahl von Personen, welche im Fragm. IV weiter gar nicht vorkommen, also für den Schreiber wie den Leser des Fragments keinerlei Bedeutung haben, wie Lykomedes, Kleobius, Aristobula, welche auf der Reise den Tod ihres Mannes Tertylus (Tertullus) erfährt, Aristippus, Xenophon und „die sittsame (also wohl durch Johannes bekehrte) Hure" ohne Namen. Wenn einmal ein Name wie neu eingeführt wird, wie Kallimachus p. 232, 2, so ergiebt sich aus der vorangehenden Erzählung von p. 227, 6 an, dass er auch in dem Buche selbst, woraus dies Kapitel genommen ist, vorher nicht vorgekommen war. Wir haben es also hier nicht mit einem zurechtgemachten Excerpt, sondern mit einem treulich abgeschriebenen Bruchstück zu thun. Das gilt auch von den Ideen und Lehren. Eine nähere Erörterung der Anschauungen des Leucius muss ich mir in dieser Einleitung versagen; aber auf einige charakteristische Puncte muss hier im Interesse der Kritik des Frgm. IV hingewiesen werden. Drusiana hat sich von dem ehelichen Umgang mit ihrem damals noch heidnischen Gatten Andronikus zurückgezogen, hat seinen Drohungen todesmuthig widerstanden und zuletzt ihn überwunden[1]. Das ist aber eine auch sonst von Leucius mit sehr dra-

---

[1] p. 227, 10—15; cf. 232, 10 nebst Anmerkung.

stischen Darstellungsmitteln empfohlene Tugendleistung, wie namentlich eine Mittheilung des Euodius von Uzala aus den Andreasacten zeigt[1]), welche in abgeschwächter Darstellung noch
bei Abdias und in der orthodoxen Redaction der griechischen
Andreasacten wiederzuerkennen ist. In unsrem Fragment[2]) erscheint Christus in Gestalt eines schönen Jünglings im Grabmal
der Drusiana, um ihre fast entblösste Leiche mit seinem Mantel
zu bedecken und, während die von seinem Gesicht ausstrahlen-
den Lichtstrahlen das Gesicht der Drusiana beleuchten, dem
lüsternen Kallimachus zuzurufen: „Stirb, Kallimachus, damit du
lebest“. Dieser erkennt ihn erst später als einen Abgesandten
oder Engel des von Johannes gepredigten Gottes. Aber der
Apostel, welcher jenen schönen Jüngling noch am Grabe antrifft
und dann gen Himmel entschwinden sieht, erkennt ihn sofort
und begrüsst ihn: *καὶ ὧδε φθάνεις ἡμᾶς ὁ καλός*; p. 231, 17.
Er heisst *ὁ καλός* auch in der Erzählung p. 231, 20 und im
Munde des Andronikus p. 233, 3. Nun berichtet Euodius in un-
mittelbarem Anschluss an die Anm. 1 mitgetheilten Worte:
Ibi etiam scriptum est, quod cum eadem Maximilla et Iphidamia
simul issent ad audiendum apostolum Andream, puerulus
quidam speciosus, quem vult Leucius vel deum vel certe
angelum intelligi, commendaverit eas Andreae apostolo. Derselbe

---

1) De fide c. Manich. 38 (Opp. Augustini XVII, 2323): *Adtendite*
in actibus Leucii, quos sub nomine apostolorum scribit, qualia sunt quae
accipitis de Maximilla uxore Egetis, quae cum nollet marito debitum red-
dere, cum apostolus dixerit: „*Uxori vir debitum reddat, similiter et uxor*
viro“, *illa supposuerit marito suo ancillam suam Eucliam nomine, exor-*
nans eam, sicut ibi scriptum est, adversariis lenociniis et fucationibus
et eam nocte pro se supponens, ut ille nesciens cum ea tamquam cum
uxore concumberet. Cf. Abd. hist. ap. III, 39 Fabric. II, 508; Acta
Audr. c. 15 bei Tischend. p. 129; ferner Acta Thomae c. 11—16 Ti-
schd. p. 199 sq. Abd. IX, 3 sq. p. 694 sqq.; ferner Abd. III, 26 p. 489;
Photius unten p. 216, 7.

2) p. 231, 16; 234, 8. Schon Abdias V, 8 p. 549 versteht wahrscheinlich mit Recht Christus darunter. Es entspricht das der ältesten Auffassung Christi in der Kunst; aber auch dem heidnischen Brauch, den
Freund, den Geliebten schlechtweg *ὁ καλός* zu nennen schliesst Leucius
sich an. Ob auch der Vergleich, welchen Johannes Frgm. III p. 224, 16
zwischen seinem eigenen Portrait und dem in seiner Erinnerung lebenden
Bilde Jesu anstellt, so gemeint ist, dass ihm Jesus als ein Ideal der
Schönheit gilt, will ich nicht entscheiden.

νεανίσκος εὔμορφος kehrt wieder in der Consummatio Thomae[1]). Es ist ferner ein Gegenstand der orthodoxen Anklagen gegen Leucius, dass er den Unterschied der Thiere von den Menschen verwische, dass er jene gelegentlich reden und auferweckt werden lasse, und dagegen die Seelen der Menschen denen der Thiere ähnlich darstelle[2]). In Frgm. VI p. 246, 7 wird Gott als der gepriesen, der durch alle Creatur hindurch sich offenbart und bis zu den Thieren herab sich selbst verkündigt und die wüste und verwilderte Menschenseele zahm und stille gemacht hat. Dieser Anschauung entspricht vorzüglich die naive Wanzengeschichte mit ihrem erbaulichen Schluss in Fragm. IV p. 227, 3—25.

Weniger um die Echtheit dieses Fragments noch vollständiger zu beweisen als um seine Bedeutung für die Reconstruction auch anderer, griechisch noch nicht wiedergefundener Stücke der leucianischen Johannesacten nachzuweisen, muss ich hier auf eine Vergleichung mit den lateinischen Bearbeitungen desselben Stoffs eingehn. Von p. 226, 26—234, 25 m. Textes haben wir das griechische Original zu Abdias V, 4—11 (Fabr. II, 542—554). Bei Abdias c. 3 geht die Erzählung des Clemens von dem unter die Räuber gerathenen Jüngling voran und zwar nach Rufin's Uebersetzung der eusebianischen Kirchengeschichte[3]). Es ist das eine Einschaltung des Abdias oder eines lateinischen Vorgängers desselben in den Zusammenhang einer Geschichte, welche diese Erzählung nicht enthielt; denn mit den Worten *cum ergo rediisset Ephesum* c. 3 p. 536 greift Abdias auf die c. 2 p. 535 berichtete Rückkehr von Patmos zurück, auf welche er zunächst eine. Schilderung der Wirksamkeit des Johannes zu Ephesus hatte folgen lassen. Ein charakteristischer Zug derselben, die Heilung von Kranken durch Berührung der Kleider des Apostels, kehrt aber c. 4 p. 542 noch einmal wieder, wo zum dritten Mal von einer Rückkehr des Johannes nach Ephesus die Rede ist, jetzt aber von einer anderen, welche nicht dem

---

1) Acta apoc. ed. Tischend. p. 235 cf. Abd. IX, 18. 19.

2) Philaster unten p. 198, 12; Photius unten p. 216, 9 sq.

3) Eus. h. e. III, 23; Rufinus ed. Cacciari I, 144 sq. Auch in Hss. des Mellitus ist diese Erzählung aus derselben Quelle eingetragen. Bibl. Casin. II, 2, 75 sq. s. oben p. XIX n. 1. 2. Ich bediene mich hier überall des Namens Abdias zur Bezeichnung des Redactors der Historia certaminis apostolici.

Exil auf Patmos, sondern einer Predigtreise auf dem Festland
gefolgt ist. Der Einschub jener Erzählung, welche bei Clemens
Al. und Eusebius-Rufinus an die Rückkehr von Patmos geknüpft
war, hat zunächst den Rückgriff auf dies bereits mitgetheilte
Factum c. 3 init., dann aber auch die angegebene Wiederholung von früher Berichtetem nach der Episode veranlasst. Dass
dem wirklich so ist, wird vollends unzweifelhaft durch die Vergleichung mit Frgm. IV p. 227, 1 sqq. Dies ist unverkennbar das
Original der Schilderung bei Abdias c. 4 p. 542: *apud Ephesum
vero etc.* Hier finden sich aber auch die Worte ἔνϑα καὶ κατήγετο, welche den Worten des Abdias *ubi et hospitiolum et multos
amicos habebat* zu entsprechen scheinen, d. h. einem Stück der
ersten Schilderung der Wirksamkeit des nach Ephesus zurück-
gekehrten Apostels bei Abdias c. 2 p. 535 sq.[1]). Schon dort
hatte Abdias angefangen zu einer neuen, jetzt griechisch wie-
dergefundenen Quelle überzugehn, war dann wieder davon abgegangen, um die schöne Geschichte aus Rufin einzuschalten,
und hat nun bei der Rückkehr zu der kaum berührten und sofort wieder verlassenen Quelle die durch den Einschub verur-
sachte Fuge einigermassen ausgefüllt durch die Worte (c. 4
p. 542): *Ita igitur cum plurimas urbes adiisset sanctus Joannes
praedicans verbum dei, revertitur Ephesum, quod sibi finem vitae
adesse intelligeret.* Unter den *plurimae urbes* befand sich Laodicea, von wo die griechische Quelle den Johannes diesmal nach
Ephesus zurückkehren liess. Nicht Alles, was Abdias vor der
Episode aus Rufin ihr entnommen hatte, aber doch Einiges lässt
er nun noch einmal folgen und begleitet von da an unsern griechischen Text, soweit dieser reicht. Nun beginnt aber an derselben Stelle, mit der Geschichte der Drusiana, ein noch viel
weiter reichender Parallelismus zwischen Abdias und Mellitus[2]).
Bei Mellitus schliesst sich die Erzählung von Drusiana unmittel-

---

1) Diese Schilderung, abgesehn jedoch von der Bemerkung über
das hospitiolum (cf. Hieron. in Euseb. Chron ed. Schoene II, 163 und
dazu unten §. 12 der Einleitung) ist auch im Cod. Casin. 99 (Bibl. Cas. II,
2, 73 extr.) enthalten als eine Interpolation neben anderen in den Text
des Mellitus, und zwar hier unmittelbar vor dem Bericht vom Tode des
Johannes.

2) Abdias V, 4—23 Fabric. II, 542—590; Mellitus bei Fabric. III,
607—623 und in der Bibl. Casin. II, 2 (Florileg.) p. 68—72. S. oben
p. XIX.

bar an das Patmosexil an, wie sie ja auch bei Abdias nur künstlich davon getrennt ist. Mellitus giebt sie aber in einer auch dem Inhalt nach völlig abweichenden Gestalt[1]) theils im Interesse der Kürzung — denn Mellitus will eigentlich nur vom Lebensausgang des Apostels erzählen — theils wegen der anstössigen Nudität der Geschichte, deren originale Gestalt Abdias in wesentlicher Uebereinstimmung mit dem griechischen Texte bewahrt hat. Durch dieses willkührliche Verfahren des Mellitus ist hier der Parallelismus noch einigermassen verdeckt, von da an wird er aber handgreiflich. Nicht nur die Aufeinanderfolge der Ereignisse ist von da an bis zum Schluss der Passio des Mellitus und bis zum Schluss des 5. Buchs des Abdias ganz die gleiche; auch der Wortausdruck ist streckenweise so gleichlautend, dass man die Drucke des Mellitus ohne weiteres als Textzeugen für Abdias verwenden kann und umgekehrt. Diese Uebereinstimmung ist aber nicht durch Abhängigkeit des Abdias von Mellitus oder des Mellitus von Abdias zu erklären. Erstere Annahme ist durch die so eben schon gemachte und weiterhin mehrfach zu bestätigende Beobachtung ausgeschlossen, dass Abdias auch solche Stücke in treuem Anschluss an ein noch vorhandenes griechisches Original giebt, welche Mellitus in einer arg verdrehten und verstümmelten Gestalt darbietet. Aber es kann auch Mellitus nicht aus Abdias geschöpft haben: denn aus Abdias konnte er nicht einmal den Namen des Leucius gewinnen, geschweige denn diejenige Kenntnis von den Schriften und dem theologischen Charakter des Leucius, welche der Prolog des Mellitus bekundet (unten p. 216, 21—217, 17). Also beruht die Uebereinstimmung von Abdias und Mellitus auf Benützung einer gemeinsamen Quelle; und welches diese sei, sagt Mellitus ausdrücklich. Es sind die Johannesacten des Leucius. Mellitus will nichts Anderes geben als das den Lebensausgang des Johannes darstellende letzte Stück dieser Acten mit Beseitigung der darin enthaltenen anstössigen Lehren. Die leucianischen Johannesacten, aus welchen Abdias und Mellitus beträchtliche Stücke mehr oder weniger wörtlich sich angeeignet haben, sind aber nicht das griechische Buch selbst, sondern eine lateinische Uebersetzung des-

---

1) Unten zu p. 226, 26 abgedruckt. Für das im Text Folgende cf. den Prolog unten p. 217, 17 und den Titel *Passio.*

selben. Die zu Frgm. V. VI z. B. 236, 23; 238, 7. 9 sqq. mitgetheilten Proben werden genügen zu beweisen, dass zwei Lateiner,
welche unabhängig von einander eine griechische Quelle aus-
beuteten, nicht so identische Texte gewinnen konnten, wie sie
vorliegen. Ob nun der lateinische Leucius nichts Anderes als
eine Uebersetzung des griechischen Originals war, oder ob er
eine durch Zusätze, etwa auch eigenthümlich abendländische
Traditionen bereicherte Bearbeitung war; ferner ob die etwaigen
Ueberschüsse des lateinischen Leucius über den griechischen
auf Rechnung des ersten lateinischen Uebersetzers kommen, oder
ob Abdias und Mellitus eine spätere Umarbeitung einer älteren
lateinischen Uebersetzung der Johannesacten zur gemeinsamen
Quelle haben: das alles kann hier noch nicht, und überhaupt
noch nicht vollständig entschieden werden. Es musste aber an
diese Möglichkeiten erinnert werden, damit die weitere Untersuchung nicht ebensoviel an Zuverlässigkeit einbüsse, wie sie an
Einfachheit gewinnen würde, wenn man unbesehends alles bei
Abdias und Mellitus Identische als treue lateinische Uebersetzung
des griechischen Leucius nehmen dürfte. Zwischen der Entstehung des lateinischen Leucius und seiner Benutzung durch
Abdias, dessen Zeit A. v. Gutschmid nicht ohne Wahrscheinlichkeit um 550—600 ansetzt[1]), und durch den gewiss noch jüngeren Mellitus liegt Zeit genug für allerlei Möglichkeiten. Dass
nämlich der lateinische Leucius schon im 4. Jahrhundert vorhanden war, beweist seine Verbreitung nicht nur bei den abendländischen Manichäern und den Priscillianisten, sondern auch
bei ihren katholischen Gegnern. Wie richtig Thilo's Bemerkung
ist, dass jene Häretiker eine lateinische Uebersetzung der leucianischen Schriften besessen haben müssen, so unhaltbar ist
die andere, dass die katholischen Schriftsteller des 4. und
5. Jahrhunderts, welche dieser Bücher gedenken, also Philaster,
Augustin, Euodius, Turibius, ihre Kenntnis derselben den Manichäern und Priscillianisten verdanken[2]). Augustin, aber auch
Euodius, welcher nicht aus Augustin abgeschrieben hat, was er
aus den Leuciusacten mittheilt, auch Philaster und Turibius besitzen diese Bücher. Hätten sie dieselben nur aus manichäischen
und priscillianistischen Excerpten gekannt, oder auch die gan-

---

1) Rheinisches Museum 1864, S. 387.
2) Acta apostol. Andreae et Matthiae p. IV.

zen Bücher von jenen entlehnt, so wäre ihre Stellung zu denselben, namentlich diejenige Augustins, von dem allein ausgie-
bige Mittheilungen vorliegen, unbegreiflich. Es kommt ihm nicht
in den Sinn, dass diese Bücher von den Manichäern angefertigt
oder auch nur interpolirt seien. Er geht sichtlich von der Voraussetzung aus, dass sie zu der Zeit existirten, als der neutesta-
mentliche Kanon abgeschlossen wurde, und als noch Leute vorhanden waren, welche prüfen konnten, ob das von Leucius über
die Apostel Berichtete der Wahrheit entspreche[1]). Er kennt
diese Bücher als Gemeingut der verschiedensten Secten[2]), aber
nicht bloss der Secten. Deren eigenthümliches Verhalten gegenüber diesen Büchern besteht nur darin, dass sie diese Schriften
in eitler Gottlosigkeit gebrauchen, dass sie dieselben über Ge-
bühr hochschätzen, als ob gerade sie über jeden Zweifel an
der formellen Echtheit und der materiellen Wahrheit erhaben
seien, während sie gleichzeitig wesentliche Bestandtheile des
kirchlichen Kanons willkürlicher Kritik unterziehen[3]). Für Augustin sind sie Apokryhen, welche er ausdrücklich von denjenigen Schriften unterscheidet, welche Product und Eigenthum der
Häretiker sind. Sie sind eben nur vom kirchlichen Kanon ausgeschlossen worden, so dass der katholische Christ nicht an
ihre Auctorität gebunden ist. Es ist demselben erlaubt, nicht
an sie zu glauben, also auch daran zu glauben, und das thut
Augustin in ausgedehntem Masse. Nicht einmal die Lehre dieser Apokryphen hat er an einer einzigen Stelle offen gerügt. In
der Auslegung jenes Hymnus, welcher aus den Johannesacten
in eine priscillianistische Schrift übergegangen war[4]), in seiner
Verwerthung der auch von Euodius citirten Stelle aus einem
nicht näher bezeichneten Theil des leucianischen Werks, bei seinen wiederholten Berufungen auf die Thomasacten[5]) legt er dem
apokryphischen Text einen orthodoxen, den Häretikern entweder nicht günstigen, oder sie geradezu widerlegenden Sinn un-

---

1) Unten p. 202, 10 sq. 15—18.

2) p. 203, 20 nebst Noten dazu; p. 204, 3 cf. 198, 10; 209, 23; 210,
3 sq. und Anm. zu 204, 5.

3) p. 201, 26 sqq.; 204, 1. 4 und die Noten zu 202, 19 und 203, 20.

4) Frgm. I p. 220, 3 sqq. cf. p. 204, 5 sqq.

5) Noten zu 202, 19. In einer zu Hippe gehaltenen, sicherlich echten Rede benutzt er unbedenklich die Thomasacten Mai, Nov. P. Bibl. I,
1, 361.

ter. Wenn er einmal im polemischen Eifer gegen die mit unfrommer Kritik des katholischen Kanons gepaarte Kanonisirung jener Apokryphen bei den Manichäern ein wenig verächtlich über den dunkeln und zweifelhaften Ursprung dieser Bücher redet (unten p. 202, 14), so wird das sehr limitirt durch die anderen Stellen, wo er sie als scripturae apocryphae, in gewissem Masse sogar als scripturae gelten lässt[1]), sodann durch die vertrauensvolle Anlehnung an den in diesen Apokryphen enthaltenen Bericht über den Lebensausgang des Johannes. Darnach haben diese Schriften bis zum Anfang des 5. Jahrhunderts ein nicht geringes Ansehen in der abendländischen Kirche genossen. Der starke Gebrauch, welchen Manichäer und Priscillianisten davon machten, konnte sie nur discreditiren, nicht aber ihre Verbreitung bei den Katholiken veranlassen. Augustin vertritt einen alterthümlichen Standpunkt, den schon Philaster zu überschreiten angefangen hatte, indem er sie zwar wie die Apokryphen überhaupt als eine zur moralischen, nicht dogmatischen Ausbildung der Gereifteren geeignete Lectüre empfahl, auch ihre Abfassung durch Apostelschüler nicht bestritt, aber zahlreiche häretische Interpolationen und Ausmerzungen annahm. (unten p. 198, 3—6). Verschärft ist der Gegensatz bei Turibius; aber auch er noch zeigt die grösste Neigung, den geschichtlichen Inhalt für wahr und nur die Lehren und Reden für ketzerische Zuthaten zu halten. Derselbe Brief Leo's des Grossen an Turibius, worin die bei den Priscillianisten beliebten Apokryphen unter der Apostel Namen zum Feuertod verurtheilt werden, bezeugt auch, dass sie in katholischen Häusern viel gelesen wurden, und dass dies katholische Bischöfe noch damals ungerügt hingehn liessen[2]). Auch nach so runden Verdammungsurtheilen wie in den Briefen der römischen Bischöfe

---

1) Besonders stark dies p. 205, 8, wo die Worte *quamvis apocryphis* diese Schriften als eine allerdings niedrigerstehende Species der *scripturae*, der heiligen Schriften charakterisiren. In der principiellen Erörterung c. Faust. XI, 2 (s. zu p. 203, 20) tritt er nur dem wiederholt von ihm gerügten Urtheil der Manichäer gegenüber, dass die Apokryphen als Geheimschriften eine ganz besondere Auctorität vor den kanonischen, eine gleichsam esoterische Heiligkeit beanspruchen können. Nicht alle Auctorität spricht Augustin ihnen ab, sondern *aliqua auctoritate secreta* sollen sie nicht sein. Ihre Auctorität bindet nicht p. 202, 1 cf. 203, 1.

2) Leonis P. epist. 15, 15 (Migne 54 col. 688).

Innocenz (unten p. 209, 13) und Leo und im Decret des Gelasius (unten p. 210, 18 sqq.) blieb es unbenommen mit Hülfe jener
Unterscheidung des Turibius diesen seit langer Zeit populären
Büchern grossen Glauben zu schenken. Nur lag seitdem der
Versuch nahe, sie durch Neubearbeitungen zu verdrängen, in
welchen die *mirabilia atque virtutes* gerettet und die *disputationes assertionesque* entweder gesäubert oder beinah ganz beseitigt waren. Ersteres that Abdias, Letzteres Mellitus.

Hat diesen Compilatoren der lateinische Leucius noch in
seiner ursprünglichen Gestalt vorgelegen, so kann diese Uebersetzung erst um die Mitte des 4. Jahrhunderts entstanden sein;
denn Abdias und Mellitus haben in ihrer Quelle gelesen, dass
an der Stelle, wo Johannes sein Leben aushauchte, noch zu
dessen Lebzeiten eine „Basilica" gebaut worden sei [1]). Der Ausdruck bezeichnet hier nicht etwa den grossen Saal des Privat-
hauses, die Hauskirche [2]), sondern wie seit Constantin [3]) den
öffentlichen Kirchenbau. Erwägt man nun, dass der Pilger vom
J. 333 das neue Wort *basilica* noch der Erklärung bedürftig
hält [4]), so kann der lateinische Leucius, welcher am Ende des
4. Jahrhunderts schon sehr verbreitet war, kaum vor der Mitte
desselben entstanden sein.

Nach diesem unvermeidlichen Excurs ist über Frgm. IV nur
noch zu bemerken, dass der griechische Text und die durch
Abdias mehr oder weniger wörtlich erhaltene lateinische Version

---

1) Unten p. 238, 7 nebst Anmerk. Beiläufig sei erwähnt, dass
Hieronymus (vir. illustr. 9 extr.) nicht nur wie Clemens Alex. bei Euseb.
III, 23, 6 (Rufin. ed. Cacciari I, 144) von Gemeindegründungen und Or-
ganisation von Gemeindevorständen, sondern auch von Kirchenbauten
aus der letzten Lebenszeit des Johannes berichtet. So auch abgesehn
von Prochorus der cod. Paris. 1468 unten p. 188, 5. 9.

2) So in Rufin's Uebersetzung der Clementinen (recogn. X, 71: . .
*ut omni aviditatis desiderio Theophilus, qui erat cunctis potentibus in civi-
tate potentior, domus suae ingentem basilicam ecclesiae nomine con-
secraret).*

3) Eus. vita Const. III, 31 sq. 53.

4) Itineraria ed. Wesseling p. 594, 4 oder Tobler, Palaestinae descriptiones ex saec. IV. V et VI p. 5: *ibidem modo iussu Constantini imperatoris basilica facta est, id est dominicum mirae pulchritudinis.* Gleich
darauf wird noch mehrmals in diesem Itinerar *basilica* als nunmehr ver-
ständlicher Kunstausdruck ohne Erklärung gebraucht z. B. Wesseling
595, 9; Tobler p. 6.

sich gegenseitig ein gutes Zeugnis ausstellen. Dasselbe würde
natürlich gewichtiger sein, wenn Mellitus hier schon so genau
wie in den unter Frgm. V kurz registrirten Stücken mit Abdias
übereinstimmte. Ueber die nicht griechisch erhaltenen Stücke
lässt sich aber sicherer erst urtheilen, nachdem über Frgm. VI
entschieden ist, zu welchem ich jetzt übergehe.

Ein erstes Lesen [1]) der von Tischendorf in den Acta apocr.
p. 266—276 nach einer pariser und einer damit, abgesehn von
einer grösseren Lücke, beinah identischen wiener Hs. [2]) herausgegebenen Erzählung lehrt, dass hier eine Verschmelzung zweier
ursprünglich nicht zusammengehöriger Stücke vorliegt. In der
pariser Hs. sind die beiden Stücke schon durch den zweiten
Titel περὶ τῆς ἐξορίας καὶ μεταστάσεως αὐτοῦ als zwei Kapitel unterschieden, und beim Uebergang vom einen zum andern,
p. 272, welcher in die Lücke der wiener Hs. fällt, zeigen die
Worte ποίῳ δὲ τρόπῳ τὸ τέλος ἢ τὴν ἐξ ἀνθρώπων μετάστασιν
αὐτοῦ τις διηγήσασθαι οὐκ ἔχει; dass die Verbindung des Folgenden mit dem Vorigen auf der Reflexion eines compilirenden
Schreibers beruht, welchem dann die beiden Hss. gefolgt sind.
Ferner zeigen die nächstfolgenden Worte τῇ δὲ ἐξῆς κυριακῆς
οὔσης, dass der hier beginnende Abschnitt ein Ausschnitt aus
einer anderen zusammenhängenden Erzählung ist; denn vorher
ist von einem bestimmten Tag, an welchen sich dieser „folgende
Tag" anschliessen könnte, keine Rede. Dasselbe Stück hat
W. Wright aus einer im J. 1197 p. Chr. geschriebenen syrischen
Hs. herausgegeben[3]), wo es als selbständige Schrift mit der
Ueberschrift „Geschichte von dem Hingang des heiligen Apo-

---

1) Schon ehe durch die Veröffentlichung der syrischen und der armenischen Version helleres Licht auf den zweiten Theil dieser Schrift
fiel, habe ich auf dieses Stück als eine beachtenswerthe Urkunde klein-
asiatischer Theologie des 2. Jahrhunderts hingewiesen (der Hirt des
Hermas S. 147 Anm. 3); und gegen die unglaubliche Meinung, dass die
ganze von Tischendorf herausgegebene Legende ein Stück des Prochorus
sei, habe ich in den Gött. gel. Anz. 1878 S. 113 protestirt. Uebrigens ist auch die dortige Skizze heute nicht mehr in allen Einzelheiten
gültig.

2) Nach cod. Paris. gr. 520 saec. XI und cod. Vindol. hist. gr. 126
(Lambeci comm. studio Kollarii VIII, 796 sq. hist. gr. 36).

3) Apocryphal acts I p. ס sqq. II, 61—68. Die Hs. ist Brit. Mus.
Add. 12, 174, in Wright's Catalog N. 960.

stels und Evangelisten Johannes" steht. Aber der syrische
Schreiber hat durch nichts den fragmentarischen Charakter verwischt. Auch hier findet sich gleich nach der Ueberschrift ein
in mediam rem einführender Satz und dann dasselbe „am folgenden Tag aber" wie im griechischen Text. Die Armenier,
welche dieselbe Erzählung als apokryphe Beigabe der Bibel
abzuschreiben pflegten, haben zwar den gleichen Anfangssatz
mit dem Syrer, aber das allzusehr den fragmentarischen Charakter bekundende „am folgenden Tag" haben sie getilgt. Nach
J. Katergian, welcher diesen armenischen Text zuerst mit lateinischer Uebersetzung unter Berücksichtigung mehrerer Hss. und
Drucke herausgegeben hat[1]), ist er im 5. Jahrhundert, dem gol-
denen Zeitalter der armenischen Literatur, aus dem Griechischen
übersetzt. Indem ich mich hierüber jedes Urtheils enthalten
muss, kann ich nur constatiren, dass ich bei genauer Vergleichung des griechischen, des syrischen und des ins Lateinische
übersetzten armenischen Textes keine Stelle entdeckt habe, an welcher der armenische Text auf einem Misverständnis des syrischen beruht, dass die Version also auch schwerlich nach einem
syrischen, sondern wirklich nach einem griechischen Original
gemacht ist. Somit repräsentiren die beiden orientalischen Versionen unabhängig von einandeı einen sehr alten griechischen
Text. Ihre Uebereinstimmung wiegt an sich schwerer als das
Zeugnis der beinah identischen griechischen Hss., und ein Blick
in den hauptsächlich auf Grund dieser 4 oder richtiger 3 Zeugen construirten Text nebst Apparat wird es einleuchtend machen, dass das, was der Syrer und der Armenier gegen die griechischen Hss. bezeugen, durchweg den Charakter des Ursprünglichen trägt. Mässig in seinen purificirenden Bemühungen ist
zum Glück auch der Grieche gewesen, aber manchen sehr eigenthümlichen Zug der alten Schrift hat er doch schon zu verwischen für nützlich gefunden, und es fehlt nicht an Zuthaten, deren späterer Ursprung zu beweisen ist. Vorher aber ist zu beweisen, dass diese Erzählung vom Lebensausgang des Johannes
ein Stück der Johannesacten des Leucius ist. Auch hier erzählt

---

1) Dormitio b. Joannis apostoli. Ecclesiae Ephesinae de obitu Joannis
apostoli' narratio ex versione armeniaca saeculi V nunc primum latine
cum notis prodita. Curavit P. Jos. Catergian, sod. Mechith. Viennensium.
Viennae 1877. S. besonders p. 52.

ein miterlebender Zuschauer p. 244, 4, und zwar einer der aller-
nächsten Freunde des Johannes; denn nachdem der Apostel beim
Verlassen des Hauses, in welchem der Abschiedsgottesdienst
stattgefunden hat, dem Birrhus befohlen hat, zwei mit Schau-
feln und Körben bewaffnete junge Männer mit sich zu nehmen
und ihn zu begleiten, dem grösseren Theil der Versammlung
aber verboten hat, ihm zu folgen, findet sich unter den Wenigen,
welche den Apostel ausser jenen Drei zu seinem Grabe geleitet
haben und Zeugen seines Todes geworden sind[1]), auch der Erzähler. Auch hier nämlich kehrt das „Wir" des Erzählers wieder p. 245, 5. 11 und nach den besten Zeugen auch p. 250, 5. 13 sq.,
wo der griechische Text nur dritte Person hat. Dies zweite
und dritte „Wir" findet sich auch in den Parallelstellen bei Abdias (unten p. 252, 12—17). Wenn diesen hier nicht etwa nur
in Bezug auf das Selbstzeugnis des Verfassers, sondern überhaupt Mellitus im Stich lässt, so wiederholt sich nur der Fall,
welcher bei der Erzählung von Drusiana evident wurde (oben
p. LXXXIX). Mellitus hat mit dem Stoff sehr eigenmächtig ge-
wirthschaftet. Aber so gewiss der in Fragm. VI vorkommende
Byrrhus (Verus) identisch ist mit dem in Frgm. IV p. 226, 12 u. zu
p. 234, 25, ist auch das in dem „Wir" steckende „Ich" kein anderes
als dort. Es versteht sich noch mehr von selbst, dass das „Wir",
welches Abdias in den Parallelen zu Frgm. VI hat, identisch
sein muss mit dem „Wir", welches derselbe Abdias in den Parallelen zu Frgm. IV hatte; dies aber ist durch Vergleichung
mit dem griechischen Text und mit Mellitus mit Sicherheit als
Selbstbezeichnung des Leucius und seiner Genossen erkannt
worden. Dazu kommt Augustin, welcher *in scripturis quibusdam
quamvis apocryphis* wesentlich die gleiche Erzählung vom Le-
bensende des Johannes gelesen hat (unten p. 205, 8 sqq.). Sollten das andere Apostelacten sein, als die von ihm so manchmal
als Apokryphen bezeichneten, als deren Verfasser er Leucius
kennt und nennt? Es ist undenkbar, wenn man seine oben
p. XCI beschriebene Stellung zu diesen Schriften und sein
völliges Schweigen über andere glaubwürdigere apokryphe Apostelgeschichten erwägt. Hierdurch ist die verlockende Anprei-
sung dieses Fragments auf dem Titel der armenischen Publication des Pater Katergian ausreichend widerlegt. Von den

---

†) p. 245, 11; 250, 5. 13—15; 252, 12—17 nebst Anmerkungen.

Vorschlägen aber, welche uns derselbe p. 53 zur Auswahl vor-
legt, ist derjenige, wonach jener Birrhus (Byrrhus, Burrhus, Verus),
identisch mit dem ephesinischen Diakonus dieses Namens bei
Ignatius (Ephes. II), der Verfasser des Berichts sein soll, ohnehin dadurch ausgeschlossen, dass Birrhus in diesem Bericht
in dritter Person auftritt und in Frgm. IV p. 226, 12 neben
dem Ich des Erzählers als ein Anderer steht.

Steht demnach fest, dass wir hier das Schlusscapitel der
leucianischen Johannesacten vor uns haben, so wird in Bezug
auf das, was in so weit auseinanderliegenden Urkunden wie den
beiden griechischen Hss., der syrischen und der armenischen
Version, auch bei Abdias und Mellitus wörtlich oder beinah
wörtlich gleichlautend sich findet, kein vernünftiger Zweifel
bestehen, dass wir auch den ursprünglichen Wortlaut besitzen.
Wenigstens vor dem 4. Jahrhundert, in welchem die lateinische
Version entstand, muss man im Orient und Occident eben dies
in dem damals schon alten Buche gelesen haben. Anders steht
es natürlich mit den nur bei einzelnen Zeugen vorhandenen
Sätzen und insbesondere mit dem wie so oft in derartigen Schriften in sehr mannigfaltiger Gestalt vorliegenden Schluss des
Ganzen. Der nächste Eindruck ist ohne Frage der, dass die
einfache Erzählung der syrischen und der armenischen Version,
wonach Johannes mit den Worten „Friede sei mit euch" seinen
Geist aufgiebt, die ursprüngliche Gestalt sei. Das lässt sich aber
auch beweisen. Der cod. Venetus gr. 363, welchem wir das
Frgm. IV verdanken, giebt nach diesem als Schluss aller seiner
Mittheilungen über Johannes einen ganz kurzen Bericht über
dessen Selbstbestattung[1]. Um dieser wenigen Zeilen willen
wird der Schreiber nicht ein anderes Buch aufgeschlagen haben
als das, woraus er das Vorangehende abgeschrieben hat. Es
ist also ein kurzes Excerpt aus Leucius, dessen „Wir" auch
beibehalten ist. Wenn's der Schreiber auch noch so eilig hatte,
ein Wunder wie das, welches der griechische Text, oder wie
das, welches die lateinischen Texte vor der syrischen und armenischen Uebersetzung voraus haben, hätte er nicht unterdrückt,
wenn er es in seinem Leucius gefunden hätte. Ferner hat Epiphanius[2]) in seinem Leucius nichts Anderes gelesen als die

---

1) Unten p. 235 Anm. zu p. 234, 25.
2) Haer. 79, 5 oben p. LXV Anm. 2. Die dort gleichfalls stattfin-

orientalischen Uebersetzer. Wunderbar ist an dem Entschlafen des
Johannes nur das, dass er durch jenes Gebet, welches Frgm. VI
p. 246, 4—249, 17 zu lesen ist, seinem Leben ein Ende gemacht hat. Die Zusammenstellung mit Elias ist gegensätzlich
gemeint. Auch Augustin [1]) hat in seinen „freilich apokryphen
Schriften“ nichts Anderes gelesen, als dass sich Johannes in
ein sorgfältig bereitetes Grab wie in sein Bett gelegt habe und
sofort gestorben sei; denn aufs bestimmteste unterscheidet er
hiervon die aus Rücksicht auf Joh. 21, 22 entstandene Meinung
(putant) Mancher, dass er nicht gestorben sei, sondern in seinem
Grabe lebend schlafe, und die diese Annahme bestätigende Sage
(audivimus), dass noch immer die Erde des Grabhügels in Folge
des Athmens des darin ruhenden Apostels sich hebe oder wie
eine Quelle sprudele. Wie geneigt Augustin ist, dies zu glauben,
und wie gerne er die sonstige Zuverlässigkeit der Leute, von
denen er dies gehört hat, hervorhebt, so lässt er doch keinen
Zweifel darüber, dass er in seinen apokryphen Schriften, d. h.
in den leucianischen Johannesacten nichts davon gelesen hat.
In einem dem Augustin zugeschriebenen Tractat [2]) wird unter
Berufung auf *patrum literae* eine kurze Erzählung vom Tode
des Johannes gegeben, welche genau nach unserm Frgm. VI
über eine Mahnrede, Abendmahlsfeier, Ankündigung des nahen
Todes, Steigen ins Grab, Gebet und einen durch Schmerzlosigkeit
ausgezeichneten [3]) Tod des Apostels berichtet. Unter *patrum*

dende Zusammenstellung mit Maria ändert auch nichts an obigem Urtheil. Epiphanius hat keinerlei Glauben an die Fabeln von deren wunderbarer Entrückung aus diesem Leben, auf welche sich die Kollyridianer
beriefen. Obwohl er in Anbetracht der bereits üppig aufschiessenden
Mythen nicht unbedingt behaupten mag, dass sie natürlichen Todes gestorben sei, so ist das doch sichtlich seine Meinung. haer. 78, 11. 24
cf: § 23.

1) Unten p. 205, 9 sqq. Von Augustin scheint in Bezug hierauf der
sogenannte Isidorus de vita et obitu utriusque test. Sanctor. (Monum.
Patr. orthodoxogr. Basil. 1569, II, 597 sq.) und der damit abgesehn vom
Anfang identische Prologus in der Bibl. Casin. III, 2, 38 abzuhängen,
wie im Eingang von Hieronymus.

2) Mai, Nova P. Bibl. I, 1, 378 sqq., s. unten p. 206—209. Eines
bestimmten Urtheils über die Herkunft des nicht sehr geordneten Tractats möchte ich mich vorläufig enthalten.

3) Dieser letztere Zug wird in demselben Tractat schon vor der
Berufung auf *patrum literae* betont, auch in einer kurzen augustinischen

literae können nicht wohl die *scripturae apocryphae* verstanden werden, welche allerdings die letzte Quelle sind, wohl aber die zu p. 207, 14 citirten alten Prologe zum Evangelium und der Apokalypse des Johannes. Es wäre erwünscht, sich auf eine einigermassen umfassende Untersuchung der für die Geschichte des Kanons und der ältesten Isagogik so wichtigen Prologe zu den neutestamentlichen Büchern berufen zu können. Ich kann hier nur behaupten, dass von diesen Prologen und Argumenten diejenigen zu den paulinischen Briefen offenbar, und die zu den andern neutestamentlichen Büchern wahrscheinlich grössten Theils vorhieronymianisch sind [1]). Auch wenn der fragliche Tractat von Augustin herrühren sollte, könnten diese Prologe gemeint sein. Sie waren schon zu Augustins Zeit nicht mehr jung. Die Uebereinstimmung ist, soweit sie reicht, beinah wörtlich, namentlich mit dem Prolog zum Evangelium des Johannes [2]), und man kann gegen die Berufung des augustinischen Tractats auf diesen Prolog unter dem Namen von *patrum literae* nicht einwenden, dass der Tractat auch Solches, was in dem Prolog nicht steht, wie die förmliche Ankündigung des nahen Todes und die Abendmahlsfeier, dem Bericht des Leucius entsprechend berichte. Augustin hatte ja den Leucius selbst gelesen, und ein Pseudoaugustin kann ihn gelesen haben; und der Eine wie der Andere kann es vorgezogen haben, sich hier auf ein wohlangesehenes kirchliches Schriftstück, in welchem er das Wesentliche wörtlich vorfand, zu berufen statt auf die Apokryphen oder gar auf den bereits anrüchigen Namen des Leucius, welchen Augustin auch sonst mit einer einzigen Ausnahme vermeidet. Soviel dürfte

Gedächtnisrede auf Johannes bei Mai, Nova P. Bibl. I, 1, 450. S. folgende S. Anm. 2.

1) Dies gilt selbstverständlich nicht von dem allgemeinen Prolog zu den Evangelien im Cod. Amiatinus ed. Tischendorf p. 5 sq., welcher aus des Hieronymus Vorrede zum Matthaeuscommentar abgeschrieben ist.

2) Cod. Amiat. p. 144 (cf. cod. aureus ed. Belsheim p. 297, auch in einem auf sehr alter Grundlage ruhenden nürnberger Codex des 8. Jahrhunderts [Mus. Germ. 27,932 fol. 23 r] ohne Variante): *Et hic est Johannes, qui sciens supervenisse diem recessus sui convocatis discipulis suis in Epheso per multa signorum experimenta promens Christum, descendens in defossum sepulturae suae locum facta oratione positus est ad patres suos, tam extraneus a doloris morte quam a corruptione carnis invenitur alienus.* Das Ganze ist griechisch gedacht und *promens, descendens* sind Participia des Aorists.

jedenfalls feststehn, dass der fragliche augustinische Tractat und
jene Prologe ihr Wissen schliesslich dem Leucius verdanken,
und zwar dem letzten Kapitel von dessen Johannesacten in derselben einfachen Gestalt, welche durch die syrische und die
armenische Version, durch cod. Venetus 363, durch Epiphanius
und Augustinus bezeugt ist. Besonders der Ausdruck im Prolog zur Apokalypse [1]) *tradidit spiritum*, sowie das *reddidit spiritum in pace* in der kurzen augustinischen Rede auf Johannes
(Mai, Nova Bibl. I, 1, 450) entspricht genau der syrischen Version (unten p. 250, 5). Die Abhängigkeit dieser Lateiner von
Leucius ist auch da unverkennbar, wo sie berichten, dass Johannes als Eheloser berufen und an der Verwirklichung seines
Wunsches zu heirathen von Jesus gehindert worden sei [2]). Die
Worte des leucianischen Johannes ϑελήσαντί μοι ἐν νεότητι γῆμαι
und μοῦ βουληϑέντος γῆμαι (unten p. 247, 10; 248, 1) klingen wörtlich bei den Lateinern nach. Wenn sich der fragliche augustinische
Tractat hiefür auf *historiae* beruft, welche dies tradiren, so meint er
damit schwerlich jene kurzen biblischen Prologe, sondern nach
sonstigem Gebrauch des Worts ausführlichere geschichtliche Berichte, in diesem Fall selbstverständlich christliche und also
apokryphe [3]). Der unzweifelhaft echte Augustin hat sich da,
wo er ebenso wie unser Tractat die Freundschaft Jesu zu Johannes mit der Jungfräulichkeit des letzteren in Beziehung setzt [4]),

1) Cod. Fuld. ed. Ranke p. 432; Belsheim, die Apostelg. und die
Apokal S. 63. Auch Prochorus, welcher bereits eine alterirte Gestalt
des leucianischen Berichts benutzt, hat das παρέδωκεν τὸ πνεῦμα (unten
p. 164, 9) bewahrt.

2) S. unten p. 206, 3—9 und die dazu citirten Prologe.

3) Cf. Epiph. haer. 79, 5: ἡ τῆς Μαρίας ἱστορία καὶ παραδόσεις.

4) Unten p. 205, 32—36. Zu beachten ist ferner, dass Augustin anderwärts, wo er von der Virginität des Johannes redet (de bono coniug. 21
tom. XI, 752) im Ausdruck sich dem aus Leucius schöpfenden Manichäer
Faustus (unten p. 203, 10) nähert. Tillemont's Meinung (mém. I, 632,
Ausg. v. 1693), dass Augustin hier ebenso wie auch Tertullian de monog. 17
Johannes den Täufer meine, ist in Bezug auf Tertullian durch das Wort
Christi (s. unten zu p. 200, 7) widerlegt, in Bezug auf Augustin, wie
mir scheint, durch den Zusammenhang. Allerdings ist vorher aus Anlass von Matth. 11, 18 vom Täufer als Asketen die Rede. Aber die betreffenden Worte lauten: *Quocirca sicut non est impar meritum patientiae
in Petro, qui passus est, et in Johanne qui passus non est* (cf. Joh.
21, 19—23): *sic non est impar meritum continentiae in Johanne, qui*

nicht nur auf angesehene Schriftausleger berufen, sondern auch indirect, aber deutlich auf eine apokryphe Darstellung, indem er sagt, dass dies aus den kanonischen Schriften nicht deutlich erhelle. Die ganze Vorstellung von der Virginität des Johannes, welche im N. Testament keinen Grund hat [1]), geht auf Leucius zurück, welcher sie so nachdrücklich vorgetragen hat. Wenn schon Tertullian (de monog. 17) sie theilt, so ist nicht zu übersehn, dass die nach dem von Tertullian (adv. Valent. 5) so rühmlich erwähnten Proklus sich nennenden Montanisten sich auf Leucius als Auctorität beriefen (oben p. LXV sq). Sonst weiss ich kein vorconstantinisches Zeugnis dafür anzuführen ausser etwa dem der gnostischen Pistis sophia [2]); aber warum sollen unter den mancherlei Apokryphen, welche in diesem Buch benutzt sind, nicht auch die Johannesacten des Leucius gewesen

---

nullas expertus est nuptias, et in Abraham, qui filios generavit. Damit kehrt Augustin zu dem schon seit c. 19 § 22 p. 748 tractirten Gegenstand zurück und, während er § 26 init. Johannes den Täufer Jesu gegenübergestellt hatte, wobei es sich ja nicht um den Gegensatz der Ehe und der Ehelosigkeit handelt, hat er nachher neben die Patriarchen (*patres* p. 751 extr.), welche die Manichäer der Unenthaltsamkeit beschuldigen, beispielsweise einen ehelosen Apostel und einen in der Ehe lebenden Propheten Christi gestellt. Vom Täufer ist da nicht mehr die Rede. Dabei bleibt es wahr, dass auch dem Täufer nicht selten die Virginität nachgerühmt wird. Chrysost. de virg. 82 (Montfaucon I, 332) stellt die beiden Johannes als παρθένοι ἀμφότεροι τυγχάνοντες zusammen.

1) Ob man in Apoc. 14, 4 einen Anknüpfungspunct zu finden meinte? Das schien nur Einer geschrieben haben zu können, der es von sich selbst sagen konnte. Jedenfalls bot die Stelle mit ihrer Anwendung des Wortes παρθένος auf Männer den Kunstausdruck dar. Doch dürfte beachtenswerth sein, dass der sogenannte Ambrosiaster zu 2 Cor. 11, 2 (Ambrosii opera ed. Bened. Venetiis 1748 sqq. tom. IV, 2, 232) dem, welcher Apoc. 14, 4 buchstäblich von der Enthaltung vom Umgang mit Weibern verstehe, vorhält: *excludis ab hac gloria sanctos, quia omnes apostoli excepto Johanne et Paulo uxores habuerunt.* Wie der Coelibat des Paulus in dessen Schriften documentirt ist, so wird auch der des Johannes, welcher als ebenso selbstverständlich angeführt wird, schriftlich bezeugt sein, aber nicht in den kanonischen Schriften seines Namens, also wohl in Apokryphen. — Einer Erinnerung an die Virginität des Johannes kann sich auch Augustin bei der Berufung auf Apoc. 14, 4 nicht enthalten (de virgin. 49 tom. XI, 792).

2) Latine vertit Schwartze, ed. Petermann, im lat. Theil p. 45: εὖγε Johannes, παρθένος, qui ἄρξεις in regno lucis.

sein? Die von Augustin bezeugte Herkunft der Vorstellung von der Virginität des Johannes aus einer alten apokryphen Schrift wird durch die folgende Zusammenstellung vollends dahin bestimmt, dass die griechischen Johannesacten des Leucius die Quelle sind.

1. Dass Johannes in seiner Jugend als παρθένος berufen worden sei, sagt ausser Augustin und dem biblischen Prolog (unten p. 206, 6 nebst Anm.; 205, 34), um ·von Isidor zu schweigen, auch Hieronymus (p. 200, 18), aber auch Leucius (p. 247, 8 —248, 3). Ganz eng an dessen Ausdruck schliessen sich der augustinische Tractat (206, 7) und die dazu citirten Prologe.

2. Die Erklärung der besonderen Liebe Jesu zu Johannes aus dessen Virginität oder die Auffassung jener als eines ehrenden Zeugnisses für diese findet sich im bibl. Prolog (zu p. 206, 3), bei Hieronymus einmal mit ausdrücklicher Berufung auf die Tradition, das andre Mal in unmittelbarer Nähe einer solchen (p. 200, 7. 19), bei Augustin (205, 33) und im augustinischen Tractat mit gleich nachfolgender Berufung auf *historiae;* endlich bei Cassian[1]), von welchem später evident werden wird, dass er die Johannesacten des Leucius gelesen hat. Vgl. Leucius selbst p. 247, 9. 11; 248, 2. 12; 249, 4.

3. Mit der Virginität des Johannes wird in Verbindung gesetzt die Ueberweisung der Mutter Jesu an ihn (Joh. 19, 27) von den zu p. 206, 3 citirten ·verschiedenen Prologen, in der Rede Augustins (am Schluss der dortigen Note), von Hieronymus (p. 201, 9 cf. 199, 3), aber auch schon von Ambrosius[2]), Paulinus von Nola[3]), und auch von den Griechen Caesarius[4]), Epi-

---

1) Collat. XVI, 14 (Maxima P. Bibl. VII, 195): *Sed haec unius dilectio non erga reliquos discipulos teporem charitatis, sed largiorem erga hunc superabundantiam amoris expressit, quam ei virginitatis privilegium et carnis incorruptio conferebat.* Für Cassian's Verhältnis zu Leucius cf. vorläufig das Excerpt unten p. 190.

2) Ambros. de inst. virgin. VIII, 50 (Opp. ed. Bened. Venet. 1748 —1751 tom. III, 324): *Eademque postea Johanni evangelistae est tradita coniugium nescienti.* Cf. den Ausdruck Augustins vorher Anm. 2 zu p. C.

3) Paulin. Nol. ep. 51 (Migne 61 col. 416, al. ep. 48) *et ex discipulis suis adolescentiorem eligit, ut convenienter assignet virgini apostolo virginem matrem.*

4) Caesar. dial. III, 177 (Gallandi VI, 133). Die Stelle muss lückenhaft sein: θάτερον θατέρῳ ἀνθ' ἑαυτοῦ συνιστῶν καὶ ἑκατέρων τὴν ἀμειω-

phanius [1]), Cyrill von Alexandrien [2]). Dass Leucius auf das Verhältnis des Johannes zu Maria reflectirt hat, wird sich später zeigen.

4. Aus Anlass der Erwähnung seines Todes und zwar seines schmerzlosen Todes wird seiner bis dahin unverletzt gebliebenen Virginität gedacht bei Leucius (p. 247, 9—249, 4), aber auch in den beiden unter sich ähnlichen biblischen Prologen (cod. Amiat. p. 144; Fuldensis p. 432), dem augustinischen Tractat (p. 207, 19) und von Hieronymus (p. 200, 21—23).

5. Seiner Virginität soll es Johannes verdanken, dass er das erhabenste Evangelium geschrieben hat nach Hieronymus (p. 201, 7), dem Prolog im Amiat. p. 144, dem Tractat unter Augustin's Namen [3]).

6. Die eigenthümliche Verschärfung des Ausdrucks für die Virginität des Johannes bei Tertullian (monog. 17: aliqui Christi spado) und Hieronymus (p. 200, 7: eunuchus) beruht nicht auf Entlehnung des Späteren vom Früheren, in welchem Fall der Ausdruck buchstäblicher übereinstimmen würde, sondern auf Abhängigkeit beider von Leucius. Dieser mag schon an einer nicht erhaltenen früheren Stelle Matth. 19, 12 auf Johannes angewandt haben, aber in Frgm. VI p. 247, 11, wo er auf frühere Erlebnisse des Johannes und wahrscheinlich auf frühere Stellen seines Buchs zurückblickt, sagt er genug, um ihn als Schöpfer der Idee erkennen zu lassen, mit den Worten: ὁ ἀσθένειάν μοι σωματικὴν προοικοδομήσας. Das wird aber merkwürdig dadurch bestätigt, dass Epiphanius, der Kenner des Leucius, als Beispiel für das Wort Jesu in Matth. 19, 12 die beiden Zebedäussöhne nennt (haer. 58, 4).

τον καὶ ἀνέπαφον παρθένον (lies παρθενίαν) . . . δημηγορεύει θεομάχου πανηγύρεως.

1) Epiph. haer. 28, 7: προενόει παραθέσθαι αὐτὴν Ἰωάννῃ τῷ ἁγίῳ παρθένῳ, ὡς λέγει· Ἴδε ἡ μήτηρ κτλ. Cf. haer. 78, 10 unten zu p. 206, 3.

2) Cyrill. Al. encom. Mariae (Opp. ed. Aubert V, 2 [in der mittleren besonders paginirten Abtheilung dieses 2. Theils] p. 380) wird dem Johannes zugerufen: σοὶ γὰρ καὶ ὁ κύριος ἡμῶν Ἰησοῦς Χριστὸς ἐπὶ τοῦ σταυροῦ ἀναλαμβανόμενος τὴν θεοτόκον καὶ ἀειπαρθένον ὡς παρθένῳ παρέδωκεν. Vorher schon heisst Johannes dort τῆς παρθενίας τὸ καύχημα, τῆς ἁγνείας διδάσκαλε.

3) Unten p. 209, 3 nebst Note. Kein Gewicht ist darauf zu legen, dass bei Hieronymus p. 200, 9 das schnellere Laufen des Johannes (Joh.

Nun sagt aber Hieronymus eben hiervon, dass *ecclesiasticae historiae* es überliefern (p. 200, 8). Der einmal statt des viermal[1]) wiederkehrenden Pluralis von Hieronymus gebrauchte Singular *ecclesiastica historia* hat zu dem Misversändnis Anlass gegeben, es sei damit ein Buch unter dem Titel „Kirchengeschichte" gemeint. Da nun aber das, was so eingeführt wird, in der ἐκκλησιαστικὴ ἱστορία des Eusebius und Rufin's Uebersetzung derselben nicht steht, so gerieth Bunsen[2]) auf den kühnen Gedanken, es seien damit des Hegesippus ὑπομνήματα πέντε gemeint. Aber abgesehn davon, dass dieselben unsres Wissens nie den Titel h i s t o r i a e c c l e s i a s t i c a geführt haben[3]), und dass eine solche anonyme Anführung des Hegesippus höchst sonderbar erscheinen müsste, da dem Hieronymus und seinen Zeitgenossen dieser Titel jedenfalls weit geläufiger war als Bezeichnung des berühmten eusebianischen Werks, so würde sich der hiesige Plural nicht erklären. Wie sollten aber auch die e c c l e s i a s t i c a e h i s t o r i a e des Hieronymus etwas Anderes sein, als die h i s t o r i a e, in welchen Augustin oder Pseudoaugustin wesentlich dasselbe gelesen haben will, d. h. als die Johannesacten des Leucius, in welchen wir noch heute nicht nur dasjenige finden; was die alten Prologe und der augustinische Tractat daraus mittheilen, sondern auch die verschärfte Form, in welcher es bei Tertullian und Hieronymus vorliegt? Hieronymus nennt die Erzählungen des Leucius e c c l e s i a s t i c a e nicht wegen ihres Inhalts, sondern wegen ihres Verhältnisses zu Kirche und Kanon. In diesem Zusammenhang kann das Wort kaum einen andern Sinn haben als denjenigen, welchen Rufin als einen althergebrachten bezeugt[4]). Es wird zwar unterschieden zwischen e c c l e s i a s t i c u s

---

20, 4) und in einer Schrift unter Ambrosius' Namen (de trinit. oder de symbolo 30; tom. IV, 2. Theil p. 462) das frühere Erkennen Jesu (Joh. 21, 7) aus der Virginität des Apostels erklärt wird.

1) Unten p. 199, 20; 200, 8; 25. Auch die zu 200, 25 citirte Stelle ist mitzurechnen. Der Singular nur 199, 11.

2) Analecta antenicaena I, 127.

3) Hieron. vir. ill. 22 sagt das natürlich nicht.

4) Rufini exposit. symboli c. 38 (Cypriani opp. ed. Maurin. Paris 1726 append. p. CCXXIV): *Sciendum tamen est, quod et alii libri sunt, qui non canonici sed ecclesiastici a maioribus appellati sunt, ut est Sapientia Salomonis* etc. Unter den neutestamentlichen Büchern dieser Gattung stehen der Hirt des Hermas und das Judicium Petri. Dann aber

und apocryphus, wo letzteres in entschieden tadelndem Sinne gemeint ist; aber je nachdem man einen mehr oder weniger ehrenvollen Titel zu gebrauchen ein Interesse hatte, konnte man auch dieselben nichtkanonischen Schriften einmal ecclesiastici, das andre Mal apocryphi nennen. Denselben Pastor Hermae, welchen Rufin als ecclesiasticus charakterisirt, nennt sein Zeitgenosse Hieronymus wiederholt apocryphus. Also apokryphe, nicht kanonische Schriften sind für Hieronymus die Quelle der Nachricht vom Eunuchen Johannes, dieselben Schriften des Leucius, welche Augustin so oftmals als Apokryphen bezeichnet hat. Doch, es gilt hier noch nicht festzustellen, was alles Hieronymus und Andere aus Leucius geschöpft haben. Es galt nur den Beweis möglichst vollständig zu führen, dass unser Frgm. VI am Ausgang des 4. Jahrhunderts im Abendland sehr wohl bekannt war, und zwar in derselben einfacheren Gestalt, welche die orientalischen Versionen gegenüber dem bis jetzt gefundenen griechischen Text und späteren lateinischen Relationen verbürgen.

Die Entstehung der mannigfaltigen Umgestaltungen des ursprünglichen Berichts über den Lebensausgang des Johannes ist ziemlich durchsichtig. Das Grab des Johannes zu Ephesus mag frühe nicht nur durch gottesdienstliche Feiern, wie sie die Christen der alten Zeit an den Grabstätten der Ihrigen zu halten liebten [1]), ausgezeichnet, sondern auch mit Sagen umsponnen worden sein. Zwar Polykrates von Ephesus spricht von dem zu Ephesus ruhenden Johannes noch nicht anders, als von den anderen Kirchenlichtern, welche in Asien der Auferstehung am

---

heisst es: *caeteras vero scripturas apocryphas nominarunt, quas in ecclesiis legi noluerunt.* — Den Sinn „nichtcanonisch" oder wenn man härter urtheilen will „apokryph", hat das Wort auch unten p. 199, 11 u. 199, 20 im Gegensatz zu *scriptura* l. 18; cf. das *traditur* 200, 18 mit dem Gegensatz *de canone* 200, 16 und dem *tradunt* 200, 8. Noch sei bemerkt, dass das Buch des Dorotheus über die 70 Jünger σύγγραμμα ἐκκλησιαστικόν genannt wird. Chron. pasch. ed. Dindorf II, 120.

1) Für jene Gegenden kommt in Betracht Martyr. Polyc. 18 (p. 160, 14 m. Ausg.), ferner die Johannesacten des Leucius. Das Grabmal der Drusiana ist eine grössere, durch Thür und Schloss von aussen abgesperrte Localität, in welcher Johannes mit Vielen die Eucharistie feiert unten p. 231, 6 sqq. Auch an Acta Thecl. 23 — 25 Tischend. p. 50 sq. darf erinnert werden.

Tag der Parusie Christi entgegenharren (Eus. h. e. V, 24). Und
auch noch die Bischöfe zur Zeit des dritten ökumenischen Concils von Ephesus (a. 431) erkennen wenigstens nichts von den
später geglaubten Wundern an und gehen namentlich von der
Voraussetzung aus, dass die Reliquien des Johannes ganz ebenso
in Ephesus ruhen, wie die anderer dort begrabener Heiligen [1]).
Aber lange konnten die Wunder nicht ausbleiben, seitdem einmal das Grab des Johannes so weltberühmt und ein Ziel der
Wallfahrten geworden war, wie die des Petrus und des Paulus [2]).
Wie aus dem Grab eines Thraseas zu Smyrna eine Myrthe [3]),
und aus dem Blut des Philippus ein Weinstock [4]) gewachsen war,
so musste vor Allem das Grab desjenigen Apostels sinnenfällig

---

1) Coelestin von Rom schreibt der Synode (Mansi IV, 1286): *secundum vocem Joannis apostoli, cuius reliquias praesentes veneramini*. Die
sich trennenden antimonophysitischen Orientalen (Mansi IV, 1276 oder
Theodoreti opp. ed. Schulze IV, 1318) beschweren sich darüber, dass Cyrill
und Memnon unter anderem auch die Kirchen und Kapellen der Märtyrer
verschlossen haben, *ἵνα μηδὲ εὔξασθαι ἐξῇ τοῖς μακρὰν μὲν πορείαν
πεποιημένοις, ἐφιεμένοις δὲ πάσας τὰς τῶν ἁγίων καὶ καλλινίκων μαρτύρων περιπτύξασθαι λάρνακας, οὐχ ἥκιστα δὲ τὴν τοῦ τρισμακαρίου Ἰωάννου τοῦ θεολόγου καὶ εὐαγγελιστοῦ, τοῦ πολλὴν πρὸς τὸν ἡμέτερον δεσπότην παρρησίαν κτησαμένου*. Das ist die Voraussetzung mehrerer anderer
Stellen in den Acten dieses Concils und der Räubersynode vom J. 449,
welche im § 12 dieser Einleitung zur Sprache kommen. Auch Chrysostomus (hom. 2 in Joh. ed. Montfaucon VIII, 1, 9) geht von der gleichen
Annahme aus, wenn er von Johannes sagt: *τῇ μὲν τοῦ εὐαγγελίου γραφῇ
τὴν οἰκουμένην κατέλαβεν ἅπασαν, τῷ δὲ σώματι μέσην κατέσχε τὴν
Ἀσίαν . . . . τῇ δὲ ψυχῇ πρὸς τὸν χῶρον ἀνεχώρησεν ἐκεῖνον, τὸν ἁρμότ-
τοντα τῷ τὰ τοιαῦτα ἐργασαμένῳ*. Dies hat der Metaphrast (Migne 116
col. 704) theilweise abgeschrieben.

2) Diese Zusammenstellung bei Euseb. Theoph. IV, 6 (Syr. Text
herausg. von S. Lee ohne Paginirung; desselben englische Uebersetzung
steht mir nicht zur Verfügung; die griechischen Fragmente bei Mai, Nova
P. Bibl. IV, 1, 121 lassen uns hier im Stich). Ueber Johannes heisst
es im unmittelbaren Anschluss an die auch bei Mai l. l. erhaltenen Worte
über das Evangelium desselben: Und noch mehr, auch die Grab-
stätte seines Todes zu Ephesus in Asien ist rühmlich ge-
ehrt und verkündigt der Welt den Ruhm seiner fehllosen
Vortrefflichkeit. Als berühmter Wallfahrtsort wird das Grab in den
folgenden Jahrhunderten manchmal erwähnt. Cf. unten § 12.

3) S. die Excerpta e vita Polycarpi in unsren Patr. apost. II, 170.

4) Acta apocr. ed. Tischendorf p. 82. 94.

ausgezeichnet werden, dessen Tod schon das Wort Jesu Joh.
21, 22 mit einem geheimnisvollen Schimmer bekleidet hatte.
Es können zu allen Zeiten nur Wenige an einer so platten Deutung jenes Räthselwortes Geschmack gefunden haben, wie sie
Caesarius, der Bruder Gregor's von Nazianz, oder wer sonst der
Verfasser der ihm zugeschriebenen Dialoge ist, geliefert hat,
dass Johannes beim Fischen bleiben solle [1]). Und auch so genügsam wie Tertullian und Andere [2]), welche sich bei der negativen

---

1) Caesar. dial. III, 179 Gallandi bibl. VI, 135 sq. Die verwandte
Verheissung Matth. 16, 28 lässt er schon acht Tage nachher bei der
Verklärung auf dem Berge in Erfüllung gehn dial. III, 178 p. 134. Am
Schluss dieser Responsio heisst es: Ἰωάννης τοίνυν καὶ πάντες ἀπόστολοι καὶ προφῆται τοῦ ζῆν ἀπῆλθον πλὴν Ἐνὼχ καὶ Ἡλίου, οἵτινες μόνοι
ἐν σαρκὶ ὑπάρχειν ἔτι διαγορεύονται, μικρὸν ὕστερον καὶ αὐτοὶ θανα-
τούμενοι. Nach der Deutung von Apokal. 11, 3—12 s. unten p. 211, 9
nebst Anmerkung. In einer Gegenüberstellung des Täufers und des Apostels Johannes sagt Caesarius dial. III, 177 p. 133 von letzterem: οὗτος
ὑπὲρ τοῦ κυρίου τὸν τάφον οἰκῆσαι κατακριθεὶς ὕστερον τελευτᾷ. Da
das Sterben dem τὸν τάφον οἰκῆσαι gefolgt sein soll, und auch sonst
im Interesse des Sinnes wird τὴν Πάτμον οἰκῆσαι zu lesen sein. Dass
übrigens diese Aeusserungen des Caesarius sämmtlich gegen die bereits
vorhandene gegentheilige Meinung polemisch gerichtet sind, liegt auf
der Hand.

2) Tertull. de anima 50: *Obiit et Johannes, quem in adventum domini remansurum frustra fuerat spes.* Er unterscheidet sein Loos von
dem des Enoch und Elias, deren Tod nach der Deutung von Apoc. 11, 7
auf dieselben bis zur Zeit des Antichrists hinausgeschoben sein soll.
S. vorige Anmerkung. — Auch Ambrosius weiss nur zu referiren, dass
Manche an seinem Tode gezweifelt haben (Exposit. in psalm. 118, Opp.
ed. Venet. 1748—51, tom. II, 671), hilft sich angesichts von Joh 21, 22
entweder mit Redensarten (wie de fide resurr. 49 tom. IV, 1, 213: *Johanni promissum aestimatum est* [nicht zu sterben], *sed non est credi-
tum. Verba tenemus, sententiam derivamus* [?]. *Ipse in libro negat sibi
quod non moreretur promissum, ne quem vana spes exemplo incesseret*),
oder mit der sinnlosen Behauptung, dass dies gar nicht speciell von Johannes, sondern unter anderem auch von Petrus gelte und nicht den
leiblichen Tod, sondern den der Seele ausschliesse (expos. in Luc. lib. VII
tom. II, 929). Wenn an letzterer Stelle neben Johannes auch Elias und
Enoch genannt werden, so hat das neben der angegebenen Erklärung
über Joh. 21, 22 höchstens die Bedeutung eines Zeugnisses dafür, dass
Ambrosius die Zusammenstellung der drei Unsterblichen kennt, aber nicht
billigt. Die Deutung von Apoc. 11, 3 ff. auf Elias und Enoch theilt er
(expos. in psalm. 45 tom. II, 272); wenn aber an dieser Stelle eine pa-

Wahrheit beruhigten, dass die an jenes Wort geknüpfte Hoffnung der Unsterblichkeit des Johannes sich als irrig herausgestellt habe, waren Wenige. Schon zu Augustins Zeit muss
die Meinung sehr constant und weitverbreitet gewesen sein, dass
die Erde, unter welcher Johannes begraben liege, zum Zeichen
seiner Lebendigkeit von Zeit zu Zeit aufwirble wie eine aus
dem Boden aufsprudelnde Quelle (unten p. 204, 21—205, 32).
Zur Zeit Gregor's von Tours war der Handel mit diesem heiligen,
alle Krankheiten heilenden Staub bereits sehr ausgedehnt, und
er führte den Namen Manna, welchen wir bei Abdias und Mellitus finden [1]). Der bei Gregor durchblickende Vergleich dieses
quillenden Sandes mit dem aus der Mühle hervorströmenden
Mehl mag den an Ort und Stelle entstandenen Ausdruck zunächst hervorgerufen haben [2]). Vielleicht hatte sich wirklich die

---

riser Hs. und eine wohl nur von dieser Hs. abhängige pariser Ausgabe
zu den Worten *adversus Eliam atque Enoch* hinzusetzt *atque Johannem*
(oder *Johannis*), so ist das, wie schon die Mauriner sahen, eine offenbare Interpolation. Die Zusammenstellung mit Elias und Enoch streift auch
Epiphanius haer. 79, 5 (s. oben p. LXV Anm. 2 und p. XCVII Anm. 2).
Ernstlicher gemeint ist die Zusammenstellung mit Moses und Elias bei
Augustin unten p. 205, 3. Cf. Hilarius comm. in Matth. (ed. Bend. Paris 1693) p. 710. Weiteres hierüber ist sogleich noch zu bemerken.

1) Gregor. Turon. de gloria mart. I, 30 (Maxima P. Bibl. XI, 838).
In c. 31 wird dasselbe mit etwas weniger Worten, aber mit dem Zusatz
vel oleum cum odore nectareo, quod de tumulo eius exundat, von Andreas
gesagt. Damit ist zu vergleichen die pseudochrysostomische Rede auf
die 12 Apostel (Montfaucon VIII, 2, 11), wo es zuerst heisst: Ἰωάννης
ἔτι θεολογῶν καὶ μετὰ τέλος ὡς ζῶν θεραπεύει τὴν Ἔφεσον, dann von
allen Aposteln: κόνιν ἀθάνατον ἐν τάφοις καταλελοίπασι, νῦν μὲν θερα-
πευταί, μετ' ὀλίγον δὲ δικασταὶ τοῦ κόσμου προκαθήμενοι.

2) Menolog. Basilii Porphyr. op. et studio Card. Albani III, 88: καὶ γὰρ
ὁ τάφος, ἐν ᾧ ὁ μέγας ἀπόστολος καὶ εὐαγγελιστὴς Ἰωάννης μέλλων μετα-
τεθῆναι ἐτάφη, κόνιν ἁγίαν ἣν οἱ ἐγχώριοι Μάννα προσαγορεύουσιν,
ἐπινεύσει πνεύματος ἁγίου κατὰ τὴν ὀγδόην ἡμέραν τοῦ Μαΐου μηνὸς
ἐτησίως ἐξαίφνης ἀναβρύει καὶ ἀναδίδωσιν· ἣν οἱ προσερχόμενοι λαμβά-
νοντες χρῶνται αὐτῇ εἰς παντοίων παθῶν ἀπολύτρωσιν κτλ. S. noch mehr
darüber bei Combefis, auctar. noviss. I, 485 sq., auch Sym. Metaphr. bei
Migne tom. 116 col. 704 sq. — Ob man den Staub mit wohlriechendem
Oel vermischte und dadurch zunächst flüssig machte und dann diese
schmierige oder zu kleinen Kugeln verhärtete Masse exportirte, weiss
ich nicht. Die Angaben in der Zeitschr. f. kathol. Theol. 1878 S. 210
kann ich wegen Mangels an griechischer liturgischer Literatur nicht

fromme Industrie des gewiss lucrativen Artikels bemächtigt und
eine mühlenartige Vorrichtung angebracht, um am 8. Mai jedes Jah-
res das Wunder hervorzubringen und der starken Nachfrage zu genügen. Diesem Volksglauben zu lieb musste der Schluss der alten
Johannesacten geändert werden. Während Augustin ihn noch in
seiner ursprünglichen Gestalt las (oben p. XCVIII), zeigt die
zum Theil wörtliche Uebereinstimmung von Abdias und Mellitus
(unten zu p. 222, 9 sqq. und p. 222, 18—21), dass diese Sage
vor Abdias in den lateinischen Leucius interpolirt worden ist.
Im 6. Jahrhunderts las man Aehnliches aber auch im griechischen Text; denn τὸ ἁγίασμα βρύον ἐξ αὐτοῦ τοῦ τόπου bei
Ephraimius von Antiochien ist gewiss nichts Anderes als jene
Erdquelle[1]); und wenn als griechischer Text Frgm. VI p. 250, 23
überliefert ist βρύουσαν τὴν πηγήν, so ist der unpassende Artikel nur daraus zu erklären, dass ein ursprüngliches βρύουσαν
τὴν γῆν in Folge der häufigen Vergleichung mit einer sprudelnden Quelle in eine wirkliche Quelle verwandelt wurde. Nun
findet sich aber bei Ephraimius und bei Mellitus mit dieser Interpolation die andere verbunden, dass man das Grab geöff-
net und leer gefunden habe, und im griechischen Text unten
p. 250, 22, dass man nur die Sandalen, oder nach dem Metaphrasten (Migne 116 col. 704) die Schuhe oder Stiefel darin
gefunden habe. Dass hier keine geradlinige Fortbildung der
Sage vorliegt, erhellt schon daraus, dass Prochorus, welcher
nach dem unverfälschten Leucius den Johannes seinen Geist
wirklich aufgeben lässt (unten p. 164, 9) und daher von der
Staubquelle schweigt, doch von den Sandalen, und Nicetas Paphlago von den Kleidern im sonst leeren Grab zu erzählen wissen. Das leere Grab, von welchem Augustin und Chrysostomus,
die Concilsväter von 431 und 449, Gregor von Tours und Abdias noch nichts wissen, ist zunächst bei Ephraimius und noch
bei Mellitus schlechthin leer[2]). Erst später werden ohne son-

---

beurtheilen. Allerdings spricht schon Ephraimius (unten p. 211, 19) von
μύρον. Gregor von Tours spricht davon in Bezug auf das Grab des Andreas (glor. mart. I, 31), nicht des Johannes.

1) Sophocles, Glossary of later and byz. Greek (Mem. of the Ameri-
can acad. VII) p. 582: τὸ ἁγίασμα a spring of water reputated holy etc.
cf. Ducange p. 11 sqq.

2) Der Ausdruck des Mellitus *fovea illa plena*, sc. voll Erde oder Manna,
meint dasselbe. Das Menolog. Basilii Porphyrog. I, 70 hat zum 26. Sept.

derlichen Nutzen Sandalen, Schuhe oder Kleider hineingelegt.
Diese ganze Tradition vom leeren oder sogut wie leeren Grabe
steht im Widerspruch mit der älteren Tradition von der Staubquelle. Diese setzt voraus, dass Johannes lebend und leibhaftig
im Grabe ruht, jene behauptet seine leibhaftige Entrückung ins
Jenseits. Aber einig sind beide mythologische Ideen in dem
Zweck, dem Worte Jesu Joh. 21, 22 gerecht zu werden. Die
schon bei Tertullian dämmernde Vergleichung mit Elias und
Enoch (oben p. CVII Anm. 2) war berechtigt auch bei der älteren
Tradition von dem im Grabe athmenden Apostel; aber es lag
nahe, aus dieser Vergleichung eine selbständige Sage zu gestalten und den Johannes mit Leib und Seele wie jene alttesta-
mentlichen Männer ins Jenseits versetzt werden zu lassen, ohne
dass er den Tod schmeckte[1]). Die Ausgleichung mit Joh. 21, 23
wurde dann sehr einfach dadurch bewerkstelligt, dass man ihn
bei der Parusie für einen Moment den Tod schmecken liess[2]),
wie schon Tertullian, Ambrosius und alle, welche Apoc. 11, 3 ff.
auf Elias und Enoch deuteten, die Ausnahmestellung dieser mit
dem allgemeinen Gesetz der Sterblichkeit ausgeglichen hatten[3]).

cf. III, 146 zum 30. Juni auch nur das schlechthin leere Grab obwohl
es daneben von Prochorus abhängt, worauf auch hier die kreuzförmige
Gestalt des Grabes hinweist; dagegen zum 8. Mai (s. oben p. CVIII Anm. 2)
die Mannasage. Die Vertheilung der beiden Sagen auf die beiden Jo-
hannestage bestätigt es, dass sie einander ursprünglich ganz fremd sind.
Uebrigens hat der Redactor des Menologiums zum 26. Septbr. ausser
Prochorus auch den Leucius zu Rathe gezogen. Daher hat er das κυριακῆς ἡμέρας ἐλθούσης, den Befehl an einen Jünger, Männer mit Geräth-
schaften zum Graben mitzunehmen, und das Abschiedswort εἰρήνη ὑμῖν
ἀδελφοί.

1) So auch Hippolytus-Dorotheus (Chron. Pasch. ed. Dindorf II, 136;
Lagarde const. apost. p. 283) und der Methaprast. (Migne 116 col.
704). — Die syrische Geschichte bei Wright, apocr. acts I p. נב begnügt sich mit einer feineren Andeutung, indem sie den Johannes wie
den Moses von Gott lässt bestattet werden. Uebrigens cf. die Anmerkungen
1. 2 zu p. CVII. — Damit berührt sich Joh. Malalas (l. XI ed. Bonn.
p. 269): καὶ ἀφανῆ ἑαυτὸν ποιήσας οὐκέτι ὤφθη τινὶ καὶ οὐδεὶς ἔγνω,
τί ἐγένετο ἕως τῆς νῦν, καθὼς Ἀφρικανὸς καὶ Εἰρηναῖος οἱ σοφώτατοι
ἀνεγράψαντο. Auf diesen Quellennachweis ist bei Malalas gar nichts zu
geben. Bei Irenäus und Afrikanus wird er nur das vorher Referirte gefunden haben, dass Johannes bis zum 2. Jahre Trajans gelebt habe.

2) Unten p. 211, 8 sqq. und das dort Citirte.

3) Oben p. CVII Anm. 1. 2.

Sinnlos war es erst, nämlich eine Aufhebung der Idee, welche diesen Mythus erzeugt hatte, wenn Nicetas ausdrücklich bestritt, dass Johannes wie Elias ohne Tod gen Himmel gefahren sei, und behauptete, er sei vielmehr unmittelbar nach erlittenen Tode leiblich verklärt und wie Maria in's Paradies versetzt worden[1]). Dasselbe setzt schon Prochorus, welchem Nicetas sich anschliesst, voraus, wenn er Johannes sterben und doch sofort sein Grab leer sein lässt. Aber das war immer noch weniger abgeschmackt, als wenn bei Ephraimius und Mellitus, im griechischen Text des Frgm. VI p. 250, 22 sq. und beim Metaphrasten die beiden concurrirenden Sagen vom quillenden Grabe und vom leeren Grabe combinirt wurden. Der leucianische Text war an alle dem unschuldig. Er hatte sich damit begnügt, dass Johannes auf die denkbar sanfteste Weise ohne Kampf und Schmerz seinen Leib in die Erde, seinen Geist in Gottes Hand gegeben habe.

Hat sich nun an diesem Puncte auch nach Seiten der inneren Kritik die durch die orientalischen Versionen erhaltene Gestalt des Schlusses von Frgm. VI als die ursprüngliche bewährt, so verdienen diese Zeugen überhaupt den Vorzug, namentlich da, wo sie einen dogmatisch anstössigen Gedanken allein enthalten z. B. p. 246, 7, aber auch in Bezug auf das Historische. So in den zweiten Fall einer grösseren Abweichung des griechischen Textes. Die Weihe des Birrhus (Verus) mit dem Wechselnamen Eutyches zum Diakonus der Gemeinde von Ephesus und der Hinweis auf dessen Martyrium stört den Zuammenhang (unten zu p. 244, 7). Es ist eine Art von Verbesserung, wenn ihn der cod. Paris. 1468 (unten p. 191, 28) zum πρωτό-θρονος, also zum Bischof geweiht werden lässt; denn dadurch wird diese Handlung des Apostels als Bestellung seines Nachfolgers einigermassen geeignet, ein Moment in der Abschiedsscene zu bilden. Aber eben darum ist dies Correctur des relativ, aber doch nicht wirklich Ursprünglichen. Eine alte, nur von Leucius hier nicht ausdrücklich bezeugte Tradition von Birrhus als ephesinischem Diakonus ist hier in den griechischen Text eingeschoben und im Paris. 1468 weitergebildet worden. Eine andere Tradition von einem Eutyches oder Eutychius, einem

---

1) Combefis, auctar. noviss. I, 363 c. Ueber seine Abhängigkeit von Prochorus s. oben p. XLV Anm. 4.

Schüler des Johannes, welcher nach dessen Tod zum Apostel
Paulus sich begeben, nach einem siegreich bestandenen Mart-
tyrium Ephesus noch einmal besucht haben, dann aber in seiner
Vaterstadt Sebastopolis in Frieden gestorben sein soll[1]), muss
mitgewirkt haben. Dadurch erst scheint der Birrhus (oder
Verus), welcher in den echten Fragmenten des Leucius nur diesen Namen trägt, zu dem zweiten Namen gekommen zu sein.

§. 9. Die nur durch spätere Bearbeitungen und Anführ-rungen bezeugten Stücke der Johannesacten.

Durch vorstehende Untersuchungen muss es gerechtfertigt
sein, dass ich über das, was bei Leucius zwischen Frgm. IV
und VI gestanden hat, wenigstens eine kurze Uebersicht nach
den lateinischen Bearbeitungen gegeben habe. Ist das, worin
Abdias und Mellitus übereinstimmen, von beiden dem lateinischen Leucius entlehnt, so hat nichts so begründeten Anspruch darauf, in diesem Buch spätestens im 6. Jahrhundert gestanden zu haben, als der Inhalt von Frgm. V; denn nirgendwo
ist die Uebereinstimmung zwischen den beiden Bearbeitern so
genau wie hier[2]). Aber nachdem sich herausgestellt hat, dass
Abdias und Mellitus in ihrem Leucius bereits gelesen haben,
was Augustin noch nicht darin fand, und da ferner in der um
die Mitte des 4. Jahrhunderts entstandenen lateinischen Uebersetzung von Anfang an Dinge gestanden haben können, welche
dem griechischen Text bis dahin noch fremd waren, oder überhaupt fremd blieben, so bedürfen die unter Frgm. V zusammengestellten Materien einer sorgfältigen Untersuchung. Abdias und
Mellitus geben eine gleichlautende Einleitung des Berichts vom
Tode des Johannes (unten zu p. 238 Frgm. VI). Dass diese im lat.
Leucius von jeher gestanden hat, wird dadurch bestätigt, dass
die alten biblischen Prologe, der angeblich augustinische Tractat
und eine allem Anscheine nach echtaugustinische kurze Gedächtnisrede auf Johannes[3]) gleichfalls das Vorauswissen des Jo-

---

1) Menolog. Basilii Porphyrog. III, 217 zum 24. August.
2) Die irgend beachtenswerthen Abweichungen in Bezug auf den Inhalt sind zu Frgm. V notirt.
3) Mai, Nova P. bibl. I, 1, 450: *Post multas autem tribulationes et
angustias passionesque, quas pro nomine Christi sustinuit, cum iam valde*

hannes von seinem Tode hervorheben, und zwar an Stellen, deren sonstiger Inhalt bereits auf Leucius zurückgeführt ist. In dieser Einleitung wird Rücksicht genommen auf die bei A. und M. unmittelbar vorangehende Angabe über eine zu Lebzeiten und doch zu Ehren des Johannes erbaute Basilica, in welcher er dann auch den letzten Gottesdienst gehalten und sein Leben ausgehaucht haben soll (s. unten p. 238, 7 nebst Anm. cf. p. XCIII). Dass dies nicht im griechischen Leucius gestanden haben kann, ergiebt sich aus Frgm. VI p. 245, 3 sq. Darnach hat der Abschiedsgottesdienst in einem Privathaus stattgefunden, wahrscheinlich in dem des Andronikus, wo Johannes sein Quartier hatte Frgm. IV p. 227, 2. Während sich nach Mellitus Johannes in der Basilica auch sein Grab graben lässt, um sich dann hineinzulegen, geht er nach den griechischen und orientalischen Zeugen von Frgm. VI aus dem Haus, wo der letzte Gottesdienst stattfand und sicherlich auch aus der Stadt hinaus zu der Begräbnisstätte eines ephesischen Christen, um sich dort ins Grab zu legen. Abdias, welcher auch hier sich als der im Ausdruck manchmal freiere, aber in der Sache treuere Zeuge des lateinischen Leucius erweist, zeigt noch deutlich die Fuge, welche der lateinische Uebersetzer unsichtbar zu machen versäumt hat. Obwohl nämlich Abdias ebenso wie Mellitus aus seiner Quelle wörtlich abgeschrieben hatte, dass die assumptio des Johannes und der Abschiedsgottesdienst in jener Basilica stattgefunden habe[1]), lässt er dann doch den Apostel mit Birrhus und Andern zur Selbstbestattung hinausgehn, also nicht in der Basilica sterben und begraben werden[2]). Dieser Selbstwiderspruch, welcher bei Mellitus nicht zu finden ist, muss, weil er sich der griechischen Quelle näher hält, im lateinischen Leucius das Ursprüngliche sein, die Tilgung des Widerspruchs bei Mellitus,

---

senex esset, ad dominum de hoc mundo migravit . . . . Johannes ergo cum iam aetate nimia gravaretur, ait discipulis suis, ut facerent ei fossam. Dictum ei erat a domino, qua die esset recessurus. Facta itaque fossa proiecit se in eam et sine dolore aliquo reddidit spiritum suum. Die übrigen Stellen s. unten p. 207, 14 sqq. nebst Anmerkungen und oben p. XCVIII sqq.

1) Hist. ap. V, 21 extr. p. 580 sq.; c. 22 p. 581 sq. cf. Mellitus l. l. p. 621, unten zu p. 238, 7 u. gleich darauf zu Frgm. VI.

2) Hist. ap. V, 23 p. 584. Cf. dagegen Mellitus p. 622, wo das Grab wirklich in der Kirche neben dem Altar gegraben wird.

wodurch die Abweichung vom Original vollends durchgeführt ist, das Spätere, wahrscheinlich des Mellitus eigenes Werk. Aber noch deutlicher beweist der Selbstwiderspruch des Abdias d. h. aber hier des lateinischen Leucius, dass in seinem griechischen Original von jener Basilica kein Wort gestanden hat.

Ob nun auf Rechnung des lateinischen Leucius auch die Bekehrung des Oberpriesters Aristodemos und des namenlosen Proconsuls und die Zerstörung des Artemistempels zu setzen ist? Wenn schon aus gelegentlichen Bemerkungen vorher klar ist, dass die griechischen Johannesacten nicht erst am Ende des 3. Jahrhunderts geschrieben sein können, so kann auch in denselben diese Erzählung nicht so, wie sie uns lateinisch vorliegt, gestanden haben. Solange der Artemistempel zu Ephesus eine glänzende Stätte des heidnischen Cultus war, konnte man so nicht dichten. Zerstört aber wurde der Tempel erst im J. 262 durch die Gothen. Nachdem das geschehen war, und vollends als man im 4. Jahrhundert anfing aus den köstlichen Materialien des Tempels christliche Bauten aufzuführen, da lag es nahe den Gedanken, dass der Christenglaube dem Götzendienst zu Ephesus ein Ende gemacht habe, in die Form zu kleiden, dass der Apostel von Ephesus den Götzentempel durch sein Wort zerstört habe. So dichtete Prochorus, während die syrisch erhaltene Geschichte des Johannes unvergleichlich sinniger die im Artemisbild wohnenden Dämonen ihren Priestern nur weissagen lässt, dass einst die Hütte des Johannes auf dem Berge ihren darunterliegenden Tempel zerstören werde[1]). Ob diese Sage jemals in den griechischen Leucius interpolirt worden ist, erscheint

---

1) Wright, apocr. acts I p. מם; II, 45. Nur das Bild wird zerstört II, 46 und die Bevölkerung bekehrt. — Auch Chrysostomus weiss nichts von Zerstörung des Artemisiums durch Johannes. Im Gegentheil denkt er sich ihn resp. seinen in Ephesus ruhenden Leib noch immer im Kampf mit den dort hausenden Dämonen begriffen hom. 2 in Joh. tom. VIII, 1, 9. — Wenn aber Cyrill von Alexandrien in der oben p. CIII Anm. 2 citirten, in Ephesus gehaltenen Predigt den Johannes anredet: τῆς τῶν δαιμόνων πλάνης ἐξολοϑρευτά, τοῦ ναοῦ τῆς Ἀρτέμιδος καϑαιρέτα, so kann das Zweite eine rednerische Metapher für das Erstere und beides eine des traditionellen Anhalts entbehrende Phantasie sein, wie deren mehrere in dieser Rede sich finden. Noch der Metaphrast lässt den Johannes den Tempel der Amazonen v o r seinem Exil zerstören, folgt also dem Prochorus, nicht einer Recension des Leucius (Migne 116, 688).

mehr als fraglich. Wir wissen überhaupt nichts von durchgreifenderen Veränderungen, welche dieser griechische Text erlitten hätte. Es sind doch nur leise, in wenig Worten bestehende Aenderungen, welche im Schlusskapitel des griechischen Originals wie der lateinischen Uebersetzung unabhängig von einander nach dem 4. Jahrhundert angebracht worden sind (oben p. XCVII—CXI); und noch Photius wie die Synoden im Bilderstreit lasen den wesentlich unveränderten Leucius. Ein Beweis dafür, dass die Zerstörung des Artemisiums jemals in den griechischen Leucius interpolirt worden sei, lässt sich auch daraus nicht herleiten, dass der Paris. 1468, nachdem er die Erzählung des Prochorus darüber (unten p. 42) wiedergegeben hat, dann doch nach der Rückkehr des Johannes aus dem Exil noch eine zweite Zerstörung des Tempels folgen lässt (unten p. 187), und zwar in einem Zusammenhang, wo leucianische Materien verarbeitet sind[1]). Diese Hs. steht auch darin vereinsamt unter den Prochorushss. sowie unter den indirecten Zeugen für Leucius, dass sie von einem römischen Aufenthalt des Johannes wenigstens eine trockene Notiz hat. Dagegen steht nichts der Annahme im Wege, dass der lateinische Leucius von Anfang an diese Geschichte gehabt hat. Wenn Paulinus von Nola[2]) singt:

Fugit et ex Epheso trudente Diana Joanne
Germanum comitata suum, quem nomine Christi
Imperitans Paulus pulso Pythone fugavit,

so muss er eine Erzählung über ein ebenso einzelnes Factum aus der Geschichte des Johannes kennen, wie er sie in Bezug auf Paulus AG. 16, 16—18 fand.

Der lateinische Leucius hat von Anfang an auch die Geschichte von der Verwandelung der Ruthenbündel in Gold und der Steine in Edelsteine sowie von deren Rückverwandelung

---

1) Darüber nachher das Nähere. Die Erzählung hat nichts mit der des lat. Leucius gemein, ist vielmehr eine Wiederholung derjenigen des Prochorus. Die isolirte Stellung dieser Hs. zeigt auch ihr Bericht über die Apokalypse p. 186. Die Hs. soll 1669 aus dem Orient nach Paris gekommen sein (Catal. II, 328). Aber wer weiss, ob sie oder die ältere Hs., aus welcher ihr den Johannes betreffender Inhalt abgeschrieben wurde, nicht sehr nahe bei Rom, in Unteritalien oder Sicilien geschrieben ist.

2) Carm. XI, 95 in Felicem (Gallandi VIII, 212). In Bezug auf seine Kenntnis des lat. Leucius s. oben p. CII n. 3.

** 8

p. 236, 15 sqq. enthalten. Nicht nur der sogenannte Isidor kennt
sie[1]), schon Euodius der Zeitgenosse Augustins citirt sie aus
den von den Manichäern gebrauchten Johannesacten[2]). Nur
einer Anspielung an Jes. 40, 6 zu lieb gestaltet er den Ausdruck etwas anders. Wenn man endlich die Umgestaltung der
Fabel beim Metaphrasten liest (Migne 116 col. 702), so darf
man annehmen, dass etwas Derartiges schon im griechischen
Leucius gestanden hat. — Auf Ursprünglichkeit macht ferner
Anspruch die lange Rede über den irdischen Besitz[3]) erstlich
wegen ihres bedeutenden Inhalts, sodann wegen der Uebereinstimmung mit dem welt- und besitzverachtenden Geist des Leucius, endlich wegen der Einflechtung eines evangelischen Apokryphon's. — Ursprünglich ist vielleicht auch die Erzählung
von der Auferweckung des Wittwensohnes Stacteus. Der Name
ist unverfänglich, und abgesehen von Abdias und Mellitus findet
sich ein ziemlich confuser Nachklang an diese leibliche Auferweckung und das damit verbundene dreissigtägige Fasten zum
Zweck der geistlichen Auferweckung zweier Jünglinge bei
Isidor[4]). Dieser schliesst daran den Satz: *Bibens lethiferum
haustum non solum evasit periculum, sed et eodem prostratos po-
culo in vitae reparavit statum.* Die Erzählung geben Abdias

---

1) Monum. othodoxogr. Basil. 1569, II, 598: *Mutavit in aurum sil-
vestres frondium virgas, littoreae aquae saxa in gemmas; iterum gem-
marum fragmina in propriam reformavit naturam.* Dasselbe ist verstümmelt zu lesen in dem mit Isidor überhaupt fast identischen Prolog
in Bibl. Casin. III, 2, 38.

2) De fide c. Manich. 40 (August. opp. XVII, 2325): *Et tamen cum
ipsa caro propter praesentem infirmitatem foenum appelletur, creditis
Johannem de foeno aurum fecisse, et non creditis deum omnipotentem de
corpore animali spiritale corpus facere posse?*

3) Frgm. V p. 236, 17—20 nebst Anm. Abdias V, 16 p. 561—567;
Mellitus Fabric. III, 610—613. In Bibl. Casin. II, 2, 69 ist sie bis auf
wenige Anfangssätze getilgt.

4) An das Fasten erinnert jedoch nur der Text in Bibl. Casin. III,
2, 38: *Viduam quoque praecepto populi suscitavit et redivivum corpus
ieiuniis revocante anima reparavit.* Statt des zweiten Satzes heisst es
in den Monum. orthod. l. l. . . . *redivivum corpus iuvenis revocata anima
reparavit.* Darnach wären es zwei Todtenerweckungen. Aber das kann
nicht das Ursprüngliche sein, ist auch wegen der Stellung der Angabe
zwischen dem Wunder mit Gold und Edelsteinen einerseits und dem Giftbecher andrerseits nicht aus Rücksicht auf die Umgestaltung der Erzäh-

und Mellitus[1]), und sie muss schon wegen dieser Uebereinstimmung als ein Stück des lateinischen Leucius gelten. Der Schauplatz des Ereignisses ist nach diesen Abendländern Ephesus,
auch nach dem Metaphrasten, der es in sonderbarer Umgestaltung berichtet[2]). Das muss das Ursprüngliche sein im Gegensatz zu der Verlegung nach Rom in den griechischen Acten bei
Tischendorf p. 269 sq. Denn wie könnten die Abendländer
nach Ephesus verlegt haben, was ursprünglich ein Ruhm Roms
war? Diejenigen Abendländer, welche den römischen Aufenthalt des Johannes verherrlichen (oben p. XVII sq.), schweigen
ganz vom Giftbecher. Aber ob die Geschichte als ephesinisches
Ereignis im griechischen Leucius gestanden hat, ist fraglich.
Sie scheint eine jüngere Schwester der Sage vom Oelmartyrium
zu sein, beides Mythen, welche aus Matth. 20, 23; Mr. 10, 39
erwachsen sind. Wenn man von jeher unter Kelch und Taufe
das Martyrium verstand[3]), so musste man zu erklären suchen,

lung von Drusiana bei Mellitus (unten zu p. 226, 26) zu erklären. Ueber-
dies hat Mellitus die Drusiana gar nicht zur Wittwe gemacht, ist auch
sicherlich jünger als der sogen. Isidor. — Die folgenden Worte im Text
gebe ich nach Monum. orthodox., wovon der in Bibl. Cas. nur durch
Verderbnisse abweicht.

1) Unten p. 237, 23 sqq. Abd. c. 20. Fabric. II, 575 sqq.; Mellitus
Fabr. III, 617; Bibl. Casin. II, 2, 70. Das lakonische Citat bei Fabric.
II, 576 Anm. K. *Augustinus in soliloqu.*, ungenau auch im Wortlaut, hat
viel Nachsuchen erfordert. Es sind nicht die echten, sondern die pseudoaugustinischen Soliloquien c. 22 (tom. XVI, 1745), wo neben dem Martyrium des Andreas und des Bartholomäus auch das des Johannes erwähnt wird: *pro hac* (sc. dulcedine domini) *quoque gustanda veneni po-
culum intrepidus Johannes potavit.* Welche Passiones apostolorum der
Verfasser gelesen hat, kann ich nicht entscheiden.

2) Migne 116 col 697 sq. Dessen Zeugnis wiegt hier darum etwas,
weil er die römische Reise des Johannes kennt col. 689.

3) Schon zu Origenes Zeit war das herrschende Auslegung tom. XVI, 6
in Matth. (Delarue III, 717 D.). Der Verfasser des Opus imperf. in
Matth. (Chrysost. ed. Montf. VI append. p. CLII) erklärt auch: *calix enim
passio est, baptismus autem ipsa mors,* bringt aber nichts zur geschichtlichen Rechtfertigung. Auch Chrysostomus deutet hom. 66 in Matth.
(Montfaucon VII, 646) die Stelle: μαρτυρίου καταξιωθήσεσθε καὶ ταῦτα
πείσεσθε ἅπερ ἐγώ, βιαίῳ θανάτῳ τὴν ζωὴν καταλύσετε cf. p. 647; er
erinnert sogar p. 648 an den frühzeitigen Märtyrertod des Jakobus, ohne
von Johannes Aehnliches berichten zu können. In der homil. de pet.

wie Jesus das dem Johannes habe verkündigen können, der
doch nicht wie sein Bruder Jakobus als Märtyrer sterben sollte.
Wer sich nicht erlauben mochte, aus dem „ihr werdet trinken“ ein „ihr könnt trinken“ zu machen[1]), musste entweder
in den nach Apostelgeschichte und Apokalypse von Johannes
um seines christlichen Bekenntnisses willen erduldeten Leiden
die Erfüllung jener Weissagung finden[2]), oder sich darauf be-

---

fil. Zebed. (Montfaucon I, 521) versteht er es in Bezug auf Johannes
uneigentlich: καὶ γὰρ Ἰάκωβος ἀπετμήθη μαχαίρᾳ, καὶ Ἰωάννης πολλάκις
ἀπέθανε. ·Nach hom. 88 in Joh. (vol. VIII, 1, 527 sq.) soll durch
Joh. 21,22 nicht nur verneint sein, dass Johannes so früh wie Petrus sterben werde, sondern auch, dass er wie dieser als Märtyrer sterben werde.

1) So Hilarius Pict. in Matth. (ed. Bened. Paris 1693) p. 709: dominus laudans eorum fidem ait, martyrio quidem eos secum compati posse.
Derselbe hilft sich auch in Bezug auf Joh. 21, 22 mit nichtssagenden
Redensarten (de Trinit. VI, 39 p. 905: Johannes sic usque ad adventum
domini manens et sub sacramento divinae voluntatis relictus et deputa-
tus, dum non (?) neque non mori dicitur et manere).

2) So Orig. tom. XVI, 6 in Matth. (Dalarue III, 719 D): πεπώκασι
δὲ ποτήριον καὶ τὸ βάπτισμα ἐβαπτίσθησαν οἱ Ζεβεδαίου υἱοί, ἐπείπερ
Ἡρώδης μὲν ἀπέκτεινεν Ἰάκωβον τὸν Ἰωάννου μαχαίρᾳ, ὁ δὲ Ῥωμαίων
βασιλεύς, ὡς ἡ παράδοσις διδάσκει, κατεδίκασε τὸν Ἰωάννην μαρτυροῦντα
διὰ τὸν τῆς ἀληθείας λόγον εἰς Πάτμον τὴν νῆσον. διδάσκει δὲ τὰ περὶ τοῦ
μαρτυρίου ἑαυτοῦ Ἰωάννης, μὴ λέγων, τίς αὐτὸν κατεδίκασε, φάσκων ἐν
τῇ ἀποκαλύψει ταῦτα κτλ. (Apoc. 1, 9). Wenn Georgius Hamartolus
in seiner Chronik oder vielleicht nur der Schreiber eines einzigen der
zahlreichen codd. derselben, des cod. Coisl. 305 (Montfaucon bibl. Coisl.
p. 421; Muralt in den Proll. zu seiner Ausgabe der Chronik, 1859
p. XVII; Nolte in Theol. Quartalschr. 1862 p. 466 sq. vgl. dagegen den
Text von Muralt p. 336) aus diesen Worten herausgelesen hat, Origenes
wolle von den Nachfolgern der Apostel gehört haben, dass Johannes im
eigentlichen Sinne Märtyrer geworden sei, so ist das an sich ein gleich-
gleichgültiges Misverständnis und wichtig nur darum, weil dadurch auch
die andere viel gequälte Aussage derselben Hs. den grössten Theil ihres
Werthes verliert: Papias habe im 2. Buch der λόγια κυριακά von Johannes gesagt, ὅτι ὑπὸ Ἰουδαίων ἀνῃρέθη. Müsste man annehmen, dass auch
die folgende Berufung auf Matth. 20, 22 sq. noch aus Papias direct oder
indirect geschöpft wäre, so würde sich die von Lightfoot (Contemp.
Review 1875 Oct. p. 872 sq) mitgetheilte Vermuthung empfehlen, Georgius oder der Schreiber des Coisl. 305 sei durch Ausfall einer Zeile des
ihm vorliegenden Papiastextes verführt worden, auf Johannes zu beziehen,
was Papias auf Jakobus bezogen hatte. Aber die Voraussetzung ist

rufen, dass nicht das äussere Leiden, sondern die opferfreudige
Gesinnung und die das ganze Leben durchziehende Selbstver-
leugnung den Märtyrer ausmache [1]). Auf die eine oder die an-

---

unhaltbar. Mit πληρώσας δηλαδή geht Georgius zu einer Erläuterung
der kurzen aus Papias geschöpften Notiz über, ohne durch irgend etwas
anzudeuten, dass diese Erläuterung gleichfalls von Papias herrühre, dessen Worte er in indirecter Redeform reproducirt hatte. Hat er aber bei
Papias nur die Worte Ἰωάννης ὑπὸ Ἰουδαίων ἀνῃρέθη gelesen, so ist
Papias ebensowenig als Origenes für die Misverständnisse des Chronisten
verantwortlich zu machen. Vergleicht man, dass Pseudocyprian adv.
Jud. 2 (Cypr. opp. ed. Hartel append. p. 135, 17), ohne den Herodes
Antipas zu nennen, von den Judaei insgesammt sagt: · Joannem interi-
mebant Christum demonstrantem, so werden sich jene Worte des Papias
doch wohl ebenso, wie jene des Pseudocyprian ohne Frage, auf den Täufer bezogen habe.
1) So jener „Polykarp", Patr. apost. II, 171 uns. Ausg. (Die Re-
signation, mit welcher ich das überlieferte novissimum als einen uner-
klärlichen Fehler habe stehen lassen, ist mir selbst jetzt unerklärlich.
Es muss natürlich heissen: et Jacobum quidem novimus martyrio con-
summandum, fratrem vero eius transiturum absque martyrio). Den Gedanken des Fragments hält auch noch Hieronymus fest, obwohl er das
Bedürfnis buchstäblicherer Erfüllung aus der Tradition zu befriedigen
weiss (unten p. 200, 1 u. 4), während andrerseits „Polykarp" doch beiläufig auch an die afflictiones plurimae et exsilia erinnert. Ebenso Gregor von Nyssa an einer leider verstümmelten Stelle einer Laudatio in
Steph. (Zacagni, coll. monum. I, 340): ὁ δὲ μακάριος Ἰωάννης ἐν πολ-
λαῖς (l. πολλοῖς) καὶ διαφόροις κατὰ τὸν βίον ἀθλήσας ἀγῶσι καὶ ἐν πᾶσι
διαπρέψας τοῖς κατορθώμασι τῆς εὐσεβείας κενὸν μὲν εἰς ὕδωρ τοῦτο
πέρας κεκριμένος τῷ χορῷ τῶν μαρτύρων συνηρίθμηται. Hieran schliessen sich in einer der beiden Recensionen dieser Rede noch die Worte:
παρὰ γὰρ δικάζουσιν οὐκ ἀποτίσει ἐκ βάσεως τοῦ πάθους ἀλλὰ παρ'
αἱρέσεως τοῦ πόθου κρίνεται τὸ μαρτύριον. Es ist zu lesen οὐκ ἀπὸ
τῆς ἐκβάσεως (so schon Zacagni not. 3) τοῦ πάθους, ἀλλ' ἀπὸ προαιρέ-
σεως τοῦ πόθου. Anstatt der unverständlichen Worte κενὸν μὲν κτλ.
schlug Zacagni vor zu lesen: ζεόμενον (oder καιόμενον) εἰς ὕδωρ τούτου
πέρας βίου ἔχειν (oder λαβεῖν) κεκριμένος. Also ein ganz unbezeugtes
Wassermartyrium, und zwar ein tödtliches, denn von Errettung ist nichts
gesagt. Es müsste also auch das Folgende ein unechter Zusatz sein.
Vielleicht ist zu lesen καὶ εἰς σίδηρα τὸ πέρας κεκριμένος, wenn man erwägt, dass auch Andere den Johannes in Fesseln nach Patmos gehen
oder dort leben lassen, wie Augustin in der Gedächtnisrede auf Johannes
(Mai, Nova Bibl. IV, 1, 449), Prochorus p. 47, 3, Mellitus in seiner Polemik gegen Leucius (unten p. 217, 13), also wahrscheinlich auch

dere Weise müssen sich alle die geholfen haben, welche von keinem anderen Martyrium des Johannes wussten, als dem in der Bibel bezeugten[1]). Aber so genügsam waren nicht Alle. Man forderte und darum erdichtete man einen wirklichen, tödtlichen Kelch und ein wirkliches, lebensgefährliches Taufbad. Dabei blieb es unbenommen, die Thatsache festzuhalten, dass Johannes in Frieden sein Leben beschlossen habe; denn es brauchte sich nur an ihm das Wort Mr. 16, 18 erfüllt zu haben, wie nach Papias an Justus Barsabas (Eus. h. e. III, 39, 9). Während nun aber die Sage vom Giftbecher verhältnismässig spät nachweisbar ist, so dass es wenigstens zweifelhaft bleibt, ob sie schon im griechischen Leucius stand, hat die Sage vom Oelmartyrium an Tertullian einen Zeugen, welcher so, wie er es thut, nicht davon reden konnte, wenn dies nicht in der römischen Gemeinde seiner Zeit eine bereits ziemlich feste Ueberlieferung war[2]). Nun findet aber unter den späteren Zeugen für dieselbe eine Uebereinstimmung des Ausdrucks statt, welche Erklärung fordert. Bei Hieronymus zweimal, im augustinischen Tractat,

---

Leucius selbst. Oder ob etwas von dem durchblickt, was Victorin von Petau (Scholia in apocal. Gallandi IV, 59: *in insula Pathmos in metallo damnatus*) und der sogen. Isidor (Monum. orthodoxogr. II, 598; Bibl. Casin. III, 2, 38) wissen wollen? — Ueber das unblutige Martyrium des Johannes trotz Matth. 20, 23 spricht sich auch Gregor. Magn. dial. III, 26 (Migne. 77, 281) ganz unbefangen aus.

1) So namentlich Eusebius h. e. III, 18, 2; 20, 9; 23, 1; Chron. ad ann. Abr. 2109. 2113 (ed. Schoene II, 160. 162); demonstr. ev. III, 5, 65 (ed. Dindorf p. 176); comm. in Luc. (Mai, Nova Bibl. IV, 1, 165). Aber auch noch viel Spätere wie Gregor von Tours de gloria mart. I, 30; hist. Franc. I, 26 (Max. P. Bibl. XI, 711. 838). Hierhin ist vielleicht die Bezeichnung des Johannes als ἱερεύς τὸ πέταλον πεφορεκώς καὶ μάρτυς καὶ διδάσκαλος bei Polykrates (Eus. h. e. V, 24, 3) nicht zu ziehen. Da bei allen nachher genannten wirklichen Märtyrern μάρτυς passend hinter der Bezeichnung ihrer kirchlichen Stellung steht, muss es in Bezug auf Johannes anders gemeint sein. Dass dem Johannes von Ephesus hier nicht ein Märtyrertod nachgesagt sein kann, ist ja ohnehin angesichts der gleichzeitigen Tradition offenbar. Es ist aber auch wahrscheinlich weniger an Apoc. 1, 9, als an Apoc. 1, 2; Ev. Joh. 19, 35; 21, 24; 3 Joh. 12 zu denken.

2) de praescr. 36. cf. unten p. 199, 20 sqq.; 201, 3 nebst Noten zu beiden Stellen u. p. 207, 2. Sehr auffallend ist es, dass Hieronymus in vir. ill. 9 das Oelmartyrium stillschweigend übergeht.

bei Victor von Capua und Abdias je einmal, im erweiterten Mellitus zweimal, im lateinischen Prochorus eigentlich dreimal liest man *ferventis olei dolium* mit der einzigen Variante, dass Abdias *dolium* voranstellt. Am auffälligsten ist, dass Hieronymus sich auch da so ausdrückt, wo er sich auf Tertullian beruft (201, 2), der sich doch eines ganz anderen Ausdrucks bedient hatte. Die Berufung auf Tertullian ist eine blosse Affectation, welche Hieronymus hier nützlich findet, wo er sich (unten p. 200, 16) Jovinian gegenüber durchaus auf die kanonischen Schriften beschränken will. In der That schöpft Hieronymus ebenso wie die anderen Abendländer aus den kurz vorher p. 200, 25 citirten *ecclesiasticae historiae*, d. h. aus denselben apokryphen Geschichten, welche er an einer anderen Stelle als einzige Quelle für das Oelmartyrium angeführt hatte (p. 200, 1). Die Annahme, dass alle anderen Lateiner ausser Tertullian aus einer der beiden hieronymianischen Stellen Sache und Ausdruck geschöpft haben sollten, ist von vorneherein unwahrscheinlich, ist aber auch dadurch bereits abgewiesen, dass sich gezeigt hat (oben p. XVII sqq.): der lateinische Prochorus und der Interpolator des Mellitus haben eine zusammenhängende lateinische Erzählung über den römischen Aufenthalt des Johannes benutzt, und dies ist entweder dieselbe, welche Abdias und der ursprüngliche Mellitus benutzt haben, oder eine jüngere Bearbeitung derselben, d. h. der lateinische Leucius entweder in seiner ursprünglichen, um die Mitte des 4. Jahrhunderts entstandenen Gestalt, oder in einer vor dem 6. Jahrhundert entstandenen Umarbeitung. Nicht auf Hieronymus, sondern gleichfalls auf eine *ecclesiastica historia* beruft sich auch der augustinische Tractat (unten p. 207, 3). Ferner hat Hieronymus den Vergleich mit einem Athleten, der sich mit Oel zum Kampf salbt, nur leise gestreift (unten p. 202, 3); dagegen liegt er bei Abdias und dem hiervon unabhängigen lateinischen Prochorus (unten zu p. 199, 20; 207, 2) in einer gleichmässig ausgebildeten Gestalt vor, und erst bei solcher Ausführung ist das Gleichnis verständlich. Also hat Hieronymus aus derselben apokryphen Schrift Weniges, die Anderen mehr excerpirt. Endlich kommt noch hinzu die Uebereinstimmung zwischen dem augustinischen Tractat, dem erweiterten Mellitus und dem lat. Prochorus in mehreren anderen Puncten, insbesondre in der Zusammenstellung der Unversehrtheit, in welcher Johannes aus dem glühenden Oel hervorging, mit seiner jungfräulichen Integrität (unten p. 207, 3 nebst Anmerkung zu 207, 2). Von diesen Berichterstattern nennen nur der interpolirte Mellitus und der lat. Prochorus Rom als Schauplatz; Hieronymus aber, nach richtiger LA auch an der zweiten Stelle, Pseudoaugustin und Victor von Capua nennen gar keinen Ort; Abdias dagegen Ephesus. Dass dies die ursprüngliche Gestalt der Erzählung im lateinischen Leucius war, folgt nicht nur aus den allgemeinen Erwägungen, welche für Ephesus als ursprünglichen Ort der Giftbecherprobe entschieden (oben p. CXVII). Es ist auch bei den Abendländern, welche das Oelmartyrium in übrigens gleichartigem Bericht nach Rom verlegen, die künstliche Verpflanzung noch augenscheinlich. Denn der Proconsul, welcher auch nach diesen Berichten des interpolirten Mellitus und des lat. Prochorus der Richter des Johannes ist, passt offenbar nicht nach Rom, sondern nach Ephesus. Also hat der lateinische Leucius, welchen noch Abdias in unverfälschter Gestalt las, eine Umarbeitung erfahren, wodurch die schon zu Tertullians Zeit bestehende Tradition vom Oelmartyrium als römischem Ereignis zu ihrem Recht kam. Dann muss aber auch als wahrscheinlich gelten, dass dies Oelmartyrium als ephesisches Ereignis schon im griechischen Leucius stand; denn, hätte erst der lat. Uebersetzer die Geschichte in den Text gebracht, so sollte man erwarten, dass er sie in der seit beinah zwei Jahrhunderten im Abendland bereits vorhandenen Form als römisches Ereignis dargestellt hätte.

Man muss aber unterscheiden die Tradition von einem römischen Aufenthalt des Johannes und die Tradition von Rom als Ort seines Oelmartyriums. Während letztere ausser Tertullian nur den interpolirten Mellitus und den lat. Prochorus zu Zeugen hat, ist erstere nicht einmal nur abendländische Ueberlieferung. Der Compilator im cod. Paris. 1468 (unten p. 191, 3) kennt einen 4jährigen Aufenthalt in Rom. Der Redactor der tischendorfischen Johannesacten kann, wie elend die erste Hälfte seiner Compilation ist, die Giftbecherprobe nicht wohl nach Rom verlegt haben (Acta apocr. p. 269 sq.), wenn er nicht in einer älteren Quelle von der Romfahrt des Apostels gelesen hatte. Der Metaphrast erzählt vom Verhör des Johannes vor Domitian in Rom und der dort stattgehabten Verurtheilung zum Patmosexil (Migne 116 col. 689). Das sind junge, aber doch griechische Zeugen. Der Römer Hippolytus, bei welchem im vor-

aus Uebereinstimmung mit Tertullian wenigstens in dem Haupt-
punct der Tradition anzunehmen ist, scheint aber auch davon
zu wissen, dass Johannes in Rom sein Urtheil erhalten habe, wenn
er sagt, Rom-Babel habe den Johannes verbannt[1]). Und die
Worte des Eusebius[2]): καὶ Πέτρος δὲ ἐπὶ Ῥώμης κατὰ κεφαλῆς σταυροῦται, Παῦλός τε ἀποτέμνεται, Ἰωάννης τε νήσῳ πα-
ραδίδοται werden immer wieder denselben Eindruck erwecken.
Die Zusammenstellung ist derjenigen bei Tertullian zu ähnlich,
und das ἐπὶ Ῥώμης, welches auf Paulus ohne Frage mitzube-
ziehen ist, nicht auch auf den gleichfalls durch τε angeschlos-
senen Johannes beziehen zu sollen, ist sehr hart. Wenn ferner
in allen alten Berichten z. B. bei Origenes oben p. CXVIII n. 2 der
römische Kaiser selbst oder speciell Domitian als der den Johannes zum Exil verurtheilende Richter bezeichnet wird, liegt
dann nicht überall die Vorstellung einer persönlichen Action
des Kaisers, also einer persönlichen Begegnung des Johannes
mit ihm zu Grunde? Die Erzählung des Hegesippus von den
Enkeln des Judas, welche Domitian nach Rom kommen liess
und persönlich verhörte, ist ein ausreichendes Analogon; und
selbst der recht modern klingende Bericht über das Gespräch
zwischen Domitian und Johannes in den acta Joh. c. 8 Tischendorf 269 ist nicht ohne Spur einer Nachbildung des hegesippi-
schen Berichts (Eus. h. e. III, 20, 2 u. 6). Dass von dieser
römischen Reise bei Leucius, sei es dem lateinischen oder dem
griechischen, etwas gestanden haben sollte, ist durchaus unwahrscheinlich, da keiner der Abendländer, welche nachgewiesener Massen aus dem unverfälschten lateinischen Leucius
schöpften, davon etwas meldet, und dagegen der Einzige von
ihnen, welcher förmlich und treu nach dem lat. Leucius über
die Verurtheilung zum Exil berichtet, den Proconsul in Ephesus
auf Grund eines viel allgemeiner lautenden Befehls des Kaisers
dies Urtheil fällen lässt (Abd. V, 2 p. 535).

Von dem Patmosexil hat darnach jedenfalls der lateinische

1) Hippol. de Christo et Antichr. 36 (Lagarde p. 17, 17): λέγε μοι,
μακάριε Ἰωάννη ἀπόστολε καὶ μαθητὰ τοῦ κυρίου, τί εἶδες καὶ ἤκουσας
περὶ Βαβυλῶνος; γρηγόρησον καὶ εἰπέ· καὶ γὰρ αὐτή σε ἐξώρισε.
2) Eus. demonstr. ev. III, 5, 65 ed. Dindorf p. 176, 17. Die Bemerkungen von Combefis, auctar. noviss. I, 484 gegen Baronius taugen
nichts.

Leucius berichtet. Das ergiebt sich auch aus anderen Gründen. Mellitus, welcher nur ein Excerpt aus Leucius geben wollte, konnte in seiner gegen diesen gerichteten Polemik nicht so wie im Prolog (unten p. 217, 11—15) reden, wenn er nicht bei Leucius von Verhaftung, Fesselung und Exil des Johannes und von wunderbarer Enthaltung desselben von Speise und Trank gelesen hatte. Dasselbe ergiebt sich aus der oben p. XVII nachgewiesenen wörtlichen Uebereinstimmung des Abdias, des Mellitus und des lat. Prochorus in Bezug auf die auf Patmos entstandene Apokalypse. Hieronymus bezeugt aber auch geradezu, dass das Patmosexil als unmittelbare Folge des Oelmartyriums in den *ecclesiasticae historiae* berichtet sei [1]). Dies wird weiter dadurch bestätigt, dass auch der augustinische Tractat (unten p. 207, 5) unmittelbar nach der jener *ecclesiastica historia* entlehnten Nachricht über das Oelmartyrium das Patmosexil erwähnt und zwar mit einer Motivirung, welche in ausgeführterer Gestalt bei Abdias, dem interpolirten Mellitus und dem lat. Prochorus sich findet. Johannes wird verbannt, weil er sich dem Verbot, das Evangelium zu predigen, nicht fügen will [2]). Das alles hat aber nicht erst im lateinischen, sondern schon im griechischen Leucius gestanden; denn der griechische Prochorus, von dem allein schon wegen seines Berichts über den Lebensausgang des Johannes feststeht, dass er das Buch des Leucius gekannt und ausgebeutet hat, weiss auch von Fesselung und Fasten des Johannes auf der Reise nach Patmos zu erzählen [3]). Uebrigens hat Leucius nach den vorliegenden lateinischen Zeugnissen nur ganz kurz erwähnt, dass Johannes auf Patmos die Apokalypse geschaut und geschrieben habe. Im griechischen Leucius hat aber auch der Name des Kaisers Domitian noch nicht gestanden, welchen Abdias, Mellitus und der lateinische Prochorus, aller Wahrscheinlichkeit

---

1) Unten p. 200, 1—4. Ueber den Titel s. oben p. CIV.

2) Abdias V, 2 p. 534 sq.; Bibl. Casin. II, 2, 67; Bibl. Max. II, 1, 52. Weniger Gewicht wird darauf zu legen sein, dass Abdias und Mellitus auch in ihrem vom griechischen, syrischen und armenischen Text abweichenden Schluss (unten p. 251, 13) auf das Exil zurückblicken.

3) Unten p. 47, 2 sqq. 49, 15. 17 etc. Das Fasten 47, 17 sqq. Ueber sein Verhältniss zu Leucius s. schon oben p. LXVIII n. 5; C n. 1. Das Fasten verlegten die acta Joh. bei Tischendorf p. 268 sq. auf die Reise nach Rom, immerhin ein Beweis, dass dies ein unveräusserliches Element auch der griechischen Traditionen über Johannes war.

nach aber auch der augustinische Tractat (unten p. 207, 2. 6),
der sogen. Isidor u. A. in dem lateinischen Leucius gefunden
haben. Wenn Victorin diesen Kaiser im gleichen Zusammenhang
nennt, so folgt daraus nicht, dass er im griechischen Leucius
stand. Allerdings sind Victorin's Scholien, ihre Echtheit vorausgesetzt, vor Entstehung des lateinischen Leucius geschrieben,
und Victorin kann also, soweit er von Leucius abhängig ist,
nur dessen griechischen Text benutzt haben[1]). Aber den Namen
Domitian braucht er diesem nicht entlehnt zu haben; denn Victorin kann und wird den Irenäus gekannt haben und andere Schriftsteller, welche das Patmosexil oder die Abfassung der Apokalypse unter Domitian setzten. Hätte Domitians Name im griechischen Leucius gestanden, so bliebe es unverständlich, dass
Prochorus statt dessen Trajan oder Hadrian gesetzt hätte[2]);
und dass Epiphanius in demselben Zusammenhang, wo seine
Vertrautheit mit Leucius zu Tage trat, auf die unglückliche Idee
gerathen konnte, dass das Patmosexil und die Rückkehr von
dort unter Kaiser Claudius falle[3]), was überdies mit der daneben
stehenden Angabe des Alters des Johannes unvereinbar ist. Es
ist ferner zu beachten, dass die syrische Geschichte des Johannes[4]), von welcher zwar nicht zu beweisen ist, dass sie direct
von Leucius abhänge, welche aber doch nicht ohne Zusammenhang mit der älteren Johanneslegende ist, dem Kaiser Nero die
Verbannung des Johannes in ein nicht näher bezeichnetes Exil
und auch die Rückberufung von dort zuschreibt. Endlich gehört hierhin, dass Origenes, welcher sehr genau das in der Apokalypse selbst vorliegende Zeugnis über das Exil des Johannes
von der παράδοσις unterscheidet, durch diese zwar weiss, was
die Apokalypse nicht melde, dass der König der Römer den
Apostel verbannt habe, aber keinen Namen nennt (oben p. CXVIII
Anm. 2). Auch Clemens Al. (quis div. 42) giebt dem „Tyran-

[1]) Hieron. vir. ill. 74: *Victorinus Petabionensis episcopus non aeque latine ut graece noverat.*

[2]) Unten p. 45, 1; 46, 3. 5; 173, 17. Vielleicht ist Hadrian richtige LA. s. auch oben p. XXII. Für sehr bezeichnend halte ich, dass
p. 151, 2 sq. bei Erwähnung des Regierungswechsels gar kein Kaiser-
name vorkommt. So war es in der Quelle.

[3]) haer. 51, 12. 33. Ueber sein haer. 51, 6 sich kundgebendes Wissen um Leucius s. oben p. LXI—LXV cf. CIII n. 1.

[4]) Wright, apocr. acts I, p. ס sqq. II, 55—57.

nen" keinen Namen. Darnach ist zu behaupten: im griechischen
Leucius ist zwar von der Verurtheilung des Johannes zum Exil
auf Patmos, vielleicht auch von einem Einfluss des damaligen
römischen Kaisers hierauf die Rede gewesen, aber weder der
Name des Kaisers noch die Romfahrt des Apostels erwähnt
worden.

Auf viel festeren und breiteren Boden kann ich die Behauptung stellen, dass Leucius einen Bericht über die Veranlassung
und Entstehung des johanneischen Evangeliums gegeben hat.
An der einen der beiden Stellen, wo Hieronymus erzählt, dass
Johannes von den Bischöfen Asiens und Gesandten vieler Gemeinden aufgefordert worden sei, ein die älteren Evangelien
an theologischem Gehalt übertreffendes Evangelium zu schreiben,
und dass er dem Drängen der Brüder erst nachgegeben habe,
nachdem er sich durch ein gemeinsames Beten und Fasten der
göttlichen Zustimmung vergewissert hatte, nennt er als Quelle
den Bericht einer *ecclesiastica historia* (unten p. 199, 11). Dass
hierunter weder Euseb's Kirchengeschichte noch Hegesipps Hypo-
mnemata zu verstehen seien, wurde schon gezeigt (p. CIV), und
ebenso, dass Hieronymus anderwärts unter dem Namen von
ecclesiasticae historiae die Johannesacten des Leucius eingeführt
hat. Dass in diesen und zwar im griechischen Original derselben über den Ursprung des Johannesevangeliums berichtet
war, ist ferner darum wahrscheinlich, weil Epiphanius ebenda,
wo er hierüber handelt, den Leucius als Genossen des Johannes
einführt. Endlich aber fordern die Uebereinstimmungen zwischen den zu p. 198, 21 und p. 207, 22 sqq. citirten Schriften in
Bezug auf diesen Punct eine ausserhalb dieses Kreises liegende
gemeinsame schriftliche Grundlage, wenn man nicht entweder
ganz unglaubliche Entlehnungen des Einen vom Andern annehmen, oder einer noch unglaublicheren Vorstellung von einer durch
Jahrhunderte hindurch sich in ihrer Identität erhaltenden mündlichen Tradition huldigen will. Es handelt sich hier nicht um ein Lied,
das auch der blinde Sänger so singen mag, wie es seit Menschen-
gedenken gesungen wurde, sondern um einen Complex trockener
historischer Notizen, welche in dieser kurzen Form überhaupt
nicht Gegenstand einer mündlichen Ueberlieferung sein können;
und es liegen hier Uebereinstimmungen zwischen weit auseinander
stehenden Schriftstellern vor. Hieronymus kennt den Commentar
des Victorin über die Apokalypse (vir. illustr. 74), welchen wir

vielleicht mit einigen Interpolationen in den Scholien unter Victo-
rins Namen besitzen (unten zu p. 198, 21). Aber im Blick auf
diese Scholien kann doch Hieronymus nicht von einer *ecclesiastica
historia* reden. Hieronymus hat mit mehreren Schriften unter
Augustins Namen und mit dem muratorischen Kanon auch solche
Angaben über den fraglichen Punct gemein, welche bei Victorin
nicht zu finden waren; und jener augustinische Tractat, welcher
ausgesprochener und nachgewiesener Massen aus apokryphen
Schriften über Johannes berichtet (oben p. CII sqq. CXX sq.),
berührt sich wörtlich mit der kürzeren Darstellung des Hieronymus und sachlich mit vielen anderen Schriftstellern. Doch ist es
nothwendig, auf die einzelnen Momente einzugehn.

1. Die Aufforderung zur Abfassung des Evangeliums geht
nach Hieronymus (comm. in Matth.; vir. ill. unten zu p. 198, 21),
dem augustinischen Tractat bei Mai (unten p. 208, 11), dem
Prolog vor Augustin's Tractaten über Johannes (zu p. 198, 21),
dem sogenannten Isidor (Monum. orthodoxogr. II, 598), von den
Bischöfen Asiens aus; und nur diese können gemeint sein, wenn
der muratorische Kanon von den Bischöfen oder vielleicht Mit-
bischöfen des Johannes dasselbe sagt [1]). Wenn Hieronymus an
der einen Stelle und der august. Tractat daneben Gesandtschaften
vieler Kirchen erwähnen, so ist das bei Victorin mitinbegriffen
in dem Ausdruck *de finitimis provinciis omnes episcopi* [2]). Wenn
aber Hieronymus gerade da, wo er den Inhalt jener „kirchlichen
Erzählung" wiederzugeben verspricht, von Brüdern sagt, die ihn
dazu gedrängt, und der erweiterte Mellitus (unten p. 208 Anm.)
nur von diesen, so sind damit schwerlich nur jene Bischöfe ge·
meint; es erinnert vielmehr an eine bei den Griechen weit verbreitete Form der Tradition [3]) und lässt Raum für die specielle

---

1) Can. Murat. lin. 9: *Johannis ex decipolis cohortantibus condesci-
pulis et episcopis suis dixit: coniciunate mihi odie triduo, et quid cuique fuerit revelatum, alterutrum nobis ennarremus. eadem nocte revelatum Andreae ex apostolis, ut recogniscentibns cuntis Johannis suo nomine cuncta discriberet.* So abgesehn von der Interpunction in der Hs.

2) So in den Scholien bei Gallandi IV, 59. Der weiter interpolirte
Commentar (Bibl. Patr. Max. III, 418 C) lässt das Wort *episcopi* weg.
Primasius (Bibl. P. Max. X, 288) sagt von *multorum congregatio sacer-
dotum.*

3) Clem. Al. hypot. bei Euseb. h. e. VII, 14, 7: προτραπέντα ὑπὸ
τῶν γνωρίμων. Eusebius selbst, welcher die Ueberlieferung kennt (III,

Angabe des mur. Kanons, dass Mitjünger des Johannes dabei
gewesen seien und insbesondre Andreas. Dass Leucius für die-

24, 6: κατέχει λόγος, § 7 zweimal und § 11 φασί) sagt nicht, wer die
παρακαλοῦντες waren. Ebensowenig Chrysostomus (hom. 1 in Matth.
Montfaucon VII, 6: ὁ δὲ Ἰωάννης αὐτὸς μὲν ἐσίγησε τὴν αἰτίαν· ὡς δὲ
λόγος ἔχει ἄνωθεν καὶ ἐκ πατέρων εἰς ἡμᾶς καταβάς, οὐδὲ αὐτὸς ἁπλῶς
ἐπὶ τὸ γράφειν ἦλθεν, ἀλλ' ἐπειδὴ τοῖς τρισὶν ἡ σπουδὴ γέγονε τῷ τῆς
οἰκονομίας ἐνδιατρῖψαι λόγῳ καὶ τὰ τῆς θεότητος ἐκινδύνευεν ἀποσιω-
πᾶσθαι δόγματα, τοῦ Χριστοῦ κινήσαντος αὐτὸν λοιπὸν οὕτως ἦλθεν ἐπὶ
τὴν εὐαγγελικὴν γραφήν). Dass Johannes dringenden Bitten nachgegeben
habe, sagen auch Hilarius von Poitiers (bei Mai, Nov. Bibl. I, 1, 484:
Johannes igitur novissimus coactus est evangelium conscribere) und Epiphanius haer. 51, 12 nur indirect. Wenn Letzterer zunächst nur ähnlich
wie Chrysostomus von einem Zwang des hl. Geistes sagt, so zeigt doch
der Gegensatz (ἀναγκάζει τὸ ἅγιον πνεῦμα τὸν Ἰωάννην παραιτούμενον
εὐαγγελίσασθαι) und die Wiederkehr des Worts (ἀναγκάζεται ἐκθέσθαι
τὸ εὐαγγέλιον), dass eine Verhandlung mit dem sich weigernden Johannes stattgefunden hat. Näher mit Clemens Al. und den Abendländern
berührt sich Theodor von Mopsuestia (Comm. in Nov. Test. ed. Fritzsche
p. 19, 19: οἱ περὶ τὴν Ἀσίαν πιστοί, dann p. 20, 16: παράκλησις τῶν
ἀδελφῶν ἐγένετο). Cf. auch Cosmas Indicopl. bei Montfaucon, coll. nova
patr. II, 248. Ueber die Darstellung in den Acta Timothei p. 9 sqq. will
ich das in den Gött. gel. Anzz. 1878 S 104—107 Gesagte nicht wieder-
holen. — Eigenthümlich ist die Darstellung in der syrisch erhaltenen
Geschichte des Johannes (Wright, apocr. acts p. כ sq. II, 58 sq.). Darnach hat sich Johannes schon in sehr früher Zeit einmal der Bitte der
älteren Evangelisten selbst, deren Schriften durch ein Evangelium von
seiner Hand zu ergänzen, widersetzt mit den Worten: „damit man nicht
sage: ‚er ist ein Jüngling‘, wenn Satan Zwiespalt in die Welt wirft."
Erst in viel späterer Zeit kommen Petrus und Paulus nach Ephesus zum
Besuch und erneuern jene Bitte. Nachdem Johannes sich zunächst wieder, diesmal mit den Worten: „wenn der hl. Geist es will, will ich's
schreiben", wenig geneigt gezeigt hat, erfüllt am nächsten Sonntag vor
Tagesanbruch der hl. Geist das Haus, in welchem die Apostel schlafen,
mit Feuerglanz; und noch ehe die Sonne aufgeht, hat Johannes sein
ganzes Evangelium in einer einzigen Stunde geschrieben. — Bei aller
Abweichung ist der Zusammenhang mit der ältesten Ueberlieferung unverkennbar. — Wenn übrigens Gregorius Barhebraya (comm. in eväng.
Johannis ed. R. Schwartz, Gottingae 1878 p. 4. 5) nach einer Bemerkung
über die Ergänzung der synoptischen Evangelien durch Johannes fort-
fährt: „Es sagt Eusebius, dass Petrus und Paulus zu ihm kamen nach Ephesus und ihm zuredeten zu schreiben", so hat
er diese syrische Legende im Sinn, welche in einer der beiden erhalte-

sen Apostel ein besonderes Interesse hatte, ist schon damit bewiesen, dass er ihm eines seiner drei Bücher gewidmet hat. Dass er ihn aber mit Johannes in Ephesus zusammengebracht hat, wird dadurch mehr als wahrscheinlich, dass der Mönch Epiphanius, welcher die περίοδοι τῶν ἀποστόλων gelesen (unten p. 215, 13) und in seinem Leben des Andreas die leucianischen Acten stark ausgebeutet hat, den Andreas eine kurze Zeit lang mit dem Zebedäussohn Johannes in Ephesus predigen lässt, und ihn in auffälligster Uebereinstimmung mit dem murat. Kanon zum Empfänger einer Offenbarung macht, welche er dem Johannes mittheilt[1]). Und auch das dürfte zu beachten sein, dass an einer sehr nach Leucius schmeckenden Stelle des Abdias (III, 23 p. 484) Andreas in einem nächtlichen Traumgesicht seine Mitapostel Petrus und Johannes sieht.

2. Von dem auf Betreiben des Johannes veranstalteten Fasten berichten Hieronymus in der Vorrede zum Matthäuscommentar und der augustinische Tractat bei Mai beinah gleichlautend (unten p. 199, 12 und p. 208, 15). Der murat. Kanon allein giebt eine Darstellung, welche auf eine zusammenhängende Erzählung zurückweist. Mit diesem Fasten hängt es aber zusammen, dass nach Hieronymus, deutlicher nach dem Tractat unter Augustins Namen und einer Predigt Augustins (unten p. 199, 14; 208, 18 nebst Anm.) ein besonders hoher Grad von Inspiration dem Johannes bei dem Beginn seiner schriftstellerischen Arbeit zu Theil geworden sein soll. Damit aber ist wieder zu vergleichen, dass nach Clemens Al. gerade Johannes πνεύματι θεοφορηθείς geschrieben haben soll (Eus. h. e. VI, 14, 7).

3. Die Rücksicht auf die in Asien eben damals auftauchenden Häretiker ist bezeugt[2]) durch Victorin, Hieronymus an

---

nen Hss. für ein auf noch älterer Grundlage beruhendes Werk des Eusebius von Cäsarea ausgegeben wird.

1) Epiph. monachi edita et ined. cura Dresseli p. 56: Ἀνδρέας δὲ καὶ Ἰωάννης διέτριβον εἰς Ἔφεσον καὶ ἐδίδασκον. εἶπε δὲ ὁ κύριος τῷ Ἀνδρέᾳ· ἄπελθε εἰς Βιθυνίαν, κἀγὼ μετὰ σοῦ εἰμι οὗ ἂν πορεύσῃ, ὅτι ἡ Σκυθία περιμένει σε. ὡς δὲ εἶπεν ὁ Ἀνδρέας τῷ Ἰωάννῃ πάντα, ἠσπάσαντο ἀλλήλους.

2) Dass auch Iren. III, 11, 1 (Harvey II, 40) das Evangelium des Johannes gegen den Irrthum der Cerinthianer und der noch älteren Nikolaiten gerichtet sein lässt, kommt hier nicht in Betracht, wo festzustellen ist, was die Johannesacten enthielten; denn ein Einfluss dieses Buchs

beiden Stellen, den augustinischen Tractat bei Mai, den Prolog
vor Augustins Auslegung des Johannes, und vor allem durch
Epiphanius, wo dieser von Leucius spricht[1]). Die bei allen
gleichmässig genannten Häretiker sind Cerinth und Ebjon; dazu fügt Victorin und der von ihm abhängige Primasius den
Valentin, der augustinische Tractat den Marcion (p. 208, 7),
und Epiphanius, der sich sonst mit Cerinth oder Merinth und
Ebjon begnügt (haer. 51, 7. 12; 69, 23), an der zunächst in
Betracht kommenden Stelle (haer. 51, 6) eine grössere Zahl
von Männern, welche ihm nur aus Leucius bekannt oder doch
als hieher gehörig bekannt waren (oben p. LXII sqq.). Als die
von Johannes bestrittene Irrlehre nennt Hieronymus (vir. ill. 9),
ebenso aber auch zwei unter Augustins Namen laufende Trac-
tate (unten p. 208, 8 und Opp. IV, 382) *Christum ante Mariam
non fuisse*, ein nicht eben naheliegender Ausdruck, welcher an
die von Epiphanius in diesem Zusammenhang beharrlich gebrauchten Redensarten erinnert[2]). Epiphanius hat dieselben
aber nicht geschaffen; denn Hilarius, welcher vor Abfassung
des Panarion gestorben ist, gebraucht in der Charakteristik der
durch das Johannesevangelium widerlegten Häretiker einen sehr
genau mit Epiphanius übereinstimmenden Ausdruck[3]). Auch ist
noch zu bemerken, dass nach dem augustinischen Tractat bei
Mai und dem Prolog in August. opp. IV, 382 diese Häretiker
die Zeit der Abwesenheit des Apostels auf Patmos benutzt haben

---

auf Irenäus ist bei dessen geschichtlicher Stellung undenkbar und in der
That keine Spur davon zu entdecken. Jene Angabe des Irenäus hätte
nur Bedeutung für die Frage nach dem geschichtlichen Werth der apokryphen Tradition. — Wohl dagegen scheint hierhin zu gehören der
schon citirte Tractat des Hilarius bei Mai, Nova P. bibl. I, 1, 484 sq.

1) haer. 51, 6 cf. § 7. 12, besonders aber haer. 69, 23.

2) haer. 51, 12: οὐκ ἔστιν ἀπὸ χρόνων Μαρίας μόνον κτλ. cf. 51, 18;
69, 23 und die cursiv gedruckten Worte in der folgenden Anmerkung.

3) Der ganze Passus lautet bei Mai, Nov. P. bibl. I, 1, 484: Cum
iam scripta essent evangelia, per Matthaeum quidem et Lucam iuxta
humanam nativitatem, qui Lucas fuerat discipulus Pauli, per Marcum qui
fuerat discipulus Petri, et multae haereses existerent propter deitatem
filii, *alii eum ex Maria tantummodo confitebantur*, alii nec natum per
Mariam, sed more insolito venisse dicebant. Variis igitur intentionibus
de eius nativitate et variis disputationibus, prout cuique licitum erat,
edisserebant. Johannes igitur novissimus coactus est evangelium conscribere etc.

sollen, sich geltend zu machen, ein Zug der bei Prochorus
(p. 152, 3) angedeutet ist und nicht dessen Erfindung sein kann,
da Prochorus den Johannes sonst nie mit Häretikern in Beziehung setzt.

4. Die Berücksichtigung der älteren Evangelien durch Johannes ist freilich nicht nur durch die hier unmittelbar in Betracht kommenden Schriftsteller bezeugt, tritt aber hier in eigenthümlichen Verbindungen auf. Während Hieronymus (vir. ill. 9)
und der Prolog in August. opp. IV, 382 dies Moment als ein
zweites neben das erste stellen, ist es in dem august. Tractat
(unten p. 208) mit der Rücksicht auf die Häretiker und der
Bitte der Freunde um Abfassung seines Evangeliums in Verbindung gebracht, mit letzterer schon von Clemens Alex. [1] und
anderen Griechen und, was hier wichtiger ist, in dem erweiterten
Mellitus; mit der ersteren vor allem bei Epiphanius [2]), welcher
da, wo er aus Leucius schöpft (haer. 51, 6), in den häretischen
Misverständnissen der älteren Evangelien, besonders des Matthäus, den Hauptanlass für Johannes findet, den Häretikern
schriftlich wie mündlich entgegenzutreten. Angedeutet ist das
aber auch bei Victorin, wenn er die durch die Häretiker veranlasste Bitte der Bischöfe an Johannes dahin lauten lässt, dass
auch er ein schriftliches Zeugnis ablegen möge. Es ist schliesslich der Gedanke der schon von Clemens Al. vorgefundenen
Tradition, dass in den älteren Evangelien die leiblichen Dinge
ausreichend dargestellt worden seien, und dass daher das Bedürfnis eines geistigen Evangeliums empfunden wurde, welcher
bei den meisten angeführten Schriftstellern mehr oder weniger
deutlich nachklingt [3]). Wer einen Blick in die Fragmente des
Leucius thut, wird zugestehn, dass die Auffassung des Johannesevangeliums als πνευματικὸν εὐαγγέλιον dem Geist dieses Schriftstellers vorzüglich entspricht.

1) Bei Eus. h. e. VI, 14, 7 cf. Eusebius selbst h. e. III, 24, 7; Theod.
Mops. ed. Fritzsche p. 19 sq. Cosmas bei Montf. coll. nova II, 248. Der
interpolirte Mellitus Bibl. Cas. II, 2, 71.

2) Vgl. aber auch Hilarius p. CXXX Anm. 3 und Chrysost. hom. 4
in Joh. Montfaucon VIII, 1, 27.

3) Bei Euseb. h. e. III, 24, 13; Epiphan. haer. 51, 12 sqq.; Hieron. vir.
ill. 9; im erweiterten Mellitus unten p. 208 Anm. zugleich mit dem anderen,
dass Johannes die der Verhaftung des Täufers vorangehenden Ereignisse
nachzutragen gehabt habe. Cf. übrigens Chrys. und Theodor p. CXXVIII.

5. In dieser Quelle müssen aber auch chronologische Angaben in Bezug auf das Lebensalter des Apostels und die Zeit
der Abfassung des Evangeliums enthalten gewesen sein. Zunächst folgt aus der Uebereinstimmung von Abdias und Mellitus
(s. unten zu p. 238 Frgm. VI), dass im lat. Leucius stand, Johannes sei am Tage seiner Selbstbestattung 97 Jahr alt gewesen. Damit stimmt überein, dass er nach Abdias bis etwa zu seinem
90. Jahr sein apostolisches Amt in Ephesus verwaltet haben
soll (Fabric. II, 533), was dem Zusammenhang nach so zu verstehen sein wird, dass er bis zum Patmosexil etwa dies Alter
erreicht habe. Ferner ist zu beachten, dass der mit Leucius
vertraute Epiphanius ihn sein Evangelium nach der Rückkehr
von Patmos mehr als 90jährig schreiben lässt[1]). Abdias und
Mellitus haben uns die das Evangelium des Johannes betreffende
Stelle ihrer Quelle nicht mitgetheilt, aber in den Mittheilungen
Anderer findet sich auch eine chronologische Angabe für die
Rückkehr von Patmos und die Abfassung des Evangeliums, welche
mit jener Altersangabe bei Abdias und Mellitus übereinzukom-
men scheint. In dem august. Tractat (unten p. 208, 1—3) und
im Prolog vor Augustins Tractaten zu Johannes wird das 65. Jahr
nach der Himmelfahrt angegeben. Da diese Angabe sich nicht
auch in dem erweiterten · Mellitus mit Anderem, worin dieser
mit den beiden genannten Stücken übereinstimmt, verbunden
zeigt, so wird sie nicht unmittelbar aus der gemeinsamen Quelle
stammen[2]). Vergleicht man, dass nach Hieronymus (vir. ill.

---

1) haer. 51, 12: ἐπὶ τῇ γηραλέᾳ αὐτοῦ ἡλικίᾳ, μετὰ ἔτη ἐνενήκοντα
τῆς ἑαυτοῦ ζωῆς, μετὰ τὴν ἀπὸ τῆς Πάτμου ἐπάνοδον, τὴν ἐπὶ Κλαυδίου
γενομένην Καίσαρος. Ueber letztere Angabe s. oben p. CXXV. — Prochorus giebt dem Johannes, ohne die aufgezählten Posten zusammenzu-
zählen, am Tag seines Todes 100 Jahr und 7 Monate p. 162, 4—9. Der
cod. Paris. unten p. 191, 3—7 kommt vermöge seiner Hinzufügung eines
vierjährigen Aufenthalts in Rom auf 104 Jahre und 7 Monate. Ueber die
Paschachronik s. oben LVIII. — Die Angabe der syrischen Legende (Wright
I p. ‏סמ‏, II, 59) beruht auf der dortigen Vergleichung mit Moses cf.
Deuter. 34, 7. Und wenn eine pseudochrysostomische Rede (Montfaucon
VIII, 2, 131) und Suidas s. v. Ἰωάννης (ed. Bernhardy I, 2, 1023), gleichfalls 120 Jahre angeben, so ist das nur ein Beweis mehr dafür, dass die
syrische Geschichte aus dem Griechischen übersetzt ist.

2) Und selbst dies würde nicht viel bedeuten; denn wenn es an den
beiden pseudoaugustinischen Stellen heisst *absque ullo adminiculo scri-*

9 extr. und unten p. 201, 1) Johannes im 68. J. nach der Passio domini gestorben sein soll, so ist die Zahl 65 für die Rückkehr aus dem Exil offenbar durch Subtraction einiger Jahre
von jener Zahl des Hieronymus für den Tod entstanden[1]). Aber
woher hat dieser selbst diese bestimmte Zahl? Nach seiner
Bearbeitung der euseb. Chronik (Eus. Chron. ed. Schoene II, 149)
fällt die Passio Christi auf das 18. J. des Tiberius = 2047 Abrah.
Somit wäre das 68. J. darnach a. Abr. 2115 = 2 a. Traiani.
Nun aber weiss er in der Chronik zum a. Abr. 2116 = 3. a.
Traiani nur anzumerken, dass Johannes nach Irenaeus bis in die
Zeit Trajans gelebt habe. Es scheint demnach doch noch ein
specielleres chronologisches Datum über das Alter des Johannes
ihm vorgelegen zu haben. Es fragt sich ferner sehr, ob Eusebius, wenn er die danielische Hebdomas unter anderem auf die
70 Jahre der apostolischen Predigt nach der Himmelfahrt deutet,
und sich zum Beweise dafür, dass Johannes so lange gelebt
habe, auf die ἱστορίαι beruft[2]), nur das unbestimmte Abstractum
historischer Tradition oder Nachrichten wie die des Irenaeus
meint[3]). Natürlicher ist es anzunehmen, dass er ebenso wie
Hieronymus und Augustin, wo sie in gleicher Sache auf historiae sich berufen, eine zusammenhängende Erzählung im Sinn
hat; und sein Verdammungsurtheil über die apokryphen Apostelgeschichten brauchte ihn von solcher anonymer Anführung nicht

---

bendi verbum praedicabat und im interpolirten Mellitus (Bibl. Cas. II,
2, 71) usque ad ultimum poene vitae suae tempus absque ullius scripturae indiciis evangelium praedicasse, so ist letzteres wörtlich, ersteres
beinah wörtlich aus Rufin's Uebersetzung der euseb. Kirchengeschichte
(III, 24 ed. Cacciari I, 149) abgeschrieben.

1) Auch Isidor (Monumenta orthodoxogr. II, 598; Bibl. Cas. III, 2, 38)
lässt den Johannes zwar nicht im 68., aber doch im 67. Jahre nach der
Passio domini sterben. Aber so gewiss es ist, dass dieser Compilator
den lateinischen Leucius excerpirt hat, ebenso gewiss auch, dass er noch
aus anderen Quellen schöpfte, z. B. zu Anfang des Kapitels aus des
Hieronymus Vorrede zum Matthäuscommentar (Vallarsi VII, 3 sq.).

2) Eus. ecl. prophet. III, 26 ed. Gaisford p. 164. Ueber das Verhältnis von Hieron. comm. in Danielem c. 9 (Vallarsi V, 690) zu dieser
Stelle s. unten zu p. 200, 25.

3) Iren. II, 22, 5; III, 3, 4 (Harvey I, 331; II, 15). Hierauf allein
beruft sich Euseb h. e. III, 23, 3 und in der Chronik zu a. Abr. 2114
(ed. Schoene II, 162).

abzuhalten. Wenn aber Johannes am Ende der Regierung Domitians etwa 90 Jahre oder bei seinem mehrere Jahre nach
Domitians Tod erfolgten Tode 97 Jahr alt gewesen sein soll,
so wäre er nach gewöhnlicher Zeitrechnung etwa 6 oder 7 Jahre
jünger als Jesus gewesen [1]. Nun giebt es aber eine so be-
srimmt auftretende Ueberlieferung, welche besagt, Johannes sei
von allen Aposteln der Jüngste gewesen, dass man annehmen
muss, die Vorstellung gehe auf eine alte apokryphe Quelle zurück. Paulinus von Nola, dessen Kenntniss des lateinischen
Leucius oben p. CXV schon wahrscheinlich wurde, setzt dies
als ganz selbstverständlich und bekannt voraus [2]. Hilarius [3]
wagt es darauf hin, den Johannes' für den puer zu erklären,
welchen Jesus nach Matth. 18, 2 sq. den ehrgeizigen Jüngern als
Muster hinstellte. Ambrosius [4] will es im Evangelium, wie es

---

1) Nach der Rechnung des Eusebius in der Chronik (ed. Schoene
II, 148) fällt der Tod Jesu auf das 19. Jahr des Tiberius = a. Abr. 2048,
also laufen seine 70 Jahre (p CXXXIII Anm. 2) a. Abr. 2118 = 5. J. Trajans zu Ende, 103 Jahre nach seinem Ansatz der Geburt Christi (a. Abr.
2015). Zum 1. J. Trajans = a. Abr. 2114 giebt er nach Irenäus an,
dass Johannes bis in die Zeiten Trajans gelebt habe.

2) Epist. 51 (al. 43) Migne 61 col. 416: *et ex discipulis suis adolescentiorem eligit, ut convenienter assignet virgini apostolo virginem matrem.*

3) Bei Mai, Nova P. Bibl. I, 1, 484: *Johannes sanctissimus evangelista inter omnes apostolos iunior fuit. Hunc, cum disquirerent apostoli,
quisnam eorum maior esset, tenuit dominus dicens: quicunque non
fuerit conversus sicut puer hic etc.* (Mtth. 18, 3; Mrc. 9, 36; Luc. 9, 47).

4) Offic. II, 20, 101 (ed. Bened. Venetiis 1748 sq. tom. III, 112):
*Nam adolescentem legimus in evangelio Johannem et sua voce, licet me-
ritis et sapientia nulli fuerit seniorum secundus; erat enim in eo senec-
tus venerabilis morum et cana prudentia.* Ob hierbei die mannigfach
nachzuweisende Verwechselung des Apostels und Evangelisten Johannes
mit dem Evangelisten Johannes Marcus und die damit zusammenhängende
Deutung von Marc. 14, 51 f. auf den Apostel mitgewirkt hat, wäre zu
fragen. Aber, wie ich mich hier überhaupt auf diejenigen Sagen zu beschränken habe, welche in einem organischen Zusammenhang mit den
hier publicirten Texten stehen, so lasse ich insbesondre alles das un-
erörtert, was aus Anlass jener Vertauschung z. B. auch in Bezug auf
das Haus des Johannes (statt Joh. Marcus) und seiner Adoptiv- (statt
wirklichen) Mutter Maria (AG. 12, 12) gefabelt worden ist. Es gehört
in eine Untersuchung der Marcuslegende. Dass man aber Mr. 14, 51 f.
auch auf den Apostel Johannes deutete, hat die Sage von seiner besonderen Jugendlichkeit schon zur Voraussetzung.

scheint sogar im johanneischen gelesen haben. Vorsichtiger
bezeichnet es Hieronymus als Tradition, bestätigt dieselbe aber
durch Berufung auf die *ecclesiasticae historiae*, nach welchen Johannes bis zu Trajans Zeit, oder bis zum 68. Jahr nach der
Passio domini gelebt haben soll (unten p. 200, 17. 24 sqq.).
In der syrischen Geschichte des Johannes ist er ein Jüngling
noch zu der Zeit, da er in Ephesus predigt und zum ersten
Mal zur Abfassung eines Evangeliums aufgefordert wird (oben
p. LVI u. CXXVIII Anm.). Dass die gemeinsame Quelle Leucius ist, zeigt Frgm. VI p. 247, 10. In seiner Jugend hat ihn
Jesus berufen, und dieselbe Verbindung zwischen seiner Jugendlichkeit und seiner Jungfräulichkeit, welche hier stattfindet, begegnet bei Paulinus an der p. CXXXIV n. 2 angeführten Stelle und
bei Hieronymus unten p. 200, 17. Besteht nun aber ein hand-
greiflicher, von Hieronymus selbst hervorgehobener Zusammenhang zwischen dieser Tradition und den angeführten Altersangaben in Bezug auf das Greisenalter und den Tod des Johannes,
so wird die aus der äusseren Quellenkritik sich ergebende Wahrscheinlichkeit, dass diese Altersangaben auf Leucius zurückgehn,
zur Gewissheit.

Leucianisches steckt jedenfalls in dem Anhang zu Prochorus,
den ich aus dem Paris. gr. 1468 habe abdrucken lassen p. 185
—192. Schon die Namen Andronikus (p. 188, 12 = p. 225, 16 sqq.)
und Verus (Birrhus) mit Beinamen Eutyches (p. 191, 26 =
226, 12; 244, 7 cf. oben p. LXXXIV; CXI) sind beweisend. Aber an
dem letztern sieht man auch, dass in dieser Hs. nicht der un-
verfälschte Leucius vorliegt. Auch Andronikus, welcher nach
Leucius der Hauswirth des Johannes zu Ephesus ist, erscheint
hier in fremdartiger Umgebung. Er soll von Johannes zugleich
mit Bukolus[1]) und Polykarp zum Vorsteher der neugestifteten
Gemeinde von Smyrna bestellt worden sein. Dazu kommen im
gleichen Zusammenhang sehr anachronistische Angaben über
die Wirksamkeit des Johannes in und bei Smyrna und Ephesus.
Ueberhaupt ist der Schluss, welchen diese Hs. der vorher von
ihr dargebotenen Erzählung des Prochorus giebt, nicht in ihrer
Totalität einer anderen, von Prochorus ganz verschiedenen
Quelle entnommen, wie das Schlusscapitel des cod. Venetus 363
(oben p. LXXXIV). Der Bericht über die Apokalypse (p. 185 sq.)

1) Cf. Patr. apost. II, 170 unserer Ausg. Cf. Menol. Basil. II, 167.

ist zwar ganz unabhängig von demjenigen, welcher in andere Prochorushss. eingedrungen ist (p. 184 sq.); aber er ist andrerseits auch mit nichts Anderem so verknüpft, dass man auf eine andere Quelle schliessen dürfte. Es folgt demselben Solches, was unzweifelhaft dem Prochorus angehört p. 186, 10—188, 4 = 159 sq., und auch nach Mittheilung von ganz Fremdartigem p. 188, 5—190, 22 folgt wieder Prochorianisches p. 191, 1—7 = 162, 4—9. Auch der Bericht über die Selbstbestattung des Johannes ist ein Gemisch von Prochorus und Leucius. Dafür, dass der Compilator die alten Stoffe nicht in ihrer ursprünglichen Gestalt belassen hat, bietet die Erzählung von Johannes mit dem Rebhuhn (p. 190, 3—22) einen deutlichen Beweis. Wenn schon Fabricius (II, 774) und Thilo (acta Joh. p. 8) es sehr wahrscheinlich gefunden haben, dass die zu jenem Text von mir mitgetheilte Relation bei Cassian auf Leucius zurückgehe, so ist das jetzt vollends gewiss. Aber Jeder sieht auch, dass bei Cassian das Original, im cod. Paris. 1468 eine sehr thörichte Verschönerung vorliegt[1]). Das, worin beide übereinstimmen, stimmt trefflich zum Charakter des leucianischen Johannes. Dieses Ursprungs nicht unwürdig dürfte auch die Erzählung p. 188, 33—190, 2 sein[2]). Aber der nachgewiesene compilatorische Charakter des ganzen Abschnitts verbietet es, irgend ein einzelnes Stück daraus so wie es dasteht unter die Fragmente des Leucius aufzunehmen.

In der gleichen Lage sind wir in Bezug auf mehr als eine Tradition, deren Wurzel in den Johannesacten des Leucius steckt. Aus den Bemerkungen zu p. 214, 17 spq. ergiebt sich, dass Epiphanius mon. in den περίοδοι τῶν ἀποστόλων eine Erzählung vom Lebensausgang der Maria gelesen hat, welche nichts

---

1) Während Cassian das Rebhuhn, womit Johannes spielt, und die Parabel vom gespannten Bogen vereinigt darbietet, Par. 1468 aber nur Ersteres hat, ist in einer Anekdote vom hl. Antonius nur Letzteres Moment nachgebildet (Cotelier, monum. eccl. gr. I, 343 sq.). Cf. auch Greg. Naz. or. XXVI (Bened. I, 477). Dass Cassian die leuc. Johannesacten kannte, wird auch durch die Art wie er von der Virginität des Johannes spricht, bestätigt (coll. XVI, 14 oben p. CII n. 1).

2) Cf. die Art, wie Epiphanius haer. 58, 4 sich ausdrückt, wo er wahrscheinlich von Leucius abhängig (oben p. CIII) den Eunuchenstand des Johannes und seines Bruders beschreibt: μήτε μὴν ἰδίαις χερσὶ τὰ μέλη ἀποτεμόντες μήτε συναφθέντες γάμῳ.

Wunderbares berichtete ausser dem Einen, dass der Maria drei
Tage vor ihrem Ende Gabriel ihren Tod ankündigt. Dass der
Schauplatz Jerusalem und die Zeit die vor dem Aufbruch der
Apostel von Jerusalem ist, ergiebt sich aus dem Gegensatz, in
welchen dieser Epiphanius wahrscheinlich des 9. Jahrhunderts
seine einfache Erzählung zu den gewöhnlichen Fabeln vom
Transitus Mariae stellt. Die Einfachheit derselben zeugt an sich
für ihr hohes Alter, und die Aehnlichkeit mit der Vorausver-
kündigung des Todes des Johannes[1]) würde uns selbst dann
auf Leucius hinweisen, wenn es zur Zeit des Epiphanius andere,
von Leucius unabhängige „Wanderungen der Apostel" gegeben
hätte. Dass aber die Geschichte gerade zu den Johannesacten
gehört, ergiebt sich abgesehn davon, dass kein Apostel in eine
so innige Beziehung zu Maria gesetzt ist wie Johannes[2]),
vor allem auch aus Pseudomelito, welcher sich dem Johannes-
schüler Leucius gerade in Bezug auf den Transitus Mariae
gegenüberstellt (unten p. 218, 1). An ein besonderes Buch
des Leucius über diesen Gegenstand zu denken[3]), wird durch
Epiphanius verwehrt und durch Pseudomelito nicht geboten.
Dieser hat ja ebendort die Apostelgeschichten des Leucius erwähnt und stellt neben das, was Leucius über die Apostel Fal-
sches und Wahres berichtet hat, auch eine unerbauliche Darstellung desselben vom Lebensausgang der Maria. Die deutliche Bezeichnung des Buchs, worin sie stand, verdanken wir
dem Epiphanius, den Namen des Verfassers dem Pseudomelito.
Einen Gegengrund kann man auch nicht aus Amphilochius (unten p. 197, 20) entnehmen. Dieser polemisirt nur, und zwar
nicht gerade glücklich gegen Frgm. II p. 222, 2 des Leucius.
Daraus folgt nicht einmal, dass Leucius, der ja dort keine zusammenhängende Darstellung der Kreuzigungsgeschichte giebt,
nicht anderwärts die Thatsache aus Joh. 19, 26 sq. erwähnt hatte.
Dies ist vielmehr bewiesen durch die obigen Nachweisungen
über den Zusammenhang der leucianischen Nachrichten über
die Virginität des Johannes mit der Uebertragung der Fürsorge

---

1) Cf. unten p. 238 zu Frgm. VI; cf. auch die Erzählung über Andreas bei Abdias III, 23 Fabr. II, 484 sq.

2) Daher kam es auch, dass die Schriften über Transitus oder Dormitio Mariae zum Theil dem Johannes angedichtet wurden.

3) So noch Tischendorf, apocal. apocr. proll. p. XXXV.

für Maria auf ihn (oben p. CII sq.). Also ist auch nicht zu beanstanden, dass er in seinen Johannesacten das erzählt hat, was Epiphanius darin gelesen hat. Den Wortlaut können wir dem frei excerpirenden Epiphanius nicht entnehmen. Dagegen ist nun klar, woher Prochorus p. 4, 4 seine Weisheit hat.

Bei Schriftstellern, welche den Leucius gekannt haben, hat man alle johanneischen Traditionen, die sie mittheilen, darauf anzusehn, ob sie nicht auf Leucius zurückgehn. Das gilt z. B. von der Erzählung über die Begegnung des Johannes mit Ebjon im Bade bei Epiphanius haer. 30, 24. Wenn Tillemont (mém. I, 634, erste Ausg.) aus der Vergleichung derselben mit derjenigen des Polykarp bei Irenaeus (III, 3, 4 Harvey II, 13) über eine ähnliche Begegnung des Johannes mit Cerinth den Schluss zog, Epiphanius verwechsele hier wieder einmal zwei Namen, so übersah er die vielen sonstigen Abweichungen; und diese sind lediglich anerkannt, aber noch nicht erklärt, wenn Lipsius (Zur Quellenkrit. des Epiph. S. 151) es offenbar findet, dass bei Epiphanius nur eine andere Version der bei Irenaeus erhaltenen Sage vorliege. Dass Epiphanius selbst diese Umgestaltung vorgenommen haben sollte, was Lipsius als Möglichkeit dahingestellt sein lässt, ist eine Unmöglichkeit angesichts des ἱστορεῖται zu Anfang und der vielen bei Irenäus nicht vorhandenen und höchst concreten Züge[1]). Das ist eine ἱστορία, ein Stück Roman, wie ihn Leucius geschrieben hat. Dass bei diesem Ebjon vorkam, ist schon p. CXXX nahezu gewiss geworden; und nichts ist wahrscheinlicher, als dass Leucius der Schöpfer dieser Personification ist, deren sich Irenäus nicht, wohl aber die Späteren beharrlich schuldig machen[2]). Es entspricht der Art, wie er wahrscheinlich auch aus Krates Kraton und aus Cerinth Merinth[3]) gemacht hat.

---

1) Das gewöhnliche Nichtbaden des Johannes, die ausserordentliche Anregung und Wegweisung des hl. Geistes, die direct angeführten Worte des Johannes (Dindorf II, 118, 18: λάβετε μοι τὰ πρὸς βαλανεῖον und p. 119, 2: σπεύσατε ἀδελφοί, ἐξέλθωμεν ἐντεῦθεν, μὴ πέσῃ τὸ βαλανεῖον καὶ κατορύξῃ ἡμᾶς μετὰ Ἐβίωνος τοῦ ἔνδον ἐν τῷ βαλανείῳ διὰ τὴν αὐτοῦ ἀσέβειαν), das Gespräch mit dem ὀλεάριος p. 118, 19—25.

2) Tertull. praescr. 10. 33; virg. vel. 6; de carne Christi 24; Pseudotert. haer. 11; Hippol. refut. VII, 35 (sonderbarer Weise nicht c. 34) ed. Gotting. p. 406. 66.

3) S. oben p. LXII sq. Ueber Kraton zu Frgm. V. p. 235, 1.

Zu den Schriftstellern, welche die Johannesacten des Leucius benutzt haben, gehört auch Prochorus. Wenn die grössere Masse der Thatsachen, Personen und Reden bei Prochorus dessen eigene Erfindung ist (oben p. LI sqq.), so zeigten sich doch nicht erst am Schluss, sondern auch schon im ersten Anfang seines Buchs einige Nachbildungen der leucianischen Darstellung[1]). Von einem nicht unwesentlichen Zug seiner Erzählung lässt sich der leucianische Ursprung noch deutlich erkennen. Vergleicht man Prochorus p. 5, 12—7, 4 mit den griechischen Thomasacten bei Tischendorf p. 190, oder besser mit der syrischen Recension derselben bei Wright[2]), so ist der Zusammenhang offenbar; und dass diese Thomasacten viel älter als Prochorus sind, bedarf ebensowenig des Beweises, als dass sie mit den Thomasacten des Leucius in einem nahen Zusammenhang stehen. Aber nicht aus den Thomasacten wird Prochorus seinen Anfang der Geschichte des Johannes entlehnt haben. Es ist an sich kaum anders vorzustellen, als dass Leucius, wenn von ihm die in den Thomasacten erhaltene Erzählung von der Vertheilung der Länder unter die Apostel herrührt[3]), er auch in seinen Johannes- und Andreasacten[4]) von diesem Factum seinen Ausgang genommen habn. Also aus den Johannesacten des Leucius wird Prochorus hier geschöpft haben. Dass dies ein Stück Leucius ist, wird auffällig bestätigt durch das Fragment des Origenes bei Eusebius h. e. III, 1. Während Origenes über die Missionsreisen des Petrus und des Paulus nur nach deren Briefen berichtet, weiss er von Thomas, Andreas und Johannes nach der παράδοσις zu berichten, dass der Eine Indien, der Andere Scythien, der Dritte Asien als Loosantheil empfangen habe (είληχε); also gerade von den drei Aposteln, deren Geschichten Leucius dargestellt hat. Beiläufig zeigt sich auch hier, dass Origenes unter ἡ παράδοσις schriftliche Darstellungen und gegebenen Falls die Apostelgeschichten des Leucius versteht (s. oben

---

1) Oben p. LXVIII; C; CXXIV; CXXXVIII.

2) Apocr. acts I, p. קכב; II, 146 sq. cf. Abdias hist. ap. IX, 1 extr. u. c. 2 (Fabric. II, 690).

3) Diese Sage weiter zu verfolgen, über das Buch *sortes apostolorum* u. dgl. zu handeln, ist hier kein Bedürfnis.

4) In Bezug auf diese ist das überdies durch die Acta Andreae et Matthiae bei Tischendorf p. 132 bezeugt.

p. CXVIII n. 2; CXXV). Man darf weiter fragen, ob Hieronymus aus Leucius schöpfe, wenn er aus der letzten Lebenszeit des hochbetagten Johannes erzählt: von den Händen seiner Jünger zur Kirche getragen, unfähig zu längerer Rede, habe er sich gar manchmal mit den Worten begnügt *Filioli diligite alterutrum*[1]). Vergleicht man, wie rüstig und beredt der Johannes des Leucius noch am Tage seines Todes ist, so ist die Frage wahrscheinlich zu verneinen. Ebenso ist zu fragen, aber auch zu antworten in Bezug auf die Erzählung von dem unter die Räuber gerathenen Jüngling bei Clemens Al. (quis div. 42). Dass Clemens die Johannesacten des Leucius kannte, folgt zwar nicht aus seiner Mittheilung über die Entstehung des Johannesevangelismus[2]); denn es scheint, dass er sich hiefür ebenso wie für die von ihm behauptete chronologische Reihenfolge der Evangelien und für die Angaben über die Abfassung des Marcusevangeliums in Rom auf die Ueberlieferung der „Alten" (πϱεσβύτεϱοι) berufen hat, worunter am natürlichsten seine Lehrer wie Pantänus u. A. verstanden werden (strom. I, 11 p. 322 Potter). Welche Zusammenhänge aber zwischen diesen und Leucius bestanden haben mögen, ist nicht zu sagen. Aber zu Leucius, Frgm. I p. 219, 3, ist ein förmliches Citat des Clemens aus seinen lateinisch erhaltenen Hypotyposen mitgetheilt. Die Bedenken älterer Gelehrter gegen die Echtheit dieser lateinischen Stücke[3]), womit auch Neuere die Vernachlässigung dieser wichtigen Bruchstücke des ältesten Gesammtcommentars zur Bibel entschuldigen zu wollen scheinen, kann ich hier nicht widerlegen; und auch der aller Begründung entbehrende Einspruch Thilo's[4]) gegen Beausobre's richtige Würdigung des Citats ist einfach abzulehnen. Unter dem Titel der παϱάδοσις oder der παϱαδόσεις werden solche Bücher oft genug citirt; und als Gegenstand bloss mündlicher Tradition ist das, was Clemens mitgetheilt, in solcher Vereinzelung gar nicht denkbar. Da nach den von Clemens citirten παϱαδόσεις Johannes von einer wunderbaren Erfahrung, die er

---

1) Comm. in epist. ad Gal. lib. III, Vallarsi VII, 528 sq.

2) Eus. h. e. VI, 14, 7 cf. §. 5. 6. II, 15, Oben p. CXXVII n. 2.

3) Z. B. R. Simon, hist. crit. des princ. comm. du N. T. (1693) p. 18.

4) Acta Joannis p. 20 gegen Beausobre, hist. crit. du Manich. I, 383: *Clément d' Alexandrie l'a cité sous le nom de Traditions;* Cf. ebenda p. 397.

im Umgang mit Jesus gemacht habe, erzählt haben muss, so
ist, da ein apokryphes Evangelium des Johannes nicht existirt
hat, ein apostelgeschichtliches Apokryphon gemeint, in welchem
Johannes redend eingeführt war. Nun wissen wir aber von
keiner anderen apokryphen Geschichte des Johannes aus alter.
Zeit ausser derjenigen des Leucius; und in einem unzweifelhaft
echten Fragment dieser leucianischen Johannesacten finden wir
als Mittheilung des Johannes genau das, was Clemens in indirecter Rede nach den παραδόσεις mittheilt. Die Lehre des Leucius kann für Clemens noch weniger als für Epiphanius oder
Augustin ein Grund gewesen sein, alles von ihm Erzählte zu
verwerfen. Zu der doketischen Christologie des Leucius hat
sich Clemens auf alle Fälle an dieser Stelle seiner Hypotyposen
durch das Citat bekannt; er ist aber auch sonst nicht weit davon
entfernt geblieben[1]). Ich sehe daher nicht, wie man sich der Anerkennung der Thatsache entziehen will, dass Clemens die Johannesacten des Leucius gelesen hat; auch die oben LXXIX sq.
erwähnten Philippustraditionen treten dadurch in helleres Licht.
Aber die schöne Erzählung in *Quis dives salvus* §. 42 stammt
doch sicherlich nicht aus Leucius. Hätte sie im lateinischen
Leucius gestanden, so würden die, welche diesen benutzt haben,
die Geschichte nicht aus Rufin's Uebersetzung des Eusebius abgeschrieben haben (oben p. XIX n. 2. 4). Aber auch alle Griechen scheinen die Erzählung nur entweder aus Clemens selbst
oder aus Eus. h. e. III, 23 zu kennen. Wenn Antiochus monachus[2]) statt des Clemens den Irenaeus als Gewährsmann
nennt, so beruht das ebenso auf flüchtiger Lectüre von Eus.

---

1) Photius (cod. 109 ed Bekker p. 89) sagt von den Hypotyposen
des Clemens: ἐν τισὶ δὲ παντελῶς εἰς ἀσεβεῖς καὶ μυθώδεις λόγους ἐκφέ-
ρεται und beschreibt seine Christologie beinah mit denselben Worten,
wie unten p. 215, 28 sq die des Leucius καὶ μὴ σαρκωθῆναι τὸν λόγον
ἀλλὰ δόξαι. Das noch von Reinkens de Clemente presb. Al. (1851)
p. 265 sehr zuversichtlich angewandte Auskunftsmittel, dass Photius ein
interpolirtes Exemplar der Hypotyposen gehabt haben müsse, hatte schon
Thilo l. l. p. 22 sq. sammt vielen ähnlichen genügend abgefertigt. —
Auch sei noch bemerkt, dass Clemens im 7. Buch der Hypotyposen gesagt hat: Ἰακώβῳ τῷ δικαίῳ καὶ Ἰωάννῃ καὶ Πέτρῳ μετὰ τὴν ἀνάστασιν
παρέδωκε τὴν γνῶσιν ὁ κύριος κτλ. (Eus. h. e. II, 1, 4). Also auch Johannes ist ein Träger Geheimtradition cf. Leucius unten p. 213, 6.

2) Homil. 122 (Migne 89 col. 1813).

h. e. III, 23, 2, wie die Imputationen des cod. Casinensis 57 (oben p. XIX n. 2). Eine in doppelter Recension vorliegende Rede des Anastasius beruft sich nach der einen auf den alexandrinischen Historiker Clemens, nach der andern auf einen der λόγοι στρωματεῖς des Clemens[1]. Und endlich Chrysostomus folgt in seiner kurzen Erinnerung an diese Geschichte auch in kleinen Einzelzügen der Darstellung des Clemens, ohne dass man entscheiden kann, ob er sie direct oder durch Vermittlung des Eusebius von ihm entlehnt[2].

Leucius hat die Traditionen des zweiten Jahrhunderts über Johannes nicht erschöpft; aber er hat in einem Masse wie kein anderer die johanneischen Traditionen der folgenden Jahrhunderte begründet.

§. 10. Die Zeit des Leucius.

Wenn ein Pseudohieronymus (unten p. 201, 14) und noch Fabricius (II, 42 Anm.; II, 768), dieser sogar unter irriger Berufung auf Augustin, den Leucius für einen Manichäer, also für jünger als Mani erklärt haben, so ist das durch einfache Berufung auf die unten p. 201—204 vergl. oben p. XCI sq. mitgetheilten Aussagen des Augustin widerlegt. Haltbarer ist aber auch das Urtheil Thilo's nicht: *fuit is Marcionita degener*[3]. Wie konnte ein aus Marcion's Schule Hervorgegangener sich die Judenapostel Johannes, Thomas, Andreas und nicht den Paulus zu Helden seiner Dichtung erwählen? Dieser Marcionit müsste so entartet sein, dass nur noch einzelne an Marcion, aber doch nicht nur an ihn erinnernde Vorstellungen übriggeblieben wären, wie sie vor und nach Marcion ihre Vertreter haben. Leucius selbst führt sich als Schüler des Johannes und als Glied der einen um den Apostel Johannes in fast vergötternder Verehrung geschaarten Kirche von Asien ein; und der unter diesem Namen verborgene Schriftsteller kann in der That weder der marcionitischen noch irgend einer anderen in der

---

1) Combefis, Graecol. Patr. bibl. novum auct. I, 933 sqq. 965 sqq. oder Basnage, Canisii lect. ant. I, 469 sq. 514 sq.

2) Chrysost. ad Theod. laps. Montfaucon I, 30 sq.

3) Acta Andreae et Matthiae p. XII. Cf. Grabe, spicil. I, 78 (1. Aufl. v. 1698): *Leucius sive Lucius, Marcionis successor sec. II.*

zweiten Hälfte des zweiten Jahrhunderts von der katholischen
Kirche separirten Secte angehört haben, wenn die Verbreitung
seiner Schriften erklärlich bleiben soll. Die Quartodecimaner,
gleichviel welcher Zeit, die Glieder oder Erben der vornicäni-
schen Kirche von Asien, beriefen sich auf die von ihnen als
apokryph bezeichneten Apostelgeschichten dafür, dass Johannes
gelehrt habe, man solle am 14. Nisan das Passa feiern (unten
p. 210, 26 sqq.). Sie beriefen sich also auf Johannesacten oder,
wie wir statt dessen sofort sagen können, da es keine Mehrheit
von Johannesacten in alter Zeit gegeben hat, auf diejenigen des
Leucius. Die Vermuthung des Fabricius[1]), dass Theodoret Pi-
latusacten mit Apostelacten verwechsele, bedarf ebensowenig
ernsthafter Widerlegung als die von einem orthodoxen Leucius
neben dem Ketzer oder orthodoxen Johannesacten neben häretischen (s. oben p. LXVI). Wenn die abendländischen Anhänger des
Montanisten Proklus sich mit Stolz den Katholiken gegenüber
auf Leucius als einen Urheber ihrer Sondermeinungen beriefen
(unten p. 198, 19), so muss er ihres Wissens eine vormontani-
stische Auctorität gewesen sein; und das griechische Buch des
Leucius, das die Montanisten doch nicht erst in Rom kennen
gelernt, sondern aus Asien mitgebracht haben werden[2]), muss
damals gegen jeden Verdacht sicher gewesen sein, aus der marcionitischen Secte oder einer anderen von den Montanisten nicht
minder als den Katholiken verabscheuten gnostischen Partei
hervorgegangen zu sein. Epiphanius nennt als Verehrer dieser
Apostelgeschichten verschiedene, namentlich asketisch gerichtete
Parteien, Enkratiten, Apostoliker oder Apotaktiker, Origenianer,
indirect auch die Sererianer (unten p. 195 sq.), als deren Haupt-
wohnsitze er die Landschaften des inneren Kleinasiens aufzählt[3]).
Dann erst kommen die Manichäer, besonders die abendländischen, und die Priscillianisten; aber neben ihnen stehen, nur mit
etwas mehr Zurückhaltung, als jene, mit Auswahl des Conve-
nirenden und gelegentlicher Kritik des Uebrigen die Kirchenlehrer des Abendlands bis in's 5. Jahrhundert, die des Morgen-

1) Cod. pseudep. II, 766. Cf. dagegen auch Thilo, acta Johannis
p. 4 Anm.
2) Oben p. LXV sqq., besonders LXVI Anm. 4.
3) Epiphan. haer. 47, 1; 46, 1; 61, 2 cf. 45, 4. Macar. Magn. III, 43
ed. Blondel p. 151.

lands bis in noch viel spätere Zeit (oben p. LXVI; XCI). Jede
der genannten, zur Zeit eines Epiphanius oder Augustinus ausserhalb der Kirche stehenden Parteien würde den gleichen Anspruch wie die Manichäer haben, diese Schriften zur Welt gebracht zu haben, wenn nicht vielmehr der ihnen allen und den
Katholiken gemeinsame Besitz und Gebrauch derselben bewiese,
dass diese Schriften ein Erbstück aus der Zeit waren, da jene
Parteien noch alle im Schooss der Mutter ruhten. Auch konnte
ein Schriftsteller von so phantastischer Theologie und so doke-
tischer Christologie sich nicht ohne alle Andeutung einer Polemik gegen die katholische Kirche und Lehre als Glied der katholischen Kirche von Ephesus einführen, wie Leucius, und mit
seiner Arbeit solchen Eingang in katholischen Kreisen finden,
wenn er zu einer Zeit schrieb, als Valentin und Marcion ein
über das andere Mal von Justin und seinen Nachfolgern gebrandmarkt und ihre Schulen als Secten neben der Kirche eta-
blirt waren. Die Apostelgeschichten des Leucius müssen vor
160 geschrieben sein. Sie waren keine Novität, als Clemens Al.
sie citirte, und, was ich für nahezu gewiss halten muss, der muratorische Fragmentist und Tertullian aus ihnen schöpften. Es
spricht manches dafür, dass sie einige Jahrzehnte vor dem genannten Termin entstanden sind und also den ältesten christlichen Apokryphen, den Acten der Thekla, dem Kerygma des
Petrus, dem Protevangelium des Jakobus, dem Kindheitsevan-
gelium des Thomas sich zeitlich anschliessen. Mit den oben
p. LXXVII sq.) besprochenen περίοδοι Πέτρου können sie in dieser Hinsicht jedenfalls concurriren. In Bezug auf die Theklaacten halte ich es für bewiesen, dass Tertullian in seiner verlorenen griechischen Schrift über die Taufe berichtet hat, der
asiatische Presbyter, welcher sie geschrieben, sei noch zu Lebzeiten des Johannes seines Unrechts überführt und seines Amtes
entsetzt worden: eine positive Nachricht, welche alle die halt-
losen Ansätze der Modernen an Werth überwiegt und gelten
muss, bis sie widerlegt ist[1]. Wenn das nun ein Presbyter etwa
30 Jahre nach dem Tode des Paulus gewagt hat, so kann Leucius um 130 das Gleiche in Bezug auf Johannes gewagt haben.

1) Tertull. de bapt. 17 cf. 15. Hieron. vir. ill. 7. Dazu Göttinger
gel. Anz. 1877 S. 1300 f. gegen Schlau, die Acten des Paulus und der
Thekla S. 20 ff.

War Leucius der Name einer historischen Person, eines jüngeren
Freundes des Johannes in Ephesus, was die allein natürliche
Annahme ist, so wird der, welcher sich unter dem Schutz seines
Namens einführte, freilich den Tod des historischen Leucius ab-
gewartet haben, ehe er dessen angebliche Memoiren herausgab;
aber jener historische Leucius kann ja lange vor 130 gestorben
sein. Eine etwaige Kritik meiner vorläufig nur hypothetischen
Näherbestimmung (um 130) der, wie ich denke, bewiesenen allgemeineren Zeitbestimmung (vor 160) dürfte sich selbstverständlich nur auf die im Wortlaut erhaltenen Fragmente I—IV. VI,
und nicht auf das zur Ausfüllung der Lücke zwischen IV und VI
als Frgm. V gegebene Register stützen, in welchem ich selbst bedeutende spätere Zuthaten nachgewiesen habe (oben p. CXII sqq.).
Eine Kritik, wie sie erwünscht wäre, müsste sich ferner von
dem noch immer hier und da auftauchenden Irrthum fernhalten,
dass man erst nach mehreren Menschenaltern einem Apostel so
zahlreiche staunenswerthe und zum Theil absonderliche Wunder
habe andichten können, wie sie hier berichtet werden. In der
Zeit eines Papias und eines Quadratus[1]) war man ebenso wun-
dergläubig in Bezug auf die jüngste Vergangenheit, wie zur Zeit des
Lukas; und wer einmal den jüngsten und letzten, in eine andere
Zeit hineinragenden Apostel mit solcher Hingebung, wie sie
auf jedem Blatt dieser Fragmente sich bezeugt, verherrlichen
wollte, konnte ihn nicht ohne den ganzen Nimbus der σημεῖά
τε καὶ τέρατα καὶ δυνάμεις eines Apostels (2 Kor. 12, 12) darstellen. Er fehlte dem Johannes auch nicht in der Prosa der
kirchlichen Ueberlieferung Asiens[2]). Endlich dürfte eine negative
Kritik, welche gegen meine positive etwas ausrichten will, nicht
einzelne Theologumena des Leucius herausgreifen und mit Aehn-
lichem vergleichen, sondern müsste die Gesammtanschauung desselben reproduciren und die Bezüge ebensowohl zu dem in verschiedenen noch innerkirchlichen Kreisen des zweiten Jahrhunderts nachweisbaren Patripassianismus, als zu den gnostischen Lehren aufdecken, und dann beweisen, dass solche Lehren
erst nach der Mitte des zweiten Jahrhunderts hätten aufkommen
und vom christlichen Volk ohne sonderlichen Anstoss angehört
werden können. Der Herausgeber der Fragmente muss der Ver-
lockung widerstehn, diese Aufgabe in Angriff zu nehmen.

1) Eus. h. e. III, 39, 8 sq. IV, 3, 2.
2) Cf. z. B. Apollonius c. Montan. bei Eus. h. e. V, 18, 14.

* 10

Wenn der Verfasser der Theklaacten nicht unentdeckt blieb, so wird auch die Dichtung des Leucius nicht ohne Widerspruch geblieben sein; denn neben dem angeblichen Johannesjünger lebten die wirklichen, Polykarp und Papias und die anderen Senioren des Irenäus. Dass in diesen Kreisen Leucius keinen Anklang fand, kann man schon daraus sehn, dass sich bei Irenäus[1]) keine Spur von Leucianischen Traditionen über Johannes zeigt, wohl aber z. B. das Original einer von Leucius umgestalteten Erzählung und Polemik gegen eine Christologie, wie sie auch Leucius vorgetragen hat. Aber es ist noch ein Schritt weiter zu thun, von Irenäus zu Papias. Es ist hier nicht der Ort über die literarische Sintfluth zu reden, welche sich über diesen Namen ergossen hat, seitdem ich vor beinah 15 Jahren einen etwas jugendlichen Aufsatz über Papias von Hierapolis schrieb, dessen Aufstellungen mir noch heute mit Ausnahme einiger dort allzu flüchtig behandelter Puncte auf Widerlegung zu warten scheinen[2]). Hat Papias in seiner Jugend mehrere persönliche Jünger Jesu, darunter den Presbyter oder Apostel Johannes kennen gelernt und hat er in höherem Alter seine „Auslegung der Reden des Herrn" geschrieben, so braucht er nicht vor d. J. 80 geboren zu sein und nicht vor den Jahren 140—150 sein Buch geschrieben zu haben. Zu den Stellen seiner Vorrede, für welche es meines Wissens bisher noch an einer einleuchtenden Erklärung fehlt, rechne ich vor allem die Worte[3]), womit Papias es rechtfertigt, dass er mit seinen Auslegungen der Herrenworte auch alles das verbinde, was er aus dem Munde „der Alten" d. h. der „Jünger des Herrn" (sc. an evangelischen Ueberlieferungen[4]) einst gehört und seitdem in treuem Gedächtnis bewahrt habe. Den Gegensatz, welcher den eigenthümlichen,

---

1) Oben p. CXXIX n. 2 u. CXXXVIII. Cf. zum Folgenden m. „Ignatius von Antiochien" S. 393 sqq.

2) Studien u. Krit. 1866 S. 649—696; J. 1867 S. 539 f., cf. der Hirt des Hermas p. VI sqq.

3) Eus. h. e. III. 39, 3. 4: οὐ γὰρ τοῖς τὰ πολλὰ λέγουσιν ἔχαιρον ὡς οἱ πολλοί, ἀλλὰ τοῖς τἀληθῆ διδάσκουσιν, οὐδὲ τοῖς τὰς ἀλλοτρίας ἐντολὰς μνημονεύουσιν, ἀλλὰ τοῖς τὰς παρὰ τοῦ κυρίου τῇ πίστει δεδο-μέναις καὶ ἀπ' αὐτῆς παραγινομέναις (al. παραγινομένοις) τῆς ἀληθείας.... οὐ γὰρ τὰ ἐκ τῶν βιβλίων τοσοῦτόν με ὠφελεῖν ὑπελάμβανον ὅσα τὰ παρὰ ζώσης φωνῆς καὶ μενούσης.

4) Eus. III, 39, 7. 11 sq. 16.

aus Erklärung der Herrenworte und Mittheilung evangelischer
Traditionen gemischten Charakter des papianischen Werks be-
dingt, bilden Leute, welche Vieles sagen, natürlich viel Derartiges, wie Papias mittheilen will, und viel Unzuverlässiges im
Vergleich mit dem wenigen Zuverlässigen, was er aus bester
Quelle geschöpft, und für dessen Wahrheit er sich verbürgen
kann; ferner Leute, welche fremde, nämlich nicht von Jesus
selbst, der leibhaftigen Wahrheit, herrührende und den Gläubi-
gen gegebene Gebote vorbringen, und welche mit dem Einen
wie mit dem Anderen leider bei der Menge Anklang finden.
Sollte damit nicht der Schriftsteller gemeint sein, welcher unter
der Maske eines Johannesschülers nicht nur über diesen und andere Apostel viel Ungeschichtliches berichtet hatte, sondern
auch, was viel bedenklicher war, seinen Johannes viele nicht
wirklich von Jesus gesprochene Worte und nicht von diesem
gegebene Gebote als Worte und Gebote Jesu berichten liess?
Und dabei ein Schriftsteller, der über den Apostel Johannes
allein, wenn die Zahlen der Stichometrie des Nicephorus richtig
sind, ein Buch vom Umfang des Evangeliums des Lucas, ein
etwas kürzeres über Thomas[1]) und ein drittes über Andreas
geschrieben hatte: also wahrlich ein πολλὰ λέγων, und endlich ein
Schriftsteller, dessen von Papias beklagte Popularität bei den asiatischen Christen die Geschichte der leucianischen Bücher vollauf
bestätigt hat. Dem falschen Apostelschüler, Leucius, tritt der
echte, Papias, mit seinem Werk entgegen und stellt nicht nur
den angeblichen λόγια κυριακά die wahren, schriftlich und mündlich ihm zugekommenen gegenüber, sondern auch wirkliche Wun-
derthaten apostolischer Zeit den von jenem erdichteten.

§. 11. Der geschichtliche Gewinn.

Auch bei strenger Unterscheidung zwischen dem, was bewiesen, und dem, was nur wahrscheinlich gemacht ist, dürfte

---

1) Ueber diesen Theil sei es in seiner ursprünglichen Gestalt, sei
es in einer späteren Bearbeitung urtheilt Abdias (hist. ap. IX, 1 Fabric.
II, 689): *Porro legisse me memini quendam librum, in quo iter eius in
Indiam et res ibi gestae explanantur: qui quod ab aliquibus ob verbo-
sitatem non recipitur, supervacaneis omissis ea memorabo, quae fide
certa constant ac legentibus grata sint et ecclesiam roborare possunt.*

sich aus den hier dargebotenen Texten und vorstehender Untersuchung ein erheblicher Gewinn für unsere geschichtliche Kunde
herausstellen. Sind die Johannesacten sicher vor 160, wahrscheinlich aber vor 140 und zwar auf kleinasiatischem Boden[1])
entstanden, so ist es von Bedeutung zu sehn, wie hier das johanneische Evangelium neben den synoptischen benutzt worden
ist. Alle dem Johannes eigenthümlichen Selbstbezeichnungen
Jesu finden sich hier wieder, und der Logosname ist zu einer
solchen gemacht[2]). Mehrere Stücke der johanneischen Leidens-
geschichte wie der Lanzenstich sind unverkennbar[3]). Nur bei
Lucas (7, 36; 11, 37) findet sich die Unterlage für Frgm. I
p. 219, 6, und in Frgm. V steht die Geschichte vom reichen Mann
und Lazarus und eine Nachbildung der Geschichte vom Jüngling
zu Nain (p. 236, 19. 20; 237, 2). Ob in Frgm. I p. 220, 3 Mr. 14, 26
oder Mt. 26, 30, und welches der synoptischen Evangelien p. 222, 5
zu Grunde liegt, ist nicht zu entscheiden. Matthäus hat sein Zeugnis 243, 7 sqq. Jedenfalls kann nach dem in den Fragmenten vorliegenden Thatbestand das Ergebnis der Vergleichung späterer
Berichte nicht beanstandet werden, dass Leucius der Urheber
oder erste schriftstellernde Zeuge der Ueberlieferung ist, nach
welcher der Apostel Johannes das vierte Evangelium in hohem
Alter unter Berücksichtigung der drei älteren Evangelien geschrieben hat. Dies wird aber um so bedeutsamer, wenn man
daneben in der Mittheilung einer apokryphen Todtenerweckung
Jesu (zu p. 236, 20) und in der Kühnheit, mit welcher diese
Dichtung überhaupt über die in den Evangelien vorliegende
Geschichte hinausgreift, Zeichen höchsten Alterthums erkennt
und anerkennt.

1) Beweise dafür sind: das überwiegende Interesse des Leucius für
den Apostel von Ephesus; die Bezeugung des Quartodecimanismus des
Johannes durch Leucius; die starke Verbreitung der leucianischen Bü-
cher gerade bei den kleinasiatischen Secten; die sehr wahrscheinliche
Polemik des Bischofs von Hierapolis gegen diese eben damals unter dem
Beifall Vieler sich in der Provinz verbreitenden Bücher.

2) p. 220, 10; 221, 11; 223, 8 sqq.; 243, 5 sqq. Zu χάρις p. 223, 11
(220, 10; 243, 7) cf. Joh. 1, 17. Ueber πίστις p. 223, 11 s. die Note.

3) Cf. p. 222, 4. 8 und zu Frgm. V. p. 236, 5. Dazu kommt die
Bezugnahme auf Joh. 19, 27 s. oben p. CXXXVII sq.; und der Erinnerung an 1 Joh. 1, 1 kann man sich ebensowenig erwehren, wie Clemens
in seiner Auslegung dieser Stelle der leucianischen Paradose. Vgl. die
Anm. zu p. 219, 3. S. übrigens das Register p. 253 sq.

Wichtig sind die Fragmente ferner für die Geschichte der
ältesten Theologie oder richtiger der noch in bunter Mannigfaltigkeit und fliessender Unbestimmtheit durch einander wogenden
religiösen Vorstellungen des zweiten Jahrhunderts. Derselbe
Boden, auf welchem Paulus den Einbruch der Wölfe in die
Heerde und das Aufkommen von mancherlei ungesunder Lehre
nahe bevorstehen sah, wo er selbst noch einer auf naturphilo-
sophischer Theorie beruhenden falschen Askese, und dann wieder Solchen, die Gesetzeslehrer sein wollten, und Anderen,
welche den Inhalt der Christenhoffnung in Symbole geistiger
Vorgänge auflösten, entgegenzutreten hatte; wo die Nikolaiten
der Apokalypse und die vielen Antichristen des 1. Johannes-
briefs, solche Mischgestalten wie Cerinth und die doketischen
Judaisten der ignatianischen Briefe aufgetaucht sind, hat auch
dies eigenthümliche Gewächs hervorgebracht. Der Gegensatz
des Leucius gegen eine niedriggegriffene Christologie, wie er
sie zuerst unter dem Namen Ebjon personificirt zu haben scheint,
wird seine doketische Christologie und sabellianisirende Theologie nicht erst hervorgerufen, sondern schon zur Voraussetzung
haben. Dieser Jesus des leucianischen Johannes ist nicht wie
der des johanneischen Evangeliums ein Mensch von Fleisch und
Blut, sondern schon vor seiner Auferstehung eine geistverklärte,
in den gewöhnlichsten Beziehungen des alltäglichen Lebens alle
Schranken menschlicher Natur durchbrechende Gestalt. In dieser Gestalt aber wohnt die ganze Fülle der Gottheit wie hinter
einem dünnen Schleier, welcher vor den Augen des Eingeweih-
ten zerreisst. Sein Leben ist eine Theophanie; sein Beten zu
Gott und sein Reden von Gott ist pädagogische Verstellung;
sein Ringen mit der feindlichen Welt ein Spiel, sein Sterben
ein Schein, oder vielmehr Alles eine Erscheinung der göttlichen
Idee der Versöhnung. Wie der Unterschied des Vaters und des
Sohnes zerfliesst, so wird auch das Verhältnis der in Jesus
erschienenen Gottheit zur geschaffenen Welt und zur Menschheit pantheistisch gedacht. Auch den Menschen gegenüber ist
Jesus nicht eine Person wie andere, sondern der kaum noch
persönlich vorgestellte Einigungspunct Gottes und der Menschheit. In jenem Hymnus, welchen Jesus nach dem letzten Mahle
in der Nacht des Verraths anstimmt und Strophe für Strophe
durch das Amen der Jünger bekräftigen lässt, redet abwech-
selnd durch ihn die erlösende Gottheit und die erlösungsbedürftige

Menschheit. In dem „Ich“, welches spricht „ich will“, sind beide nicht nur versöhnt, sondern auch Eins. Und dennoch ist dieser Jesus „der Schöne“, der liebenswürdige Mensch, dessen Johannes sich mit schwärmerischer Liebe als des Freundes erinnert, der nicht wollte, dass Johannes seine Liebe zwischen ihm und einem Weibe theile, und welcher darum, weil Johannes sich ihm so völlig hingab, wie er es forderte, diesem Jünger anvertraut hat, was kein Sterblicher sonst aus seinem Munde gehört hat. „Deinen Johannes“[1]), so nennt er sich im Gebet zu demselben, von dem er weiss, dass er die in allen Sphären der Schöpfung sich offenbarende Gottheit ist.

Wichtig sind diese Fragmente ferner für die Geschichte des Cultus. Hier haben wir nicht eine dürftige Skizze des sonntäglichen Gottesdienstes wie bei Justin, sondern ein in frischen Farben ausgeführtes, wenn gleich ideales und nicht prosaisch genaues Bild. Insbesondre die Abendmahlsliturgie in Frgm. VI darf man als ebenbürtig neben „das älteste Kirchengebet und die älteste Predigt“ stellen[2]). Der paränetischen Ansprache p. 239, 4—242, 4, welche sich nicht an eine vorangegangene Lection angeschlossen zu haben scheint, folgt das Gebet p. 242, 5—16. Darauf lässt der Apostel sich das Brod reichen, und das Brod in der Hand spricht er das Dankgebet (p. 243, 1—244, 3), welches der ganzen Handlung und der Gabe selbst den Namen gegeben hat[3]). Darauf das Brodbrechen[4]) und die Austheilung mit dem Segenswunsch für jeden Einzelnen[5]); endlich der eigene Empfang des Apostels und das Schlusswort: „Auch mir sei Theil mit Euch und Friede, Geliebte“.

Es entstehen viele Fragen, welche ich hier nur Anderen zu sorgfältiger Untersuchung empfehlen kann. Die geringste derselben wäre: warum keine Andeutung vom Wein neben dem

---

1) Unten p. 217, 8, womit alles Folgende bis 249, 4, besonders 248, 12, auch der Gebrauch von φιλέω (s. Register) zu vergl. ist.

2) Clem. R. I. ad Cor. 59—61 und d. sogen. II. Clemensbrief. Vgl. Protest. u. Kirche 1876 S. 194—209.

3) p. 244, 5 cf. 243, 2; Ign. ad Philad. IV; Smyrn. VII, 1; VIII, 1; cf. Ephes. XIII, 1.

4) Dieser Ausdruck p. 243, 2; 244, 4; auch Frgm. IV p. 231, 8 cf. den cod. Ven. 363 zu p. 234, 25; acta Theclae c. 5, Tischendorf p. 42; Ign. Eph. XX, 2 u. meinen „Ign. von Antiochien“ S. 587.

5) Cf. Clemens Al. strom. I §. 5 p. 318 Potter.

Brode? Wichtiger ist, dass hier wie bei Justin die Eucharistie von der Agape abgesondert erscheint, während sie nach dem Brief des Plinius an Trajan und den Briefen des Ignatius noch mit derselben verbunden war[1]). Zwar findet sich bei Leucius[2]) ausser der den sonntäglichen Gottesdienst krönenden Eucharistie auch noch ein mehr privates Brodbrechen am Grab einer jüngst verstorbenen Christin; aber auch da fehlt jede Andeutung von einer der Eucharistie vorangehenden Mahlzeit. Hat Leucius eine Gestalt des Cultus, welche sich in Kleinasien erst in der Zeit nach 110 herausbildete, aber um 150 schon allgemein verbreitet war, in die letzte Lebenszeit des Johannes zurückdatirt?

In Bezug auf vieles Einzelne wird es vorläufig und vielleicht für immer zweifelhaft bleiben müssen, inwieweit die Erinnerungen an die hier dargestellten Verhältnisse, Thatsachen und Personen einer Zeit, deren letztes Ende von der Abfassungszeit des Buchs durch etwa drei Jahrzehnte getrennt war, treu wiedergegeben sind, wo die tendenziöse Dichtung des Leucius umgestaltend eingreift, und wo die christliche Volkssage diesem schon vorgearbeitet hatte. Die Figur des den Reichthum verachtenden Philosophen Kraton (p. 235, 1 nebst Anm.) ist ein Beispiel dafür, dass Leucius auch ideale Gestalten geschaffen hat. Er hat nicht den historischen Krates von Theben[3]) an das Ende des ersten christlichen Jahrhunderts versetzt, sondern hat ihn nur auf seine Phantasie wirken lassen. So hat er aus dem Namen der Ebjonim die Person des Ebjon und wahrscheinlich auch aus Cerinth einen Merinth geschaffen (oben p. LXII sq.). An der glaubwürdigen Erzählung des Polykarp über des Johannes Begegnung mit Cerinth im Bade zu Ephesus und der parallelen Darstellung des Leucius (oben p. CXXXVIII) haben wir ein Beispiel davon, wie die in der Erinnerung der älteren Zeitgenossen fortlebenden Thatsachen der letzten Jahre des ersten Jahrhunderts durch die Hand des Leucius umgeformt wurden. Das Verhältnis von Wahrheit und Dichtung ist hier ein ähnliches wie das zwischen der evangelischen Geschichte des neuen

---

1) Vgl. m. Ignatius von Antiochien S. 341 ff. 586 f. u. Patr. apost. II, 90 sq. im Commentar.

2) Frgm. IV p. 231, 8 und zu p. 234, 25 Anm.

3) Einen Schüler des Diogenes um 330 v. Chr.

Testaments und den daran angelehnten, aber überall darüber
hinausgreifenden Phantasien des Leucius. Wie gross die Neigung zu fabulieren und das Interesse bestimmte Ideen in an-
sprechenden, geschichtlich aussehenden Gestalten zu verkörpern
bei Leucius war, jene Anlehnung an das historisch Gegebene
empfand er aus begreiflichen Gründen als Nothwendigkeit. Es
war für einen kleinasiatischen Schriftsteller um 130, aber auch
um 150 unthunlich, den Apostel von Ephesus mit lauter Phan-
tasiegestalten zu umgeben, und die noch unvergessenen geschichtlichen Persönlichkeiten in der Umgebung des Johannes
sämmtlich todtzuschweigen. Den noch lebenden Polykarp[1]), der
ja auch nicht in Ephesus, sondern in Smyrna zu Hause war,
scheint Leucius wohlweislich übergangen zu haben. Aber wie
Leucius selbst (oben p. LXX), so werden auch Andronikus
und Drusiana und die meisten anderen von ihm Genannten geschichtliche Personen sein[2]). Der Name z. B. des Hauswirths
des Johannes, wird schwerlich so bald aus der Erinnerung verschwunden sein, dass es rathsam war, ihm einen anderen als
seinen wirklichen Namen zu geben. Lehrreich ist besonders der
Name Birrhus (Byrrhus). Diese durch die syrische, die armenische und die lateinische[3]) Version bezeugte Namensform wird
für die ursprüngliche gelten müssen statt der in den griechischen Quellen vorhandenen und so leicht aus Birrhus entstandenen Form Berus oder Verus, während der Nebenname
Eutyches sich vollends nur in späteren Umarbeitungen findet
(oben p. CXI). Birrhus aber ist indentisch mit dem Namen
des ephesischen Diakonus in den Briefen des Ignatius[4]). Die

---

1) Die Erwähnung desselben in dem halbleucianischen Schluss des
Cod. Paris. gr. 1468 unten p. 188, 12 kommt nicht auf seine Rechnung
vergl. oben p. CXXXV. Noch weniger die noch geschichtswidrigere in
dem dem Frgm. VI vorangehenden Theil der Acta Johannis bei Tischendorf p. 272 l. 4 von oben. Der Polykarp des Prochorus ist eine
ganz andere Person s. oben p. LIII.

2) Der Fortunatus p. 232, 4; 234, 2 ist, wie Jeder sieht, ein ganz anderer als der in der syrischen Erzählung (Wright apocr. acts I, 33
II, 30).

3) S. unten zu p. 244, 7; 245, 1 cf. p. 191, 27; 226, 12; 235 Anm.
4) Ephes. II, 1 (zweimal); Philad. XI, 2; Smyrn. XII, 1. Die Identität der Person erkannte schon Fabricius II, 584. Cf. Catergian a. a. O.
p. 53.

Formen, in welchen der Name des Letzteren vorkommt: *Βουρρος,*
Βουργος, Βιρρος, Βηρρος, Byrdus, Borrus[1]), sind Seitenstücke
zu den Varianten des leucianischen Textes. Einen ephesischen
Diakonus Birrhus oder Burrus zur Zeit der Reise des Ignatius durch
Kleinasien und einen Epheser Byrrhus oder Birrhus, welcher um
d. J. 100 von zwei Jünglingen unterstützt dem Apostel sein Grab
gräbt und nach einer anderen Recension am selben Tage von Johannes zum Diakonus geweiht wird (oben p. CXI), wird kein Vernünftiger für zwei verschiedene Personen halten. Nun ist es
aber ebenso undenkbar, dass Leucius aus Ignatius, als dass Ignatius aus Leucius diesen Namen geschöpft haben sollte. Um
zu schweigen von dem schlechthin ausschliessenden Gegensatz
der Denkweise beider Schriftsteller, so würde im ersten Fall
doch nicht der einzige Name des ephesischen Diakonus, sondern
auch der irgend eines anderen der von Ignatius genannten ephesischen Christen, insbesondre der des Bischofs Onesimus von Leucius angeeignet worden sein. Wollte man Leucius für das Original
und einen Pseudoignatius für den Plagiator halten, was grosse
chronologische Schwierigkeiten hätte, so wäre wiederum nicht
begreiflich, dass Ignatius nur diesen einen Namen aus Leucius
herausgefischt hätte, und noch unbegreiflicher, dass ein Pseudoignatius, der sich aus den Johannesacten über die Verhältnisse
und Personen von Ephesus belehrt hätte, bei seiner Darstellung
der Beziehungen zwischen Ignatius und der ephesischen Gemeinde und der Beziehungen dieser zu den Aposteln (Ephes.
XI. XII) nicht die leiseste Erinnerung an Johannes angebracht
hätte. Also haben Leucius und Ignatius unabhängig von einander Person und Name des Birrhus aus der Wirklichkeit genommen. Dadurch allein schon ist die Hypothese widerlegt[2]),
dass Ignatius um 138 oder noch etwas später gestorben sei oder
seine Reise durch Kleinasien gemacht und die unter seinem Namen erhaltenen Briefe bei dieser Gelegenheit geschrieben habe.
Oder soll Birrhus, der um 100 als ein Erster unter den *νέοι*
oder als Diakonus von Ephesus fungirt, auch um 138, vielleicht
70 Jahre alt, trotz der ihm nachgerühmten Tugenden noch immer nicht vom Diakonus zum Presbyter avancirt sein?

---

1) Meine Ausg. p. 6, 4. 9; 80, 21 (wo im Commentar *Βουργου* G²
statt *Βουρρου* G² zu lesen ist); 94, 8; 242, 9; 243, 9; 252, 2; 253, 2;
272, 25 u, 31; 273, 29.

2) A. Harnack, die Zeit des Ignatius. 1878, das Resultat S. 71.

Alle anderen von Leucius eingeführten Personen überragt sein Johannes. Aus den kanonischen Evangelien ist das Bild des Apostels nicht abgeschrieben; es ist aber auch nicht das bloss typische Bild eines heiligen Apostels, wie es jeder Spätere sich vorstellen und Anderen darstellen mochte. Es ist ein persönliches Charakterbild, welches ebensowenig rein aus der Luft gegriffen sein kann wie die Schilderung der äusseren Gestalt des Paulus in den Acten der Thekla. Ein Bild des Johannes, gezeichnet zu einer Zeit, da Polykarp noch lebte, hat geschichtlichen Werth, auch wenn es der kühnste Dichter gezeichnet hat. Erwünscht wäre es zunächst, wenn Leucius dem durch Eusebius geschaffenen gelehrten Mythus vom „Presbyter Johannes" den Todesstoss versetzen wollte. Dieser hat lange genug an der Unsterblichkeit des Apostels theilgenommen. Bei Leucius könnte der Doppelgänger nicht fehlen, wenn er je existirt hätte; und hier könnte der Apostel von Ephesus nicht einfach Johannes heissen, wenn er neben sich einen zweiten Jünger Jesu Namens Johannes gehabt hätte. Aber auch die auf der richtigen Einsicht von der Unerträglichkeit dieser Doppelgängerschaft beruhende Hypothese, dass der einzige Johannes von Ephesus nicht der Apostel und Freund Jesu, sondern ein anderer Johannes zweiten Rangs gewesen sei, ist nun vollends ausgeschlossen. Undeutliche Ausdrucksweise des Polykarp und der anderen Schüler des fraglichen Johannes, welche Irenäus persönlich gekannt hat, Misverständnisse des Irenäus in Bezug auf einen ihm so wichtigen Punct, eine allgemeine Verwirrung in den Köpfen der kleinasiatischen Kirchenlehrer um 170—200 waren schon starke Dinge. Aber eine vor 160, wahrscheinlich vor 140 auf kleinasiatischem Boden entstandene Dichtung, welche den Johannes von Ephesus als einen der Apostel und als vertrautesten Jünger Jesu, als Verfasser des vierten Evangeliums und zugleich als Quartodecimaner, als den Exulanten von Patmos und als das bis in's 98. Lebensjahr mächtig wirkende und allerverehrte Oberhaupt der asiatischen Gemeinden verherrlichte, ist ein Ding der Unmöglichkeit, wenn dies alles nicht geschichtliche Wirklichkeit gewesen ist.

§. 12. Gräber und Kirchen des Johannes zu Ephesus.

Es wäre vielleicht klüger, die lange Einleitung hier zu schliessen, als zuletzt noch in eine Erörterung einzutreten, zu welcher

mir nicht nur einige wünschenswerthe Kenntnisse, sondern hier
in Erlangen auch die Mittel ausreichender Belehrung fehlen.
Nur soviel glaube ich aus den mir zu Gebote stehenden Nachrichten mit Sicherheit zu erkennen, dass die letzte Frage, zu
deren Beantwortung die vorstehenden Untersuchungen drängen,
bisher von Niemand ernstlich in Angriff genommen ist. Vielleicht giebt ein nur halb gelungener Versuch Berufeneren einen
Anstoss, es besser zu machen.

Dionysius von Alexandrien (a. 247—264), welcher in seinem
Kampf mit egyptischen Chiliasten die Hypothese aufstellte, dass
die johanneische Apokalypse zwar von einem geisterfüllten und
rechtgläubigen asiatischen Christen ältester Zeit Namens Johannes, aber nicht vom Apostel Johannes geschrieben sei, berief sich für die Möglichkeit eines zweiten Johannes in Asien
unter anderem auch darauf, dass es in Ephesus zwei Johannesgräber gebe. Wer die Worte genau nimmt und den Zusammenhang der liebenswürdigen und bescheidenen Erörterung des
Dionysius erwägt, anstatt sich durch die absichtlich unklar ge-
haltene Reproduction des Eusebius (h. e. III, 39, 6) irreführen
zu lassen, kann nicht darüber in Zweifel sein, was die dem
Dionysius zugekommene Kunde, und was seine daran geknüpfte
Reflexion sei. Hätte schon die ephesische Tradition die beiden
Johannesgräber auf zwei verschiedene Johannes vertheilt gehabt,
so musste Dionysius eben dies sagen und konnte sich die weit-
läufige Auseinandersetzung über die vielen Petrus und Paulus
und die Erinnerung an den Johannes Marcus, den er dann doch
nicht gebrauchen kann, ersparen. Die ephesische Kirche des
dritten Jahrhunderts hat ebensowenig wie die vom Ende des
zweiten einen anderen Johannes von Ephesus gekannt ausser
dem Apostel. Wenn sie gleichwohl zwei μνήματα Ἰωάννου hatte,
so muss man damals in Ephesus entweder getheilter Meinung
darüber gewesen sein, wo Johannes begraben liege, oder einer
der beiden Orte galt gar nicht als Grabesstätte, sondern als ein
durch andere johanneische Erinnerungen geheiligter Ort. Wenn
Ersteres zur Zeit des Dionysius der Fall war, was wenigstens

---

1) Eus. h. e. VII, 25, 16: ἄλλον δέ τινα οἶμαι τῶν ἐν Ἀσίᾳ γενομένων,
ἐπεὶ καὶ δύο φασὶν ἐν Ἐφέσῳ γενέσθαι μνήματα καὶ ἑκάτερον Ἰωάννου
λέγεσθαι. Die Anerkennung des Richtigen s. jetzt auch bei Harnack,
Patr. ap. I, 2 (2. Aufl.), 90 im Gegensatz zu der ersten Auflage I, 183.

dessen Worte auszudrücken scheinen, so war doch selbstverständlich das Letztere das Ursprüngliche, die unerlässliche Voraussetzung der zwiespältigen Tradition über die Grabesstätte;
denn wie sollte man in einer und derselben Stadt dem Johannes
ausser demjenigen Grab, auf welches sich Polykrates von Ephesus um 190—200 berief (Eus. h. e. V, 24, 3), noch ein anderes
angedichtet haben, wenn nicht seit langer Zeit noch ein zwei-
ter, durch irgend etwas, eine Baulichkeit oder eine Cultussitte
ausgezeichneter Ort in Ephesus durch die Sage mit dem Namen
des Johannes verknüpft war. Nur ein „Denkmal des Johannes"
im weiteren Sinn des Wortes konnte zu der Würde eines zweiten „Grabmals des Johannes" gelangen. Die so entstandene
Zwiespältigkeit der Ueberlieferung bestand auch noch gegen
Ende des vierten Jahrhunderts. Rufinus, welcher die angeführte
Stelle des Dionysius bei Eusebius wegen der abweichenden
Stellung des Abendlands zur Apokalypse nicht mitübersetzt hat[1]),
sagt III, 39 (p. 172): *ut per haec comprobetur, quod quidam
Asiani scribunt, quod duo sint apud Ephesum sepulchra et utrum-
que Johannis appelletur.* Das ist nicht genaue Uebersetzung der
entsprechenden Worte des Eusebius: ὡς καὶ διὰ τούτων ἀπο-
δείκνυσθαι τὴν ἱστορίαν ἀληθῆ τῶν δύο κατὰ τὴν Ἀσίαν ὁμω-
νυμίᾳ κεχρῆσθαι εἰρηκότων, δύο τε ἐν Ἐφέσῳ γενέσθαι μνήματα
καὶ ἑκάτερον Ἰωάννου ἔτι νῦν λέγεσθαι. Sollte Rufin nur misverstanden, oder sollte er gelesen haben τῶν κατὰ τὴν Ἀσίαν
εἰρηκότων? Es ist möglich; aber möglich ist auch, dass er auf
Grund einer ihm bekannt gewordenen und ihm gleichzeitigen
asiatischen Tradition die Angabe des Eusebius umgestaltet hat.
Wahrscheinlich ist es auch nicht, dass Hieronymus nur ein willkürlich ändernder Abschreiber des Eusebius ist, wenn er (vir.
ill. 9) in Bezug auf den angeblichen Presbyter und Nichtapostel
Johannes schreibt: *cuius et hodie alterum sepulcrum apud Ephesum ostenditur; et nonnulli putant duas memorias eiusdem Johannis evangelistae esse.* Die Vermuthung des Dionysius ist hier
zur positiven Behauptung geworden, und die von Dionysius in
der angegebenen Weise gedeutete ephesische Tradition ist eine
zu Hieronymus' Zeit noch vertretene Meinung Einiger. Sehr
bezeichnend aber ist es, dass diese zur Meinung Einiger herab-
gedrückte ephesische Tradition, die doch allein geschichtliche

---

1) Rufini hist. eccl. VII, 23 ed. Cacciari I, 429 sq.

Bedeutung hat, nicht von *duo sepulcra*, sondern von *duae memoriae* (μαρτύρια), Kapellen oder dgl. sagt. Dies ist aber auch das letzte Zeugnis für das, was Dionysius zuerst bezeugt. Vom 5. Jahrhundert an hört man auch von denen, welche an Ort und Stelle waren, immer nur ein Grab oder eine Kirche nennen. Um nun zunächst die Lage des einen jener beiden μνήματα (μαρτύρια, *memoriae*) Ἰωάννου zu bestimmen, und zwar desjenigen, welches in der Tradition über das andere gesiegt hat, muss man von einer Angabe des Prokopius in seinem Buch über die Bauwerke Justinian's[1]) ausgehn, welche durch ihren Inhalt in das graueste Alterthum zurückweist, und andrerseits durch ihre topographische Bestimmtheit uns gestattet, die Gegenwart an's Alterthum anzuknüpfen. Die Worte lauten: „Es gab einen Platz vor der Stadt der Epheser, in der Höhe gelegen, nicht hügelig und geeignet Früchte hervorzubringen, sondern gänzlich rauh und schroff. Da hatten die Anwohner in alter Zeit dem Apostel Johannes mit dem Beinahmen „der Theolog“ einen Tempel geweiht. Theolog aber ist dieser Apostel genannt worden, weil das die Gottheit Betreffende besser als das die menschliche Natur Anlangende von ihm erzählt worden ist. Diesen Tempel, welcher klein und durch die Länge der Zeit heruntergekommen war, riss Kaiser Justinian bis auf den Boden nieder und stellte ihn zu solcher Grösse und Schönheit wieder her, dass er kurz gesagt dem Heiligthum, welches er in der Kaiserstadt allen Aposteln geweiht hatte, sehr ähnlich ist und in jeder Hinsicht mit demselben wetteifern kann.“ Dieser justinianische Bau galt während der folgenden Jahrhunderte als Bezeichnung der Begräbnisstätte des Johannes. Die Geschichte der Selbstbestattung des Johannes erzählt der Metaphrast mit ausdrücklicher Berufung auf den noch zu seiner Zeit (900—960) in unversehrter Schönheit ebendort, auf dem Berge draussen vor der Stadt liegenden Tempel[2]). Dass Johannes auf einem

---

1) Procop. de aedif. V, 1 ed. Dindorf III, 310. Auf diese neue Kirche wird sich die Erzählung in Procop. hist. arc. 3 l. l. p. 25 beziehen: ein gewisser Theodosius flüchtet εἰς τὸ ἱερὸν Ἰωάννου . . τοῦ ἀποστόλου, ὅπερ ἐνταῦθα ἁγιώτατόν τε ἐπιεικῶς καὶ ἔντιμόν ἐστιν. Auch in Laodicea hat Justinian eine Johanneskirche neugebaut Procop. de aedif. V, 9 p. 329, 19.

2) Migne vol. 116 col. 704: ἐξῆλθε τοῦ ἄστεος . . καὶ πρός τι ὄρος

Hügel vor der Stadt begraben sei, sagt vor ihm Nicetas[1]).
Willibald, der spätere Bischof von Eichstädt, welcher auf seiner
Pilgerfahrt nach Palästina um das Jahr 722 Ephesus besuchte,
wandert zuerst zur Ruhestätte der Siebenschläfer, von da zum
Evangelisten Johannes[2]). Dadurch wissen wir, dass die

εὐϑὺς ἀνελϑών, ἔνϑα καὶ νῦν ὁ τούτου ναὸς ἵδρυται πρός τε κάλλος καὶ
μέγεϑος εὖ ἔχων κτλ.

1) Combefis auctar. noviss. I, 363: μικρὸν δὲ τῆς Ἐφέσου προελϑὼν
καὶ γεωλόφῳ τινὶ προσβὰς τάφον ὀρύξειν (1) ἐνετείλατο.

2) Willibald's Hodoeporicon (ed. T. Tobler in den Descriptiones terrae
sanctae saecc. VIII. IX. XV p. 20): *Et inde* (von Samos) *navigaverunt
in Asiam ad urbem Ephesum, secus mare unum milliarium. Et inde
ambulaverunt in illum locum, ubi septem dormientes requiescunt. Et inde
ambulaverunt ad sanctum Joannem evangelistam in loco specioso secus
Ephesum. Et inde ambulaverunt duo milliaria secus mare ad villam
magnam, quae vocatur Figila; ibi erant unum diem.* Ueber dies Figila
(Πύγελα bei Strabo, *Phygala* bei Plinius) s. Tobler p. 325. Dieser nach
Dictaten Willibald's von einer ihm verwandten Nonne aufgezeichnete Bericht ist der allein glaubwürdige. Was der wortreichere jüngere Berichterstatter (Tobler p. 60) darüber Hinausgehendes hat, ist theils sehr wun-
derlich, z. B. das *Ephesum Asiae insulam*, theils aus Büchern abgeschrieben. Hätte Willibald das Wunder des sprudelnden Manna mit leiblichen Augen gesehen, so würde das die Nonne nicht verschwiegen haben. Ferner denkt sich dieser Berichterstatter das Grab des Johannes
offenbar in Ephesus; denn er unterscheidet davon einen anderen durch
Johannes bezeichneten Ort auf einem in der Nähe von Ephesus gelegenen Berg. Auch der Stil, welcher doch mehr Ansprüche macht als
derjenige der Nonne, ist durch die Eintragung der Zusätze abscheulich
geworden. Seine Quelle ist Gregor von Tours (de gloria mart. I, 30
Maxima P. Bibl. XI, 838). Mit diesem hat er gemein 1) das quellende
Manna 2) die Meinung, dass Maria Magdalena in Ephesus begraben sei
(s. oben p. XXX Anm.) 2) die Angabe, dass auf dem Gipfel eines be-
nachbarten Berges der Ort gezeigt werde, wo Johannes zu beten pflegte;
und dass es an dieser Stelle niemals regne. Wenn Gregor ausserdem noch
sagt, dass Johannes dort sein Evangelium geschrieben habe, so spricht
das nicht gegen die Abhängigkeit der Biographie Willibalds von ihm.
Gregor sagt: *In Epheso autem habetur locus, in quo hic apostolus evangelium, quod ex eius nomine in ecclesia legitur, scripsit. Sunt autem in
summitate montis illius proximi quatuor sine tecto parietes. In his enim
orationi insistens dominum assidue pro delictis populi deprecans mora-
batur, obtinuitque ne in loco illo imber ullus descenderet, donec ille evangelium adimpleret. Sed et usque hodie ita praestatur a domino, ut nulla
die descendat pluvia neque imber violentus adveniat.* Gregor unterschei-

Kirche Justinians an der Ostseite von Ephesus lag, denn
am Ostrand des innerhalb des Stadtbezirks gelegenen Berges
Pion[1]) liegt die Grotte der Siebenschläfer. Da die Kirche
Justinians an der Stelle der damals vor Alter zerfallenen Johanneskirche stand, so können wir auch diejenigen Berichte
zur Bestimmung ihres Orts oder des Grabes des Johannes verwenden, welche älter als Justinian sind. Dem letzten Jahrhundert vor Justinian gehören Prochorus und die syrisch erhaltene Geschichte des Johannes an (oben p. LVIII sqq.). Während nun Prochorus nur bestätigt, dass Johannes ausserhalb der
Stadt sich hat begraben lassen (unten p. 162, 10 sqq. besonders
164, 9 sq.), verdanken wir der syrischen Legende eine genaue
Beschreibung. Als Johannes sich durch die Bitten der ephesischen Christen bewegen lässt, nicht in Asien und Phrygien
umherzuwandern, sondern in Ephesus zu bleiben, sagt er zu
ihnen: „Lasst uns hinausgehn und umherziehen durch die ganze
Stadt, und ich will sehen, wo es mir passt zu wohnen". Als
sie bei diesem Umzug unter Führung des bekehrten Statthalters [3])
von Ephesus zum Artemistempel kommen, verhindert Johannes
die gewaltsame Zerstörung desselben. Bei der Betrachtung des
Tempels fällt nun sein Blick auf einen in der Nähe befindlichen
„Ort welcher hoch war" [4]), und er spricht: „hier will ich wohnen".
Der Statthalter und seine vornehmen Begleiter wollen ihm dort

---

det diesen *locus* deutlich von dem vorher glorificirten *sepulcrum*, worunter nur der damals noch junge Bau Justinians verstanden werden kann.
Jene zerfallene Hütte liegt auf dem höchsten Gipfel des Berges; die justinianische Kirche oder das Grab zwar auch auf dem Berge, aber, wie
sich sogleich zeigen wird, unterhalb des Gipfels.

1) Ueber den Namen Πίων, nicht Πρίων, s. E. Curtius, Abhandl. der
Berliner Akad. d. Wiss., Phil.-histor. Classe aus dem J. 1872 S. 2 Anm. 1.
Πίων heisst er auch in den Acta Timothei ed. Usener p. 12, 59. Da er
nicht vor der Stadt, sondern im Stadtbezirk liegt, so nennt ihn der Verfasser der Timotheusacten, angeblich Bischof Polykrates von Ephesus,
ein ὅριον ταύτης τῆς πόλεως. Dies soll nichts anderes sein als der τόπος
ἐπικαλούμενος Πίων, ἔνθα νῦν τυγχάνει τὸ ἀγιώτατον αὐτοῦ (sc. des
Timotheus) μαρτύριον.

2) Wright, apocr. acta I p. ٣٣ sqq. II, 43 sqq.

3) Im Syrischen heisst es immer *Hyparch*, Wright übersetzt *Procurator*.

4) Vgl. den Ausdruck Prokop's (oben p. CLVII): χῶρόν τινα . . ἐν
ὀρθίῳ κείμενον.

eine Burg bauen [1]), aber Johannes will nur eine Hütte haben. Diese wird auch oberhalb des Artemistempels gebaut. Johannes tauft und communicirt dort und schaut von seinem erhabenen Wohnsitz aus mit Geduld dem Gräuel des Götzendienstes unter ihm zu. Aber die Dämonen, welche durch den Mund des Artemisbildes reden, zuerst summend wie die Bienen, dann laut den Priestern ins Ohr schreiend, verkündigen: „Jene Hütte wird diesen Tempel zerstören; kämpfet nicht mit ihr" [2]). Am Schluss aber der Legende heisst es: „Es sass aber der Heilige in der Hütte Sommer und Winter, bis er 120 Jahre alt war, und dort bestattete ihn der Herr an jenem Platz, wie Moses auf dem Berge Nebo bestattet wurde." Die Hütte des Johannes ist also zugleich sein Grab; und so offenbar wie der Ort dieser Hütte identisch ist mit dem Ort des justinianischen Bau's nach Prokop's und der Späteren Beschreibung, so gewiss ist diese Hütte des Johannes am Berge oberhalb des Artemision die alte von Justinian niedergerissene Johanneskirche, und sie galt in der vorjustinianischen Zeit, aus welcher diese Legende zweifellos stammt, für dessen Grabesstätte. Zunächst ist hierdurch die Oertlichkeit genau bestimmt. Früher, vor der Wiederentdeckung des Artemistempels im J. 1871, hätte die Angabe der syrischen Legende Verwirrung anrichten können. Jetzt erhebt sie das schon früher Angenommene [3]) zur Gewissheit, dass die Johanneskirche Justinians und ihre alte Vorgängerin auf dem jetzt durch ein zerfallenes Castell gekrönten Berg nordöstlich von Ephesus beim Dorfe Ayassuluk gestanden hat; denn an dessen südwestlichem Fuss liegt das Artemision. Es kann auch keinem Zweifel unterliegen, dass von den verschiedenen Erklärungen des Namens des türkischen Dorfs am Fuss des Burgberges *Ayassuluk (Ayasuluk, Ayasaluk)* diejenige die richtige ist, wonach er eine durch Vermittelung neugriechischer Aussprache entstandene Verunstaltung von ἅγιος θεολόγος ist; denn „Kirche des

---

1) בירדו. Die jüngere Hs. des 9. Jahrhunderts fügt hinzu in (oder mit) einem Thurm.

2) Nach andrer LA mit ihm (sc. Johannes).

3) Arundell, Discoveries in Asia M. 1834 II, 252 bezog die Angabe des Prokopius auf den Hügel bei Ayasuluk; so auch Guhl, Ephesiaca p. 5; Curtius a. a. O. S. 4 Anm. 1. Die letzterer Abhandlung beigegebene topographische Karte von Adler, welche nachher mehrfach reproducirt worden ist, muss man zur Hand nehmen.

Theologen" muss nach Prokop, wenn dessen Bemerkung über den Namen θεολόγος nicht lächerlich erscheinen soll, die Johanneskirche auf dem Berge im 6. Jahrhundert regelmässig genannt worden sein. Wenn auswärtige Pilger sagten: „zum hl. Johannes" oder „zum hl. Evangelisten Johannes" wallfahren[1]), so hiess es in der Stadt Ephesus „zum hl. Theologen hinausgehn", wie auch die Marienkirche in der Stadt kurzweg Μαρία oder Μαρία ἡ θεοτόκος hiess[2]). Gerade für Ephesus, wo er das Evangelium geschrieben, um dessentwillen er ὁ θεολόγος hiess, war er der „Theolog". Dort „theologisirt er noch immer"[3]). Es ist nun auch vollends klar, dass die nach den Beschreibungen prachtvolle, nun aber auch verfallene Moschee des Selim nicht an der Stelle der justinianischen Kirche steht und kein Umbau derselben ist[4]); die Moschee liegt eben unten, die Kirche nach allen vorgeführten Zeugen, die darüber etwas Genaueres sagen, auf dem Berge. Reste der justinianischen Kirche können nur jene massenhaften Trümmer eines Ziegelbaus auf dem Berge, aber unterhalb des Castells sein[5]), und wenn nicht genau an

---

1) Joh. Moschus, prat. spirit. bei Cotelier, monum. eccl. gr. II, 437; Willibald oben p. CLVIII Anm. 2.

2) Acta conc. Ephes. a. 431 Mansi IV, 1124; 1241; Hoffmann, Verhandlungen der Kirchenvers. zu Ephesus v. J. 449 aus dem Syrischen übersetzt p. 3, 35; 82, 1.

3) Nach einer pseudochrysostomischen Rede Montfaucon VIII, 2, 11.

4) Dazu neigte doch noch Arundell, Discoveries in Asia Minor (1834) II, 254: *eather at or near the great mosque* (s. jedoch p. CLX Anm. 3). Dagegen schon R. Pococke, Beschreibung des Morgenlands, übersetzt von Breyer, Erlangen 1773, III, 77; ferner Hamilton, Researches of Asia M., Pontus and Armenia 1842. II, 23 (in der Uebersetzung von Schomburgk gleichfalls II, 23); Falkener, Ephesus and the temple of Diana 1862, p. 154 sqq. Die von Falkener p. 150 wiederholte Meinung Chandler's, dass die Johanneskirche auf dem Prion (Pion) gelegen habe, ist durch die mitgetheilten Nachrichten völlig ausgeschlossen. Bei den Neueren gilt es als ausgemacht, dass die Moschee des Selim ein von Grund aus osmanischer Bau sei (Adler in der Beilage zu der angeführten Abhdl. von Curtius S. 34), aus dem Anfang des 15. Jahrhunderts (Stark, Nach dem griech. Orient 1874, S. 229).

5) Cf. Davis, Anatolica 1874 p. 30 *(masses of brickwork lower down the hill perhaps mark the site of Justinian's church of St. John).* Hamilton Researches II, 23 meinte auch, dass sie wahrscheinlich einer byzantinischen Kirche angehören. — Sehr beachtenswerth ist noch die

derselben Stelle, so doch ganz dicht daneben, vor allem noch
auf der Höhe muss auch die ältere Johanneskirche gestanden
haben. Wenn Neuere gelegentlich von einem Lukascastell und
einer Lukaskirche auf jenem Berge sprechen [1]), so wird das auf
demselben Sprech- oder Hörfehler beruhen, vermöge dessen
man auch den Namen des Dorfs Ayassuluk auf Lukas zu deuten
übers Herz gebracht hat. Lukas hat nach der Tradition des
ersten christlichen Jahrtausends, und wohl nach aller vortürkischen
Tradition mit Ephesus nichts zu schaffen. Das an einer ganz
anderen Stelle gelegene angebliche Grab des Lukas, welches
Adler (a. a. O. S. 44) beschreibt, ist ein räthselhaftes Apokryphon, das weder Licht noch Dunkel über Kirche und Grab des
Johannes zu und vor Justinians Zeit verbreiten kann.

Von dem Bau Justinian's können wir aber auch hoch ins
kirchliche Alterthum hinaufgelangen. Die ältere Johanneskirche,
welche zwischen 527 und 565 wegen Baufälligkeit niedergerissen
und durch einen prächtigen Bau an derselben Stelle oder dicht
daneben ersetzt wurde, muss damals eben deshalb und wegen
ihrer kleinen Dimensionen einige Jahrhunderte alt gewesen sein.
Es ist daher selbstverständlich, dass diese Kirche, die „Hütte"
des Johannes in der syrischen Legende, immer gemeint ist, wenn
in den Acten des ephesinischen Concils von 431 und der Räubersynode von 449 eines μαρτύριον des Johannes gedacht wird.
Die von dem Generalconcil des J. 431 sich separirenden antimonophysitischen Bischöfe beschweren sich darüber, dass ihnen
die Kirchen und Märtyrerkapellen, insbesondre die des Theologen und Evangelisten durch Cyrill von Alexandrien und Memnon

---

Angabe Arundell's l. l. 255: *At the back of the mosque on the hill is
the sunk ground-plan of a small church, still much venerated by the
Greeks; it is circular at the eastern end, and may be the primitive church,
before rebuilt by Justinian.* Vergleicht man besonders die Beschreibung
der syrischen Legende, so wird an der Richtigkeit dieser Vermuthung
kaum zu zweifeln sein. Sonderbar ist nur, dass Arundell trotzdem, angesichts von Prokop's Bericht es für möglich hielt, die Moschee unter
dem Hügel bezeichne den Ort von Justinian's Bau.

1) Z. B. Stark, Nach dem griech. Orient S. 210. Die verkehrte
Erklärung des Namens Ayassuluk vertritt auch Zimmermann in seiner
trotz ihres Titels (Ephesos im ersten christlichen Jahrhundert. Ein Bei-
trag zur neutestamentlichen Zeitgeschichte 1874), für das neue Testament
und die altkirchliche Tradition werthlosen Schrift S. 156.

von Ephesus verschlossen worden seien [1]). Cyrill und andere Bischöfe seiner Richtung haben bei Gelegenheit dieses Concils, wie mit Recht angenommen wird [2]), mehrmals in der Johanneskirche gepredigt. Wenn Cyrill in einer derselben den Apostel anredend sagt: „Siehe eine so grosse Versammlung von Hirten hat sich bei dir versammelt" (Mansi V, 220), so muss das in einer Kirche gesprochen sein, worin man den Johannes nicht bloss wie überall, wo es beliebte, im Geiste gegenwärtig zu haben glaubte, sondern worin man seine Gebeine begraben dachte. Als die in der Marienkirche versammelten Bischöfe der Räubersynode an die Legaten Leo's von Rom, welche nicht in der Sitzung erschienen waren, eine Deputation schickten, um sie zur Theilnahme an den Verhandlungen aufzufordern, erhielt diese in deren Logis die Antwort: der Bischof Julianus sei aufs Dorf gegangen und der Diakonus Hilarius befinde sich „im Martyrion des heiligen und gepriesenen Johannes"; es solle nach ihnen geschickt werden [3]). Man erkennt, dass es damals nur ein einziges Martyrion des Johannes zu Ephesus gab; es scheint, dass es nicht in der Stadt, sondern ein wenig entfernt lag [4]); und es kann kein anderes gemeint sein, als die kleine Kirche auf dem Berge, welche nach der etwa um diese Zeit griechisch geschriebenen, aber syrisch erhaltenen Legende für das Grab

---

1) Mansi IV, 1276 cf. 1272, cf. oben p. CVI Anm. 1 u. 2 auch für das im Text Folgende.

2) Vgl. Hefele, Conciliengeschichte (2. Aufl.) II, 191.

3) Verhandlungen der Kirchenvers. zu Ephesus i. J. 449 aus dem Syrischen übersetzt von Hoffmann S. 5, 18 cf. 3, 35.

4) Vielleicht deutet auf diese Lage auch Cyrill in einer gleichfalls bei Gelegenheit des Concils i J. 431 zu Ephesus gehaltenen Rede (Cyrilli opp. ed. Aubert tom. V, 2 [in der mittleren besonders paginirten Abtheilung dieses 2. Theils] p. 379), wo Ephesus so angeredet wird: χαίροις τῆς Ἀσιανῆς διοικήσεως τὸ καύχημα, ὅτι καθάπερ μαργαρίταιν τιμίαιν τοῖς τῶν ἁγίων ναοῖς κύκλῳ περιοικοδόμησαι. So würde Cyrill schwerlich sagen, wenn nicht auch das berühmteste Martyrion von Ephesus mit den andern im Kreise um die Stadt herum, also ausserhalb der Stadt gelegen hätte. Ob der jetzt als „Gefängniss des Paulus" bezeichnete Punct im äussersten Westen der Stadt, damals durch ein Martyrion des Paulus ausgezeichnet war, weiss ich nicht. Sehr passend wäre dann der Ausdruck Cyrills mit Rücksicht auf dieses und das am äussersten Ostende gelegene Martyrion des Johannes gewählt gewesen. Uebrigens preist er nachher ausdrücklich nur den Johannes und die Maria.

des Johannes galt und etwa 100 Jahre später von Justinian ein-
gerissen wurde. Die bis ans Ende des vierten Jahrhunderts
nachweisbare Duplicität von μνήματα, *memoriae* des Johannes
und die damit gegebene Zwiespältigkeit der Ueberlieferung über
den Ort seines Grabes ist im 5. Jahrhundert beseitigt. Aber
schon ehe das eine der μνήματα oder μαρτύρια über das andere
diesen unwiderruflichen Sieg gewann, hat es vor dem anderen
den Vorzug gehabt. Es muss schon lange vorher oder von jeher eines der beiden ganz überwiegend für die Grabesstätte gehalten worden sein. Die Plerophorie des Eusebius in Bezug auf
das weltberühmte Grab des Johannes, welche sich da zeigt, wo
er nicht den biblischen Kritiker, sondern den Panegyriker spielt [1]),
und ähnliche Aeusserungen des Chrysostomus [2]) sind unbegreiflich, wenn man in Ephesus während des vierten Jahrhunderts
ernstlich darüber uneins gewesen ist, wo eigentlich dies Grab
liege. Auch Hieronymus lässt sich durch seine Mittheilung über
die *duae memoriae Johannis* nicht abhalten, am Schluss des
Kapitels ohne Umschweif zu berichten, dass Johannes *iuxta
eandem urbem* begraben sei (vir. ill. 9). Bei Ephesus, nicht in
Ephesus lag diejenige *memoria Johannis*, welche schon damals
trotz des Vorhandenseins einer zweiten *memoria Johannis* allgemein für sein Grab galt. Wenn es sich nicht von selbst ver-
stünde, dass das diejenige Memoria sein müsse, welche im
5. Jahrhundert dafür galt und welche damals die andere völlig
verdrängt hatte, so würde die Ortsangabe des Hieronymus es
beweisen. Auf diese Hütte auf dem Berge hat man denn auch
die eben angeführten Aeusserungen des Chrysostomus und des
Eusebius zu beziehen. Sie muss aber auch schon existirt haben,
als Dionysius schrieb, wenn dieser die beiden μνήματα Ἰωάννου
kennt, von welchen das eine wenigstens vom Anfang des vierten Jahrhunderts an überwiegend, vom Anfang des fünften an
ausschliesslich für das Grab des Johannes galt. In diese Zeit
weist uns aber auch die syrische Legende. Obwohl diese vielleicht nicht lange vor dem J. 500 geschrieben worden ist (oben

---

1) Oben p. CVI Anm 2.
2) hom. 26 in ep. ad Hebr. (Montfaucon XII, 237). Nachdem er
über Propheten - und Apostelgräber gesprochen hat, sagt er Πέτρου μὲν
καὶ Παύλου καὶ Ἰωάννου καὶ Θωμᾶ δῆλοι οἱ τάφοι, τῶν δὲ ἄλλων το-
σούτων ὄντων οὐδαμοῦ γνώριμοι γεγόνασι. Cf. homil. in Joh. vol. VIII, 1 p. 9.

p. LVIII), so kann doch ihr hier in Betracht kommender Inhalt kaum später als um die Mitte des 3. Jahrhunderts erdacht worden sein. Nur solange als im Artemision noch Götzendienst ausgeübt wurde, und erst seitdem ein zu Ehren des Johannes errichtetes Gebäude auf dem Berge oberhalb des Tempels stand, konnte man dichten, dass Johannes von seiner Hütte auf dem Berge dem Gräuel da unten im Vertrauen auf die Macht des göttlichen Wortes langmüthig zuschaue. Da der Tempel 262 durch die Gothen gründlich zerstört wurde, so muss „die Hütte" auf dem Berge einige Zeit vorher dagestanden haben. Das passt zu dem Zustand, in welchem 3 Jahrhunderte später Justinian die Kirche fand, und zu den bescheidenen Dimensionen, deren Spur noch heute vorhanden zu. sein scheint.

Von der Mitte des dritten Jahrhunderts können wir in die erste Hälfte des zweiten aufsteigen, wenn die Johannesacten des Leucius um 130 oder auch nur vor 160 geschrieben sind. Sie bezeugen wenigstens soviel, dass man schon um diese Zeit den Johannes draussen vor den Stadtthoren begraben wusste [1]). Denn abgesehn davon, dass man dort $\pi\varrho\grave{o}$ $\tau\tilde{\eta}\varsigma$ $\vartheta\acute{v}\varrho\alpha\varsigma$ statt $\pi\varrho\grave{o}$ $\tau\tilde{\omega}\nu$ $\pi\nu\lambda\tilde{\omega}\nu$ erwarten sollte, wenn die Hausthüre gemeint wäre, so muss der Satz $\grave{\epsilon}\beta\acute{\alpha}\delta\iota\zeta\epsilon\nu$ $\pi\varrho\grave{o}$ $\tau\tilde{\omega}\nu$ $\pi\nu\lambda\tilde{\omega}\nu$, wenn er neben $\pi\varrho\sigma\epsilon\lambda\vartheta\grave{\omega}\nu$ $\tau\tilde{\eta}\varsigma$ $o\grave{\iota}\varkappa\acute{\iota}\alpha\varsigma$ einen Sinn haben soll, eine Wanderung zur Stadt hinaus bedeuten. So hat Prochorus den Leucius verstanden (unten p. 162, 11; 164, 9). Dort draussen lag die einem ephesischen Christen gehörige Grabesstätte, in welcher sich Johannes nach Leucius sein Grab graben liess. Es kann kein andrer Platz gemeint sein als der, an welchem im nächstfolgenden Jahrhundert die Hütte des Johannes stand. Denn durch welche Ereignisse sollte man veranlasst worden sein, anstatt des vor dem Stadtthor gelegenen Orts, welcher zur Zeit des Leucius für das Grab des Johannes galt, so bald nachher einen anderen, gleichfalls vor dem Stadtthor gelegenen Platz durch ein Gebäude als Grabesstätte des Johannes auszuzeichnen? Das Grab aber eines um d. J. 100 gestorbenen hochgefeierten Mannes, welches man um 130, spätestens um 150 dafür hielt, ist das historisch richtige. Die Kirche von Ephesus hat weder in der Zwischenzeit zwischen dem Tode des Johannes und der Abfassung der Johannesacten, noch zwischen dieser und der Zer-

---

[1]) Frgm. VI p. 245, 3 cf. oben p. CXIII.

störung des Artemistempels eine den Boden, worauf sie stand, umwälzende und sie selbst aus ihrem Boden entwurzelnde Katastrophe erlebt, wie die Kirche von Jerusalem um d. J. 70. Darum darf sie auch in Bezug auf das Oertliche, um mit Irenäus zu reden, μάρτυς ἀληϑὴς τῆς τῶν ἀποστόλων παραδόσεως heissen.

Aber um so mehr drängt sich die Nothwendigkeit auf, die im dritten Jahrhundert vorhandene, im fünften wieder verschwundene Duplicität von μνήματα, memoriae des Johannes geschichtlich zu begreifen. Es mag gewagt erscheinen, wenn ich zu dem Ende von der oben p. CXIII besprochenen Stelle des lateinischen Leucius ausgehe und zwar von der in sich widerspruchsvollen, aber vom griechischen Original weniger weit abgeirrten, also ursprünglicheren Gestalt, welche Abdias aufbewahrt hat. An dem Platz, wo Johannes seinen letzten Gottesdienst gehalten und nach Mellitus und einer Stelle des Abdias, aber nicht nach dessen fortlaufender Erzählung auch gestorben und begraben sein soll, muss zur Zeit des lateinischen Leucius, nach der Mitte des vierten Jahrhunderts, eine Basilica gestanden haben, wenn der lateinische Uebersetzer den Anachronismus hinschreiben mochte, dass die Basilica, in welcher Johannes den letzten Gottesdienst hielt, ihm zu Ehren zu seinen Lebzeiten erbaut sei. Man sieht ferner an dem Widerspruch, in welchen sich der lat. Leucius verwickelt, und bei welchem Abdias treulich stehen blieb, dass man diese in der Stadt liegende [1]) Basilica unter anderem auch als Todesstätte und, da Johannes sich lebend ins Grab gelegt haben soll, sofort auch als Grabesstätte betrachtete, während man doch daneben der griechischen Quelle entsprechend zu erzählen wusste, dass Johannes von dieser Kirche hinweg zu einem draussen liegenden Begräbnisplatz hinausgegangen sei. Da haben wir also die beiden *sepulcra* oder *memoriae*, deren Existenz am Ende desselben Jahrhunderts Hieronymus und Rufinus und früher Dionysius bezeugten. Bei Hieronymus zeigt sich, nur nicht so grell wie bei dem lat. Leucius, derselbe Widerspruch auch, wenn er von zwei memoriae Johannis und doch schliesslich nur von einem Grab vor der Stadt spricht. Ist nun bewiesen, dass schon der

---

1) Das erhellt schon aus dem Mangel jeder entgegengesetzten Andeutung bei Abdias V, 21 (Fabric. II, 580) und Mellitus (Fabric. III, 621), sodann aus der Darstellung des Abdias (V, 23 Fabric. II, 584) vom Begräbnis draussen.

griechische Leucius, wie die Tradition vom Anfange des 5. Jahrhunderts an ohne Schwanken das Grab des Johannes auf dem Burgberg wusste, und dass auch während der Zeit, für welche die Duplicität der Ueberlieferung bezeugt ist, die Hütte auf dem Berge ganz überwiegend für das Grab des Johannes gehalten wurde, so muss die in der Stadt liegende, gleichfalls nach Johannes genannte Baulichkeit (μνῆμα nach Dionysius, *memoria* nach Hieronymus, *basilica* nach dem lat. Leucius) ursprünglich etwas Anderes als das Grab bedeutet haben und dann unverdienter Weise zu der Ehre gekommen sein, Grabmal des Johannes zu heissen. Auf die ursprüngliche Bedeutung dieses Locals weist der lateinische Leucius deutlich genug hin. Was ihm eine Basilica ist, der Ort des Abschiedsgottesdienstes des Johannes, ist in seinem griechischen Original ein Wohnhaus (unten p. 245, 3). Da die ganze Gemeinde oder doch eine grosse Versammlung sich in demselben zum Gottesdienst zusammengefunden hat, so muss es das Haus eines reichen Christen zu Ephesus gewesen sein. Ein solcher ist jener Andronikus gewesen, bei welchem Johannes sein Quartier zu nehmen pflegte (unten p. 227, 2). Er hat einen Verwalter oder Rentmeister (unten p. 230, 20; 232, 12). Seine verstorbene Gattin ruht in einem verschlossenen Mausoleum, in welchem Raum für eine gottesdienstliche Feier ist (unten p. 231, 7 sq.). Man kann p. 228, 23 sqq. kaum anders verstehen, als dass die Versammlung, in welcher Johannes nach dem Tode der Drusiana eine Ansprache hält, an demselben Orte stattfindet, wo er sich vorher mit seinem Hauswirth unterhalten hat d. h. im Hause desselben. Wäre der Ort, wo Johannes Gottesdienst zu halten pflegte, ein anderer als das Haus, in welchem er zu wohnen pflegte, so würde auch der Anfang des Frgm. VI anders lauten. Es würde heissen, dass er sich an den Versammlungsort der Brüder begeben habe. Das Haus des Andronikus, in welchem Johannes zu Ephesus zu wohnen und die Gemeinde sich um ihn zu versammeln pflegte, ist während der mehr als zwei Jahrhunderte, welche zwischen dem griechischen und dem lateinischen Leucius liegen, zur *Basilica Joannis*, aber schon vor 260 zum μνῆμα Ἰωάννου geworden. Wie das Haus des Cornelius in Caesarea zur Zeit des Hieronymus eine Kirche Christi geworden war [1]); wie man zur Zeit

1) Im Bericht über die Pilgerfahrt der Paula bei Tobler descript. Palaest. ex saecc. IV. V. VI p. 13.

des Theodoret in Colossae glaubte das Haus des Philemon noch zeigen zu können [1]), so wird sich doch erst recht in Ephesus eine Tradition über das Wohn- und Predigthaus des Johannes erhalten oder, wenn man nach heutigem Brauch das Unnatürliche wahrscheinlicher findet, frei gebildet haben. Dies wird aber durch die eusebianische Chronik bestätigt. Die armenische Uebersetzung (Schoene II, 162) giebt zum ersten Jahr des Nerva den Satz: *aiunt et Johannem apostolum hoc tempore remissum ex insula Ephesum atque in suum hospitium reversum esse.* Das wäre ein sonderbarer Ausdruck dafür, dass Johannes schon vor seinem Exil in Ephesus gewohnt habe. Vergleicht man, dass Hieronymus (a: a. O. p. 21), wo er vom Besuch Bethaniens durch Paula erzählt, sich des Ausdrucks bedient *Mariae et Marthae vidit hospitium*, so dürfte klar sein, dass hier wie dort ein bestimmtes durch die Tradition ausgezeichnetes Haus gemeint ist. Die auf Eusebius beruhende syrische Epitome (Schoene II, 214) macht die Aussage der Chronik nicht deutlicher, stellt sie aber selbständiger hin: *ubi domicilium habebat.* In letzterer Hinsicht stimmt Hieronymus mit ihr überein, verdeutlicht aber auch das, was schon Eusebius selbst gemeint haben muss, durch die Worte: *in qua urbe et hospitiolum et amicos amantissimos sui habebat* (Schoene II, 163). Diese Worte finden sich ziemlich genau bei Abdias V, 2, und abgesehn von den oben p. LXXXVIII angedeuteten Gründen ist es an sich wahrscheinlicher, dass Abdias und der Interpolator des Mellitus und Hieronymus sie aus dem lateinischen Leucius genommen haben, als dass Abdias diese vereinzelte Notiz aus der hieronymianischen Bearbeitung der Chronik herausgefischt hat. Die sucht kein Legendenschreiber in einer so wortkargen Chronik, zumal dann nicht, wenn er in einer lateinischen Uebersetzung derselben Schrift, in deren Original wir noch heute den ganz entsprechenden Ausdruck finden, und welche er in grossem Umfang sich angeeignet hat, wesentlich dasselbe findet. Also aus dem lat. Leucius hat Hieronymus seinen Zusatz; aber der kürzere Ausdruck des Eusebius, welcher den Anknüpfungspunct für die Erinnerung des Hieronymus bot, besagt wesentlich dasselbe. Das *hospitiolum* (καταγώγιον = ἔνθα καὶ κατήγετο unten p. 227, 2) des Johannes war ein Stück ephesischer Tradition zur Zeit des Eusebius wie

---

des Hieronymus. Es war ein gottesdienstliches Gebäude; und
es ist sehr begreiflich, wie es längst als ein μνῆμα, eine *memoria* des Johannes bezeichnet und gelegentlich auch fälschlich
für seine Grabesstätte gehalten wurde [1]). War doch dieses Haus
durch die älteste schriftliche Tradition, die Acten des Leucius,
mit den Erinnerungen an den letzten Lebenstag des Apostels
aufs innigste verknüpft. Da hatte die Gemeinde ihn zum letzten
Mal gesehn und gehört; von da war er in seine Grabkammer
gegangen. Dass man vor der Zeit des Dionysius ein anderes
Haus als das zur Zeit des Leucius dafür geltende durch diese
Tradition sollte ausgezeichnet und zum μνῆμα Ἰωάννου sollte
gemacht haben, ist ebenso unvorstellbar, als dass man zur Zeit
des Leucius um 130 oder doch vor 160 in Ephesus nicht mehr
sollte gewusst haben, wo noch 30—50 Jahre vorher die Gemeinde sich um den Apostel versammelte.

Ob man die Stelle dieses *hospitiolum Joannis* auf dem heu-
tigen Boden von Ephesus noch ebenso nachweisen kann, wie
die Stelle des Grabes: das scheint eine unbescheidene Frage
zu sein. Aber eine andere Frage muss beantwortet werden,
wenn vorstehende Untersuchung der ephesischen Localtradition
nicht der Abrundung ermangeln soll. Wie erklärt es sich, dass
jenes Haus des Johannes, welches noch nach der Mitte des
4. Jahrhunderts als Basilica des Johannes bezeichnet wurde
oder in eine solche sich verwandelt hatte, aus der Tradition
des 5. Jahrhunderts völlig verschwunden zu sein scheint; dass
in den Jahren 431 und 449 nur noch von einem einzigen μαρτύριον Ἰωάννου, dem auf dem Schlossberg bei Ayassuluk die
Rede ist? Statt dessen hört man von einer Marienkirche zu
Ephesus, in welcher sowohl das ökumenische Concil v. 431 als
die Räubersynode v. 449 getagt hat [2]). Zugleich wird von Maria
so geredet, dass man nicht zweifeln kann, die Väter des Concils haben die von Epiphanius noch beanstandete Tradition sich
angeeignet, dass Maria zu Johannes nach Ephesus gekommen
und dort entschlafen sei (s. oben p. XXX Anm.). Die Ma-

---

1) Die umgekehrte Entwicklung liegt in der syrischen Legende vor.
Die traditionell echte Grabesstätte ist auch ihr ein Grab des Johannes,
aber zugleich die Hütte, worin er gewohnt hat s. oben p. CLIX sq.

2) Mansi IV, 1124; 1241; 1252; V, 186; Verhandlungen der Kirchenvers. zu Ephesus v. 449, aus dem Syrischen übersetzt von Hoffmann
p. 3, 35; 82, 1.

rienkirche zu Ephesus ist die Verkörperung dieser Tradition.
Sie wird im J. 431 wiederholt als die grosse Kirche der Stadt
bezeichnet (Mansi IV, 1241; V, 186) und durch nichts angedeutet,
dass sie eben erst 'erbaut sei. Andrerseits scheint doch eine
Marienkirche ausserhalb Palästinas vor dem Ausgang des 4. Jahrhunderts ein undenkbares Ding zu sein. Die zu Ephesus kann
nur entstanden sein oder ihren Namen erhalten haben, seitdem
man sich einbildete, Maria sei ihrem Adoptivsohn nach Ephesus
gefolgt, also etwa im letzten Viertel des 4. Jahrhunderts. Nun
verschwindet aber um dieselbe Zeit die in der Stadt gelegene
Basilica oder Memoria des Johannes und damit die Duplicität
der Johanneskirchen oder Johannesgräber. Ich sehe nicht, wie
man dem Schluss sich entziehen könne: wie der Johannes von
Ephesus die Sage verführt hat, auch die Maria dorthin zu bringen,
so hängt die Marienkirche zu Ephesus mit der Johanneskirche
in der Stadt Ephesus zusammen; und das gleichzeitige Verschwinden dieser und Auftauchen jener bedeutet, dass diese
sich in jene verwandelt hat. Die Idee dieser Entwicklung ist
klar, sowie man sich erinnert, dass die Johanneskirche in der
Stadt der Tradition als das Wohnhaus des Johannes galt. In
sein Haus also hat Johannes die ihm anvertraute Mutter Jesu
aufgenommen, und es hat sich in Ephesus um das J. 400 noch
einmal wiederholt, was Joh. 19, 27 berichtet ist: $\dot{\alpha}\pi'$ $\dot{\varepsilon}\varkappa\varepsilon\dot{\iota}\nu\eta\varsigma$
$\tau\tilde{\eta}\varsigma$ $\tilde{\omega}\varrho\alpha\varsigma$ $\ddot{\varepsilon}\lambda\alpha\beta\varepsilon\nu$ $\alpha\dot{\upsilon}\tau\dot{\eta}\nu$ $\dot{o}$ $\mu\alpha\vartheta\eta\tau\dot{\eta}\varsigma$ $\varepsilon\dot{\iota}\varsigma$ $\tau\dot{\alpha}$ $\ddot{\iota}\delta\iota\alpha$. Dieser mytho-
logischen Idee würde es aber nicht entsprechen, wenn die Jo-
hanneskirche zerstört, und eine Marienkirche an ihrer Stelle
erbaut worden wäre. Das widerspräche auch allzusehr der damals überall vorauszusetzenden Pietät gegen die Denkmäler der
apostolischen Zeit. Wahrscheinlicher ist es, dass man mit der
alten Memoria des Johannes eine neue nach Maria genannte
Kirche in Verbindung gesetzt hat, oder um eine der wachsenden
christlichen Bevölkerung von Ephesus entsprechende Hauptkirche
zu gewinnen, jene zu dieser erweitert hat. Der Name des $\Theta\varepsilon o$-
$\lambda\dot{o}\gamma o\varsigma$ musste dem noch heiligeren und eben damals an Popularität rasch steigenden Namen der $\Theta\varepsilon o\tau\dot{o}\varkappa o\varsigma$ weichen. Marien-
kirchen zu bauen galt im 5. Jahrhundert als Zeichen der Ortho-
doxie[1]), und Ephesus 'hielt zur Theologie der Alexandriner.

---

1) Cyrill in der oben p. CLXIII n. 4 angeführten Rede p. 381 sagt
von Maria: $\delta\iota'$ $\tilde{\eta}\nu$ $\varkappa\alpha\dot{\iota}$ $\dot{\varepsilon}\nu$ $\pi\dot{o}\lambda\varepsilon\sigma\iota\nu$ $\varkappa\alpha\dot{\iota}$ $\dot{\varepsilon}\nu$ $\varkappa\dot{\omega}\mu\alpha\iota\varsigma$ $\varkappa\alpha\dot{\iota}$ $\dot{\varepsilon}\nu$ $\nu\dot{\eta}\sigma o\iota\varsigma$ $\dot{\varepsilon}\varkappa\varkappa\lambda\eta\sigma\dot{\iota}\alpha\iota$
$\dot{o}\varrho\vartheta o\delta\dot{o}\xi\omega\nu$ $\tau\varepsilon\vartheta\varepsilon\mu\varepsilon\lambda\dot{\iota}\omega\nu\tau\alpha\iota$.

Ein Schein der Impietät aber war nicht ängstlich zu meiden, da der Θεολόγος sein Grab und seine Kirche auf dem Berge vor der Stadt hatte.

Wenn es unerlaubt schien, den Platz bezeichnen zu wollen, wo das Wohnhaus des Johannes gestanden hat, so ist es vielleicht erlaubt, auf dem Trümmerfeld von Ephesus den Platz zu suchen, wo um 431 und 449 die Hauptkirche der Stadt stand. Mit diesem wäre aber zugleich jener gefunden, wenn der vorstehende Versuch einer Entwicklungsgeschichte der hauptsächlichen christlichen Cultusstätte zu Ephesus nicht ganz mislungen ist. Kann derselbe einige Wahrscheinlichkeit beanspruchen, so fällt der Blick unvermeidlich auf die den Kunstarchäologen räthselhafte Doppelbasilica [1]), von welcher Hübsch [2]) folgende Beschreibung giebt: „vorne eine Kirche, die den dicken Pfeilern nach zu schliessen durchgängig gewölbt war, und unmittelbar hinter derselben eine zweite ebenso grosse Basilica, die ausser der Absis nicht gewölbt sein konnte, weil deren Seitenmauern zu schwach gewesen wären." Sollte die vordere, massiver aufgeführte, also wohl später angebaute Basilica nicht die Marienkirche sein, in welcher die Concilien von 431 und 449 tagten, die hintere aber die ältere Basilica des Johannes oder ein mit derselben zusammenhängender Umbau? Sollte diese Kirche dieselbe sein, welche zu der Zeit, da Th. Smith die sieben Kirchen Asiens besuchte, einzustürzen drohte, und sollte diese wirklich damals von Griechen der Umgegend Markuskirche genannt wor-

---

1) Auf dem Adler'schen Plan = E. — Falkener, Ephesus p. 152: *It is a very curious and unique example of a double church. The groined vault in the centre of the nave, the side arches of which were probably decorated with columnes, denotes an early period of construction. The axis of the church is directed to sixteen degrees south of west; but this is probably accidental, the church being placed parallel with all the other buildings of the city. Some idea may be formed of the immense size of the buildings of Ephesus, by looking at the general plan and considering that the nave of this church, which there forms so unimportant an object, is equal in width to the nave of St. Paul's. It is constructed of brickwork.*

2) Hübsch, die altchristlichen Kirchen 1862, Zeichnungen Tafel XXXI Nr. 8—11, Text S. 81 f. Im chronologischen Verzeichnis wird die Kirche als Nr. 104 unter die beiläufig um 600—750 anzusetzenden Kirchenbauten gestellt.

den sein [1]), so müsste hier abermals eine Vertauschung von Johannes Marcus und Johannes Zebedaei stattgefunden haben, umgekehrt wie in Jerusalem (s. oben p. CXXXIV n. 4). Zu denken und zu sagen giebt dem Kenner vielleicht auch die Angabe von Hübsch: „Bei der zweiten Kirche finden sich nur in den Ecken der Absis Treppen, die aber so enge sind, dass sie höchstens dazu gedient haben mögen, um auf die Dachung hinaufsteigen zu können." Führte die Treppe zur Wohnung des Bischofs, welche hier wie in Antiochien [2]) in baulichem Zusammenhang mit der Kirche gestanden haben mag? Oder besteht ein Zusammenhang mit dem alten Haus des reichen Andronikus, dem hospitiolum Joannis?

---

1) Bei Falkener l. l. vor den p. CLXXI n. 1 mitgetheilten Worten. Das Buch von Smith steht mir nicht zu Gebote. Ich ergreife die Gelegenheit, hier nicht nur auswärtigen Freunden, welche mich durch Mittheilungen aus hier nicht vorhandenen Büchern unterstützt haben, herzlich zu danken, sondern mir auch die Entschuldigung solcher Leser zu erbitten, welche daran gewöhnt sind, eine grosse öffentliche Bibliothek zur Hand zu haben. Alle Bücher, worin man möglicher Weise Rath findet, kann man sich nicht von auswärtigen Bibliotheken kommen lassen. Mit den Lücken der hiesigen muss es auch entschuldigt werden, dass nicht immer die besten Ausgaben der Kirchenväter, einige Male auch Migne's Nachdrucke citirt sind.

2) Eus. h. e. VII, 30, 19: ὁ τῆς ἐκκλησίας οἶκος, welchen der abgesetzte Paulus von Samosata nicht räumen wollte.

I.

Die Erzählung des Prochorus

von den

Thaten des Apostels Johannes.

Πράξεις τοῦ ἁγίου ἀποστόλου καὶ εὐαγγελιστοῦ
Ἰωάννου τοῦ θεολόγου, συγγράφοντος τοῦ αὐτοῦ
μαθητοῦ Προχόρου.

Ἐγένετο μετὰ χρόνον τινὰ μετὰ τὸ ἀναληφθῆναι τὸν κύριον
ἡμῶν Ἰησοῦν Χριστὸν εἰς τοὺς οὐρανούς, συνήχθησαν πάντες
οἱ ἀπόστολοι εἰς Γεθσημανῆ, καὶ εἶπεν Πέτρος πρὸς αὐτούς·
γινώσκετε ἀδελφοί, ὅτι ὁ κύριος ἡμῶν καὶ διδάσκαλος διαθήκην
ἡμῖν ποιησάμενος ἐνετείλατο ἡμᾶς πορευθῆναι εἰς πᾶσαν τὴν 5
οἰκουμένην καὶ κηρῦξαι καὶ βαπτίσαι εἰς τὸ ὄνομα τοῦ πατρὸς

Πραξεις-Προχορου V: bis θεολογου ebenso P¹, dann συγγραφεισα (!)
παρα Προχωρου ενος των επτα διακονων αποδοθεντος αυτου Ιωαννη υπο
των αποστολων, Anklänge an diese Form in p, im cod. zu Messina, im
Vatic. 1190 u. im Ambros. (s. die Einleitung); eine andere Form, welche
mannigfach abgeändert in P² Par. 523 c m¹ m² v vt sich findet, lautet
bei c so: περιοδοι ητοι θαυματα του αγιου ενδοξου και πανευφημου
αποστολου ιωαννου του θεολογου και ευαγγελιστου συγγραφεισαι παρα
προχωρου μαθητου αυτου ενος των επτα διακονων ανεψιου στεφανου του
πρωτομαρτυρος. Eine dritte Form, mit welcher Neanders Titel Aehnlichkeit hat, lautet in P³ m²: προχορου (προχωρου P³) ενος των επτα διακονων μαθητου γεγονοτος ιωαννου του θεολογου περι των (+ αυτου P³)
θαυματων και του κηρυγματος συγγραφης τε του ευαγγελιου και της αυτου
μεταστασεως | 1. μετα χρονον τινα V v m² Vat. 1190 (cf. p u. die Wiener
Hs. bei Lambek ed. Kollar IV, 298: ησαν οι αποστολοι παντες εν ιερουσαλημ προσκαρτερουντες τω λογω του θεου και τη διδασκαλια και ταις
προσευχαις. μετα δε χρονον τινα συνηχθησαν): >NP¹P²P³ m¹ cvt L|
2. χριστον V N P³ vt: + τον υιον του θεου P¹P²B L (filii dei vivi)|
5. ημιν vor ποιησ. NP¹P²B: και νυν (= καινην) V, dann aber ημιν
hinter ποιησαμενος, >διαθ. ημιν ποιησ. p | 5. ημας V: ημιν P¹P² v vt
m² p, του c m¹, > NP³ | 6. και κηρ. VP¹ c m¹ v p; του κηρ. P², κηρ.
vt, διδαξαι NP² m² | βαπτισαι P¹P²P³ c m¹ v vt: αυτους + V, παντας
+ NP² m², παντας τους πιστευοντας p | το vor ονομα u. die drei του
VNP¹ etc.: > v m² vt | ονομα: ονοματι nach εις το V

1*

καὶ τοῦ υἱοῦ καὶ τοῦ ἁγίου πνεύματος. ἐπιφοιτησάσης γὰρ τῆς
χάριτος αὐτοῦ εἰς ἡμᾶς πάντας μηδὲν ἕτερον ζητήσωμεν εἰ μὴ
τὸ κελευσθὲν ἡμῖν ὑπὸ τοῦ διδασκάλου, καὶ μάλιστα ὅτι
καὶ ἡ μήτηρ ἡμῶν πάντων μετῆλθεν τοῦ βίου τούτου. δεῦτε
5 οὖν, ἀδελφοί μου ἀγαπητοί, τῇ χάριτι τοῦ θεοῦ δῶμεν
ἑαυτοὺς ἐπὶ τὴν ἐντολὴν τὴν ὁρισθεῖσαν ἡμῖν ὑπὸ τοῦ ἡμῶν
διδασκάλου· ὅτι „ἰδοὺ ἐγὼ ἀποστέλλω ὑμᾶς ὡς πρόβατα ἐν
μέσῳ λύκων· γίνεσθε οὖν φρόνιμοι ὡς οἱ ὄφεις καὶ ἀκέραιοι
ὡς αἱ περιστεραί". οἴδατε γὰρ ὅτι ὁ ὄφις, ὅταν τις θέλῃ
10 ἀποκτεῖναι αὐτόν, ὅλον τὸ σῶμα παραδίδωσιν καὶ τὴν κεφαλὴν αὐτοῦ κρύπτει. καὶ ἡμεῖς οὖν θάνατον καταδεξώμεθα καὶ

1. επιφοιτησασης . . της χαριτος P¹ c v: επιφοιτησης m¹, εμφοιτη-
σασης m², επιφανησης V, επιφοιτησασα . . η χαρις P²P³N m³, vielleicht
bei Prochorus nicht unmöglich. Eine Correctur letzterer LA gibt p
(προτρεπεται μηδεν ετερον ζητειν κτλ.) | 2. αυτου VP¹P² B: του αγιου (+ αυ-
του p) πνευματος NP³ p | εις P¹P²P³B: εφ' VN | παντας: ⟩V allein | μηδεν
P¹P² B p: ουδεν NP³ m³, τι μη hinter ετερον V, dieser allein επιζητησω-
μεν | 3. ημιν VNP¹P²P² m² m³ (doch ist Amphil. undeutlich): ⟩ c m¹v |
υπο VP¹P²B: παρα NP³ | τ. διδασκ. NP³L (V + ημων, v ✕ ημων): τ.
κυριου ημων και διδ. P¹ c m¹, τ. κυριου και διδ. ημων πληρωσαι P² |
και μαλιστα VP¹: μαλιστα δε m² v, μαλιστα P² | 4. ημων παντων V:
παντων ημων v, του κυριου παντ. ημων P¹ m², αυτου P² (s. aber nächste
Note) | του βιου τουτου V: του βιου m², τον βιον P¹, τον βιον τουτου
v P², dieser + μαλλον δε η κοινη μητηρ παντων ημων και των μελλοντων πιστευειν εις αυτον. Den ganzen Satz von και μαλιστα an ⟩NP³L
c m¹ | 5. μου αγαπητοι VP¹P² c m¹ v: αγαπητοι vt p, μου m², ⟩NP³ |
του θεου VP¹ c m¹ m² v: της ομοουσιου τριαδος NP²P³ vt, trinitatis L,
του αγιου πνευματος p | 6. τ. ορισθεισαν V: τ. ρηθεισαν c m¹ m² v,
δοθεισαν P¹ P² p vt, την λεγουσαν N, ην ειρηκεν P³ m³ | ημιν VP¹P²P³
v vt m³: ⟩ N c m¹ m² | υπο — διδασκαλου VP¹B: υπο του κυριου ημ.
και διδασκ. ειποντος, P², ähnlich p vt, ⟩ NP³ | 7. οτι VNP¹B: ⟩ P²
P³ vt | εγω: ⟩ V allein | αποστελλω: nur V αποστελω | 8. γινεσθε VP¹
P²B: εσεσθε NP³ m³ | ως οι P¹P³ c m¹ v p: ωσει NP² m² vt, ως V |
οφεις P¹P³ c m¹ m² v vt: οφις VNP² p | 9. ως αι περιστεραι: ωσει
περιστεραι nur m², ωσαν περιστερα nur V | οιδατε γαρ V (geschrieben
ειδατε) cf L (notum vobis est): οιδαμεν γαρ P¹ m² v, και γαρ οιδαμεν
P², και οιδαμεν P³ c m¹ vt p, ⟩ N | οταν VP¹P²B: οτε NP² m³ | τις
θελη (oder θελει) VP²P³N p: θεληση τις P¹ c m¹ m², θελη τις v, nur
θελει m³ | 10. αποκτ. αυτον VP¹B: αποκτ. τον οφιν P², τουτον αποκτ.
NP³ m³ | παραδιδωσιν (oder — σι) VNP¹ v vt m¹: προδιδωσιν P²
(dieser ✕ αυτου) c m², προδιδει P² m³ | και την VNP¹P³ m² m³ v:
την δε P² c m¹ p | 11. αυτου: ⟩ nur N vt | θανατον VP¹ v m²: αγα-
πητοι ✕ NP³ c m¹ vt, αδελφοι p, αγαπητοι μου αδελφοι P² | κατα-
δεξωμ. . . . αρνησωμ. VP¹ etc.: καταδεξομεθα . . . αρνησομεθα NP²

Χριστὸν μὴ ἀρνησώμεθα. ὁμοίως δὲ καὶ αἱ περιστεραὶ διὰ πολλὴν ἀκακίαν τῶν ἰδίων τέκνων ἀποστεροῦνται καὶ τὸν ἴδιον
δεσπότην οὐκ ἀρνοῦνται. οἴδαμεν δὲ ὅτι προεῖπεν ἡμῖν ὁ διδάσκαλος ἡμῶν καὶ κύριος· ὅτι „εἰ ἐμὲ ἐδίωξαν, καὶ ὑμᾶς
διώξουσιν". πολλαὶ γὰρ θλίψεις ἡμᾶς μένουσιν, ἀλλ' ἔστιν τὰ 5
ἀποκείμενα ἀγαθὰ τοῖς θλιβομένοις διὰ τὸ ὄνομα αὐτοῦ. Ἀποκριθεὶς δὲ Ἰάκωβος ὁ ἀδελφὸς τοῦ κυρίου εἶπεν· καλῶς, πάτερ
Πέτρε, φρόντις σοί ἐστιν περὶ τούτων· καὶ γὰρ καιρὸς ἀπαιτεῖ
τοῦ ταῦτα γενέσθαι. οἴδατε δὲ πάντες ὑμεῖς, τί μοι ἐρρέθη
ὑπὸ τοῦ ἡμῶν διδασκάλου. καὶ ἀποκριθεὶς Πέτρος εἶπεν· πάν- 10
τες οἴδαμεν, ὅτι ὧδε ἐκληρώθης καὶ οὐ δύνασαι ἐξελθεῖν τὴν
πόλιν ταύτην. ἔβαλον οὖν κλήρους, καὶ ἔπεσεν ὁ κλῆρος τῆς
Ἀσίας ἐπὶ Ἰωάννην, καὶ βαρέως ἤνεγκεν περὶ τούτου καὶ στενάξας τρίτον καὶ δακρύσας ἔπεσεν ἐπὶ πρόσωπον καὶ προσε-

1. χριστον VP¹P²P³ c m¹ p: nur v ✕ τον, nur N τληναι, nur m²
> και χρ. μη αρν., nur vt hat den folgenden Satz über die Tauben vor
diese Aufforderungen gestellt; nur L + qui est caput nostrum | δε VP²
vt: > NP¹P³B | αι περιστεραι: nur V η περιστερα | δια πολλην αχ.
VP¹B: > NP²P³ m³ | 2. τεχνων: nur V νεοσων | αποστερουνται NP¹P³
c m¹: στεραιουται V, στερουνται vt, στερισχονται p m² (— ρησχ —) v,
υστερουνται P² | 3. αρνουνται P² v m² p: αρνατε V, απαρνουνται P¹P²N
c m¹ | οιδαμεν — οτι P¹ c m¹ m² v (dieser o vor χυριος): και γαρ
προειπεν ημιν ο χυρ. και διδ. ημων οτι P², οιδαμεν γαρ οτι παρων ειπεν
(παρηνεσεν P³) ημιν .... λεγων οτι NP³m³, χαι παλιν ο αυτος χυριος
και διδ. ουτως σοι λεγει V | 5. γαρ: > c m² | ημας P¹P²BV (dieser
hinter μενουσιν): υμας NP³ | τα VP¹P³B: > N, ganz abweichend P² |
6. αγαθα V p vt L P¹ (hinter θεου, so auch m², dagegen c m¹ hier mit
voraufgehendem εν ουρανοις): > NP³ m¹ v | θλιβομ. VP¹P³ m² v vt:
υπομενουσι c m¹ L | ονομα αυτου NP³ v: αγιον ✕ VL, το αγιον + c m¹
vt, ονομα θεου m², ον. του θεου P¹ | 7. πατερ VP¹P² c m¹ m² vt: ειρηνας
✕ P² p (dieser aber χυριε μου), > NL v | 8. φροντις σ. εστιν: nur
N φροντιζεις | τουτων VP¹P² m² vt: τουτου NP² c m¹ v | γαρ καιρος
VNP¹ vt: γαρ και ο καιρος P³ m¹ m² v, γαρ ο χ. c, ο καιρος P² | 9. του
VNP²P³ c m¹ vt: > P¹ m² v p | οιδατε — διδασκαλου: > P² | δε V
c m¹ vt L: χαι P³, > NP¹ m² m³ v | υμεις: > c m¹ | ερρεθη P¹ c vt:
ερρηθη m¹ m², ερεθη VNP³v | 10. ημων διδ. P¹ m² v: ημετερου διδ.
NP³ m³, χυριου ημων και διδ. V c m¹, χυριου vt L | χαι — ειπεν: χαι
ο Π. εφη προς αυτον αδελφε Ιαχωβε nur P² | παντες οιδ. NP¹P³ c m¹ v
vt: οιδ. παντες V, υμεις (sic) παντες οιδ. P², παντες ημεις οιδ. m² |
11. εξελθειν: + ουδε καταλιπειν ην παρα του χυριου χαι διδασκαλου
ημων χληρον ειληφας, την πολιν ταυτην. εβαλον ουν χληρους το που εκα-
στος απελθει χαι χηρυξει P² | 12. εβαλον: εβαλεν m² | 14. τριτον: > P² |
προσωπον V vt: αυτου επι την γην NP¹P³ c m¹, επι την γην P² m²,
επι γην V

κύνησεν πάντας τοὺς ἀποστόλους. καὶ λαβὼν αὐτὸν Πέτρος
ἀπὸ τῆς χειρὸς ἤγειρεν αὐτὸν καὶ εἶπεν πρὸς αὐτόν· ἡμεῖς
πάντες ὡς πατέρα σε ἔχομεν καὶ στερέωμα πάντων ἡμῶν τὴν
σὴν ὑπομονήν· καὶ τί τοῦτο ἐποίησας καὶ ἐτάραξας ἡμῶν τὰς
5 καρδίας; καὶ ἀποκριθεὶς Ἰωάννης μετὰ δακρύων καὶ στεναγμῶν
πικροτάτων εἶπεν· ἥμαρτον, πάτερ Πέτρε, ἐν τῇ ὥρᾳ ταύτῃ καὶ
μέλλω κατὰ θάλασσαν κινδυνεύειν· ὡς γὰρ ἔπεσεν ὁ κλῆρος
τῆς Ἀσίας ἐπ᾽ ἐμὲ, βαρέως ἤνεγκα καὶ οὐκ ἐμνημόνευσα τοῦ
διδασκάλου ἡμῶν εἰπόντος, ὅτι „καὶ αἱ τρίχες τῆς κεφαλῆς
10 ὑμῶν πᾶσαι ἀριθμημέναι εἰσὶν, καὶ μία ἐξ αὐτῶν οὐκ ἀπολεῖται". δεήθητε οὖν ὑπὲρ ἐμοῦ, ὅπως ὁ θεὸς συγχωρήσῃ μοι
περὶ τούτου. οἱ δὲ ἀναστάντες ἅπαντες ἔστησαν κατὰ ἀνατολὰς καὶ ᾐτήσαντο Ἰάκωβον τὸν ἀδελφὸν τοῦ κυρίου ποιῆσαι
εὐχήν. καὶ τούτου γενομένου ἠσπάσατο ἕνα ἕκαστον κατὰ

1. παντας hier VNP²P³ v vt p: hinter αποστολους P¹ (?) c m¹ m² |
λαβων P¹P² c m¹ v vt p: λαβομενος NP² m², λαμβανη V | Πετρος
VNP³ v vt m²m³: o ✕ P¹P² c m¹ p | 2. αυτον VP¹ (dieser von ηγειρε
an durch zweite Hand ergänzt) P³ c m¹ v vt: > N m², mehreres >
P² | 3. παντες VP²L vt: > P¹P²NB | την σην υπομονην P³ c m¹ cf L:
της τα (sic) υπομ. V, πατερ Ιωαννη + P¹N v m³, ηγουμεθα πατερ
Ιω. + m² p, η ση υπομονη υπαρχει P² | 4. τι τουτο επ. VP²P² c m¹:
τι επ. τουτο N vt, ο εποιησας P¹ m² v, quid igitur fecisti L | και εταρ.
V c m¹ vt: ταραξας NP³, ταραξαι P², εταραξεν P¹ m², νυν εταραξας p v |.
5. και αποκ. VNP¹P³ m² m³ p v vt: αποκ. δε P² c m¹ | Ιω. VNP¹P² v:
o ✕ c m¹ m² p | στεν. πικροτατων VP¹ m²: στεναγμου πικροτατου NP³
c m¹ v, στεναγμων P², mehreres > vt p | 6. πατερ NP¹P²P³ B
L: > V vt | εν — ταυτη VNP²: > εν P³ c m¹, εις την ωραν ταυτην
P¹ v, ως την ω. τ. m² m³ | 7. κατα θαλασσαν VNP¹P² (θαλατταν) v vt
m³ p: εν τη θαλασση c m¹ m² | κινδυνευειν VP² p vt: κινδυνευσαι επι
πολυ c m¹ m², κινδυνους μεγαλους (πολλους P¹ v m²) θεωρειν NP¹P³
v m² | ως: nur V οτι | επεσεν VNP²P³ c m¹ m³ vt: ηλθεν u. sofort επ'
εμε P¹ v m² | 8. ηνεγκα VP¹P²B (auch v) vt: περι τουτου NP² m³ |
και ουκ εμνημονευσα (V εμνημονευσον): nur vt εμνησθην γαρ, womit die
unter den Beilagen abgedruckte Episode eingeleitet wird | 9. διδ. ημων
NP²P³ m² m³ v: κυριου και ✕ VP² (dieser κυ. ημων) c m¹ | και N
(vorher οι, am Rand οτι) P¹P² (> αι) P³B: > V | 10. υμων: ημων
nur N | ουκ απολειται: ου μη απολητai P³ m³, den Satz > P² |
11. υπερ P²B: παρ᾽ (sic) V, τον θεον περι N, του θεου περι P³ |
εμου VP³ v: αδελφοι (μου + m²) αγαπητοι + N c m¹ m², αγαπ. αδελφοι
+ P³ | ο θεος: > NP³ | μοι: με VP² | 12. αναστaντες — και V: ανα-
στaντες και σταθεντες κατα αγατολας NP²P³ m³, σταθεντες κ. ανατ. απαν-
τες B (nur v παντες vor κατα) | 13. ποιησαι ευχην VP², ευ. ποι. NP³B |
14. τουτου γεν. V: ποιησαντος αυτου B, ebenso aber + την ευχην NP³
m³, εποιησαν εκαστος αυτου (sic) ευχην P² cf L | ησπασατο VB m²:

βαθμὸν τὸν ἴδιον, καὶ ἀπελύθησαν μετ᾽ εἰρήνης εἰς ἕκαστος αὐτῶν ἐπὶ τὸν ἴδιον κλῆρον· ἀπελύθη δὲ καὶ ἀπὸ τῶν ἑβδομήκοντα καθ᾽ ἕνα ὑπηρέτης, ἔλαχον δὲ ἐγὼ Πρόχορος μετὰ Ἰωάννου.

Καὶ ἐξελθόντων ἡμῶν ἀπὸ Ἱεροσολύμων ἤλθαμεν εἰς Ἰόπ- 5 πην καὶ ἐμείναμεν ἐκεῖ ἡμέρας τρεῖς παρὰ Ταβιθά. καὶ κατελθὸν πλοῖον ἀπὸ Αἰγύπτου τὸν φόρτον ἐπιφερόμενον εἱμάτων ἀπεφόρτωσαν ἐν Ἰόππῃ, ἐβούλετο δὲ ἐπὶ τοὺς δυτικοὺς τόπους διαπερᾶν. ἐμβάντων δὲ ἡμῶν ἐν τῷ πλοίῳ καὶ καθισάντων ἐν τῇ κοιλίᾳ αὐτοῦ, ἤρξατο κλαίειν ὁ Ἰωάννης καὶ λέγειν πρὸς 10 με· ὅτι θλῖψις καὶ θαλάττιος κίνδυνός με μένει, καὶ πολλὰ

ησπασαντο NP³, > P² | ενα εκαστον V: εκαστον c m² v, εκαστον ο Ιωαννης m¹, εκαστος N, εκαστος αυτον P³ m³ | 1. βαθμον τ. ιδιον V: τον ιδιον βαθμον c m¹ m², βαθμον P², αριθμον (v + τον) ιδον NP³ m³ v | απελυθησαν NP²P³ m³: απελυθη V m¹ m³ v, απειλυθημεν c | εις εκαστος αυτων NP³B: εκαστος vor μετ᾽ V, > P² | 2. απελυθη V vt (s. die Beilage A) L (missus est): απεδοθη N m² v p, επεδοθη P³ c m¹ m³, εδωθη P² | και — υπηρετης V cf L: εκαστω υπηρετης απο των εβδομηκοντα δυο NP³ m³ B (dieser > δυο), αυτοις και απο των εβδομηκοντα ενα εκαστον ανα εξ μαθητων P² | 3. Προχορος VP², auch N v, welche hier den Namen ebenso wie m³ weglassen, schreiben stets (P² nur im Titel nicht) so richtig, dagegen P¹P³ c p vt, auch wie es scheint in m¹ m² m³ regelmässig Προχωρος | 5. και εξελθ. . . . ηλθαμεν V: κατελθοντων ουν NP³ m² L, και κατελθοντων B (in v ursprünglich απελθ.), ganz frei P² | Ιεροσολ.: nur N Ιερουσαλημ | εις I. V (hier aber wie in m² Ιωπην) NP³ m³: εν Ιοππη P² c m¹ (Ιωπη) | 6. και εμειν. V cf L (ibi et mansimus): εμειναμεν c m¹ m³, ωστε αποπλευσαι (πλευσαι m² v) ημας επι τα μερη της Ασιας εμειναμεν NP³ m² v, επι το πλευσαι ημας προς την (εν τη vt) Ασια εμειναμεν δε P² vt | εκει V p· εκεισε B, εν Ιοππη P² vt, > NP³ m³ | ημερας τρεις hier VP²B (aber c m¹ m² τρ. ημ.) vt: hinter Ταβ. NP³ | και κατελθον NP² m² m³ (cf v der nach και κατελθοντων gleich zu ημων εν τω πλοιω l. 9 fortgeht): και ιλθον c m¹, και ελθοντος (πλοιου) P², πρωιας δε γενομενης εισερχεται V | 7. απο: nur V απ᾽ | τον φορτον (φαρτον V) επιφ. VNP³ m¹ vt (P² m² > τον): πεφορτωμενον c | ειματων N: ιματιων m¹ m², ιματια c, τιμματων V, γεννηματων P², τιμης νομισματων P³ m³, > vt | 8. απεφορτωσεν: nur V + δε | τους δυτ. τοπ. VNP³ m² m³: τα δυτικα μερη P² c m¹ vt | 9. εμβαντων δε VL (m³ εμβ. τοινυν): και εμβ. P²P³, κ. εμμενοντων N, κ. κατελθοντων v | εν τω — αυτου V: εν αυτω . . . κοιλια του πλοιου NP³ m³, εν τη κοιλια του πλοιου και καθεισθεντων P², nur εν πλοιω v, καθισ. εν τη κοιλια τ. πλοιου c m¹ | 10. κλαιειν nur c hinter Ιω. | 11. οτι VNP³ m²: τεχνον προχορε P² c m¹ v vt | θλιψις: nur V πολλαι θλιψεις (cf L) | θαλαττιος hier VN (θαλασσιος) P³ v: hinter κινθ. c m¹, ebenda θαλασσης P² m² | με μενει V (μενη) c m¹: μενει με v, εμε μενει P³, εμε μελει P², περιμενει με N, σε μενει vt

τιμωρηθήσεταί μου τὸ πνεῦμα, περὶ δὲ θανάτου ἡ ζωῆς οὐκ
ἀπεκάλυψέν μοι ὁ θεός. ἐὰν οὖν τέκνον διασωθῇς ἀπὸ τῆς
θαλάσσης, βάδιζε ἐπὶ τὴν Ἀσίαν καὶ εἴσελθε ἐν Ἐφέσῳ καὶ
μεῖνον ἐκεῖ μῆνας τρεῖς, καὶ εἰ μὲν ἐν τῷ τρίτῳ μηνὶ παρα-
5 γένωμαι, τὴν διακονίαν ποιούμεθα· εἰ δὲ παρέλθῃ ὁ τριμηναῖος
χρόνος καὶ μὴ παραγένωμαι, ἐπίστρεφε τέκνον εἰς Ἱεροσόλυμα
πρὸς Ἰάκωβον, τὸν ἀδελφὸν τοῦ κυρίου, καὶ ὃ ἐὰν ἐπιτρέψῃ
σοι, τοῦτο ποίησον. ὡς δὲ ἔλεγεν ὁ Ἰωάννης ταῦτα πρός με,
ὥρα ἦν ἑνδεκάτη. καὶ διεγερθεὶς λαῖλαψ μέγας, ἐκινδύνευε
10 συντριβῆναι τὸ πλοῖον. ποιησάντων δὲ ἡμῶν ἐν τῷ κινδύνῳ
ἀπὸ ὥρας ἑνδεκάτης μέχρι φυλακῆς τρίτης τῆς νυκτός, εἷς
ἕκαστος ἡμῶν ᾧ περιεπλάκη σκεύει τοῦ πλοίου, τούτῳ

1. μου τ. πν. VP²B vt: το πν. μου NP³ | 2. τεκνον VP² vt L: Προ-
χορε + NP³ m² m³ v, beides > c m¹ | 3. εισελθε — και: nur m¹ εισελ-
θων εν τη πολει Εφεσιων | 4. μεινον VNP³ m³ vt L: με + P²B | μην.
τρ. VP²P³ c m¹ m²: τρ. μην. N v | τρ. μηνι VP² vt: τριμηναιω χρονω
NP³B | παραγενωμαι V c m¹ m², dasselbe ist παραγινομαι P²P³ v: πα-
ραγινομαι N vt | 5. ποιουμεθα VP² vt: ποιουμεν NP³B | παρελθη — και
V (dieser allein παρελθοι) NP²P³ vt m³: εντος των τριων μηνων B |
6. μη V c m¹ v: ου NP²P³ m² m³ vt | παραγενωμαι VB, dasselbe —
γενομαι P²P³: παραγινομαι N vt | επιστρεφε VP³ v m³: επιστρεψον N
c vt m¹ (obwohl Amphil. επιστρεχον), υποστρεφε P² m² | τεκνον VL
m² v vt: > NP²P³ c m¹ m² | εις Ιερ. VP² c m¹ m² v vt: > NP³ m³ |
7. ο εαν: nur V ως αν, nur P¹, der hier wieder von der alten Hand ge-
schrieben ist, ο αν | επιτρεψη P¹P²B vt: επιστρεψη V, ειπη NP³ m³ |
8. ως: nur V οτε | ελεγεν VP² vt: ελαλει NP¹P³B | ο Ιω. hier VNP²
(> ο) P³ vt: hinter μετ εμου, wie dort statt προς με, B | ταυτα hier
V: vor ελεγεν oder ελαλει die andern | 9. ενδεκατη VP²L: ως δεκατη
NP¹P³ (c m¹ + της ημερας) m² m³, (ωραν) ωσει δεκατην v, den Satz
> vt | διεγερθεις — πλοιον P¹P³ (εκινδυνευσε) N (δη εγερθεις . . . ανε-
μος neben λαιλαψ) m² m³: die harte Construction (Kühner Gr. II, § 493, 4
p. 664) wurde vielfach geändert: διεγερθεντος λαιλαπος ανεμου εμελλω-
μεν κινδυνευσαι ωστε και το πλοιον συντριβεσθαι V, λαιλαπος διεγερθεντος εκινδυνευσε τριβηναι τ. πλ. c, ähnlich m¹ vt, διεγερθεις λαιλαψ
μεγας εκινδυνευσε συντριβη (!) το πλ. ν, διεγερθεντος λελαπος και ζαλη
μεγαλη (sic) της θαλασσης εκινδυνευομεν ωστε συντριβηναι τ. πλ. P² |
10. ποιησαντων: nur N πλευσαντων | 11. ενδεκατης VP²L vt: δεκατης
die andern, της ημερας + c m¹ | εις εκ. — συναναπλεομεν hier VNP³
p vt m³: hinter διερραγη το πλοιον mit voraufgeschicktem τοτε ουν P¹B,
> P², dagegen > L den Satz και δη κυρτωθ. — πλοιον | 12. ω περι-
επλακη σκευει P¹P³ m² m³ v: εις ο περιεπλακη σκευος c, εις ω περ.
σκευη m¹, περιεπλακημεν σκευη V vt, οπερ επελαβεν σκευει N | του πλ.
VP¹B: > NP³ m³ | τουτω NP¹P³B: και τουτοις vt, και V

συνανεπλεύσαμεν. καὶ δὴ κυρτωθέντων τριῶν κυμάτων καὶ
ἀπαφρισάντων δεινῶς καὶ ὑφ᾽ ἓν ἐλθόντων, διερράγη τὸ πλοῖον.
ὁ οὖν παντεπόπτης θεὸς ὡσὰν ποιμὴν ἐλαύνων πρόβατα οὕτως
ἡμᾶς δι᾽ οὐ ἐπεκράτησεν ἕκαστος ἡμῶν σκεῦος τοῦ πλοίου
ἤγαγεν ὡς ἐν ποταμῷ ῥευματώδει, καὶ περὶ ὥραν ἕκτην τῆς 5
ἡμέρας ἐξέβαλεν ἡμᾶς μετὰ τῶν σκευῶν τοὺς πάντας ὁμοῦ ἀπὸ
σημείων πέντε τῆς πόλεως Σελευκείας τῆς κατὰ Ἀντιόχειαν.
ἤμεθα δὲ οἱ πάντες ψυχαὶ τεσσαράκοντα ἕξ. πάντων οὖν
ἡμῶν ἐξελθόντων καὶ ἐπὶ γῆς κατακειμένων, μὴ δυναμένων
ἡμῶν πρὸς ἀλλήλους λαλῆσαι ἀπό τε τῆς ἀσιτίας καὶ τοῦ φόβου 10
καὶ τοῦ κόπου, ἀπὸ ὥρας ἕκτης ἕως ὥρας ἐνάτης ἐποιήσαμεν
κείμενοι. εἶτα εἰς ἑαυτοὺς ἐλθόντες ἤλθαμεν εἰς Σελεύκειαν
καὶ ὡς ναυαγίῳ περιπεσόντες ᾐτήσαμεν ἄρτους, καὶ λαβόντες

1. συνανεπλευσαμεν V v: συνανεπλεομεν N, συναπεπλεωμεν P¹,
συναπεπλεαμεν m², σπναπεπλευσαμεν c m¹ vt, συνανεπλεε P³ m³ | τριων:
>N, hinter κυματων m¹ v | κ. απαφρισ. δεινως VP²N (αποφρισ. so auch
P³) c m¹ vt: > P¹ m² v | 2. υφ᾽: εις v, εφ᾽ p | 3. ουν hier VNP¹P²P³
vt: hinter παντεπ. m² m³ v, τοινυν ebenda c m¹ | ωσαν VP² p: + τις
NP³ m², ωσπερ B (P¹?) | προβατα: προβατον nur N | 4. επεκρατησεν
P¹P³B: επεκρατη V, εκρατησεν N, απεκρατησεν P² p vt, die Stellung
nach VP² vt, hinter ημων P³ p v, hinter σκευους P¹ c m¹ m² | εκ.
ημων: > N, ημων > m² p | σκευος VP² c vt: σκευους NP¹P² (σκεβους)
m¹ m² v | 5. ως: > V vt | ποτ. ρευμ. VP¹P²B: ποταμου βυθω ρευμα-
τωδει P³ m², βριθορευματω N | 6. τους vor παντας NP¹ m² v: >VP²P³
m¹ c | 7. πεντε hier VP² c m¹: vor σημειων P¹P³N v vt | της πολεως
VP²P³ c m¹ vt: της N, > P¹ m² v | Σελευκειας (oder — ιας): Σελευκιου
nur V | Αντιοχειαν (— ας nur V): ανατολην P² | 8. οι παντες VP² vt:
αι πασαι P¹P³ c m¹ m², πασαι N v | εξ VNP³, cf auch P² der gleich nach
τεσσαρ. das εξελθοντων hat: δυο BP¹ (?) | 9. γης VP² vt: της ξηρας
NP¹P³B | μη VP¹ m¹ m² v: X και NP²P³ c | 10. ημων: > N | προς αλλ.
λαλησαι: nur P¹ προσλαλησαι αλληλοις | 10. τε P¹P²V (τη) m¹ m² vt:
> NP³ c m³ v | της ασ. και VNP²P³ c m¹ m³ vt: > P¹ v | 11. του
vor κοπου > nur V | απο ω. εκτης NP²P³ c m¹ (τεταρτης V vt): > P¹
m² v | εποιησαμεν VNP³ m³ vt: ημεν P², εμειναμεν P¹B; die Stellung
des Verbs nach VP² vt, hinter κοπου NP³, ebendort εμειν. κειμενοι
P¹B | 12. κειμενοι: + επι της γης V, υπερ τ. γ. vt | ειτα VP¹P²B: και
NP³ | ηλθαμεν V: ηλθομεν P¹P²P³ m² m³ vt: εισηλθομεν N (> das fol-
gende εις) c m¹ v | 13. περιπεσοντες: περιπεσουντες N | και λαβοντες
(λαβοντων ημων vt) εφαγομεν VL vt: και εφαγομεν. φαγοντων δε ημων
και εις εαυτους ελθοντων c m¹, λαβοντων δε (ουν P³) ημων και φαγοντων και εις εαυ. ελθοντων NP¹P³, dieser Text ist im m² m³ v sonderbar verbessert, indem ελθοντες statt — οντων zum folgenden Subject gezogen ist; dagegen P² wie die andern και φαγοντων ημων ενισχυσαμεν

ἐφάγομεν. καὶ ἤρξαντο διεγείρεσθαι κατ᾽ ἐμοῦ οἱ ναυαγήσαντες
μετ᾽ ἐμοῦ, ἀγόμενοι λόγοις πονηροῖς καὶ λέγοντες· ὁ ἀνὴρ ὁ
ὢν μετὰ σοῦ μάγος ὢν ἐμάγευσεν ἡμᾶς, θέλων τὴν ἐνθήκην
τοῦ πλοίου λαβεῖν καὶ ἀπελθεῖν, καὶ οὐκ οἴδαμεν, τί γέγονεν.
5 ὁ μάγε παράδος ἡμῖν τὸν μάγον ἐκεῖνον, ἐπεὶ οὐκ ἐῶμέν σε
ἐξελθεῖν τὴν πόλιν ταύτην, ἐπειδὴ θανάτου ἔνοχος εἶ. ποῦ
ἐστιν ἐκεῖνος ὁ κακότεχνος; ἰδοὺ πάντες οἱ ἐν τῷ πλοίῳ ὧδέ
ἐσμεν, καὶ αὐτὸς ποῦ ἐστιν; καὶ διήγειραν κατ᾽ ἐμοῦ πᾶσαν
τὴν πόλιν, καὶ πάντες ἐπείθοντο τοῖς λόγοις αὐτῶν. οὗτοι
10 οὖν κρατήσαντές με ἀπήγαγον ἐν τῇ φυλακῇ.

Καὶ τῇ ἐπαύριον προσήνεγκάν με ἐν δημοσίῳ τόπῳ ἐπὶ
τὸν πολιτάρχην. ὁ δὲ ἐπέφερέν μοι λόγοις σκληροῖς, λέγων πρός
με· πόθεν εἶ; καὶ ποίας θρησκείας ὑπάρχεις; καὶ τί σου τὸ

1. ηρξαντο: ηρξατο V | κατ᾽ εμου: κατα νουκ V | οι ναυ. VP² (οι δε
ναυ. ηρξαντο) L m ³: παντες ✕ NP³ v vt, οι του πλοιου παντες vor
διεγ. c m¹ | 2. αγομενοι V c m¹: ουτως ✕ NP³ m² m³ v, επαγομενοι
vt, ganz frei P² | λ. πονηροις και V c m¹ m²: λογους πονηρους και vt,
πονηροις λογοις v, λ. σκληροις NP³ m³ | ο ανηρ — μαγος VP² vt (v m²
✕ οτι): οτι ο ανθρωπος ... μαγος c m¹, οτι εμαγευσεν ημας ο μετα
σου P³ m³, so auch N aber ο σος εταιρος | 3. ων hinter μαγος VB vt:
ην και P², s. vorher NP³ | εμαγευσεν: nur V εγοητευσεν | την ενθηκ.
P² vt c m¹: ενθηκην V, την υποστασιν P³ m³ L, την υποσχεσιν N |
4. πλοιου VP³ c m¹ m³: + ημων NP² m² v | απελθειν V vt cf L (tol-
leret et abiret): ελαβε και απηλθεν NP³B (c m¹ αυτην hinter ελαβεν),
> mit mehrerem P² | γεγονεν P³ c m¹ m³ vt: + ημιν N (so auch m² v
und weiter οτι ουτως εξαιφνης δια της μαγειας υμων το πλοιον ημων
απωλετο), λεγωμεν V, den Satz > P²L | 5. μαγε NP²P³ m² m³ v vt:
> V, συ ουν ομοιος εκεινω μαγος υπαρχων c m¹ L | 5. παραδος (+ ουν
V) ημιν τ. μ. εκ. VP² vt: παραδος τον μ. NP³ m² m³, τ. μ. παρ. v, παρ.
ημιν τον μετα σου μ. c m¹ | επει VP² vt: επει δη NP³ m² v | 6. τ. πολ.
ταυ. hier VP²P³ c m¹ m³ vt (auch m² v: ουκ εξερχη τ. πολ. τ.): vor
εξελθειν N | επειδη V c m¹ vt: > N (dieser > auch θανατου) P³ m² m³,
γαρ v L, d. ganzen Satz > P² | 7. ιδου: + γαρ nur V | ωδε εσμεν
NP²P³ c m¹ vt L: διεσωθημεν V, den Satz > v m² | 8. κατ εμου hier
VP²B vt: nach πολιν NP³ | 9. ουτοι ουν κ. V vt cf. L (comprehendentes
igitur): και κ. P²B, και λαβοντες NP³ m³ | 10. τη: > N | 11. προσηνεγ-
καν VP²: ηνεγκαν NP³ m³, προσηγαγον vt, προσαγαγοντες m², προαγα-
γοντες c m¹ v | επι τον πολ. V vt: τω πολ. P²L, επι τους πολιταρχας B,
επι τους πρωτους της πολεως NP² m³ | 12. ο δε (πολιταρχης + P²)
επεφερεν VP² cf vt L: οι δε επεφερον P³ m³, οι δε επεφεροντο N ohne
μοι, ganz abweichend B | λογοις σκλ. VNP²: λογους σκληρους P³ vt m²,
das auch sonst vorkommende επιφερειν = „Schläge versetzen“ erträgt
den Dativ | λεγων πρ. με V: λεγων κατ εμου P², κατ᾽ εμου (εμε P³)
λεγοντες NP³ m³, κατ εμου ελεγε μοι vt

ἐπιτήδευμα καὶ τὸ ἐπικληθέν σοι ὄνομα; ἀπάγγειλον ἡμῖν πρὸ
τοῦ σε βασανισθῆναι κακῶς. ἐγὼ δὲ πρὸς ταῦτα εἶπον· Χριστιανός εἰμι· τῆς Ἰουδαίας γῆς ὑπάρχω· Πρόχορος καλοῦμαι·
ναυαγίῳ περιέπεσα θαλαττίῳ ὡς καὶ οἱ κατήγοροί μου. ὁ πολιτάρχης εἶπεν· πῶς οὖν εὑρέθητε ὅλοι ὁμοῦ παρεκτὸς τοῦ σοῦ 5
ἑταίρου; πάντως οὖν, ὡς οὗτοι λέγουσιν, μάγοι ἐστὲ καὶ ἐποιήσατε τὴν μαγείαν ἐν τῷ πλοίῳ, καὶ διὰ τὸ μὴ γνῶναί τινα,
αὐτὸς μὲν εὑρέθης μετὰ τῶν ναυτῶν, ὁ δέ σου ἑταῖρος ἐπῆρεν
τὴν ἐνθήκην τοῦ πλοίου ἐπὶ συντάξει σῇ. ἢ κακοῦργοί ἐστε
ἔνοχοι αἱμάτων ἀθώων, καὶ τὸν μὲν ἡ θάλασσα κατέπιεν, σὲ δὲ 10
ἠβουλήθη ἡ δίκη διασωθέντα ἀπὸ τῆς θαλάσσης κακῶς ἀπο-
λεσθῆναι ἐν τῇ πόλει ταύτῃ. ἀπάγγειλον οὖν ἡμῖν μετὰ πάσης
ἀκριβείας, ποῦ ἐστιν ὁ σὸς ἑταῖρος. ἐγὼ δὲ μετὰ κλαυθμοῦ
καὶ ὀδυρμοῦ πικροτάτου εἶπον πρὸς αὐτούς· Χριστιανός εἰμι
καὶ μαθητὴς τῶν ἀποστόλων τοῦ Χριστοῦ. αὐτὸς οὖν ὁ κύριος 15
ἐνετείλατο τοῖς ἀποστόλοις αὐτοῦ τοῖς δώδεκα πορευθῆναι εἰς
τὸν κόσμον καὶ διδάξαι καὶ βαπτίσαι πάντας τοὺς πιστεύοντας
εἰς τὸ ὄνομα τοῦ πατρὸς καὶ τοῦ υἱοῦ καὶ τοῦ ἁγίου πνεύμα-

1. το επικλ. σοι ον. VP² vt: τι το επ. ον. σου NP³ m³ | απαγγ. VP²
vt: αναγγειλον NP²B m³ | ημιν VP²B vt: dafür μετα πασης αληθειας
NP²m² | 2. κακως VP² vt: > NP³m³ | ειπον VP² vt: >NP²m³, ganz frei
B | 3. Ιουδαιας VNP³B: Ιουδαιων P² | 4. περιεπεσα VB: περιεπεσον P²,
περιπεσων N m³ | 5. ευρεθητε ολοι ομου VP²B vt (> ολοι): απαντες οι
εν τω πλοιω ευρεθητε N m³ (ευρεθησαν) | 6. ουν VB vt: > NP² | ως
ουτοι VN m³ L: ως αυτοι P² vt c m¹, > m² v | μαγοι — συντ. ση
l. 9 N: wesentlich so V (δολιοτηταν für την μαγ. u. ενθαδε statt
μετα των ναυτων) vt (μαγ. ohne την, μη statt μεν) cf LB, die ganze
Rede in P² ο σος εταιρος μαγευσας το πλοιον ειρεν την ενθηκην αυτου |
9. ἢ N so auch vt, da kein zweites η folgt: ἢ c m¹, οθεν V, > m³, ganz
anders m² v | εστε N vt m³: εστε ἢ c m¹, υπαρχοντες και V | 10. και N
c m¹ m³ vt: > V | η θαλασσα — θαλασσης N (aber ἡ βουλὴ θείη statt
ηβουληθη) c m¹ m³ vt L: > V | 11. απολεσθηναι N: ολεσθηται vt m³,
συνολισθηναι V, αναλωθηναι c m¹, perires L | 12. απαγγ. V c m¹ v vt:
αναγγ. N m² m³ | ημιν V c m¹ m² vt: > m³ v | 13. ο σος ετ.: nur V
εκεινος | 14 και οδυρμου V c m¹ vt: > N m³, > auch πικροτατου P²,
der hier wieder eintritt, cf L | ειπον πρ. αυτους VP² (αυτον) vt c m¹:
εφην· ειπον ημιν (υμων m³) οτι N m³, sehr abgekürzt und überein-
stimmend diese Rede v m² | 15. και VL: > NP¹ m³ vt, δε nach μαθ.
c m¹ | κυριος V c m¹ vt: Χριστος NP² m³, Christus dominus L | 16. τοις
απ. αυτου τ. δωδ. N c m¹ m³ vt: τοις ιβ απ. αυτου P², τοις αγιοις
αυτου απ. τ. δωδ. V | 17. τον κοσμ. V m¹ vt: απαντα + P² c, πασαν
την οικουμενην N m³ | τους πιστ. VP² c m¹: > N m³ | 18. εις — πνευ-
ματος: nur P² εις αυτον

τος. μετὰ οὖν τὸ ἀναληφθῆναι αὐτὸν εἰς τοὺς οὐρανοὺς πάντων συναχθέντων τῶν ἀποστόλων ἐν ἑνὶ τόπῳ ἡσυχαστικῷ,
λαχμὸν ἔβαλον, τὸ ποῦ ἕκαστος αὐτῶν πορευθῇ. τοῦ οὖν διδασκάλου τοῦ ἐμοῦ κληρωσαμένου τὰ μέρη τῆς Ἀσίας, δυσχερὲς
5 ἐφάνη αὐτῷ, καὶ διὰ τὸ διστάσαι τὸν λογισμὸν αὐτοῦ ἀπε-
καλύφθη αὐτῷ, ὅτι ἥμαρτεν καὶ ὑπὲρ τούτου δίκην θαλαττίαν
δώσει. καὶ ἐμβάντων ἡμῶν ἐν τῷ πλοίῳ, τὰ ἔχοντα ἡμῖν
συμβῆναι μετὰ ἀληθείας ἀπήγγειλέν μοι, καὶ ὅτι ἐν τόπῳ τῷ
καλουμένῳ τῷδε μεῖνον ἀριθμὸν ἡμερῶν, καὶ ἐὰν παραγίνωμαι
10 ἐντὸς τῶν ἡμερῶν τούτων τὸ κελευσθὲν ἡμῖν ὑπὸ τοῦ διδασκάλου ἡμῶν ποιῶμεν· εἰ δὲ μὴ παραγένωμαι, καθὼς εἶπον,
ἐπίστρεφε ἐπὶ τὴν ἡμῶν γῆν. οὔτε δὲ ὁ ἐμὸς διδάσκαλος μάγος
ἐστίν, ἀλλ᾽ οὔτε ἐγώ, ἀλλὰ Χριστιανοὶ τυγχάνομεν. σκρινιάριος
δέ τις ὀνόματι Σέλευκος κατελθὼν ἀπὸ Ἀντιοχείας διὰ χρείας

---

2. συναχθ. hier VP² c m¹: nach αποστ. N vt | ενι N c m¹ m³ vt:
> V, εν — ησυχ. > P² | 3. λαχμ. VN c m¹ vt: κληρους P², κληρον
m³ | εβαλον VP² (vor κληρους) c m¹ m³ vt: εποιησαν N | το V m³:
> P²N c m¹ vt | εκαστος VP² c m¹ vt: εις × N m³ | 4. του εμου NP²
vt: του ημετερου c m¹ m³, ημετερου vor διδ. V | κληρωσαμ. VP² c m¹
m³: κληροθεντος N | τα μερη P² c m¹ vt: επι τ. μερη N m³: τα περι V |
5. αυτω VP² L: το κληρωτικον τουτο + N c m¹ m³ | διστασαι VP² cm¹ m³
vt: διιστασθαι N | 7. δωσει V vt: μελλει δουναι m¹ (nur δουναι nach
Tisch. c?), τισει N m³, δεδωκεν ο και γεγονεν καθως και υμεις θεωρειτε
P², womit er zu l. 12 übergeht | εν τω πλ. VN m¹ m³: εις το πλοιον c vt |
εχοντα V c m¹ vt: μελλοντα N m³ | ημιν V (v m² hinter συμβαντα wie
sie statt εχοντα συμβηναι): > N c m¹ m³ vt | 8. συμβηναι V c m¹ vt:
συμβαινειν N m³ | απηγγειλεν N c m¹ m³ vt: προαπηγγ. v, προαπηγγ.
m³, ειπεν V | και V c m¹ vt: παραγγειλας N m³, ορισας μοι ημερας πλ.
v m² | τοπω V c m¹ vt: τω × N | τω κ. τωδε V (aber nach seiner
Weise τοδε): τωδε καλουμενω c m¹ vt (= genannt so u. so), τω και
μαρμαρεοντι N m³ (μαρεοντι), εν τη Ασια m² v, Ephesi L | 9. μει-
νον N m³: και + V, με + c m¹ vt | παραγιν. V: παραγενωμαι N c m¹
m³ | 10. εντος VL (infra): εν τω αριθμω N c m¹ m³ | υπο V c m¹ vt:
παρα N, περι m³ | 11. ποιωμεν V: ποιουμεν N c m¹ m³ vt | ει V: εαν
die andern | ειπον N m³: σοι + c m¹ vt, υμιν V | 12. επιστρεφε N m³:
επιστρεψον c m¹ vt, υποστρεφαι V | επι c m¹ m³ vt: υπο V, εις N |
ημων c m¹ vt: ιδιαν × N m³, ημετεραν V | δε VP² (der hier wieder
eintritt) vt: γαρ N m³, ουν c m¹ | 13. αλλ᾽ V: > NP² c m¹ m³ vt | αλλα
χρ. τυγχ. V vt (εσμεν c m¹): + εγω τε και αυτος N m², > P² | σκρι-
νιαριος VP²P³ c m¹ m² (σκρινιαρις) m³ v vt: σκαμβαριος N, so L am
Rand, im Text aber Selemnis quidam als Name | 14. ονομ. Σελευκος (σε-
λευκιος P³ m³): ην × P², der im Folgenden kürzt | χρειας: τινας ×
N v

δημοσίας καὶ ἀκούσας μου τοὺς λόγους τούτους πρὸς τὸν πολιτάρχην λαλοῦντος, ἐπέτρεψεν αὐτοῖς τοῦ ἀπολῦσαί με. καὶ
εὐθέως ἀπέλυσάν με καὶ ἐξῆλθον.

Διὰ οὖν τεσσαράκοντα ἡμερῶν εἰς τὴν Ἀσίαν φθάσας
ἦλθον ἐν ἀγρῷ τινι Μαρμαρέοντι καλουμένῳ, ἣν δὲ οὗτος πα- 5
ραθαλάττιος. καὶ δὴ ὑπάρχοντός τινος καταγωγίου παρὰ τὸν
αἰγιαλὸν κατέπαυσα ἐν αὐτῷ. ἀπὸ ἀδημονίας οὖν καὶ θλίψεως
οὐ μικρᾶς ἐτράπην εἰς ὕπνον, καὶ χορτασθεὶς ἠνέῳξά μου τοὺς
ὀφθαλμούς, καὶ ἰδοὺ ἀπὸ τῆς θαλάσσης κεκυρτωμένον κῦμα
δι᾽ ἤχους πολλοῦ, καὶ ἀπέπτυσεν τὸν Ἰωάννην. ἐγὼ δὲ εὐθέως 10
ἀναστάς, συμπαθῶν ὡς κἀγὼ διὰ τοιαύτης θλίψεως παρελθών
— οὐδὲ γὰρ ᾔδειν, ὅτι Ἰωάννης ἐστίν — ἔδραμον ἀντιλαβέσθαι

1. μου N c: verschieden gestellt von den andern, > V vt | προς τ.
πολ. λαλ. N m³ (λαλουντος aber vor τ. λογους): λαλ. (μου vt) προς τους
πολιταρχας P² vt, > c m¹ of L; λαλουμενους παρ᾽ αυτων V | 2. επετρ.:
επεστρεψεν V | αυτοις V vt cf L: αυτω m³, αυτον N, τω πολιταρχη B,
derselbe (d. h. c m¹ m² v) >του | 3. εξηλθον NP³ m³ (—θεν): + απο
Αντιοχειας V vt, απο Σελευκιας P² L, εκειθεν c m¹, > m² v. Aber
diese Hss. von B weichen überhaupt ab | 4. δια — φθασας VNP³ vt:
και δ. τ. ημ. εφθασα εις τ. Ασ. και P², ohne και zu Anfang c m¹, δια
τ. ημ. φθασας εις τ. Α. m³ v, die LA von m² ist nicht deutlich angegeben. Nach Ασιαν Anfang der grossen Lücke in N und sofort auch
Ende des Grynaeus und der Mittheilung Birchs aus vt | 5. Μαρμαρ. (s.
zu p. 12, 8) c vt, so später auch V, μαρμαραιωνι hier, μαρμαρεωτη P²,
μαρεοντι P³, μαρεωντη m¹, δρυοντι m² v, > L | ουτος V cf L (qui erat):
ο τοπος B, ουτος ο τοπος P² (m³ ?) | παραθ. V (L in littore maris):
+ και διυποβροχος P³ m³ (διαποβ.), παρα θαλασσαν B, παρα την θ. P²
gleich hinter καλουμ. | 6. και δη — αυτω V: καταγωγιου δε τινος (τιν.
>m²) οντος παρα (επι m²) τον αιγιαλον κατεψυξα (v, —ξεν m², κατελυσα
c m¹) εν αυτω B, anders L, > P²P³, και κατεψυξας m³ | 7. απο — υπνον
VP³ m³: ως ουν ετραπην εις υπνον P², der aber vorher das übrige unter-
gebracht hat, wieder anders und unter sich verschieden B | 8. χορτασθεις
V: χορεσας P², εξυπνος δε γενομενος v, και εξ. γεν. m², εφ ικανον τε
υπνωσας διυπνισθην c m¹, > m³ | ηνεωξα VP²: X ως P³ v m² m³, και
ως X c m¹ | μου hier VB: hinter οφθ. P²P³ | 9. και ιδου VP²: ιδου
P³ m² m³, ειδον v, εβλεψα εν τη θαλασση και ιδου c m¹, | 10. ηχους VP³
c m³ v: ηχου P² m¹ m² | πολλου VP² v m²: μεγαλου P³ m³, σφοδρου
c m¹ | και V m³: > P²P³B | απεπτυσεν VP²P³: αποπτυσαν m² v, ερριψε
c m¹ | εγω — αναστας VB (ευθυς c m¹) m³ (ταχεως): εγω δε δραμων
ινθεως αντιλαβεσθαι αυτου P² | 11. συμπαθων — θλιψεως V m³: συμπ.
ως δι αυτης της (της αυτης v) θλ. m² v, συμπαθησας αυτω ως δια τοι-
αυτης θλ. και αυτος c, so auch m¹, aber αυτον διελθοντα, > P² | πα-
ρελθων V: διελθων B m³ | 12. ουδε P² v m²: ουτε V, ου m³, ουκ (ηδειν
μεν) c m¹, aber den ganzen Satz früher | εδραμον αντ. αν. V: και X m³,

αὐτοῦ. καὶ ὡς ἤγγισα, ἐξέτεινα τὴν χεῖρά μου τοῦ λαβεῖν καὶ
ἀναστῆσαι αὐτόν. αὐτὸς οὖν προφθάσας ἀνέστη καὶ περι-
επλάκημεν ἀλλήλοις καὶ ἐκλαύσαμεν εὐχαριστήσαντες τῷ φι-
λανθρώπῳ θεῷ, καὶ οὕτως κατεψύξαμεν ἐν τῷ τόπῳ ἐκείνῳ.
5 καὶ ἦλθεν εἰς ἑαυτὸν ὁ Ἰωάννης καὶ ἠρξάμεθα τὰ συμβάντα
ἡμῖν διηγεῖσθαι ἀλλήλοις. καὶ αὐτὸς ἀπήγγειλεν· ὅτι τεσσαράκοντα ἡμέρας καὶ τεσσαράκοντα νύκτας ἐποίησα ἐπὶ τῆς θαλάσσης, ὑπὸ τῆς βίας τῶν κυμάτων περιφερόμενος. καὶ οὕτως
ἀπήγγειλα κἀγὼ αὐτῷ, ὅσα ἐποίησέν μοι ὁ θεός, καὶ ὁποίους
10 λόγους καὶ βασάνους ἐνεδείξαντο οἱ διασωθέντες μετ᾽ ἐμοῦ.
καὶ ἀναστάντες ἤλθομεν ἐν Μαρμαρέοντι καὶ ᾐτήσαμεν ἄρτους
καὶ ὕδωρ, καὶ ἐφάγομεν καὶ ἐπίομεν καὶ ὡδεύσαμεν τὴν ὁδὸν
ἡμῶν τὴν ἐπὶ Ἔφεσον.

Καὶ εἰσελθόντων ἡμῶν ἐν τῇ πόλει ἐκαθέσθημεν ἔν τινι

über P² s. zu p. 13, 10, εφρ. συναντ. αυτου v (m² ?), εφρ. vorher und hier
βουλομενος αντ. αυ. c m¹ | 1. και ως — αυτον V m³ (και vor εξετεινα)
L: > P²B | 2. αυτος — ανεστη V: προφθ. ουν αν. m² v, αυτος δε προ
του φθασαι με ανεστη P², προλαβων ουν εκεινος ανεστη c m¹, > m³ |
περιεπλ. V m² m³ v: περιπλακεντες P² c m¹ | 3. κ. εκλαυσ. ευχ. V:
κ. ευχ. εκλαυσαμεν και εδοκαμεν δοξαν m³, κ. κλαυσαντες ηυχαριστησαμεν
P², κ. κλ. επι πολο ηυχ. c m¹, κ. κλ. επιπολυ ευχαριστιαν εδωκαμεν κτλ.
m² v | τ. φιλανθρ. θεω V (c m¹ + των απαντων): τ. θεω των απαντων
m³, τω παντων θεω τω δυνατω m², τω παντοδυναμω θ. v, τον θεον P² |
4. και ουτως — εκεινω V: αναψυξαντων δε ημων . . . εκεινω P², και
κατανυξαντες μικρον m³, > B | 7. εποιησα VP² c m¹ m² m³: εποιησεν
v L | επι της θαλ. P² c m³ (dieser > εποιησα): εν τη θαλ. m¹ m² v,
υπο της θαλ. V | 8. υπο P² c m¹: και V, statt υπο — περιφ. in v m³
σκεπομενος υπο της δεξιας του θεου | περιφερ. hier V m¹: vor υπο c,
vor επι τ. θ. m³, επιφερομενος vor υπο P², > m² v | και ουτως — αυτω
P² m³: καγω δε απηγγ. αυτω c m¹, απηγγ. δε αυτω καγω m² v, και εγω
διηγησαμην αυτω V | 9. οσα επ. μοι (ημιν c m¹) ο θ. VP² c m¹: τα
συμβαντα μοι v, τας συμβασας μοι θλιψεις m², την οικονομιαν ην εποιησε
μοι ο θ. m³ | και οποιους — εμου V (m¹ ενεδ. μοι, c εποιησαν μοι, m³
εσκευασαν με): > P² v m² | 11. Μαρμαρ. V c m¹ m³: τω Μαρμαρεωτη
P², (και εισελθοντες) εν τω αγρω (ohne Namen) v m² | 12. και υδωρ
c m¹ m³: > P² v m² | εφαγ. κ. επ. P² c m¹ m² L: μετελαβομεν τροφης
m² v; ευφρανθεντες V | και ωδευσ. — Εφεσον c m¹ m³ P³ (> ημων)
V (ενισχυσαμεν für και ωδ.) cf L: > P² v m² | 14. και εισελθ. (εισελθ.
δε) ημ. εν τ. π. (Εφεσω + P²) VP²P³ m³ L: φθασαντες (φθασαντων)
δε την πολιν εισηλθομεν εν αυτη c m¹, και ουτως εισηλθομεν εν Εφεσω
v m² | εκαθεσθημεν VP² c m¹: εκαθισαμεν P³ m² v (m² ?) | τινι VP²
(hinter τοπω): > P³B m³

τόπῳ ἐν ἀρχῇ τῆς πόλεως. τὸ δὲ ὄνομα τοῦ τόπου ἐκείνου
ἐκαλεῖτο τόπος τῆς Ἀρτέμιδος, ἔνϑα καὶ πριβάτον ἐτύγχανεν
τοῦ πρώτου τῆς πόλεως ὀνόματι Διοσκορίδους. ἐδίδασκεν δέ
με ὁ Ἰωάννης λέγων· τέκνον Πρόχορε, μὴ γνώτω μηδεὶς ἐν τῇ
πόλει ταύτῃ, διὰ τί ἐληλύϑαμεν ἐνταῦϑα, μηδὲ τίνες ἐσμέν, 5
ἕως ἂν ὁ ϑεὸς ἀποκαλύψῃ ἡμᾶς καὶ σχῶμεν παρρησίαν ἐν τῷ
λαῷ τούτῳ. ταῦτα δὲ αὐτοῦ λαλοῦντος πρός με, ἰδοὺ γυνή τις
ἀνδρεῖα τῷ σώματι, ἥτις ἦν πιστευϑεῖσα τὸ πριβάτον, καὶ αὕτη
στεῖρα, δίκην ἡμιόνων ὑπέχουσα διὰ τὴν εὐσαρκίαν αὐτῆς καὶ
ϑαρροῦσα τοὺς μισϑίους αὐτῆς τοὺς ἐν τῷ πριβάτῳ ἰδιοχείρως 10
τύπτειν κακῶς, καὶ οὐδεὶς ἠδύνατο σχολάζειν τὸ ἔργον τοῦ βαλανείου ἐκείνου. ἐλέγετο δὲ καὶ ἐν πολέμοις ἐξέρχεσϑαι αὐτὴν καὶ
ῥίπτειν λίϑους καὶ μὴ ἀποτυγχάνειν. ἐδόκει δὲ τῷ σώματι
σωφρονεῖν, μᾶλλον δὲ ἀσχημονεῖν. στηριζομένη γὰρ τοὺς ὀφϑαλ-

---

1. εν αρ. τ. πολ. VP² c m¹ (hinter εκαϑ. v m²): > P³ m³ | το δε
— τοπος VP² (ohne εκεινου c m¹): καλουμενω σκοπος P³ m³, nur κα-
λουμενω v m² | 2. της Αρτ. V v: Αρτ. P²P³ c m¹ m³, αρτεμησιω m² |
ενϑα: ενϑεν V | πριβατον: so accentuiren regelm. VP² v, wie es scheint
auch m¹: P³ (saec. XIII) u. c vom J. 1549 haben πρεβατον, meines
Wissens keiner πρεβατον s. Winer Gr. § 6, 1 extr. | 3. ονοματι VP² (P³
m³ hinter Διοσ.): > B | Διοσκοριδους V etc.: Διοσκοριδης nur P² | εδ. δε
με P²: εδιδ. μοι δε V, και εδ. με m³, ελεγεν ουν ο Ιω. προς με c v m²,
ähnlich m¹: P³ (saec. XIII) u. c vom | 5. ενταυϑα VP³ m³: ενθαδε B, > P² | μηδε (η m²) τινες
εσμεν V m³: μηδε καν τ. ε. P², τινες ε. vor δια τι B | 6. ημας VP² B
(φατερωση ημας): ημιν τι ποιησομεν και τινες εσμεν m³ cf L | εν τ.
λαω τ. V: in Christo domino L, > die andern | 7. γυνη τις VP²P³: τις
γ. B | 8. και VP² c m¹: > P³ m² m³ v | 9. δικην ημιονων V c m¹ v: δ.
ημιονου η μουλων P³ m³, nur δικη P², > m² | υπεχ. schreibe ich:
επεχουσα VP³ v m³, εχουσα P², υπαρχουσα c m¹ m² | δια VP² c m¹:
αυτη × v, αυτη εις P³ m³ | και ϑαρρ. V (ϑανουσα) m³: και τη δυναμει
αυτης ϑαρρ. P², εαυτη ϑαρρ. v m², και ϑαρρ. τη εαυτης ρωμη και ανδρεια
c m¹, nur ϑαρρουσα P³ | 10. μισϑιους: μισϑους V | ιδιοχειρως VP²: ταις
ιδιαις χερσιν αυτης v, ιδιαις χερσιν c m¹, δια των ιδιων χειρων P³ m³ |
11. τυπτειν V (+ αυτους) P²: τυπτουσα P³ m³ v, ετυπτε c m¹ | σχολα-
ζειν VP²P³ m³ v: αμελειν c, ανελειν m¹, προσκαρτερησαι m² | το εργον
V P²P³ m³: τω εργω c m² v, εν τω ε. m¹ | 12. ελεγετο P² etc.: ελεγον
V | εν πολεμοις VP² c m¹: προς πολεμους m² m³, πρ. πολεμιους v |
αυτην hier VP²: vor εξερχ. oder εξιεναι (v m²) B | και ριπτειν (βαλλειν
m² m³) — αποτυγχανειν (αστοχειν m¹) VP²P³: > v | 13, εδοκει
— τελειος p. 16, 4 V c m¹ m³: nur bis σωφρ. v, bis ασχημονειν m², ganz
> P², noch mehr > L | δε V: τε v, δε και c m¹ m² m³ (+ αυτην) |
14. ασχημονειν V m² m³: ησχομονει c, ησχημονειν m¹ | στηριζομενη V:
στιβαζομενη c m¹ (> m³?)

μοὺς τοὺς μὲν ἱλαρῷ τῷ προσώπῳ παρενέβλεπεν, τοὺς δὲ σκληρῶς
καὶ ἀποτόμως προσέβλεπεν, ὡς εἶναι πόρνον τὸν ἕνα ὀφθαλ-
μὸν καὶ τὸν ἕτερον ἐλεύθερον. ὥς τις ἔχουσα τῷ τοιούτῳ
τρόπῳ, τοῖς πᾶσιν κατεφέρετο ἐχέφρων καὶ τέλειος. αὕτη οὖν
5 ἐξερχομένη τοῦ πριβάτου καὶ ἰδοῦσα ἡμᾶς καθεζομένους, ἐγγίσασα ἡμῖν καὶ ἀποβλεψαμένη τῷ σχήματι ἡμῶν τῷ ταπεινῷ
ἐλογίσατο λέγουσα· οὗτοι οἱ ἄνθρωποι ξένοι τυγχάνουσιν, καὶ
ἐνδεεῖς ἄρτων δύνανταί μοι χρησιμεῦσαι ἐν τῷ πριβάτῳ, μήτε
ὑπὲρ μισθοῦ πολλοὺς λόγους προτείνοντες, μήτε ἀμελοῦντες
10 τοῦ ἔργου διὰ τὸν ἐμὸν φόβον. εἶτα λέγει τῷ Ἰωάννῃ· πόθεν
εἶ ἄνθρωπε; ὁ δέ φησιν πρὸς αὐτήν· ἐξ ἀλλοδαπῆς γῆς τυγχάνομεν. ἡ δὲ πρὸς αὐτόν· ποίας; ὁ δὲ εἶπεν· τῆς Ἰουδαίας.
ἡ δὲ πάλιν πρὸς αὐτόν· ποίας θρησκείας ὑπάρχεις; ὁ δὲ ἀποκριθεὶς εἶπεν· Ἰουδαῖος τὴν ῥίζαν, Χριστιανὸς τὴν χάριν,
15 ναύαγος τὴν συμφοράν. ἡ δὲ πάλιν πρὸς αὐτόν· θέλεις μοι
καίειν τὴν κάμινον τοῦ πριβάτου; καὶ παρέχω σοι τὴν ὀφειλο-

1. τους μεν V: τοις μεν c m¹ m³ (dieser vorher δε τοις οφθαλμοις
εαυτην) | τους δε — προσεβλεπεν musste aus p ergänzt werden: τοις δε
βλοσυρω και ιταμω m¹, τοις δε σκληρως παρεβλεπεν m³ (wenn ich Am-
phil. recht verstehe), > V o u. wie gesagt P² L m² v | 2. πορνον (ver-
schrieben πορθον) V: αυτης ✕ c, αυτης + m¹ | 3. ετερον V: αλλον c m¹,
ενα m³ | ως τις — τελειος V: ως τοις νουν εχουσιν (εχ. νουν m¹) εφαι-
νετο (ευφραινετο m¹) c m¹ (ob auch m³?), wahrscheinlich entstanden
aus ως τις νουν εχουσα. Weiter haben nur c m¹ ονομα (δε + m¹) αυτη
Ρωμανα. Schon vorher L zu p. 15, 7 *mulier quaedam Romana, Romeca
nomine*. Die übrigen bringen später den Namen ohne Vorbereitung |
4. ουν VP² m¹ m² v: > c m³ | 5. του V B: εκ ✕ P², απο ✕ m³ | και
ιδουσα: εθεασατο c m¹ | ημας hier V (+ ησυχως) v c (+ εν τω τοπω,
so auch m¹ ohne ημας, u. εν ενι τοπω m³): hinter καθεζ. P² | εγγισ.
VP²: και ✕ m¹ v, δε + c m² m³ | 6. ημιν: τω τοπω nur P² | τ. τα-
πεινω V c P² (vor σχηματι): της ταπαινωσεως ημων m² m³ v | 7. ουτοι
οι ανθρ. B P² (ανδρες) m³: οτι οι ανθ. ουτοι V | τυγχ. V v m³ (+ και
ανεγνωριστοι m³?): υπαρχουσι c m¹ m², οντες P² | 8. αρτων V c m¹ m²:
αρτου P² m³, εις (statt ενδεεις) αρτον v | δυναται: nur V + ουν. | μοι
χρησ. V (εμοι) B m³: με δουλευσαι P² | εν τ. πριβ. VP²: εν τω βαλανειω
m¹ m² m³ v, εις το βαλανειον c | μητε υπερ — φοβον V, wesentlich
ebenso c m¹: nur μηδε μισθους πολλους προτειναντες v m², nur ανευ
μισθου P², ganz verwirrt m³ | 10. ειτα: nur c m¹ και ταυτα λογισαμενη |
11. προς αυτην V (B m³, aber > φησιν): > P² | γης V c v (m¹ m²
hinter τυγχ.): > P² | τυγχανομεν VP²: τυγχανω B L | 12. ο δε — ποιας
V (c m¹ m² wesentlich so): > P² m³ v | 15. ναυαγ. τ. συμφ. P² c m¹
m³ (ναυαγιος): εκ ναυαγιου διασωθεις V, ναυαγιω περιπεσων συμφορα
m², > v | παλιν V m¹: > P² c m² m³ v | 16. και παρεχω — σου V,
wesentlich ebenso B m³: > P²

μένην τροφὴν καὶ πᾶσαν τὴν χρείαν τοῦ σώματός σου. ὁ δὲ
εἶπεν· ἐγὼ ποιῶ τοῦτο. καὶ ἐμβλέψασα εἰς ἐμὲ εἶπεν· σὺ πόθεν εἶ; ὁ δὲ Ἰωάννης πρὸς αὐτήν· ἡμέτερος ἀδελφὸς τυγχάνει.
καὶ εἶπεν ἡ Ῥωμάνα· καὶ αὐτοῦ χρῄζω εἰς τὸ ἔργον τῆς περι-
χυτικῆς. εἰσήγαγεν οὖν ἡμᾶς ἐν τῷ βαλανείῳ, καὶ τὸν μὲν 5
Ἰωάννην ἐποίησεν καυστήν, ἐμὲ δὲ περιχύτην. ἐπεχορηγοῦντο
δὲ ἡμῖν παρ' αὐτῆς τρεῖς λίτραι ἄρτου καὶ ἑκατὸν τεσσαράκοντα
ἀργύρια εἰς τὴν λοιπὴν χρείαν.

Τῇ οὖν τετάρτῃ ἡμέρᾳ τῆς εἰσόδου ἡμῶν ἀφυήσας ὁ Ἰωάννης περὶ τὸ ἔργον τῆς καμίνου, εἰσελθοῦσα ἡ Ῥωμάνα καὶ ἐπι- 10
λαβομένη αὐτοῦ διασπαράξασα αὐτὸν ἔτυπτε κακῶς, ἅμα καὶ
ἐπιλέγουσα αὐτῷ· φυγοπολῖτα, ἐξόρισίμε, ἀχρήσιμε τοῦ ζῆν,
οὐκ ἐῶ σε. διὰ τί τὸ ἔργον σου μὴ δυνάμενος ἐνεργῆσαι, σὺ

2. και vor εμβλ. VP² v m² m³: δε και nach εμβλ. c m¹ | 4. και
ειπεν η P. VP² (dieser nur hier Ρωμαννα, sonst —ανα wie die andern)
c m¹: η δε λεγει v, η δε m², και ειπεν αυτη m³ | 5. ουν P² c m¹ m³ v:
δε m², και vor εισηγ. V | εν τ. βαλ. V c m¹ m³ v: εις τ. βαλανειον P²
m² | 6. εποι. καυστ. V: εταξεν εγκαυστην P² m² v, ετ. καμινοκαυστην m³,
εταξε καιειν την καμινον c m¹ | περιχυτην VP² m²: εποιησε ✕ c m¹,
του θερμου + v | 7. παρ' αυτης VB v: > P² | αρτου VP² v: καθ' ημε-
ραν + c m¹ L, εις διατροφην ημων + m³ | και εκ. τ. αργυρια VP² c
m¹ v (αργ. vor εκατον): και οβολοι τεσσαρες m³, et per annum quod cor-
pori necessarium esset L, statt aller Angaben τα προς την χρειαν τον
σωματος m² | 9. αφυησας V c m¹: αφηνιασας m², so wie es scheint auch
v, der hier beschädigt, ημελησεν P², εασαντος (του Ιωαννου) m³ |
10. περι — καμινου VP²: + και αποτυχων εισηκει πλησιον της καμινου
c m¹ (και ✕ v) περι την χρειαν τ. καμ. (+ αποτυχων v) m³ v, τα
περι της χρειας της κ. απετυχεν m² | εισελθουσα V m³: + ουν c,
+ τοινυν m¹, και εισελθ. P², ελθουσα v, ελθ. δε m² | και επιλ. V v m²:
και λαβομενη c m¹ m³, επελαβετο P² | 11. αυτου V c: αυτου και m³ v,
αυτου των τριχων και m¹, του Ιωαννου και m², nur και P² | διασπαραξασα
αυτον P² c m² v, σπαραξασα αυτον m³, εις γην τουτον ερριψεν διεσπα-
ρασεν m¹, διεσπαραξεν και V | ετυπτε κακως P² v: ετ. αυτον κακως V,
ετυπτεν m², επι της γης αμα δε και τυπτουσα αυτον κακως m³, ειτα
ηρξατο τυπτειν αυτον επι της γης κειμενον m¹, ähnlich c | αμα (+ δε V)
και επιλ. VP² c: nur επιλεγουσα v, λεγουσα m², τοιαυτα επιλ. m¹, επε-
λιγεν m³ | 12. αυτω P² (geschrieben αὐτό) c m¹ v: + ταυτα m³, ουτως
V, > m² | εξορισιμε (oder —ρησιμε oder —ρισημε oder —ρησημε) VP²
c m¹: εξοριστε v, εξορησιμαιε m² m³ | αχρ. του ζ. P² m³: ✕ και V,
αχρησιμε c m¹, > m² | 13. ουκ εω — προσηλθες V (nur fälschlich
προηλ.): ο επιστευθης εργον μη δυναμενος χρησιμευσαι δια τι προθυμως
προσηλθες το εργον P², ähnlich aber sehr mannigfaltig die andern,
darunter ου προσηλθες m² v

δὲ προθύμως προσῆλθες; τὰς ἐπιθεσίας σου ἐγὼ καταλύσω.
πρὸς Ρωμάναν εἰσῆλθες δουλεῦσαι, ἀκουσθεῖσαν ἀληθῶς καὶ
ἐπὶ ῥώμης. δοῦλος μου εἶ καὶ οὐ δύνασαι ἀποδρᾶσαι. κἂν
γὰρ φύγῃς ἔνθεν, ἐγὼ ἀναζητήσω σε· κακῶς σε ἀπολέσω·
5 ἐπὶ τὸ φαγεῖν καὶ πιεῖν εὐφραίνῃ, καὶ ἐπὶ τὸ ἔργον σιαίνῃ.
ναί, κακότροπε, ἄλλαξόν σου τὴν γνώμην [καὶ μὴ χεῖρον πρό-
βαινε]· πρὸς Ρωμάναν ὑπηρετεῖς. ἐξελθούσης δὲ αὐτῆς καὶ
ἀπελθούσης ἐν τῷ οἴκῳ αὐτῆς, ἀκούσας ἐγὼ πάντα τὰ λαληθέντα παρ᾽ αὐτῆς πρὸς Ἰωάννην, καὶ ὅτι πληγὰς πολλὰς ἐπή-
10 νεγκεν αὐτῷ μήπω πολλὰς ἡμέρας ἐχόντων ἡμῶν παρ᾽ αὐτῇ,
εἰσ λύπην καὶ ἀδημονίαν ἦλθον, οὐ μέντοι εἶπον τῷ Ἰωάννῃ.
γνοὺς δὲ αὐτὸς τῷ πνεύματι εἶπεν· τέκνον Πρόχορε, διὰ τὸ
διστάσαι τὸν ἐμὸν λογισμὸν γινώσκεις ὁποίῳ ναυαγίῳ περι-
επέσαμεν, οὐ μόνον δὲ ἡμεῖς ἀλλὰ καὶ ἄλλοι ἀναίτιοι τῆς κατα-
15 δίκης, ἧς εἶχον ἐγώ, περιέπεσαν. καὶ ἐποίησα τεσσαράκοντα
ἡμέρας ἐν τῇ θαλάσσῃ περιφερόμενος ὑπὸ τῆς βίας τῶν κυμάτων, ἕως ὁ θεὸς ᾧ ἥμαρτον ἠθέλησέν με ἐξελθεῖν ἐπὶ τῆς ξηρᾶς

2. εισηλθες V c m¹ m³: ηλθες P² m² v | δουλευσαι V P² c m¹: δου-
λευειν m² m³ v | ακουσθ. αλ. και P² B m³: > V | 3. επι ρωμης VP²
(—μην): επι της ρωμης c m¹ (Amphil. liess Ρωμης drucken), επι των
ρωμαιων m² m³ v | καν γαρ V: και γαρ εαν c m¹, και γ. η P², καν —
απολεσω > m² v | 4. ενθεν P² c m¹: εντευθεν V | αναζητησω σε κακ.
V: αναζητησασα σε κακ. P², —σασα κακ. σε c m¹ | απολεσω V c m¹:
αναλωσω P² | 5. επι τ. φαγειν — σιαινη VP² (c m¹ τω εργω, m³ v εις
το φαγ. . . εις το εργαζεσθαι): > m³ | 6. ναι V: > P² B m³ | κακοτ.
hier VP² m³: hinter γνωμην B | και — προβ. (geschrieben προβεναι)
nur V, welcher προς Ρ. υπ. > | 7. εξελθ. VP² c m¹ m³: απελθουσης
m² v | και απ. — αυτης V c m¹ (εαυτης οικω): > P², nur εν τω ιδιω
οικω v, nur εν τ. οικω m² | 8. ακουσας (—σασα V) — ηλθον V, wesentlich so
auch B (ηλθεν ο εμος λογισμος): και εμου ελθοντος προς Ιωαννην μετα
πολλης αδημονιας και θλειψεως δια τας πληγας ας υπηνεγκεν αυτον (sic)
μηπω πολλας ημ. εχοντων ημων P² | 12. αυτος VP² c m¹ m²: ο Ιωαννης
m³, > v | ειπεν V: προς με + P²B v | δια — γινωσκεις VP² c m³ v:
παντως γιν. οτι δια κτλ. m¹ m² | 13. οποιω VP²: ποιω m³, οιω c v, οιω
χαλεπωτατω m¹ m² | 14. ου μονον — και συ p. 19, 1: > v | αλλοι VP²
c m¹ m³: οι m² | 15. ης ειχον εγω V (geschrieben εις ηχον) c m¹ (εγω
ειχ.): ημων P², > m² m³ | περιεπεσαν schreibe ich nach V (περιεπεσα):
> P²B³ m³; vielleicht besser ης εχον εγω περιεπεσα | εποιησα VB m²:
ποιησαντες P² | τεσσ. ημερας VP²L: + και τεσσ. νυκτας m³, τοσαυτας
ημερας m², τεσσ. νυχθημερα c m¹ | 16. περιφ. — κυματων VP² m³ L:
> B | 17. εως — γης > P² | εως V: + ου B m³ | ω ημαρτον V m³ L:
> B | με hier V: nach εξελθ. c m², > m¹ m³

γῆς· καὶ σὺ λυπῆσαι καὶ ἀδημονεῖς ἐπὶ ῥαπίσματι γυναίου ἑνὸς
καὶ ἀπειλαῖς ψυχραῖς. ἄπελθε εἰς τὸ πιστευθέν σοι ἔργον καὶ
ποίει αὐτὸ μετὰ πάσης ἐπιμελείας. ὁ γὰρ κύριος ἡμῶν Ἰησοῦς
ὁ Χριστός, ὁ ποιητὴς τῶν ἁπάντων ἐρραπίσθη, ἐνεπτύσθη,
ἐφραγγελώθη, ὁ ποιητὴς ὑπὸ τῶν ποιημάτων, ἡμῖν γενόμενος 5
ὑπογραμμός· καὶ ἡμᾶς ἐν προθυμίᾳ ἄγων προεῖπεν ἡμῖν ταῦτα
πάντα. ἐν τῇ οὖν ὑπομονῇ ἡμῶν κτησώμεθα τὰς ψυχὰς ἡμῶν.
καὶ ταῦτα αὐτοῦ εἰπόντος ἐπορεύθην εἰς ὃ ἔταξέν με ἡ Ρω-
μάνα ἔργον. τῇ οὖν ἕωθεν ἐλθοῦσα πάλιν αὐτὴ πρὸς Ἰωάννην
ἤρξατο λέγειν αὐτῷ· εἰπέ, εἴ τι χρῄζεις ἐν ἑτέρᾳ σωματικῇ μετα- 10
λήψει, καὶ παρέχω σοι· μόνον χρησίμως πρόσεχε ὃ ἐπιστεύθης
ἔργον. ὁ δὲ Ἰωάννης πρὸς αὐτήν· καὶ ἡ χρεία τοῦ σώματος ἀρκεῖ
ἡμῖν καὶ τὸ ἔργον προσέχω. ἡ δὲ πρὸς αὐτόν· διὰ τί οὖν
μέμφονταί σε πάντες ὡς ἀχρησίμου ὄντος σου πρὸς τὴν ἐργα-

---

1. γης V m³: > B | λυπησαι V (Winer Gr. § 13, 2; Lobeck ad
Phryn. 360): λυπει σε P², λυπη c v, λυπης Amphil. ohne Variante |
κ. αδημ. P²Bm³: > V | ραπισματι P²: ραπισματος V, πειρασματι c m¹,
πειρασμω m² m³ v, in paucis convitiis . . . vanis tentationibus L | γυ-
ναιου ενος P² (+ μηδαμινου) c m¹ m³: γυναικαριου ενος m², γυναικος
V, unius mulieris L, τοιουτω v | 2. κ. απειλ. ψ. VB m³ (L s. vorher):
> P² | απελθε — επιμελειας > v | πιστευθεν V m² m³: εμπιστευθεν
P² c m¹ | και ποιει P²B m³: ποιων V | 4. ο vor Χρ. V: > P²B m³ |
ο vor ποιητης VP² c v: και m³, > m¹ m² | ερραπ. — ποιημάτων VP²:
ερραπισθη: εραπισθη V | 5. εφραγγ. V L: εσταυρωθη + B, über m³
scheint Amphil. durch Druckfehler dasselbe zu sagen | γενομ. υπογ.
VP² c m¹ (γινομ.) m³: υπολιμπανων υπογραμμον m² v | 6. εν πρ. V:
εις προθυμιαν P²B (m¹ + και μιμησιν αυτου) m³ | αγων VP²: αναγων
c m¹ (dieser vor εις), διεγειρων m² v | προειπεν VP²: γαρ + m² m³,
ειπε(ν) γαρ c m¹, den Satz > v | ημιν hier VB m³: hinter παντα P² |
ταυτα παντα P² m² m³ L: > c m¹, nur παντα V | 7. εν V m² m³ c v:
λεγων X P²L, οτι X m¹ | ημων (υμων geschrieben) κτησωμεθα τ. ψ. ημων
V v (> das erste ημων): υμων κτησασθε τ. ψ. υμων P² c m¹ m² m³ L |
8. και > m¹ m³, dieser aber ουν nach ταυτα | 9. παλιν αυτη V L: η
Ρωμανα P²B, > m³ | πρ. Ιω. VP² m³: > B, dafür τω Ιωαννη statt
αυτω | 10 ειπε VP²: > B m³ | εν ετ. σ. μεταληψει V: ετερας σωματικης
μεταληψεως P²B m³ (dieser τινος nach ετερας) | 11. και παρ. σοι VP²:
ειπε X c m¹, > m² v | προσεχε V c m² m³ v: προσχες m¹, προσελθε
P² | ο επ. εργον VP² (εργω) m³: το εργον (τω εργω c m¹ m²) σου vor
προσεχε B | 13. το εργον VP² m³ (+ προσεχομεν) cf. Clem. I ad Cor.
c. 2, 1 (?): τω εργω c m¹ v (m² + μου) | 14. μεμφονται B m³: μεμ-
φοντες V, μεμοντε P² | σε P²B m³: σου V | αχρησιμου: αχριστου P² |
πρ. την εργ. V: περι την χρειαν P² m² v, περι το εργον c m¹

σίαν. ὁ δὲ πρὸς αὐτήν· νεωστὶ ἄρχομαι τοῦ ἔργου τούτου καὶ
διὰ τοῦτο ἀστοχῶ, ἀλλὰ χρόνου προβαίνοντος πεισθῆναι ἔχεις,
ὅτι τεχνίτης εἰμί· ὅλαι γὰρ αἱ τέχναι χαλεπαίνουσιν πρὸς τοὺς
νέους. καὶ ταῦτα εἰπόντος τοῦ Ἰωάννου πρὸς αὐτὴν ἀπῆλθεν
5 ἡ Ῥωμάνα εἰς τὴν οἰκίαν αὐτῆς.

Καὶ ἰδοὺ ὁ διάβολος, ὁ ἀπ' ἀρχῆς μισόκαλος, σχηματισά-
μενος τὸ πρόσωπον τῆς Ῥωμάνας ἔστη κατὰ πρόσωπον Ἰωάννου
καὶ λέγει αὐτῷ· πάλιν τιμωρεῖς με, δραπέτα· ἠφάνισας τὸ
ἔργον· οὐ δύναμαί σου ἔτι ἀνασχέσθαι. καῦσον τοίνυν ἐκ
10 περισσοῦ τὴν κάμινον, ὅπως σε βάλλω ἐν αὐτῇ, καὶ μηκέτι
θεωρήσῃς τὸ φῶς τοῦτο· οὐ γὰρ εἶ ἄξιος. ὅμως ἐπειδὴ οὐκέτι
σοι θέλω προσέχειν, ἔξελθε ἐκ τῆς πόλεως ταύτης λαβών σου
τὸν συνεπιθέτην, καὶ πορεύεσθε εἰς τὴν χώραν ὑμῶν, ἀφ' ἧς
ἐδιώχθης διὰ τὰς κακάς σου πράξεις. καὶ λαβόμενος ὁ σατα-
15 νᾶς τὸ σκεῦος τῆς καμίνου ἀπειλῶν ἔλεγεν τῷ Ἰωάννῃ· ἀπο-
κτενῶ σε κακότροπε· ἔξελθε ἔνθεν· οὐ θέλω σε ὑπηρετεῖν με·
φεῦγε, ἐπεὶ κακῶς σε ἀπολέσω. ὁ δὲ Ἰωάννης γνοὺς τῷ πνεύ-

1. νεωστι αρχ. (ηρξαμην c m¹) VP²: ⊃ m¹ m² m³: νεος ειμι v | τού-
του VP²: > B | 3. ολαι V m¹ m³: πασαι c m² v, ολαι — νεους > P² |
χαλεπ. V m³: δυσχεραινουσι B | νεους: αρχαριους m² (?) | 4. και νοr
ταυτα VP² m³: ⊃ c m¹, απελθουσης δε της Ρωμανας εν τω οικω αυτης
ο μισοκαλος m² v s. l. 6 | ειποντος τ. Ι. V m² m³: ειπ. αυτου c, ειπων
Ιωαννης P² | πρ. αυτην V: πρ. Ρωμαναν c m¹ m³; > P² | 5. η 'Ρ. P²:
εκεινη c m¹ (m³?), > V | τ. οικιαν αυτης VP²: τον εαυτης οικον c m¹,
über m² v vorher | 6. και ιδου ο V: ο δε P² c m¹ m³, ο m² v | διαβ.
— μισοκαλος VP²: απ' αρχης μισ. διαβ. c m¹, nur μισ. διαβ. m² v |
σχημ. το προσ. VP² m³: οφθεις εν σχηματι B (οφθεις hinter Ρωμ. und
+ τω Ιωαννη v, letzteres auch m²) | 7. της: > nur V | 8. τιμωρεις με
VP² m² m³ v: τιμωρησομαι σε c m¹ | ηφαν.: + γαρ c m¹ | 9. εργον:
σου + v | ετι V m² m³: ουκετι P² c v | ανασχεσθαι V: ανεχεσθαι P²B |
τοινυν V: > P² c m¹ m³, καλως m² v | 10. βαλλω VP² m¹ m² v: βαλω
c m³ | εν αυτη V: εσω P² m³, εκει B | και (ινα P² m³) μηκ. θεωρησης
(θεωρησεις m³, θεωρεις P²) . . . αξιος (+ του ζην m³) VP² m³: > B |
11. ομως επειδη VB: nur επειδη P², nur ομως m³ | 12. σοι hier VP²
(συ) c v: hinter θελω m¹, > m¹ m³ | προσεχειν: προσχειν (sic) nur V |
εξελθε V m² v: επιθετα X P², επιθ. + c m¹ m³ | εκ τ. πολ. τ. V:
P²B m³ | 13. τον: και X c m¹ | πορευεσθε V: πορευου P²B m³ | υμων
V: σου P², > B m³ | αφ' VP² c m¹ m²: παρ' m³ v | 14. σατ. VP² m³:
δαιμων B | 15. απειλων V: μετα X P²B m³, nur passend wenn man wie
v > αποκτ. σ. κακ. | αποκτενω: nur P² αποκτεινω | 16. κακοτροπε VP²
c m¹: κακοτεχνε m³, κακοχωρε m² , > v | ενθεν P² c: εκειθεν m² v,
εντευθεν m¹, ουν εντευθεν V | με VP² m³: μοι B | 17. επει VP² c m¹
m²: μη m³ v | απολεσω V c v: ολεσω P² m¹ m², αναλωσω m³

ματι, ὅτι ὁ δαίμων ἐστὶν ὁ προσπαραμένων τῷ βαλανείῳ, ἐπι-
καλεσάμενος τὸ ὄνομα τοῦ πατρὸς καὶ τοῦ υἱοῦ καὶ τοῦ ἁγίου
πνεύματος ἐδίωξεν αὐτὸν παραχρῆμα. τῇ δὲ ἕωθεν ἦλθεν ἡ
Ῥωμάνα καὶ λέγει αὐτῷ· πάλιν πολλὰ λέγουσιν περὶ σοῦ, ὅτι
τὸ ἔργον σου οὐ προσέχεις, ἀλλὰ θελήματι κακῷ τοῦτο ποιεῖς, 5
ὅπως σε ἀπολύσω. καὶ οὐ δύνασαι οὐκέτι ἐξελθεῖν ἀπ' ἐμοῦ·
ἐὰν γὰρ θελήσῃς ἐξελθεῖν, ἐν τῶν μελῶν σου χρήσιμον οὐκ ἐᾷ.
καὶ ἐν πᾶσιν τούτοις οὐκ ἀντεῖπεν ὁ Ἰωάννης. καταλαβομένη
δὲ τὴν ὑπομονὴν αὐτοῦ καὶ τὸ πρᾶον καὶ ἡσύχιον αὐτοῦ, ἐνό-
μιζεν τοῦτον ἰδιώτην εἶναι, ἐπήγαγεν δὲ αὐτῷ καὶ λόγους δοκι- 10
μαστικοὺς μετὰ ἀπειλῶν σκληρῶν, λέγουσα αὐτῷ οὕτως· οὐκ
εἶ μου δοῦλος, κακότροπε; τί λέγεις; οὐχ ὁμολογεῖς τὴν σὴν
τύχην; εἰπέ, ἀποκρίθητί μοι. ὁ δὲ Ἰωάννης εἶπεν· ναί, δοῦλοι
ὑπάρχομεν, ἐγώ τε ὁ ἐκκαυστὴς καὶ Πρόχορος ὁ περιχύτης.
Αὕτη οὖν ἡ Ῥωμάνα φίλον ἔχουσα δικολόγον ἐδίδαξεν 15
αὐτόν· ὅτι δύο καταλειφθέντες μοι δοῦλοι ὑπὸ τῶν ἐμῶν γο-

---

1. ο vor δαιμ. V m¹ m² m³ v: > P² c | βαλ. VP² c m¹ L: βωμω
της αρτεμιδος m² m³ v | 2. του πατρος — πνευμ. VP² c m¹ m³: του
κυριου Ιησου Χριστου m² v L | 3. παραχ. hier VB m³: vor εδιωξεν P² |
δε εωθεν VP² m³ (εωσεν?): ουν επαυριον B | ηλθεν VP²: ελθουσα B
m² (+ παλιν) | 4. αυτω V: τω Ιωαννη P²B m³ L | 5. το εργον σου
V m²: τω εργω c m¹, του εργου σου m² v (s. p. 19, 13) | ου προσεχεις
VP² (—ης) c m¹ m³: αμελεις m² v | αλλα VP² c m¹ m³: και m² v |
τουτο VP²: ταυτα B m³ | 6. απολυσω: + εντευθεν m³ | και ου δ. P² m³
c: ου δ. ουν V, αλλ' ου δ. m² v m¹ (ουκετι δυνηση) | ουκετι vor εξ. V
c: hinter εμου P², vor δυν. m¹, > m² m³ v | 7. γαρ V c m¹ m²: και
+ v, δε m³, δε και P² | εξελθειν P² c m¹ m² m³: τουτο ποιησαι V,
> v | εν c m¹ m² m³: ενα (sic) VP² v | 8. και VP² m² m³ v: (εν πασι)
δε c m¹ | 9. d. erste αυτου V v m¹ (vor την υ.): Ιωαννου P², του Ιω. m² | και
το V c: το τε P² v, το πραον τε m¹ m² | τ. ησυχιον VP²: τ. ησυχον B,
την ησυχιαν m³ | ενομιζεν VP² c: ενομισεν m¹ m² v, και νομιζουσα m³ |
10. τουτον VP²: αυτον B m³ | επηγαγεν VP² c m³ v: επηγεν m¹ m² |
αυτω B m³: αυτον VP² | 11. σκληρων VB: σκληρους m², > P² | αυτω
ουτως V m³: > P²B | 12. μου: μοι V | τι λεγ. P² m¹ m² m³ L: >V v |
ουχ — ειπε P² m³ L (> ειπε): nur ειπε c m¹ m², alles > V v |
13. μοι: nur V + προς ταυτα | ειπεν (oder —πε) P²B (m² + αυτη)
m³: λεγει V | 14. εγω τε V (+ και vor ο ε.) m³ v: και εγω P² c, >
m¹ m² | ο εκκ. V m¹ m³: ο εγκ. P² c m², >V | ο περιχ.: >v | 15. Ρωμ.
VP² m³ v: κακη × c m¹ m² | δικολ.: δικαιολ. V, aber nachher wie
die andern; τινι δικολογω και (sic) P² | 16. οτι VP²: λεγουσα × B m³ |
δυο: > m² | κατ. μοι δ. κτλ. VP²: δ. κατ. μοι κτλ. c m¹ (m² m³?);
δ. υπο τ. εμων γον. κατ. μοι v

νέων ἀπέδρασαν ἐπὶ πολλὰ ἔτη, τὰς δὲ ὠνὰς αὐτῶν ἀπώλεσα,
νῦν δὲ παρεγένοντο πρός με καὶ ὁμολογοῦσιν δοῦλοί μου ὑπάρ-
χειν. δύναμαι οὖν ἑτέρας ὠνὰς ποιήσασθαι; ὁ δὲ δικόλογος
πρὸς αὐτὴν ἔφη· ἐὰν τὴν ὁμολογίαν ποιοῦνται, ὡς ὅτι δοῦλοί
5 *σου ἐτύγχανον ἐκ προγόνων, καὶ νῦν πάλιν ὁμολογοῦσιν δοῦλοί*
σου εἶναι, δύνασαι αὐτοὺς παρόντων μαρτύρων ἀξιοπίστων
τριῶν πιστώσασα τὰς ὠνὰς αὐτῶν ποιήσασθαι ἐπ᾽ ἀσφαλείᾳ.
ὁ δὲ Ἰωάννης γνοὺς τῷ πνεύματι εἶπεν πρός με· τέκνον Πρό-
χορε, γίνωσκε ὅτι τὸ γύναιον τοῦτο ὁμολογίαν ἡμῶν ἀπαιτεῖ
10 *ἔγγραφον, ὡς ὅτι δοῦλοι αὐτῆς ὑπάρχομεν, παραστήσασα καὶ*
μάρτυρας τρεῖς ἀξιοπίστους. μὴ οὖν σχῇς λύπην περὶ τούτου
ἐν τῇ καρδίᾳ σου, ἀλλὰ μᾶλλον χαῖρε καὶ ἀγαλλία, καὶ ποι-
ήσωμεν οὕτως. διὰ γὰρ τούτων ὁ θεὸς τάχιστα ἔχει δεῖξαι
τῇ γυναικί, τίνες ἐσμέν. ἰδοὺ γὰρ ἀνήγγειλεν τῇ ὥρᾳ ταύτῃ
15 *τῷ δικολόγῳ κατὰ τὸν ἴδιον αὐτῆς νοῦν, καὶ πρὸς τὴν διδαχὴν*

1. δε: ουν P², dieser stets ονας | 2. δε VP² c m³: ουν m¹ m² v |
μου VP² m³: > B | 3. ουν VP² v: > c m¹ m² m³ | ποιησασθαι VP²
m²: ποιησαι c m³, τουτων ποιησαι m¹, (τας ωνας) αυτων ποιησαι v |
δικολ.: > P² | 4. εφη VP²: λεγει vor προς c m¹, > m² m³ v | την ομ.
ποιουνται VP² m³ v (τας ομ. π. c): την ο. ποιωνται m², ομολογωσιν m¹ |
ως V: > P²B m³ | οτι —ειναι VP² m³ (aber Amph. nicht ganz deut-
lich): οτι και εκ προγονων και νυν (παλιν + m¹) δουλοι σου εισι B |
6. αυτους V: αυτων P² m³, > B | παροντων V (geschr. παρων των)
L (illis praesentibus): στιχοντων P², ισταμενων m³, > B | μαρτ. —
πιστωσασα V: μαρτυρας τρεις αξιοπιστους προσαξασα P², επι τριων
μαρτ. αξ. B, και μαρτ. εχουσα τρεις αξ. m³ | 7. τας — επ᾽ VP² m³
(ποιησαι επι): ποιησασθαι τ. ω. (αυτων + c m¹) B | ασφαλεια P²:
—λειας m³, —λειαν V, > B | 8. ο δε Ι. γνους V B: γνους δε ο Ι. P² |
9. ημων ατ. εγγραφον V v (εγγραφως): εγγραφον απ. ημιν P², ημας απ.
εγγραφως c m¹ m², (μηχαναται ομολογιαν) ημων λαβειν εγγραφως m³ |
10. ως VP² c m¹ m³ v: > m² | υπαρχ.: nur V υπηρχομεν | παραστ. —
αξιοπιστους V m³ (αξιολογους) cf L: > P²B | 11. μη — εσμεν l. 14. V,
wesentlich so P² m³: B hat l. 14 — p. 23,3 ιδου — τυγχανομεν vorangestellt,
welchen Satz P² >, sehr abgekürzt auch L | σχης P² m³ B: εχης V |
περι τουτου hier V: hinter σου m² (m³?) v P² (π. τουτο), ebenda επι
τουτο c m¹ (τουτω) | 12. μαλλον χαιρε V (nur dieser + κ. αγαλλια) m³
B L: > P² | και ποι. ουτ. V m³: ποιησομεν ουτος P², > B | 13. δια —
δειξαι VP²: δια γ. τουτου ο σωτηρ ε. δ. m³, δια γ. τουτων ταχιστα δειξει
ο Ιησους προ παντων B (mit Variationen in der Stellung) | 14. τ. γυναικι
V: ταυτη + m¹, αυτη P², τω γυναιω τουτω B | τινες V m³ B: τι P² |
ανηγγ. V m³: απηγγ. B, über P² u. die Stellung s. zu l. 11 | τ. ωρα τ.
V m³ (hinter δικολ. τινι): > B | 15. τω δικ. V: δικ. τινι c m¹ m²,
δικ. m² v | αυτης V: > m³ B

αὐτοῦ ἐπέτρεψεν αὐτῇ ποιῆσαι οὕτως. αὕτη οὖν τοὺς μάρτυρας ζητεῖ καὶ ἐλθεῖν ἔχει καὶ λαβεῖν ἡμᾶς, ὅπως ἐγγράφως
ὁμολογήσωμεν, ὅτι δοῦλοι αὐτῆς τυγχάνομεν. καὶ ποιήσωμεν
τοῦτο, τέκνον Πρόχορε, εὐχαριστοῦντες τῷ θεῷ. καὶ ταῦτα λαλοῦντος τοῦ Ἰωάννου πρός με ἔρχεται ἡ Ῥωμάνα καὶ λαβομένη 5
τῆς χειρὸς αὐτοῦ ἤρξατο τύπτειν αὐτὸν καὶ λέγειν· δοῦλε κακότροπε, διὰ τί, ὅτε εἰσέρχεταί σου ἡ κυρία, οὐ προσυπαντᾶς
καὶ προσκυνεῖς αὐτήν. ἐλεύθερος δοκεῖς εἶναι δραπέτα; δοῦλος
εἶ τῆς Ῥωμάνας. καὶ πάλιν ἔτυπτεν αὐτὸν ὡς ἐκφοβοῦσα καὶ
ἔλεγεν αὐτῷ· οὐκ ἀποκρίνῃ; οὐκ εἶ μου δοῦλος; καὶ ὁ ἀπόστο- 10
λος ἀποκριθεὶς εἶπεν· ναί, καὶ ἄλλοτε εἶπόν σοι, ὅτι δοῦλοι
τυγχάνομεν ἐγὼ ὁ ἐκκαυστὴς καὶ Πρόχορος ὁ περιχύτης. ἡ δὲ
πρὸς αὐτόν· τίνος δοῦλοι, κακότροπε; ὁ δὲ Ἰωάννης πρὸς
αὐτήν· τίνος θέλεις εἴπωμεν ὅτι δοῦλοι τυγχάνομεν; ἡ δὲ πρὸς
αὐτόν· ὅτι ἡμέτεροι δοῦλοι ὑπάρχετε. καὶ ὁ Ἰωάννης πρὸς 15
αὐτήν· καὶ ἐγγράφως καὶ ἀγράφως ὁμολογοῦμεν, ὅτι δοῦλοι
ὑπάρχομεν. ἡ δὲ πάλιν ἔλεγε διισχυριζομένη· ἐγγράφως θέλω

1. αυτου V: αυτης m³ B | επετρ. c m² m³ v: επεστρ. V m¹ | αυτη
π. ουτως V: > m³ B, aber m³ + ο διχολογος, m¹ Χ εκεινος vor
επετρ. | αυτη — ζητει V m³ (> τους) c (επιζητει, so vor τους m¹ m²):
αυτην τους μ. επιζητειν v | 2. και ελθ. — ημας V m³ (εχει ελθ.): > B |
εγγρ. V m³: εμπροσθεν αυτων B | 3. οτι — τυγχ. V m³ (εσμεν): δουλοι
αυτης υπαρχειν B | και ποι. — θεω V m³: > B, auch P² tritt erst mit
και ταυτα l. 4 wieder ein | 4. και vor ταυτα VP² m³: > B | 5. ερχεται
VP² m²: εισερχ. c m¹ v, εισελθουσα m¹ | λαβ. P² m³ B: επιλαβ. V |
6. αυτου V c m¹: Ιωαννου P¹ m² m³ v | κακοτρ. VP² m³: κακε δραπετα
B | 7. σου hier P² m³: nach κυρια V, εισερχομενης (διερχ. v) της κυριας
σου B | προσυπαντας m³: προσυπαντων (ohne και) m¹, προυπαντας V, ·
απαντας P² c m² v | 8. αυτην V m¹ m² m³: αυτη P² c v | δραπετα VP²
m³: > B, dafür in l. 10 | δουλος ει της P. V: δεδουλωσαι τη P. P² m³
B | 9. ετυπτεν V: ερραπισεν B, ερραπιζεν P² m³ | ως V m³ B: > P² |
10. ελεγεν αυτω V m³ B (> αυτω): λεγουσα αυτω P² | ουκ αποκρ.:
> B | και — ειπεν V: και Ιωαννης ειπεν αυτη m³, ο δε προς αυτην P²,
ο δε Ιω. ειπεν B | 11. ναι P² cf L (ecce iam): > VB m³ | σοι V (vor
ειπον m² m³): > P² c m¹ v | 12. εγω V c m¹: και Χ P² v m² (καγω),
τε και + m³ | ο εκκ. V: ο εγκ. P² c m² (> ο), ο καμινοκαυστης m¹
(m³ ?), > v (nur εγω και ο συν εμοι Προχορος) | η — αυτον .V m³: η
δε ραπιζουσα ελεγεν P², η δε λεγει oder ειπεν B | 14. προς αυτην V: Χ
ειπεν P², anders m³ B | ειπωμεν VP² m² m³: ινα Χ c m¹, ειπω v |
οτι δ. τυγχ. VP² (εσμεν) m³ (εσμεν vor δ.): > B | 15. οτι ημ. m³
B: Χ παντως P², οτι μου V | και ο Ιω. V: ο δε Ιω. P², so auch c m²
m² v, welche + ειπεν, c > πρ. αυτην, m¹ λεγει ο Ιω. | 17. υπαρχομεν
VBP² (Χ σου): εσμεν m³ | ελ. διισχ. V: προς αυτον P², επεφερε λογους
ημιν m³, λεγει c m² v, ειπεν m¹

ἐπὶ μαρτύρων τριῶν. καὶ εἶπεν Ἰωάννης· μὴ μέλλε, ἀλλὰ ποίει
τὸ ῥηθὲν σήμερον. καὶ λαβοῦσα ἡμᾶς ἄγει κατέναντι τοῦ ἱεροῦ
τῆς Ἀρτέμιδος καὶ ἐπὶ τριῶν μαρτύρων ἐποίησεν τὰς ὠνὰς ἡμῶν
καὶ εἰσήγαγεν ἡμᾶς ἕκαστον εἰς τὸ ἔργον αὐτοῦ.

5   Ἐν δὲ τῷ κακῷ τούτῳ βαλανείῳ τοιαύτη τις διαβολικὴ
ἐνέργεια ἐγένετο. ἐν τῷ κτίζεσθαι αὐτὸ διὰ τὸ εὐηχὲς καὶ τὸ
ἱλαρὸν τῶν λουτρῶν ποιητικὰς ἀφορμὰς ὁ σατανᾶς τοῖς ἀνθρώποις ἐπενοήσατο, ὥστε ὅτε ἐκτίζετο διορυττομένων τῶν θεμελίων
νεανίσκον ἔφηβον ἢ νεᾶνιν ἐμβαλεῖν κάτω ἐν τοῖς θεμελίοις,
10 καὶ τιμωρούμενοι, ἐσθίοντες καὶ τὰς σάρκας αὐτῶν, ἀπέθνησκον.
ἐν τούτῳ οὖν τῷ βαλανείῳ ἡ τοιαύτη πρόφασις ἐγένετο, καὶ
τρίτον τοῦ ἐνιαυτοῦ ὁ δαίμων ὁ προσπαραμένων τῷ πριβάτῳ
ἔπνιγεν ἔσω νεανίσκον ἢ νεᾶνιν. ὁ οὖν Διοσκορίδης ὁ κύριος
τοῦ βαλανείου ἐγγράφως εἶχεν ταῦτα, ἐν ποίᾳ ἡμέρᾳ γίνονται.

1. μ. τριων VB m³: τριων μ. P² | μελλε P² c v: μελε V m¹ (m²?),
αμελει m³ | 2. ρηθεν P²BL m³ (+ σοι): δοκουν σοι V | λαβουσα: λαβο-
μενη m³ | 3. τ. ωνας ημ. VP² (so ohne Zusatz auch m², aber ομολογιας statt
ωνας): κατα (και v) τας ομολογιας ημων + c m¹ m³ v | 4. εισηγ. VL: πα-
λιν × P²B m³ | εργ. αυτου VP² c m¹: ιδιον εργ. m² m³ v | 5. κακω
VP² m² m³: οικω (του βαλ.) v, > c m¹ | τουτω hier P² m²: hinter βαλ.
V, εκεινω hinter βαλ. c m¹, > m¹ v | τοιαυτη P²B m³: >V | 6. εγενετο
VP² c m³ v: εγινετο m², γεγονεν m¹ | εν VB m³: γαρ + P² | δια VP²:
+ γαρ B m³ | το ιλ. V v: ιλ. P² c m¹ m² m³ | 7. των λουτρων V: του
λουτρου BP² (λοετρου) | ποιητικας: nur v πονηρας | 8. επενοησατο m¹:
εποιησατο VP² m³, επενοησε c m² v | ωστε οτε εκτ. V: ως οτε εκτ. P²,
ηνικα (εν ω v) γαρ εκτ. το λουτρον B (m¹ εκτ. hinter λουτ.), εν τω κτι-
ζεσθαι το τοιουτον λουτρον m³, dieser γαρ nach διορ. | 9. νεανισκον
VP² m³: εθος ην × B | εμβαλειν κατω VP²: κατω εβαλον και κατα-
κλειοντες λιθοις m³, nur εμβαλλειν m² v, dazu + c m¹ και κατακλειειν
(—κλειν c) λιθοις | εν τοις θεμ. V: > P² m³ B | 10. και τιμ. — απεθ-
νησκον V: και τιμωρια αποθανειν P², τιμωρουντες εφονευον m³, > B |
11. βαλανειω VP² (—νειον): λουτρω c m¹ m³, πριβατω m² v | η τοι. πρ.
εγενετο V m³ (wie es scheint ohne η): εγενετο τοιαυτη μιαιφονια B (m¹
εγενετο am Ende), > P² | και τριτον κτλ. V: τριτον κτλ. P² m² m³,
τριτον γαρ v, και εκ της ενεργειας ταυτης παρεμενε δαιμων εν τω βαλα-
νειω παντοτε ος τριτον κτλ. c m¹, dieselben > ο δαι. — πριβατω | 12. τω
πρ. V m²: το πριβατον P², εσωθεν του πρηβατου m³ | 13. επν. εσω
VP² v (εσωθεν): εκ των εκει ερχομενων και λουομενων επνιγεν c, we-
sentlich so m¹ (über m² m³ ist Amphil. undeutlich) | νεανισκον VP²
c m¹: νεανιαν m² m³ v | 14. βαλαν. V m² m³ v: πριβατου P², λουτρου
c m¹ | ταυτα V (c m¹ vor γινεται): αυτη η επιβουλη vor γιν. P², >m²
v | εν π. η. V: π. η. P² m² m³ v, ποιας ημερας c m¹ | γινονται V: γι-
νεται P²B, εγενετο m³

εἶχεν οὖν υἱὸν εὐμορφώτατον πάνυ, ὀκτωκαίδεκα ἐτῶν ὑπάρ-
χοντα, καὶ παρετηρεῖτο τὰς ἡμέρας, ἐν αἷς ἐπιβουλὴ αὕτη
ἐγένετο, καὶ οὐκ εἴα αὐτὸν λούεσθαι ἐν αὐτῷ, ἀλλ᾽ ἐν ἄλλαις
ἡμέραις καθ᾽ ἑαυτὸν μόνον, ἅμα δὲ καὶ διὰ τὸν φθόνον τῶν
ἀνθρώπων. μετὰ οὖν τὸ ποιῆσαι ἡμᾶς πάντα τὰ ἔργα τοῦ 5
πριβάτου ἔτυχεν τὸν υἱὸν Διοσκορίδους μόνον εἰσελθεῖν ἐν τῷ
βαλανείῳ, καὶ εἰσῆλθον κἀγὼ ἔχων τὸ σκεῦος τῆς ὑπηρεσίας,
ὁμοίως καὶ οἱ παῖδες αὐτοῦ. ἀσχολουμένων δὲ αὐτῶν ἐπὶ τὰ
ἔξω τοῦ βαλανείου πρὸς τὸ ἀναψῦξαι, ὁρμήσας ὁ ἀκάθαρτος
δαίμων καὶ εὑρὼν αὐτὸν μόνον, ἀπέπνιξεν τὸν νεανίαν, τὸν 10
υἱὸν Διοσκορίδους, καὶ ἀπέθανεν. ἐξεπήδησαν οὖν οἱ παῖδες
αὐτοῦ κλαίοντες καὶ ὀδυρόμενοι, ἅμα δὲ καὶ θρηνοῦντες ἔλεγον·
ὁ κύριος ἡμῶν ἀπέθανεν· τί ἔτι ποιήσωμεν; ἀκούσασα δὲ ἡ
Ῥωμάνα ταῦτα, τὸ διάδημα τὸ ἐπὶ τῆς κεφαλῆς αὐτῆς ῥίψασα

1. ειχεν ουν V: ειχεν δε P², εχων ουν B (nur m¹ και υιον εχων)
m³ | ευμ. πανυ m³ V (+ ωραιον, vielleicht aus folgendem ως entstanden):
ευμ. B, > P² | οχτωχ. ετ. υπ. V: δεκα και οκτω υπ. ετων P², ως ετ.
οχτωχ. (oder δεκαοχτω) B | 2. παρετηρειτο V c m² v: παρετηρει (oder
—ρη) P² m¹ m³ | επιβ. V: η ✕ P²B m³ | αυτη hier VB m³: vor η επιβ.
P² | 3. εγενετο VP²: εγινετο c m² v, γινεται m¹ m³ | λουεσθαι V:
λουσασθαι P², εισερχεσθαι B (c m¹ + τοτε) | εν αυτω V: εν τω λουτρω
oder βαλανειω BP² (+ τουτω) m³ | αλλ᾽ — μονον V: ... αυτος καθ᾽ε.
μονος ελουετο B, > P² | 4. αμα — ανθρ. VB (c m¹ v > δε, die An-
gaben über m³ sind unverständlich): > P²; die Worte οτι ενηχων
αυτους, die nur V hinter ανθρωπων hat, sind kaum erträglich, auch
wenn man liest οτι ενηχον αυτου „weil sie daselbst schwammen" |
5. παντα — ετυχεν VP², ähnlich m³ (> παντα und hat βαλανειου u.
ελαχε): τρεις μηνας (ημερας v, τριμηνον m²) εν τω εργω (εις το εργον
m², εις τα εργα v) του βαλανειου ελαχε (ετυχε m¹) B | 7. εχων το B:
εχον το V, εχοντος P² | 8. ασχολ. — αναψυξαι V: > P²B (m² v >
auch ομοιως — αυτου) m³ L | 9. ορμησας V: και ✕ P² m³ v, και
εξαιφνης ✕ m², ο ουν ακαθαρτος δαιμων ορμησας (ευθυς επελθων τω
νεανισκω m¹) c m¹ | ακαθαρτος > nur V | 10. κ. ευρων αυ. μ. V: >
die andern | τον νεανιαν V c m² m³ v: αυτον P² m¹ | τον υ. Δ. V c
(του Δ. υ.): > P² m¹ m² m³ v | 11. εξεπηδ. — αυτου V m³ (δε): οι
ουν π. αυ. εξεπιδησαν εξω P², εκπηδησαντες δε (ουν m¹) οι π. αυ. c m¹,
εισελθοντες δε οι παιδες και ευροντες αυτον τεθνηκοτα εξεπηδησαν m²,
was obigen Text l. 8 sq. voraussetzt; v geht von νεανιαν l. 10 sofort zu
ακουσασα l. 13 über | 12. οδυρ. — θρηνουντες V: > die andern | ελεγον
V: λεγοντες P² m² m³, απηγγειλαν τη Ρωμανα c m¹ | 13. ουαι ημιν VP²
L: > m² m³, auch die folgende Rede > c m¹ v | ημων V m² m³ L:
Δομνος + P² | ετι nur V; die ganze Frage hat nur P² vor ο κυριος |
14. ταυτα hier V: vor η P. P², > m² m³ v, η δε ταυτα ακ. c m¹ | επι
της κ. V: εν τη κ. c m¹, της κ. P² m² m³ v | ριψασα VP² m³: ερριψεν B

ἐπὶ τὴν γῆν καὶ τῶν ἰδίων τριχῶν ἐπιλαβομένη μετὰ κλαυθμοῦ
καὶ ὀδυρμοῦ πικροτάτου ἤρξατο λέγειν· οἴμοι, τί εἴπω ἡ ταλαίπωρος ἐγὼ τῷ ἐμῷ κυρίῳ Διοσκορίδῃ; ἀλλὰ γὰρ καὶ αὐτὸς
ἀκούσας παραχρῆμα τελευτήσει, ὅτι μονογενὴς ὁ κύριός μου
5 Δόμνος ἦν αὐτῷ. ἡ μεγάλη Ἄρτεμις Ἐφεσίων βοήθει· δεῖξόν
σου τὴν δύναμιν ἐπὶ νεανίσκῳ τεθνηκότι. οἴδαμεν γὰρ πάντες
οἱ Ἐφέσιοι, ἄνδρες τε καὶ γυναῖκες, ὅτι διὰ σοῦ κυβερνῶνται
τὰ πάντα, καὶ δυνάμεις μεγάλαι διὰ σοῦ γίνονται ἐν ἡμῖν. δὸς
δὴ τῇ δούλῃ σου, τί ποιήσει περὶ τούτου· ἀνάστησον τὸν δοῦ-
10 λόν σου Δόμνον. πιστοποίησον πάντας τοὺς ἐλπίζοντας ἐπὶ
σέ, ὅτι σὺ εἶ καὶ οὐκ ἦν ἕτερος πλὴν σοῦ. νεκρὸν ἔγειρον
νεανίαν καὶ παράστησον τῷ πατρὶ αὐτοῦ ζῶντα. ταῦτα λέγουσα
κατέτεμε τοὺς βραχίονας αὐτῆς καὶ διέτιλεν τὰς τρίχας ἀπὸ
τῆς κεφαλῆς αὐτῆς ἀπὸ ὥρας πρώτης ἕως ὥρας ἐνάτης. καὶ
15 οὐκ ἦν ζωὴ πρὸς τὸν νεκρόν, οὐκ ἦν θεραπεία πρὸς τὸ γύ-
ναιον· ἀλλὰ συναγόμενος ὄχλος πολύς, οἱ μὲν ἐπένθουν ἐπὶ
τὸν νεανίσκον, οἱ δὲ ἐθαύμαζον τὸ πένθος τῆς Ῥωμάνας περὶ
τοῦ Δόμνου.

1. την γ. V m²: της γης P² c m¹ m² v | 2. πικροτατου P² B:
> V, cum eiulatu maximo L | ειπω VP²: αποκριθησομαι m² m³ v,
απολογησομαι c m¹ | 3. γαρ V m²: γε P² c m¹ v, και γαρ (ohne αλλα
u. folgendes και) m³ | 5. ην αυτω VP²: αυτω υπηρχεν vor o. κ. c m¹ v,
ebenda αυτω ετυγχανεν m³ | Εφεσ. V v: των × P² c m¹ m² m³ | δειξον
V c m² m³ v: και × P², νυν × m¹ | 6. σου hier V: hinter δυν. P²B |
παντες — γυναικες V cf L: πασαι οι Εφεσιων γυν. P² m³ (dieser + και
παντες οι Εφεσιων ανδρες), παντες οι την Εφεσον οικουντες (κατοικουν-
τες v) B | 7. κυβερνωνται P² c (zweites v übergeschrieben) m¹ m² v:
κυβερναται m³, κυβερνηται V | 8. εν ημιν VP²: > B L | 9. δη P² m³:
> V, den Satz > B, nunc ausculta ancillae tuae L | τι ποιησει (ποι-
ησω P²) περι (υπερ γαρ m³) τουτου VP² m²: > B L | 10. πιστοποιησον
— ζωντα l. 12 V: πιστοπ. παντας οτι γεινονται δυναμεις δια σου· νεκρον εγειρον νεανιαν· παραστησον τω πατρι αυτου ζωντα. πιστοποιησον
παντας οτι συ ει και ουκ εστιν πλην σου P²; zu Anfang geht m³ mehr
mit V, nachher mit P², cf auch L; nur (και) παραστησον τουτον (αυτον
c m², > v) τω πατρι αυτου ζωντα B | 12 ταυτα λεγ. V B (+ και τουτων
oder τα τουτων πλειονα): nur και P² m³ | 13. κατετεμε V: κατετεμνε
(oder — νεν) P² m³ B | διετιλεν VP² (beide διετειλεν): ετιλε m³, ετιλλε v,
διετιλλε c, διετιλλετο m², ganz anders m¹ | απο V: > P² m³ B |
14. πρωτης V m³: τριτης P²BL | και ουκ - γυναιον VP² m³ (τω γενε-
κρωμενω και . . . τω γυναιω) cf L: > B | 16. αλλα κτλ. V: αλλ᾽ ο οχλος
πολυς συναγομενος P² m³, οχλος δε εκ π. συνηχθη v, συνηχθη δε και ο. π.
c m¹ m² | οι μεν V m³: και × P²B | 17. τον νεανισκον VP² (νεανιαν)
m² m³: τω νεανισκω c m¹ v | περι του Δ. V: > P²B m³ L

Ὁ δὲ Ἰωάννης παραγενόμενος ἀπὸ τοῦ ἰδίου ἔργου ἐλθὼν
πρός με εἶπέν μοι· τέκνον Πρόχορε, τί ἐστιν τὸ θρηνούμενον
ὑπὸ τοῦ γυναίου; μήπω δέ μου φθάσαντος ἀποκριθῆναι αὐτῷ,
ἐλθούσης τῆς Ῥωμάνας, ὡς εἶδεν ἡμᾶς ὁμιλοῦντας ἀλλήλοις,
δραμοῦσα ἐκράτησεν τὸν Ἰωάννην καὶ λέγει αὐτῷ· μάγε καὶ 5
ἐπιθέτα, εὑρέθησάν σου αἱ μαγεῖαι ἃς ἐποίησας ἐν τῷ οἴκῳ
μου· ἀφ᾽ ἧς γὰρ ἡμέρας εἰσῆλθες πρός με, καὶ ἡ ἡμετέρα θεὰ
ἐγκατέλιπέν με. ἢ ἀνάστησον τὸν υἱὸν τοῦ κυρίου μου Διοσκορίδους, ἢ τὴν ψυχήν σου ἀπὸ τοῦ σώματός σου τῇ ὥρᾳ
ταύτῃ κουφίζω. εἶπεν δὲ πρὸς αὐτὴν ὁ Ἰωάννης· τί τὸ ἐπελ- 10
θόν σοι πένθος, ἀνάγγειλόν μοι. ἡ δὲ ὀργῇ μεγάλῃ φερομένη
κουφίζει τὴν χεῖρα αὐτῆς καὶ ῥαπίζει αὐτὸν κακῶς, ἅμα καὶ
ἐπιλέγουσα αὐτῷ οὕτως· δοῦλε κακέ, ἐξορίσιμε καὶ ἀχρήσιμε
τοῦ ζῆν, πᾶσα ἡ πόλις Ἐφεσίων ἔγνωσαν τὸ γινόμενον,· καὶ
ἦλθες σὺ ἐπιγελῶν μοι καὶ ἐπιχαίρων καὶ λέγων μὴ γινώσκειν, 15
τί ἐστιν. ὁ υἱὸς τοῦ κυρίου μου Διοσκορίδους τέθνηκεν ἐν τῷ
βαλανείῳ. ἀκούσας δὲ Ἰωάννης καὶ περιχαρὴς γενόμενος ἀνεχώρησεν ἀπ᾽ αὐτῆς· εἰσεπήδησεν δὲ ἐν τῷ βαλανείῳ καὶ ἐξορίζει

1. εργου VP²B (εργου αυτου): + ου επιστευθη παρα της Ρωμανας
m³ | 2. θρηνουμενον V m³: θρυλλουμενον P²BL (quid de hac re dici-
tur) | 4. ελθ. τ. P. VP²: και ευθυς η P. m³, η P. hinter ημας B | αλληλοις
V c m¹ m³ v: προς αλληλους m², > P² | 5. και λεγει αυτω V m³ (προς
αυτον): λεγουσα αυτω B, και λεγει πρ. αυτον μετα θαρμου και απειλης
P² | και επιθετα nur V: fugitive deprehense L | 6. εν τω οι. μου nur V |
7. γαρ VB: > P² m³ L | και η VB m³: οτι × P² | θεα P²B m³ cf L:
θλιψης V | 8. με (μοι V): + λεγεις δε και Χριστιανον σε ειναι m², so
auch p | 10 κουφιζω V m² m³: χωριζω P² c m¹ v | ο vor Ιω. > V |
τι VB m³: και × P², κυρια × p | επελθον VP²: επαγον B, γενομενον
m³ | 12. ραπιζει — επιλεγουσα VP² m² v: ερραπισε τον Ιω. ειπουσα
αυτω c m¹; wie m³? | 13. αυτω ουτως V: ταυτα P², αυτω B | εξορισιμε
VP²: εξορισημαιε m³, > B | κ. αχρ. τ. ζην nur V: serve nequam ad
escam promptus et piger ad opus L | 14. πασα η π. Εφ. V p: πασαι αι
Εφεσιων γυναικες P² m³, παντες οι την Εφεσον οικουντες B cf L | γι-
νομ. VP²: γενομ. B m³ L | 15. επιγελων P² m¹ m² L (ut me irrideres):
επαγγελων c v, επιλεγουσα V, den Satz > m³ | μοι P²: με m² cf L,
> V c m¹ m³ v | κ. επιχαιρων V: κ. χαιρων m³, και χαιρεις
V | κ. λεγων P² c m¹ m²: κ. επιλεγων V, > V | γινωσκειν P²: γινωσκεις
V, ειδεναι B | 16 ο υιος — βαλανειω VP²: αγνοεις × m³, ουκ οιδας οτι
× B | 17. ακουσας — γενομ. VB (o Ιω.) m³: ταυτα ακ. ο Ιω. P² | ανεχ.
— δε V: μικρον εξ αυτης ανεχ. και εισεπ. P², μικρον υπαναχωρησας απ᾽
αυτης εισεπ. B | 18. εξοριζει VP² (+ μεν): προσευξαμενος εξοικιζει B,
εξοικησας m³

τὸν ἀκάθαρτον δαίμονα καὶ εἰσοικίζει τὴν ψυχὴν τοῦ νεανίσκου,
καὶ ἐπιλαβόμενος τῆς χειρὸς αὐτοῦ ἐξήγαγεν αὐτὸν ζῶντα καὶ
εἶπεν πρὸς Ῥωμάναν· λαβὲ τὸν υἱὸν τοῦ κυρίου σου. ἰδοῦσα
δὲ ἡ Ῥωμάνα, ἐξέστη τὸ πνεῦμα αὐτῆς, καὶ φόβος καὶ τρόμος
5 ἔπεσεν ἐπ᾽ αὐτὴν καὶ οὐκέτι μνήμην εἶχεν περὶ τοῦ θανάτου
τοῦ Δόμνου, ἀλλ᾽ ἐπὶ τῷ σημείῳ ὃ ἐποίησεν Ἰωάννης ἐξέστη
καὶ ἀπεπάγη ἡ καρδία αὐτῆς καὶ ἔμεινεν ὡσεὶ λίθος νεκρά.
εἶτα μετὰ δύο ὥρας εἰς ἑαυτὴν ἐλθοῦσα οὐκ ἠτένιζεν εἰς τὸ
πρόσωπον Ἰωάννου, ἀλλ᾽ αἰσχύνη πολλὴ ἔλαβεν αὐτήν, τοῦτο
10 λογιζομένη· πῶς βλέψω εἰς τὸ πρόσωπον τοῦ ἀνδρὸς τούτου,
ὅτι δοῦλός μου οὐκ ἦν καὶ κατεψευσάμην αὐτοῦ· αἴτιος πληγῶν
οὐκ ἦν, καὶ ἐγὼ ἔτυψα αὐτόν. τί ποιήσω; θάνατε, σὲ προσκα-
λοῦμαι πατέρα μου εἶναι. θεωρήσας δὲ ὁ Ἰωάννης τὸ πρόσωπον
τοῦ γυναίου, ὅτι μέλλει καταπίπτειν ἐπὶ τὴν γῆν καὶ τελευτᾶν,
15 λαβόμενος τῆς χειρὸς αὐτῆς καὶ σφραγίσας αὐτὴν τρίτον, μετέσχεν
καταστάσεως καὶ πεσοῦσα εἰς τοὺς πόδας αὐτοῦ κλαίουσα καὶ
ὀδυρομένη εἶπεν αὐτῷ· δέομαί σου, ἀνάγγειλόν μοι, τίς εἶ σύ;
πάντως γὰρ εἶ θεὸς ἢ υἱὸς θεοῦ, καὶ διὰ τοῦτο δυνάμεις τοιαύτας ποιεῖς. ὁ δὲ Ἰωάννης εἶπεν αὐτῇ· οὔτε θεός εἰμι, οὔτε
20 τοῦ θεοῦ υἱός, ἀλλ᾽ ἐγώ εἰμι Ἰωάννης ὁ μαθητὴς Ἰησοῦ Χριστοῦ
τοῦ υἱοῦ τοῦ θεοῦ, ὁ ἀναπεσὼν εἰς τὸ στῆθος αὐτοῦ καὶ
ἀκούσας μυστήρια θεῖα παρ᾽ αὐτοῦ, ἃ ἀναγγελῶ σοι· καὶ ἐὰν
πιστεύσῃς εἰς αὐτόν, ἔσῃ αὐτοῦ δούλη ὡς κἀγὼ δοῦλος αὐτοῦ

---

1. κ. εισοικ. VB (über m² berichtet Amphil. unglaubliches): εισοικ.
δε P², και εισοικησας m³ | 2. επιλαβ. — Ρωμ. V: λαβων αυτον της χειρος
εξηγαγεν ζωντα κτλ. P², λαβ. αυτον (αυτου m¹) της (απο της m² m²)
χειρος εξηλθε (—θες m³, συν αυτω + m¹) και ειπεν (λεγει c m¹) προς
Ρωμαναν B m³ | 3. Mit ιδουσα beginnt die in der Beilage B I mitgetheilte
Probe der Recension B, aus welcher ich von hier an nur aushebe, was
zur Entscheidung über die Varianten des ursprünglichen Textes dient |
4. εξεστη VL: Χ το γεγονος P²B m³ | 5. επεσεν επ᾽ αυτην V: ελαβεν
αυτην P³B m³, επελαβετο αυτη P² | του θ. του Δ. VBP³ (θαν. Δ.): τον
του Δ. θανατον P² | 6. τω σημ. VB: το σημ. P³m³, το παραδοξον σημ. P² |
εξεστη P³ m³ B: ουν + V, και Χ P² | 7. ωσει λιθος hier V: hinter
αυτης P² P¹ m³ | 8. ειτα — ελθουσα P² m¹ P³ (ελθ. εις εαυτην) cf. L B:
nur και V | 9. αυτην VP²: το προσωπον αυτης P³ m³ | 10. βλεψω V:
εμβλεψω P² B m³ | 11. αιτιος V m³: οτι Χ P² | 12. εγω ετ. αυ. V: ετ.
αυ. αφειδως P², ετυπτησα αυ. m³ | προσχ. VB m³: επικαλουμαι P² |
13. ο V m³: > P² | 14. του γυναιου VP²: αυτης m³ | 15. μετεσχεν VP²:
μετεδωκε m³ | 16. πεσουσα VBL m³: ετι προσωπον + P² | 17. ει συ:
εισι V | 18. δυν. τοιαυτας VB m³: τας δυν. ταυτας P² | 20. υιος hier V:
vor του θ. P²B | Ιω. VB m³: ο Χ P² | 23. δουλος αυ. ειμι VBL m³: > P²

εἰμι. ἡ δὲ ῾Ρωμάνα μετὰ αἰσχύνης πολλῆς καὶ φόβου καὶ τρόμου εἶπεν τῷ Ἰωάννῃ· πρῶτον ἄνθρωπε τοῦ θεοῦ συγχώρησον ὃ ἠσέβησα πρός σε περί τε τῶν πληγῶν καὶ τῶν ὕβρεων, ἔτι καὶ περὶ τῆς ψευδομαρτυρίας ἧς ἐψευσάμην ὅτι δοῦλοί μου ἐστέ. ὁ δὲ Ἰωάννης εἶπεν πρὸς αὐτήν· πίστευσον εἰς πατέρα 5 καὶ υἱὸν καὶ ἅγιον πνεῦμα, καὶ ταῦτα πάντα συγχωρηθήσεταί σοι. ἡ δὲ ῾Ρωμάνα εἶπεν πρὸς Ἰωάννην· πιστεύω, ἄνθρωπε τοῦ θεοῦ, ὅσα ἂν ἀκούω ἐκ τοῦ στόματός σου.

Εἷς δὲ τῶν παίδων Διοσκορίδους δραμὼν ἀπήγγειλεν αὐτῷ πάντα ὅσα ἐποίησεν Ἰωάννης τελευτήσαντος τοῦ υἱοῦ αὐτοῦ 10 ἐν τῷ βαλανείῳ, καὶ ὅτι ἤγειρεν αὐτόν, καὶ ὅτι ὄχλος πολύς ἐστιν, περιεστῶτες αὐτῷ. ἀκούσας δὲ Διοσκορίδης περὶ τοῦ θανάτου τοῦ υἱοῦ αὐτοῦ, πεσὼν ἐπὶ τὴν γῆν ἔμεινε νεκρός. ὁ δὲ παῖς ἐπιστρέψας ἐν τῷ πριβάτῳ, ὅπου ἦν ὁ υἱὸς Διοσκο-ρίδους Δόμνος καὶ Ἰωάννης διδάσκων, ἦλθεν κράζων· οἴμοι, 15 κύριέ μου Δόμνε, ὁ κύριός μου Διοσκορίδης τέθνηκεν. ὁ δὲ Δόμνος ὁ υἱὸς Διοσκορίδους ἀκούσας τῆς κακῆς ἀγγελίας περὶ τοῦ πατρὸς αὐτοῦ, εὐθέως ἀνεχώρησεν ἀπὸ Ἰωάννου καὶ ἐλθὼν ἐν τῇ οἰκίᾳ αὐτοῦ εὗρεν τὸν πατέρα αὐτοῦ νεκρὸν κείμενον

3. ο ησεβ. προς (εις P²) κτλ. VP²: απερ διεπραξαμην εις σε η αθλια κακα, πληγας εντεινασα αλογιστως και υβρεις καταχεασα και δουλωσιν αδικον σκαιωρισασα. και ο Ιωαννης. γυναι πιστευσον m³, der von hier an immer willkürlicher von aller sonstigen Tradition abweicht und somit werthlos wird | 7. Ιωαννην V: αυτον P² | 8. τ. θεου VBL: > P² | οσα — εκ V cf L (credo . . . quaecunque): επι πασιν οις ακουω απο P² cf B | 9. εις δε — κειμενον p. 30, 6 V, mit dem in allem wesentlichen L übereinstimmt. Dagegen giebt P² folgende, auch durch B oder durch m² nicht bestätigte Umarbeitung: εν δε τω μεταξυ δραμων εις εκ των παιδων Δομνου και απαγγειλας περι του θανατου του υιου αυτου οτι απεπηγει εν τω βαλανιω. και ως μονον τουτο ηκουσεν απο πολλης αδημονιας πεσων και αυτος παραχρημα απεψυξεν. τοτε γινεται κλαυθμος μεγας και ουαι και θορυβος εν τη οικια Διοσκοριδους, και τινες δρα-μοντες απηγγειλαν Δομνω τω υιω αυτου ος ην εστως μετα Ιωαννου. και δραμων εν τη οικια ευρεν τον πατερα αυτου τεθνηκωτα, και αναλαβων γοερον θρηνον, τειλλον την κωμην αυτου ερχεται προς Ιωαννην γονοι-πετων αυτον και λεγων· ανθρωπε του θεου, εμε νεκρον οντα παρ' ελπιδα ανεστησας, και ακουσας ο πατηρ μου περι τον θανατον μου και αυτος παραχρημα πεσων απεθανεν. αλλα δεομαι σου, βοηθησον ημιν και αναστητω ο πατηρ μου. ο δε Ιωαννης κτλ. | Διοσκοριδους: V hat hier wiederholt Διοσκοριδου, aber an anderen Stellen wie die übrigen Hss. — ους | 15. Δομνος: L, welcher hier zuerst den Eigennamen bietet, schreibt constant Theon

ἐπὶ τὴν γῆν, καὶ ἀναλαβόμενος τὸ πένθος τοῦ πατρὸς αὐτοῦ
ἦλθεν πρὸς Ἰωάννην, καὶ πεσὼν εἰς τοὺς πόδας αὐτοῦ εἶπεν
αὐτῷ· ἄνθρωπε τοῦ θεοῦ, ἐμὲ νεκρὸν ὄντα ἐζωοποίησας, καὶ
ἀκούσας ὁ πατήρ μου ταῦτα ἔπεσεν παραχρῆμα καὶ ἀπέθανεν.
5 ἀλλὰ δέομαί σου, βοήθησον Δόμνῳ, ὃν ἤγειρας ἐκ νεκρῶν, μὴ
πάλιν νεκρὸς γένωμαι, πατέρα νεκρὸν θεωρῶν ἐπὶ γῆς κείμενον.
ὁ δὲ Ἰωάννης εἶπεν πρὸς αὐτόν· μὴ λυποῦ Δόμνε· ὁ γὰρ θάνατος τοῦ πατρός σου ζωὴ αὐτῷ τε καὶ σοί ἐστιν. καὶ λαβόμενος Ἰωάννης Δόμνον τῆς χειρὸς αὐτοῦ λέγει· ἄγωμεν πρὸς τὸν
10 σὸν πατέρα Διοσκορίδην. καὶ εἰσήγαγεν Δόμνος Ἰωάννην πρὸς
τὸν πατέρα αὐτοῦ· ἠκολούθει δὲ καὶ ἡ Ῥωμάνα ὀδυρομένη
περὶ τούτου καὶ ὄχλος πολὺς ὀπίσω αὐτῶν. καὶ κρατήσας
Διοσκορίδην νεκρὸν ὄντα τῆς δεξιᾶς χειρὸς εἶπεν· Διοσκορίδη,
Διοσκορίδη, ἐν τῷ ὀνόματι Ἰησοῦ Χριστοῦ τοῦ υἱοῦ τοῦ θεοῦ
15 ἀνάστα. καὶ εὐθέως ἀνέστη ὁ νεκρός, οἱ δὲ ὄχλοι ἐθαύμαζον
ἐπὶ τοῖς γενομένοις σημείοις ὑπὸ Ἰωάννου. καὶ οἱ μὲν ἔλεγον
θεὸν αὐτὸν εἶναι, οἱ δὲ μάγον, ἄλλοι δὲ ἔλεγον, ὅτι μάγος νεκρὸν οὐκ ἐγείρει. ὁ δὲ Διοσκορίδης εἰς ἑαυτὸν ἐλθὼν εἶπεν
πρὸς Ἰωάννην· σὺ εἶ, ἄνθρωπε, ὁ ἐγείρας τὸν υἱόν μου νεκρὸν
20 ὄντα; λέγει αὐτῷ Ἰωάννης· Ἰησοῦς Χριστὸς ὁ υἱὸς τοῦ θεοῦ
ὁ δι᾽ ἐμοῦ κηρυττόμενος. καὶ πεσὼν Διοσκορίδης εἰς τοὺς πόδας
Ἰωάννου εἶπεν πρὸς αὐτόν· δός μοι τὴν ἐν Χριστῷ σφραγῖδα.
τότε εἶπεν ὁ Ἰωάννης· πίστευσον εἰς τὸ ὄνομα τοῦ πατρὸς καὶ

8. τε και σοι V: και σου P² | 9. Ιω. Δομν. V: Theonem (= Δομνον) L, > P² | λεγει — Διοσχ. VL: > P² | 10. εισηγ. — αυτου V: nur ηλθεν εν τη οικεια P², > L hier, aber er bringts nach vor και κρατησας l. 12 | 11. δε και V: δε P² L | οδυρ. — πολυς V cf L (et multa plorantium et flentium turba): nur κ. οχλος πολλυς P² | 12. οπισω αυτων V: > P² (L?) | και κρ. — χειρος V: ο δε Ιωαννης κρατησας της δεξιας χειρος αυτου P², wieder anders L | 14. του υιου P² L: in V erst am Rand ergänzt | 15. αναστα — Ιωαννου V: αναστηθι. και παραχρημα ανεστη ωστε παντας εκπλαγηναι επι το γεγονως P² cf B, noch anders L | 17. οι δε — ελεγον V: οι δε ελεγον ουχι, αλλα μαγος εστιν αλλοι ελεγον P² | 18. ο δε κτλ. V L: και ην σχησμα εν αυτοις Χ P² | 19. Ιω. V: τον Χ P² | ανθρωπε V: + του θεου P² L B; die Wortstellung nach V B L, ανθρ. του θεου vor συ P² | ο εγειρας — οντα V L cf B: ο καμε και τον υιον μου παρ ελπιδα ζωοποιησας; ο δε Ιω. ειπεν προς αυτον P² | 20. Ιησ. Χρ. VB: ουκ εγω αλλ ο Χρ. P² L | 21. δι᾽ V L: υπερ (sic) P² | και πεσων κτλ. V L: και εαν πιστευσης εις αυτον ου μονον ταυτην την ζωην αλλα και την αιωνιον κληρονομησεις. ο δε πεσων P² cf B | 22. προς αυτον — προς αυτον p. 31, 3 V cf L: > P² B | 23. τοτε schreibe ich nach L (tunc Joannes, crede, inquit): ο δε ειπεν ο Ιωαννης V

τοῦ υἱοῦ καὶ τοῦ ἁγίου πνεύματος καὶ βαπτίσθητι. καὶ λαβόμενος ὁ Διοσκορίδης τῆς χειρὸς Ἰωάννου εἰσήγαγεν αὐτὸν εἰς
τὸν οἶκον αὐτοῦ, καὶ εἶπεν πρὸς αὐτόν· ἰδοὺ ὁ υἱός μου κἀγώ·
πάντα τὰ ἐμὰ εἰς τὰς χεῖράς σου παρατίθημι. καὶ ὑπέδειξεν
αὐτῷ πᾶσαν τὴν οὐσίαν αὐτοῦ καὶ εἶπεν αὐτῷ· πάντα ταῦτα 5
λαβὲ καὶ τὸν υἱόν μου καὶ ἐμὲ αὐτόν, καὶ ποίησον ἡμᾶς τοῦ
θεοῦ σου δούλους. ὁ δὲ Ἰωάννης εἶπεν πρὸς Διοσκορίδην·
οὔτε ἐγὼ τούτων χρῄζω οὔτε ὁ θεός μου· καὶ γὰρ ἡμεῖς
ἀφέντες ταῦτα ἠκολουθήσαμεν αὐτῷ. καὶ εἶπεν Διοσκορίδης
πρὸς Ἰωάννην· ποῦ ἠκολουθήσατε αὐτῷ. εἶπεν δὲ αὐτῷ Ἰωάν- 10
νης· ἄκουε Διοσκορίδη τὰ σπλάγχνα ἃ ἔχει ὁ θεός. ἐπειδὴ
πλάνη δαιμόνων ἐγένετο ἐν τοῖς ἀνθρώποις καὶ ἐλάτρευον τοῖς
δαίμοσιν, ὁ θεὸς ὁ μόνος ἀγαθὸς ἐξαπέστειλεν τὸν υἱὸν αὐτοῦ,
καὶ ἐγεννήθη ἐκ παρθένου καὶ ἐνπροέκοψεν τῇ ἀνθρωπίνῃ σαρκὶ
ὡς ἄνθρωπος καὶ ἐδίδαξεν τοὺς ἀνθρώπους ἀποστῆναι τῆς 15
δαιμονικῆς πλάνης. καὶ λαβόντες οἱ πρῶτοι τῶν Ἰουδαίων
κατέκριναν αὐτὸν ὥστε σταυρωθῆναι. ταῦτα πάντα ἔπαθεν
ὑπὲρ ἡμῶν καὶ μετὰ τρεῖς ἡμέρας ἀνέστη ἐκ τοῦ Ἅδου, ἐλευ-

3. ο υιος — παντα V: εγω και ο υιος μου και παντα P² B, so auch
L, aber > και | 4. παρατιθημι V L (commendamus): εσμεν P² B |
υπεδ. — Διοσκορ. l. 7 V: εδειξεν αυτον χρηματα πολλα λεγων· ταυτα
λαβων ποιησον ημας δουλους του Χριστου σου. ειπεν δε προς αυτον
Ιωαννης P², theils mit l, theils mit P² geht B. > L | 8. χρηζω V B:
χρειαν εχω P² | 9. ταυτα V (s. kritische Note zu B, vielleicht auch dort
ursprünglich): πλειονα τουτων vor αφεντες P² | αυτω — Ιωαννην V cf B:
αυτον. τουτον τον λογον ακουσας ο Διοσκ. ειπεν· διδασκαλε αγαθε P²,
ganz ungenau L | 10. ειπεν δε αυ. V: εφη προς αυτον P² | 11. θεος V:
περι το των ανθρωπων γενος + P² cf B, die ganze Rede abkürzend L |
12. πλανη — ανθρωπους l. 15 V: δαιμονικη πλανη περιπεσωντες οι ανθρωποι, οικτειραι θελων ο δεσποτης θεος το ιδιον πλασμα εξαπεστειλεν
τον υιον αυτου τον μονογενη, γενομενον εκ πνευματος αγιου και Μαριας
της παρθενου, και ευδοκησεν προκοψαι τη οικονομια της σαρκωσεως ως
ανθρωπος χωρις αμαρτιας και εδιδαξεν τοις ανθρωποις P² (mehrfach an-
klingend an B) | 16. και λαβ. — βαπτισαι p. 32, 4 V (auch και πιστευσαι):
οι δε πρωτοι των Ιουδ. κατεκρ. αυτον σταυρωθηναι, τους ελεγχους αυτου
μη φεροντες. και αποθανων εκουσιως υπερ ημων και σκυλευσας τον αδην
παντας τους δεσμιους ηλευθερωσεν και ανεστη τριημερος εκ των νεκρων
θεοπρεπως και ενεφανισθη ημιν τοις ενδεκα αποστολοις και συνεφαγεν
ημιν και συνεπιεν, και ενετειλατο ημας πορευθ. εις ολον τ. κοσ. κηρυξαι
και διδ. και βαπτ. παντας τ. πιστευοντας εις τ. ον. του π. κ. του υ. κ.
του αγ. πν. P²

θεράσας πάντας τοὺς ἐν τῷ Ἅδῃ κατεχομένους· καὶ μετὰ τὸ
ἀναστῆναι αὐτὸν ἐφάνη ἡμῖν τοῖς δώδεκα ἀποστόλοις αὐτοῦ
καὶ συνέφαγεν σὺν ἡμῖν καὶ συνέπιεν σαρκικῶς, καὶ ἐνετείλατο
ἡμῖν ὡς πνευματικοῖς πορευθῆναι εἰς τὸν κόσμον καὶ διδάξαι
5 [καὶ πιστεῦσαι] καὶ βαπτίσαι. ὁ οὖν πιστεύσας εἰς αὐτὸν
σωθήσεται, ὁ δὲ ἀπιστήσας κατακριθήσεται. μετὰ οὖν τὸ δι-
δαχθῆναι ὑπὸ Ἰωάννου τὸν Διοσκορίδην καὶ τὸν υἱὸν αὐτοῦ
Δόμνον ἔπεσεν Διοσκορίδης εἰς τοὺς πόδας Ἰωάννου λέγων
αὐτῷ· ἄνθρωπε τοῦ θεοῦ, βάπτισον καὶ ἐμὲ καὶ τὸν υἱόν μου
10 εἰς τὸ ὄνομα τοῦ θεοῦ σου. καὶ εἶπεν Ἰωάννης· ἰδοὺ ἀπε-
δέξατο ὁ θεὸς νῦν σὲ καὶ τὸν υἱόν σου. καὶ ταῦτα λαλοῦντος
Ἰωάννου ἔρχεται καὶ Ῥωμάνα ἔχουσα τοὺς χάρτας τοὺς ἐπι-
λεγομένους ὠνὰς ἡμῶν καὶ πεσοῦσα εἰς τοὺς πόδας Ἰωάννου
λέγει· διάρρηξον τὰς ἁμαρτίας μου καὶ δός μοι τὴν ἐν Χριστῷ
15 σφραγῖδα. καὶ λαβὼν Ἰωάννης τοὺς χάρτας διέρρηξεν αὐτούς,
καὶ εὐθέως ἐβάπτισεν Διοσκορίδην καὶ Δόμνον τὸν υἱὸν αὐτοῖ
καὶ Ῥωμάναν. καὶ ἐξελθόντες ἐκ τοῦ οἴκου αὐτῶν ἤλθομεν ἐν τῷ
βαλανείῳ, ἐν ᾧ ἦμεν ἐκτελοῦντες τὰ ἔργα ἡμῶν· ἦν δὲ καὶ ὁ
κύριος τοῦ πριβάτου Διοσκορίδης σὺν ἡμῖν. καὶ εἰσελθὼν
20 Ἰωάννης ἐν τῷ βαλανείῳ ἐξήλασεν τὸν ἀκάθαρτον δαίμονα τὸν
ἀποκτείνοντα τοὺς ἀνθρώπους. καὶ λαβὼν ἡμᾶς πάλιν Διοσκορίδης ἀπήγαγεν ἐν τῷ οἴκῳ αὐτοῦ καὶ παρέθηκεν ἡμῖν τράπεζαν,
καὶ εὐχαριστήσαντες τῷ θεῷ μετελάβομεν τροφῆς καὶ ἐμείναμεν
παρ' αὐτῷ τὴν ἑσπέραν.

6. μετα — εσπεραν l. 24 V, nur wenig abgekürzt L cf auch B:
dagegen P² λεγει αυτω Διοσκοριδης· δεομαι σου ανθρωπε του θεου,
βαπτησον ημας εις το ονομα του Χριστου σου. και λαβομενος εβαπτησεν
την τε Ρωμαναν και αυτου πανοικι εις το ονομα τ. π. κ. τ. υ. κ. τ. α.
πν. κατα δε παρακλησιν Διοσκοριδους εξηλθομεν εν τω πριβατω εν ω ην
το ακαθαρτον πνευμα το αποπνηγον τους ανθρωπουν. και εισελθων ο
Ιωαννης επετημησεν αυτω λεγων· σοι λεγω πευμα πονηρον και ακαθαρ-
τον· παραγγελω σοι εν τω ονοματι Ιησου Χριστου του υιου του θεου,
μηκετι κατοικισης εν τω τοπω τουτω. και ευθεως ο δαιμων ως υπο πυρος διωκομενος γεγονεν αφανεις. και απο της ωρας εκεινης ηλευθερωθη
ο τοπος εκεινος εκ την ενεργειαν του ακαθαρτου πνευματος. και παντες
θαυμαζοντες επι τοις γινομενοις και εδοξαζον τον θεον. ο δε διωσκορι-
δης παραλαβων ημας εις τον οικον αυτου μετελαβωμεν τροφης και εμει-
ναμεν· εκει αγαλλιωμενοι και δοξαζοντες τον θεον | 24. παρ' αυτω V L
(cum eo): εχει P² (s. vorher) P³ B | την εσπεραν P³: τη εσπερα V,
usque ad vesperam L, > P² B

Τῇ οὖν ἕωθεν εἰδωλομανίας ἐπιτελουμένης, πανδήμου
ἑορτῆς τῆς Ἀρτέμιδος, κατέναντι τοῦ ἱεροῦ αὐτῆς ἄγαλμα αὐτῆς
ἦν ἐπὶ ὑψηλοῦ τόπου, καὶ ἀνελθὼν Ἰωάννης ἐστάθη ἐκ δεξιῶν
αὐτοῦ τοῦ ἀγάλματος, καὶ πάντες οἱ Ἐφέσιοι λευκοφοροῦντες
ἦσαν διὰ τὴν ἑορτὴν αὐτῶν. ὁ οὖν Ἰωάννης ὡς ἦν ἔχων με- 5
μελανωμένα ἱμάτια, ἐν οἷς τὴν ὑπηρεσίαν ἐπετέλει, ἐστάθη. καὶ
ἰδόντες αὐτὸν οἱ Ἐφέσιοι πολλοῦ θυμοῦ πλησθέντες, λίθους
ἐπιλαβόμενοι, ὅσοι πιστῶς ἔχοντες περὶ τῆς Ἀρτέμιδος, ἔβαλον
κατὰ τοῦ Ἰωάννου. ἦσαν δέ τινες φανταζόμενοι μόνον τὰ
περὶ τὴν ἑορτὴν αὐτῶν καὶ μετεωριζόμενοι καὶ μήτε τῷ 10
θεῷ προσέχοντες μήτε σεβόμενοι τὴν ἐπιτελουμένην ἑορτὴν τῆς
μιαρᾶς Ἀρτέμιδος. τῶν οὖν λίθων βαλλομένων κατὰ τοῦ
Ἰωάννου οὐδὲ εἰς ἔπληξεν αὐτόν, ἀλλὰ τῷ εἰδώλῳ πάντες οἱ
λίθοι προσέκρουον καὶ διελέπτυνον αὐτό. ὁ δὲ Ἰωάννης μετὰ
τὸ διακλάσαι τὸν λαὸν τὸ ἄγαλμα εἶπεν πρὸς αὐτούς· ἄνδρες 15

1. τη ουν ε. V m³ (dieser geht aber mit den Worten εξελθοντες
ηλθομεν εις τοπον καλουμενον τυχη πολεως zu p. 36, 2 über): και τη
εωθεν P³, εγενετο δε εν ταις ημεραις εκεινος P², εν μια ουν των ημερων
B | ειδωλ. — Αρτεμιδος V: εορτης επιτελ (τοις Εφεσιοις + B) της
(μιαρας + P², θεας αυτων + m¹ m²) Αρτεμιδος P² B cf L, > P³ (daher
gleich της Αρτ. statt αυτης) | 2. κατεν. τ. ιερου αυ. V P³ (s. vorher) L
(prophanum templum d. i. pro fano templi): > P² B, welche beide mit
και παντων των της πολεως zu l. 4 übergehn | αγαλμα αυτης ην P³ L
(positumque erat . . Dianae idolum): > V | 3 επι V: εφ' P³ | Ιω. V:
ο × P³ | 4. αυτου V: > P³ | λευχ. ησαν V: ησαν λευχ P³, dasselbe
Verb c m¹, λευχημονουντων m² v, λευσχημονουντων P² (dieser + χρο-
τουντων, ορχουμενων και μεθυοντων u. ist überhaupt hier sehr willkür-
lich) | 5. ως — μεμελαν. V (geschrieben εχω μεν μελανομενα) P² (μεμε-
λανωμενον): ειχε μελανωθεντα P³ | 6. ιματια — εσταθη V cf L: τον
χιτωνα (αυτου απο P²) εκ της υπηρεσιας της καμινου P² P³ cf B |
7. πολλου V: > P² P³ B | 8. επιλαβομενοι P² (aber vor λιθους): επι-
βαλομενοι V, λαβοντες P³ | οσοι — Αρτ. V: οσοι πιστιν ειχον προς την
Αρτεμιν vor λιθους P³, ελιθοβολουν αυτον λεγοντες· οσοι πιστοι περι
την μεγαλην Αρτεμιν ευτονως λιθοβοληaσατε τον μαγον τουτον κτλ. P² |
9. μονον V: > P³, den ganzen Satz > P² L | 10 την εορτην V: της
εορτης P³ | 12. μιαρας V: > P³ | βαλλομενων V: ριπτομενων P³ B, gar
nicht zu vergleichen P² | 13. ουδε — αγαλμα V: υπο των πιστευοντων
τη Αρτεμιδι ουδεις των λιθων επληξε τον Ιωαννην και εβρυχον δεινως
ορωντες οτι ουκ απτονται αυτου αλλα μαλλον οι λιθοι παντες προσε-
κρουον τω ειδωλω και διελεπτυνον αυτο· οι δε αλλοι γελοιων μετειχον.
ο ουν Ιωαννης μετα το διακλασθηται το αγαλμα P³, ohne Bestätigungen
in P² B, die unter sich ganz verschieden sind; cf dagegen theilweise L
c. 4 extr.

Acta Joannis. 3

Ἐφέσιοι, τί μεμήνατε ἐπὶ τῇ ἑορτῇ τῶν ἀκαθάρτων δαιμονίων
καὶ ἐγκαταλείπατε θεὸν τὸν πάσης κτίσεως ποιητήν. ἰδοὺ ἡ
θεὰ ὑμῶν κατεκλάσθη ὑπὸ τῶν λίθων τῶν ὑφ' ὑμῶν ῥιπτο-
μένων· ἢ βοηθήσατε τῇ θεᾷ ὑμῶν, ὅπως γένηται σῶα, ἢ προσ-
5 εύξασθε ὅπως ἐνεργήσῃ εἰς ἐμέ, ἵνα ἴδω μίαν δύναμιν εἰς αὐτὴν
καὶ πιστεύσω. οἱ δὲ πάλιν ἔβαλλον λίθους κατὰ τοῦ Ἰωάννου
ὡς ἐπὶ ὥραν μίαν, καὶ οὐδεὶς τῶν λίθων ἔπληξεν τὸν Ἰωάννην.
κατέτεμνον οὖν καὶ περιέσχιζον τὰς στολὰς τὰς λευκὰς ἃς
ἐφόρουν ἐπὶ τῇ ματαίᾳ ἑορτῇ αὐτῶν. ὁ δὲ Ἰωάννης ἰδὼν αὐ-
10 τοὺς ὑπὸ τοῦ δαίμονος τοῦ ἀκαθάρτου διεγερθέντας καὶ ὀλέ-
σκοντας ἑαυτούς, λέγει αὐτοῖς πάλιν· ἄνδρες Ἐφέσιοι, θέλετε
ἰδεῖν δύναμιν καὶ φόβον θεοῦ, μετὰ ἀνεξικακίας προσέχετε
ἑαυτοῖς καὶ ὄψεσθε. οἱ δὲ λῆρα ἡγοῦντο τὰ λεγόμενα ὑπὸ
Ἰωάννου. ὁ δὲ Ἰωάννης κατὰ ἀνατολὰς σταθεὶς καὶ ἐκτείνας
15 τὰς χεῖρας εἰς τὸν οὐρανὸν καὶ στενάξας εἶπεν· κύριε Ἰησοῦ
Χριστέ, πιστοποίησον τοὺς ἀνθρώπους τούτους, ὅτι σὺ εἶ θεὸς
μόνος ἐν οὐρανῷ καὶ ἐπὶ γῆς, καὶ πλὴν σοῦ οὐκ ἔστιν ἕτερος.
καὶ ἐπὶ τῷ λόγῳ Ἰωάννου βρασμὸς ἐγένετο μέγας τῆς γῆς καὶ

---

1. τι μεμηνατε — l. 15 ειπεν V, mit dem am ersten noch L zu vergleichen: in P², der einige Berührungen mit B (Amphil. p 14) hat,
heisst es: τι μεμεινατε επι τη πλανη των δαιμονων εγκαταλειποντες τον
ζωντα θεον, ος εποιησεν τον ουρανον και την γην και παντα τα εν αυτοις. εκνηψατε ουν εκ της πατροπαραδοτου ταυτης υμων πλανης των
δαιμονων και προσελθοντες κολληθητε αυτω. αυτος γαρ εστιν οικτιρμων
και ιλασεται τας αμαρτιας ημων και ου διαφθερει. επειγνωτε ουν τον
οντος οντα θεον και επιστρεψατε προς αυτον τας καρδιας υμων και αυτος
καθαριει υμας απο των αμαρτιων υμων, οτι εν αυτω εστιν η σωτηρια και
η ζωη η αιωνιος. οι δε περισσωτερον ελιθοβολουν αυτον και κατιτεμνον
αλληλους υπο των λιθων και τας στολας αυτων εσχιζον ζητουντες πιασαι
και θανατωσαι αυτον και ουκ ηδυναντο. η γαρ χαρις του θεου ην φυ-
λαττουσα αυτον. ως δε ιδεν αυτους υπο του ακαθαρτου δαιμονος διεγερ-
θεντας και αλληλους κατατεμνοντας και φωνας ασιμους αφιεντας, κατασεισας την χειρα αυτου, μεγαλη φωνη ειπεν· ανδρες Εφεσιοι, τι μεμη-
νατε· ιδου και η θεα υμων υπο των υφ' ημων βαλλομενων λιθων κατε-
κλασθη και συνετριβη εις τελος. ει ουν εαυτη βοηθησαι ουκ ισχυσεν,
εταιρους πως βοηθεισαι δυναται. και ταυτα ειπων εστραφη κατα ανα-
τολας και προσηυξατο λεγων | 15. Ιησου Χριστε V: + εν οικτιρμοις
(—μω v) και μετριοπαιδειαις (παιδεια v) B, Jesu Christe qui corripis
'n misericordia et miserationibus L, Ιησου μεσιτης θεου και ανθρωπων
P² | 16. θεος — γης V: θεος B, > P² | 17. πλην — ετερος V B: ουκ
εστιν πλην σου P², der im folgenden wieder stark von V aber auch B
u. L abweicht

ἔπεσαν ἐκ τοῦ πλήθους τῶν ἀνδρῶν τὸν ἀριθμὸν ὀκτακόσιοι.
οἱ δὲ λοιποὶ ἰδόντες τὸ γινόμενον προσέπεσαν τῷ ἀποστόλῳ
τοῦ Χριστοῦ καὶ θεοῦ Ἰωάννῃ, λέγοντες αὐτῷ· δεόμεθά σου,
τοὺς ἀνθρώπους τοὺς πεσόντας ἀνάστησον, καὶ πιστεύσομεν εἰς
τὸν θεόν σου. ὁ δὲ Ἰωάννης εἶπεν πρὸς αὐτούς· ὦ ἀνόητοι 5
καὶ βραδεῖς τῇ καρδίᾳ, ἄνδρες Ἐφέσιοι, τοῦ μὴ πιστεύειν ἐπὶ
θεὸν ζῶντα, καὶ οὗτοι οἱ πεσόντες ἐὰν ἀναστῶσιν, σκληρυν-
θήσεται ὑμῶν ἡ καρδία ὡς τοῦ Φαραώ. οἱ δὲ πεσόντες πάλιν
ἐπὶ πρόσωπον αὐτῶν τρίτον παρεκάλουν τὸν Ἰωάννην περὶ τῶν
κειμένων νεκρῶν. ὁ δὲ Ἰωάννης ἀναβλέψας εἰς τὸν οὐρανὸν 10
καὶ στενάξας τῷ πνεύματι καὶ δακρύσας εἶπεν· ὁ ὢν θεὸς
πρὸς τὸν ἀεὶ ὄντα θεὸν καὶ πατέρα, κύριε Ἰησοῦ Χριστέ, υἱὲ
τοῦ θεοῦ, ὁ ἐπὶ σωτηρίᾳ πάντων ἀνθρώπων ἐπιφανεὶς καὶ
συγχωρήσας ἡμῖν τοῖς πιστεύουσιν ἐπὶ σὲ τὰς ἁμαρτίας ἡμῶν,
συγχώρησον καὶ τοῖς ἀνθρώποις τούτοις τοῖς μὴ πιστεύουσιν 15
καὶ τεθνηκόσιν. ἀνάστησον αὐτοὺς τοῦ πιστεύειν ἐπὶ σέ, καὶ
δὸς τῷ δούλῳ σου μετὰ παρρησίας λαλεῖν τοὺς λόγους σου.
καὶ ταῦτα εἰπόντος τοῦ Ἰωάννου πάλιν βρασμὸς ἐγένετο, καὶ
ἀνέστησαν οἱ ὀκτακόσιοι ἄνδρες οἱ νεκροὶ κείμενοι καὶ προσέπεσαν τῷ ἀποστόλῳ Ἰωάννῃ. καὶ ἐδίδαξεν αὐτοὺς τὰ περὶ 20
τοῦ πατρὸς καὶ τοῦ υἱοῦ καὶ τοῦ ἁγίου πνεύματος, καὶ ἐβάπτισεν τοὺς ὀκτακοσίους ἄνδρας τοὺς πεσόντας καὶ ἀναστάντας
ἐν τῇ ἡμέρᾳ ἐκείνῃ. καὶ λαβὼν ἡμᾶς Διοσκορίδης εἰσήγαγεν
ἐν τῷ οἴκῳ αὐτοῦ καὶ παρέθηκεν ἡμῖν τράπεζαν· καὶ ἠγαλλιασά-

---

1. οκτακοσιοι V L: ωσει διακοσιοι B, > P², später aber bringt er
πεντακοσιοι | 2. οι δε — αυτω V cf L (> αποστ. — θεου): ιδοντες δε
οι λοιποι οχλοι το γεγονως και εις εαυτους ελθοντες μετα φοβου και
τρομου δρομεως προσεπεσον τω Ιωαννη λεγοντες P², der bis δακρυσας
l. 11 noch weiter von V u. L abweicht, als B | 3. δεομ. σου V v m²:
ανθρωπε τ. θεου + c m¹, δουλι του υψιστου + P², domine × L |
4. και πιστευσομεν V (geschrieben - ωμεν): κ. πιστευομεν P² L, οπως
πιστευσωμεν B | εις τ θ. σου V: τω υπο σου κηρυττομενω (+ θεω B)
P² B, in deum tuum, quem nobis praedicas L | 5—10. ο δε — νεκρων
V L: > P² B | 12. τον αει — πατερα V: τον αει οντα πατερα P² c m²
v (dieser > auch αει), dazu + θεον m¹, qui semper es cum patre verus
deus L | υιε τ. θ. V B: > P² L, von hier — εν τοπω p. 36, 2 geht P²
wieder seinen ganz eigenen Weg und lässt den Apostel im Hause des
Myron, der gar nicht in Ephesus sondern auf Patmos wohnt (s. später),
statt im Hause des Dioskorides zur Ruhe kommen | 15. τοις μη — τεθνη-
κοσιν V: nur τοις τεθνηκ. B (P² L frei) | 17. τους λογους V: τον λογον
P² B L

μεθα. καὶ προβάντων ἡμᾶν ἐκεῖθεν μικρὸν ἤλθομεν ἐν τόπῳ
καλουμένῳ Τύχη πόλεως. ἦν δὲ ἄνθρωπος ἐκεῖ κατακείμενος,
μὴ δυνάμενος στῆναι ἐπὶ τὴν βάσιν αὐτοῦ, ἔχων ἔτη νοσῶν
δώδεκα. ὡς οὖν εἶδεν τὸν Ἰωάννην ἔκραξεν φωνῇ μεγάλῃ
5 λέγων· ἐλέησόν με, μαθητὰ τοῦ Χριστοῦ. ὁ δὲ Ἰωάννης ἰδὼν
αὐτὸν καὶ θαυμάσας ἐπὶ τῇ πίστει αὐτοῦ εἶπεν αὐτῷ· ἀνάστα
ἐν ὀνόματι πατρὸς καὶ υἱοῦ καὶ ἁγίου πνεύματος. καὶ εὐθέως
ἀνέστη.
Ἰδὼν οὖν ὁ δαίμων ὁ ἀκάθαρτος ὁ προσπαραμένων τῷ
10 βωμῷ τῆς Ἀρτέμιδος πάντα τὰ γενόμενα σημεῖα ὑπὸ Ἰωάννου
καὶ ὅτι μέλλει καταπίπτειν διὰ τοῦτον τὸ ἱερὸν τῆς Ἀρτέμιδος
καὶ αὐτὸς διώκεσθαι ἀπὸ τῆς πόλεως ὑπὸ Ἰωάννου, λαβὼν
ταξεωτικὸν σχῆμα καὶ χάρτας ἐπιφερόμενος διὰ φαντασίας,
ἐκάθισεν ἐν τόπῳ εὐπεριβλέπτῳ καὶ ἔκλαιεν. παρερχομένων
15 δὲ δύο ταξεωτῶν, καὶ ἰδόντες αὐτὸν κλαίοντα, τῷ σχήματι
αὐτῶν ἀντιποιούμενοι ἤγγισαν αὐτῷ καὶ εἶπον αὐτῷ· ἑταῖρε,
τί ἔχεις ἢ τί σοί ἐστιν πρᾶγμα; ἀνάγγειλον ἡμῖν, τί ἐστιν τὸ
λυποῦν σε, καὶ ἡμεῖς, ὃ ἐὰν δυνάμεθα, θεραπεύσομέν σε. ὁ
δὲ κλαίων καὶ ὀδυρόμενος λέγει αὐτοῖς· ἐν πολλῇ θλίψει
20 τυγχάνω καὶ οὐκέτι δύναμαι ἐγὼ ζῆν ὁ ἄθλιος, ἀλλὰ θέλω
ἑαυτὸν κατὰ κρημνοῦ ῥῖψαι. εἰ μὲν οὖν δύνασθέ μοι βοηθῆσαι,
ἀναγγελῶ ὑμῖν· εἰ δὲ μήγε, τί καὶ τὸ μυστήριόν μου ἀποκα-
λύπτω; οἱ δὲ εἶπον αὐτῷ· τὸ σχῆμα ὅπερ ἔχεις ταξεωτικόν
ἐστιν; λέγει αὐτοῖς ὁ δαίμων· ναί. εἶπαν οὖν αὐτῷ· αὐτὸς

2. Τύχη πόλεως VBP² (τυχει): muro (τειχει) civitatis L | 9. ουν V:
δε P² L, (nach einem Participialsatz) > B | ο ακαθαρτος V: > P²BL |
10. παντα V B (aber ohne σημεια): > P² | γενομενα V v: γεγεννημενα
P², γινομενα c m¹ m² | 11. μελλει — Αρτεμιδος V cf LB: ιδη (= ηδη)
παντες δι᾿ αυτου πιστευσαι μελλουσιν τω Χριστω P² ' (auch weiterhin
sehr frei) | 13. ταξεωτικον σχ. V: σχ. ταξ v m², σχ. ταξεωτου P² c m¹ |
επιφερομενος V c m¹: επαγομενος m² v, κρατων εν τη χειρι αυτου P²,
auch sonst abweichend | δια φαντασιας V: εν φαντασια B | 15. και ιδον-
τες — ειπον αυτω V: κ. ιδοντες αυτσν ουτως κλεοντα πικρως ως αντι-
ποιουμενοι το σχημα αυτων ηρωτων αυτον λεγοντες P², κ. συναλγησαντι
τω σχηματι επυνθανοντο παρ᾿ αυτου (c m² v, επηρωτων αυτον m¹) B |
20. αλλα — ριψαι V cf L (meipsum in mortem dedere volo): > P² B |
22 αναγγελω VB: αναγγελλω P² | ει δε — αποκαλ. P¹B (δημοσιευω υμιν
c, αναγγελω υμιν m¹ m², ακουετε v) cf L: > V | 23. οι δε — ομοσατι
p. 37, 3 V cf L: οι δε ειπον (αναγγειλον ημιν και + c m¹) εχεις γνωναι
οτι δυναμεθα σοι συνελθειν. απεκριθη αυτοις ο δαιμων (εαν θελετε
oder θεληται δυνασθε, πλην + m² v) ομοσατε B, völlig abweichend und
abgekürzt bis p. 37, 12 P² ·

δύνασαι γνῶναι, εἰ δυνάμεθά σοι συνελθεῖν. ὁ δὲ εἶπεν· ἐὰν
θέλητε, δύνασθε. καὶ εἶπον πρὸς αὐτόν· θέλομεν. καὶ λέγει
αὐτοῖς ὁ δαίμων· ὀμόσατέ μοι κατὰ τῆς μεγάλης Ἀρτέμιδος,
ὅτι εἰ δέῃ ὑμᾶς ἀποθανεῖν, ποιεῖτε ὑπὲρ φίλου ὑμῶν, κἀγὼ
ὑμῖν ἐξηγοῦμαι, καὶ δεικνύετε διάθεσιν πρὸς φίλον καὶ ξένον, 5
καὶ τοὺς μισθοὺς ὑμῶν λαμβάνετε καὶ τὴν ἐμὴν ψυχὴν διασώ-
ζετε. οἱ δὲ ὤμοσαν αὐτῷ τοῦ μετὰ πάσης δυνάμεως φροντίσαι
τὰ περὶ αὐτοῦ. ὁ δὲ ἀπόδεσμον χρυσίου ἔδειξεν αὐτοῖς λέγων·
φίλοι καλοί, ἀγωνίσασθε, ἰδοὺ καὶ τὰ ἑτοιμασθέντα ὑπὲρ τοῦ
κόπου ὑμῶν. οἱ δὲ περισσοτέρως ἐζήτουν περὶ τοῦ πράγματος 10
αὐτοῦ καὶ εἶπαν αὐτῷ· ἀνάγγειλον ἡμῖν, φίλε καλέ, καὶ ἀφρόν-
τιστος ἔσο καὶ ὀδυρόμενος καὶ κλαίων ἔλεγεν αὐτοῖς· Καισαρείας τῆς Παλαιστίνης ἐγὼ ὑπάρχω ὁ ἄθλιος, βοηθὸς κομέν-
των, καὶ δύο ἄνδρες παρεδόθησάν μοι ἀπὸ Ιερουσαλήμ,
ὄνομα τῷ ἑνὶ Ἰωάννης καὶ ὄνομα τῷ ἑτέρῳ Πρόχορος. καὶ 15
λαβὼν αὐτοὺς ἐγὼ ἔβαλον ἐν τῇ φυλακῇ τρεῖς ἡμέρας· τῇ δὲ
τετάρτῃ ἐγένετο αὐτῶν πρόοδος καὶ κατέθεντο πολλὰ ἀσεβῆ,
φαῦλα πράξαντες. καὶ ἰδὼν ὁ ἄρχων τὸ πλάτος τῶν κακῶν ὧν
κατέθεντο, ἀνέπεμψεν αὐτοὺς ἐν τῇ φυλακῇ, ὅπως ἐν ἑτέρᾳ
ἐξετάσει ἀκριβέστερον μάθοι τὰ περὶ αὐτῶν. λαβὼν οὖν αὐ- 20
τοὺς ἐγὼ ἀπέφερον ἐν τῇ φυλακῇ, διὰ δὲ μαγικῆς κακοτεχνίας
ἐξέφυγον ἐκ τῶν χειρῶν μου. καὶ ἀπήγγειλα τῷ ἐμῷ αὐθέντῃ

---

1. ει (geschrieben η) V: οτι B | 2. θελητε m²: θελετε V v |
4. οτι B: οτε V, aber ε punctirt | δεη (geschrieben δεει) V |
12 Καισαρειας V P² m² v: απο X c m¹ | 13. της Παλ. V P²
c m² v: της εν Παλαιστινη m¹ | κομεντων V m³: + της ανθυπα-
τικης (nur m¹ — τιανης) ταξεως B P² (nur dieser schreibt hier κω-
μεντων), > mehreres L; du Fresne, gloss. I, 692 welcher diese Stelle
aus einer Hs. citirt (denn der einzige damals vorhandene Druck enthält
sie nicht), nimmt ein neutrum κομεντον = κομεντάριον commentarium an
und vergleicht adiutor commentariorum oder commentariensis. Seine
Verweisung auf κόμβεντος sowohl hier als p. 693 zu κόμεντον verstehe
ich nicht. Jedenfalls beweist der Zusatz in P² B und deren Lesart zu
l. 22, dass sie κομεντων unglaublicher Weise von κομης hergeleitet
haben | 15. τω ενι . . . τω ετερω V L: τω διδασκαλω . . . τω μαθητη
P² | 17. πολλα ασ. φ πρ. V: απειρα πληθη πραξεων πονηρων c m¹ m²,
απειρον πληθος φαυλων πραξεων v, plurima flagitia inventa sunt per
facinora, quae perpetrarunt L; nichts vergleichbares in P² | 18. πλατος
V c m¹: πληθος m² v | 20. αυτους: αυτος V | 22. και απηγγ. — ειπεν
μοι V: μαθων ουν τουτο ο πρωτος των κομεντων συμπαθησας (+ μοι
m²) ειπε(ν) μοι P² B, μαθων ουν ο αρχων το γεγονος διωκειν οπισω
αυτων προετρεψατο με m³, quod iudex ut audivit, misertus hac lege mei est L

τὸ γεγονός, καὶ αὐτὸς ἐλεῶν μου εἶπέν μοι· φύγε ἄθλιε καὶ
δίωξον ὀπίσω αὐτῶν, ἐπεὶ κακῶς ἀποθνήσκεις. καὶ εἰ μὲν
εὕρῃς αὐτούς, ἐπίστρεφε ἔχων αὐτούς· εἰ δὲ μὴ εὕρῃς αὐτούς,
μὴ ἐπιστρέψῃς. ἐγὼ γὰρ οἶδα τὸν θυμὸν τοῦ ἄρχοντος, ὃν ἔχει
5 κατ᾽ αὐτῶν. καὶ πάλιν τὸν ἀπόδεσμον τοῦ χρυσίου ἐπεδεί-
κνυσεν αὐτοῖς λέγων· ταῦτα οὖν ἀναλώματα λαβὼν ἐξῆλθον·
ἰδοὺ καὶ αἱ καταθέσεις αὐτῶν, καὶ ὑπεδείκνυεν αὐτοῖς τοὺς
χάρτας τοὺς φανταστικούς, καὶ ἔλεγεν αὐτοῖς· ὅτι ἤκουσα ἀπὸ
πολλῶν, ὅτι ἐνθάδε εἰσίν, καὶ διὰ τοῦτο παρεγενόμην ἐν τῇ
10 πόλει ταύτῃ, καὶ γυναῖκα καὶ τέκνα καὶ οἶκον καταλιπὼν πε-
λάζομαι δι᾽ αὐτοὺς εἰς ἀλλοδαπὴν γῆν· ἀλλὰ δέομαι ὑμῶν,
φίλοι καλοί, ἐλεήσατέ μου τὴν ξενίαν. εἶπαν δὲ πρὸς αὐτὸν
οἱ ταξεῶται· μηδὲν πράξεις κακὸν ἑαυτόν, φίλε· οἱ γὰρ μάγοι,
οὓς σὺ ζητεῖς, ὧδέ εἰσιν. καὶ εἶπεν αὐτοῖς ὁ δαίμων· φοβοῦ-
15 μαι, μὴ διὰ μαγικῆς κακοτεχνίας φύγωσι καὶ ἔνθεν· ἀλλὰ τοῦτο
ποιήσατε, φίλοι καλοί, καὶ ἀποκλείσατε αὐτοὺς καὶ μηδεὶς
γνώσει, καὶ θανατώσατε αὐτοὺς καὶ λάβετε ταῦτα τὰ ἀκολου-
θήσαντά μοι χρήματα· οἱ δὲ εἶπον πρὸς αὐτόν· συμφέρει σοι
μᾶλλον, ἵνα κρατήσωμεν αὐτοὺς καὶ παραλάβῃς αὐτούς· ἐπεὶ
20 ἐὰν θανατώσωμεν αὐτούς, πῶς ἐπιστραφῇς εἰς τὴν ἰδίαν πατρίδα; ὁ δὲ εἶπεν αὐτοῖς· ἀποκτείνατε αὐτούς, φίλοι μου, καὶ
οὐ θέλω ἰδεῖν τὴν ἐμὴν πατρίδα. οἱ δὲ συνέθεντο αὐτῷ ἀποκτεῖναι ἡμᾶς καὶ λαβεῖν τὴν φαντασίαν τῶν χρημάτων.

Ἔγνω οὖν ὁ Ἰωάννης τῷ πνεύματι ἅπερ ἔπραττεν καθ᾽
25 ἡμῶν ὁ ἀκάθαρτος δαίμων καὶ εἶπεν πρός με· τέκνον Πρόχορε,

2. διωξον V: διωκε B, καταδιωκε P² | 3. ευρης V P²: ευρεις m¹ m²
v, ευροις c | επιστρεφε εχ. αυ V B (nur m² υποστρεψε): αγαγε μετα σου
P² | ει — αυτους V B (ευροις c, αυτους ᐳ c m¹ v): ει δε μηγε P² |
4. μη επ. V: μηδε σοι υποστρεψης P², μηδε (c v, μητε m¹ m²) συ εν-
θαδε φανης (c, φανεις v, φανης ενθ. m¹ m²) B | οιδα — αυτων V L:
εγω γαρ οιδα τον θυ. τ. αρχ. c m² v, ähnlich m¹, ᐳ P¹ | 5. τον αποδ.
— μαλλον l. 19 V: P² giebt eine durch B L nicht bestätigte Um-
arbeitung | επεδεικνυσεν V: υπεδεικνυεν P², ganz anders B | 7. υπεδει-
κνυεν V: εδεικνυεν c m² v, δεικνυων m¹, den Satz ᐳ P² | 12. ξενιαν
V: ξενιτειαν B | 13. πραξεις κ. εαυτων (sic) φιλε V: πραξεις κατα σαυ-
του φιλε κακον m³, μηδεν (μη m·) αθυμησης (·μει m¹) φιλε B, nihil
tibi mali . . facias neque te maceres dolore L, ευθυμησον φιλε καλε και
μη λυπου P² | 16. αποκλεισατε P² B L (cogite) : αποκτεινατε V | και μ.
γν. V: μηδενος ειδοτος B (c m¹ v ⨯ εις οικον), εν τοπω τινι μηδενος
γινωσκοντος P² | 23. κ. λαβειν την φαντ. τ. χρ. V B (c v + παρ᾽ αυτου
nach λαβειν, παρα του Amphil.): ᐳ P²

γινώσκειν σε βούλομαι καὶ ἑτοιμάζειν τὴν ψυχὴν εἰς πειρασ-
μόν, ὅτι πολὺν κονιορτὸν καὶ θλῖψιν καθ᾽ ἡμῶν ἐγείρει ὁ
προσπαραμένων δαίμων τῷ βωμῷ τῆς Ἀρτέμιδος· ἰδοὺ γὰρ
διήγειρεν καθ᾽ ἡμῶν δύο ταξεώτας διδάξας αὐτοὺς κακὰ περὶ
ἡμῶν, καὶ ἐγνώρισέν μοι ὁ θεὸς πάντα τὰ λαληθέντα ὑπὸ τοῦ 5
δαιμονίου πρὸς αὐτούς. ἀνδρίζου οὖν καὶ ἑτοιμάζου πρὸς
ταῦτα. καὶ ταῦτα λαλοῦντος τοῦ Ἰωάννου πρός με, ἐλθόντες
οἱ ταξεῶται ἐκράτησαν ἡμᾶς. ὁ δὲ Διοσκορίδης τότε οὐκ ἦν
μεθ᾽ ἡμῶν. ὁ οὖν Ἰωάννης εἶπεν πρὸς τοὺς ταξεώτας· ἐπὶ
ποίᾳ αἰτίᾳ κράτησιν ἡμῶν ποιεῖσθε; οἱ δὲ εἶπον· ἐπὶ μαγικῇ 10
κακοτεχνίᾳ. ὁ δὲ Ἰωάννης εἶπεν πρὸς αὐτούς· καὶ τίς ὁ κατή-
γορος ἡμῶν; οἱ δὲ εἶπον· ἀχθήσεσθε τέως ἐν τῇ φυλακῇ καὶ
μέλλετε θεωρεῖν καὶ τὸν κατήγορον ὑμῶν. ὁ δὲ Ἰωάννης εἶπεν·
οὐ δύνασθε ἡμᾶς βιάζεσθαι, ἐὰν μὴ κατὰ πρόσωπον ἡμῶν
ἔχητε τοὺς κατηγόρους. οἱ δὲ ἤρξαντο ῥαπίζειν αὐτόν, καὶ σύ- 15
ροντες ἡμᾶς ἀπήγαγον ἐν οἴκῳ ἰδιάζοντες ὥστε ἀποκτεῖναι
ἡμᾶς κατὰ τὴν ὑπόσχεσιν τοῦ δαίμονος. δραμοῦσα δὲ Ῥωμάνα
ἀπήγγειλεν τῷ Διοσκορίδῃ. καὶ εὐθέως δραμὼν ἦλθεν καὶ
ἀπέλυσεν ἡμᾶς, καὶ λόγους σκληροὺς εἶπεν πρὸς τοὺς ταξεώτας
λέγων· οὐκ ἔξεστιν ὑμῖν ἀνθρώπους ἀναιτίους μὴ ὄντος κατη- 20
γόρου φυλακίζειν, μάλιστα μηδὲ ἐν τῷ φανερῷ, ἀλλ᾽ ἐν οἴκῳ

1. καὶ ετ. V B: ινα ετοιμασεις P² | ψυχην V: + σου B P² | 2. πο-
λυν B: πολλην V P² (dieser aber θλιψιν και κον.) | εγειρει V: ηγειρεν
P², κινει B | 3. δαιμων hier V B: ο δαι vor ο προσπ. P² | 4. διηγειρεν
V c m¹ m²: ηγειρεν P² v | 5. και εγν. — αυτους V cf B L: και ο κυριος
ημων Ιησους Χριστος παντα εγνωρησεν μοι P² | 6. ανδρ. — ταυτα V,
erweitert in L: > P² B | 8. ο δε — ημων V L: > P² B | 9. επι V
c m¹: εν P² m² v | 10. κρ. ημ. ποιεισθε V: την κρ. ημ. εποιησασθε P²
c m² v, ημας εκρατησατε m¹ | 11. τις V B L: που εστιν P² | 12. τεως
P² B: > V | 13. θεωρειν hier V B (c ιδειν, c m¹ m² > das folgende
και): hinter υμων P² | 14. βιαζεσθαι V: βιασασθαι P² B | εαν — κατη-
γορους V B (ημων hinter κατηγ.): ανευ κατηγορου P², > L | 15. ηρξαντο
— και V L: ραπιζοντες και P², ερραπιζον τον Ιω. και c m² v, ραπιζον-
τας αυτον m¹ | 16. εν οικω ιδιαζοντες V: εν οι. ιδιαζοντως m² v, in do-
mum cuiusdam civis (ιδιαζοντος) L, εν οι. ιδιαζοντι c m¹, εν ιδιαζοντι
τοπω P² (dieser × ουχι εν φυλακη αλλ᾽, ähnlich B) | ωστε V B: προς
το P² | 17. υποσχεσιν V v m³ (+ ην προς τον δαιμονα εποιησαντο cf
L): υποθεσιν P² c m², υποθηκην m¹ | δραμ. δε P. V: ταυτα ακουσασα
η P. και δραμουσα V P², ähnlich B (v > και δραμ.) L | 20. ουκ. εξ. —
αποκτειναι αυτους V, wesentlich ebenso B cf L: οτι ον τροπον ηβουλη-
θηται λαθρα αποκτειναι αθωους ανδρας, μη ουτως προ προσωπου αυτων
των κατηγορων ταυτην την δικην υμεις πεισεσθε P²

ἰδιάζοντι ὥστε ἀποκτεῖναι αὐτούς. ἰδοὺ οἱ ἄνδρες οὗτοι ἐν
τῷ οἴκῳ μου εἰσίν· εἴ τις ἔχει τι κατ᾽ αὐτῶν, ἐλθάτω καὶ λα-
βέτω αὐτοὺς καὶ κατὰ τοὺς νόμους κριθήσονται. οἱ δὲ ταξεῶται
εἶπον πρὸς ἑαυτούς· ἀπέλθωμεν, λάβωμεν τὸν κατήγορον καὶ
5 οὕτως δυνησόμεθα δίκαια λέγειν πρὸς αὐτούς. ὁ γὰρ Διοσκορίδης ἐν τῷ πράγματι αὐτῶν ἑαυτὸν ἐντάξας σκληρός ἐστι πρὸς
ἡμᾶς. ἔρχονται οὖν οἱ ταξεῶται ἐπὶ τὸν τόπον, ἐν ᾧ ὁ δαίμων ἐκαθέζετο, ὁ λεγόμενος ταξεώτης, καὶ οὐχ εὗρον αὐτόν.
εἰς πένθος οὖν ἀφόρητον ἐλθόντες ἐκαθέσθησαν ἐν τῷ τόπῳ
10 ἐκείνῳ λέγοντες· οὐαὶ ἡμῖν, τί ποιήσωμεν, ὅτι ὁ ἄνθρωπος
ἐκεῖνος οὐκ ἔστιν ἐνθάδε. καὶ ἐὰν εὑρεθῶμεν πρὸς Διοσκορίδην ἄλλως λέγοντες, ἀκριβείας πολλῆς μετέχει ὁ ἀνήρ, καὶ μήποτε κακῶς ἡμῖν χρήσεται καὶ ὀλέσει ἡμᾶς. καὶ ὡς ταῦτα
ὡμίλουν, ἔρχεται ὁ δαίμων πρὸς αὐτοὺς τῷ αὐτῷ σχήματι καὶ
15 λέγει αὐτοῖς· ἀμελεῖς ἐγένεσθε, ὦ φίλοι μου περὶ τὸ πρᾶγμα.
καὶ ἐξηγήσαντο αὐτῷ πάντα ὅσα ἐποίησαν, καὶ ὅτι ὁ Διοσκορίδης ἔλαβεν αὐτοὺς ἀφ᾽ ἡμῶν· ἐὰν οὖν ἔρχῃ μεθ᾽ ἡμῶν,
ἀποληψόμεθα αὐτούς. ὁ δὲ δαίμων εἶπεν πρὸς αὐτούς· ἄγωμεν. καὶ ἐπορεύετο ὁ δαίμων ὀπίσω αὐτῶν κλαίων, καὶ συνήχ-
20 θησαν ὄχλοι πολλοὶ περὶ αὐτῶν, καὶ ἐξηγήσατο πᾶσιν ἅπερ
ἐξηγήσατο τοῖς ταξεώταις, οἱ δὲ ταξεῶται προσεμαρτύρουν
αὐτῷ. καὶ θυμοῦ πλησθέντες ἅπαντες ἔδραμον ἐπὶ τὴν οἰκίαν
Διοσκορίδους — οἱ δὲ πλείονες ἦσαν Ἰουδαῖοι — καὶ δια-
κρούσαντες τὰς θύρας τῆς εἰσόδου ἤρξαντο κράζειν· Διοσκο-

---

1. οι ανδρες V B L: > P² | 2. τι V P² v: > c m¹ m² | ελθατω
V: ελθετω P² B | 3. τους v. V L: τον νομον P² B | κριθησονται V m² v:
κριθητωσαν P² c m¹ | οι δε ταξ. V B L: και λαβων ημας διωσκοριδης
απηγαγεν εις τον οικον αυτου X P², ähnlich m³ | 4. ειπον — αυτοις
l. 15 V, etwas kürzer L, cf auch m³ Amphil. p 17 extr.; απελθοντες
και μη ευροντες τον δαιμονα εις εν (sic) ω εκαθεζετο τοπω, εν αμηχανια
και θλιψει κατειχοντο, λεγοντες· ουαι ημιν οτι του κατηγορου μη ευρισκομενου ως συκοφανται παρα του Διωσκοριδους ευρισκομεθα και απολεσει ημας. και ταυτα αυτων λεγοντων επεστη αυτοις ο δαιμων εν τω
αυτω σχημα (sic) λεγων P², einiges ähnliche in B | 15. εγενεσθε V: γε-
γονατε P², fuistis L, den Satz > B | το πραγμα και V: του πραγματος
και ιδου εγω ω ταλαιπωρος κινδυνευω. οι δε P², wovon auch B L nichts.
So im Folgenden häufig | 20. das erste εξηγησατο m²: εξηγησα (sic) V,
εξηγειτο c m¹ v | 23. Διοσκοριδου V | οι δε —'Ιουδ. V L m³ (ησαν δε
οι πλειους Ιουδ.): > P² B | διαχρ V B: καταστρεφοντας (!) P², πε-
τασσοντες m³ | 24. τας θυρας τ. εισ. V: τας θυρας m², τους πυλωνας
P² B | Διοσκ. zweimal P² m³: einmal V, > B L

ρίδη, Διοσκορίδη, πρὸς πόλιν ἔχεις, ἢ παράδος τοὺς μάγους.
ἡ πᾶσα πόλις ἐκβοᾷ, καὶ ἐμπρήσομέν σε πυρὶ καὶ πάντα τὰ
σὰ ἀπολέσομεν καὶ σὲ καὶ τὸν υἱόν σου καὶ τοὺς μάγους. δὸς
τοὺς κακούργους καὶ τοὺς μάγους. ἡγούμενος πόλεως ὤν, διὰ
τί πονηροὺς καὶ ἐμπαίκτας ἄνδρας περιποιῆσαι; ὁ δὲ Ἰωάννης 5
ἰδὼν τὴν ἔνστασιν καὶ τὸ πολὺ πλῆθος εἶπεν πρὸς Διοσκορί-
δην· ἡμεῖς οὔτε χρημάτων ἀντιποιούμεθα οὔτε σωμάτων. τὸ
ἀποθανεῖν καὶ τὸ ἀπολέσαι τὰ χρήματα ἡμεῖς ἐδιδάχθημεν
παρὰ τοῦ ἡμῶν διδασκάλου καὶ κυρίου, καθ᾽ ἡμέραν ἐπιφέρεσθαι τὸν σταυρὸν αὐτοῦ καὶ ἀκολουθεῖν αὐτῷ. ὁ δὲ Διοσκο- 10
ρίδης εἶπεν πρὸς Ἰωάννην· ἰδοὺ ἡ οἰκία μου ἀφθήτω, καὶ ἐγὼ
καὶ ὁ υἱός μου ὁλόκαυστοι γενώμεθα ἐν αὐτῇ, καὶ πάντα τὰ
ἡμῶν ἀπολέσθω μόνον Χριστοῦ ἐπιτύχωμεν. ὁ δὲ Ἰωάννης
εἶπεν πρὸς αὐτόν· οὔτε σοῦ οὔτε τοῦ υἱοῦ σου οὔτε τῶν σῶν
μία θρὶξ οὐκ ἀπολεῖται. παράδος ἡμᾶς τοῖς ἀνθρώποις τού- 15
τοις. ὁ δὲ Διοσκορίδης εἶπεν· εἰ ὑμᾶς παραδώσω, καὶ τὸν
υἱόν μου παραδίδωμι μεθ᾽ ὑμῶν. ὁ δὲ Ἰωάννης εἶπεν πρὸς
αὐτόν· τὸ σύστημα τοῦ λαοῦ τούτου εἰς ἀγαθὸν ἄγει τοὺς
πλείστους αὐτῶν· σὺ δὲ καὶ ὁ υἱός σου ἡσυχάσατε ἐν τῷ οἴκῳ
ὑμῶν καὶ ὄψεσθε τὴν δόξαν τοῦ θεοῦ. 20

1. προς π. ε. V m³: > P² B L; die misverständlichen Worte („mit
der Stadt hast du es zu thun, oder") bringt P² später nach | ἢ V c m¹
m² L: > P² m² v | 2. η πασα — μαγους l. 4 V: η και σε και τον υιον
σου και τους μαγους καταναλοσωμεν, η πολις βοα· δος τους κακουργους
m² cf L, welcher εβοα las und die Worte nicht als Bestandtheil der
Rede erkannte; η και (c m¹, η v, επει m²) σε (+ κακως v) και τον
οικον (παντας τους εν τω οικω v) σου πυρικαυστους ποιησομεν B, > P²
der auch weiterhin sehr abweicht | 4. ηγουμ. — περιποιησαι l. 5 V m³
(> και εμπαικτας und schreibt περιποιει s. hierüber zu p. 19, 1): προυχων
γαρ ων την πολεως ουκ οφειλεις τοιουτων ανθρωπων ανοσιων αντιλαμ-
βανεσθαι B (mit wenigen Varianten), ganz anders P² | 7. το αποθ. —
ημεις V: > P² B, dafür: nobis enim vita est Christus et mori lucrum L;
undeutlich Amphil über m³ | 8. εδιδ V L: γαρ + B m³, nichts ver-
gleichbares in P² | 14. erstes σου m²: του σου V, συ B | 16. ει (ge-
schrieben η) V: εαν m³, si L | και τ. υιον μ. V L (etiam tradam etc.):
> m³ | 18 το συστημα V P²: το συστρεμμα B. η επισυστασις m³ |
εις αγαθον — αυτων V B (πλειονας): σωτηριαν τοις πλειστοις αυτων
προξενησει m³, εις αγαθον εργον αγει ο κυριος P², diese Fassung des
συστημα als Accusativ und in concretem Sinn auch in L, aber daneben
die richtige: caterva haec populi ad bonum congregata est, et haec congregatio ad bonum perducet plurimos

Καὶ κατήγαγεν ἡμᾶς ἐκ τοῦ οἴκου αὐτοῦ, καὶ παρέλαβον
ἡμᾶς ἐπὶ τὸ ἱερὸν τῆς Ἀρτέμιδος. καὶ λέγει Ἰωάννης πρὸς
τοὺς ἄνδρας τοὺς κρατοῦντας ἡμᾶς· ἄνδρες Ἐφέσιοι, τί ἐστιν
οὗτος ὁ ναός; οἱ δὲ εἶπον πρὸς αὐτόν· τὸ ἱερὸν τῆς μεγάλης
5 Ἀρτέμιδος. καὶ εἶπεν πρὸς αὐτοὺς ὁ Ἰωάννης· μικρὸν ἐπιστῶ-
μεν ἐν τῷ τόπῳ τούτῳ, ὅτι πολὺ χαίρω καὶ χαρήσομαι διὰ
τοῦ ἱεροῦ τούτου. οἱ δὲ ἐπέστησαν ἐν τῷ τόπῳ, καὶ ἀναβλέψας
Ἰωάννης ὁ ἀπόστολος τοῦ Χριστοῦ εἶπεν· καταπέσοι, κύριε
Ἰησοῦ Χριστέ, τὸ ἱερὸν τοῦτο, ἄνθρωπος δὲ μὴ ἀποθανέτω
10 ἐν αὐτῷ. καὶ εὐθέως ἐπὶ τῷ λόγῳ Ἰωάννου κατέπεσεν τὸ
μιαρὸν ἱερὸν τῆς Ἀρτέμιδος. καὶ εἶπεν Ἰωάννης τῷ δαίμονι
τῷ ἐνοικοῦντι ἐν τῷ ναῷ τῆς Ἀρτέμιδος· σοὶ λέγω τῷ δαίμονι
τῷ ἀκαθάρτῳ, ὁ οἰκῶν ἐν τῷ ἱερῷ τούτῳ τί ἐστιν; καὶ εἶπεν
ὁ δαίμων μετὰ φόβου καὶ τρόμου· ἡ μεγάλη Ἄρτεμις. ὁ δὲ
15 ἀπόστολος εἶπεν πρὸς αὐτόν· πόσα ἔτη ἔχεις ἐν τῷ τόπῳ
τούτῳ οἰκῶν; καὶ εἶπεν αὐτῷ ὁ δαίμων· διακόσια τεσσαράκοντα
ἐννέα. καὶ εἶπεν πρὸς αὐτὸν Ἰωάννης· σὺ εἶ ὁ τοὺς ταξεώτας
ἐγείρων καθ' ἡμῶν; καὶ εἶπεν ὁ δαίμων· ναί. καὶ ἔφη αὐτῷ
Ἰωάννης· παραγγέλλω σοι ἐν ὀνόματι Ἰησοῦ Χριστοῦ τοῦ Να-
20 ζωραίου, τοῦ λοιποῦ μὴ κατοικῆσαι ἐν τῷ τόπῳ τούτῳ. καὶ
εὐθέως ἐξῆλθεν ὁ ἀκάθαρτος δαίμων ἀπὸ τῆς πόλεως Ἐφέσου,
καὶ πάντες ἐθαύμασαν ἐπὶ τούτῳ. καὶ συναθροίζονται πάντες

---

1. Hier beginnt das Probestück von B in Beil. B II. In P² folgt
eine schwülstige Umarbeitung ohne Analogie in m³ B L | 8. καταπεσοι
m³ (aber nach Χριστε): καταπεσει V, καταπεσοιντο τα της πονηριας
αγαλματα κτλ. P² | 9. αποθανετω V: αποθανη m³, αποθανειτω P² | 10. επι
(συν P²) τω λογω Ιω. V P² L: > m³ | 11. μιαρον V L (profanum):
> m³, unvergleichbar P² | 12. τω δαιμονι — αποστολος V: ακαθαρτον
πνευμα το προσπαραμενον τω βομω της Αρτεμιδος. και ο δαιμων στε-
νων και τρεμων εφη· τι εστιν. και ο αποστολος P² (cf B) Auch m³
hat das τι εστιν dem Dämon in den Mund gelegt, was nach dem Sturz
des Tempels läppisch und mit seiner Todesangst unverträglich ist.
Uebrigens trägt P² in seiner Weise bald die Frage des Johannes nach:
και τι το ονομα σοι; ο δε ειπεν· απαταιων. L > alles dies | 19. πα-
ραγγελλω B m³: παραγγελω V P² | 20. του λ. μη κατ. V m³ (τ. λοιπου
am Ende) L: μηκετι οικησαι B P² (οικεις) | 21 Εφεσου V L: > P² m²
B | 22. και παντες — ημερας τρεις p. 44, 10 V und in allem wesentlichen
L: die hiervon durchweg abweichende Darstellung in P² hat wenige Berührungen mit B (Beilage B II) z. B. zu Anfang: θαμβος δε περι-
εσχεν παντας και τρομος. και οι μεν κραζοντες ελεγον· μεγας ο θεος
των Χριστιανων κτλ. —; sodann fehlt auch in P² der Bericht von dem

ἐν τόπῳ ἑνὶ καὶ εἶπαν πρὸς ἑαυτούς· τί ἐστιν τὸ γενόμενον
ὑπὸ τοῦ ἀνθρώπου τούτου; οὐκ οἴδαμεν, ἃ λέγωμεν. παρα-
δώσωμεν αὐτὸν τοῖς πολιτάρχαις καὶ κατὰ τοὺς νόμους τιμω-
ρείσθω. εἰς δὲ ἐξ αὐτῶν ὀνόματι Μαρεών, Ἰουδαῖος τυγχάνων,
ἀποκριθεὶς εἶπεν· ἐγὼ καὶ τοῦτον καὶ τὸν μετ᾽ αὐτοῦ λέγω ὅτι 5
μάγοι εἰσὶν καὶ κακῶν ἔργων αἴτιοι, καὶ ὡς κακοῦργοι ἀπο-
λέσθωσαν κακῶς. καὶ εἶπάν τινες τῶν περιεστώτων καὶ κυ-
κλωσάντων ἡμᾶς πρὸς τὸν Μαρεῶνα· κἂν κακοῦργοί εἰσιν, διὰ
νόμων ἐξετασθέντες παραδοθήσονται κακῶς. ὁ δὲ Μαρεὼν
ἤθελεν πρὸ τοῦ παραδοθῆναι ἡμᾶς τοῖς πολιτάρχαις διεγεῖραι 10
καθ᾽ ἡμῶν τὸν ὄχλον, ὅπως ἀποκτείνωσιν ἡμᾶς. οἱ δὲ ὄχλοι
οὐκ ἠνέσχοντο οὐδὲ ἐπείσθησαν αὐτῷ. ἄγουσιν ἡμᾶς πρὸς
τοὺς πολιτάρχας καὶ παραδιδοῦσιν ἡμᾶς. οἱ δὲ πολιτάρχαι
εἶπαν· πρὸς αὐτούς· ἐν ποίᾳ αἰτίᾳ τοὺς ἄνδρας τούτους παρα-
δίδοτε ἡμῖν; οἱ δὲ εἶπαν· ἐπὶ μαγικῇ κακοτεχνίᾳ. οἱ δὲ πρὸς 15
αὐτούς· τί ἐποίησαν μαγικῆς ἐνεργείας. ὁ οὖν Μαρεὼν πα-
στὰς ἐδίδαξεν, ὅτι καὶ ταξεώτης ἀπὸ τῆς πατρίδος αὐτῶν παραγενόμενος καὶ ἀναζητήσας αὐτοὺς ἐπεδείκνυεν καὶ τὰς καταθέσεις αὐτῶν. οἱ δὲ πολιτάρχαι εἶπαν πρὸς τὸν Μαρεῶνα·
οὗτος οὖν ἐλθὼν διδαξάτω ἡμᾶς μετὰ ἀληθείας τὰ περὶ αὐτῶν, 20
οὗτοι δὲ βληθήσονται ἐν τῇ φυλακῇ, ἕως ἂν ἐκεῖνος ἐλθὼν τὴν
ἅπασαν ἀλήθειαν εἴπῃ περὶ αὐτῶν. καὶ ἀπήγαγον ἡμᾶς ἐν τῇ
φυλακῇ, ἀσφαλισάμενοι ἡμᾶς σιδήρῳ ἐν ἐσωτέρῳ οἴκῳ. ὡς δὲ
πᾶσαν τὴν πόλιν περιεκύκλωσαν πάντες οἱ ὄχλοι ζητοῦντες τὸν
δαίμονα τὸν λεγόμενον ταξεώτην καὶ διὰ κηρύκων προσκαλού- 25

dreitägigen Aufenthalt am Meeresstrand. P³, welcher schon von p. 40,
16 an einen stark gekürzten Text u. z. B. nichts vom Tempelsturz giebt,
lenkt hier in die Recension B ein: οι δε οχλοι οι μεν επιστευον αυτοις,
οι δε ηπιστουν, επιστευσαν δε τω θεω, οσοι ησαν εν μετρω ζωης.
οι δε λοιποι εκρατησαν ημας εχοντες συνεργον τινα Ιουδαιον Μαρεωνα
κτλ. bis απελυσεν ημας p. 44, 6. Vollends m¹ geht von dem Satz ἐξῆλθεν ο δαιμων απο της πολεως (hier oben p. 42, 21) mit den Worten οι ουν
οι (?) ανθρωποι εκπλαγεντες επι τουτοις απελοσαν ημας zu p. 44, 6 fort |
4. Μαρεων P² V (von der dritten Anführung an constant, hier u. l. 9
Μαραιων) P³ (acc. Μαρεῶνα, aber später Μαρεωνας nomin.) v; Μαραιων
m¹ c (V s. vorher), Μαρων m², Marnon L. Auf ων accentuirt meines
Wissens in allen Hss. ausser m³. Es klingt wie ein Ortsname. P² allein
macht ihn zu einem ειδωλολατρης και μαγος | 13. τους πολιτ. V, der erst
p. 44, 3 den Singular hat: iudici L; in B wechselt ο ανθυπατος, οι αρχον-
τες. ο αρχων, P² verbindet so: τω ηγεμωνι και τοις αρχουσι της χωρας
εκεινης | 14. παραδιδοτε: παραδιδεται V, ich wagte nicht παραδιδετε
und folgerichtig l. 13 παραδιδουσιν zu schreiben

μενοι αὐτόν. καὶ μὴ εὑρόντων αὐτὸν ἦλθον μετὰ τρεῖς ἡμέρας
πρὸς τὸν πολιτάρχην λέγοντες· οὐχ εὕραμεν τὸν ἄνδρα τὸν
ἀληθῆ ἐπιστάμενον τὰ περὶ αὐτῶν. ὁ δὲ πολιτάρχης εἶπεν·
ἀνθρώπους ξένους τῶν κατηγόρων αὐτῶν μὴ ὄντων καὶ ἐγγρα-
5 φομένων αὐτοὺς οὐ δύναμαι κρατεῖν ἐν τῇ φυλακῇ. ἀποστείλας οὖν ὁ πολιτάρχης ἀπέλυσεν ἡμᾶς μετὰ δαρμῶν καὶ ἀπειλῶν παραγγείλας ἡμᾶς μὴ διδάσκειν ἐν τῇ πόλει Ἐφέσῳ ἐπὶ
τῇ διδαχῇ ταύτῃ, καὶ ἐκβαλόντες ἡμᾶς ἐδίωκον ἀπὸ τῶν ὁρίων
αὐτῆς. καὶ ἤλθομεν ἐν τόπῳ Μαρμαρέοντι, ὅπου Ἰωάννης
10 κατεβράσθη ἀπὸ τῆς θαλάσσης, καὶ ἐμείναμεν ἐκεῖ ἡμέρας τρεῖς.
καὶ ὁ κύριος Ἰησοῦς Χριστὸς ἐν ὀπτασίᾳ εἶπεν τῷ Ἰωάννῃ·
Ἰωάννη. ὁ δὲ εἶπεν· τί ἐστιν κύριε; ὁ δέ κύριος πρὸς αὐτόν·
εἴσελθε ἐν τῇ Ἐφέσῳ, ὅτι μετὰ τρεῖς μῆνας μέλλεις ἐν ἐξορίᾳ
ὑπάγειν ἐν νήσῳ, ἥτις πολλὰ χρῄζει σου, καὶ πολλὰ πειρασθήσῃ,
15 καὶ πολλὰ κατασπείρῃς ἐκεῖ. καὶ εὐθέως εἰσήλθαμεν ἐν Ἐφέσῳ,
καὶ κατεστράφη τὰ λοιπὰ ἱερὰ καὶ οὐκ ἔτι ἦν ἱερὸν αὐτῶν.

Ταῦτα πάντα ἐποίησεν Ἰωάννης πρὸ τοῦ αὐτὸν ἐξορισθῆναι
ἐν Πάτμῳ τῇ νήσῳ, καὶ ταῦτα πάντα ἔπαθεν ὑπὸ Ἰουδαίων
καὶ Ἑλλήνων, τοῦ διαβόλου ἐγείροντος αὐτοὺς καθ' ἡμῶν·

---

1. αυτον: αυτων mit darübergeschriebenem o V | 2. τον αληθη (geschr.
αληθει) κτλ. V: qui vere maleficia eorum agnoscit L | 6 μετα δαρμων —
τρεις l. 10 V L (> δαρμων u. Μαρμαρεοντι): nichts davon in P² P³
B m³. An die zu p. 43, 13 angeführten Worte schliesst P² an: του δε
ηγεμωνος πυνθανομενου· ποιαν αιτιαν φερεται κατ' αυτων; απεκριναντο·
επι μαγικη κακοτεχνια και επι καταστροφη του μεγαλου ναου της Αρτεμιδος. και παντων κραζοντων· εαν τουτους απολυσης ενθεν, ουκ ει φιλος
τον καισαρος· πολλα γαρ δεινα ενεδειξατο ημιν, αλλ' αναγαγε περι αυτων
τω καισαρι, οπως κακην κακως απολεσει αυτους εν διηνεκη εξορια. ταυτα
ακουσας ο ηγεμων και φοβηθεις παρασιωπησαι τω πραγμα, ημας μεν
εθετο εν φυλακη δημοσια τηρεισθαι εν ασφαλεια, τω δε βασιλει Αδριανω
γραψας επιστολην περιεχουσαν ταυτα s. p. 45,1.— P³ hat nach απελυσεν
ημας (l. 6 cf zu p. 42, 22) Folgendes: ο ουν Μαρεωνας ουκ επαυσατο
διεγειρων τους οχλους και διαβεβαιουμενος ως οτι μαγοι εσμεν και δια
μαγικης κακοτεχνιας κατεπεσεν ο ναος της Αρτεμιδος, και παρηνωχλει
αυτοις ωστε δηλα ταυτα ποιησαι τω βασιλει. πολλων δε κπι ετερων ση-
μειων γινομενων δια των χειρων Ιωαννου κτλ. wie B (s. Beilage B II) |
11—19. και ο κυριος — κπθ' ημων V: sed nobis permissum Ephesum
regredi L. Darauf eine lange Episode (c. 8—11), welche ich in der
Einleitung bespreche. Darauf erst c. 13: postquam autem haec gesta
sunt, apparuit dominus Joanni, dixit ei: te iterum oportet ingredi
civitatem Ephesum et post tres menses mitteris exul in Pathmon etc.
wesentlich wie V bis l. 27. — An das απελυσεν ημας l. 6 (s. zu

οἴτινες καὶ ἀναφορὰν ἀπέστειλαν Τραϊανῷ τῷ βασιλεῖ οὕτως· Πάν
τες οἱ τὴν Ἐφεσίων πόλιν οἰκοῦντες δεόμεθα βοηθείας τῆς σῆς
ἀπολαῦσαι, ἐπειδή τινες ἐκ τῆς Ἰουδαίας γῆς ὁρμώμενοι, οἷς
ὀνόματα Ἰωάννης καὶ Πρόχορος, κατέλαβον τὴν ἡμετέραν πόλιν,
καινήν τινα διδασκαλίαν κηρύσσοντες, οἱ καὶ διὰ μαγικῆς τέχ- 5
νης τοὺς ναοὺς τῶν μεγίστων θεῶν κατέστρεψαν καὶ τὰ ἀρχαῖα

p. 42, 22) schliesst m³ Folgendes: μετα δε ταυτα ειπεν ο κυριος εν οπτα
σια τω Ιωαννη. λαλησον παρρησια τοις Εφεσιοις. μελλεις γαρ μετ᾽ ολι
γας ημερας εξορια παραπεμφθηναι, ενθα δαψιλεστερον κατασπειραι δυ
νηση τον του κηρυγματος λογον, και πολυχουν αμησαι τον καρπον των
επεγνωκοτων με. παραυτικα δε ο Ιωαννης διαναστας επορευετο ανα την
Εφεσον, πανταχου κηρυσσων παρρησια τον λογον και φωτιζων τους αν
θρωπους και τα δαιμονια εκβαλλων. τουτων δε απελαυνομενων και τα
ειδωλεια αυτων και τα αφιδρυματα κατεπιπτον. οι δε προστετηκοτες
αυτοις Ελληνες και Ιουδαιοι υπογραφεις τω κινουντι αυτους γενομενοι
δαιμονι φηνεγκαν κτλ. In B u. P³ wird eine kurze Notiz über die Vision gleich darauf nachgetragen (Beil. B II). Auch P² bringt die Vision erst nach Ankunft des kaiserlichen Befehls, in folgender mit obigem
Text theilweise identischer Form: εν αυτη δε τη νυκτι ορα ο Ιωαννης
κατ οναρ τον κυριον ημων Ιησουν Χριστον, λεγων αυτω· Ιωαννη. ο δε
ειπεν· τι εστιν κυριε; και ο κυριος προς αυτον· δει σε απελθειν εν
νησσω ητις πολλα σου χρηζει, κακησε κηρυξεις το ονομα μου, και δια
σου γνωσιν δεξεται ου μονον η νησος εκεινη, αλλα και πασα η περιχωρος
αυτης, και πολλους κινδυνους και πειρασμους υπομενεις. και πολλοι δια
σου καταφευξονται επι τω ονοματι μου. μη ουν φοβηθεις μηδε δειλιασης,
εγω γαρ μετα σου και ειμην και ειμι και εσομαι. και αποστολος του
Χριστου λεγει· κυριε, και τις καλειται η νησος αυτη. ο δε κυριος προς
αυτον. Πατμος η μεγαλη. και ο αποστολος εφη· γενοιτο κυριε το θε
λημα σου, και το ελεος σου εφ᾽ ημας, καθαπερ ηλπισαμεν επι σε. και
σφραγισας ο σωτηρ ειπεν· η χαρις μου μετα σου. αμην. πρωιας δε γε
νομενης κτλ. | 1. οιτινες — γενεσθαι p. 46, 2 V L (nur Domitianus statt
Traianus und wegen seiner Episode folgende Einleitung: pontifices vero
et magistratus Ephesiorum iterum epistolam adversum nos scripserunt
ad Domitianum talia continentem): eine Abkürzung in indirecter Rede
geben B (Beil B II) u. P³; eine völlig abweichende Relation in directer
Rede P² (ebenso wie in B P³ an Hadrian gerichtet); vergleichbar mit
V L ist nur m³ abgesehn von dem Eingang (ανηγεγκαν καθ᾽ ημων
γραψαντες ταυτα Αδριανω τω βασιλει· Τω γης και θαλασσης δεσποζοντι
Αδριανω βασιλει. παντες κτλ.) | 2. Εφ. πολιν V: Εφεσον m³ cf L | βοη
θειας — απολαυσαι V: te nobis esse auxilio L, του κρατους ημων (?) m³ |
3. επειδη V L: > m³ | οις V L: εστιν + m³ | 6. καινην m³ L: και νυν
V | οι και V: et L, ουτοι m³ | τεχνης V: κατοτεχνιας m³, L entscheidet
nichts | 6. και (της λατρειας ημων + m³) αρχ. εθη (εφη m³) κατελ. V
m³: > L .

ἔϑη κατέλυσαν. ταῦτα οὖν γενόμενα παρ' αὐτῶν ἐγνωρίσαμεν
τῷ σῷ κράτει, ἵνα κατὰ τὸ παριστάμενον κελεύσῃς γενέσθαι.
Τραϊανὸς δὲ ὁ βασιλεὺς δεξάμενος τὴν ἀναφορὰν καὶ ἀναγνοὺς
ἐθέσπισεν ἐξορισθῆναι ἡμᾶς, καταπέμψας τὴν πρόσταξιν ταύ-
5 την· Τραϊανὸς ὁ βασιλεὺς ἄρχουσι καὶ ἀρχομένοις. τοὺς
ἀσεβεῖς καὶ πονηροὺς καὶ βεβήλους ἄνδρας, τοὺς τῶν Χριστιανῶν διδασκάλους, λέγω δὴ Ἰωάννην καὶ Πρόχορον, τοὺς εἰς
τοὺς εὐεργέτας θεοὺς ἁμαρτάνοντας καθ' ἑκάστην ἡμέραν οὐ
δίκαιον, εἶναι ἐν ἀνδράσι τοῖς τοὺς θεοὺς θεραπεύουσιν, ἀλλὰ
10 τοὺς μακρύνοντας ἑαυτοὺς ἀπὸ τῆς βοηθείας τῶν θεῶν, τούτους
κελεύομεν ἐν ἐξορίᾳ γενέσθαι, ὅτι πρῶτον μὲν — τὸ μέγιστον
κακόν — τοὺς θεοὺς ἐνυβρίζουσιν, δεύτερον δὲ ὅτι τὸν νόμον
κατεφρόνησαν καὶ βασιλέα οὐ τιμῶσιν τούτους οὖν ἀτάκτως
φερομένους κελεύσει θεία ἐπιτρέπομεν οἰκεῖν αὐτοὺς ἐν Πάτμῳ
15 τῇ νήσῳ, ὅπως διὰ τῆς πολλῆς θλίψεως τῆς εἰς αὐτοὺς γενομένης μνήμην ἔχωσιν τὴν πρὸς τοὺς μεγίστους θεούς, ὅπως διὰ
τούτων καὶ πάντες οἱ λοιποὶ σωφρωνισθῶσιν. ἡ ἡμετέρα τοίνυν
κελεύει ἐξουσία, Ἰωάννην καὶ Πρόχορον τοὺς ἀποστάτας οἰκεῖν
ἐν Πάτμῳ τῇ νήσῳ.

1. ταυτα — κρατει V cf L: περι τουτων τω σω κρατει γνωριζομεν
m³ | 2. κατα το παριστ. V: το περισταμενον υμιν m³, secundum tuam
imperium de ipsis voluntatem tuam impleamus L | 3. Τραιανος — ταυτην
V: visis ergo epistolis praecepit imperator, ut penitus exularent et re-
scripsit haec L, αναγνους δε ο βασιλευς την αναφοραν και θυμου πλησ-
θεις εκελευσεν δεσμιους εξορισθηναι ημας εν Πατμω τη νησω P², woran
er mit Uebergehung des Rescripts das zu p. 44, 11 Citirte anschliesst
cf B; von B emancipirt sich P³ hier wieder (γνους ουν ταυτα ο βασιλευς
απεστειλε κελευσιν μετα δεκα προιικτορων περιεχουσαν ουτως); m³ ο δε
ταυτα δεξαμενος αντεγραψε ταδε | 5 Τραι. ο β. V: Αδριανος βασιλευς
P³ m³, Domitianus Caesar L | αρχουσι V m¹: τε + P² | αρχομενοις
V P³: + Εφεσου m³ cf L | τους — ανδρας V cf L m³ (τ. πον. και ασ.
ohne και βεβ.): τοις πονηροις — ανδρασι dann aber τους etc. P³ | 7. τους
εις V P : ως εις m³ | 8. καθ' εκαστην ohne ημεραν vor αμαρτ. m¹ |
ου — θεων l. 10 V cf L (non est aequum amplius in medio eorum ver-
sari, qui continuo deos sapienter honorant): > P³ m³ | 11. οτι κτλ.
V P³ L: εν Πατμω νησω u weiter nichts bis l. 19 m³ | 12. κακον V:
και δεινον P¹, den Zwischensatz > L | τον νομον V P³ | 13. κατεφρο-
νησαν V: καταφρονουσι P³, sunt contemptores L | ουν — αυτους V: κτ-
λευομεν οικειν P³, den Satz bis οπως > L | 15. οπως — νησω l. 19 V
cf L: dagegen fällt P³ aus der directen Rede heraus und geht wieder
zu B über mit den Worten τα δε περι της πολεως και του νεω και των
αρχαιων θεσμων δι' ακριβεστερων διασκοπησαντες αναγαγειν αυτω |
18 κελευει schreibe ich: κελευσει V

Τοῦ δὲ προστάγματος ἐπιφοιτήσαντος ἐν τῇ Ἐφεσίων πόλει,
ἐκράτησαν ἡμᾶς οἱ ἀποσταλέντες ἀπὸ τοῦ βασιλέως καὶ περιέθηκαν σίδηρα τῷ διδασκάλῳ τῷ ἡμετέρῳ καὶ ἠσφαλίσαντο
αὐτὸν ὠμῶς καὶ ἀνηλεῶς. ἔλεγον δὲ πρὸς αὐτοὺς οἱ Ἐφέσιοι
περὶ Ἰωάννου· οὗτός ἐστιν ὁ πλάνος ὁ τὰς μαγείας ποιῶν. ὅ
τοῦτον οὖν ἀσφαλῶς ἔχοντες περὶ τοῦ αὐτοῦ μαθητοῦ μὴ ἀδη-
μονεῖτε, ἀλλ' ἔστω μεθ' ὑμῶν τροπωθεὶς λόγοις σκληροῖς καὶ
πληγαῖς ἱκαναῖς· μὴ ἔστω δεδεμένος. ἦσαν δὲ οἱ παραλαβόντες
ἡμᾶς ἄνδρες προτίκτορες δέκα καὶ στρατιῶται τεσσαράκοντα
καὶ ἀμφοτέρων οἱ ὑπηρέται, οἱ πάντες δὲ ἦσαν τὸν ἀριθμὸν 10
ἑκατόν. μετὰ οὖν τὸ ἀσφαλῶς ποιῆσαι ἐν τοῖς σιδήροις τὸν
ἐμὸν διδάσκαλον καὶ ἀπόστολον τοῦ Χριστοῦ Ἰωάννην ἐκράτησαν καὶ ἐμέ· οὐ μέντοι δὲ ἔδησαν, ἀλλὰ πληγὰς πολλὰς ἐπέ-
θηκάν μοι καὶ λόγους σκληρούς. ἀνελθόντων δὲ ἡμῶν ἐν τῷ
πλοίῳ ἐκέλευσαν ἡμᾶς ἀνὰ μέσον τῶν στρατιωτῶν καὶ τῶν 15
παίδων αὐτῶν καθέζεσθαι. ἐδίδετο δὲ τῷ ἐμῷ διδασκάλῳ καὶ
ἐμοὶ καθ' ἡμέραν ἐξ ὀγκίαι ἄρτον καὶ ξέστης ὕδατος καὶ ὄξους

---

1. του δε — βασιλεως V cf L: τουτου δη προσταγματος καταλαβον-
τος (?) εκρατησαν (?) ημας οι απο βασιλεως m³, ganz abweichend P²,
mit B geht P³ | 3. τω διδ. τω ημετερω V: L, der hier stark abkürzt,
nos Prochorum inquam et Joannem magistrum meum, die andern sind
unvergleichbar | 4. ελεγον δε κτλ. V: ελεγεν δε προς τους Μαρχον ο
μαγος και οι Εφεσιοι P², den Soldaten legen die Rede in den Mund
B P³ L, > m³ | 5. πλανος V L: δεινος × B P² P³ | 6. ουν V P³ (der
hier wieder zur ersten Recension einlenkt): > P² | αδημ. (αδιμονηται)
V: αδημονουμεν P³, μεριμνατε P² | 7. υμων schreibe ich: ημων in V
Schreibfehler, in P² berechtigt, den Satz > P²L | τροπωθεις V (—πο—):
τρομωθεις P³, in B nachher τροπωσαμενοι | 9. ανδρες V: > P³ | προ-
τικτορες: durchweg so in allen Hss, nur P² einmal προτηκτορων u. ein-
mal προκτητορες | 10. αμφοτ. οι υπηρ. V: υπηρεσια αμφοτερων πολλη
P³ | οι ταντες — εκατον V L (der nur diese letzte Zahlenangabe hat):
> P³, viel mehr > P² | 11. ουν V L: δε P³ | εν P³: επι V | 12. του
Χρ. V: > P³, breiter L | 13. δε V: > P³ | 14. μοι P²: με V | λογους
σκ. V: λογοις σκληροις ησφαλισαντο με P³, den Satz hat L auf Johannes
bezogen | ημων V L: + παντων P³ | 15. εκελευσαν P² (der hier wieder
vergleichbar) cf L (iusserunt milites): εκελευσεν V P³ | ημας ανα μεσον
(μεσω) τ. στρ. καθεζεσθαι V: ημας εκελευσαν μεσον τ. στρ. ειναι P²,
εντος μονους καθεζεθαι P³, nos in medio navis consistere L | 16. εδιδετο
V (s. Al. Buttmann, Gr. des neut. Sprachg. 41 u. oben zu p. 43, 14):
εδιδοτο P³, επεχορηγειτο P¹ | τω εμω — μια V (nur 'ιξ statt εξ): ημιν
εξ ογκιαι α. κ. ξεστην υ. κ. κοτυλη οξος P¹ cf B L (sex uncias panis et
breolum aquae et pauxillum aceti), ημιν καθ' ημεραν δυο λιτρες (!)
αρτου και ξεστιον υδατος P³

κοτύλη μία. ὁ οὖν ἀπόστολος τοῦ Χριστοῦ Ἰωάννης ἐλάμβανεν
ὡς νομίζω δύο ὀγκίας ἄρτου καὶ τὸ ὄγδοον τοῦ ξέστου ὕδατος,
καὶ τὸ λοιπὸν παρεῖχέν μοι.

Τῇ οὖν τρίτῃ ἡμέρᾳ καθεσθέντες ἅπαντες οἱ βασιλικοὶ ἐπὶ
5 ἀρίστου καὶ πολυτέλειαν βρωμάτων ἔχοντες, ὁμοίως καὶ πομά-
των, μετὰ τὸ φαγεῖν καὶ πιεῖν αὶτοὺς ἤρξαντο παίζειν καὶ
φωνὰς καὶ κρότους ἀνακράζειν ἀτάκτως. καὶ ὡς ταῦτα ἐγίνετο
παρ᾽ αὐτοῖς, εἷς τῶν στρατιωτῶν νεανίας ἀποδραμὼν πρὸς τὴν
πρῶραν τοῦ πλοίου ἀπερρίφη εἰς τὴν θάλασσαν. ἦν δὲ τούτου
10 ὁ πατὴρ ἐν τῷ πλοίῳ. καὶ κοπετὸς μέγας καὶ πένθος ἀφόρητον
ἐγένετο ὑπὸ πάντων διὰ τὸν παῖδα. καὶ γὰρ ὁ αὐτοῦ πατὴρ
ἠβουλήθη ἑαυτὸν ῥῖψαι ἐν τῇ θαλάσσῃ, καὶ οὐκ ἔασαν αὐτόν.
οἱ οὖν δέκα προτίκτορες ἔρχονται, ἔνθα ἦν Ἰωάννης ἠσφαλισμένος κἀγὼ σὺν αὐτῷ, καὶ εἶπαν πρὸς αὐτόν· ἰδοὺ πάντες,
15 ἄνθρωπε, πενθοῦμεν διὰ τὸ μέγιστον κακὸν τὸ ἐν ἡμῖν γενόμενον, καὶ πῶς σὺ ἐν ἀδείᾳ ὑπάρχεις καὶ οὐ πενθεῖς, ἀλλὰ καὶ
εὐθυμότερος ὑπάρχεις μετὰ τὸ γενέσθαι τὸ κακόν. ὁ δὲ Ἰωάννης εἶπεν· καὶ τί θέλετε ἵνα ποιήσω. οἱ δὲ εἶπαν· εἴ τι
δύνασαι βοηθεῖν, βοήθει. ὁ δὲ Ἰωάννης εἶπεν πρὸς τὸν μείζονα

---

1. ο ουν — υδατος V: ο ουν . . . απαξ την εβδομαδα μετελαμβανεν
το ογδοον του αρτου και του υδατος P², Joannes vero in die duas panis sumebat uncias et octavam portionem aquae L, τουτων βραχυ τι
ελαμβανεν ο εμος διδ. Ιω. P³ cf B | 3. χπι τ. λ. παρ. μοι V P² (> και)
L (reliquas): το δε παν εμοι παρειχε P³ cf B | 4. τη ουν κτλ. V P³
cf L: εν μια ουν των ημερων κτλ. sehr frei P², wieder anders m³ (aber
zu Anfang τη δε τριτη ημερα), noch anders B | 5 πολυτελειαν P² P³:
πολυτελειας V | 6. πιειν P³ B m¹: ποιειν V | 7. ανακραζειν V: ανα-
κραυγαζειν P³ B, εποιουν m² | και ως τ. εγιν. V: ως ουν ταυτα εγενοντο
P³ | 8 εις V: τις + P³, δε τις B | νεανιας V: νεανισκος P³ B m³ (dieser
> εις στρατ.), τινα νεανιαν P² | προς την πρ. B: παρα την πρ. P², εις
προρα (?) m³, nur πρωρα V P³ | 9. πλοιου V P³ L m¹: δια χρειαν τινα
× P², dasselbe + B | απερριφη V P²: ερριφη P³, επεσεν B, ερριψεν
εαυτον m³ | 11. υπο V: > P³ | αυτου V: τουτου P³ | 12. εαυτον — και
V: ριψαι εαυτον εις την θαλασσαν και πνιγηναι συν τω υιω αυτου αll'
P³ | 13. ενθα V B: εν τω τοπω × P³, so auch P² u. εν ω | ησφαλ. P³
B: εισφαλισμ. P², εισφαλησμ. V | 14. καγω σ. αυ. V: και ημιν καγω
συνκαθημενος αυτω P³, > P² B L | ειπαν V: ειπον P³ B, εφη P² |
παντες — γενομενον V: ημεις πενθουμεν παντες δια το γενομενον εν
ημιν κακον P³, ähnlich P² B | 16. εν αδεια P³: ευαδια V | αλλα —
υπαρχεις V: περι τουτου αλλα μαλλον ευθυμοτερος εγενου P³, abkürzend
P² m³ | 18. ινα V B: > P² P³ m³ | ειπαν V: ειπον P¹ P³ B | τι P² P³
B (ohne βοηθειν, so auch m³): > V

αὐτῶν· ποῖον θεὸν σέβῃ; ὁ δὲ εἶπεν· τὸν Ἀπόλλωνα καὶ Δία
καὶ Ἡρακλῆν. καὶ εἶπεν πρὸς τὸν δεύτερον· σὺ δὲ τίνα σέβῃ;
ὁ δέ φησιν· Ἀσκλήπιον καὶ τὴν μεγάλην Ἄρτεμιν Ἐφεσίων.
ὁμοίως δὲ ἅπαντας ἠρώτα, καὶ ἕκαστος τὴν οἰκείαν πλάνην
ὡμολόγει. εἶπεν οὖν ὁ ἀπόστολος τοῦ Χριστοῦ· οἱ τοσοῦτοι 5
θεοὶ ὑμῶν οὐκ ἴσχυσαν βοηθῆσαι καὶ παραστῆσαι ὑμῖν τὸν
παῖδα καὶ ἀλύπους ὑμᾶς ποιῆσαι, καὶ εἶπον αὐτῷ οἱ προ-
τίκτορες· ἐπειδὴ οὐ καθαρεύομεν τὰ πρὸς αὐτούς, διὰ τοῦτο
ἡμᾶς τιμωροῦσιν. παρῆλθε δὲ ἐν τῷ μεταξὺ ὡς ὡρῶν τριῶν
διάστημα ἀπὸ τῆς ἀπωλείας τοῦ παιδός. ὁ οὖν ἀπόστολος 10
τοῦ Χριστοῦ Ἰωάννης ἐλυπήθη σφόδρα καὶ αὐτὸς ἐπὶ τῇ ἀπωλείᾳ τοῦ παιδὸς καὶ ἐπὶ τῷ πένθει πάντων, καὶ εἶπεν πρός
με· ἀνάστα, τέκνον Πρόχορε, ἐπίδος μοι τὴν χεῖρά σου. καὶ
ἀναστὰς ἐποίησα οὕτως, καὶ ἔστη ἐπὶ τῆς ἐξοχῆς τοῦ πλοίου
καὶ διακρούσας τὰ σίδηρα καὶ στενάξας καὶ δακρύσας πικρῶς 15
εἶπεν· θάλασσα, θάλασσα, εἶπεν ὁ υἱὸς τοῦ θεοῦ, ὁ ἐπὶ τῶν
σῶν νώτων περιπατήσας, δι᾽ ὃν καὶ τὰ σίδηρα ταῦτα βαστάζω
ἐγὼ ὁ δοῦλος αὐτοῦ· παράδος τὸν παῖδα ὑγιῆ πρὸς ἡμᾶς. καὶ
ἐπὶ τῷ λόγῳ Ἰωάννου βρασμὸς ἐγένετο καὶ ἦχος πολὺς τῆς θαλάσσης, ὥστε κινδυνεῦσαι πάντας τοὺς ἐν τῷ πλοίῳ, καὶ ὑψώθη 20

---

1. Δια P³ m³: Διαν V P² s. die Varianten zu B | 2. Ηρακλην P²
P³ B m³: Ηρακλη V | και ειπεν — δε V, beinah so m³: ο δε Ιω. ειπε
προς ετερον· και συ P³, και παλιν ο Ιω. εφη πρ. τον δευτερον· και σοι
P² | 4. ομοιως — ωμολογει V cf L: ομοιως απαντες την ιδιαν πλανην
ωμολογουν P³, ähnlich m³ (+ ερωτηθεντες), και παντων καθεξης ομο-
λογησαντων την πλ. αυτων κτλ. P² | 6. υμων V (vor θεοι P² B): > P³
m³ | βοηθησαι και V L: > P² P³ B m³ | υμιν V P² B m³: > P³,
assistere vestro iuueni L | 8. καθαρευομεν P³ B m³: καθηριευομεν V,
καθαριευομεν P² | τα: > nur V | δια V etc.: και × P³ L | 9. εν τ. μετ.
V: > P³, die andern nicht zu vergleichen | 10. απο V: > P² (übrigens
abweichend) P³ | 11. ελυπηθη — παντων V: σφοδρα ελυπηθη επι τη
απωλεια του παιδος και τω πενθει τουτων P³, sehr verschieden P² m³ |
13. αναστα — επιδος V m³ (αναστας?): τεκ. Π. αναστα και επ. P³ cm¹,
τ. Π. αναστας επειδος P² | 14. εποιησα ουτως V: επεδωκα αυτω την χειρα
P³, ähnlich P² L B | 15. δακρυσας V P² B: κλαυσας P³ | πικρως V P³:
> P³ B | 16. θαλασσα zweimal VP² m³: dreimal P³, > L B | των σων
νωτων V m³: τ. σ. υδατων P³, τον νωτον σου P² | 17. ον V m³: > P²,
ου P³ | βασταζω hier V: hinter εγω P², hinter αυτου P³ m³ | 19. Ιωαννου
V P²: τουτω P³, του αποστολου m³ | 20. κινδυνευσαι V P² (× ταρ'
ολιγον) cf B: κινδυνευειν P³ | υψωθη — δεξιων V: ιδου υψωθεν εν κυμα
κατα την δεξιαν P³, ιδου κυμα μεγα κεκυρτωμενον υψωθη εις τα δεξια
μερη P² cf m³, worüber Amphil. nicht ganz deutlich

κῦμα ἐκ δεξιῶν τοῦ πλοίου καὶ ἀπέρριψε τὸν παῖδα ζῶντα
παρὰ τοὺς πόδας Ἰωάννου, καὶ προσεκύνησαν αὐτὸν λέγοντες·
ἀληθῶς ὁ θεός σου οὗτος οὐρανοῦ καὶ γῆς καὶ θαλάσσης κύριός ἐστιν. καὶ προσελθόντες ἀπεκούφισαν τὰ σίδηρα ἀπ᾽
5 αὐτοῦ, καὶ ἤμεθα ἐν παρρησίᾳ πολλῇ μετ᾽ αὐτῶν.

Ἐλθόντων δὲ ἡμῶν ἐν κώμῃ τινὶ ὀνόματι Κατοικίᾳ, παρεβάλαμεν ἐκεῖ, καὶ ἐξῆλθον ἅπαντες εἰς τὴν γῆν. μόνοι δὲ ἡμεῖς
καὶ οἱ φυλάσσοντες ἐν τῷ πλοίῳ ἐμείναμεν. περὶ δὲ δυσμὰς ἡλίου
ἅπαντες παρεγένοντο ἐν τῷ πλοίῳ καὶ ἐπήραμεν ἐκεῖθεν. καὶ περὶ
10 πέμπτην ὥραν τῆς νυκτὸς γίνεται ζάλη μεγάλη ἐν τῇ θαλάσσῃ,
καὶ τὸ πλοῖον ἐκινδύνευεν εἰς τὸ συντριβῆναι, καὶ οἱ πάντες
πρὸ ὀφθαλμῶν τὸν θάνατον ἐφέροντο. καὶ προσελθόντες οἱ
δέκα προτίκτορες τῷ ἀποστόλῳ καὶ μαθητῇ τοῦ Χριστοῦ Ἰωάννῃ
εἶπον πρὸς αὐτόν· ἄνθρωπε τοῦ θεοῦ, τὸν παρ᾽ ἐλπίδα ζωῆς
15 ὄντα λόγῳ ἀνήγαγες ἐκ τοῦ βυθοῦ τῆς θαλάσσης, ζῶντα πα-
ραστήσας τῷ αὐτοῦ πατρὶ καὶ τοῖς ζητοῦσιν αὐτόν, καὶ πάλιν
δεήθητι τοῦ θεοῦ σου, ὅπως κουφίσῃ ἀφ᾽ ἡμῶν τὸν κλύδωνα
τὸν μέγαν τοῦτον, ὅπως μὴ ἀπολώμεθα. ὁ δὲ Ἰωάννης εἶπεν
πρὸς αὐτούς· ἡσυχάσατε ἕκαστος ἐν τῷ τόπῳ αὐτοῦ. καὶ ἡσύ-

1. και απερριψε V: απερριψεν P² B, ερριψεν m², ερρηξεν P³, alle
> και | 2. Ιω. V: του ✕ P² P³ B | προσ. αυτον λεγοντες V P² (dieser
✕ παντες δε το παραδοξον τουτο θεασαμενοι μετα φοβου και τρομου
πεσοντες επι προσωπον, ähnlich m³): επεσον παντες επι προσωπον και
προσεκυνησαν αυτω και ειπον P³ | 3. κυριος εστιν V: θεος vor ουρανου
P² (nur dieser εστιν nach γης) P³ (πασης πνοης statt θαλασσης), θεος
εστιν vor ουρ. m³ | 4. απεκουφησαν V: ηραν P³, ηραν απ αυτου P² m³.
Hieran schliesst m¹ sofort και δεξαμενοι τον λογον παρεκαλουν αυτον,
οπως φωτισθωσιν, übergeht also Alles bis p. 56, 17 | 5. ημεθα P² P³:
ημεν V | 6. κατοικια V: κατοικιω P², κατοικιων P³, s. die Varianten von
B | παρεβαλαμεν V: παρεβαλομεν P³, > P² | 9. επηραμεν V (geschr.
επειραμεν woraus Tischendorf εμειναμεν machen wollte): διαλαβοντες οι
ναυται απειραμεν P³, απαραντες P² (übrigens abweichend) | και π. π.
ωραν V: περι δε π. ωραν (φυλακην P³) P² P³ | 10. ζαλη μ. V: λαιλαψ
και ✕ P², nur λαιλαψ μεγας P³ | 11. και το — συντριβηναι V: ωστε κιν-
δονευειν το πλοιον P³, sehr anders P² | οι vor παντες V: > P³ |
12. εφεροντο P³: επεφερομεθα V, βλεποντων P² | προσελθοντες — προς
αυτον V cf L: προσκαλεσαμενοι ειπον οι προτ. τω Ιωαννη P³ | 14. ειπον
P³ s. vorher: in V ον übergeschrieben über ειπαν | τον V: νεανιαν +
P³ cf B, die ganze Stelle umgearbeitet in P² | 15. εκ V B: απο P³ |
ζωντα παραστ. V: και τον τεθνεωτα ζωντα παρεστησας P³ | 16. τω — και
V cf L: > P³ | 18. τον μεγαν V B (vor κλυδ.): > P³ L | 18. απολωμ.:
απολλωμ. V | 19. εκαστος — αυτου V B cf L: τεκνα εκαστος επι τον
τοπον υμων P³

χασαν ἅπαντες, καὶ ὁ κλύδων μειζόνως ἐπήρετο, καὶ πάλιν
ἅπαντες ἔκραξαν· ἐλέησον ἡμᾶς, ἄνθρωπε τοῦ θεοῦ. ὁ δὲ
Ἰωάννης πάλιν πρὸς αὐτούς· εἶπον ὑμῖν ἤδη, ἡσυχάσατε· ἀπο-
βολὴ γὰρ τοῦ πλοίου οὐδεμία γενήσεται, ἀλλ᾽ οὐδὲ θρὶξ ἀπὸ
τῆς κεφαλῆς ὑμῶν ἀπολεῖται. καὶ ταῦτα εἰπὼν ἀναστὰς προσ- 5
ηύξατο, καὶ εὐθέως ἐγένετο γαλήνη μεγάλη ἐν τῇ θαλάσσῃ.

Διαπλευσάντων δὲ ἡμῶν τρεῖς ἡμέρας καὶ τρεῖς νύκτας
παρεβάλαμεν ἐν τόπῳ τινὶ καλουμένῳ Ἐπικούρῳ. ἦν δὲ ἐκεῖ
ὁ Ἰουδαῖος ὁ Μαρεών, ὁ τὰς δεινὰς στάσεις ποιήσας ἡμῖν ἐν
Ἐφέσῳ, καὶ ἰδὼν ἡμᾶς ἐν τῷ πλοίῳ ἐπερώτησέν τινας τῶν 10
ναυτῶν λέγων· τίνες οἱ ἄνδρες, οὓς ἔχετε ἐν τῷ πλοίῳ μεθ᾽
ἑαυτῶν. οἱ δὲ εἶπον· ὅτι τινὲς δύο εἰσὶν Χριστιανοὶ καὶ θερα-
πευταὶ πρὸς τὸν θεόν, καὶ μεγάλη σωτηρία ἡμῖν γέγονε δι᾽.
αὐτῶν ἐν τῷ πλοίῳ. ὁ δὲ Μαρεών εἶπεν πρὸς αὐτούς· τί
ὄνομα αὐτοῖς; οἱ δὲ εἶπον· ὄνομα τῷ διδασκάλῳ Ἰωάννης, καὶ 15
ὄνομα τῷ μαθητῇ Πρόχορος. ἀκούσας δὲ ταῦτα ὁ Μαρεών
ἀνῆλθεν ταχέως ἐν τῷ πλοίῳ καὶ ἰδὼν ἡμᾶς ἤρξατο λέγειν· τί

1. ο κλυδων V cf B: + της θαλασσης P³ | επηρετο (geschr. επαι-
ρετο) V: εφερετο P³, mit B hier P² | 2. απαντες V: ομοθυμαδον P²,
ομοθ. απαντες P³ | εκραξαν V: προς τον Ιω. P³, εβοησαν λεγοντες P² |
3. παλιν V: ειπεν P² (geschr. ει δη) P³ (+ οτι): ει μι
V | ησυχ. V P³: ισχυσατε P² | 4. γαρ P² P³ L: > V | ουδε V P²: ουτε
P² | απο — απολειται V L: της κεφαλης απολειται τινος των εν τω
πλοιω P³, τινος απολειται P² | ειπων V P²: και πλειονα τουτων + P³ |
6. ευθεως V L (der aber Gebetsworte voraufschickt): > P² P³ |
7. διαπλευσ. — νυκτας V P³ L: και εσιου (lies αισιου) ανεμου οντος
επλευσαμεν και δια τριων ημερων του κυριου κατευοδουντος ημας P² |
8. παρεβαλαμεν V: παρεβαλλομεν P²; mit den Worten ηλθομεν εν Μυρωνη geht P³ zu p. 53, 16 fort ähnlich wie B. Aber V wird in allem we-
sentlichen durch P² L bestätigt | τοπω V: πολει P² | καλουμ. V: ονοματι
P² | Επικ. V P²: Epidaurum L | ην δε — Μαρεων V cf L (Marnon wie
oben p. 43, 4): και προσορμισθεντες τω λιμενι ανεπαυσαντο εκεισαι οι
προτικτορες ημερας ικανας και παντες εδοξαζον τον θεον επι τοις γενο-
μενοις υπο Ιωαννου σημειοις και διηγουμενοι πασιν α εποιησεν ο θεος
μεγαλεια μετ' αυτων εν τη θαλασσα. ην δε Ιουδαιος εν αυτη τη πολει
Επικουρω ονοματι Μαρεων P² (s. oben zu p. 43, 4) | 10. και — επερωτ.
V L: ουτος ιδων το πλοιον ηρωτησεν P² | 11. λεγων V: > P² | ους —
εαυτων V: X ουτοι u. > μεθ' εαυτων P² | 12. οτι — εισιν V: > P²
cf L | 13. πρ. τ. θεον V: του Χριστου P² | 14. ο δε — αυτους V: τουτω.
εφη δε προς αυτους· και τι τα ονοματα αυτων P², so giebt P² immerfort
„Verbesserungen" | 17. τι ποιειτε — διαρρηξας V, wesentlich so L:
μαγοι και αχρησιμοι περι των θεων τι ποιειτε ενταυθα; ουκ ηρκεσεν

4*

ποιεῖτε ἐνταῦθα, μάγοι ἀχρήσιμοι περὶ τῶν θεῶν; εἷς δὲ τῶν
βασιλικῶν ἦν μεθ᾽ ἡμῶν ἐν τῷ πλοίῳ μετὰ τῶν φυλαττόντων
ἡμᾶς στρατιωτῶν, καὶ εἶπεν πρὸς τὸν Μαρεῶνα· τί λαλεῖς
τοιαῦτα πρὸς τοὺς ἄνδρας; σιωπήσας ἀναχώρησον, μὴ κακῶς
5 ὁ καταδικασθῇς, ὅτι κελεύσει τοῦ βασιλέως διασώζομεν αὐτοὺς
ἐν Πάτμῳ τῇ νήσῳ. ἀκούσας δὲ ταῦτα ὁ Μαρεῶν κατῆλθεν
τοῦ πλοίου καὶ διαρρήξας τὰ ἱμάτια αὐτοῦ ἔκραξεν λέγων· ἄνδρες ἀδελφοὶ οἱ τὴν Ἐπίκουρον οἰκοῦντες, ἅπαντες βοηθήσατε.
ἦν δὲ οὗτος ὁ Μαρεῶν πλούσιος σφόδρα, κρατῶν δημοσίων
10 πραγμάτων πολλῶν. καὶ συνήχθησαν πάντες οἱ ἐντόπιοι πρὸς
αὐτόν, ὁμοίως καὶ οἱ βασιλικοί, μὴ ἐπιστάμενοι, διὰ τί τὰς
φωνὰς ταύτας ἀπεδίδου ὁ Μαρεῶν. παραγενόμενοι δὲ πρὸς
αὐτὸν εἶπον· τί ἐστιν, ὃ σὺ λαλεῖς; καὶ εἶπεν πρὸς αὐτούς·
περὶ πάντων ὧν ἐγὼ ἀποκρίνομαι τῇ ὥρᾳ ταύτῃ πρὸς ὑμᾶς,
15 ἄνδρες οἱ τὴν Ἐπίκουρον οἰκοῦντες, μὴ δὴ καταφρονήσητε ἑνὸς
τῶν λόγων μου. ἄνθρωποι γὰρ μάγοι καὶ βέβηλοι ὄντες, ἐν
Ἐφέσῳ πολλὰς τιμωρίας ἐπήγαγον οὗτοι ἐπὶ πάντας τοὺς κα-
τοικοῦντας τὴν Ἔφεσον, καὶ ἀναχωρήσαντες ἐκεῖθεν ἦλθον ἐνταῦθα, περιποιήσοντες πολλὰ κακά. ἀλλὰ συνάχθητε πάντες
20 οἰκήτορες τῆς Ἐπικούρου, καὶ πῦρ βάλλωμεν ἐν τῷ πλοίῳ καὶ
καυθήσεται μετὰ τῶν μιαρῶν τούτων. καὶ ἐπείσθησαν πάντες
τοῖς λόγοις τοῖς κακοῖς τοῦ Μαρεῶνος. ἰδόντες δὲ οἱ ἄνδρες
οἱ βασιλικοὶ τὴν ἄτακτον ταύτην προαίρεσιν, εἶπαν πρὸς αὐ-
τούς· ἄνδρες Ἐπικούριοι, μηδὲν κακὸν ποιήσητε ἐν τῷ πλοίῳ,
25 μηδὲ ἐπὶ τοὺς ἀνθρώπους τοὺς ὄντας ἐν αὐτῷ, ὅτι κέλευσίς

υμιν τα κακα α εποιησατε εν Εφεσω, αλλα μην και ενταυθα ηκατε παν-
τας καταγοητευσαι ταις φαρμακιαις υμων, και διαρρηξας P² | 4. ανδρας
V: viros sanctos L | 5. διασωζ V: ducimus L | 7. εκραξεν V: εβοα P² |
8. αδελφοι V L: > P² | οικ. απ. V L: την πολιν κατοικουντες P² |
βοηθησ. V: βοηθειτε P² | 9. ην δε — πολλων l. 10 V L: > P² | 10. κ.
συνηχθησαν — ειπον l. 13 V: και ‘συνηχθη πληθος ανδρων εν τω τοπω
και ελεγον P² cf L | 13. συ — οντες l. 16 V: εχεις, αναγγειλον ημιν. ο
δε ειπεν αυτοις· ανδρες οι την Επικουρον πολιν κατοικουντες, ακουσατε.
ουτοι οι ανδρες μαγοι εισιν και αχρησιμοι περι των θεων και βεβηλοι
οιτινες P² cf L | 14. υμας: ημας V | 15. καταφρονησετε V | 16. εν Εφ.
V: > P² L | 17. επι — Εφεσον V L: τοις Εφεσιοις καταστρεψαντες
τους ναους αυτων και τας θυσιας επαυσαν και πασαν την πολιν εις ερη-
μωσιν ηνεγκαν P² der auch weiterhin kaum zu vergleichen | 19. περι-
ποιησοντες schreibe ich; περιποιησαντες V, ut similia infligant mala
L, χειμωνα ποιησαι P² | 20. της: του V aber nur hier mascul. | 24. ποιησ.
(geschr. ποιησεται) V: διαπραξητε P² | 25. μηδε — αυτω V: > P² L

ἐστιν βασιλέως ἡ παραπέμπουσα τούτους ἐν Πάτμῳ τῇ νήσῳ.
καὶ ἀπέδειξαν αὐτοῖς καὶ τὸ βιβλίον τὸ ἐκφωνηθὲν καθ᾽ ἡμῶν,
καὶ ἀναγνόντες αὐτὸ μόλις ἐπείσθησαν τοῦ μὴ ἀνελεῖν ἡμᾶς.
εἶπεν δὲ ὁ Μαρεὼν πρὸς τοὺς βασιλικοὺς ἄνδρας· καὶ εἰ κέλευσίς ἐστιν βασιλική, διὰ τί οὐ δεσμεῖτε αὐτοὺς σιδήροις, μή- 5
ποτε τῇ πονηρίᾳ αὐτῶν ἐκφυγόντες εἰς τὴν αὐτῶν καταδίκην
ποιήσωσιν ὑμᾶς ἐμπεσεῖν· πολλῆς γὰρ μαγίας μετέχουσιν οἱ
παμμίαροι οὗτοι. διὰ γὰρ τῆς κακίστης αὐτῶν ὑποκρίσεως καὶ
φαντασίας τῆς γενομένης δι᾽ αὐτῶν πολλὰς ψυχὰς ἀπώλεσαν,
μάλιστα Ἰωάννης ὁ ἀπατεὼν καὶ πάσης καταδίκης ἄξιος. 10
ταῦτα ἀκούσαντες οἱ βασιλικοί, παρακληθέντες ὑπὸ Μαρεῶνος
συνφαγεῖν αὐτῷ, ἠπάτησεν αὐτοὺς διὰ λόγων δολερῶν, καὶ
ἀσπασάμενοι αὐτὸν ἀνῆλθον πρὸς ἡμᾶς εἰς τὸ πλοῖον θηριω-
θέντες καὶ περιέθηκαν πάλιν τῷ Ἰωάννῃ τὰ σίδηρα καὶ τῇ
αὐτῇ διαίτῃ διῆγον ἡμᾶς. 15

Καὶ ἐπάραντες ἐκεῖθεν ἤλθαμεν διὰ δύο ἡμερῶν ἐν Μυ-

---

1. βασιλεως V: του βασ. vor εστιν P², principis Domitiani L | του-
τους V: >P², derselbe + εν εξορια, noch mehr +L | 2. και επεδειξαν
κτλ. V: audientes autem viri Epidauritae doluerunt, ab incoepto desisten-
tes X L; P² stellt die Worte και ει κελευσις κτλ. l. 4 sqq. in abgekürzter Form vor και επεδειξαν u. macht aus Worten Mareons solche
der Epikurier, letzteres auch L, welcher jedoch die Ordnung von V be-
stätigt | επεδειξαν (schreibt dann αυτους) V: υπεδειξαν P² | 3. και
αναγνοντες αυτο schreibe ich nach V (και αναγνωναι αυτω): > P²,
noch mehr > L | 5. βασιλικη V: βασιλεως P², principis L | 6. τη πονηρια
— αξιος l. 10 V cf L: τη γοητεια αυτων αποδρασωσιν και εις κινδυνον
βαλλωσιν υμας. πολλας γαρ ψυχας απωλεσαν οι παμμιαροι ουτοι δια
τας υπ αυτων γινομενας φαντασιας P² | 11. ταυτα ακουσ. κτλ. V: audien-
tes autem haec qui legati fuerant, mirabantur super verbis illis, nam
verbis dolosis eos deceperat Marnon L (s. letzteres oben l. 12); πολλας
δε πληγας τοτε επεθηκαν ημας. ο δε Μαρεων εδεξιωσατο τους προτικτω-
ρας και φιλοφρονως υπεδεξατο εν τω οικω αυτου. ην γαρ πλουσιος κτλ. P² |
παρακληθεντες u. l. 12 αυτω schreibe ich: παραβληθεντες u. αυτοις V,
et rogavit eos Marnon ut comederent cum eo L, über P² s. vorher |
13. θηριωθεντες (geschr. θερ.) V: ως αγριοι θηρες μη μνησθεντες των
ευεργεσιων ων εποιησεν δι αυτου ο θεος εις αυτους P² cf L | 14. και
περιεθηκαν (geschr. —ησαν) π. τ. Ιω. V: παλιν περιεθ. αυτω P² | τη —
ημας V: την αυτην διαιταν διαιτησαν ημας P², der hieran eine längere
Einschaltung über die Bestrafung Mareons anschliesst | 16. και επαρ. —
Μυρ. (hier geschrieben —νη, später —νι) V: ηλθομεν εν Μυρωνη P³
angeschlossen an p. 51, 7 s. die dortige Note; deinde illinc navigantes
pervenimus Myrrh. . (der Name ist unvollständig) L, απαραντες δε οι
ναυται εσιου (s. o. zu p. 51, 7) οντος του πλοος τη του θεου χαριτι δια δυο

ρεῶνι καὶ παρεβάλομεν ἐκεῖ. καὶ νόσος μεγάλη ἐπῆλθεν ἑνὶ
τῶν προτικτόρων· κοιλιακὴ γὰρ βία ἐπελθοῦσα αὐτῷ, ἐκινδύνευεν. καὶ ἐμείναμεν ἐν Μυρεῶνι ἡμέρας ἑπτὰ διὰ τὴν αἰτίαν
ταύτην. τῇ δὲ ὀγδόῃ ἡμέρᾳ εἰς λόγους σκληροὺς ἦλθον οἱ διά-
5 γοντες ἡμᾶς, πρὸς ἑαυτοὺς λέγοντες· ὅτι οὐκ ἔστιν καλὸν μένειν
ἐν τῷ τόπῳ τούτῳ, ὅτι κέλευσις βασιλέως ἐστίν, καὶ πᾶσα κέλευσις βασιλέως ἐν σπουδῇ γίνεται, καὶ ὁ ἀμελῶν αὐτῆς ἀμελεῖ
τῆς ἑαυτοῦ ψυχῆς. τινὲς δὲ ἐξ αὐτῶν ἔλεγον· οὐκ ἔστιν δίκαιον
τὸν ἑταῖρον ἡμῶν μεῖναι ἐν τῷ τόπῳ τούτῳ καὶ ἡμᾶς ἀπο-
10 πλεῦσαι, ἢ πάλιν ἐμβαλεῖν αὐτὸν ἐν τῷ πλοίῳ, ὄντα ἐν ἀνάγκῃ
τοιαύτῃ. καὶ πολλὴ φιλονεικία ἦν ἀνὰ μέσον αὐτῶν. ὁ οὖν
Ἰωάννης ἰδὼν τὴν ἀνωφελῆ αὐτῶν φιλονεικίαν εἶπεν πρός με·
τέκνον Πρόχορε, ἄπελθε καὶ εἰπὲ τῷ ἀσθενοῦντι· ἐν τῷ ὀνόματι Ἰησοῦ Χριστοῦ ἐλθὲ πρός με. καὶ ἀπῆλθον καὶ εἶπον
15 τῷ νοσοῦντι κατὰ τὸν λόγον Ἰωάννου, καὶ εὐθέως ἀναστὰς
ἐπορεύθη μετ᾽ ἐμοῦ πρὸς τὸν ἀπόστολον τοῦ Χριστοῦ, μηδὲν
κακὸν ἔχων· καὶ εἶπεν πρὸς αὐτὸν Ἰωάννης· λάλησον δὴ εἰς
τὰ ὦτα τῶν σῶν ἑταίρων, καὶ ἀποπλεύσωμεν ἐντεῦθεν. καὶ
εὐθέως ὁ τὰς ἑπτὰ ἡμέρας μὴ γευσάμενος προετρέπετο τοὺς
20 ἑταίρους αὐτοῦ τοῦ ἀποπλεῦσαι ἡμᾶς διὰ τάχους.

Καὶ ἐπάραντες ἀπὸ Μυρεῶνος ἤλθαμεν ἐπὶ τὸν τόπον τὸν

ημερων ηλθομεν εν τη πολει Μυρωνι P², προσορμισθεντων δε ημων εν
Μυρωνι B, der hier wieder einmündet s. oben p. 51, 8 | 1. κ. παρ. επει
και V P³: και προσωρμισθεντες τω λιμενι P² cf B, nicht zu vergleichen
L | νοσος — προτικτ. V P³ cf B: νοσος χαλεπη επηλθεν τον πρωτον των
προτ. P² | 2. κοιλιακη — εκινδ. V P² (+ εσχατως): και εκινδινευε
δυσεντερια συνεχομενος P³, der sich hier wieder für eine kurze Strecke
an B anschliesst | 3. και εμειναμεν κτλ. V, sehr ähnlich L: ποιησαντων
ουν ημων εκεισαι ημερας επτα και παντων φιλονικουντων κτλ. P² mit
einigen Anklängen an B | 9. εταιρον: ετερον V | 11. μεσον: με-
σων P², μεσω V | 18. και αποπλευσ. (geschrieben – σομεν) V: ut sol-
vamus hinc et de loco isto navigemus L | 19. μη γευσαμ. προετρ. V cf
L: εχων μη γευσαμ. μηδε υπνωσας, αλλ᾽ ην απελπισμενος προετρεπεν
P² | 20. του — ταχους V L (+ eo quod a dolore mortis evaserat liber
et incolumis): αποπλειιν ημας P², dann aber lässt er hier, vor der Abfahrt nach Lophos, Aehnliches folgen, wie nachher bei ihm selbst und
den übrigen unten p. 56, 9 sqq. auch die Taufe der Soldaten verlegt
er hierhin | 21. και επαραντες V: απαραντες δε P², so auch P³ u. m²,
welcher allein von allen Hss. der Recension B diesen Abschnitt enthält
(s. unten Beil. B II u. die Einleitung) | Μυρεωνος V: Μυρεωνι P² (s.
anders zu p. 53, 16), Μυρωνος P³ m², illinc L | ηλθαμεν V: ηλθομεν P²
P² m² | επι — Λοφον V P³ m²: εν τοπω καλουμενω Λοφω P², in quen-
dam locum qui Liphon vocabatur L

καλούμενον Λόφον, καὶ παρεβάλομεν ἐκεῖ. ἦν δε ἄννδρος ὁ
τόπος καὶ ῥευματώδης πολὺ καὶ διθάλασσος, καὶ ἐποιήσαμεν
ἐκεῖ ἡμέρας ἒξ διὰ τὴν ζάλην τῆς θαλάσσης. καὶ οὐκ ἦν ὕδωρ
τοῦ πιεῖν ἡμᾶς καὶ ἀναψῦξαι, καὶ ἐκινδύνευον πάντες ἀπὸ τῆς
δίψης. μελλόντων δέ τινων τῶν ἐν τῷ πλοίῳ θνήσκειν, εἶπεν 5
πρός με Ἰωάννης· τέκνον Πρόχορε, ἐν ὀνόματι Ἰησοῦ Χριστοῦ
τοῦ υἱοῦ τοῦ θεοῦ, βάλε τὸ ἀγγεῖον ἐν τῇ θαλάσσῃ καὶ πλῆσον
αὐτό. καὶ ἐποίησα οὕτως, καὶ εἶπέν μοι· βάλλε εἰς πάντα τὰ
ἀγγεῖα ἐξ αὐτοῦ, καὶ πάλιν πλῆσον αὐτὸ ἐκ τῆς θαλάσσης. καὶ
ἔπλησα πάντα τὰ ἀγγεῖα, καὶ τὸ ὕδωρ τὸ ἐν αὐτοῖς ἐγένετο 10
γλυκὺ σφόδρα. καὶ προσκαλεσάμενος ἅπαντας τοὺς ἐν τῷ
πλοίῳ εἶπεν πρὸς αὐτούς· ἐν ὀνόματι τοῦ ἐσταυρωμένου λάβετε
καὶ πίετε, καὶ ζήσεσθε. καὶ ἔλαβον πάντες καὶ ἔπιον καὶ
ἔστη τὸ πνεῦμα αὐτῶν ἐν αὐτοῖς. οἱ οὖν βασιλικοὶ, ἰδόντες
ὃ ἐποίησεν θαῦμα Ἰωάννης, εἶπον πρὸς ἑαυτούς· τί ποιήσωμεν 15
ἐπὶ τῷ ἀνθρώπῳ τούτῳ, ὅτι πολλὰ καὶ μεγάλα θαυμάσια οἴδαμεν ὑπ' αὐτοῦ γινόμενα· ἀλλὰ δεῦτε, ἀποκουφίσωμεν ἀπ' αὐτοῦ
τὰ σίδηρα καὶ ποιήσωμεν αὐτὸν ἐν ἀνέσει, μήποτε πῦρ ἐκ τοῦ

1. και παρ. εχει V: κ. εμειναμεν ε. P³ m², mehreres + L, > P² |
2. πολυ V: πολυς P³ m², > P² | διθαλασσος V (cf Act. 27, 41):
δισθαλ. m², δυσθαλ. P², δυσθαλασσιος P³ | και εποιησαμεν — θαλασσης
V P³ m² (εξ ημερας): δια δε την ζαλην και την αναγκην της θαλ. εποιησ.
εχει ημερας η P² | 4. του V: ωστε P² P³ m² | και αναψυξαι P² P³ m²:
> V | παντες V P²: απαντες P³ m² | απο τ. διψης V: τη διψη P² P³
m² | 5. των εν τ. πλ. V P³ m²: > P² | θνησκειν V: και αποθνησκειν P²,
θνησκειν δια την ανυδριαν P³ m² | 6. Ιω. hier V: vor προς P³ m²; εβο-
ησαν παντες προς Ιωαννην, λεγοντες· ελεησον ημας δουλε του θεου του
υψιστου, μη απολλωμεθα εν τη ερημω ταυτη υπο της διψης. συμπαθησας
δε αυτους ο Ιωαννης ειπεν προς με P² | Ιησ. — θεου V P² cf L (domini
nostri J. Chr.): × του εσταυρωμενου P³ m² | 8. και επ. ουτ. V: και
επλησα το αγγειον εκ της θαλασσης P³ m², von hier an ganz abweichend
P² | μοι· βαλλε V: Ιωαννης· βαλε P³ m² | παντα V: απαντα P³ m² |
9. εξ αυτου — αγγεια V: και πλησον αυτα, και εποιησα ουτως m², >
P³ | 10. και το υδωρ — σφοδρα V cf L: και εγενετο παντα τα αγγεια
πεπληρωμενα × m² u. > das spätere εγενετο, so auch P³, aber ver-
stümmelt ohne και εγ. π. τ. αγγεια | 11. και προσκ. V: προσκ. δε Ιω-
αννης P³ m² | 12. ειπεν (oder —πε) P³ m²: ειπαν V | 13. παντες V L:
απο του υδατος + P³ m² | 15. θαυμα V: > P³ m² (dieser o vor Ιω.) |
εαυτους V m²: αυτους P³ | 16. τω αν. τουτω V: τον ανθρωπον τουτον
P³ m² | οτι — οιδαμεν V: πολλα γαρ θαυμασια ειδομεν P³ m² (ιδομεν) |
17 — p. 56, 9 αποκουφισωμεν — ειπον V L: προσπεσωμεν αυτω, και
ει τι κελευει πασιν ημιν ποιησωμεν, και πεσοντες επι προσωπον παντες
οι διασωζοντες ημας ειπον προς αυτον P³ m²

οὐρανοῦ κατελθὸν κατακαύσῃ πάντας ἡμᾶς. καὶ προσελθόντες
τῷ ἀποστόλῳ εἶπον πρὸς αὐτόν· ἄνθρωπε τοῦ θεοῦ, μὴ ὀργισθῇς ἐπὶ τοῖς δούλοις σου, ὅτι κέλευσίς ἐστιν βασιλική, καὶ
οὐ δυνάμεθα μὴ ποιῆσαι αὐτήν. νῦν οὖν κουφίζομεν ἡμεῖς τὰ
5 σίδηρα ἀπὸ σοῦ, καὶ εἴ τι κελεύεις ἡμῖν ποιήσομεν. καὶ ἐπῆραν
ἀπ’ αὐτοῦ τὰ σίδηρα. ὁ δὲ Ἰωάννης εἶπεν πρὸς αὐτούς· ἐγὼ
οὐ κόπον ἡγοῦμαι τὸ βάρος τῶν σιδήρων, ἀλλὰ χαρὰν μεγάλην
ἔχει μου ἡ ψυχὴ διὰ τὴν κέλευσιν τοῦ δι’ ἡμᾶς σταυρωθέντος.
καὶ πεσόντες ἐπὶ πρόσωπον αὐτῶν πάντες εἶπον· κύριε, ἰδοὺ
10 πᾶσα ἡ γῆ ἐνώπιόν σου ἐστίν· ὅπου θέλεις βάδιζε, καὶ ἡμεῖς
ἀπελευσόμεθα εἰς τοὺς τόπους ἡμῶν. ὁ δὲ Ἰωάννης εἶπεν πρὸς
αὐτούς· καὶ ποίαν παρρησίαν ἔχετε πρὸς τὸν βασιλέα ὑμῶν
ἐπὶ τῇ ἡμῶν ἀπολύσει; εἰς τὸν τόπον οὖν τὸν κελευσθέντα
ὑμῖν ἀποκαταστήσατε ἡμᾶς καὶ ὑποστρέψατε μετ’ εἰρήνης εἰς
15 τοὺς οἴκους ὑμῶν. καὶ ὑπολαβὼν Ἰωάννης ἀπὸ τῶν θείων
γραφῶν ἤρξατο αὐτοῖς ἑρμηνεύειν καὶ διδάσκειν αὐτοὺς τὰ
περὶ τοῦ υἱοῦ τοῦ θεοῦ. δεξάμενοι δὲ τὸν λόγον παρ’ αὐτοῦ
παρεκάλεσαν αὐτόν, ὅπως φωτισθῶσιν ὑπ’ αὐτοῦ, καὶ ἐβάπτισαν
τοὺς δέκα προτίκτορας ἐν τῇ ἡμέρᾳ ἐκείνῃ.
20   Καὶ ἐπάραντες ἀπὸ τοῦ Λόφου ἤλθομεν ἐν Πάτμῳ τῇ νήσῳ

1. κατακαυσαι V | 8. δια V: vielleicht διατελειν L (adimplere volun-
tatem et praecepta) | 9 κυριε: hiermit treten P² m² wieder ein, mit ιδου
auch c m¹ v | 10. εστιν V P²: > B (ob auch m²?) | θελεις V: βουλει
P² m², αν κελευης c v, αν κελευσης m¹ | 11. απελευσ. V: πορευσομεθα P²
m² (der auch hier noch nicht wieder mit B geht) | ο δε Ιω. ειπεν V P²
(der hier wieder etwas enger sich anschliesst): ειπεν δε Ιω. P² m² |
12. αυτους: das erste Wort in N nach der grossen Lücke (ed. Neander
p. 536, oben p. 13, 4) | ποιαν N P² (ποια) P² cf L: > V; m² geht hier
mit ουχ ουτως τεχνα wieder ganz zu B über | εχετε V L: εξετε N P²
(—ται) P³ (εξητε) | υμων V N L: > P² P³ | 13. επι τ. ημ. (geschrieben
υμων) απολ. V cf L: τον αποστειλαντα υμας επι τη (+ εμη P³) εξορια
(υμων + N) αλλ’ N P³, > P² | ουν V P² (aber vorher manche Zusätze,
so auch L): > N P³ | 14. ημας V L: με N P² P³ | υποστρεψατε V P²
(—ψητε): τοτε X N, ουτως επιστρεψατε P³ | 15. οικους V N P²: τοπους
P³, regiones L | και υπολ. V N: υπολ. δε P², sehr abkürzend bis p. 57,
8 P² | Ιω. V N: ο X P³ | 16. ηρξατο — διδασκειν V N (> αυτοις):
εδιδασκεν P² L | 17. δεξαμ. δε V N P³: και δεξαμ. m², der hier wieder
eintritt (s. oben p. 50, 4), aber sofort wieder von willkürlichsten Aen-
derungen wimmelt | παρ’ αυτου V P²: > N L m² | 19. τους δ. προτ. V
P³ cf L mit seiner doppelten Umschreibung: αυτους N, > m³ | ημερα
V P³ L: ειρηνη N | 20. και επαρ. V (B απαρ.): απαρ. δε N P³, nur απαρ.
P² | απο τ. Λ. V P² P³ L (Lipho derelicta): εκειθεν τουτεστιν X N cf B

— 57 —

καὶ παρεβάλαμεν ἐν πόλει καλουμένῃ Φορᾷ. καὶ παραδόντες
ἡμᾶς οἱ βασιλικοὶ κατὰ τὴν κέλευσιν τοῦ βασιλέως τοῖς ὀφει-
λουσιν ἡμᾶς παραλαβεῖν παρεκάλουν τὸν Ἰωάννην, ὥστε συνεῖναι
ἡμῖν. ὁ δὲ Ἰωάννης εἶπεν πρὸς αὐτούς· τέκνα, τῆς χάριτος ἧς
ἐλάβετε μὴ ἀμελήσητε, καὶ τόπος οὐ μὴ βλάψῃ ὑμᾶς· ἀλλ' 5
ἀπέλθατε ἕκαστος εἰς τὸν οἶκον αὐτοῦ. ποιήσαντες δὲ μεθ'
ἡμῶν ἡμέρας δέκα ἀγαλλιώμενοι καὶ διδασκόμενοι ὑπὸ Ἰωάννου,
εὐλογηθέντες ὑπ' αὐτοῦ ἀπέπλευσαν ἐν εἰρήνῃ.

Ἦν δέ τις ἄνθρωπος ἐν Φορᾷ τῇ πόλει καὶ ὄνομα αὐτῷ
Μύρων, καὶ τὸ ὄνομα τῆς γυναικὸς αὐτοῦ Φωνή· ἦσαν δὲ αὐτοῖς 10
τρεῖς υἱοὶ ῥήτορες. ὁ δὲ Μύρων πλούσιος σφόδρα ὑπῆρχεν, καὶ
πολλὴ ὑπηρεσία ἦν αὐτῷ. πνεῦμα δὲ πονηρὸν Πύθωνος ὑπῆρχεν ἐν τῷ υἱῷ αὐτοῦ τῷ μείζονι. ὁ οὖν Μύρων ὡς εἶδεν ἡμᾶς
ἔλαβεν ἡμᾶς ἐν τῷ οἴκῳ αὐτοῦ. ἔγνω οὖν ὁ υἱός αὐτοῦ ὁ τὸν
Πύθωνα ἔχων καὶ ἀπέδρα ἀπὸ τῆς πόλεως ἐκείνης εἰς ἑτέραν 15
πόλιν, ὅπως μὴ διωχθῇ τὸ πνεῦμα αὐτοῦ ἀπ' αὐτοῦ ὑπὸ τοῦ

1. και παρεβ. V P³ (παρεβαλομεν, so auch B): > N P² | εν πολει
(+ τη N) και. P² P³ N B: τοπω καλουμενω V | Φορα V (jedoch glaubte
Tischendorf nach einer Randbemerkung an späteren Stellen das erste
Zeichen in Φρ auflösen zu sollen) P² (aber nur hier fol. 60 r., dagegen
fol. 60 v. Φρουρα, fol. 75 v. Φθορα) L (> hier den Namen, aber c. 36
in foro civitatis = εν φορα τη πολει): Φθορα N, Φλορα ist in B überwiegend bezeugt, so auch P³, doch hat v consequent Φρουρα, vt Φρωρα,
m² wenigstens hier Φορα | 3. ωστε V P³ (+ αυτους): > N, die andern
unvergleichbar | 4. προς αυτους V: αυτοις N B, > P³ | 5. αμελ. (geschr.
—σετε V): εκπεσητε N P³ | υμας V N B: υμιν P³ | αλλ' (αλλα P³)
απελθατε V P²: απελθητε δη N | 6. ποιησ. δε V P³ (× και εις το επι-
τηδευμα αυτου): και ποιησ. N | 7. αγαλλιωμ. V P³: αγαλλομενοι N |
8. ευλογηθ. υπ' αυτου V: και παρ' αυτου ευλογηθ. P³, και ευεργηθεντες
N | απεπλευσαν V N: απεπλευσαντες (sic) P³, απελυσεν αυτους B | εν
ειρηνη V B: εις τα ιδια N, εις τους ιδους τοπους P³, εν ειρηνη εις τους
ιδιους οικους αυτων δοξαζοντες τον θεον επι πασιν οις ιδον και ηκουσαν
οτι αυτω πρεπει δοξα τιμη και προσκυνησις. αμην. P² cf B | 9. ην V N
P²: περι Μυρωνος και των γενομενων δι αυτου εις παντα τον οικον
αυτου × P³ cf B (Beil. B II) | εν Φορα (über die Form des Namens
s. zu l. 1): εκει × N | και ονομα αυτω N: και το ον. αυτου P³, ονοματι
V P² | 10. Φωνη V N P³ B: Φωτινη P², Flora L | αυτοις V P² m¹:
αυτω m² c v vt, αυτων N, quibus L | 11. τρ. υιοι V v: υιοι τρ. N P² m¹ m²
c vt | ο δε — υπηρχεν V: και ην ο ανηρ πλουσιος N | και πολλη — αυτω
N cf B: > V | 12. πν. δε πον. V: και πνευμα N | 13. εν V: > N |
14. εν τω οι. V: εις τον οικον N | εγνω ουν V: εγνωκως ουν B, γνους
δε N | 15. και απεδρα V: απεδρασεν N | 16. αυτου απ' αυτου V: > N B |
του V: > N B

Ἰωάννου. μαθὼν οὖν ὁ Μύρων, ὅτι ἀπέδρασαν ὁ υἱὸς αὐτοῦ,
εἶπε πρὸς τὴν ἑαυτοῦ γυναῖκα· εἰ ἦσαν οἱ ἄνθρωποι οὗτοι
ἀγαθοί, εἰσελθόντων αὐτῶν ἐν τῷ οἴκῳ ἡμῶν οὐκ ἂν συνέβη
ἡμῖν ταῦτα· ἀλλὰ καθώς τινες ἐξηγοῦνται μάγοι εἰσὶν καὶ μα-
5 γεύσαντες τὸν οἶκον ἡμῶν ἐδίωξαν τὸν υἱὸν ἡμῶν. οἴμοι,
τέκνον ἐμὸν ποθητόν, πῶς ἐλήρησα ἐπὶ τῇ ἀπωλείᾳ τῇ
σῇ καὶ εἰσήγαγον τοὺς μάγους τούτους ἐν τῷ οἴκῳ μου
κατὰ σοῦ; εἶπεν δὲ πρὸς αὐτὸν ἡ γυνὴ αὐτοῦ· καὶ εἰ ταῦτα
οὕτως ἔχει ὡς λέγεις, τί οὐ διώκεις αὐτοὺς ἀπὸ τοῦ οἴκου
10 ἡμῶν, μήποτε καὶ εἰς τοὺς ἄλλους υἱοὺς ἡμῶν ἐνεργήσωσιν καὶ
ἐξ ἀμφοτέρων ἀστοχήσαντες ἡμεῖς τελευτήσωμεν πικρῶς. καὶ
εἶπεν πρὸς αὐτὴν Μύρων· οὐ διώκω αὐτοὺς μετὰ τὸ ποιῆσαι
τούτους τὸ κακόν, ἀλλ᾽ ἐμβάλλω αὐτοὺς εἰς θλῖψιν, ὅπως
ποιήσωσιν ἀνακαλέσασθαι τὸν υἱὸν ἡμῶν καὶ παραστῆσαι αὐτὸν
15 ἐν τῷ οἴκῳ ἡμῶν ζῶντα, καὶ τότε τιμωρήσομαι αὐτοὺς πικρῶς.
ἦν δὲ Μύρων πενθερὸς τοῦ ἡγεμόνος τοῦ ἐν Πάτμῳ τῇ νήσῳ.
ἔγνω οὖν Ἰωάννης τῷ πνεύματι πάντα τὰ ῥήματα, ἃ ἐλάλησεν
Μύρων πρὸς τὴν γυναῖκα ἑαυτοῦ, καὶ εἶπεν πρός με· τέκνον

2. εαυτου γ. V: γ. εαυτου N B | ανθρ. V N m²: ανδρες P² B (ausser
m²) | 3. αγαθοι hier V P² B: hinter ησαν N | εισελθ. — οικω V P² B:
οι εισελθοντες εις τον οικον N | 4. αλλα V P² B: αλλ ως εοικεν N | εξηγ.
V N B: λεγουσιν P² | και μαγευσ. — κατα σου (l. 8) V N, theilweise
auch B: > P² | 5. τον vor υιον V B: > P² | 6. εμον ποθητον V: εμον P²,
carissime fili L, > N | πως ελήρησα V cf L (quomodo factus sum in-
sipiens): πως ελυπησα N, τι εχω λογισασθαι P² | απωλ. τ. σ. και εισην.
V: ση απωλ. εισαγαγων N, ση απωλ. οτι εισηγαγον P² | 8. ειπεν δε V
m¹ m²: και ειπεν N vt c, η δε γυνη αυτου θρηνουσα ελεγεν P² | προς
αυτον hier V: nach αυτου N B, > P² | 9. ως λεγεις V: > N P² B |
10. και vor εις V P² B: > N | υιους ημ. V P² (ημ. υι.) L: > N B |
και εξ (εξ > N) — πικρως V N P³ m²: > P² m¹ v vt c | 12. προς
αυτην V: προς την γυναικα αυτου N, (ο δε ειπεν) αυτη P² s. d. Va-
rianten von B | 13. τουτους V: > N P² B | εμβαλλω V P² m¹ m² c:
εμβαλω N P³ v vt | θλιψιν N B P² (+ αφορητον ινα πρωτον παραστη-
σωσιν κτλ.): θλιψεις V | 14. ποιησ. V N L: υποταξωσιν P³, αναγκασθωσι
B, > P² | ανακαλ. V: ανακληθηναι N P³ | υιον ημων — ημων V cf P²
(παραστησωσιν τον υιον ημων ζωντα) L (filium nostrum redire et nobis
eum in hanc domum restituant): υιον μου N (ohne Zusatz), + και πα-
ραστ. αυτον ζωντα εν τω οικω ημ. P³, s. d. Varianten von B | 16. Μυρων
V N vvt: ὁ X P² m¹ m² c | του — νησω V: της νησσου P², της Πατμου
B, insulam Pathmon procurantis L, > N | 17. εγνω ουν V N B (+ ο):
γνους δε ο P² | τω πν. P² B L (per spiritum sanctum): > V N | α
ελαλ. Μυρων V: τα παρα Μυρωνος λαληθεντα P² cf B L, ταυτα N |
18. πρ. την γυν. εαυτ. V B (αυτου) L: > P³ N

Πρόχορε, γίνωσκε ὅτι ὁ Μύρων πολλὰ κακὰ διανοεῖται καθ᾽ ἡμῶν· ὁ γὰρ υἱὸς αὐτοῦ ὁ μείζων πνεῦμα Πύθωνος ἔχει ἐν ἑαυτῷ, καὶ ὡς ἤλθαμεν ἐν τῷ οἴκῳ αὐτοῦ, φοβηθὲν τὸ ἀκάθαρτον πνεῦμα ἐδίωξεν αὐτὸν εἰς ἑτέραν πόλιν. τούτου χάριν ἔχει τὸν νοῦν αὐτοῦ τοῦ θλῖψαι ἡμᾶς, ἀλλὰ μηδὲν ἀθυμήσωμεν 5 ἐπὶ πᾶσιν τοῖς ἐπερχομένοις ἡμῖν· ὁ γὰρ θεὸς παρίσταται βοηθῶν καὶ ἀντιλαμβανόμενος ἡμῖν. ὅταν γὰρ τὰς θλίψεις ἐπενέγκῃ ἡμῖν, τότε πιστεύσει αὐτὸς καὶ πᾶς ὁ οἶκος αὐτοῦ εἰς τὸν κηρυττόμενον ὑφ᾽ ἡμῶν.

Εἶτα τῶν λόγων τούτων λαλουμένων πρός με παρὰ Ἰωάν- 10 νου, ἐπιστολὴ ἔρχεται παρὰ τοῦ υἱοῦ Μύρωνος τοῦ τὸν Πύθωνα ἔχοντος περιέχουσα τὸν τύπον τοῦτον·

Ἀπολλωνίδης ῥήτωρ τῷ ἐμῷ πατρὶ Μύρωνι χαίρειν. Ἰωάννης ὁ μάγος, ὃν εἰσήγαγες εἰς τὸν οἶκον ἡμῶν, κακῇ περιεργείᾳ χρησάμενος ἐνήργησεν εἰς ἐμέ, καὶ τὸ ἀποσταλὲν ὑπ᾽ αὐτοῦ 15 πνεῦμα κατεδίωξέν με ἕως ἐν τῇ πόλει ταύτῃ, καὶ ἐκινδύνευσα οὐ μικρῶς. εὗρον δὲ βοηθὸν τὸν καθαρώτατον Κύνωπα καὶ ἐξηγησάμην αὐτῷ περὶ ὧν πέπονθα κακῶν, καὶ εἶπεν πρός με·

---

1. ο N· P² B: > V | 2. εχει εν εαυτω V: εχει πυθωνος εν αυτω P², ειχεν N; P² hat hier eine ähnliche Abkürzung wie B (Beil. B II), nämlich nach καθ ημων· αλλ᾽ ευχαριστως υπενεγκωμεν παντα. οτε γαρ τ. θλιψεις υπενεγκη ημιν κτλ. Dagegen bestätigt L obigen Text, auch das praes. εχει | 3. ηλθαμεν V: ηλθομεν N, εισηλθομεν P³ | εν τ. οικω αυτου V P³: in domum hanc L, > N | ακαθαρτον V P³ L: > N | 4. εχει τ. νουν αυτου V P³: ειλει καθ᾽ ημων N | 5. του θλιψαι ημας V: εις κακα περι ημων P², > N s. vorher. L contra nos animo est infenso | μηδεν V P²: μη N | 6. ο γαρ — ημιν nur in V | 7. οταν V P²: οτε N P² | 8. επενεγκη V N̄ P³: υπενεγκη P² | πιστευσει N: πιστευση V P² P³ | πας N P² P³: > V | 9. κηρυττομ. N P³: κηρυσομ. V, > mit anderem P² | υφ ημων V N: δι ημων θεον P³ | 10. ειτα — Ιωαννου V cf P³ (λαλουμενων υπο Ιω.): ταυτα δε αυτου λαλουντος προς με N, και ετι λαλουντων ημων τους λογους τουτους P² | 11. επιστολη — περιεχουσα V P³ N (aber ερχεται επιστ.): ηλθεν επιστ. παρα του υιου αυτου περιεχουσαν (sic) P² | 12. τ. τυπον τ. V P² P³: ουτως N | 13. πατρι V N P³: και δεσποτη + P² cf den übrigens ganz abweichenden B, patri et matri L | 14. ον εισην. — οικον V N P³ cf L: ο δεξιωθεις παρα σου εν τω οικω P² | κακη περιεργ. V P² P³: κακα N | 16. κατεδ. V P³: εδιωξεν N P² (dieser > ενηργησεν — πνευμα) | εως εν τη π. τ. V P³ L: εως της πολεως ταυτης N, τησδε της πολ. P² | 17. ου μικρως N P³: αν ει μη V, > mit anderem P² | ευρον δε N P³: ευρον V, και ενετυχον P² | βοηθον V N P³: περι τουτου P² | και εξηγ. N P³: εξηγ. γαρ V, > P² | 18. περι ων πεπ. κακων N P³ (> περι): οπερ πεπ. κακον V, > P² | προς με V P³: μοι N P²

τέκνον Ἀπολλωνίδη, ἐὰν μὴ Ἰωάννης ὁ τῶν Χριστιανῶν διδάσκαλος καὶ μάγος θηριομαχήσῃ καὶ κακῶς ἀποθάνῃ, σὺ οὐ δύνασαι τὴν σὴν γῆν οἰκῆσαι, ἀλλ᾽ οὐδὲ τὸν σὸν οἶκον ὄψῃ ἔτι.
νῦν οὖν, πάτερ, τὸ σὸν τέκνον δέεται τῆς σῆς προστασίας·
5 οἰκτείρησον τὸν σὸν υἱὸν ἐπὶ τῇ Ἰωάννου ἀναιρέσει, ὅπως
ταχέως ἐπανελθὼν ἀπολαύσω τοῦ ἐμοῦ πατρὸς καὶ τῆς ἐμῆς
μητρὸς καὶ ἀμφοτέρων τῶν γλυκυτάτων μου ἀδελφῶν. ἔρρωσθε
πάντες οἱ ἐν τῷ οἴκῳ ἡμῶν.

Λαβὼν δὲ Μύρων τὴν ἐπιστολὴν τὴν σταλεῖσαν αὐτῷ παρὰ
10 τοῦ υἱοῦ αὐτοῦ Ἀπολλωνίδους καὶ ἀναγνούς, ἠσφαλίσατο ἡμᾶς
εὐθέως. καὶ ἐξελθὼν ἐπορεύθη πρὸς τὸν ἡγεμόνα καὶ ὑπέδειξεν αὐτῷ τὰ γράμματα τὰ ἀποσταλέντα αὐτῷ παρὰ τοῦ
υἱοῦ αὐτοῦ Ἀπολλωνίδους. δεξάμενος δὲ ὁ ἄρχων καὶ ἀναγνούς,
πολὺ ἐταράχθη καθ᾽ ἡμῶν, μάλιστα διὰ τὸ περιέχειν τὴν ἐπι-
15 στολὴν τὸ ὄνομα τοῦ Κύνωπος, ὅτι πάντες οἱ ἐν Πάτμῳ τῇ
νήσῳ εἶχον αὐτὸν ὡς θεὸν διὰ τὰ μαγικὰ αὐτοῦ ἐμπαίγματα.
καὶ πεισθεὶς ὁ ἡγεμὼν τοῖς λόγοις τοῦ Μύρωνος καὶ τοῖς γράμ-
μασιν τοῦ Ἀπολλωνίδους, ἐκέλευσεν τὸν Ἰωάννην θηριομαχῆσαι.
καὶ εὐθέως ἀποστείλας ἐν τῷ οἴκῳ Μύρωνος, ἤγαγον ἡμᾶς οἱ

1. των Χρ. διδασκ. και NP³ of B: >VP² | 2. θηριομ. κ. κακως VN
P³: > P², der weiterhin stark abweicht | δυνασαι N P³: δυνηση V |
3. την σ. γην (πολιν P³) οικ. και V P³: ζησαι N | ουδε V P³: ουτε N |
σον οικον οψη V N (οψει): οικον οψη ετι τον σον P³ | 4. πατερ V P²
P³B: >N | 5. τ. σον υιον N: σου τ. υιον P³, τ. υιον σου V | Ιω. αναιρ.
V: αναιρ. (του + N) Ιω. P³ N | 6 επανελθων V P³: εμπλησθω και N |
7. των VN: > P³ | ερρωσθε — ημων NP³ (απαντες): ερρωσο P², valete
L, > V | 9. δε V P³ P² (δεξαμενος δε): ουν N | Μυρων hier V P³
(Χ ο) P³: hinter επιστολην N | τ. σταλεισαν — Απολλ. V L (quae
missa est a filio suo Apoll.): του υιου αυτου vor την επιστ. P², >N |
11. ευθεως V B P² (vor ησφαλ.): > N | προς V P² B: εις N | 12. τα
γραμμ. — Απολλ. V: την επιστολην N P² (+ του υιου αυτου) | 13. δε-
ξαμ. δε ο αρχων και αναγνους V N (> ο αρχων): ο δε αναγνους P²,
αναγν. δε (+ αυτην m²) ο αρχων c m² v, αναγν. δε ταυτην εκεινος m¹ |
14. πολυ V N (hinter εταρ.): μεγαλως P², πανυ B | μαλιστα N P³ m¹ c:
και + V v, δε και m² | 15. το ον. τ. Κυν. N P² B: τ. Κυν. το ον. V |
16. ειχον — θεον V P² B (nur m² + τον nach ως): ως θεον αυτον
ειχον N | δια — εμπαιγματα V N B: δια τας γοητειας αυτου P² |
18. Απολλων. V: υιου αυτου N, beides L, gar nicht zu vergl. P² B |
εκελευσεν V P² (Χ τη δε επαυριον) B: εκελευεν ευθεως N | 19. και ευθ.
αποστ. V L (et continuo bei übrigens ziemlich freier Uebersetzung):
αποστ. ουν N, και αποστ. επηρεν (ηρεν m¹) ημας εκ του οικου Μυρ. B |
ηγαγον — λεγων p. 61, 3 V: και λαβων ημας εκελευσεν εν δημοσιω τοπω αχθη-

ἀποσταλέντες ἐν τῇ δημοσίᾳ φυλακῇ, καὶ μετὰ ἡμέρας τρεῖς
ἤγαγεν ἡμᾶς ἐν δημοσίῳ τόπῳ καὶ ἐπηρώτησεν τὸν Ἰωάννην ὁ
ἡγεμὼν λέγων· ὁ εὐσεβέστατος ἡμῶν βασιλεὺς αἴτιόν σε ὄντα
καταδίκης ἀφῆκέν σε καὶ οὐκ ἐθανάτωσέν σε, καὶ βουλόμενός σε
σωφρονισθῆναι ἔπεμψεν ἐνταῦθα, καὶ ἰδοὺ πλείονα ποιεῖτε 5
ἐνθάδε κακὰ ὧν ἐποιήσατε ἐν Ἐφέσῳ. εἰπὲ οὖν, ποίᾳ κακῇ
τέχνῃ χρησάμενος ἐδίωξας τοῦ ἐμοῦ πενθεροῦ τὸν υἱὸν καὶ
ἐμὸν συγγενῆν. ἀποκρίθητι ταχέως καὶ εἰπὲ τὴν ἀλήθειαν πρὸ
τοῦ σε τιμωρηθῆναι, καὶ σπεῦδε ὥστε ποιῆσαι παραγενέσθαι
ἐν τῇ πόλει ταύτῃ τὸν ἐμὸν συγγενῆν. λέγε δὲ καὶ ποίας 10
θρησκείας ὑπάρχεις, καὶ τί τὸ ἐπιτήδευμα ὑμῶν καὶ ποίας
χώρας ὁρμᾶσαι. ἀποκριθεὶς δὲ Ἰωάννης εἶπεν· Ἱεροσολυμίτης
εἰμί, Χριστοῦ δοῦλος τοῦ υἱοῦ τοῦ θεοῦ τοῦ σταυρωθέντος καὶ
ταφέντος διὰ τὰς ἁμαρτίας τῶν ἀνθρώπων καὶ ἀναστάντος τῇ
τρίτῃ ἡμέρᾳ, ὃς καὶ ἀπέστειλέν με εὐαγγελίζεσθαι εἰς πάντα 15
τὰ ἔθνη πιστεύειν εἰς αὐτόν. ὁ ἡγεμὼν εἶπεν· ὁ εὐσεβέστατος
βασιλεὺς διὰ ταύτην τὴν αἰτίαν ἐποίησέν σε ἐν ἐξορίᾳ γενέσθαι,
καὶ πάλιν σὺ τοιούτους λόγους προσφέρεις κατὰ σεαυτοῦ. μάθε,

ναι και ειπεν τω Ιωαννη Ν, και εθετο (+ ημας c) εν τη φυλακη, μετα
δε τρεις ημερας (τριτην ημεραν m²) προαγαγων ημας (+ ο αρχων m²)
εν δημοσιω τοπω επηρωτησε τον Ιω. λεγων Β; et ducti in carcerem publicum, post triduum vero deduxerunt nos in praetorium. dixit autem
praeses ad Johannem L, stark abkürzend P² | 3. ευσεβεστ. VNL (pius):
κρατιστος B, > P² | ημων V L: > N P² B | οντα V N: υπαρχοντα
hinter καταδ. P² B | 4. αφηκεν σε V L (remisit): εφεισατο σου N, mit B
stimmt theilweise P² φιλανθρωπια χρησαμενος και τον αιχθιστον σου
τροπον εναλαττειν οιομενος προς σωφρονισμον απεστειλεν σοι (sic) εν-
θαδε εν εξορια νυν δε κτλ. | και βουλ. V: αλλα βουλ. N, volens autem L |
5. επεμψεν εντ. κ. ιδου V cf L: εκελευσεν εν εξορια γενεσθαι μετα του
σου εταιρου και ελθοντες ενταυθα N, über P² s. vorher | ποιειτε ενθαδε
κακα V: κακα ποιειτε N | 6. Εφεσω V L: τη Εφεσιων πολει N, mit B in
der Hauptsache P² | 7. του εμου πενθ. (κηδεστου B P²) VBP²L: Μυ-
ρωνος X N | και εμον συγγ. — τον εμον συγγ. l. 10 V cf L (meumque
affinem; responde ergo mihi propere priusquam poenas luas et fac ut
redeat affinis meus): > N | 10. και vor ποιας N P² B: > V | 11. και
τι — ορμασαι V: και τι το επιτηδ. σου και το ονομα σου P², et ex qua
regione ad nos perveneris L, > N B | 12. Ιω. V N: ο X P² B |
13. Χριστου V: και του X N, Ιησου X P² B | δουλος hier V: hinter θεου
N B, ganz anders P² | 14. αμαρτιας hier V: hinter ανθρωπων N, mit beiden
stimmt L gegen P² wie gegen B | 15. ος και απεστειλεν V P² (απεσταλ-
κεν): και αποστειλαντος N B | ευαγγελιζεσθαι V: ευαγγελισασθαι N P² B |
18. τοιουτους λογ. V: alia (lege talia) verba L, τους λογ. τουτους N, die
andern sind nicht zu vergl. | προσφερεις N: profers L, προσφ. προς αυτον V

μιαρώτατε, τιμᾶν καὶ σέβειν τοὺς ἀθανάτους θεοὺς καὶ πεί-
θεσθαι νόμοις βασιλικοῖς, καὶ μὴ ψυχρολόγει καὶ ἐκθείαζε
ἄνθρωπον τεθνηκότα διὰ ἀταξίας πολλάς. ὁ δὲ Ἰωάννης εἶπεν·
ἐγὼ τὸν ἀθάνατον θεὸν ἀεὶ σέβω καὶ τοῦτον καταγγέλλω τοῖς
5 θέλουσιν ὁσίως καὶ δικαίως ζῆν. ὁ ἡγεμὼν εἶπεν· οὐ χρείαν
ἔχομεν πολυλογίας ἐκ τοῦ στόματός σου τοῦ μιαροῦ, ἀλλὰ τὸ
κελευσθὲν ποίει καὶ φεῖσαι τῆς διδασκαλίας ταύτης καὶ τὸν
ἐμὸν συγγενέα Ἀπολλωνίδην ἀποκατάστησον ὑγιῆ ἐν τῇ πόλει
ταύτῃ καὶ ἐν τῷ οἴκῳ αὐτοῦ. ὁ Ἰωάννης εἶπεν· τῆς διδαχῆς
10 ταύτης, ἡγεμών, οὐ δύναμαι φείσασθαι, δι᾽ ἧς καὶ ἡ προσ-
δοκωμένη ἐλπίς μοι ἀπόκειται· εἰ δὲ περὶ Ἀπολλωνίδους τοῦ
ῥήτορός τι λέγεις πρός με, οὐδὲν ἐμαυτῷ σύνοιδα κακὸν πράξας
εἰς αὐτόν. κέλευσον δέ μοι, ἡγεμών, καὶ ἀποστέλλω τὸν ἐμὸν
μαθητήν, καὶ αὐτὸς ἄξει αὐτὸν πρός σε, καὶ εἴ τι ἔχει καθ᾽
15 ἡμῶν, λεγέτω. ἀπόντος γὰρ αὐτοῦ οὐ δύνασαί με θανατᾶσαι,
ἐὰν μὴ τὰς αἰτίας τὰς ἐμὰς αὐτὸς παραστήσῃ πρός σε. καὶ
ἐκέλευσεν ὁ ἡγεμὼν τοῦτο γενέσθαι καὶ ἀνέπεμψεν τὸν Ἰωάννην
ἐν τῇ φυλακῇ, κελεύσας αὐτὸν δεθῆναι ἁλύσεσιν δυσίν. καὶ
εἶπεν Ἰωάννης πρὸς τὸν ἡγεμόνα· ἐπίτρεψόν μοι πρῶτον γράψαι
20 πρὸς τὸν Ἀπολλωνίδην ἐπιστολήν, καὶ οὕτως τὰ σίδηρά μοι
περιτιθέσθω. ὁ δὲ ἡγεμὼν ἐπέτρεψε τοῦτο γενέσθαι, καὶ

1. μιαρωτατε V P² B: μαρωτατε N | σεβειν V: σεβεσθαι N | αθανα-
τους V B: > N P², deos honorare et colere immortales L | 2. νομοις β.
V L: νομω βασιλικω N m² (c m¹ v > den Satztheil) | ψυχρολογει και
V N P³ (αισχρολογει): > P² B L | 4. αει V L: > N | σεβω V: σεβομαι
N | καταγγ. hier V: hinter ζην, wofür er ζηναι hat, N | 5. ειπεν V L:
λεγει N | 6. πολυλογιας V P² (B ου χρη σε πολυλογειν): πολυρημωνιας
N | σου V: > N | 7. κελευσθεν V: κελευομενον N | φεισαι V: παυσαι N |
8. συγγενεα V N P²: συγγενη m¹ cv, συγγενην m² | εν τη πολει τ. και
V L: > N | 9. Ιω. V B (απεκριθη αυτω ο Ιω.): δε X N P² | 10. φεισασθαι V N
m²: παυσασθαι P² P³ c m¹ αφιστασθαι v | η N P² P³ B: > V | 12. εμαυτω
συν. N P² B: συν. εμαυτον V, ganz abweichend P³ | κακον—αυτον V m²:
κακον ποιησαι αυτω N cf L, > P² B | 13. ηγεμων V P³: > N, ηγεμων
hinter συνοιδα P² | αποστελλω V P² P³ m¹ c: αποστελω N v, αποστειλω
m² | 14. αυτον hier N (P² P³ B aber ohne αυτος vorher): vor αξει V |
προς σε — προς σε (l. 16) V, wesentlich ebenso P³, theilweise P² B L:
> N | 17. εκελευσεν V L (iussit): επετρεψεν P² P³ cv, επιστρεψεν Am-
phil. | 18. δεθηναι V: δεηθηναι N | 20. προς τον Απ. V L: Απολλωνιδη
N P² P³ B | 21. περιτιθεσθω V P³: τεθεισθω N, περιτειθεσο P² | ο δε
ηγ. επετρ. V L: ελογισατο δε ο ηγεμων οτι παντως λυσαι αυτον θελι
της μαγειας και επετρ. N, και ο ηγ. ελογισατο καθ᾽ εαυτον λεγων οτι κτλ.
(wie N u. auch B) P³, ο δε ηγ. λογισαμενος λυσιν (sic) αυτον θελι της
μαγιας επετρεψεν P²

λαβὼν Ἰωάννης χάρτην καὶ μέλαν, ἔγραψεν ἐπιστολὴν περι-
έχουσαν οὕτως· Ἰωάννης, ὁ ἀπόστολος Ἰησοῦ Χριστοῦ τοῦ
υἱοῦ τοῦ θεοῦ, τῷ πυθωνίῳ πνεύματι, τῷ οἰκοῦντι ἐν Ἀπολ-
λωνίδῃ τῷ ῥήτορι· παραγγέλλω σοι ἐν ὀνόματι πατρὸς καὶ υἱοῦ
καὶ ἁγίου πνεύματος ἐξελθεῖν ἀπὸ τοῦ πλάσματος τοῦ θεοῦ 5
μου καὶ μηκέτι εἰσελθεῖν ἐν αὐτῷ, ἔξω δὲ τῆς νήσου ταύτης
σε κατοικεῖν, μόνον μὴ εἰς ἄνθρωπον, ἀλλ' εἰς τόπους ἀνύδρους.
ἐγὼ Ἰωάννης ἐν ὀνόματι Ἰησοῦ Χριστοῦ τοῦ σταυρωθέντος
ἐπιτάσσω σοι τῷ πνεύματι τῷ πυθωνίῳ οὕτως ποιεῖν. δεξάμενος οὖν ἐγὼ τὴν ἐπιστολὴν παρὰ Ἰωάννου ἐπορεύθην ἐν τῇ 10
πόλει, ἐν ᾗ ἦν Ἀπολλωνίδης ὁ ῥήτωρ· τὸ δὲ διάστημα τῆς
ὁδοῦ ἦν ὡς ἀπὸ μιλίων ἑξήκοντα. εἰσελθὼν οὖν ἐγὼ ἐν τῇ
πόλει διὰ δύο ἡμερῶν, ἀνεζήτησα τὸν Ἀπολλωνίδην καὶ μαθὼν
τὸν τόπον, ἐν ᾧ ἦν αὐτὸς ξενιζόμενος, καὶ ἀπελθὼν πρὸς
αὐτὸν καὶ ἐγγίσας αὐτῷ, τὸ πυθώνιον πνεῦμα ἐξῆλθεν ἀπ' 15
αὐτοῦ. καὶ εἶπεν Ἀπολλωνίδης πρός με· τί παραγέγονας ἐνταῦθα, ἀγαθὲ μαθητὰ τοῦ ἀγαθοῦ διδασκάλου. καὶ εἶπον
πρὸς αὐτόν· τὴν σύνεσιν τῆς ὑμετέρας σοφίας ἐξῆλθον ἀναζητῆσαι καὶ ἀναγαγεῖν σε πρὸς τὸν σὸν συγγενέα τὸν ἡγεμόνα

1. και μελαν V: μεγα (!) P³, > N P² | εγραψεν επιστ. περιεχ. V
P³ L: εγραψεν P² B (+ δε oder ουν), επεγρ. N | 2. Ιησου V P² L: του
B, > N P³ | 3. οικουντι N P² P³ B: ενοικουντι V | 4. παραγγελλω N P³
B: παραγγελω P² V | 6. μου V: > N P³ L B, ganz frei P² | εν αυτω
V v: εις αυτον N P³ m¹ c, > P² m² | εξω δε V P³ c v (+ και): αλλ
εξω N m¹ m² | της ν. ταυτης V N: της ν. B (m¹ nur νησον), τουτου και
X P³ | 7. σε V m² (ειναι σε): > N P³ m¹ v c| μονον V P³: και N |
8. εγω — ποιειν V cf L (et haec ego Johannes tibi praecipio in nomine
sanctae trinitatis): > N P³ B | 10. την επ. π. Ιω. V: nur την επ. P² B,
τα γραμματα N P³, hanc epistolam L | 11. εν η V P³: οπου N, ενθα
(ohne εν τη πολει) P² B | ο ρητωρ — ην V P³: ην γαρ διαστημα B cf
L, > N | 12. ως V N: > P³ B L | εξηκοντα V N P² L: εξ B | ουν εγω
V P³: δε N | 13. δυο ημερων N P³ L: μιας ημερας V | 14. τον τοπον εν
ω ην αυτος V² P³ (> τον τοπον): οπου ην N | και απελθων V P³:
απηλθον N | 15. και εγγισας αυτω V (geschrieben αυτον): και ευθεως
N P³ (ohne και), και αμα τω εγγισαι με αυτον (!) ευθεως P² cf B,
statim ut accessi L | 17. αγαθε — διδασκαλου V P² P³ (m² v aber αγαθο-
τερου, c m¹ ohne αγαθε): μαθητα του ευεργηνμενου (!) διδ. N, bone
discipule benignissimi magistri L | 18. υμετερας N P²: ημετερας V | εξλθον
αναζητ. V P³: παρεγενομην ζητησαι N, προς αναζητησιν (της σης σοφιας)
εξηλθον B | 19. αναγαγειν V: αγαγειν P², απαγαγειν N | συγγενεα
V N P³

καὶ εἰς τὸν οἶκον πρὸς τὸν σὸν πατέρα. ὁ δὲ Ἀπολλωνίδης,
τοῦ πνεύματος τοῦ ἀκαθάρτου ἐξελθόντος ἀπ᾽ αὐτοῦ, ἐγένετο
ἐν τῇ τῶν ἀνθρώπων καταστάσει. καὶ εὐθέως ἐπέτρεψεν
ἑτοιμασθῆναί μοι ὑποζύγιον καὶ τὸν ἑαυτοῦ ἵππον ἕτοιμον γε-
5 νέσθαι, καὶ ἐξήλθαμεν ἐπὶ τῇ ὁδῷ ἡμῶν. καὶ εἰσελθόντων
ἡμῶν ἐν τῇ πόλει ἠρώτησέν με Ἀπολλωνίδης λέγων· ποῦ καταμένει ὁ σὸς διδάσκαλος; καὶ εἶπον αὐτῷ, ὅτι δυσὶν ἀλύσεσιν
αὐτὸν δήσας ὁ ἡγεμὼν ἔβαλεν αὐτὸν εἰς δεινοτάτην φυλακήν.
ἀκούσας δὲ ταῦτα ὁ Ἀπολλωνίδης οὐκ εἰσῆλθεν εἰς τὸν οἶκον
10 αὐτοῦ οὐδὲ συνέτυχέν τινι τῶν ἰδίων αὐτοῦ, ἀλλὰ λαβών με
ἐπορεύθημεν ἐν τῇ φυλακῇ, καὶ διακρούσας τὰς θύρας, εὐθέως
ἤνοιξεν ὁ δεσμοφύλαξ, καὶ ἰδὼν τὸν Ἀπολλωνίδην πεσὼν ἐπὶ
τὴν γῆν προσεκύνησεν αὐτόν. καὶ εἰσελθόντων ἡμῶν πρὸς
Ἰωάννην, ἰδοὺ ἦν ἐπὶ γῆς ἐρριμένος καὶ ταῖς δυσὶν ἀλύσεσι
15 δεδεμένος, καὶ πεσὼν Ἀπολλωνίδης ἐπὶ πρόσωπον προσεκύνησε
τὸν Ἰωάννην. ὁ δὲ Ἰωάννης εἶπεν αὐτῷ· ἀνάστα τέκνον, ὁ θεὸς
εὐλογήσει σε. καὶ ἀναστὰς ὁ ῥήτωρ ἐκούφισεν τὰ σίδηρα ἀπὸ
τοῦ Ἰωάννου, καὶ λαβὼν αὐτὸν ἐξήλθαμεν ἔξω τοῦ δεσμω-
τηρίου. καὶ εἶπεν Ἀπολλωνίδης τῷ δεσμοφύλακι· ἐάν τις σοὶ
20 εἴπῃ περὶ τοῦ ἀνθρώπου τούτου, εἰπὲ αὐτῷ, ὅτι Ἀπολλωνίδης

1. πρ. τον σ. πατ. V L P³ (+ και προς παντας τους σους): statt
dessen αποκαταστησαι N | 2. του ακαθαρτου V: > N P² B (του δε δαι-
μονος), den ganzen Satz > P² L | εγενετο — και ευθεως V N: > P³ |
3. επετρεψεν B: υπεστρεψεν V, εκελευσεν N P² | 4. μοι V: και εμοι P³,
εμοι μεν m¹ vo, εμοι hinter υποζ. m², > N | και τον V P³: > N, αυτω
δε ιππον B | ετοιμον γεν. V P²: ευτρεπισθηναι B, > N | 5. εξηλθαμεν
— ημων V: εξηλθομεν πορευομενοι P², ωδευσαμεν N, nos ad iter accin-
ximus L | 6. εν τ. πολει V P² B L: την πυλην της πολεως P² N | Απολλ.
V L: > N P³ | 7. σος V cf L (magistri mei): > N P³ B | δυσιν —
φυλακην V: ο ηγεμων δυσιν αλυσεσι (soweit auch P³, dann αυτον δησας
εβαλεν εις φυλ.) κρατει αυτον εις την φυλακην N | 10. ουδε (ουτε P²)
συνετ. τινι (τινα P²) τ. ιδ. αυτου V P³ cf L: > N | 11. διακρουσας
N P²: διακρουσαντος αυτου V, aus L (pulsanti illi custos carceris aperuit)
lässt sich nichts schliessen, da auch jene härtere LA so gemeint ist |
12. τον Απολλ. V N: οτι Απολλ. εστιν P³ cf L | πεσ. επι τ. γην V: πεσ.
επι προσωπον P³, > N | αυτον N P³. αυτω V | 13. εισελθοντων — ειπεν
l. 16 N, ähnlich P³ (ελθοντων . . . ην αυτος ριφεις κ. δεδ. ταις δ. αλ.
κ. ευθεως Απ. πεσων προσεκ. τον Ιω. ο δε ειπεν): εισελθων Απ. προσε-
πεσεν τω Ιω. ο δε αποστολος ειπεν V | 17. ο ρητωρ V: Απολλωνιδης P³
L, > N | 18. λαβων V P³: παραλαβων N | εξηλθαμεν V: εξηλθομεν N,
εξηλθεν P³ | εξω V P²: απο N | 19. τις P³ (das ist auch der Sinn von
V): τι V N L | 20. ειπη hier P³ N (+ ο ηγεμων wie L): hinter τουτον
V | ειπε P³ N: ερεις V

ὁ ῥήτωρ ἐλθὼν ἐπῆρεν αὐτόν. λαβὼν οὖν ἡμᾶς εἰσήγαγεν ἐν
τῷ οἴκῳ αὐτοῦ, καὶ ἦν ὁ πατὴρ αὐτοῦ καὶ ἡ μήτηρ αὐτοῦ καὶ
οἱ ἀδελφοὶ αὐτοῦ πενθοῦντες περὶ τῆς ἀποδημίας αὐτοῦ. ὡς
οὖν εἶδον αὐτόν, ἀνέστησαν πάντες καὶ κατεφίλουν αὐτὸν μετὰ
δακρύων. καὶ εἶπεν πρὸς αὐτὸν Μύρων ὁ πατὴρ αὐτοῦ· τί 5
τὸ γεγονός σοι, τέκνον, ὅτι ἀπέδρασας ἀπὸ τοῦ σοῦ οἴκου καὶ
ἐποίησας μέγα πένθος τῷ πατρί σου καὶ τῇ μητρί σου καὶ τοῖς
ἀδελφοῖς σου καὶ πᾶσι τοῖς σοῖς. καὶ εἶπεν πρὸς αὐτὸν Ἀπολ-
λωνίδης· μεστὸς εὑρέθη ὁ οἶκος ἡμῶν πολλῶν ἁμαρτιῶν, καὶ
εἰσελθόντος τοῦ ἀποστόλου Ἰωάννου ἐν τῷ οἴκῳ ἡμῶν ἠγνοήσα- 10
μεν τὰ κατ᾽ αὐτόν, καὶ τίς ὁ ἀποστείλας αὐτόν, καὶ τίς ὁ ἀπο-
σταλείς. καὶ διὰ τοῦτο, πάτερ, ἐγένετο ἡμῖν ταῦτα, ὅπως διὰ
τοῦ ἀποσταλέντος ἐπιγνῶμεν καὶ τὸν ἀποστείλαντα αὐτόν.
ἀκούσας δὲ ταῦτα Μύρων παρὰ τοῦ υἱοῦ αὐτοῦ ἐπείσθη αὐτῷ

1. επηρεν V: ελαβεν N, απελυσεν P³ L (solvit) | λαβων ουν ημας
εισηγ. V P²: και εισηγ. ημας N | εν τω οικω V N: εις τον οικον P³ |
2. αυτου hinter μητηρ N P³: > V | 3. αυτου hinter αδελφοι P³: > V N |
αποδημ. V: απουσιας N P³ | αυτου V N: Απολλωνιδους P³ | 4. παντες
V N: απαντες P³. Während hier P³ durchweg mit V oder N geht, gibt
P² nach εις τον οικον αυτου (oben l. 2) folgende Abkürzung: και ιδοντες
αυτον οι γωνεις αυτου εχαρησαν χαραν μεγαλην καταφιλουντες αυτον.
και καθεσθεντων ημων διηγησατο αυτοις απαντα τα πραχθεντα επ᾽
αυτω υπο του δαιμονος, και οτι ηνικα ηλθεν ο μαθητης του Χριστου
πολλην καταστασιν εσχεν η ψυχη μου και γαληνην ο λογισμος μου, οιο
(= οιῳ) γαρ τροπω εισηλθεν εν τω στοματι μου μελας κυων, τοιουτω
τροπω και εξηλθεν. τοτε λεγει προς αυτον ο αποστολος του Χριστου·
θελεις τεκνον Απολλονιδη ιδειν την δυναμιν του Χριστου. ου μονον γαρ
κατα προσωπον ελεγχωμεν τους δαιμονας αλλα και δι᾽ επιστολων τουτους
διωκωμεν. και λαβων την κατα του δαιμονος επιστολην εδειξεν τω Απολλωνιδη.
ο δε αναγνους κατεσχεν αυτην χαριν ευλογιας κτλ. cf p.67, 17 sqq. meines
Textes. Die Vergleichung dieser Abkürzung mit der in B (bei Amphil.
p. 27 sq. und cod. Coisl.) macht es wahrscheinlich, dass der Redactor
B hier schon einen gekürzten Text vorfand. Den vollständigeren Text
geben hier ausser V N P³ m³ auch L und die slav. Version | 5. και
ειπεν V L: ειπεν δε N P³ (> προς αυτον) | 6. το γεγονος σοι V N:
σοι γεγονε P³ | απο V P³: > N | 7. τω πατρι — σοις V P³ cf L: ημιν
vor μεγα N | 8. και ειπεν V P²: ειπεν δε N | πρ. αυτον Απολλ. V: ειπεν
Απολλ. πρ. τον πατερα αυτου N, nur Απολλ. P³ | 9. και εισελθ. V N:
εισελθ. γαρ P³ | 10. του απ. Ιω. (Ιω. τ. απ. P²) εν τ. οικω ημων V P²:
τ. αποστολου Χριστου N | 11. τα κατ αυτον και V P³: > N L | 12. και
δ. τουτο V: δ. τουτο ουν N P³ | ημιν ταυτα V: ταυτα ημιν N P³ | δια
του — αυτον V: δι᾽ αυτου γνωμεν τον αποστειλαντα και τον αποστα-
λεντα N, δια τουτου επιγνωμεν (κτλ. wie N) P³

καὶ εἶπεν πρὸς αὐτόν· καὶ εἰ ταῦτα οὕτως ἔχει, υἱέ μου, πορευθῶμεν καὶ ἀναγγείλωμεν τῷ ἡγεμόνι, ὅτι αὐτὸς ἐκέλευσεν
τὸν Ἰωάννην βληθῆναι ἐν τῇ φυλακῇ κατὰ γνώμην ἐμὴν διὰ
τὰ γράμματα τὰ ἀποσταλέντα παρὰ σοῦ. καὶ εἶπεν Ἀπολλω-
5 νίδης πρὸς τὸν πατέρα αὐτοῦ· περὶ τούτου μηδὲν ἀγωνιάσῃς,
πάτερ, ὅτι ὁ ἡγεμὼν συγγενής μου ἐστίν, καὶ πάντα ὅσα ἂν
εἴπω πρὸς αὐτόν, ποιήσει καὶ θελήσει. καὶ εἶπεν Ἀπολλωνίδης
πρὸς Ἰωάννην· διδάσκαλε, εἰπὲ λόγον ἀγαθὸν καὶ φώτισον
ἡμᾶς. ὁ δὲ ἀπόστολος πρὸς αὐτόν· πρῶτον αὐτὸς ἐξήγησαί
10 μοι, διὰ τί ἐγκατέλιπες τὸν σὸν οἶκον καὶ τὴν σὴν πόλιν καὶ
ἀπέδρας. ὁ δὲ Ἀπολλωνίδης εἶπεν πρὸς Ἰωάννην· ἡ αἰτία
τοῦ ἀποδρᾶσαί με αὕτη ἐγένετο· γινώσκει ὁ πατήρ μου καὶ ἡ
μήτηρ μου τοῦτο, ὅτι τριῶν ἐνιαυτῶν ἤμην, καὶ ὡς ἀνεκείμην
ἐπὶ τῆς κλίνης, ἦλθέν τις καὶ διασείσας με διύπνισέν με, καὶ
15 εἶδον αὐτόν, καὶ ἦσαν οἱ ὀφθαλμοὶ αὐτοῦ ὡσεὶ λαμπάδες
καιόμεναι, καὶ τὸ πρόσωπον αὐτοῦ μεμελανωμένον ὑπὲρ ἀσβό-
λην. καὶ εἶπεν πρός με· ἄνοιξόν σου τὸ στόμα, καὶ ἤνοιξα,
καὶ εἰσῆλθεν διὰ τοῦ στόματος καὶ ἔπλησέν μου τὴν κοιλίαν,
καὶ ἀπ᾽ ἐκείνης τῆς ἡμέρας ἐγνώριζέν μοι περὶ καλῶν τε καὶ
20 κακῶν καὶ περὶ πάντων τῶν ἐν τῷ οἴκῳ μου, οὐ μόνον δὲ
τοῦτο, ἀλλὰ καὶ πᾶς ὁ συντυγχάνων μοι ἐν ἀνάγκῃ ὢν ἐμάν-

---

1. προς αυτον N P²: > V | υιε μου V P³: τεκνον N | 2. αυτος
V N: ουτος P³ | 3. τον Ιω. V P³ (hinter βληθ.): αυτον hinter βληθ. N |
5. περι τουτου V P² L: > N | 6. οτι V P³: ως γαρ γινωσκεις N | μου
V P³: ημων N, (gener) tuus L | 7. ειπω V P³: ειπωμεν N | ποιησει V:
ποιηση P³, ταυτα ποιει N | και θελ. V: > N P³ | και ειπεν Απ. π. Ιω.
V N: και στραφεις προς τον Ιω. ο Απ. λεγει P³ | 8. διδασκαλε — προς Ιω.
l. 11 V P³ (διδασκ. nach αγαθον, ωφελησον statt φωτισον, τεκνον vor
εξηγησαι, απεδρασας εις ετεραν πολιν statt απεδρας) L (beinah wie P³):
> N | 12. εγενετο V P³: εστιν N | γινωσκει V P³ (+ και) m²: γιγνωσκει
N | 13. τουτο V P³: > N | οτι τριων — διασεισας με V cf L: bis κλινης
ebenso N (doch ἂν ἐκείμην) dann μου υπνω βαθει κατασχομενος παρεστη
μοι τις ανθρωπος εις τα αριστερα μερη της κλινης και σεισας cf m²; οτι
οτε ημην επι της κλινης μου κειμενος και υπνωτων παρεστη μοι ανθρω-
πος εις τ. αριστ. μερη της κλ. μου και διασεισας με P³ | 15. και ησαν —
ασβολην V P³ (nur ωσ statt ωσει u. σαπριν [sic] hinter ασβολην) cf L:
μεμελανωμενον υπερ ασβολην σαπρην ουτινος οι οφθαλμοι ως λαμπ. καιομε-
ναι ησαν N | 17. ειπεν V P³: λεγει N | ηνοιξα και V P³: ως ηνοιξα N |
19. εγνωριζεν V P³: εγνωρισεν N | καλων τε κ. κακ. V P³: κακων και
καλ. N | 20. τω οικω μου V: τ. οι. ημων P³ L, οικω N | 21. τουτο V N:
> P³ | μοι V N: με P³

θανεν τὴν αἰτίαν τοῦ πράγματος παρ' ἐμοῦ. ὡς οὖν ἦλθες ἐν
τῷ οἴκῳ ἡμῶν, εἶπεν ἐκεῖνος πρός με· ἔξελθε ἔνθεν Ἀπολλωνίδη, μὴ κακῶς ἀποθάνῃς· οὗτος γὰρ ὁ ἄνθρωπος μάγος ἐστὶν
καὶ ζητεῖ σε θανατῶσαι. καὶ εὐθέως ἐξῆλθον καὶ κατεδίωξέν
με ἕως ἔξω τῆς πόλεως, καὶ οὐκέτι ἔασέν με ἐπιστρέψαι, 5
λέγων πρός με· ὅτι εἰ μὴ Ἰωάννης ἀποθάνῃ, σὺ οὐ δύνασαι
τὸν οἶκόν σου οἰκῆσαι. καὶ ἐπηρώτησα τὸν καθαρώτατον Κύνωπα
καὶ αὐτὸς ταῦτά μοι εἶπεν. καὶ ἐλθόντος τοῦ σοῦ μαθητοῦ
ἐν τῇ πόλει, ἐν ᾗ ἤμην οἰκῶν, ὡς εἶδον αὐτόν, ᾧ τρόπῳ ᾧ
εἰσῆλθεν ἐν τῇ κοιλίᾳ μου, οὕτως καὶ ἐξῆλθεν ἀπ' ἐμοῦ, καὶ 10
εὐθέως πολλοῦ βάρους ἐκουφίσθην καὶ πολλὴν εὐθύτητα ἔσχεν
ὁ λογισμός μου καὶ ἀγαθὸς ἐγενόμην περὶ τὸν σὸν μαθητήν.
καὶ εἶπεν Ἰωάννης πρὸς Ἀπολλωνίδην· θέλεις ἰδεῖν τὴν δύναμιν τοῦ ἐσταυρωμένου, τέκνον Ἀπολλωνίδη; τὸ εἰσελθὸν ἐν τῇ
κοιλίᾳ σου πνεῦμα Πύθωνος ἦν. καὶ ὡς ἤλθαμεν ἐν τῷ οἴκῳ 15
σου, ἵνα μὴ διωχθῇ παρ' ἡμῶν διὰ τῆς δυνάμεως Ἰησοῦ Χριστοῦ,
ἐδίωξέν σε ἀπὸ τοῦ σοῦ οἴκου. ἄκουε δέ, τέκνον, οὐ μόνον
ἐλέγχομεν ἡμεῖς κατὰ πρόσωπον τοὺς πονηροὺς καὶ ἀκαθάρτους

1. ηλθες V: εισηλθες P³ L, εισηλθεν ο αποστολος του Χριστου Ν |
εν τω οικω V: εις τον οικον Ν P³ (✗ προς ημας) | 2. εκεινος V N: ⊃
P³ | ενθεν V: εντευθεν Ν P³ | 4. σε θανατωσαι Ν V (hier aber buch-
stäblich ζητησαι θανατωσε): θανατωσαι σε P³ | εξηλθον και VN: ⊃P³ |
5. εξω V: τησδε Ν P³ sachwidrig | ουχετι V P³: ουκ Ν | εασεν V N:
ειασεν P³ | 6. ει S V: και Ν P³ | Ιω. V P³: ο ✗ Ν | ου δυν. hier V: vor
οικησαι P³, hinter οικησαι Ν | 7. τον V P¹: εις Ν | σου V Ν: σον vor
οικον P³ | και επηρ. Ν P³: δε και V | καθαρ. V N: ⊃ P³ L |
ταυτά (geschrieben ταῦτα) VN: τα αυτα P³ | 8. μοι ειπεν V N: και
απηγγειλε μοι vor και αυτος P³ | και ελθ. N P³: ελθ. δε V | σου μαθ. N P³:
μαθ. σου V | 9. d. zweite εν V P³: ⊃N | οικων V P³: ⊃ N | αυτον V P³:
ευθεως + N | τω τροπω ω εισηλθεν V N: το πρωτον εισελθοντα P³ |
10. απ' εμου V P³: ⊃ N cf Göthe, Faust I: 's ist ein Gesetz der
Teufel und Gespenster; wo sie hereingeschlüpft, da müssen
sie hinaus | ευθεως V L: ⊃ N P³ | 11. ευθυτηταν V | 13. και ειπεν
V: ειπεν δε N P³ | την V P² (s. oben zu p. 65, 4) P³ B: ⊃ N |
14. εσταυρ. V N P³ B: Χριστου P² | τεκν. Απ. V P³: τεκνον v, ⊃ N
P² B | εν τη κοιλια V P³: εις την κοιλιαν Ν | 15. ηλθαμεν V: ηλθομεν
N, εισηλθομεν P³ | 16. δια τ. δυν. V P³ L (per virtutem): τη δυναμει
Ν | Ιησου Χρ. V L: του Χρ. δια τουτο Ν P³ | 17. σου οικ. V: οικ. σου
N P³ | δε V N: ⊃ P³ | τεκνον V Ν (dieser allein + και φρασω σοι
οτι) L (nunc autem fili mi): τεκνον Απολλωνιδη P³ | ου — προσωπον
V: ου μονον κατα προσ. ημων ελεγχ. Ν, ημεις ου κατα προσ. ελεγχ. P³,
ου μονον γαρ (ημεις + B) κατα προσ. ελεγχ. P² B | 18. και ακαθ. V P³
cf L: ⊃ N, τους ακαθ. ohne πονηρους B, nur τ. δαιμονας P²

δαίμονας διὰ τοῦ ὀνόματος Ἰησοῦ Χριστοῦ τοῦ θεοῦ ἡμῶν,
ἀλλὰ καὶ δι' ἐπιστολῶν τούτους ἐν τῇ δυνάμει αὐτοῦ διώκομεν.
καὶ λαβὼν παρ' ἐμοῦ Προχόρου Ἰωάννης τὴν ἐπιστολὴν τὴν
σταλεῖσαν κατὰ τοῦ πυθωνίου πνεύματος, ἔδειξεν τῷ Ἀπολλω-
5 νίδῃ. καὶ λαβὼν Ἀπολλωνίδης καὶ ἀναγνοὺς ἐκράτησεν αὐτὴν
παρ' ἑαυτῷ· καὶ λαβὼν τὸν Ἰωάννην καὶ ἐμὲ καὶ Μύρωνα τὸν
πατέρα αὐτοῦ καὶ τοὺς ἀδελφοὺς αὐτοῦ, ἐπορεύθημεν πρὸς
τὸν ἡγεμόνα, καὶ ἀνήγγειλεν αὐτῷ Ἀπολλωνίδης πάντα ὅσα
ἔπαθεν παρὰ τοῦ πυθωνίου πνεύματος καὶ τὰ ἀγαθὰ τοῦ
10 ἐμοῦ διδασκάλου καὶ μαθητοῦ τοῦ Χριστοῦ. ἀκούσας δὲ ταῦτα
ὁ ἡγεμὼν καὶ αὐτὸς προσεκλίθη πρὸς ἡμᾶς καὶ πάνυ ἠγάπησεν
τὸν Ἰωάννην. καὶ ἐξελθόντες ἀπὸ τοῦ ἡγεμόνος ἤλθομεν ἐν
τῷ οἴκῳ Μύρωνος. ὑπολαβὼν δὲ Ἰωάννης ἤρξατο ἀπὸ τῶν
θείων γραφῶν διδάσκων πάντας τοὺς ἐν τῷ οἴκῳ Μύρωνος.
15 κατηχηθέντες δὲ ἀπὸ τῶν θείων γραφῶν παρεκάλεσαν τὸν
Ἰωάννην φωτίσαι αὐτούς, καὶ διδάξας αὐτοὺς τὰ περὶ πατρὸς
καὶ υἱοῦ καὶ ἁγίου πνεύματος ἐβάπτισεν πάντας τοὺς ἐν τῷ
οἴκῳ Μύρωνος καὶ ἦμεν παρ' αὐτοῖς.

Ἡ οὖν γυνὴ τοῦ ἡγεμόνος θυγατὴρ οὖσα Μύρωνος ὡς εἶδεν,
20 ὅτι ὁ πατὴρ αὐτῆς καὶ ἡ μήτηρ καὶ οἱ ἀδελφοὶ αὐτῆς τῷ
Χριστῷ ἐπίστευσαν, εἶπεν πρὸς τὸν ἄνδρα αὐτῆς· ἰδοὺ δὴ ὁ
οἶκος τοῦ πατρός μου ἐπίστευσαν πανοικὶ τῷ ἐσταυρωμένῳ, τῷ

1. Ιησου V: του Ν P³ | του θεου ημων V: > Ν P³ | 2. δι Ν P² P²
B: δια V | διωκομεν V P² P³ B: φυγαδευομεν V | 3 Προχορου V: >
Ν P³ L | 4. σταλεισαν V v: αποσταλεισαν m², πεμφθεισαν Ν P³ m¹ c,
> P² | 5. κ. λαβων Απολλ. V: > Ν P² P³ B | 6. παρ' εαυτω V B: >
Ν etc. | και εμε V L: > Ν, nur τους γονεις αυτου P², τον ιδιον πατερα
(m² τους γονεις) και τους αδελφ. αυτου κ. ημας B | 8. Απολλ. V: >Ν etc. |
9. παρα V P³: υπο Ν | του εμου διδ. V P³: Ιωαννου Ν | 10. και μαθητου
του Χρ. V: vielleicht las L και μαθητου αυτου, > Ν P³ | 11. προσε-
κλιθη Ν P³ (—κλη—) cf L (capite inclinato): παρεκληθη V, προσεκολ-
ληθη B, προσετεθη P² | ηγαπησεν τ. Ιω. V: ηγαπα τον εμον διδασκαλον
Ν, dilexit Joannem magistrum meum L | 12. απο V: εκ Ν | εν τω οικω
M. V: εις τον οικον M. και ημεθα εκει Ν | 13. ηρξατο V L: > Ν |
14. διδασκων — φωτισαι αυτους V: παρεκαλει αυτους οπως βαπτισθωσιν
Ν ohne Stütze in den andern Zeugen | 17. παντας V: απαντας Ν, πα-
νοικι P² | 18. ημεν V: ημεθα Ν | 19. θυγατηρ ουσα M. V L cf P²
(υπειρχεν θυγατηρ του Μυρωνος και), beinah ebenso B: > Ν | ως Ν:
δε + V | 20. οτι — επιστευσαν V cf L: τον πατερα αυτης πιστευσαντα
και παντας τους εν τω οικω Ν | 21. δη — πανοικι V: ο πατηρ μου πα-
νοικι επιστευσεν Ν, ολοτελως (πανοικι P³) ο οικος του πατρος μου επιστευσεν (—σαν ο m²) B P²

ὑπὸ Ἰωάννου κηρυττομένῳ, θέλησον οὖν καὶ αὐτὸς πιστεῦσαι,
ὅπως. καὶ ὁ οἶκος ἡμῶν δοξασθῇ σὺν τῷ οἴκῳ τοῦ πατρός μου.
καὶ εἶπεν πρὸς αὐτὴν Λαυρέντιος ὁ ἡγεμών· Χρυσίππη, ἐφ'
ὅσον εἰμὶ ἐν τῇ ἀρχῇ ταύτῃ, οὐ δύναμαι τοῦτο ποιῆσαι. καὶ
εἶπεν Χρυσίππη πρὸς αὐτόν· ἐν τῇ ἀρχῇ ταύτῃ μᾶλλον ὑπάρ- 5
χων περισσοτέρως δύνασαι ἡμῶν εἶναι τεῖχος πρὸς τοὺς διώ-
κοντας ἡμᾶς καὶ τὸν διδάσκαλον ἡμῶν Ἰωάννην. καὶ εἶπεν ὁ
ἡγεμὼν πρὸς αὐτήν· γίνωσκε, γύναι, ὅτι βδελυκτή ἐστιν ἡ
θρησκεία τῶν Χριστιανῶν οὐ μόνον ἐν βασιλεῦσιν, ἀλλὰ καὶ
πᾶσιν ἀνθρώποις. ἐὰν οὖν βαπτισθῶ καὶ ἔσομαι περιποιού- 10
μενος τὸν οἶκον τοῦ πατρός σου καὶ Ἰωάννην καὶ πάντας τοὺς
πιστεύοντας τῷ Χριστῷ, γενήσονται διχοστασίαι καὶ σχίσματα
πολλὰ καὶ ἀπολλύμεθα πάντων συναχθέντων ἐπὶ τὸ αὐτό, καὶ
κατακαύσουσιν ἡμᾶς πυρί, ἢ πορεύσονται πρὸς τὸν βασιλέα
καὶ αὐτὸς τιμωρήσεται ἡμᾶς. ἐὰν δὲ ἔσωμαι [ἐν] τῇ προτέρᾳ 15
ἀγωγῇ, προσποιήσομαι μὲν τὸν Ἑλληνισμόν, οὐκ ἔσομαι δὲ
ἀντεχόμενος αὐτοῦ, ἀλλ' ἔσομαι φυλάττων τὰς ἐντολὰς τοῦ
Χριστοῦ καὶ ἐπικεκαλυμμένως περιποιοῦμαι πάντας τοὺς πι-

---

1. πιστευσαι V L (cupio ergo ut credamus): κυριε μου N, > P³ B |
3. και — αυτην V: ειπεν δε N B | Χρυσιππη V: προς την γυναικα
αυτου Χρυσιππην N B P² (Χρυσ. τ. γυν. αυ.) | εφ οσον N P² B: εως
δ' αν V | 4. και ειπεν Χρ. V: ειπεν δε Χρ. N | 5. εν τη — υπαρχων V:
και μαλιστα οντος σου εν τη αρχη ταυτη N, και μαλ. εν τη αρχη ων B |
6. ημων V: ημιν N | 7. ημων V: ημιν N | και ειπεν V: ειπεν δε N |
9. εν V: παρα N (B bei sonstiger Abweichung παρα πασιν) | 10. πασιν
V: παρα × N | βαπτισθω N P³: εγω πεισθω V | 11. και Ιωαννην V:
και τον ημετερον (+ οικον και τον N) Ιωαννην P³ N | 13 και απολλυ-
μεθα — κατακαυσουσιν (geschrieben —σωσιν) N: και αποθνουμεθα
παντες η κατακαυσωσιν V, ει συναχθεντες οι λαοι εμπρησωσιν P², και
συναχθεντες (συναχθωσιν v, συναχθησονται m²) επι το αυτο (εν το αυτο
και v, και + m²) κατακαυσωσιν (—σουσιν c m²) B | 14 η πορευσονται — ημας
V: η και προς τον Καισαρα πορευθεντες εντυχωσι (+ τα m¹) καθ ημων
B, η ειπωσιν τω βασιλει και ο βασιλευς τιμωρησηται ημας N | 15. εαν
δε εσομαι N: εαν η μι (= ειμι) V, αλλ' εν τη προτερα διαγωγη εσομαι
προσποιουμενος τον ελληνισμον και λεληθοτως προσποιουμαι (m², προσ-
οικειουμαι c m¹) παντας τους τω Χριστω πεπιστευκοτας (m¹ c, παντων
των Χριστιανων m²) κτλ. B, αλλ εσομαι μεν εν τω κρυπτω περιποιου-
μενος τον Χριστιανισμον, εν τω φανερω δε τον Ελληνισμον P², die sonder-
barsten Misverständnisse L | εν aus B ergänzt: > V N | 16. εσομαι N:
εασομεν V | 17. αλλ' — παντας N (cf v, der αλλ' >, dann φυλαττων
μυστικως... επικεχρυμμενως αντεχομενος των Χριστιανων): αλλ' εσομαι
πεπιποιουμενος απαντας V, s. übrigens zu l. 15

στεύοντας τῷ Χριστῷ, καὶ μετὰ τὴν πλήρωσιν τῆς ἀρχῆς ταύτης
γενήσομαι τέλειος Χριστιανὸς καὶ ἔσομαι τὸ λοιπὸν ἐν τῷ φανερῷ. σὺ οὖν τὸ τέκνον σου λαβὲ καὶ εἴσελθε εἰς τὸν οἶκον
τοῦ πατρός σου, καὶ διδάξει σε Ἰωάννης καὶ τὸν υἱὸν ἡμῶν καὶ
5 φωτισάτω ὑμᾶς, καὶ ἐσόμεθα φυλάττοντες τὰ τῶν Χριστιανῶν.
βλέπε οὖν, γύναι, μὴ καταφρονήσῃς ἑνὸς τῶν λαλουμένων σοι
παρὰ Ἰωάννου, ἀλλὰ μηδὲ ἐμοὶ ἀναθῇ τὰ μυστήρια, ἃ ἀναγ-
γελεῖ σοι, ἕως ἂν γένωμαι τέλειος Χριστιανός. εἰ γὰρ ὁ νόμος
ὁ ἑλληνικὸς τιμωρεῖται τὸν ἀποκαλύπτοντα τὰ μυστήρια τῶν
10 θεῶν, πόσῳ μᾶλλον ὁ νόμος τοῦ Χριστοῦ, ὁ κηρυττόμενος διὰ
Ἰωάννου τοῦ ἀποστόλου αὐτοῦ. βλέπε σεαυτήν, γύναι, καὶ
τὸν υἱόν σου τὸν μονογενῆ ἡμῶν καὶ γλυκύτατον. ἀκούσασα
δὲ ταῦτα ἡ Χρυσίππη παρὰ τοῦ ἡγεμόνος εὐθέως ἀνέστη καὶ
ἔλαβεν τὸν υἱὸν αὐτῆς καὶ ἐπορεύθη ἐν τῷ οἴκῳ Μύρωνος τοῦ
15 πατρὸς αὐτῆς, καὶ εἰσελθοῦσα προσεκύνησεν πρῶτον τὸν Ἰωάννην, ἔπειτα τὸν πατέρα αὐτῆς καὶ τὴν μητέρα, ὁμοίως καὶ
τοὺς ἀδελφοὺς αὐτῆς, καὶ εἶπεν Ἰωάννης πρὸς αὐτήν· τίς ἡ
αἰτία, δι᾿ ἣν παρεγένου πρὸς ἡμᾶς, τέκνον Χρυσίππη; ἡ δὲ
πρὸς αὐτόν· τούτου χάριν, διδάσκαλε, παρεγενόμην, ὅπως δο-

1 και μετα V B: μετα δε Nv | 2. τελειος VP²v: τελειως N, φανερως
τελειος B | το V: > N | 3. σου V: ημων NBL, der alles umgestaltende
P² hat gleich nachher λαβε συν του τεκνου (!) σου το λουτρον της αφθαρ-
σιας | 4. διδαξει σε V: διδαξατω υμας N | και τ. υ. ημων V: > N |
5. εσομεθα V: εσεσθε N | των Χριστ. V: προς τον Χριστον N | 6. βλεπε
ουν V: βλεπε δε N B, και βλεπε P² | λαλουμενων N: λεγομενων P² B,
λαλουντων V | 7. αναθη VNc, αναθηι Amphil. nach m¹ m²(?): αναθης P²,
θαρρησης τι των μυστηριων κτλ. v | 9. ο vor ελλην V P³ v (der allein
von den Hss. von B diesen Satz hat): > N | 10. ποσω V P² v: πολλω
N | ο κηρυττομενος — αυτου VP³: (του μεγαλου θεου) του υπο Ιωαννου
κηρυττομενου v, > N | 11. βλεπε σεαυτην V P³: βλετε (sic) ες σεαυτην
N | 12. σου N P³: ημων V | ημων N: > P³ V | και γλυχ. N P³: > V |
13. ταυτα hier V: hinter Χρυσ. N, > P³ | του ηγεμονος V: αυτου N,
του ανδρος m², τ. ανδρος αυτης c v, τ. ιδιου ανδρος m¹ | ανεστη και ελ.
V cf v (ανεστη και παραλαβουσα) m² (εγερθεισα παρελαβε): ελαβεν vor
ευθεως N | 15. πρωτον V v: daraus verderbt εισελθουσα προς (c, προν
Amphil.) Ιωαννην προσεκυνησεν αυτω c m¹ m², > N | 16. τ. πατερα —
αδελφους αυτης V v (> das letzte αυτης), ähnlich m²: τους γονεις N,
επειτα τους γονεις αυτης και τους αδελφους c, wieder anders m¹ | 17. και
ειπεν Ιω. πρ. αυτην V: ειπε δε πρ. αυτην Ιω. N B (αυτη ο) | 18. παρε-
γενου N P² B: παραγεγονας V | Χρυσιππη N: > P² L B | η δε V:
ειπεν δε N | 19. παρεγενομην N B (m² εγενομην): παραγεγονα V | οπως
— μου V: ινα δοξασθη ο οικος μου μετα του πατρος μου και συν του

ξασθῇ καὶ ὁ οἶκος ὁ ἐμὸς σὺν τῷ οἴκῳ τοῦ πατρός μου. καὶ
εἶπεν αὐτῇ Ἰωάννης· ἀγαθυνεῖ κύριος τὴν καρδίαν σου ἐπὶ
τούτῳ καὶ τοῦ ἀνδρός σου καὶ τοῦ υἱοῦ σου καὶ παντὸς τοῦ
οἴκου τοῦ πατρός σου. καὶ πεσοῦσα Χρυσίππη ἐπὶ τὴν γῆν
προσεκύνησεν τῷ ἀποστόλῳ τοῦ Χριστοῦ καὶ εἶπεν· διδάσκαλε 5
ἀγαθέ, δὸς καὶ ἐμοὶ τὴν ἐν Χριστῷ σφραγίδα, ὅπως συν-
καταριθμηθῶμεν καὶ ἡμεῖς τῷ οἴκῳ τοῦ πατρός μου. καὶ εἶπεν
αὐτῇ Ἰωάννης· ἄγωμεν πρῶτον, συντύχωμεν τῷ ἀνδρί σου καὶ
γνώμῃ αὐτοῦ γενέσθω τοῦτο. ἡ δὲ Χρυσίππη ἐξηγήσατο τῷ
Ἰωάννῃ πάντα ὅσα ἤκουσεν παρὰ τοῦ ἀνδρὸς αὐτῆς. καὶ ἐχάρη 10
Ἰωάννης χαρὰν μεγάλην, ἀκούσας ὅτι κατὰ σύνεσιν τοῦ ἡγεμόνος ἡ γυνὴ αὐτοῦ θέλει φωτισθῆναι. καὶ διδάξας αὐτὴν καὶ
τὸν υἱὸν αὐτῆς καὶ παραγγείλας αὐτῇ φυλάττειν τὰ λαληθέντα
παρ᾽ αὐτοῦ ἐβάπτισεν αὐτοὺς εἰς τὸ ὄνομα τοῦ πατρὸς καὶ τοῦ
υἱοῦ καὶ τοῦ ἁγίου πνεύματος. ἰδὼν δὲ Μύρων, ὅτι ἐπίστευσεν 15
ἡ θυγατὴρ αὐτοῦ καὶ ὁ ͅυἱὸς αὐτῆς τῷ κηρυττομένῳ Χριστῷ
ὑπὸ Ἰωάννου, προσήνεγκεν χρήματα πολλὰ τῇ θυγατρὶ αὐτοῦ καὶ

τεκνου (!) μου αξιωθω της επιγνωσεως Χριστου P², εν τω οικω του πατρος μου οπως συνδοξασθη αυτω και ο εμος οικος N, οπως δια της του
θεου σου χαριτος ενευλογηθη ο οικος μου και συνδοξασθη τω οικω του
πατρος μου v, der von hier an mehr mit V N als mit B zusammengeht;
die übrigen Hss. von B πεπεισμαι πατερ, οτι εγνωρισε μοι ο θεος σου
την αιτιαν δι᾽ ην παρειμι. πλην καγω αναγγελω σοι, οτι ζηλω θεοσεβειας
παρεγενομην (darauf in m¹ του φωτισθηναι υπο σου, in m² ο οπως καγω
συν τω τεκνω μου αξιωθω της επιγνωσεως του Χριστου) και συνδοξασθη
ο οικος μου τω οικω του πατρος μου (m² των γενεων μου?) | 1. και —
Ιω. V: ειπεν δε Ιω. προς αυτην N | 2. αγαθυνει V N P³ m²: αγαθυναι
c m¹ v, ganz abweichend P² | επι τουτω (τουτο in V N) hier V B: vor
και πεσουσα N | 3. και του ανδ. — πατρος σου V P³ (nur μετα παντος
so auch v m², in m¹ m² c fehlt του πατρος): nur και του σου ανδρος
N | 4. Χρυσιππη V v: η X N, > B | επι — Χριστου και V: εις τους
ποδας αυτου N | 6. και εμοι V: μοι N | 7. και ειπεν αυτη Ιω. V: ειπεν
δε Ιω. προς αυτην N | 8. αγωμεν V P³ v: εγω μεν N | συντυχωμεν V P³
v: συντυχω μεν N | ανδρι σου N P³ v: σω ανδρι V | 9. γνωμη N P³
(X τη) B: κατα γνωμην V | αυτου V P³ v: τουτου N, του ανδρος σου
c m¹ m² | γεν. τουτο V N v: τουτο γεν. c m¹ m², ποιησωμεν τουτο P³ |
τω Ιω. V: αυτω N B | 11. Ιω. V: X ὁ N v | χαραν μεγ. hier V B: vor
ο Ιω. N | συνεσιν V N v: συνθεσιν v, συναινεσιν m¹ m² | 12. η γυνη
αυτου N B (nur v τουτου γυνη): > V | 13. αυτη N B: > V | 14. παρ
αυτου N: αυτοις V | το vor ονομα u. die drei folgenden του V v: > N,
die ganze Formel > B (ausser v) | 16. Χριστω V: θεω N | 17. και τ.
νιω αυτης V: > N

τῷ υἱῷ αὐτῆς λέγων· ἰδοὺ χρήματα ὅσα ἀρκεῖ ὑμῖν, ἔχετε
δὲ καὶ τὴν ἐμὴν τράπεζαν· μόνον τοῦ ἐμοῦ οἴκου μὴ χωρισθῆτε
μηδὲ ἀπέλθητε πρὸς τὸν ἡγεμόνα, μήποτε καταφρόνησις γένηται
ὑμῖν τὰ πρὸς τὸν Χριστόν. καὶ εἶπεν πρὸς αὐτὸν ἡ θυγάτηρ
5 αὐτοῦ· καὶ εἰ τοῦτο βούλει, πάτερ, μενέτω τὰ χρήματα παρὰ
σοί, ἐγὼ δὲ καὶ ὁ υἱός μου ἀπελευσόμεθα ἐν τῷ οἴκῳ ἡμῶν.
ἔστιν δὲ παρ' ἡμῖν χρυσὸς πολὺς καὶ ἄργυρος ἱκανός, καὶ ταῦτα
λαβόντες ἐπιστρέψομεν πρὸς τὸν σὸν οἶκον, καὶ ἐσόμεθα ἐπὶ
τὸ αὐτό. ἀκούσας δὲ ταῦτα ὁ Ἰωάννης εἶπεν πρὸς Μύρωνα
10 καὶ τὴν θυγατέρα αὐτοῦ· Μύρων, Μύρων, οὐκ ἀνέξομαι τὸν
σὸν λόγον, ἀλλ' οὔτε τὸν λόγον τῆς θυγατρός σου· ὁ γὰρ
Χριστὸς οὐκ ἀπέστειλέν με χωρίζειν γυναῖκα ἀπὸ ἀνδρός, ἀλλ'
οὐδὲ ἄνδρα ἀπὸ γυναικός, καὶ μάλιστα ὅτι ἡ θυγάτηρ σου κατὰ
σύνεσιν τοῦ ἀνδρὸς αὐτῆς ἐπίστευσεν τῷ Χριστῷ. πορευέσθω
15 οὖν εἰς τὸν οἶκον αὐτῆς μετ' εἰρήνης. ἐγὼ γὰρ πιστεύω τῷ
ἀποστείλαντί με Χριστῷ κηρύττειν τὰ θαυμάσια αὐτοῦ, ὅτι
καὶ ὁ ἀνὴρ αὐτῆς ταχέως γενήσεται Χριστιανός. τὰ δὲ χρή-

---

1. ιδου χρ. V m¹ m²: τεκνον ✕ u. πολλα και + N, τεκνον ιδου
χρ. c, ιδου τεκνον οσα βουλη χρ. v | εχετε (εχεται) δε και V v: ελετε (!)
και N, μετεχετε δε και m¹, μετεχε και m² | 2. την εμ. τραπ. V v (+ και
εσθιετε): εις την εμην τραπεζαν εσθιετε N, της εμης τραπεζης c m¹
(+ καθημεραν) m² | του εμου οικου V hier: hinter χωρισθητε N, da
auch του οικου μου B (εκ ✕ c) | 3. μηδε V v: και μηκετι N P³, μη-
ποτε (απελθοντων κτλ.) c m¹ m² | καταφρονησις — Χριστον V P² v (nur
της εις Χρ. ευσεβειας): καταφρονησητε των εντολων του Χρ. (soweit auch
B) ων υμιν Ιω. παρεδωκεν N | 4. και ειπεν — αυτον V: ειπεν δε η
θυγατηρ Μυρωνος προς αυτον N, ähnlich v | 5. βουλει V N: βουλη v |
τα χρ. V v: ταυτα ✕ N | 6. απελευσ. — ημων V: πορευσομεθα εις τον
οικον μου N, stark abweichend v | 7. εστιν δε παρ' V: εστι γαρ v, και
εστιν παρ' N | χρυσος πολυς N: πολυς χρ. v, χρυσιον πολυν (!) V |
αργυρος ικ. V N: ιματισμος v | και ταυτα N: ταυτα ουν V | 8. τον σ.
οικον V: υμας N, ad te in domum tuam L, > v | 10. Μυρ. Μυρ. V:
> N v B L | τον σον — θυγ. σου V P³ (aber τον σον hinter λογον):
των λογων των σων (σου v) ουδε των λογων της θυγατρος σου B, των
λογων υμων N | 12. ουκ V P³ B (ου γαρ v) L: > N | με V N B L:
ημας P³ | χωριζειν hier N P³ B: hinter γυν. V | γυναικα N P³ v m²:
γυναικας V c m¹ | ανδρος V N P³ v m²: ιδιων ανδρων m¹, aus c giebt
Tischend. απο αν το πνδρων (?) | αλλ' — γυναικος V P³ (aber ουτε) we-
sentlich ebenso m¹ m² v: > N c | 13. μαλιστα οτι N P³ B: οτι μαλιστα
V | 14. συνεσιν V N c: συναινεσιν P³ m¹ m², θελησιν v | 16. Χριστω
hier V B (v > Χριστω): vor αποστειλαντι N | κηρυττειν τ. θαυμασια
(θαυματα N) αυτου V. N L: > B

ματα, ἃ εἴπατε, δανείσατε τῷ Χριστῷ, καθὼς λέγει ὁ Χριστὸς
καὶ θεὸς ἡμῶν· „ὁ ἐλεῶν πτωχὸν δανείζει θεῷ, κατὰ δὲ τὸ
δόμα αὐτοῦ ἀνταποδώσει αὐτῷ". τοῖς οὖν προσερχομένοις
ἀδελφοῖς καὶ ὑστερουμένοις τροφῆς, τούτοις παρέχετε τὰ πρὸς
τὴν χρείαν, ὅτι πάλιν ὁ αὐτὸς κύριος ἡμῖν διακελεύεται λέγων· 5
„ἐφ᾽ ὅσον ἐποιήσατε ἑνὶ τούτων τῶν ἐλαχίστων, ἐμοὶ ἐποιήσατε,"
καὶ· „ἐλεεῖτε, ἵνα ἐλεηθῆτε· δίδοτε καὶ δοθήσεται ὑμῖν, καὶ ᾧ
μέτρῳ μετρεῖτε, ἀντιμετρηθήσεται ὑμῖν". ταῦτα εἰπὼν ὁ Ἰωάννης καὶ πλείονα τούτων, ἀπέστειλεν Χρυσίππην καὶ τὸν υἱὸν
αὐτῆς ἐν τῷ οἴκῳ αὐτῶν, καὶ ἡμεῖς ἐμείναμεν ἐν τῷ οἴκῳ Μύ- 10
ρωνος. τῇ οὖν ἐπαύριον ἤνεγκε Μύρων τῷ Ἰωάννῃ χρήματα
πολλὰ καὶ εἶπεν· λαβὲ ταῦτα, διδάσκαλε, καὶ διάδος πτωχοῖς.
εἶπεν δὲ Ἰωάννης πρὸς αὐτόν· ἰδοὺ ἀπεδεξάμην τὴν πρόθεσίν
σου καὶ ἔγνωσα αὐτὴν κατὰ θεὸν ὑπάρχειν· τῇ σῇ γνώμῃ κα-
ταλείπω τὰ σά, ὅπως ἰδίαις χερσὶν ἐπιχορηγῇς τοῖς χρείαν 15
ἔχουσιν. ὁ δὲ Μύρων πᾶσιν τοῖς χρείαν ἔχουσιν ἐπεχορήγει.

---

1. ειπατε V B: λεγετε N | δανεισατε V B: + αυτα N | λεγει — ημων
V: λεγει ο αποστολος N, λεγει ο αγιος λογος v, γεγραπται c m¹ m² L
cf. const. apost. III, 4 ο Σολομων φησιν Prov. 19, 17 | 2. δανειζει hier
N B: hinter θεω V | κατα δε V v: και κατα N, den ganzen Satz > c
m¹ m² | 3. δομα (δωμα) V v: ανταποδομα N | ανταποδωσει V N: αντα-
ποδωσατε v | 4. τροφης V N: > B | 5. οτι — διακελευεται V: οτι
ειπεν ο κυριος ημων Ιησους Χρ. N P³ v (ähnlich c m¹ m²) cf zur Sache
l. 1 sq. | λεγων — εποισ. και V B (aber οτι statt λεγων c m¹, auch ohne
οτι m²): > N P³ v L | 7. ελεειτε (—ατε P³) ... ω (οιω P³) μετρω μετρειτε
(—ητε N) αντιμετρ. υμιν N P³: και παλιν λεγει ελεειτε (oder ελεατε) κτλ. mit
einigen Varianten B, > V | 8. ταυτα N P³ B: X και V | ο |Ιω. V c m¹: Ιω. N,
> v m² | 9. κ. πλειονα τουτων N: κ. τουτων πλ B, > V | απεστειλεν
V B (—λε): απελυσεν την N | 10. εν τ. οικω αυτης N v (mit Zusätzen
vorher): εις τον οικον αυτης c (m¹ m² αυτων), προς τον ηγεμονα V |
και ημ. (ημεις δε N) — Μυρωνος V N: > B (auch v) | 11. ηνεγκε N
B: ηγαγεν V | τω Ιω. hier N B: hinter ειπεν V | 12. διαδος V B: δος
N | 13. ειπεν — ιδου N v: ειπε δε αυτω ο Ιω. ιδου m² c, λεγει αυτω...
ιδου m¹, και ειπεν αυτω ο Ιω. (ohne ιδου) V | προθεσιν V N P³ m² v
(dieser > σου): προαιρεσιν m¹ c | 14 εγνωσα V: εγνων m¹, εδοκιμασα
m² c v, ευρον N | υπαρχειν N B: υπαρχει V, κατα θ. υπαρχειν > P³ |
τη V: X και N, + δε B | 15. τα σα B (wahrscheinlich auch P³) L:
αυτα V, ταυτα N | επιχορηγης V N (beide schreiben —χωρ—): επιχορη-
γησης B, επιχορηγεις P³ | χρειαν εχ N P³: χρηζουσιν B, δεομενοις V |
16. χρειαν εχ. N: χρηζουσιν V, δεομενοις c m¹ m², ενδεεσιν v | επεχο-
ρηγει N v: επηρχει c m¹ m², παρεσχεν τα προς την χρειαν V

καὶ ὁ κύριος ἐπλήθυνεν πάντα ἐν τῷ οἴκῳ αὐτοῦ, καὶ ὥσπερ
πηγὴ εὔρυτος ἐπεδίδου πάντα τὰ ἀγαθὰ ἐν τῷ οἴκῳ αὐτοῦ,
καὶ πάντες ἔχαιρον οἱ ἐν τῷ οἴκῳ αὐτοῦ σφόδρα ἐπὶ τῇ δια-
δόσει τῶν χρείαν ἐχόντων.

5   Ἦν δὲ ἕτερος ἀνὴρ ἐν τῇ πόλει ἐκείνῃ πλούσιος σφόδρα,
Βασίλειος ὄνομα αὐτῷ καὶ ἦν αὐτῷ γυνὴ ὀνόματι Χάρις, καὶ
αὕτη ἦν στεῖρα καὶ οὐδέποτε ἔτεκεν. οὗτος ἐλθὼν πρὸς Ῥόδωνα, ἀνέψιον Μύρωνος, ἄνδρα εὐγενῆ πάνυ, Ἕλληνα τυγχάνοντα, εἶπεν πρὸς αὐτόν· τί τὸ συμβὰν τῷ οἴκῳ Μύρωνος, τοῦ
10 σοῦ θείου, ὅτι οὕτως ἀφησύχασεν μετὰ τοῦ ξένου τούτου σὺν
παντὶ τῷ οἴκῳ αὐτοῦ καὶ οὐκέτι συγκαθέζεται ἡμῖν οὔτε δέχεται ἡμᾶς ἐν συντυχίᾳ αὐτοῦ. τί ἐστιν ἡ διδαχὴ τοῦ ἀνθρώπου
τούτου, ἀπάγγειλόν μοι. καὶ εἶπεν Ῥόδων πρὸς τὸν Βασίλειον·
τί μέν ἐστιν ἡ διδαχὴ αὐτοῦ, οὐ γινώσκω, πολλοὶ δὲ ἐκθειάζου

---

1. κυριος V v (Χ ο δε): Χριστος N (c m¹ m² Χ ο δε) | παντα
V: παντα τα N, τα αγαθα c m¹ m², τα υπαρχοντα αυτω (ohne εν τω
οικω αυτου) v | και ωσπερ — οικω αυτου N: ωσπερ ἡηγη ευρυτος αντλου-
μενη ἐπεδιδει αγαθα και πλουσια ναματα v, και ωσπερ πηγη ευρυτος ην
δια της χαριτος του κυριου ο οικος αυτου c, beinah ebenso m², ganz
verderbt m¹, > V L m³ | 3. και παντες — εχοντων N cf L: παντες δε
οι εν τ. οικω αυτου εχαιρον επι τη διαδοσει των χρ. εχοντων εν Χρ.
Ιησου τω κυρ. ημων ω η δοξα εις τους αιωνας των αιωνων αμην c, wesentlich ebenso m¹ (dieser ohne Doxologie) m² v (dieser aber διαδοσει
των χειρων αυτου . . .), > V | 5 ην δε V N P³ P² (dieser tritt hier
wieder ein, nachdem er über alles zum p. 71, 3 mit wenig Worten hin-
weggegangen ist): in B findet sich hier ein Titel περι Βασιλειου m¹,
και της γυναικος αυτου + c m² v, die letzteren beiden Χ τα | ετερος
V P²: τις Χ N c m¹, nur τις m² v | ανηρ V N P² (vor ετερος) m¹ v:
> c m¹ | 6. ονομα αυτω V m² v: ονοματι N P² c m¹ | και ην αυτω V:
και η τουτου N, εχων (γυναικα) P² | Χαρις V P² B (v Χαρης) L: Χα-
ριτω N | και — στειρα N P²: στειρα δε ουσα V, ην δε (+ αυτη v)
στειρα m¹ c, αυτη δε ην στ. m² | 7. και ουδ. ετεκεν N: και ουκ ετικτεν
P², μηδεποτε τικτουσα m¹, > V m² c v | Ροδωνα P³ V (hier ω über ο
geschrieben) m¹ m²: Ροδονα N c, Ρωδωνα v, in P² fehlt hier der Name
ganz | 8. Ελλ V m¹: δε + N m¹ c v | 10. σου ϑ. N: ϑ. σου V | αφησυχ.
c m¹ m²: απησυχασε V N P³ v | συν π. τ. οι. αυτου N m¹ (aber συμ-
παντι) c (> παντι): μετα παντος τ. οι. αυτου P³, εν τ. οικω αυτου m²,
πανοικι v, > V | 11. ουκετι N v: ου V, ουτε συγχ. ημ. ετι c m¹ m² |
12. εν συντυχια N: επι συντ. P² B (auch v), εις συντυχιαν V | αυτου
V N P²: > B | τι N P² V (+ ουν): τις B (auch v, ob auch P²?) |
13. και ειπεν V: ειπεν δε N | τον V: > N c m¹ m² | 14. τι V N: τις
B | μεν N B: > V | πολλοι δε hier V B P² (ohne δε): hinter ανδρα N |
εκθειαζ. N P³ v: εκθαυμαζουσι c m¹ m², θαυμαζουσιν V P²

σιν τὸν ἄνδρα καὶ λέγουσιν λαλεῖν αὐτὸν καὶ μὴ ἀποτυγχάνειν. καὶ εἶπεν Βασίλειος· λαλησάτω καὶ ἐπὶ τῇ γυναικί μου, ὅπως γεννήσῃ παῖδα. καὶ εἶπεν ῾Ρόδων· ὡς λέγουσίν τινες, καὶ τοῦτο δύναται ποιῆσαι. ἀκούσας δὲ ταῦτα Βασίλειος εὐθέως ἐπορεύθη ἐν τῷ οἴκῳ Μύρωνος ἐπὶ συντυχίᾳ Ἰωάννου καὶ ἐπη- 5 ρώτησεν, εἰ ὁ ἀπόστολος τοῦ Χριστοῦ ἐνταῦθα ξενίζεται, καὶ μανθάνει τὸ ἀληθές, καὶ εἶπεν ἑνὶ τῶν παίδων· ὅτι συντυχεῖν θέλω τῷ Ἰωάννῃ. ἀνελθὼν οὖν ὁ παῖς ἀνήγγειλε τῷ Μύρωνι, καὶ ὁ Μύρων ἀνήγγειλε τῷ Ἰωάννῃ· ὅτι Βασίλειος ὁ τριβοῦνός ἐστιν πρὸ τῶν θυρῶν ἐπὶ συντυχίᾳ σῇ. ἀκούσας δὲ Ἰωάννης 10 εὐθέως ἀνέστη εἰς συνάντησιν αὐτοῦ καὶ προσεκύνησεν Βασίλειος τὸν Ἰωάννην. καὶ εἶπεν αὐτῷ ὁ ἀπόστολος· πληρώσαι κύριος πάντα τὰ αἰτήματά σου, καὶ μακάριος ἄνθρωπος, ὃς οὐκ ἐπείρασεν τὸν θεὸν ἐν τῇ καρδίᾳ αὐτοῦ. ὅμως, Βασίλειε, καὶ τοῖς Ἰσραηλίταις τότε πειράζουσιν τὸν θεὸν ὁ ἀπείραστος 15 τῇ πείρᾳ ἐκείνων τὴν εὐθύτητα ἐδίδου, τὴν μὲν πέτραν διαρρήσσων καὶ ἐξάγων ποταμοὺς ὑδάτων ἐξ αὐτῆς, ὅπως πίωσιν οἱ ἀπειθεῖς, τὸν δὲ ἄρτον ἐκ τοῦ οὐρανοῦ ἐπιπέμπων αὐτοῖς, ὅπως φάγωσιν οἱ ἀχάριστοι ἀκοπιάστως, τὸ δὲ κρέας

1. αποτυγχ. V c m¹ m²: παρατυγχ. N, ganz anders v und wieder anders P² | 2. και ειπεν V: ειπεν δε N B | 3. γεννηση N: —σει V | παιδα N: παιδας wie es scheint V | και ειπεν V: ειπεν δε N | 4. ευθεως V v: + εξηλθεν εκ του οικου Ροδονος και N ohne anderweitige Bestätigung. B kürzt im Folgenden stark, in andrer Weise auch P², viel genauer entspricht obigem Text v | 5. εν τω οικω V v: εις τον οικον N | 6. Χριστου V L: εσταυρωμενον N, nicht vergleichbar v | 7. μανθανει — ειπεν N: μαθων το αλ λεγει V | οτι N: > V, dafür Μυρωνος | 8. ουν N v: δε V | ανηγγειλε N v: απηγγειλεν V | 9. και ο M. ανηγγ. (ειπε v) τ. Ιω. N v: κακεινος τω Ιω. λεγων αυτω V | οτι N v: > V | 10. εστι προ τ. θυρων V: προ του πυλωνος εστι v, επι θυρων ελθων N | επι συντ. ση V N: συντυχειν σοι βουλομενος v | 12. και ειπεν αυ. ο απ. V: ο δε Ιω. ειπεν προς Βασιλειον N | πληρωσαι V v c m¹ m²: —σει N P² P³ | 14. τον θεον V P² P³ B L: κυριον τ. θεον v, αυτον N | 15 και V P³ B (auch v): ει × N | τοτε V: ποτε P³, > N B, die ganze biblische Belehrung > P² | 16. την μεν — απειθεις V B (nur ποταμον υδατος): πη δε πετραν . . . ποταμους υδατος οπως . . . N der diesen Satz gegen alle andern Zeugen, auch gegen L, hinter die Brotspeisung stellt; εκ μεν πετρας πηγαζων ποταμους υδατος, οπως πι. οι απ. και αχαριστοι v | 18. τον δε B (auch v): πη μεν N (s. vorher), τον δοντα V (wahrscheinlich τον δε οντα) | εκ του V v c: εξ N m¹ m² | 19 φαγ. οι αχαρ. ακοπ. V N: φαγ. ακοπ. οι αχ. c m¹ m², φαγ. οι αγνωμονες ακοπ. v, οι αχαριστοι μη μεινωσιν απιστοι P³ | το δε κρεας V m¹ m² (Amphil. κρεα): τα δε κρεα c, πη δε κρεας N, ορτιγομητραν δε v

πληθύνων αὐτοῖς εἰς πλησμονήν. ἀλλ᾽ οὐκ ἐπίστευσαν τῷ ταῦτα
ποιήσαντι Χριστῷ οἱ ἀγνώμονες καὶ σκληροί. καὶ σύ, Βασίλειε,
μὴ πείραζε θεόν, καὶ οὐ μὴ πειρασθῇς κακοῦ· πίστευε δὲ αὐτῷ
καὶ πάντα τὰ αἰτήματα τῆς καρδίας σου πληρώσει. ἰδὼν οὖν
5 Βασίλειος, ὅτι πάντα τὰ ἐν τῇ καρδίᾳ αὐτοῦ εἶπεν αὐτῷ,
ἐξέστη τῇ διανοίᾳ. ὁ δὲ Ἰωάννης εἶπεν αὐτῷ· τέκνον Βασίλειε, πίστευσον τῷ Χριστῷ, καὶ πάντα τὰ αἰτήματα τῆς καρδίας σου δώσει σοι διὰ τῆς πίστεως. ὁ δὲ Βασίλεεις εἶπεν·
καὶ ἐπίστευσα καὶ πιστεύω, αἰτοῦμαι δέ σε, διδάσκαλε, ὅπως
10 παρακαλέσῃς τὸν θεόν σου καὶ τεκνώσῃ μου ἡ γυνή. καὶ εἶπεν
αὐτῷ Ἰωάννης· πίστευσον καὶ ὄψῃ τὴν δόξαν τοῦ θεοῦ. καὶ
πολλὰ κατηχηθεὶς ὁ Βασίλειος ὑπὸ Ἰωάννου ἐξῆλθεν ἐκ τοῦ
οἴκου Μύρωνος καὶ ἐπορεύθη εἰς τὸν ἴδιον οἶκον καὶ ἀπήγγειλεν πάντα ὅσα ἤκουσεν παρὰ Ἰωάννου τῇ γυναικὶ αὐτοῦ. καὶ
15 τῇ ἑξῆς ἔλαβεν ὁ Βασίλειος τὴν γυναῖκα αὐτοῦ Χάριν καὶ
ἔρχεται ἐν τῇ οἰκίᾳ Μύρωνος πρὸς τὸν ἀπόστολον, καὶ εἰσελθόντες προσεκύνησαν αὐτῷ. καὶ εἶπεν Ἰωάννης πρὸς τὴν γυναῖκα Βασιλείου· χαίροις, Χάρις, ἡ χάρις τοῦ θεοῦ φωτισάτω

1. πληθυνων αυτοις m¹ m² c: daraus wurde πληθη ην αυτοις V,
wozu dann weiter ein προσταξας nothwendig hinzutrat, εις πληθος
παρεξε (!) N | εις πλησμονην V v (+ εξαποστελλων αυτοις): εως εκρευ-
σεως ρινων m¹ m² c, > N, den ganzen Satz > P³ | 2. Χριστω N P³
(× τω) m²: θεω V c m¹, > v | και συ V: συ δε ω v L, > N P³ m¹
m² c | 3. θεον N etc.: θεω V | πειρασθης V v: πειραθεις m¹ m², πει-
ρασθεεις P², πειραν σχης N, πειραν εξεις P³ | κακου V N P³ c m¹ m²:
κακων P², κακως v | 5. αυτω N P² P³ B: + Ιωαννης V | 6. τη διανοια
N P² P³ B (m¹ m² c + αυτου): τω πνευμα αυτου V | Ιω. N: αντελαβετο
αυτου και V, alles bis και επιστευσα l. 9 > P² B, bis διδασκαλε P³,
welcher das και επιστευσα κτλ hinter του θεου l. 11 nachbringt | 7. της
καρδιας — πιστεως V cf L (et omnem voluntatem tuam propter fiduciam
tuam dabit tibi): σου πληρωσει ο Χριστος N | 9. και vor επιστευσα V
P² P³ B (v > den ganzen Satz): > N | αιτ. δε V c m¹ m²: αιτ. ουν
N, αιτουμαι v, πλην δεομαι P², > P³· διδασκαλε V B P³: + αγαθε N,
μαθητα ευλογημενε τον ευλογημενου θεου P² | 11. αυτω V B: προς αυτω
P² (anders gestellt), > N | πιστευσον και V L (dixi tibi crede et): εαν
πιστευσης N P³ P² (πιστευεις) B | οψη V P³ v: οψει P² B, οψεις N |
12. ο V c v: > N P³ m¹ m² | υπο V P³ v: παρα N B | 13 απηγγ. V
P³: ανηγγ. N B | 14. παρα V: υπο N | και τη εξης V: και τη επαυριον
N, τη ουν (δε P²) επαυριον B P² | 15. ελαβεν V: λαβων N, παραλαβων
P² | Χαριν V: Χαριτω N, die andern >, s. oben p. 74, 6 | και vor ερχ.
V: > N | 16. τη οικια V: τω οικω N c m¹ | τ. αποστ. V: Ιωαννην N | και
εισελθ. — αυτω V: και προσεκυνησαν τω Ιωαννη B, > N P² | 18. χαιροις
c m¹: χαρης v, χαρις V N P² P³ m², > L | Χαρις: > v

τὴν καρδίαν σου καὶ τοῦ σοῦ ἀνδρὸς καὶ δώσει σοι καρπὸν
ἀγαθὸν ἀπὸ τῆς σῆς κοιλίας. καὶ διδασκαλίαν πολλὴν ποιησάμενος πρὸς αὐτοὺς ἀπὸ τῶν θείων γραφῶν, ἔπεσεν ἡ χάρις τοῦ
θεοῦ ἐπ' αὐτοὺς καὶ παρεκάλεσαν τὸν Ἰωάννην, ὅπως φωτίσῃ
αὐτούς, καὶ ἐβάπτισεν αὐτοὺς εἰς τὸ ὄνομα τοῦ πατρὸς καὶ 5
τοῦ υἱοῦ καὶ τοῦ ἁγίου πνεύματος. παρεκάλεσεν δὲ Βασίλειος
τὸν ἀπόστολον, ὅπως ἐξέλθωμεν ἐκ τοῦ οἴκου Μύρωνος καὶ
εἰσέλθωμεν ἐν τῷ οἴκῳ αὐτοῦ καὶ μείνωμεν παρ' αὐτῷ. καὶ
οὐκ ἔασεν ἡμᾶς Μύρων εἰ μὴ μόνον ἀπελθεῖν καὶ εὔξασθαι
τὸν Ἰωάννην ἐν τῷ οἴκῳ Βασιλείου. καὶ δὴ πορευθέντες, 10
εὐεργέτησεν Ἰωάννης τὸν οἶκον Βασιλείου, καὶ πάλιν ἤλθομεν
ἐν τῷ οἴκῳ Μύρωνος. καὶ ἐν γαστρὶ ἔλαβεν ἡ γυνὴ Βασιλείου
καὶ ἔτεκεν υἱὸν καὶ ἐκάλεσεν τὸ ὄνομα αὐτοῦ Ἰωάννης. πρὸ
τοῦ δὲ γεννηθῆναι τὸ παιδίον προσήνεγκαν Βασίλειος καὶ ἡ
γυνὴ αὐτοῦ τῷ Ἰωάννῃ χρήματα πολλὰ εἰς διάδοσιν τῶν χρείαν 15
ἐχόντων. εἶπεν δὲ αὐτῷ ὁ μαθητὴς τοῦ Χριστοῦ· ἄπελθε,
τέκνον, τὰ σὰ σὺ διάδος, καὶ ἕξεις θησαυρὸν ἐν οὐρανοῖς.

Πληρωθέντων δὲ δύο ἐνιαυτῶν γίνεται διαδοχὴ τοῦ ἡγεμόνος, τοῦ ἀνδρὸς Χρυσίππης, τῆς θυγατρὸς Μύρωνος, καὶ
εἰσελθὼν ἐν τῷ οἴκῳ Μύρωνος, τοῦ πενθεροῦ αὐτοῦ, εἶπεν πρὸς 20

1. καρδ. σου V P² P³ B: σην καρδιαν N | σοι V P² B: κυριος + N
P³ | 2. σης κοιλ. N P³ m²: κοιλ. σου V v, (εκ) κοιλιας c m¹, κοιλιας
(καρπον αγ.) P² | διδασκ. — προς αυτους V: Stellung ebenso c v, aber
ικανην beide u. εις αυτους v; ποιησ. πρ. αυτους διδ. ικανην N, ποιησ.
διδ. ικ. πρ. αυτ. m², διδαξας αυτους ικανως m¹ | 3. επεσεν V v: επεπε-
σεν N c, ηλθεν m¹ | 4. αυτους V B: αυτοις N | 5. το u. dreimal του V
P²: > N | 7. τον αποστ. V: Ιωαννην N | εξελθ. — και N: > V L, nicht
zu vergl. sind P² B | 8. και μειν. π. αυ. V L: > N | 9. ημας N cf L
(ut abiremus): > V | ευξασθαι τ. Ι. εν τω N: ευξασθω τω V, Joannes
domum Basilii benedixisset L | 10. και δη — Βασιλειου N (mit Druck-
fehler ευεργεσεν): >V, die andern sind kaum vergleichbar z. B. v απελθων ουν και επευξαμενος και ευλογησας αυτους τε και τον οικον αυτων
υπεστρεψαμεν εν τω οικω Μυρωνος | 11. ηλθομεν εν τ. οικω V (ge-
schrieben ηλθωμεν): υπεστρεψωμεν (sic) N, υπεστρεψεν c m¹, υπεστρε-
ψαμεν m² v | 12. ελαβεν . . . και N m² (ελ. δε . . και) v (συνελαβε
δε . . . και): λαβουσα V (+ δε c m¹), συλλαβουσα P² | 14. δε hier V:
nach γεννηθ. N P³ | το παιδιον V: τον παιδα N P³ | προσηνεγκαν-
αυτου V L: προσηνεγκεν Βασ. N P³, προσηγαγε δε τω αποστολω ο Βασ.
B (v > ο Βασ.) | 15. διαδοσιν N P³ B L (ut distribueret): διακονιαν
V | 16. αυτω — Χριστου V: Ιωαννης N v, αυτω (ο) Ιω. B | 17. διαδος
N P² B (auch v): δος V | 20. εισελθων V: προσελθων N, veniens L, den
Satz > P³, die andern sind nicht vergleichbar

Ἰωάννην· διδάσκαλε, ἡ σύγχυσις τῶν πραγμάτων περιπνιξασά
μου τὸν νοῦν καὶ τὸν λογισμὸν ἐστέρησέν με τῆς σῆς ὠφελείας.
ὅμως παρακαλῶ τὴν σὴν ὁσίαν ψυχήν, ὅπως καὶ ἐμὲ φωτίσῃς
καὶ καθαρίσῃς ἀπὸ τῶν προγεγονότων μοι παραπτωμάτων.
5 ὑπολαβὼν δὲ Ἰωάννης ἀπὸ τῶν θείων γραφῶν ἐδίδαξεν αὐτόν,
καὶ μετὰ τὸ κατηχῆσαι αὐτὸν καὶ ὁμολογῆσαι πιστεύειν εἰς
τὸν ἐσταυρωμένον ἐβάπτισεν αὐτὸν εἰς τὸ ὄνομα τοῦ πατρὸς
καὶ τοῦ υἱοῦ καὶ τοῦ ἁγίου πνεύματος, καὶ ἐπορεύθη μετ᾽ εἰρήνης ἐν τῷ οἴκῳ αὐτοῦ.
10   Ἦν δέ τις ἀνὴρ ἐν Φορᾷ τῇ πόλει ὀνόματι Χρῦσος, καὶ
ὄνομα τῇ γυναικὶ αὐτοῦ Σελήνη· ἦν δὲ αὐτοῖς υἱὸς μονογενής,
ὑπὸ πνεύματος ἀκαθάρτου ἐνοχλούμενος. ἦν δὲ ὁ Χρῦσος
πολιτάρχης. ἀκούσας οὖν ὅτι Ἰωάννης θαυμάσια μεγάλα ποιεῖ
ἐν τῇ δυνάμει τοῦ ἐσταυρωμένου, παραλαμβάνει τὸν υἱὸν αὐτοῦ
15 καὶ ἔρχεται ἐν τῇ οἰκίᾳ Μύρωνος. ὁ οὖν Ἰωάννης, ὡς εἶδεν
αὐτόν, εἶπεν πρὸς αὐτόν· Χρῦσε, αἱ ἁμαρτίαι σου θανατοῦσιν
τὸν υἱόν σου· μίσησον τοῦ λαβεῖν δῶρα, καὶ ἕξεις ἔπαινον ἀπὸ
θεοῦ, καὶ μὴ λάβῃς πρόσωπον κατὰ τῆς ψυχῆς σου, καὶ ἔσῃ

1. πραγματων N P²: του βιου τουτου + P³ L V (dieser noch δη-
μοσιων vor πρ.), βιωτικων ✕ B (auch v) | περιπνιξ. — με N P³ (>
τον νουν και): περιεπληξεν μου τον λογισμον και εστερισεν μου V, nur
εστερησε με P² B | 2. ωφελειας V N P² B: σοφιας P³ | 3. οπως V P³ B:
ινα N P² | 4. παραπτ. V P³: σφαλματων N, ανομηματων B | 6. και ομολ.
V P³ (+ αυτον): > N | εις τον εστ. P³ N (+ θεον): τω εσταυρωμενω
V | 7. το u. dreimal του V P² P³: N | 8. επορευθην V | μετ᾽ — αυτου
V N P³: εν τω οικω (εις τον οι. m² v) αυτου μετ ειρηνης B, dazu + c
(ähnlich v, anders m¹, > m²) εν Χριστω Ιησου τω κυριω ημων ω
η δοξα και το κρατος εις τους αιωνας των αιωνων. αμην. | (τα +
v m²) περι Χρυσου και της γυναικος αυτου B. Davon nichts in
P², welcher den Abschnitt so schliesst: και τουτου γινομενου παντες
εβαπτιζοντο και προσετιθοντο τω Χριστω. | 10. ην — ανηρ P³ c m² (>
δε): εις δε τις ανθρωπος ohne ην V, ετερος δε τις ανηρ ην N, ην δε τις
και ετερος ανηρ m¹, ganz umgestellt v P² | Φορα v (über V s. zu
p. 57, 1): Φθορα hinter πολει N, ebenso Φλορα B (ausser v), > P²
L | 11. ονομα τ. γυναικι N P² (umgestellt) B (auch v): το ον. της γυ-
ναικος V | Σεληνη V N (—ηννη) c m¹ L: Σεμνη m² v | ην δε N v: και
ην P² m¹ m² c, υπηρχεν δε V | αυτοις hier V B (P² αυτων): hinter υιος
N | 12. ενοχλ. V P² B: οχλουμενος N | 13. ουν N c m¹ m²: δε V, και
vor ακουσας P² v | θαυμασια V P² (ακουσας τα θ. κτλ.): σημεια N B |
14. του P³: αυτου του V, > N, die andern sind nicht vergleichbar |
παραλαμβανει . . . και V: παραλαβων B, λαβων N | 15. τη οικια N B:
τω οικω V | ως ειδεν V B: ιδων N | 16. σου V B: αι σαι N | 18. θεου
N P³ (dieser > das Meiste bis p. 79, 5): του ✕ V

φυλάττων τὴν ἐντολὴν τοῦ θεοῦ. καὶ ταῦτα εἰπὼν τῷ Χρύσῳ
ἠρώτησεν αὐτόν· τί παραγέγονας πρὸς ἡμᾶς. καὶ εἶπεν Χρύ-
σος· κύριε, εἴ τι ἐστὶν ἐν τῷ οἴκῳ μου, δέξαι καὶ ἀπέλασον τὸ
πνεῦμα τὸ πονηρὸν ἀπὸ τοῦ υἱοῦ μου, μὴ κακῶς ὀλέσῃ αὐτόν.
καὶ εἶπεν Ἰωάννης πρὸς αὐτόν· ἡμεῖς οὐ χρείαν ἔχομεν τῶν 5
ἐν τῷ οἴκῳ σου, ἀλλὰ χρείαν ἔχομεν σοῦ καὶ τοῦ υἱοῦ σου. καὶ
εἶπεν ὁ Χρῦσος πρὸς Ἰωάννην· κύριε, καὶ τί με δεῖ ποιεῖν, ἵνα
καθαρισθῇ ἀπὸ τοῦ πνεύματος τοῦ ἀκαθάρτου ὁ υἱός μου.
καὶ εἶπεν πρὸς αὐτὸν ὁ Ἰωάννης· πίστευσον εἰς τὸν ἐσταυρωμένον, καὶ καθαρισθήσεται ὁ υἱός σου. καὶ εἶπεν Χρῦσος· 10
πιστεύω, κύριε, βοήθει μου τῇ ἀπιστίᾳ. καὶ κρατήσας Ἰωάννης
τὸν υἱὸν αὐτοῦ τῆς δεξιᾶς χειρὸς καὶ σφραγίσας αὐτὸν τρίτον,
εὐθέως ἐξῆλθεν τὸ πνεῦμα τὸ πονηρὸν ἀπ᾽ αὐτοῦ. ἰδὼν δὲ
ὁ Χρῦσος, ὃ ἐποίησεν Ἰωάννης, ἔπεσεν ἐπὶ πρόσωπον αὐτοῦ
πρὸς τοὺς πόδας αὐτοῦ. ὑπολαβὼν δὲ Ἰωάννης ἀπὸ τῶν θείων 15
γραφῶν, κατήχησεν τὸν Χρῦσον, καὶ ὁμολογήσας τὸν Χριστὸν
καὶ πιστεύσας αὐτῷ ἐπορεύθη εἰς τὸν οἶκον αὐτοῦ. καὶ παραλαβὼν τὴν γυναῖκα αὐτοῦ καὶ τὸν υἱὸν αὐτοῦ καὶ χρήματα
ἱκανὰ ἦλθεν εἰς τὴν οἰκίαν Μύρωνος καὶ εἶπεν πρὸς Ἰωάννην·
κύριε, ταῦτα τὰ χρήματα λαβὲ καὶ δὸς ἐμοὶ καὶ τῇ γυναικί 20

1. την εντ. V L: τας εντολας N | τω — αυτον V: λεγει τω Χρ. N |
2. και ειπεν V: ειπεν δε ο N | 3. κυριε ει τι N m² v: η τι P², ἀ V,
κυριε οσα c m¹ | 3. δεξαι V B (auch v): λαβε N | 4. μη V: οπως × N
B | ολ. αυτον V: ωλεσθη N, αποθανη B | 5. και ειπεν V: ειπεν δε NP³,
απεκριθη αυτω B | 6. αλλα χρ. εχ. (χρ. εχω m², > c m¹) σου (σε V)
κ. τ. υ. σου V c m¹ m²: παντων και του χρυσιου N, ενεχεν του υιου
σου V | 7. ο vor Χρ. V B: > N | προς — και N: nur κυριε και B,
> V | 8. ο υιος μου hier V: vor απο τ. πν. τ. ακ. N, letzteres > B |
9. και — Ιω. V: ειπεν δε Ιω. N | 11. βοηθει — απιστια (—τεια) V:
μονον καθαρισθη (καθαρισθητω c) μου ο υιος B L, nur μου N | Ιω. V
B (ο Ιω., hinter χειρος v): > N | 12. τον υ. αυτου hier V: hinter χειρος
N, αυτου (του υιου m²) vor χειρος B | αυτον V m¹ m²: αυτω v, > N c |
13. ευθεως N c: παραχρημα m¹, > V m² v L | εξηλθεν N: εδιωξεν
V B (—ξε) L | 14. ο vor Χρ. V B: > N | αυτου — αυτου V: αυτου
και προσεκυνησεν αυτω (αυτον m²) λεγων· αληθως πατερ εν σοι ο θεος
εστιν m² v, wesentlich so c m¹, και προσεκυν. αυτω λεγων· διδασκαλε
αγαθε, οδηγε των πεπλανημενων, δεομαι σου, φωτισον καμε και δος μοι
την εν Χριστω σφραγιδα N, dieselbe Bitte auch in N wieder l. 20 sq.;
von diesen Zusätzen nichts in L | 15. υπολαβων κτλ. V N L: > B |
16. τον Χριστον V cf L: > N | 17. αυτω V L (se credere in eum): τω
Χριστω N | 18. υιον αυτου V: υιον N B L | 19. εις — κυριε V L: ηλθεν
(θε B) προς Ιωαννην λεγων κυριε N B | 20. λαβε και V L: λαβων N B |
εμοι (μοι N) — υιω μου V N L: ημιν B

μου καὶ τῷ υἱῷ μου τὴν ἐν Χριστῷ σφραγῖδα. καὶ εἶπεν Ἰω-
άννης· ἡ ἐν Χριστῷ σφραγὶς οὐ χρείαν ἔχει χρημάτων, ἀλλὰ
πίστεως ἀγαθῆς. ἄπελθε οὖν, ταῦτα διάδος πτωχοῖς καὶ λαβὲ
τὴν χάριν τοῦ θεοῦ δωρεάν. καὶ διδάξας αὐτοὺς τὰ περὶ πα-
5 τρὸς καὶ υἱοῦ καὶ ἁγίου πνεύματος ἐβάπτισεν αὐτοὺς καὶ
ἀπέστειλεν μετ᾽ εἰρήνης εἰς τὸν οἶκον αὐτῶν.
   Ἐμείναμεν δὲ τρία ἔτη ἐν τῷ οἴκῳ Μύρωνος, μὴ προερχόμενοι ἐκ τοῦ οἴκου αὐτοῦ, ἀλλὰ τοὺς πιστεύοντας τῷ Χριστῷ
ἐδίδασκεν καὶ ἐφώτιζεν ἐν τῷ οἴκῳ αὐτοῦ. καὶ πληρωθέντων
10 τῶν τριῶν ἐτῶν ἔλαβέν με Ἰωάννης καὶ ἐξήλθομεν ἐν δημοσίῳ
τόπῳ, ἐν ᾧ ἦν τὸ ἱερὸν τοῦ Ἀπόλλωνος, καὶ συνήχθησαν ἐκεῖ
ὄχλοι πολλοί, οἱ μὲν πιστεύοντες τοῖς λαλουμένοις ὑπὸ Ἰωάννου,
οἱ δὲ ἀπιστοῦντες. ἦσαν δὲ καὶ οἱ ἱερεῖς τοῦ Ἀπόλλωνος ἐν
τῷ τόπῳ. καὶ ἔλεγον πρὸς τοὺς συναχθέντας ἀνθρώπους· ἄν-
15 δρες ἀδελφοί, τί προσέχετε τῷ ἀπατεῶνι τούτῳ; οὐ διὰ τὰς
μαγείας αὐτοῦ τὰς κακὰς ἐξωρίσθη ἐν τῇ νήσῳ ταύτῃ; καὶ
τετύφλωται ὑμῶν ἡ καρδία, μὴ ἐπιστάμενοι τὴν ὁδὸν τῆς ἀληθείας, ἀλλ᾽ ἀκούετε ἑνὸς ἐξορίστου καὶ ἐνυβρίζετε τοὺς θεοὺς

---

1. και ειπεν V: ειπεν δε N, λεγει αυτοις B, dixit ei L | 3. ταυτα N:
+ και (sic) V, anders B L | 5. και vor υιου N m²: > V, mehr > c
m¹ v L | αυτους κ. απ. N: παντας κ. απεστ. αυτους V, κ. απεστ. αυτους
B | 6. τον οικον αυτων N: εις τον εαυτων οικ. c m¹ m², εν τω οικω αυ-
των v, εις τους ιδιους οικους V | 7. τρια ετη V L: τριετη χρονον hinter
Μυρωνος N, χρονον ικανον (nur m² τριετη) vor εν τω οικω B, τριετιαν
ολην hinter Μυρωνος m³, der alles von p. 74, 5 an weggelassen hat,
ετη δεκα P² s. unten zu l. 9 | προερχ.: προσερχ. nur N | 8. εκ — αυτου
V: > N B, hier schliesst P² an μηδε παρρησιαζομενοι αλλα κρυπτως δι-
δασκοντες και βαπτιζοντες. τοτε λεγει Ιωαννης προς με· τεκνον Πηοχορε,
ιδου εφθασεν ο καιρος του μετα παρρησιας κηρυξαι τον λογον του θεου.
τεθνηκασιν γαρ οι ενταυθα εξορησαντες ημας. και ετερος ηγεμων επεδη-
μησεν τη χωρα ταυτη. τοτε παραλαβων με εξηλθαμεν εκ του οικου Μυ-
ρωνος και ηλθαμεν εν τοπω δημοσιω s. l. 10 | τους πιστ. τ. Χρ. V: (και
✕ N) τους πιστ. (παντας + m¹ m²) εν τω οικω N B | 9. εν τ. οικω αυ.
V: αυτους N, > L | 8 | και — ετων V: μετα δε το πληρωθηναι τον τριετη
χρονον N, πληρωθεντων δε των τριων ετων m³, πληρωθεντων τοινυν
(ουν v) δεκα ετων c m¹ v, > L | 11. το V P²: > N B | 13. οι ιερ. V:
ιερ. N | 14. τοπω και V: τοπω εκεινω οι N | 15. αδελφοι V L: > N P² B |
τ. απατεωνι N c: τ. απαταιωνι V P² m¹ m², τοις λεγομενοις υπο του
απαταιωνος τουτου v | ου N B L (nonne): οὐ V P² | 16. τας κακας V:
> N P² B | 17. υμων hier V: nach καρδια N | επισταμενοι N, die gleiche
Incongruenz in L: επισταμενων υμων V, και μη επιστασθε m³ | 18. αλλ᾽
ακ. N: και ακ. V, δια τι ακουοντες m³ (> και vor ενυβρ.)

καὶ τῆς βασιλικῆς προστάξεως καταφρονεῖτε. ἀκούσας δὲ ταῦτα
Ἰωάννης παρ᾽ αὐτῶν, εἶπεν πρὸς τοὺς ἱερεῖς τοῦ Ἀπόλλωνος·
ἰδοὺ ἀφίεται ὑμῶν ὁ οἶκος τοῦ Ἀπόλλωνος ἔρημος. καὶ εὐθέως
κατέπεσεν τὸ ἱερόν, καὶ οὐδεὶς ὤλετο ἐν αὐτῷ, καὶ οὐκ ἔμεινεν *
λίθος ἐπὶ λίθον ἐν αὐτῷ. κρατήσαντες οὖν οἱ ἱερεῖς τὸν Ἰω- 5
άννην ἐπέθηκαν αὐτῷ πληγὰς πολλὰς καὶ λαβόντες ἡμᾶς ἔβαλον
εἰς οἶκον σκοτεινὸν καὶ ἐποίησαν φύλακας ἐπὶ τῷ φυλάσσειν
ἡμᾶς. καὶ ἐπορεύθησαν οἱ ἱερεῖς τοῦ Ἀπόλλωνος καὶ ἀπήγγει-
λαν τῷ ἡγεμόνι λέγοντες, ὅτι Ἰωάννης ὁ μάγος καὶ ἐξόριστος
διὰ μαγικῆς κακοτεχνίας κατέστρεψεν τοῦ μεγίστου θεοῦ Ἀπόλ- 10
λωνος τὸ ἱερόν. ἀκούσας δὲ ταῦτα ὁ ἡγεμὼν ἐλυπήθη σφόδρα
καὶ ἐκέλευσεν ἡμᾶς βληθῆναι ἐν τῇ φυλακῇ. περιέθηκαν δὲ τῷ
Ἰωάννῃ σίδηρα, καὶ ἦμεν ἐν τῇ φυλακῇ τῇ ἐσωτέρᾳ. ἀκούσας
δὲ ταῦτα Μύρων καὶ Ἀπολλωνίδης, ὁ υἱὸς αὐτοῦ, ἐπορεύθησαν
πρὸς τὸν ἡγεμόνα Ἀκύλαν, τὸν διαδεξάμενον τὸν γαμβρὸν αὐ- 15

---

1. της. V m²: > N | προσταξ. V N: διαταξεως m² | ·2. παρ᾽ αυτων
V: παρα των ιερων του Απολλωνος N, > B L m³ (dieser dafür και
περιβλεψαμενος) | προς τ. ιερ. τ. Απ. V of L: προς αυτους N, αυτοις B
(m³?) | 3. υμων—Αποll. V: ο οικος υμων N (geschrieben ημων) P² B |
4. και ουδεις V: ανθρωπων + B (aber m¹ ουδεις δε) m², ανθρωπων των
εκεισε + N | αυτω V: αλλα μονος ο ναος διελυθη + N m³, nichts davon
B L | 5. ουν V B: δε N, ganz abweichend wieder m³ | 6. αυτω N B: εν
αυτω V | 7. οικον σκ. V: φυλακην σκοτεινην N, φυλακην m³, tenebrosum
et obscurum locum L | εποιησαν — φυλασσειν V (geschrieben το φυλα-
σιν): εστησαν τινας φυλαττοντας N, φρουρους επιστησαντες m³, addentes
excubias L | 8. οι ιερεις — ηγεμονι V: επορευθησαν προς τον ηγεμονα
N cf L B | 9. ο μαγος και εξ. V: ο εξοριστος B, ο μαγ. ο εξορ. N,
seductor et magus L | 10. κατεστρεψεν V c m¹ v: εστρεψε N m² | μεγιστου
V B (ohne θεου): μεγαλου N | 12. βληθ.: κληθηναι N | περιεθ. δε V:
και περιεθ. v m² (—θηκεν), περιεθηκαν ohne και oder δε c m¹, και
περιτιθεασιν N | 13. ημεν V: ημεθα N | τη εσωτερα V (so auch c m¹
an andrer Stelle, wo m² v den Satz >): > N | ακ. δε ταυτα Μ. V B
(ο Μ.): ακ. δε ταυτα N, ταυτα ακ. ο. Μ. P² | 14. και Απ. — επορευ-
θησαν V cf L: επορευθη N B, επορευθη αμα τοις υιοις αυτου P² (s.
N B nachher) | 15. Ακυλαν hier V: vor τον ηγεμ. N P² B | τον διαδ. —
αυτω p. 82, 3 V (ο vor ηγεμων p. 82, 1 und τον vor ηγεμονα p. 82, 3
habe ich eingefügt), wesentlich so P³ (... γαμβρον του Μυρωνος. ουτος
δε ην απο ... Ποντου και επεμφθη ηγεμονευειν εν τη νησω εκεινη. ην
δε και ελλην ,. . . . εισελθων ουν Μ. και ο υιος αυτου Απ. προς τον
ηγ. ειπον προς αυτον) cf L (abierunt ad Acdam, qui tunc erat praeses
et in locum viri Chrysippae suffectus et erat de Synope quae est in Ponto
colens Apollinem. ubi vero ingressi sunt, dixerunt praesidi) cf auch
m³ bei Amphil. p. 34: αμα τω υιω αυτου Απολλωνιδη, και ειπεν Απολ-

τοῦ. ἦν δὲ οὗτος ὁ ἡγεμὼν ἀπὸ Σινώπης τοῦ Πόντου· ὑπῆρχεν
δὲ καὶ Ἕλλην, σεβόμενος τὸν Ἀπόλλωνα. εἰσελθὼν δὲ Μύρων
καὶ ὁ Ἀπολλωνίδης πρὸς τὸν ἡγεμόνα, εἶπον αὐτῷ· δεόμεθα
῀ τῆς ὑμετέρας ἐξουσίας περὶ Ἰωάννου τοῦ ξένου, ὅπως τοῦτον
5 ἀποδώσῃς ἡμῖν. καὶ εἴ τις τι ἔχει κατ᾽ αὐτοῦ, λεγέτω τῇ ὑμε-
τέρᾳ ἐξουσίᾳ. καὶ εἰ μὲν ἄξιος θανάτου ἐστίν, ἀποθνησκέτω·
εἰ δὲ ἀναίτιος, καὶ τοῦτο ἐν ὑμῖν ὑπάρχει. ὁ δὲ ἡγεμὼν εἶπεν·
ἀκήκοα παρὰ πολλῶν, ὅτι μάγος ἐστὶν καὶ φάρμακος καὶ ἀπο-
πλανᾷ πάντα ἄνθρωπον. καὶ ἐὰν λάβητε αὐτὸν καὶ ἀποδράσῃ
10 ἀφ᾽ ὑμῶν μαγικῇ κακοτεχνίᾳ, τί ποιεῖτε; καὶ εἶπεν Ἀπολλωνίδης πρὸς τὸν ἡγεμόνα· ἐὰν ἀποδράσῃ, ἔστωσαν ἡμῶν αἱ
κεφαλαὶ ἀντὶ Ἰωάννου καὶ ὁ οἶκος ἡμῶν σὺν πᾶσιν τοῖς ὑπάρχουσιν ἡμῖν. καὶ ἐπέτρεψεν ὁ ἡγεμὼν τοῦτο γενέσθαι, αἰδεσθεὶς
τοὺς ἄνδρας, ὅτι ἦσαν λαμπροὶ παρὰ τοὺς ὄντας ἐν τῇ πόλει
15 ἐκείνῃ. εἰσελθόντες οὖν ἐν τῇ φυλακῇ Μύρων καὶ Ἀπολλωνίδης, ὁ υἱὸς αὐτοῦ, ἐκούφισαν τὰ σίδηρα ἀπὸ Ἰωάννου καὶ
ἐξέβαλον ἡμᾶς καὶ εἰσήγαγον ἐν τῷ οἴκῳ αὐτῶν. καὶ εἶπεν
Μύρων πρὸς Ἰωάννην· κάθου δὴ ἐν τῇ οἰκίᾳ τοῦ δούλου

λωνιδης προς τον ηγεμονα N, beinah so B, nur ein λεγοντες ηγεμων
hinter δεομεθα σου P² | 4. υμετερας (geschr. ημετερας) εξ. V: υμων με-
γαλοπρεπειας N c m¹ (m² m²?), υμετερας μεγαλοπρ. P², σου P² v,
beniguitatem tuam L | 5. αποδωσης V P³ (—σεις) v cf Al. Buttmann,
Gr. d. neut. Spr. S. 31; Clem. R. ad Cor. II c. 1, 5: απολυσης N, απο-
δωης c m¹ (m² m²?) | τι hier V P³ B: hinter εχει N | υμετερα N P³:
ημετερα V, υμων hinter εξουσιας (wie es dort heisst) B | 6. μεν V P³:
> N | αποθν. ει δε αναιτ. N P³ m³ cf L: > V | 7. ειπεν V L: προς
αυτον N, προς αυτους P³ | 8. πολλων V P³ B: ανθρωπων + N | και
φαρμ. κ. αποπλανα V cf L: και μαγευει N P³ | 9. παντα ανθρ. V: παν-
τας (τους + P³) ανθρωπους N P³ cf L | και εαν V: εαν ουν N, εαν
P³ | λαβητε N: λαβετε P³, λαβεται V | 10. υμων V N: ημων P³ | μαγικη
κακ. V: δια μαγικης κακοτεχνιας N P³ | ποιειτε V P³ B: ποιητε N | και
ειπεν V P³: ειπεν δε N | 11. ημων hier V P³: hinter κεφαλαι N B '
12. αντι Ιω. N (dieser allein wiederholt die Worte vor και επετρ.) P³
B: > V | οικος V: πας X N P³ B | συν — ημιν V: συν τοις υπαρ-
χουσι P³ B, και παντα τα υπαρχοντα N | 13. επετρ. V N B: εκελευσεν
P³ | 14. τους — εκειν V: παντας τους οντας εν τ. πολει N P³ L (aber
+ εκεινη), παντων τιμιωτεροι B (τιμιωτατοι m¹, των εν τη πολει εκεινη
+ m²) | 15. εισελθοντες V P³ B: ελθοντες N | 16. ο υιος αυ. V P³: >
N | 17. ημας V: εκ της φυλακης + N | εισηγαγον V: εισηνεγκον ημας N |
18. Ιωαννην N P³ B L: τον απ. V | δη V N m¹ (m²?): δη περ m² v,
δε c (P³?)

σου καὶ μὴ προέρχου ἐν τῇ πόλει ταύτῃ· ὅτι πονηροὶ καὶ βίαιοι
ἄνθρωποι ὑπάρχουσιν ἐν τῇ πόλει ταύτῃ, καὶ μήποτε ἀνα-
λώσουσίν σε πικρῶς. καὶ εἶπεν Ἰωάννης πρὸς Μύρωνα· οὐκ
ἀπέστειλέν με Χριστὸς εἰς οἴκους ἡσυχάζειν, ἀλλ᾽ ἀπέστειλέν
με εἰς τοὺς βιαίους καὶ πονηροὺς ἀνθρώπους, οὓς σὺ λέγεις. 5
οὕτως γάρ μοι ἐνετείλατο λέγων· „ἰδοὺ ἀποστέλλω σε ὡς πρό-
βατον ἐν μέσῳ λύκων καὶ μὴ φοβηθῇς αὐτούς". καὶ πάλιν
εἶπεν ἡμῖν· „ὅτι διὰ πολλῶν θλίψεων δεῖ ὑμᾶς εἰσελθεῖν εἰς
τὴν βασιλείαν τοῦ θεοῦ". καὶ γὰρ καὶ ἡμεῖς εἴχομεν οἴκους
καὶ ὑπάρξεις, καὶ εἶπεν ἡμῖν· „ἄφετε αὐτὰ καὶ ἀκολουθήσατέ 10
μοι". καὶ καταλιπόντες ἅπαντα ἠκολουθήσαμεν αὐτῷ. ἐγὼ
γὰρ ἑτοίμως ἔχω ὑπὲρ τοῦ ὀνόματος αὐτοῦ ἀτιμασθῆναι, καὶ
οὐ μόνον τοῦτο, ἀλλὰ καὶ ἀποθανεῖν, δέρεσθαι καὶ ὑπομένειν,
διώκεσθαι καὶ μὴ ἀναχωρεῖν, καὶ ἁπαξαπλῶς ὑπὲρ τοῦ ὀνό-

1. προερχου P³ c: προερχει V, προσερχου N m¹ m² m³ v | ταυτη
V: > N P³ m⁴, abweichend B | οτι — βιαιοι N L: οτι πονηροι v, πο-
νηροι γαρ κ. βιαιοι c m¹ m² m³, βιαιοι γαρ V | 2. υπαρχ. — ταυτη P²
B (v stellt υπαρχ. ans Ende): εισιν της πολεως ταυτης V (dennoch kein
οι vor ανθρωποι), εισιν ενταυθα m³, υπαρχ. εν αυτη N | και vor μηποτε
V B (nur v > den Satz): hinter μηποτε N, > P¹ | αναλωσουσιν V N
P² c: αναλωσωσι m¹ (m²?), θανατωσουσι m³ | 3. πικρως V P³: > B |
και ειπεν V c m¹ (m² m³?): ειπεν δε N P³ | προς Μυρ. V, τω Μυρωνι
m²: Μυρων αδελφε P³ c m¹ v, αδελφε m² m³, ο Myron L | 4. Χριστος
V v: ο Χρ. N P³ B, auch P² | εις οικους V P² L: εις οικον N, εις
οικιαν B (nur v εν οικια hinter ησυχ.) P³ | ησυχαζειν V P² B: ησυχασαι
P³, καθεζεσθαι m³ | απ. με V P² P² (hinter ανθρωπους) c m¹ m²: >
N m³ v | 5. εις N etc.: προς V | ους συ λεγεις V P² (> συ) P³: ✕
τουτους N m³, > B | 6. ουτως γ. μ. ενετ. N P³: ουτως γαρ ενετ. ημιν
V, αυτος γαρ εστιν ο ειπων P², > B | αποστ. — φοβηθης N P³ (dieser
> ως προβ.): εγω αποστ. υμας ως προβατα . . . φοβηθηται V, so bis
λυκων B, im wesentlichen auch P² m³, dagegen hat L das unvollständige
Citat aus Mt. 10, 26, welches V N P³ mit Mt. 10, 16 verschmelzen, aus
Mt. 10, 28 ergänzt | 8. ειπεν ημιν V: ειπεν N, λεγει P² m², > P³ B
(ausser m²) | οτι V N P³ m¹ m² m³ v: > P² c | υμας V P³ B: ημας
N P² L | 9. και vor ημεις V P³ L: > N, den Satz > P² B | οικους
hier V P³: vor ειχομεν N | 10. ημιν V L: προς ημας N P³ | αυτα V:
ταυτα P³, ταυτα παντα N, omnia L | 11. καταλιπ. V: αφεντες N P³ |
απαντα V: παντα P³, > N | 12 γαρ V N: δε P³, μεν ουν B (nur ουν
v) | ατιμασθ. — αποθανειν V (ein non solum auch L): αντιμαζεσθαι και
βασταζειν P² B, μαξεσθαι κ. βαστ. N, nur ατιμαζεσθαι P³ | 14. μη αναχ.
V P²: αναχ. P³, μη υποχωρειν N, ευχαριστειν B | υπερ — εις αυτον
p. 84, 2 V N (απο hinter ρυσθω) P³ (dieser δια τουτου . . . . μελλου-
σης): καθ᾽ ημεραν υπερ Χριστου αποθνησκειν B, sammt και απαξαπλως
> P² m³ ·

ματος αὐτοῦ θνήσκειν, ὅπως δι᾽ αὐτοῦ ῥυσθῶ τῆς καταδίκης,
τῆς ἐχούσης λαβεῖν τοὺς μὴ πιστεύοντας εἰς αὐτόν. καὶ ταῦτα
εἰπὼν Ἰωάννης πρὸς Μύρωνα ἔλαβέν με καὶ ἐπορεύθημεν ἐν
τόπῳ καλουμένῳ Τυχίῳ.

5 Ἦν δὲ ἐκεῖ παράλυτος κείμενος, καὶ παρερχομένων ἡμῶν
εἶπεν πρὸς Ἰωάννην· διδάσκαλε τῶν Χριστιανῶν, μὴ παρέλθῃς
τὸν δοῦλόν σου. καὶ εἶπεν αὐτῷ Ἰωάννης· τί θέλεις; καὶ εἶπεν
ὁ παράλυτος· ἄρτον ἔχω καὶ βούτυρον μικρόν· μὴ ἐπαισχυνθῇς
τὸν δοῦλόν σου, ἀλλὰ καθίσας μετ᾽ ἐμοῦ, μεταλάβωμεν τούτων.
10 ξένος γάρ εἰμι ὡς καὶ αὐτοί, καὶ ἐλθόντος μου ἐνταῦθα ἐπι-
συναχθεῖσαι αἱ ἁμαρτίαι μου καὶ τῶν ἐμῶν γονέων συνέσφιγξάν
με καὶ ἐποίησάν με οὕτως· καὶ ἐὰν ἴδω ξένον, ἀναπαύεται ἡ
ψυχή μου ἐν αὐτῷ. ἀκούσας δὲ ταῦτα Ἰωάννης περίλυπος
ἐγένετο καὶ δακρύσας εἶπεν πρὸς τὸν παράλυτον· παρὰ σοὶ
15 σήμερον τὸ ἄριστον ποιήσομεν καὶ εὐφρανθησόμεθα μετὰ σοῦ,

2. και vor ταυτα V P³: > N, και λαβων με P² m³, τη ουν επιουση
ημερα c m¹, τη ουν επερχομενη m² v | 3. Ιω. V: ο Ιω. B P³ (vor και
επορ.), > N P² m³ | ελαβεν με V: + μεθ᾽ εαυτου N P³, λαβων με B
P² m³ (s. vorher) ohne folgendes και | επορευθ. V N P³ B: απηλθομεν
P³, παλιν εξηλθομεν εκ του οικου Μυρωνος και ην κηρυσσων παρρησια
πανταχου τον λογον της αληθειας und von da an nichts mehr bis zum
Kapitel von Kynops m³ | 4. Τυχιω V N: τειχιω P³ m², τυχη c m¹ v,
τυχει πολεως (ohne καλουμ) P², > L | 5. παραλυτος V P³: ανθρωπος
παραλυτικος N, nur παραλυτικος P² B | κειμενος P³: κατακειμενος N P³
m², κατεκειτο vor παραλ. P² c m¹ v | 7. θελεις V P³ L (+ ut faciam):
εστιν N, > mehreres P¹ B | 8. παραλυτος V P³ (✗ προς αυτον): πα-
ραλυτικος N | αρτον V L cf B (εστιν μοι αρτος, ebenso P²), dann ολι-
γος): ενα + P², hinter εχω dasselbe N | βουτυρον: nur P³ οινον, L
condimenti | μικρον V N P³: ολιγον B, > P² | μη V L: ουν + N, δη
+ P², auch B P², welche den Satz vorher haben, schwanken ebenso |
9. αλλα — τουτων V P³ cf L: > N | 10. ειμι V: υπαρχω P² B (beide
früher), ειμι καγω N P³ | αυτοι V: αυτος P³, υμεις N P² B, ως — εν-
ταυθα > L | ενταυθα V: εν τω τοπω τουτω N P³, και ελθοντος — αυτω
l. 13 > P² der hier ganz mit B geht | επισυν. V (geschrieben επισειν.)
P³: επισυνηχθησαν μοι N | 11. αμ. μου V P³: εμαι αμ. N | γονεων V
N L: πατερων P³ | 12. κ. εποιησαν (επαισαν N) με N P³: > V, anders
L | ξενον V P³: τινα + N | 13. εν V N: επ᾽ P³ | 14. τ. παραλυτον V:
τον παραλυτικον N, αυτον P³ | παρα — ποιησομεν V P³ (τον αρ. ποι-
ησωμεν): σημερον παρα σοι αριστησω P², so auch B (aber αριστω), nur
υποστρεψω N, anders L | 15. ευφρανθησομεθα V (geschr. —σωμεθα) P²
B cf L: ευφρανθησομαι N, ευφρανθωμεν P³ | μετα σου V N L: επι σοι
P² B, > P³

καὶ αὐτὸς μεθ᾽ ἡμῶν. καὶ ἐπορεύθημεν ἀπ᾽ αὐτοῦ. καὶ γυνή
τις χήρα ἀπαντήσασα ἡμῖν εἶπεν τῷ Ἰωάννῃ· κύριε, δεῖξόν μοι,
ποῦ ἐστιν τὸ ἱερὸν τοῦ Ἀπόλλωνος. καὶ εἶπεν αὐτῇ Ἰωάννης·
τί χρῄζεις τοῦ ἱεροῦ; ἡ δὲ εἶπεν ~ υἱός μοι μονογενὴς ὑπάρχει,
καὶ πνεῦμα πονηρὸν ἐπεισῆλθεν ἐν αὐτῷ καὶ ὀλέσκει αὐτόν, 5
καὶ ἦλθον πυθέσθαι τοῦ καθαρωτάτου Ἀπόλλωνος, τὸ τί ποιήσω
αὐτῷ. ὁ δὲ Ἰωάννης εἶπεν πρὸς αὐτήν· ποίας πόλεως ὑπάρχεις; ἡ δὲ εἶπεν· οὐκ εἰμὶ ἀπὸ πόλεως, ἀλλὰ ἀπὸ τῆς ἀγροικίας,
καὶ οὐδέποτε εἰσῆλθον ἐν τῇ πόλει ταύτῃ. καὶ εἶπεν αὐτῇ
Ἰωάννης· πόσας ἡμέρας ἔχει τὸ πνεῦμα τὸ πονηρὸν ἐπὶ τὸν 10
υἱόν σου εἰσελθόν; καὶ εἶπεν ἡ γυνή· τριάκοντα τρεῖς, καὶ
ἐστὶν ἀκράτητος. εἶπεν δὲ αὐτῇ ὁ ἀπόστολος· ἄπελθε ἐν τῷ
οἴκῳ σου· ἐν ὀνόματι Ἰησοῦ Χριστοῦ ἐκαθαρίσθη ὁ υἱός σου
ἀπὸ τοῦ πνεύματος τοῦ ἀκαθάρτου. νομίσασα δὲ ἡ γυνή, ὅτι
ἱερεύς ἐστιν τοῦ Ἀπόλλωνος, ἐπίστευσεν, καὶ ἀπελθοῦσα εὗρεν 15
τὸν υἱὸν αὐτῆς καθαρισθέντα ἀπὸ τοῦ ἀκαθάρτου πνεύματος.
ἐπιστρέψαντες δὲ πάλιν ἤλθαμεν ἐν τῷ τόπῳ τῷ καλουμένῳ

1. και αυ. μ. ημων V L: > N P² P³ B | 2. ημιν V N c m¹ m²:
ημας P² v | 3. που εστιν V N: > P³ | και ειπεν αυτη V: ειπεν δε N
P³ B (diese beiden + αυτη ο) | 4. τι V N B: και × P³ | του ιερ. V
N (× γυναι): το ιερον του Απολλωνος P³ | μοι hier V N: hinter υπαρχει
(υπαρχων ohne folgendes και P²) B P³ | 5. επεισ. N P³: υπεισηλθεν P²
c m² v, εισηλθεν V, υπεισηλθον m¹ | εν αυτω V m²: επ αυτον P³, αυτω
N P² c v, > m¹ | ολεσκει P² c m¹ m²: ολεσει V, αλισκει N P³, απωλλει
v | 6. του — Απ. V P² P³: τω καθαρωτατω Απολλωνι N | το V: > N P³,
nicht zu vergl. P², der hier beinah ganz mit B geht | 7. προς αυτην V:
αυτη N P³ | υπαρ. V N: τυγχανεις P³ | 8. αλλα απο V: αλλ᾽ εκ N, αλλα
P³ | 9. εισηλ. V P²: ηλθον N | κ. ειπεν V: ειπεν δε N P³ | αυτη V P³:
προς αυτην hinter Ιω. N | 10. το πονηρον V L: > N P³ | επι τον υ. V:
επι τω υιω P², εις τον υιον N | 11. εισελθον hier V: hinter πνευμα N
P³ | κ. ειπεν V: ειπεν δε N P² | τρεις N L: ημεραι + B, ημεραι εισιν
+ P² (aber wie B an früherer Stelle), ημερας εχει + P³, ετι εισιν V |
κ. ε. ακρατητος P³, auch N, der εκτην statt εστιν, cf L: εξοτε τουτο συμ-
βεβηκεν αυτω V, εξ ου ταυτα επαθεν P², > B | 12. ειπεν δε V P³: ο δε
N | αυτη V: προς αυτην hinter Ιω. N, > P³ | εν — σου V L cf B: >
N P³ | 13. Ιη. Χρ. V L (× domini mei): Χριστου P³ cf B, του πατρος
και του υιου και του αγιου πνευματος N | εκαθαρ. (εκαθερ. P³) hier V:
hinter σου N P³ | 14. τ. ακαθ. V: τ. πονηρον P³, πονηρον vor πνευμ.
N | νομισασα — πνευματος: > nur V | 15. ιερευς N P³ c: ο Ιωαννης ×
m¹ m² v, mehreres > L | 16. καθαρ. α. τ. ακ. πνευμ. P³: καθαρ. του
πονηρου δαιμονος N, σωφρονουντα B | 17. παλιν ηλθαμεν V: ηλθομεν N,
ηλθομεν παλιν P³ | τω vor τοπω N P³: > N

Τυχίῳ, ἔνθα ἦν ὁ παράλυτος, καὶ εἶπεν αὐτῷ Ἰωάννης· ἰδοὺ
δὴ ἤλθαμεν ἐπὶ τὸ ἄριστον· τίς ἐστιν ὁ τὴν διακονίαν ἡμῶν
ποιῶν; καὶ εἶπεν ὁ παράλυτος· κύριε, εἰς κόπον ὑμᾶς ἤγαγον,
ὅπως αὐτοὶ διακονήσητέ μοι. καὶ εἶπεν Ἰωάννης· οὐχὶ, ἀλλ'
5 ἐν τῷ ὀνόματι Ἰησοῦ Χριστοῦ, τοῦ υἱοῦ τοῦ θεοῦ, ἀνάστα, δια-
κόνησον ἡμῖν. καὶ κρατήσας αὐτὸν τῆς χειρὸς ἤγειρεν, καὶ
ἔστη καὶ διηκόνησεν ἡμῖν καὶ ἐφάγομεν παρ' αὐτῷ καὶ ἐπίομεν.
καὶ ἀναστάντες ἐπορεύθημεν ἐν τῷ οἴκῳ Μύρωνος, καὶ εἰσελθόντες εὕραμεν ἐκεῖ Ῥόδωνα, τὸν ἀνεψιὸν Μύρωνος, καὶ παρε-
10 κάλεσεν τὸν Ἰωάννην, ὅπως δώσῃ αὐτῷ τὴν ἐν Χριστῷ σφραγῖδα. καὶ διδάξας αὐτὸν τὰ περὶ πατρὸς καὶ υἱοῦ καὶ ἁγίου
πνεύματος ἐβάπτισεν αὐτόν. καὶ τῇ ἐπαύριον ἦλθεν ὁ ἄνθρωπος ὁ ξένος καὶ παράλυτος καὶ προσελθὼν ἔπεσεν προσκυνῶν
καὶ εὐχαριστῶν τῷ Ἰωάννῃ. ἰδόντες δὲ αὐτὸν οἱ περὶ Μύ-
15 ρωνα, ὅτι ὑγιὴς ἐγένετο, ἐθαύμασαν καὶ ἐπηρώτησαν αὐτὸν
περὶ τοῦ συμβάντος αὐτῷ. καὶ ἐξηγήσατο πᾶσιν περὶ τῆς
αἰτίας αὐτοῦ, πῶς ἐθεραπεύθη, καὶ παρεκάλεσεν τὸν Ἰωάννην

---

1. Τυχιω: Τειχιω P² s. oben p. 84, 4 | ενθα (οπου P²) ην ο παρα-
λυτος (και ξενος + P² cf B) V P³: προς τον παραλυτον N | 2. δη ηλθαμεν
V: ηλθομεν die andern | τις εστιν V P³ B (λοιπον Χ m² v) P² (Χ και) :
τις N | ημων N P²: ημιν P³ c m² v (auch m¹ der aber ο μελλων διακο-
νησαι ημιν), > V | 3. υμας nur V hinter ηγαγον | και ειπεν V: ειπεν
δε N P³ etc. | 4. διακονησον V P³: και Χ N | 6. ημιν V N: ημας P³ |
κρατησας: nur V εκρατησεν | της χειρος V P³ B (αυτου + v): > N |
ηγειρεν N B (+ αυτον, ob auch P'?): > V | 7. ιστη N P³ m² v: ανεστη
V, > c m¹ | διηκονησεν V P³ c m¹ v: διηκονει N, διακονει m² | παρ'
αυτω V: μετ' αυτου hinter επιομεν N, anders die andern | 9. ευραμεν
V m²: ευρομεν N etc. | εκει V: εκεισε B (P³?), > N | 10. δωση N:
δωσει P³ B, δωη B s. oben p. 82, 5 | 11. και διδαξας αυτον N L cf B:
και βαπτισας και αυτον εδιδαξεν V | τα περι — πνευματος V N: εις το
ονομα του πατρος κτλ. B, in nomine sanctae trinitatis L | 12. εβαπτ. αυ.
N etc.: > V | 13. παραλυτος V: —τικος N (der oben l. 3 doch auch
die andre Form hat) B | κ. προσελθων — Ιωαννη V: εν τω οικω Μυρω-
νος και προσεκυνησε τω Ιωαννη P³ cf B, και προσεκυνησεν τον Ιω. N
cf L | 14. ιδοντες δε αυ. V: και ιδ. απαντες αυτον (αυτ απ. P³, αυτ.
παντες v) N P³ v, ganz anders c m¹ m² | οι περι Μυρ. V: οι εν τω
οικω Μυρωνος N v, > P³ c m¹ m² | 15. εγενετο V N v: ην ο πριν πα-
ραλυτος P³ | 16. του συμβ. αυτω V P³: της υγιειας (υγειας v) αυτου N
v cf L | εξηγησατο N P³ (Χ αυτος) c v: εξηγησαντο V, εξηγειτο m¹ m² |
περι — εθεραπευθη V cf c m¹ m² (τον τροπον της αυτου oder εαυτου
θεραπειας) L: τα (περι P²) της θεραπειας αυτου N P³ v

λέγων· διδάσκαλε, δὸς καὶ ἐμοὶ τὴν ἐν Χριστῷ σφραγῖδα. ὁ
δὲ ἀπόστολος κατηχήσας αὐτὸν ἐβάπτισεν αὐτόν.

Καὶ τῇ ἐπαύριον ἐξήλθαμεν ἐκ τοῦ οἴκου Μύρωνος καὶ
ἐπορεύθημεν ἐν τόπῳ τινὶ καλουμένῳ Πρόκλου. ἦν δὲ ὁ τόπος
παρὰ θάλασσαν, καὶ ἦν ἐκεῖ βυρσεία δερματογνάφων. εἰς δὲ 5
τῶν βυρσοδεψῶν ἦν Ἰουδαῖος, ὀνόματι Κάρος. καὶ συνέβαλεν
λόγους πρὸς Ἰωάννην ἀπὸ τῶν βίβλων Μωσέως. ὁ οὖν Ἰωάννης κατὰ τὸ πνεῦμα διήνοιγεν αὐτῷ τὰς γραφάς, ὁ δὲ Κάρος
ἐν πολλῇ φιλονεικίᾳ ἦν πρὸς τὰ λαλούμενα ὑπὸ Ἰωάννου. ὁ
δὲ Ἰωάννης ἐπέμενε διαλύων καὶ ἑρμηνεύων αὐτῷ τὰς γραφάς, 10
μάλιστα τῶν ἁγίων προφητῶν, καὶ ἐξηγεῖτο αὐτῷ τὰ περὶ τοῦ
υἱοῦ τοῦ θεοῦ, ὁμοίως περὶ τῆς σαρκώσεως αὐτοῦ καὶ τοῖ πά-

1. λέγων — σφραγῖδα V P³ (> διδασκ.): οπως και αυτον ποιηση
Χριστιανον N v, nicht vergleichbar B L | ο δε — αυτον V (nur ein και
hinter κατηχησας weist auf einen Zusatz wie etwa in L et de fide catho-
lica confirmans): ο δε Ιω. διδαξας αυτον εβαπτ. εις ονομα πατρος κτλ.
N, fast ebenso v; ο δε Ιω. εβαπτ. αυτον διδαξας προτερον τα περι πα-
τρος κτλ. P³ | 3. εξηλθαμεν V: --ομεν N P² v | 4. τινι V P³: N v |
Προκλου V P² P³ v: Προκλω N, Προκλον c m¹ m² | ο τοπος π. θαλ. P³
v: ουτος × N, > V P², nur παρα θαλ. c m¹ m² cf L (in locum quen-
dam maritimum ohne Namen) | 5. και ην εκει N: ην δε εκει v, ενθα
βυρσ. ετυγχανον c m¹ m² (P³?) cf L; V schliesst an das ην δε l. 4 an
και δερματογραφια εν τω τοπω εκεινω, den ganzen Satz > P² | βυρσεια
P³ c v: βυρσια N m¹, über V s. vorher | δερματογναφων v L (fullonum):
δερματογραφων N P³, über V s. vorher, > B | εις — Ιουδαιος N (aber
βυρσοδετων) v cf L: ην δε τις εκει βυρσευς Ιουδ. c m¹, ebenso P³ aber
βυρσοδευτης, m² (aber μυρσευς?); ην δε τις εκει ανηρ Ιουδ. βυρσαιος
P², υπηρχεν δε τις ιερευς (statt Ιουδαιος?) εκει βυρσες (sic) V | 6. ον.
Καρος V P² c m¹ m²: ον. Καρων P³ (dem entspricht in P² später Κα-
ρονος), Καρος ονοματι N, Καρος τουτω το ονομα v | 7. απο — Μωσ. N
P² P³ B (c m¹ m² Μωυσεως, v βιβλων) L: απο Μωυσεως vor προς
Ιω. V | ουν N v: δε V (P³ c m¹ m² ohne folgendes Ιωαννης) | 8. το V
N: > die andern | διην. αυτω V P³ c m¹ m² L: ερμηνευει αυτω N,
ερμηνευων (mit ε über dem ω) αυτους v | τας γραφας V L (scripturam):
το γραμμα P² c m¹ m², > N, über v s. vorher | 9. πολλη N P³ (dieser
nach φιλον.) v: > V, die andern anders | λαλουμ. (λεγομ. P³) υπο Ιω.
N P² v cf B: λεγομενα αυτω V | 10. Ιωαννης N v: αποστολος V (auch
c m¹ m² mit Zuthaten, ob auch P³?) | επεμενε N c m¹ m² v: προσε-
μενε(ν) V P³ | διαλυων — γραφας N P³ (> και ερμ.) v: τη γραφη
διαλυων και ερμηνευων αυτον (!) V | 11. μαλιστα — καθεδρας p. 88, 2
V N v (nur hat v εξηγ. δε αυτω και und mit N > αυτου hinter αφιξεως
u. + του πατρος hinter δεξια): μαλιστα τα των προφητων και τα περι
του υιου του θεου και περι τ. σαρκωσεως. . . . εκ νεκρων εγερσεως. . . .
αφιξεως κ. της εν δεξια του πατρος καθησεως P³, sehr abgekürzt B

θους καὶ τῆς ταφῆς καὶ τῆς ἐκ νεκρῶν ἀναστάσεως καὶ τῆς εἰς
οὐρανοὺς ἀφίξεως αὐτοῦ καὶ τῆς ἐν δεξιᾷ καθέδρας καὶ τῆς
μελλούσης φοβερᾶς αὐτοῦ καὶ ἐνδόξου παρουσίας. ὁ δὲ Κάρος
ἐτράπη εἰς βλασφημίαν ἐπὶ τούτοις πᾶσιν. ὁ δὲ Ἰωάννης εἶπεν
5 αὐτῷ· σιώπα καὶ φιμώθητι. καὶ διέμεινε κωφός, μὴ δυνάμενος λαλῆσαι. οἱ δὲ ἄνδρες, οἱ ὄντες ἐν τῷ τόπῳ ἐκείνῳ, ἐθαύμασαν, πῶς σὺν τῷ λόγῳ Ἰωάννου ἐγένετο ἡ ἐπιταγή. διελθὸν
δὲ δύο ὡρῶν διάστημα, οὐκ ἠδύνατο ὁ Κάρος ἀνοῖξαι τὸ
στόμα αὐτοῦ καὶ λαλῆσαι. εἶπεν δὲ Ἰωάννης πρὸς τὸν ὄχλον
10 τὸν περιεστῶτα αὐτῷ· ἄνδρες ἀδελφοί, τί θαυμάζετε ἐπὶ τούτῳ,
τῷ ἐνέγκαντι ἑαυτῷ τὴν ἰδίαν καταδίκην; τὰ γὰρ λόγοις μὴ
συναινοῦντα τοῖς ὅπλοις κρίνεται. ὁ οὖν Μαρεώτης, ὁ φιλόσοφος, εἶπεν πρὸς Ἰωάννην· διδάσκαλε, μέλι πικρίαν οὐκ οἶδεν,

2. της μελλ. φοβερας V N (> της) P³: nach της gleich ενδοξου v
L (+ ad iudicium) | 3. αυτου κ. ενδ. N: κ. ενδ. αυτου P², δευτερας
αυτου V, über v L s. vorher | Καρος: Καρων hier wieder P³, nachdem
er inzwischen auch Καρος hatte | 4. επι τ. πασιν hier V N P³: vor
ετραπη v, derselbe βλασφημιας wie m¹ gegen alle andern | 5. σιωπα κ.
φ. N P³ v, auch c m¹ m² (σιωπα, πεφιμωσο) u. P² (σιωπησας πεφ.):
φιμωθ. κ. σιωπα V | διεμεινε — λαλησαι N v: παραχρημα (εκεινος +
m¹) γεγονε κωφος και αλαλος c m¹ (ob auch P²), εμεινεν παραυτα κωφος κ. αλαλος P² m², συν τω λογω Ιωαννου εμεινεν αλαλος και κωφος
V, eine Textmischung in L | 6. οντες: nur V ευρεθεντες hinter εκεινω
7. πως V c m¹ m² (P³?): επι τουτω (τουτο N) οτι N v, ganz abweichend
Pᵀ | συν: nur V εν | επιταγη N P³ v: αποφασις V | διελθον — διαστημα
v (ursprünglich διελθων), ebenso N, denn das sinnlose διελθοντων ist
wahrscheinlicher Druck- als Schreibfehler: διηλθε δε ως δυο ωρων δια-
στημα P³, διελθουσων δε ωρων τριων V, effluxis ferme tribus diebus
venit turba etc. L | 8. ουκ — λαλησαι N v (ηδυνηθη): και ο Καρος ην
μη δυναμενος λαλησαι η ανοιξαι το στομα αυτου P³, φιμωθεντος του
Καρου V | 9. δε: > V | 10. περιεστωτα αυτω v P³: παρεστωτα N v
(dieser vor οχλον) | αδελφοι V L: > N P³ v | 11. τω: > N | ενεγκαντι
V P²: εξενεγκοντι P³ v, επενεγκαντι N, επενεγκοντι c m¹ m² | εαυτω V
(nur dieser nach, die andern vor dem Verb) N c m¹: εαυτον P², εφ'
εαυτω v, > m², ganz anders P² | την ιδ. κατ. V N (> ιδιαν) c m¹ m²
v: τη ιδια κακια P³ | λογοις: nur v λογισμοις | 12. συναινουντα (oder
—ενουν—) V N c m¹ m²: συνιεντα P², συνιων v, κοινων P³ | τ. οπλ.
κριν.: nur v ευγνωμονος, τοις της δικαιοσυνης οπλοις μαστιζομενος ακων
και μη βουλομενος επιγνωμων γενησεται | Μαρεωτης P² P³ m²: Μαρεστης
N, Μαραιοτης V v, Αρεστης c, Αρεωτης m¹, > wie gewöhnlich L |
13. ουκ οιδε(ν) V P² P³ c m¹ m²: ουκ εχει N (geschrieben ου κιχει)
v, ganz anders L

καὶ γάλα κακίαν οὐκ ἔχει. καὶ διανεύσας ὁ φιλόσοφος τῷ
Κάρῳ, ἐποίησεν αὐτὸν εἰς τοὺς πόδας αὐτοῦ πεσεῖν, ἅμα καὶ
ἐπιλέγων τῷ Ἰωάννῃ· διδάσκαλε, ὃν ἔδησας λῦσον εὐγνωμόνως.
ὁ δὲ ἀπόστολος εἶπεν τῷ Κάρῳ· ἐν τῷ ὀνόματι Ἰησοῦ Χριστοῦ
ἐκλείσθη σου τὸ στόμα, ἐν τῷ ὀνόματι αὐτοῦ ἀνοιχθήσονταί 5
σου τὰ χείλη. καὶ εὐθέως σὺν τῷ λόγῳ Ἰωάννου ἐλάλησεν ὁ
Κάρος. καὶ ἐκεῖθεν ἤλθομεν ἐπὶ τὴν οἰκίαν Ῥόδωνος, καὶ εἰσελθόντων ἡμῶν ἐμείναμεν τὴν ἑσπέραν παρ᾽ αὐτῷ. καὶ τῇ ἐπαύριον ἔρχεται ὁ Κάρος ἀναζητῶν ἡμᾶς καὶ εἰσελθὼν ἔπεσεν εἰς
τοὺς πόδας Ἰωάννου καὶ προσεκύνησεν αὐτῷ καὶ εἶπεν· διδάσ- 10
καλε, οἴδαμεν ἀπὸ τῶν γραφῶν, ὅτι παρεπίκραναν οἱ πατέρες
ἡμῶν τὸν θεόν, καὶ τῇ αὐτοῦ ἀγαθότητι συνεχώρησεν αὐτοῖς.
κἀγὼ εἰ καὶ ἥμαρτον εἰς τὸν θεόν, τὸν ἀποστείλαντά σε,
συγχώρησόν μοι καὶ δός μοι τὴν ἐν Χριστῷ σφραγῖδα. καὶ
κατηχήσας αὐτὸν ἐβάπτισεν εἰς ὄνομα πατρὸς καὶ υἱοῦ καὶ 15
ἁγίου πνεύματος.

1. εχει: nur N v οιδεν | 2. τω Καρω V P² B (auch v): τον Καρον
P³, ειπεν προς Καρον και N | εις τ. ποδ. αυτου , πεσειν V: πεσειν εις
τ. ποδ. (του + N) Ιωαννου N v, προσπισειν τω αποστολω P³ ο m²,
προσπ. τοις ποσι του αποστ. m¹ | 3. τω Ιω. V: προς αυτον B (auch
v), > N | ον V P² B: ο P³ v, ως N | εδησας V N v: + δικαιως P², +
πρεπόντως B, δησας ohne Adverb P³ ⊦ λυσον ευγν.: nur v παρακληθι και
λυσον ohne ευγνωμ. | 4. αποστ. V: Ιωαννης die andern | τω Καρω V P³
B: > N v, επ᾽ αυτω ειπεν P² (aber auch sonst abweichend) | εν —
στομα V N B (auch v): > P² P³ | 5. αυτου V B (auch v): Ιησου N,
Ιη. Χρ. P², Χρ. του Ναζοραιου P³ | ανοιχθ. V: παλιν ανοιγεται N,
ανοιγησονται v, ανοιγησεται ο m², ανοιχθησεται m¹, διανοιχθητωσαν P²,
ανοιξον P³ | 6. σου τ. χειλη V N B (auch v): τα ωτα και τα χειλη σου
και εση υγιης P², σου το στομα P³ | συν τ. λ. Ι. P³ B (auch v) N (ohne
Ιω.): > V, ganz anders P² | 7. και εκειθεν V v: > N | ηλθομεν V:
ηλθεν v, εξηλθομεν N, εισελθοντων δε ημων B nach allerlei Einschiebseln,
die auch in P² wiederzuerkennen sind | επι V N: εις v | Ροδωνος V N
P³ ο v: Ροδονος m¹ m², mit anderem > P²; nur N v + του ανεψιου
Μυρωνος | εισελθοντων ημων N v cf B vorher: > V | 8. την εσπ. N v:
> V | αυτω V v: αυτον N | 9. αναζητων V v: ζητων N, αναζητησας B |
εισελθων V: ευρων N v | εις V: επι v, παρα N, προς B | 10. Ιω. V v
B: + επι προσωπον N | προσεχ. αυτω (αυτον N) και V N: > v |
11. απο τ. γραφ. N B v (> των) L: > V | 12. και V v: αυτος δε N |
αυτοις N v: αυτους V | 13. ει και V L: > N v | 14. συγχωρ. V: αλλα
✕ N v | 15. αυτον — πνευμ. N cf L: nur εβαπτισεν αυτον V, (κ. κα-
τηχ.) και διδαξας αυτον εβαπτ. εις το ον. του πατρος κ. τ. υ. κ. τ. α.
πν. αυτω η δοξα εις τους αιωνας των αιωνων. αμην. v, dieser lässt nun
fol. 90 b die Geschichte vom bekehrten Priester in Myrinusa u. s. w.

Ἦν δέ τις ἄνθρωπος ἐν Πάτμῳ τῇ νήσῳ μάγος, καὶ τούτου
τὸ ὄνομα Κύνωψ. οὗτος ἦν οἰκῶν ἀπὸ τεσσαράκοντα σημείων
τῆς πόλεως ἐν σπηλαίῳ ἐν τόπῳ ἐρήμῳ, ἐν κατοικίᾳ πνευμάτων
ἀκαθάρτων. ἦν δὲ ἔχων ἐν τῷ τόπῳ ἐκείνῳ, ὥς τινες ἐξηγοῦντο,
5 ἔτη ἑκκαίδεκα. τοῦτον πάντες οἱ ἐν τῇ νήσῳ εἶχον ὡς θεὸν
διὰ τὰς φαντασίας τὰς γινομένας ὑπ᾿ αὐτοῦ διὰ τῶν δαιμόνων.
οἱ οὖν ἱερεῖς τοῦ Ἀπόλλωνος, ὡς εἶδον ὅτι μετὰ παρρησίας
διδάσκει ὁ Ἰωάννης, καὶ ὅτι οὐδὲν πέπονθεν ὑπὸ τοῦ ἡγεμόνος
διὰ τὴν ἐρήμωσιν καὶ ἀπώλειαν τοῦ ἱεροῦ τοῦ Ἀπόλλωνος,
10 ἐπορεύθησαν πρὸς Κύνωπα καὶ εἶπον αὐτῷ· ἐκ πολλῶν ἐτῶν
ὄντα σε βοηθὸν τῇ νήσῳ ταύτῃ ἐπιστάμεθα, καθαρώτατε Κύνωψ·
δεόμεθα οὖν τῆς σῆς προστασίας, ὅπως βοηθὸς ἡμῶν γένῃ
ἐπὶ τῆς θλίψεως ταύτης τῆς περιεχούσης ἡμᾶς παρὰ Ἰωάννου
τοῦ ξένου καὶ ἐξορίστου ἐν τῇ νήσῳ ταύτῃ. διὰ γὰρ μαγικῆς
15 κακοτεχνίας περιδήσας ἅπαντας τοὺς πρώτους τῆς πόλεως

folgen (= Neander p. 616 sqq., Amphil. p. 50 sqq.). Die in allen
übrigen Zeugen hier folgende Geschichte von Kynops hat v vorher
fol. 70 b sqq. mit der Ueberschrift τα περι Κυνωπος και περι των νε-
κρομαντιων ωνπερ ενηργει. Aehnlich P³ περι Κυνωπος του εν Πατμω
τη νησω τας νεκρομαντιας ποιουντος, ebenso m², nur τα vor περι u. του
nicht vor εν Π. sondern vor τας νεκρομαντειας (so dort); nur περι Κυνωπος (του + c) μαγου c m¹ Paris 523, wie es scheint auch m³, welcher
hier wieder eintritt. Keine Ueberschrift V N P² | 1. δε: > nur v | αν-
θρωπος: nur P³ ανηρ | μαγος: + την τεχνην m³ | και τουτου τ. ον. V v:
ου το ον. P³, και ον αυτω N, και τουτου ον. m², ονομα αυτου m³, ονο-
ματι c m¹ | 2. ουτος — πολεως V (dieser allein σημ. τεσσαρ.) N P³ L:
> B (womit v hier wieder geht), kaum zu vergleichen P² m³ | 3. εν
σπηλιω V cf L: > N P³ | 4. ην δε εχων V: αυτος δε ην κατοικων N
P³ | 5. εκκαιδεκα (geschr. ις) V: πεντηκοντα N P³, quadraginta L, απο
(oder εξ) ικανων χρονων B, nichts P², wie m³? | τουτον — θεον P³ N
(× αυτον vor ως) v (nur απαντες), ähnlich c m¹ m², cf L: τουτον ουν
απαντων (!) ως θεος υπηρχεν τοις εν τη νησω V, τουτω παντες σοι (!)
εν τη νησω προσειχον αυτω ως θεω m³ | 6. φαντασιας: nur N + αυτου |
δια τ. δαιμ. N P³ B cf L: > V | 8. Ιωαννης: nur V + ο αποστολος
του Χριστου | ερημ. και απωλ. V: απωλ. και ερημ. N, nur απωλειαν P³,
nur ερημωσιν P² B | 9. ιερου N P³ L: μιαρωτατου × V, ναου ohne
Attribut P² B | του Απ. V P² L: > N P³ B | 10. Κυνωπα: nur V ×
τον u. + τον μαγον | 11. επισταμεθα: nur V × παντες | 12. ημων γενη
N P³ m² v (γινη): ημας γενησαι V, γενη c m¹ | 14. εν τ. νησω ταυτη V
c m¹: > N P² P³ m² v | 15. απαντας V: παντας N m³ v, > P² P³
c m¹ m²

ἡμῶν, προσεκλίθησαν πάντες πρὸς αὐτόν. καὶ τούτοις κατα-
θαρρῶν πολλὰς ἀταξίας ἐργάζεται ἐν τῇ πόλει ἡμῶν, καὶ τὸ
ἱερὸν τοῦ φοβεροῦ Ἀπόλλωνος εἰς ἐρήμωσιν ἤνεγκεν. καὶ προσ-
ήλθομεν τῷ ἡγεμόνι καὶ ἐκέλευσεν αὐτοὺς βληθῆναι ἐν τῇ φυλακῇ, καὶ ἐπιστάντες Μύρων καὶ Ἀπολλωνίδης, ὁ υἱὸς αὐτοῦ, 5
ἐξέβαλαν αὐτούς. οὐ μόνον δὲ τοῦτο, ἀλλ' οὐδὲ τοῦ σοῦ ὀνόματος λοιπὸν μνημονεύουσιν, καὶ πάντες οἱ ἄνθρωποι πλανηθέντες ἀπῆλθον ὀπίσω αὐτοῦ. ἀκούσας δὲ ταῦτα ὁ Κύνωψ
παρὰ τῶν ἱερέων τοῦ Ἀπόλλωνος εἶπεν πρὸς αὐτούς· ὑμεῖς
ἐπίστασθε, ἀπὸ τοῦ τόπου, ἐν ᾧ οἰκῶ, οὐδέποτε ἐξῆλθον, καὶ 10
πῶς ὑμεῖς ἐπείγετέ με ἐπὶ τούτοις; καὶ εἶπον οἱ ἱερεῖς· δεόμεθά σου τῆς καθαρότητος, βοήθησον ἡμῖν καὶ εἴσελθε ἐν τῇ
πόλει. καὶ εἶπεν Κύνωψ· οὐ καταλύω ἐμαυτὸν διὰ μικρὸν
ἀνδρίον τετραγῳδημένον καὶ εἰσέρχομαι ἐν τῇ πόλει, ἀλλὰ

1. προσεκλιθ. V P³ (beide schreiben —κληθησαν): προσεκολληθησαν
N, εφελκυσατο . . . προκολληθηναι m³, εποιησεν επικλιθηναι c, εποιησεν
παντας υποκλιθηναι m¹, επεκλιναι mit ε über αι v, επεκλινεν m², ηλ-
κοισεν P² | παντες πρ. αυ. V: αυτω παντας c, αυτω N P³ m¹ (aber παν-
τας vorher) m³, προς εαυτον P² m² v | καταθ. V P² m² v: εκεινος
καταθαρρησας N P³, εκ. καταθαρρων c m¹ | 2. εργαζ. V m³: κατεργ. N
P³ c m¹, ποιει P² m² v | 3. φοβερου N P³ m² v: Φοιβου V, καθαρου
c m¹, μεγαλου P², > m² L | ηνεγκεν N P³, dasselbe soll sein ηυνεγκαν
V: ηγαγεν B P² | και προσηλθ. — αυτους l. 6 V N P³ c m¹ m³ cf L:
> P² v m² | 4. ηγεμονι: nur N + κατ' αυτου | αυτους V: αυτον nach
βληθηναι N P³ c m¹ m³ | 5. επισταντες V N P³ m³: ελθοντες B | ο υιος
αυτου V: > N P³ B m³ | 6. εξαβαλαν αυτους V: εξεβαλον αυτον N P³
B m³ | ου μονον δε τουτο V: > die andern | αλλ' ουδε V P² m² v:
αλλα και N P³, και c m¹, και ως θεω προσεχουσι, του δε σου κτλ. m³ |
7. λοιπον μνημ. V: ουκετι γινεται μνημη N P³ m³, ουκετι oder ετι γιγ.
μνεια B, μνηα γινεται ετη P² | 8. ο Κυν. hier V c m¹ (m² v P² >
παρα — Απολλ.): hinter Απολλ. N P³ | 9. ιερεων τ. Απ. N P³ c m¹:
μιαρων ιερεων V, sacerdotibus L, die andern s. in voriger Note | 10. απο
— εξηλθον V: οτι ουδεποτε εξηλθον εκ (απο N, > P² v) του τοπου
τουτου N P² P³ B cf L | 11. επειγετε V P³ (dieser επηγετε wie auch
N): νυν × N, προτρεπετε P², προτρεπεσθε m¹ (+ νυν) m² v, επι-
τρεπεσθε νυν c | με: > N | τουτοις V: τουτω P³, τουτο N | και — ιερεις
N P³: οι δε επιπτον (sic) V, οι δε (παλιν + m¹) ειπον αυτω c m¹,
> sammt der Rede P² m² v | 12. σου τ. καθ. P³: σου V, της σης καθα-
ροτητος N c m¹, τ. σης αγαθοτητος m³ | ημιν V P³ c m¹ (+ τουτο
απαξ): > N, ganz anders m³ | 13. κ. ειπεν Κ. N P³ c (ο Κ.) m¹
(ανθις ο Κ.): ο δε παλιν προς αυτους V | δια V P³ B (hier wieder
c m¹ m² v) P²: δι' ενα N L | 14. ανδριον V (wo ον ausgefallen) P³ L
(homuncionem): ανδρα N P² B | αλλα V c m¹ m²: αλλ' N P² P³ v

αὔριον ἀποστελῶ ἄγγελον πονηρὸν ἐν τῷ οἴκῳ, ἐν ᾧ καταμένει,
καὶ παραλήψομαι τὴν ψυχὴν αὐτοῦ καὶ παραδώσω αὐτὴν εἰς
κρίσιν αἰωνίαν. καὶ εἶπαν οἱ ἱερεῖς τῷ Κύνωπι, πεσόντες εἰς
τοὺς πόδας αὐτοῦ· πορευόμεθα ἔχοντες τὴν σὴν βοήθειαν. τῇ
5 οὖν ἐπαύριον προσκαλεσάμενος ὁ Κύνωψ ἕνα ἄρχοντα τῶν
πονηρῶν πνευμάτων καὶ βιαίων, εἶπεν αὐτῷ· γένου δὴ ἕτοιμος
πολὺ καὶ πορεύθητι ἐν τῇ πόλει καὶ εἴσελθε ἐν τῷ οἴκῳ Μύρωνος καὶ κατατυφλώσας τὸν ἐξόριστον Ἰωάννην ἐπίπεσον
αὐτῷ καὶ λαβὲ τὴν ψυχὴν αὐτοῦ καὶ ἄγαγε αὐτὴν πρός με,
10 ὅπως κρίνω αὐτὴν ὡς θέλω. ἐξελθὼν οὖν ὁ δαίμων ἦλθεν ἐν
τῇ πόλει καὶ εἰσῆλθεν ἐν τῷ οἴκῳ Μύρωνος. ἦν δὲ ἀνακείμε-
νος ἐν τόπῳ ἡσυχαστικῷ ὁ Ἰωάννης· καὶ ἔστη ὁ δαίμων ἐν τῷ
τόπῳ. ἔγνω οὖν Ἰωάννης καὶ εἶπεν αὐτῷ· σοὶ λέγω τῷ δαίμονι πονηρῷ· παραγγέλλω σοι ἐν ὀνόματι Ἰησοῦ Χριστοῦ μὴ
15 ἐξελθεῖν ἐκ τοῦ τόπου τούτου, ἕως ἂν εἴπῃς μοι, δι᾽ ἣν αἰτίαν
ἦλθες πρός με. καὶ ἐπὶ τῷ λόγῳ Ἰωάννου εὐθέως ἐστάθη τὸ
πνεῦμα τὸ πονηρὸν δεδεμένον. καὶ εἶπεν Ἰωάννης· εἰπέ, πνεῦμα
ἀκάθαρτον, διὰ τί εἰσῆλθες ἐν τῷ οἴκῳ τούτῳ; ὁ δὲ δαίμων

---

1. εν ω V P² B: ω N, οπου P³ | 2. εις κρ. αιω. V L: κρισει αιωνια
N P³ vor παραδ., dasselbe (gestellt wie V) c m¹ m², ebenso κρισιν
αιωνια (!) P², κριτη αιωνιω v | 3. και — πεσοντες V: και επεσαν οι
ιερεις προς τους ποδας αυτου και προσεκυνησαν αυτω N P³ (επεσον u
προσκυνουντες), sehr mannigfaltig die andern | 4. πορευομεθα — βοηθειαν
V cf L (gratias illi agentes, quod pollicitus esset suum auxilium): και
επορευθησαν την εαυτων οδον N P³, κ. επορ. (εις + v m²) την οδ.
αυτων B, ganz isolirt P² | 5. ενα αρχ.: εναρχοντα N P³ | 6. πνευμ. VN
P² P³ m² m³: δαιμονων c m¹ v | και βιαιων V (geschr. -ον) v m²
(diese beiden hinter πονηρων): > N P² P³ c m¹ | γενου δη ετ. πολυ
V: γενου (δη + c m¹) εν ετοιμασια πολλη N P² P³ B | 8. κατατυφλωσας
V P² B: κατατυφλωσον N P³, καταζοφωσας m³ | επιπεσον αυ. και λ. V:
επιπεσων αυ. λ. c v, και επιπεσων αυ. λαβε N P² P³, επιπεσων τε αυ.
και λαβων m¹, επιπεσων τε αυ. λαβε m² | 9. και vor αγ. > nur m¹ |
10. ουν: δε nur V | 11. εισηλθεν V P (cf P² v εισελθοντος): ως ηλθεν
N | Μυρ.: του Μυρ. nur N | 12. ο Ιω. hier V: vor εν N (ohne o) P³ |
και — Ιω. N P³, ähnlich c m¹: εγνω ουν την επιστασιαν του δαιμονος
V | 13. σοι — πονηρω V: > die andern | 14. εν τ. ον. Ι. Χρ. V P³,
ähnlich P² B L: εν τη δυναμει του Χριστου N | 15. εκ V: > die an-
dern | 16 ευθ. εσταθη V cf L (illico fecit): εστη N P³ etc. | τ. πν. πο-
νηρον V cf L (malignus daemon tamquam): τ. πνευμα N (+ ως) P¹
(+ ωσπερ) m³ (+ ωσει), ο δαιμων B P² | 18. τι V N B: ποιαν αιτιαν
P³, ganz abweichend P² | εισηλθες V B: ηλθες N P³ | ο δε δαιμων V
P³ B: το δε πνευμα N

εἶπεν· οἱ ἱερεῖς τοῦ Ἀπόλλωνος ἦλθον πρὸς Κύνωπα καὶ πολλὰς λοιδορίας εἶπαν κατὰ σοῦ καὶ παρεκάλουν αὐτὸν εἰσελθεῖν
ἐν τῇ πόλει καὶ κατασκευάσαι σοι, ὅπως ἀποθάνῃς. καὶ αὐτὸς
οὐκ ἠνέσχετο αὐτῶν λέγων· ὅτι πολλὰ ἔτη ἔχω ἐν τῷ τόπῳ
τούτῳ καὶ οὐ καταλύω ἐμαυτὸν διὰ μικρὸν ἀνδρίδιον τετραγφ- 5
δημένον, ἀλλὰ ἀπέλθατε τὴν ὁδὸν ὑμῶν, καὶ αὔριον ἀποστελῶ
ἄγγελον πονηρόν, καὶ παραλήψεται τὴν ψυχὴν αὐτοῦ καὶ ἄξει
αὐτὴν πρός με, καὶ παραδώσω αὐτὴν εἰς κρίσιν. καὶ εἶπεν
Ἰωάννης πρὸς αὐτόν· ἀπεστάλης οὖν ποτε παρ' αὐτοῦ, καὶ
ἔλαβες ψυχὴν ἀνθρώπου καὶ ἤγαγες αὐτῷ; ὁ δαίμων εἶπεν· 10
ἀπεστάλην καὶ ἀπέκτεινα, ψυχὴν δὲ αὐτῷ οὐκ ἀπήνεγκα. καὶ
εἶπεν Ἰωάννης· τίνος χάριν πείθεσθε αὐτῷ; καὶ εἶπεν τὸ
πνεῦμα· πᾶσα ἡ δύναμις τοῦ Σαταναὴλ ἐκεῖ κατοικεῖ, καὶ συν-
τάξεις ἔχει μετὰ πάντων τῶν ἀρχόντων, καὶ ἡμεῖς μετ' αὐτοῦ,
καὶ ἀκούει ἡμῶν Κύνωψ, καὶ ἡμεῖς αὐτοῦ. καὶ εἶπεν Ἰωάννης· 15
ἄκουσον, πνεῦμα ἀκάθαρτον· κελεύει σοι Ἰωάννης, ὁ ἀπόστολος τοῦ Χριστοῦ, μηκέτι ἐξελθεῖν σε ἐπὶ βλάβῃ ἀνθρώπου,

1. και — σου V: και πολλα κακα ειπον αυτω περι σου N P³ c m¹,
> m² v L | 2. παρεκαλουν V: παρεκαλεσαν die andern | 3. αυτος V P³:
μεν + N | 5. καταλυω N P³ c m¹: καλλυω V, den Satz > m² v | αν-
δριδιον V: ανδριον P³, ανδρα N c m¹ | 6. απελθατε (—θετε N) — απο-
στελω (—λλω P¹) N P² cf c m¹: nur αποστελω αυριον V m² v | 7. αγγ.
πον. πον. V: τον αγγ. μου τον πον. P³ N (dieser + οστις ειμι εγω) |
παραλ. V B (m² παραληψομαι): ληψεται N P² | 8. και ειπεν V: ειπε(ν)
δε N P³ B | 9. αυτου V: το πνευμα N P³ B | ουν V N B: > P³ | παρ'
V: υπ' N P³ B | 10 ελαβες V: λαβων N P³ B | και ηγαγες V: ηνεγκας
N P³, απηνεγκας B | ο δαιμ. ει V: ειπεν δε ο δαι. N P³ | 11. απεστα-
λην: μεν + nur N | ψυχην — απηνεγκα V: απενεγκειν δε αυτω ψυχην
ουδαμως ηνεγκα N, απεν. δε (αυτω + P¹) ψυχην ουδεποτε ηδυνηθην
c m¹ P³, ουκ απηνεγκα δε ψυχην. ουδε γαρ δυναμαι m² v | και ειπεν —
πνευμα N P³ (το ακαθαρτον πν.) c m¹, wesentlich ebenso m² m³ v: nur
και γαρ V | 13. Σαταναηλ V m¹, Σατανα P² c m² v L, Μισαηλ N, Σα-
μαηλ P³ | συντ. εχει P³ B (συνταξεις v): συνταξει σ᾽ εχει N, was am
Rand corrigirt wird in συνεταξεν εκεινος, nur συνταξεις V | 14. τ. αρχον-
των V c m¹ m²: ημων × N, ημων + P³ m³, > v | κ. ημ. V P² L:
ομοιως × N P³ v, ομοιως + c m¹ m² m³ | αυτου V m³ L: ακουομεν
+ N P² P³ B | 16. ακαθαρτον V: πονηρον die andern | 17. του Χρ. V:
Ιησου Χρ. m² L, του υιου του θεου N P¹ c m¹ (dieser × και), Ιησους
Χριστος (ο υιος του θεου του ζωντος + P²) δι εμου ohne ο αποστολος
P² m¹ v | σε επι βλαβη αν. V cf dem Sinn nach m³ (επιθεσθαι ανθρωπω
του κακωσαι αυτον) L (in perniciem et detrimentum hominum): επι επιβουλην ανθρωπου P³, επι ανθρ. επιβουλην N, εις επιβουλην ανθρ. c m¹,
mehreres > P² m² v

μηδὲ ἐν τῷ τόπῳ ἐκείνῳ ἀπελθεῖν σε ἔτι, ἀλλ᾽ ἔξω τῆς νήσου
ταύτης ἐξελθεῖν καὶ μηδαμοῦ ἔχειν σε τόπον κελεύω. καὶ
εὐθέως τὸ πνεῦμα τὸ πονηρὸν ἐξῆλθεν ἐκ τῆς νήσου.

Ἰδὼν δὲ ὁ Κύνωψ, ὅτι ἐχρόνισεν τὸ πνεῦμα τοῦ ὑποστρέψαι
5 πρὸς αὐτόν, ἔπεμψεν ἕτερον πνεῦμα, εἰπὼν αὐτῷ τὰ αὐτά,
καὶ τῷ αὐτῷ τρόπῳ ἦλθεν πρὸς Ἰωάννην. ὁ δὲ ἀπόστολος
γνοὺς εἶπεν πρὸς τὸ πνεῦμα· τίνος χάριν ἦλθες ἐνθάδε, δαῖμον,
εἰπέ. καὶ ὁ δαίμων εἶπεν· Κύνωψ ἀπέστειλεν ἕνα τῶν ἀρχόν
των, ὅπως θανατώσῃ σε, καὶ οὐ παρεγένετο πρὸς αὐτόν, καὶ
10 προσκαλεσάμενός με εἶπέν μοι· ἄπελθε, θανάτωσον τὸν Ἰω
άννην. διὰ τοῦτο οὖν παραγέγονα. καὶ εἶπεν αὐτῷ Ἰωάννης·
παραγγέλλω σοι ἐν ὀνόματι Ἰησοῦ Χριστοῦ ἐξελθεῖν σε τῆς
νήσου ταύτης. καὶ εὐθέως ἐξῆλθεν. Ἰδὼν δὲ ὁ Κύνωψ, ὅτι
οὐδὲ ὁ δεύτερος δαίμων ὑπέστρεψεν πρὸς αὐτόν, ἐκάλεσεν δύο
15 ἄρχοντας τῶν δαιμόνων, καὶ εἶπεν αὐτοῖς· ἀπέλθατε πρὸς
Ἰωάννην, καὶ μὴ εἰσέλθητε οἱ δύο πρὸς αὐτόν, ἀλλὰ ὁ εἷς
εἰσέλθῃ, καὶ ὁ ἕτερος στηκέτω ἔξω καὶ ἀκουσάτω τὰ λαλούμενα
καὶ γινόμενα. ἐλθόντες οὖν οἱ δύο ἄρχοντες τῶν δαιμόνων ἐν
τῇ οἰκίᾳ Μύρωνος, καὶ ὁ μὲν εἷς ἤγγισεν πρὸς Ἰωάννην, ὁ δὲ

1. μηδε V c m¹: μητε N P², μητε δε m² v | 2. και — κελευω V:
και πελαζεσθαι (πλαζεσθαι N) και μηδαμου εχειν τοπον N P² m², >
B L | 3. το πονηρον V P³ B m²: > N | εκ V: απο N P² m², > B |
4. του υποστρ. V: υποστρ. P² m³, απελθειν N P¹ v, ελθειν c m¹ m² |
5. πνευμα V: δαιμονα B (P²?), αρχοντα των δαιμονων P², > N m² L |
τα αυτα N P² P³ c m² (+ ομοιω τροπω): ταυτα V, οια και τω προτερω
m¹, ομοιω τροπω v | 6. προς Ιωαννην V N (P³?): ελθον δε το ακαθαρτον
πνευμα εστη ενωπιον Ιωαννου c m¹, mit dem folgenden zusammengezogen m² v L | αποστολος V: Ιωαννης N etc | 7. ενθαδε V: ενταυθα
N etc. | δαιμον (geschrieben —ων) ειπε V: > N etc. | 8 και ο V: ο
δε N | 9. αυτον V B: σε N P³ | 10. με N P³: εμε c m¹, > V, mehreres
> m² v | 11. παραγεγονα V: παρεγενομην N B, παρεγεναμην P³ | αυτω
V: > N etc. | 12. παραγγελλω: nur V —ελω | σε V: > N etc. | της ν.
ταυτης V N P² c m¹ v: την νησον ταυτην P³ m² | 14. δυο αρχ. τ. δαιμ. V
P²: δυο αρχ. P³ B, δυο των αρχοντων N | 15. ειπεν V etc.: λεγει N
m² | απελθατε V P³: απελθετε N etc. | 16. εισελθητε N etc.: εισελθεται
V | 17. εισελθη c m¹, dasselbe meint V (εισελθεσθαι?): εισελθοι N P², die
andern abweichend | ακουσατω V: ακουετω N P³ c m¹, παρακροασατω v,
ακροασεται m² | λαλ. κ. γιν. V N: γιν. και λαλ. P², λεγομενα κ. τα γιν.
c m¹, nur τα γινομενα m² v, τα λεγομενα παρ αυτου P² | 18. ελθοντες
ουν (δε c m¹) οι δυο V c m¹: και εισελθοντες (ελθ. m² v) οι δυο P³
m² v, και ελθων αναγγειλε μοι. οι δε δυο N | εν τ. οι. Μυρ. V P³: +
εισηλθον c m¹, εισελθοντες X N, >m² v | 19. και V c m¹: > N P³ m² v

ἕτερος ἔστη ἐν τόπῳ τινὶ κατὰ τὴν κέλευσιν Κύνωπος. ὁ δὲ
Ἰωάννης γνοὺς τῷ πνεύματι εἶπεν τῷ δαίμονι· τίνος χάριν
παρεγένου ἐν οἴκῳ Χριστιανῶν, ἀκάθαρτε δαῖμον; καὶ εἶπεν
ὁ δαίμων· Κύνωψ ἀπέστειλεν δύο τῶν ἀρχόντων πρός σε, ὅπως
θανατώσουσίν σε, καὶ οὐδεὶς αὐτῶν ὑπέστρεψεν πρὸς αὐτόν. 5
προσκαλεσάμενος δὲ δύο πάλιν, ἐμέ τε καὶ ἄλλον, εἶπεν ἡμῖν·
ἀπέλθατε πρὸς Ἰωάννην, καὶ ὁ εἷς εἰσελθέτω, ὁ δὲ ἕτερος στηκέτω ἔξω, καὶ ἀκουέτω τὰ λαλαλούμενα. καὶ εἶπεν Ἰωάννης τῷ
δαίμονι· παραγγέλλω σοι ἐν ὀνόματι τοῦ ἐσταυρωμένου, μηκέτι
ὑποστρέψαι πρὸς Κύνωπα, ἀλλ᾽ ἐξελθεῖν ἐκ τῆς νήσου ταύτης. 10
καὶ εὐθέως ἐξῆλθεν. θεωρήσας δὲ ὁ δαίμων, ὁ ἑστηκὼς ἔξω,
ὅτι ἔλαβεν τὴν πικροτάτην ἐξορίαν ὁ ἑταῖρος αὐτοῦ, ἔφυγεν καὶ
ἀπελθὼν ἀπήγγειλεν πάντα τῷ Κύνωπι. καὶ οὐ προσέθετο
Κύνωψ ἀποστεῖλαι ἄλλον δαίμονα πρὸς Ἰωάννην, ἀλλὰ θυμοῦ
πλησθεὶς προσκαλεσάμενος τὰ πλήθη τῶν δαιμόνων εἶπεν πρὸς 15
αὐτούς· ἰδοὺ δὴ τοὺς ἑταίρους ὑμῶν ἐξώρισεν Ἰωάννης, καὶ
μέλλομεν ἅπαντες κακῶς πάσχειν ὑπ᾽ αὐτοῦ, καὶ ἀγὼν ἡμῖν

1. εστη εν τοπω τινι N P³: εν τω τοπω εσταθη V, εστη εξω B |
2. κατα — Κυνωπος N P³ c m¹: ως εκελευσθη παρα Κυνωπος V, > m²
v | ο — πνευματι V: γνους δε Ιω τω αγιω πνευματι N, και γνους ο Ιω.
c m¹ (P³?), κ. γνους ο θεολογος m² v | 2. τω δαιμ. V: τω εισελθοντι
πνευματι N, αυτω B | 3. Χριστιανων V B: Χριστιανου N | ακαθαρτε
δαιμον V P³ v (wohl auch m² v, welche nach Amphil. ακαθαρτε haben.
Alle schreiben δαιμων): δαιμων ακαθαρτε N, ακαθαρτον πνευμα P²
c m¹ | 4. δυο των αρχ. N P³ m² v P² (+ ημων): δυο αρχοντας c m¹,
δυο των δαιμονων και αρχοντων V | 5. θανατωσουσιν V N P³: θανα-
τωσωσι c m¹, nicht vergleichbar die andern | 6. προσκ. — παλιν V: και
παλιν προσκ. δυο N, κ. προσκ. παλιν δυο c m¹ | 7. απελθατε V P³ m¹:
απελθετε c | εις: μεν × nur N | εισελθετω — λαλουμενα N P³ (λεγο-
μενα) c m¹ (beide + και γινομενα): στηκετω εξω και ο ετ. εσω και τα
ακουομενα και λαλουμενα θεωρει V | 8. κ. ειπεν V: ειπεν δε N etc. |
9. δαιμονι V: πνευματι N etc. | παραγγελω V | τ. εσταυρ. V N P³ L:
× Ιησου Χριστου m² v, nur letzteres c m¹ | 10. υποστρεψαι: nur N
υποστρεψης | εξελθειν V c m¹ v: ελθειν m², εξελθε N P³ | εκ V B: απο
P² m³, > N | 11. θεωρησας V: ιδων N P³ c m¹ m³, ακουσας m² v
(letzterer + δε ταυτα, beide kürzen weiterhin | 12. πικροτατην N P³
c m¹ m³: > V L | εταιρος: ετερος V | 13. απηγγ. — Κυνωπι V (c m¹
> παντα, m³ stellt es hinter Κυν): προς Κυνωπα απηγγ. αυτω παντα
N P³, noch anders m² v | 14. αλλον δαιμ. V: δαιμ. αλλον N, ετερον
(ετεραν m¹) δαιμονα B | 16. δη V c m¹: > N P³ m² m³ v | εταιρους:
ετερους V | υμων V N B L m³: ημων P² P³ | 17. απαντες V: παντες N
P³ c m¹, den Satz > v m² | υπ᾽: nur V δια | ημιν: > nur N

μέγας ἐπίκειται· δεῦτε οὖν εἰσέλθωμεν ἐν τῇ πόλει, καὶ ἔσεσθε
ὑμεῖς ἐν τόπῳ ἡσυχάζοντες καὶ ποιοῦντες ἐμοὶ τὰ πρὸς ὑπηρεσίαν, ἐγὼ δὲ εἰσελθὼν κατασκευάσω αὐτὸν καὶ ποιήσω
αὐτὸν κακῶς ὀλεσθῆναι. λαβὼν οὖν ὁ Κύνωψ τὰ πλήθη τῶν
5 δαιμόνων εἰσῆλθεν ἐν τῇ πόλει, καὶ ἔξω τῆς πόλεως ἐποίησεν
αὐτοὺς προσμεῖναι. καὶ λαβὼν τρεῖς δαίμονας μεθ᾽ ἑαυτοῦ,
τοὺς τὰς ἀποκρίσεις αὐτῷ ποιοῦντας καὶ εἰσερχομένους καὶ
ἐξερχομένους πρὸς τοὺς ἄλλους δαίμονας, εἰσῆλθεν δὲ εἰς τὴν
πόλιν, καὶ ἤχησεν πᾶσα ἡ πόλις δι᾽ αὐτόν, ὅτι οὐδέποτε εἰσῆλ-
10 θεν ἐν αὐτῇ, καὶ συνήχθησαν ἅπαντες πρὸς Κύνωπα καὶ
προσεκύνησαν αὐτόν, αὐτὸς δὲ ἑκάστῳ ἀπεκρίνατο κατὰ τὴν
ἐπερώτησιν αὐτοῦ. ὁ δὲ Ἰωάννης εἶπεν πρός με· τέκνον Πρόχορε, γενναίως φέρε καὶ μὴ ὀλιγόρει· ὁ γὰρ Κύνωψ εἰς πολλὴν
θλῖψιν ἔχει ἡμᾶς ἐμβαλεῖν. συνήχθησαν δὲ πάντες οἱ ἀδελφοὶ
15 ἐν τῷ οἴκῳ Μύρωνος, καὶ ἤμεθα ἐκεῖ διδασκόμενοι ὑπὸ Ἰωάννου, καὶ ἐποιήσαμεν ἐν τῷ οἴκῳ, μὴ προερχόμενοι ἡμέρας δέκα,
διότι παρεκάλεσαν πάντες τὸν Ἰωάννην λέγοντες· ὅτι σύγχυσις

1. εισελθωμεν V: Χ απαντες c m¹, απελθωμεν παντες Ν Ρ² (m²
dasselbe Verb), απελθωμεν εις την πολιν απαντες v (m²?) | 2. ησυχα-
ζοντες V Ν Ρ²: ησυχαζοντι c m¹, ησυχω m³, abkürzend m² v | εμοι V
c m¹: μοι Ν Ρ² v | τα προς Ρ² Β: προς V, την Ν | 3. εγω δε V c m¹:
καγω Ν Ρ², den Satz > m² v | αυτον V Ρ³: αυτω Ν, > c m¹ | και
ποι. αυτον Ν Ρ³ c m¹: > V | 5. εποιησεν αυ. hier V Ρ²: vor εξω Ν c,
ποιησας δε εξω τ. π. ειναι τ. δαιμ. m² v, και τους μεν δαιμ. εποιησε ε.
τ. π. προσπαραμ. m¹ | 6. προσμειναι V: παραμενειν Ν, προσπαραμενειν
Ρ² c m¹, ειναι m² v | και λαβων V: λαβων Ν Ρ³, παραλαβων Β (c + δε,
m¹ μονον δε τρεις εξ αυτων παραλ.) | τρεις δ. μ. εαυ. V: τρεις μ. εαυ.
Ν Ρ³, τρ. εξ αυτων Β | 7. αυτω V c m¹: αυτου Ν Ρ³, προς αυτον v,
προς αυτους m² | κ. εξερχ. V Ν: > Ρ³, ganz abweichend Β | 8. δαιμο-
νας — και V: εισελθων ουν ο Κυνωψεν εν τη πολει Ν Ρ³ | 9. πασα V Ν
of Β (συνηχθη δε πασα η π. oder πασα δε η π. συνηχθη) Ρ² (εσεισθη πασα η
π. και ηχισεν ο λαος κτλ.) L: > Ρ³ | ουδεποτε V: ουδεπω Ν Ρ², ουκ ην ποτε
Β | εισηλθεν εν αυ. V: ην εισεληλυθως (εισεληλυθεν Ρ³) εν τη πολει Ν
Ρ³ | 10. απαντες V Ρ³: παντες Ν | Κυνωπα V: αυτον Ν Ρ³ | 11. αυτος δε
V: και Ν Ρ³ | 12. επερωτησιν V v: ερωτησιν Ρ³ c m¹ (m²?), αποκρισιν
Ν, sur Sache of Hermae Past. mand. 11, 2 | τεκν. Π hier V Ρ² Β: hinter
φερε Ν Ρ³ | 13. ολιγωρει: ολιγορει V Ν | 14. εχει ημ. εμβ. V Ν (dieser
allein + αλλα θαρσει· η γαρ ολεσις αυτου και πτωσις ταχεως γινεται)
Ρ³: αγωνιζεται εμβαλλειν ημας c, ähnlich m¹, ημας εμβαλειν μελλει v,
ημας εμβαλλη Ρ² | 15. ημεθα .... εποιησαμεν: ησαν ... εποιησαν nur
V, mehreres > m² | 16. εν — δεκα V: δεκα ημερας εν τω οι. Μυρω-
νος, μη προερχ. εξω Ν, ähnlich die andern | 17. παντες V: οι αδελ-
φοι + Ν etc.

μεγάλη ἐστὶν ἐν τῇ πόλει, καὶ μὴ προέλθωμεν, ἵνα μὴ ἐπιβου-
λευθῶμεν ἅπαντες ἡμεῖς. ὁ δὲ Ἰωάννης, ὁ ἀπόστολος τοῦ
Χριστοῦ, παρῄνει πᾶσιν λέγων· μακροθυμήσατε, ἀδελφοί μου,
καὶ ὄψεσθε τὴν δύναμιν τοῦ Χριστοῦ, τοῦ υἱοῦ τοῦ θεοῦ· ὃν
τρόπον γὰρ ἡ πόλις ὅλη συνήχθη καὶ ἀκούει τῶν λόγων τοῦ 5
Κύνωπος καὶ θαυμάζει ἐπ' αὐτῷ, οὕτως συναχθήσονται καὶ
θαυμάσουσιν ἐπὶ τῇ ἀπωλείᾳ αὐτοῦ.

Μετὰ δὲ τὰς δέκα ἡμέρας εἶπεν Ἰωάννης πρός με· ἀνάστα,
τέκνον Πρόχορε, προέλθωμεν ἐν τῷ τόπῳ τῷ καλουμένῳ Βότρυι.
καὶ καθίσαντες ἐκεῖ, συνήχθησαν ὄχλοι πολλοὶ καὶ ἐδιδάσκοντο 10
ὑπὸ Ἰωάννου. ἀκούσας δὲ ὁ Κύνωψ ὅτι διδάσκει Ἰωάννης,
εὐθέως παρεγένετο πρὸς αὐτὸν καὶ ἰδών, ὅτι πάντες ἐπείθοντο
τοῖς λαλουμένοις καὶ γινομένοις ὑπὸ Ἰωάννου, ἐπλήσθη θυμοῦ
πολλοῦ καὶ εἶπεν πρὸς ἅπαντα τὸν ὄχλον· ἄνδρες τυφλοὶ καὶ
πεπλανημένοι τὴν ὁδὸν τῆς ἀληθείας, ἀκούσατε· εἰ δίκαιός 15
ἐστιν ὁ Ἰωάννης καὶ δίκαια τὰ λαλούμενα καὶ γινόμενα ὑπ'

1. εστιν hier V c m¹: vor μεγαλη N P³ v | κ. μη προελθ. V c m¹
m³ (> και m², > και μη v): και μηποτε εξελθομεν προς αυτους P²,
> N P³ | ινα μη V: μηποτε N P³ B, και P² | 2. απ. ημ. V N P³: >
P² (επιβουλευθωσιν) B | ο απ. τ. Χρ. nur V | 3. αδελφοι μου V: αδελφοι
N P³ B, τεκνα m³, τεκνια μου P² | 4. την — θεου V: την δοξαν τ. θεου
(aus Joh. 11, 40) N P² P³ B, virtutem et gloriam dei L | 5. ολη V:
πασα vor η πολις P² B, > N P³ | ακουει — Κυν. V P³ cf L trotz seiner
starken Abweichung: > N P² B | 6. κ. θαυμ. επ' αυτω N P³ (θαυμα-
ζουσιν): κ. θαυμαζει (—αζουσιν m²) επι τοις λογοις του Κυνωπος P² B,
> V | συναχθησ. και N P² P³ B: παλιν V | 8. δε N P³ L: ουν V, die
andern unvergleichbar | αναστα — Βοτρυι V cf L (surge, fili Prochore
eamus in locum urbis, cui nomen .. fehlt der Name): αναστα και εξελ-
θωμεν εν τη πολει, τεκνον Πρ., και εξελθοντες ηλθομεν εν τοπω καλ.
Βρυει N P³, so auch c m¹ nur ohne και nach αναστα u. Βοτρυι statt
Βρυει, letztere Form nur noch m³; ohne Rede des Johannes και ευθεως
παραλαβων με εξηλθομεν εις τοπον καλ. θαλασσα Βοτρυι P², ähnlich
m² v | 10. κ. καθισ. N P³: (και × c m¹) καθισαντων (ουν + V, δε
+ v) ημων V B, ganz anders P². Nach dem Stil des Prochorus be-
deutet obiger Text dasselbe wie die naheliegenden Correcturen | 12. ευ-
θεως παρεγ. V B: παραγινεται N P³ m³ (ob auch dieser ohne ευθεως?) |
επειθ. — γινομενοις V P³ (> κ. γιν.) c u. m¹ (πειθονται): nur εδι-
δασκοντο N, επειθοντο τοις λαλ. υπ' αυτου m², mehreres > P³ |
13. επλησθη (εξεπλ. N) θυμου πολλου (πολλου θ. V) V N P³ c m¹: >
m², ευθεως παρεγενετο προς αυτον και οχλος πολυς μετ' αυτου κτλ. v |
14. απαντα V c m¹: παντα N P³, mit anderem > m² v | 16. o: > V |
και γιν. V c m¹: > N P³ | υπ' αυτου V: παρ' αυτου N, > die
andern

αὐτοῦ, θεραπεύσει ὑμᾶς καὶ ἐμὲ διὰ τὸν λόγον, ὃν λέγω ἐγὼ
πρὸς αὐτόν, καὶ πιστεύσω κἀγὼ τοῖς λεγομένοις καὶ γινομένοις
παρ' αὐτοῦ. καὶ περιεισιήκεισαν ὄχλοι πολλοί, καὶ ἐπιλαβόμενος
ὁ Κύνωψ ἑνὸς νεανίσκου εἶπεν πρὸς αὐτόν· ζῇ ὁ πατήρ σου,
5 ἢ ἐτελεύτησεν; ὁ δὲ εἶπεν· τέθνηκεν. ὁ δὲ Κύνωψ εἶπεν· ποίῳ
θανάτῳ; ὁ δὲ εἶπεν· ναυτικὸς ὑπάρχων, συνετρίβη τὸ πλοῖον
ἐν τῇ θαλάσσῃ, καὶ ἐπνίγη ὑπὸ τῶν κυμάτων καὶ ἀπέθανεν. ὁ
δὲ Κύνωψ εἶπεν πρὸς Ἰωάννην· ἰδοὺ δεῖξον, εἰ ἀληθῆ διδάσκεις,
καὶ ἀνάγαγε τὸν πατέρα τοῦ νεανίσκου ἀπὸ τῆς θαλάσσης καὶ
10 παράστησον αὐτὸν τῷ παιδὶ ζῶντα καὶ πᾶσιν ἡμῖν. καὶ εἶπεν
Ἰωάννης· οὐκ ἀπέστειλέν με Χριστὸς νεκροὺς ἐγείρειν, ἀλλὰ
ἀπέστειλέν με ἀνθρώπους πεπλανημένους διδάσκειν. εἶπεν δὲ
Κύνωψ πρὸς ἅπαντα τὸν ὄχλον τὸν περιεστῶτα· κἂν ἄρτι πι-
στεύετε ἄνδρες, οἱ τὴν Φοράν πόλιν οἰκοῦντες, ὅτι μάγος ἐστὶν
15 καὶ πλανᾷ ὑμᾶς διὰ μαγικῶν ἐμπαιγμάτων. καὶ εἶπεν πρὸς

1. και εμε V c m¹: καμε N P² | τον λ. ον V P³: των λογων ων N
c m¹ | λεγω εγω V: εγω λ. N P³ c m¹ | 2. λεγομ. V m³: λαλουμ. N P³
c m¹ | κ. γινομ. V P³ c m¹: > N m³ | 3. παρ' V: υπ' die andern | και
περιεισιηκεισαν (m³, περιεστηκασιν P², παρεστηκησαν N, περιιστωτο δε c m¹)
οχλ. πολλοι N P³ c m¹ m³: > V | 4. ενος νεανισκου N P³: ν. ενος m¹,
ω τινος c ν, νεανισκου τινα V, νεανισκον m² (?) | πρ. αυτον V: αυτω
N P³ etc., nur N + ειπε νεανισκε, ganz im Stil des Proch. | 5. η ετελ.
N P³ B: > V P² | 6. ο δε — θαλασση l. 7 N wesentlich ebenso c m¹
(P³?): ο δε ειπεν αυτω οτι ναυτικος υπηρχεν και συνεβη το πλ. εν τη
θαλ. συντριβηναι V, ναυτικος υπαρχων εν θαλασση απεθανεν παδοντος
του πλοιου und dann sofort ειπεν ουν ο Κυν. l. 8 v, nach Amphil. m²
ebenso aber ohne die Auslassung vorher; noch kürzer P² | 7. κυματων
V P³ c m¹: υδατων N | και απεθ. V c m¹: > N P³ | 9. νεανισκου V:
παιδος N etc. | απο V P³ m¹ m² v: υπο c, εκ N | 10. ζωντα hier V:
hinter ημιν N (> πασιν) P³ c m¹. > τω παιδι u. και π. ημιν m² v |
11. αλλα: αλλ' N | 12. διδασκειν V P³ c m¹: + και επιστρεφειν N, και
προς την αληθη θεογνωσιαν επιστρεφειν m¹, ganz anders m² v | 13. απαντα
V: παντα c m¹, > N P² m² m³ v | περιεστωτα V c m¹ m³: παρεστ. N
P³, > m² v | πιστευετε V P³ B: πιστευσατε N m³, vieles > P² |
14. ανδρες V c L: οι την οδον της αληθειας μη επισταμενοι N P³ (m³
και τ. οδ. αλ. μη επ. hinter οικουντες), nach πιστευετε sofort οτι πλανος
εστιν m² v | Φοραν schreibe ich auch hier (s. oben p. 57, 1.9), obwohl
Tischendorf hier wieder in V φοραν glaubte lesen zu sollen: Φθοραν
N m³, Φλοραν c m¹, die andern sind nicht zu vergl. | οικουντες V c m¹:
κατοικ. N P³ | μαγος V N P³: πλανος B, alle ausser V + Ιωαννης oder
ο Ιω. nach εστιν | 15. υμας: nur V ημας | μαγικων εμπαιγματων N P²
c m¹: μαγικης κακοτεχνιας V, magicam L, die andern nicht vergleich-
bar | κ. ειπεν πρ. αυτους V: κ. ειπεν N P³, > B m³ L

αὐτούς· κρατήσατε αὐτόν, ἕως οὗ ἀναγάγω τὸν πατέρα τοῦ
παιδὸς ζῶντα καὶ παραστήσω αὐτόν. καὶ ἐκράτησαν τὸν Ἰωάννην, καὶ ἠγγίσαμεν μετὰ Κύνωπος παρὰ τὸν αἰγιαλὸν τῆς
θαλάσσης, καὶ διαπετάσας Κύνωψ τὰς χεῖρας αὐτοῦ καὶ διακρούσας αὐτάς, κτύπος ἐγένετο μέγας, καὶ πάντες ἐφοβήθησαν, 5
καὶ ἐξ ὀφθαλμῶν πάντων ἐγένετο. καὶ ἐπῆραν ἅπαντες τὴν
φωνὴν αὐτῶν καὶ ἔκραξαν λέγοντες· μέγας εἶ Κύνωψ, καὶ οὐκ
ἔστιν ἕτερος πλὴν σοῦ. καὶ ἐξαίφνης ἀνέβη ἀπὸ τῆς θαλάσσης,
ἔχων τὸν πατέρα τοῦ παιδός, καὶ ἐξέστησαν ἅπαντες, καὶ εἶπεν
Κύνωψ τῷ νεανίᾳ· οὗτός ἐστιν ὁ πατήρ σου; καὶ εἶπεν· ναί, 10
κύριε. καὶ προσεκύνησαν ἅπαντες τῷ Κύνωπι, καὶ ἐζήτησαν
πάντες τὸν Ἰωάννην ἀποκτεῖναι. καὶ οὐκ εἴασεν ὁ Κύνωψ λέ-
γων· ὅταν ὄψεται μείζονα τούτων, τότε τιμωρηθήσεται κακῶς.
καὶ προσκαλεσάμενος ὁ Κύνωψ ἄλλον ἄνθρωπον εἶπεν αὐτῷ·
ἔχεις υἱόν; εἶπεν δὲ αὐτῷ ὁ ἀνήρ· ναί, κύριε, ἕνα εἶχον, καὶ 15
κατὰ φθόνον τις ἀπέκτεινεν αὐτόν. καὶ εἶπεν Κύνωψ· ἐγερ-

---

1. ου αναγ. V v m² (obwohl Amphil. ουν angiebt): εγω αναγ. P³
c m¹, εγω u. dann ανεγειρω hinter παιδος N | 2. παιδος: + απο της θαλασ-
σης c v | ζωντα hier V: hinter παραστ. oder αυτον die andern | αυτον
V P² B: > N m² | 3. παρα V P³ B: εις N | 4. αυτου V P³ c: εαυτου
vor χειρας m¹, > P² m² m³ v | 5. κτυπος εγενετο N P³ c m¹: κτυπον
εποιησεν V m² (μεγαν vor επ.) v (τε nach κτ.), εποι. κτυπον P² | μεγας
N c m¹: μεγαν P² m² v (μεγα), > V P³ | 6. παντων V N P³: ημων
vor oder nachher B, nur ημων P² | εγενετο V v: αφαντος × N P³,
αφανης c m¹, αφαντως m² | την φ. N P³ c m² v: τας φωνας m¹, φωνην
V | 7. αυτων: > V m³ | και εκραξαν N P¹: κ. εκραζον c m¹, οι οχλοι
εκραζαν m³, > V m² v | Κυν. V B: ο Κυν. N P³ | 8. ετερος V: αλλος
m¹, τις v, > N P³ c m² m³ | εξαιφνης V P³ v m² (dieser nach ανεβη):
ενθεως N, μετα βραχυ m³, > c m¹ | 9. τ. πατ. τ. παιδος V (nur dieser
+ ζωντα) N: ως ελεγε × P³, ως εφαντασε × m³, μεθ' εαυτου δαιμονα
εν σχηματι του (τεθνηχοτος + m¹) πατρος (αυτου + v) του νεανισκου
B cf L | 10. νεανια V: παιδι N P³ B | 11. απαντες N P³ m³ (c m¹ ×
πεσοντες): παντες V, οι οχλοι m² v (beide × πεσοντες) | τω Κυν. V
B (αυτω nur m²): τον Κυνωπα N P³ m³ | 12. ειασεν: εασεν nur N |
13. οταν V B: οτε m³, > N P³ cf L | οψεται N P³ c m¹: οψεσθαι V,
videbitis L, ιδη m² v, μειζονα τουτων ποιησω m³ | τοτε V B m³: και ×
N P³ L | 14. και V: δε nach προσκαλ. B, γουν m³, παλιν N | ειπεν
P³ B: λεγει N | αυτω N P³ B: προς αυτον V | 15. εχεις V B m³ L:
εσχες N P³ | ειπεν — ανηρ V: ο δε ειπεν N, ο δε λεγει (αυτω + v)
N v, andere anders | ναι κυριε N c v: κυριε P³ m¹, ναι m³, > V | ενα
ειχον V N: ειχον ενα υιον c m¹ (dieser κυριε hinter ειχον), ειχον μονον
ενα m³, ενα υιον εσχον P³, > v (m²?) | 16. ειπεν: αυτω + nur V

θήσεται ὁ υἱός σου. καὶ φωνὴν ἀπεδίδου ὁ Κύνωψ καὶ προσεκα-
λεῖτο ἐξ ὀνόματος τὸν ἀποκτείναντα καὶ τὸν ἀποκτανθέντα, καὶ
ἐξαίφνης παρέστησαν οἱ δύο ὁμοῦ. καὶ εἶπεν ὁ Κύνωψ πρὸς
τὸν ἄνθρωπον· οὗτός ἐστιν ὁ υἱός σου; καὶ οὗτός ἐστιν ὁ
5 ἀποκτείνας αὐτόν; καὶ εἶπεν ὁ ἄνθρωπος· ναί, κύριε. καὶ
εἶπεν ὁ Κύνωψ πρὸς Ἰωάννην· τί θαυμάζεις, Ἰωάννη; καὶ
εἶπεν Ἰωάννης· ἐγὼ ἐπὶ τούτοις οὐ θαυμάζω. καὶ εἶπεν ὁ Κύ-
νωψ· εἰ ἐπὶ τούτοις οὐ θαυμάζεις, μείζονα τούτων ὄψει καὶ
τότε θαυμάσεις· ἐὰν γὰρ μὴ ἡττήσω σε διὰ τῶν σημείων, οὐκ
10 ἐῶ σε ἀποθανεῖν. εἶπεν δὲ Ἰωάννης· τὰ σημεῖά σου μετὰ σοῦ
λυθήσονται ταχύ. ἀκούσαντες δὲ οἱ ὄχλοι τὸν λόγον τοῦτον
παρὰ Ἰωάννου, εἶπον αὐτῷ· τί βλασφημεῖς, ἐξόριστε, εἰς τὸν
καθαρώτατον Κύνωπα; καὶ εὐθέως ὥσπερ θῆρες ἄγριοι ἐπῆλθον
αὐτῷ καὶ τὰς χεῖρας αὐτῶν ἐπέβαλον εἰς αὐτόν, καὶ διασπαρά-
15 ξαντες αὐτὸν ἐπὶ τὴν γῆν καὶ ἐπιπεσόντες αὐτῷ κατεμασίσαντο

1. και (κατα + V) φωνην απεδιδου (αποδιδωσιν P²) ο Κυν. και
προσεκαλειτο εξ ονοματος (προσκαλουμενος P³) V P³: φωνην ουν ευθεως
τροηκατο προσκαλουμενος m³, και προσκαλουμενος N, και φωνη μεγαλη
προσεκαλειτο m², και ηρξατο φωνη μεγ. προσκαλεισθαι c m¹, > v |
2. αποκτειν. V N P³: τε × B | και εξ. V P³ m³: και ευθεως c m¹,
εξαιφν. N, και m² v | 3. παρεστησαν οι V N P³: παρεστ. αυτω B. εφα-
νησαν παραστανες m³ | δυο ομου V: δυο N P³, αμφοτεροι m¹, δυο δαι-
μονες εν μορφαις (σχηματι m¹) των δυο ανθρωπων και εθαυμασαν
παντες (oder παντες εθ. oder π. πλειον εθ., c m¹ + ιδοντες αυτους)
B | προς τ. ανθρ. N P³ c m¹ m³: > V, alles zwischen diesem Κυν. u.
dem in l. 6 > m² v | 4. σου: μου nur V | εστιν vor ο αποκτ V: > N
P³ etc. | 5. και ειπεν N P³ c: ειπεν δε V, και φησιν m¹, ο δε ειπεν
(ohne ανθρ.) m³ | o: > nur N | 6. Ιωαννην: τον × nur P³ | Ιωαννη V
B: > N P³ m³ | 7. Ιωαννης N P³: ο × c m³ (dieser ohne ειπεν), ο
αποστολος V, die andern anders | επι τουτοις: nur V hinter θαυμαζω |
ο vor Κυν. > nur N | 8. οψει V (mit drüber geschriebenem η) N P³
c m¹: οψη m² v | και τ. θαυμ. N P³ B m³: > V L | 9. ηττησω σε V
m² v L (te . . vicero): εκστησω σε N P³, εκτησω σε m¹, εκστησωσι c |
10. εω σε V N P³ c v L: εσωσε Amphil. jedenfalls auf eigene Gefahr,
P² ist in diesem ganzen Zusammenhang wenig zu vergl. | ειπεν δε V m²
v: και ειπεν N, λεγει αυτω c m¹ etc. | μετα — ταχυ V P³: συν σοι κα-
ταλυθησ. m² v) και απολουνται ταχυ B, beinah so P², συν σοι
ταχειον λυθησονται δια Χριστου N | 12. ειπον: ειπεν N | 14. αυτω N P³
m³: τω Ιωαννη B, > V | και τας — αυτου V: > die andern | 15. και
(> V) επιπεσ. αυτω (—ον V) N P³ V: ετυπτον ανηλεως· αλλοι δε επι-
πεσοντες B P² | κατεμασισαντο V P³ (—σεισαντο): διεμασισαντο m³,
κατεμασσωντο B P² (—οντο), κατεληϊσαντο N

αὐτὸν τοῖς ὀδοῦσιν αὐτῶν, καὶ ἔμεινεν νεκρός. νομίσας οὖν ὁ
Κύνωψ ὅτι τέθνηκεν, εἶπεν πρὸς τὸν ὄχλον· ἄφετε αὐτὸν ἄτα-
φον, ὅπως τὰ πετεινὰ τοῦ οὐρανοῦ καὶ τὰ θηρία τῆς γῆς κατα-
φάγωσιν τὰς σάρκας αὐτοῦ, καὶ ἴδωμεν, εἰ ὁ Χριστός, ὃν κη-
ρύττει, ἐγερεῖ αὐτόν. ἔχοντες δὲ τὸ ἀσφαλές, ὅτι τέθνηκεν 5
Ἰωάννης, ἀνεχώρησαν ἅπαντες μετὰ Κύνωπος, ἕκαστος εἰς τὸν
ἴδιον οἶκον.

Καὶ ἔμεινεν Ἰωάννης ἐπὶ τοῦ τόπου ἄφωνος· ἤμην δὲ ἐγὼ
ἐν τῷ τόπῳ ἀποσκοπεύων τὰ περὶ αὐτοῦ. περὶ δὲ δευτέραν
ὥραν τῆς νυκτὸς ὡς εἶδον, ὅτι ἡσυχία ἐγένετο ἐν τῷ τόπῳ 10
ἐκείνῳ, ἤγγισα πρὸς αὐτόν, καὶ εἶπεν πρός με· τέκνον Πρόχορε.
καὶ εἶπον αὐτῷ· τί ἐστιν κύριε; καὶ λέγει μοι· ταχέως ἄπελθε
ἐν τῷ οἴκῳ Μύρωνος, ὅτι ἐκεῖ εἰσιν οἱ ἀδελφοὶ πάντες συναχθέντες καὶ πενθοῦντες, καὶ ἀνάγγειλον αὐτοῖς, ὅτι Ἰωάννης ζῇ,
καὶ οὐδὲν κακόν ἐστιν ἐν αὐτῷ, καὶ ταχέως πάλιν ἐλθὲ ἐνταῦθα. 15
καὶ εὐθέως ἐπορεύθην καὶ εὗρον πάντας τοὺς ἀδελφοὺς συνηθροισ-
μένους καὶ πενθοῦντας περὶ Ἰωάννου. καὶ κρούσαντός μου τὰς θύρας τοῦ οἴκου οὐκ ἐτόλμων ἔσωθεν ἀνοῖξαι, νομίζοντες ὅτι ἐπιβουλή
ἐστιν ἀπὸ τῶν τῆς πόλεως κατὰ ὑπόθεσιν τοῦ Κύνωπος τοῦ

1. αυτον V N c m² v: αυτω P², τουτον P³, αυτου τας σαρκας m¹ | τ. οδ.
αυτ. hier V P²: vor dem Verb N (dieser > αυτων) P³ B | ουν V c m¹
m²: δε N v, και vor νομ. P³ | 4. τ. σαρκας αυ. V P² P³: αυτου τ. σ.
m² m³ v, αυτον N c m¹ L | ιδωμεν P² P³ B: ειδομεν V N | ον κηρ. V
N P³ m³ L: ον λεγει θεον P², αυτου c m¹ v, > m² | 5. εγερει P² v L:
εγειρει V N etc. | εχοντες — ασφ. V: ασφαλως ουν παντων εχοντων B
P² (εχ. παντ.), εχοντων δε παντων N P³, δοξαντων δε παντων m³ |
6. απαντες V: > N etc. | 7. ιδιον V: εαυτου m³, αυτου hinter οικον N
P², ganz anders B P² | 8. ημην δε εγω V: εγω δε ημην m³, και ημην
εγω N P² | 9. εν τω τοπω V of L: > N P³ m³ | αποσκοπευων V P³:·
αποσκοπων N, διασκοπων dann aber abweichend m³ | 10. ωραν V L:
φυλακην N P³ etc. | εγενετο N P³: ενεκεν V | 11. εκεινω V: > N P³ |
12. κ. ειπον — μοι N, wesentlich so P² P³ B, eine Spur auch in L: > V
m³ | ταχ. απελθε V B (P³?): απ. ταχ N m³ | 13. παντες hier N P³ m³:
vor οι V, > B | 15. και ουδεν — αυτω N P³, wesentlich so B m³: >
V L | και ταχ. — ενταυθα V P³ (ενθαδε, dies auch B) L: > N m³ |
16 ευθεως V: ως ειχον ουν ταχους (απηλθον) m³, citissime L, > N P³ B |
παντας τ. αδ. V: απαντας P², παντας B, αυτους N, fratres L, > meh-
reres m³ | 17. περι Ιωαννου N P³ B: τον Ιωαννην V | κρουσαντος V (cf
m³ κρουσας την θυραν ουκ ειχον επακουοντα): διακρουσαντος N P²,
nicht vergleichbar P² B | 18. ετολμων N P³: κατετολμων m³, ετολμουν
V | εσωθεν V: > die andern | 19. απο των V: > N P³, ganz anders m³,
wieder anders L | κατα V P³: καθ' N | του vor Κυν. V N: > P³

μάγου. ἐπὶ πολὺ δὲ διαμένοντός μου καὶ κρούοντος τὰς θύρας
καὶ φωνὰς ἀποδιδόντος, εἷς τῶν παίδων Μύρωνος ἐγνώρισεν
τὴν φωνήν μου καὶ διϊσχυρίζετο λέγων· ὅτι Πρόχορός ἐστιν.
οἱ δὲ ἔλεγον· οὐχί, ἀλλά τινες εἰσὶν τῶν πολιτῶν. ἄλλος δέ
5 τις προσελθὼν ἐπὶ θύρας ἔλεγεν· ὅτι Πρόχορός ἐστιν. καὶ
ἀνοίξαντες εἶδόν με καὶ ἐξέστησαν· ἐνόμιζον γὰρ κἀμὲ συν-
τεθνηκέναι τῷ Ἰωάννῃ. καὶ εἶπον πρὸς αὐτούς· μὴ ἔστω λύπη
ἀναμέσον ὑμῶν, ἀδελφοί· ὁ γὰρ διδάσκαλος ἡμῶν ζῇ, καὶ
αὐτός με ἀπέστειλεν πρὸς ὑμᾶς. ἀκούσαντες δὲ ὅτι ζῇ Ἰωάν-
10 νης, οὐκέτι ἠθέλησαν ἄλλον λόγον ἀκοῦσαι παρ᾽ ἐμοῦ, ἀλλ᾽
εὐθέως συνεξῆλθόν μοι, καὶ ἤλθομεν ἐπὶ τὸν τόπον, ἐν ᾧ ἦν
Ἰωάννης. καὶ εὕρομεν αὐτὸν ἑστῶτα καὶ προσευχόμενον καὶ
ἔστημεν πάντες κατὰ ἀνατολάς, καὶ ἐπλήρωσεν Ἰωάννης τὴν
εὐχήν, καὶ πάντες εἴπαμεν τὸ ἀμήν. καὶ μετὰ τὴν εὐχὴν ἠσπα-
15 σάμεθα ἕκαστος τὸν Ἰωάννην, καὶ ἤρξατο διδάσκειν αὐτοὺς
καὶ παραγγέλλειν περὶ τοῦ Κύνωπος, λέγων· Βλέπετε, ἀδελφοί,
μή τις ἡμῶν πλανηθῇ ἐπὶ πᾶσιν οἷς ἐποίησεν Κύνωψ ὁ μάγος,
ὅτι πάντα ἃ ποιεῖ διὰ φαντασίας ποιεῖ· ἀλλὰ ταχὺ ὄψεσθε
τὴν ἀπώλειαν αὐτοῦ. καὶ διδάξας αὐτοὺς ἀπέλυσεν λέγων·

1. διαμεν. V P²: διαμειν. N, επιμειτας δε m³ | και κρ. τ. θυρας V
(cf m³ τω κρουματι και φωτησας, lies φώνησας): ᐳ N P³ | 2. αποδι-
δοντος N P³: αποδιδουγτος V | 4. οι δε — Προχορος εστιν l. 5 P³ N
(ταις θυραις): ᐳ V (+ dagegen ο μαθητης Ιωαννου) L m³ | 5. και
ανοιξ. V: και ουτως αν. m³, et illi statim aperientes L, αν. δε N P³ |
6. ενομιζον V B m³: ενομισαν N P³ | γαρ V P³ B m³: δε N | καμε V N
P³: και εμε B ³ | συντεθνηκ.: συντεθναναι nur N (ohne folgendes τω) |
7. και ει. V: ει. δε N etc. | 9. ζη Ιω. V P³ B (ο Ιω.): Ιω. ζη N | 11. εν
ω V P²: οπου N, ενθα B (P³ ?) | 12. ευρομεν -- προσευχ. V cf L: και
ευροντες αυτον ισταμενον και ευχομενον P², ιδου (+ αυτος B, nur v
hinter ην) ην (+ εστως και B) προσευχομενος N P³ B | και εστ. —
ανατολας V N P² (απαντες): εστημεν και ημεις μετ᾽ αυτου P², ᐳ B L |
13. επληρ. Ιω. V: πληρωσαντος αυτου N P², τελεσας P², ως επληρωσε m²
(ᐳ das folgende την) v, μετα ο m¹ | 14. και παντες V: απαντες N P²,
παντες P², ᐳ B, alles bis την ευχην ᐳ L | ειπαμεν N: ειπομεν V P³,
υπηκουσαμεν P³ (dieser + αυτον) B | x μετα — Ιω. V cf L: κ. μετα
την ευχην (m² v, μετα δε τουτο ο m¹, ᐳ N) ησπασατο (ενα + ο m¹)
εκαστον ημων N P³ B | 15. αυτους V L: ᐳ N, anders die andern |
16. του V: ᐳ N | 17. ημων V (aber drüber geschrieben υ) m³: υμων
N etc. | εποιησεν V: ποιει N etc. | 18. α ποιει V L: ᐳ N etc. | 19. αυτου
V (auch m³ vor απωλ.): τουτου vor απωλ. N | λεγων V: X παλιν εντο-
λην ετεραν N

μακροθυμήσατε, ἀδελφοί, καὶ ὄψεσθε τὴν χάριν τοῦ θεοῦ·
ἡσυχάσατε δὲ πάντες ἐν τῷ οἴκῳ Μύρωνος. καὶ πάλιν ἠσπάσαντο αὐτὸν καὶ ἀνεχώρησαν.

Τῇ οὖν ἔωθεν ἔρχονταί τινες καὶ θεωροῦσιν ἡμᾶς ἐν τόπῳ
καλουμένῳ Λίθου βολῇ, καὶ πορευθέντες πρὸς Κύνωπα εἶπον 5
αὐτῷ, ὅτι ζῇ Ἰωάννης. ἀκούσας δὲ ταῦτα ὁ Κύνωψ προσκαλεσάμενος τὸν δαίμονα, δι' οὗ τὰς νεκρομαντείας ἐποίει,
εἶπεν πρὸς αὐτόν· ἕτοιμος γενοῦ, ὅτι Ἰωάννης ζῇ. καὶ παρέλαβεν τὸ πνεῦμα τὸ ἀκάθαρτον καὶ ἦλθεν πρὸς ἡμᾶς. ἠκολούθει δὲ αὐτῷ ὄχλος πολύς, καὶ ὡς ἤγγισεν τῷ Ἰωάννῃ, εἶπεν 10
αὐτῷ· βουλόμενος περισσοτέραν αἰσχύνην σοι περιποιήσασθαι
καὶ βασάνους πολλάς, τούτου χάριν ἔασά σε ἔτι ζῆν· ἀλλὰ
δεῦρο πάλιν ἐπὶ τὸν αἰγιαλὸν τῆς θαλάσσης καὶ ὄψῃ τὴν δύναμιν τὴν ἐμήν, καὶ τότε ἕξεις αἰσχύνην μεγάλην. καὶ ταῦτα
εἰπὼν λέγει τοῖς περιεστῶσιν· κρατήσατε αὐτόν, ὅπως δυνά- 15
μεις πολλὰς πάλιν ἴδῃ παρ' ἐμοῦ γινομένας, καὶ τότε λοιπὸν
παραδώσω αὐτὸν εἰς κρίσιν αἰωνίαν. καὶ ἐκράτησαν αὐτόν,
καὶ ἐλθόντων ἡμῶν ἐν τῷ τόπῳ ἐκείνῳ, ἐν ᾧ τὰ πρῶτα ἐμπαίγματα ἐποίησεν ὁ Κύνωψ, ηὕραμεν ἐκεῖ πλῆθος ἀνδρῶν τε

1. χαριν τ. θ. N B cf L (per gratiam Jesu Christi etc.): δυναμιν
του θεου μου V | 2. και παλιν — ανεχωρ. V L cf m¹ (και παλιν εκα-
στον ασπασαμενος απελυσεν αυτους, ähnlich c m² v): > N | 4. εωθεν
V cf L (cum ergo matutina lux exoriretur): επαυριον N B | 5. βολη N
c m¹ m²: βολην V v, den Namen und anderes > P² L | x. πορευθ. —
Ιωαννης N P³ L: x. πορευθ απηγγειλον τω Κυνωπι B, > V | 6. ταυτα
N L (hoc): > V B | προσκαλεσ. N B: ευθεως προσεκαλει V | 8. ειπεν
πρ. αυ. N (c m² v αυτω): και (> m¹) λεγει αυτω V m¹ | x. παρελ. —
ακαθαρτον V: και παραλαβων N, παραλαβων ουν oder δε B | 10. πολυς:
πολλης V | ειπεν V P³: λεγει N B | 11. σοι περιποιησ. N, auch B aber
σοι (σου v) vor περισσ.: nur περιποιησ. P³, ποιησασθαι σε V | 12. βασ.
πολλας V: πολλ. βασ. N P³, > B | εασα σε ετι N: εασατε mit überge-
schriebenem σε V, εισα σε τεως c (P³?) εισασατε τεως m¹ m², σε εασα
τεως v | 13. της θαλ. V P³: > N B | οψη V P³ v: οψει c m¹ m², οψεις
N | 14. και τοτε — μεγαλην V P³ (πολλην): και εντραπηση B, > N |
15. τοις περιεστ. V: προς τους παρεστωτας N, τω ακολουθουντι αυτω
οχλω B (P³?) | αυτον N (nur dieser wiederholt dann κρατησ. αυτον) P³
B m³ cf L: τον Ιωαννην V | 16. πολλας — γινομενας N P³: παλιν ιδη
πολλ. δυν. γιν. π. εμου V | λοιπον N P³: > V | 17. εις κρ. αιω. V P³:
αιωνια κρισει N m³ (× τη) | αυτον V L: τον Ιωαννην N (+ εως επι
τον αιγιαλον) m³, den Satz > B (P³?) | 18. εν τ. τοπω εκ. V: επι τον
τοπον N, ad locum L, επι τον αιγιαλον B | πρωτα V c m¹ L: > N m²
v | 19. εποιησεν V B (> ο Κυν.): εποιει N | ηυραμεν V N: ευρομεν B |
εκει V B: > N | τε N c v: > V m¹ m²

καὶ γυναικῶν, θυμιῶντας καὶ εὐχομένους ἐν τῷ τόπῳ. ὡς οὖν
εἶδον τὸν Κύνωπα, ἔπεσον ἐπὶ πρόσωπον καὶ προσεκύνησαν
αὐτόν. ἦσαν δὲ καὶ οἱ δαίμονες, οὓς ἔλεγεν ὁ Κύνωψ, ὅτι
ἄνθρωποί εἰσιν καὶ διὰ τῆς ἐμῆς δυνάμεως ἀνέστησαν, ἀκο-
5 λουθοῦντες αὐτῷ. εἶπεν δὲ ὁ Κύνωψ· κρατήσατε αὐτόν, ἕως
τὴν ἐμὴν δύναμιν ἐνδείξωμαι πρὸς αὐτόν. διακρούσας δὲ τὰς
χεῖρας, κτυπῶν καὶ κροτῶν ἔβαλεν ἑαυτὸν ἐν τῇ θαλάσσῃ καθὰ
καὶ τὸ πρῶτον. καὶ ἀνέκραξαν ἅπαντες· μέγας εἶ, Κύνωψ, καὶ
οὐκ ἔστιν πλὴν σοῦ. καὶ αὐτὸς ἄφαντος ἐγίνετο ἐξ ὀφθαλμῶν
10 πάντων. ὁ οὖν Ἰωάννης εἶπεν τοῖς δυσὶ δαίμοσι, τοῖς νομιζο-
μένοις ὑπὸ τοῦ ὄχλου, τοῦ ἐκδεχομένου τὸν Κύνωπα, ὅτι νεκροὶ ἦσαν καὶ ἀνέστησαν ὑπ' αὐτοῦ· ὑμῖν λέγω, ἐν ὀνόματι
πατρὸς καὶ υἱοῦ καὶ ἁγίου πνεύματος παραγγέλλω ὑμῖν, πνεύματα
ἀκάθαρτα καὶ πονηρά, στῆναι ἐν τῷ τόπῳ τούτῳ, ἕως ἂν ὁ
15 Κύνωψ εἰς ἀπώλειαν χωρήσῃ. καὶ ἔστησαν τὰ πνεύματα ἀκί-
νητα. καὶ διαπετάσας Ἰωάννης τὰς χεῖρας αὐτοῦ τύπῳ σταυροῦ καὶ στενάξας ἔκραξεν μεγάλῃ τῇ φωνῇ, λέγων· ὁ δώσας
τῷ Μωϋσῇ διὰ τοῦ σχήματος τούτου καταβαλεῖν τὸν Ἀμαλήκ,
κύριε Ἰησοῦ Χριστέ, κατάγαγε τὸν Κύνωπα ἐν τοῖς κατωτάτοις

1. θυμιωντας κ. ευχ. N B: θυμιοντων κ. ευχομενων V | εν τω τοπω
V: > die andern | 2. επι προσωπον V P³ v: + αυτων N, > c m¹ m²|
3. αυτον V N P³: αυτω B | δε V N m² v: εχει + c m¹ (P³?) | και οι
δ. V N P³: και (> m¹ m²) οι τρεις δ. B | 4. και οτι (δια της εμης δυν.
+ V) ανεστησαν V P³: > N, sehr anders und unter sich verschieden
die andern | ακολ. αυτω N P³ B: ηκολουθησαν ουν αυτον απαντες V |
5. ειπεν — αυτον N P³, sachlich ähnlich B: > V L | 6. διακρ. δε τ.
χειρας N P³: και διακρ. τ. χ. B, ο δε παλιν κρουσας τ. χειρας αυτου V |
7. κτυπ. κ. κροτ. P³ V (κροτ. κ. κτυπ.): εν κτυπω (και κροτω + N)
μεγαλω B N | εν — πρωτον V: εις την θαλασσαν die andern | 8. ανεκρ.
απ. V: εκραξαν παντες N (P³?), οι δε οχλοι εβοησαν B cf L | 9. σου
V N P³: αλλος + B (v vor πλην) | αυτος V: ο Κυν. N P³, den Satz in
andrer Form vorher B | αφαντος V P³ (c m¹ vorher, > m² v): αφανης
N | 10. παντων V: αυτων N P³, ημων απαντων vorher v, ημων vorher
m², > c m¹ | ειπεν N P³: ειδεν V | 11. του οχλου V: των ανθρωπων N
(P³?) | 12. υπ' αυτου V: υπο του Κυνωπος vor ανεστ. N | υμιν λεγω V
(aber ημιν mit v darüber): > N m³ | 13. παραγγελλω N m³: —ελω V |
14. ακαθαρτα και V: > N m³ | στηναι V m³: στητε N | ο N m³: > V |
15. εις N m²: > V | κ. εστησαν (τα πνευμ. ακινητα > m³) V m²: >
N | 16. τ. χειρας hier V cf B (ο ουν Ιω. διαπετ. τ. χειρας): vor Ιω. N |
αυτου τυπω στ. V: τυπω στ. v, και ποιησας τυπον στ. c m¹ m², >N |
17. μεγ. τ. φωνη N m³: φωνην μεγαλην V | λεγων V: ειπε (?) m², >N |
δωσας V: δους N m² | 18. Μωυση V m³: Μωση N | 19. καταγ. N m²
(+ και) B: καταβαλε και V | κατωτατοις V B: κατω τουτοις N

τῆς θαλάσσης, καὶ μηκέτι ὄψεται τὸν ἥλιον τοῦτον μηδὲ κατα-
λεχθήτω ἐν τοῖς ζῶσιν ἀνθρώποις. καὶ ἐπὶ τῷ λόγῳ Ἰωάννου
εὐθέως ἦχος ἐγένετο τῆς θαλάσσης καὶ ἰλιγγίασεν τὸ ὕδωρ
ἔνθα ὁ Κύνωψ κατῆλθεν, καὶ ἐβυθίσθη ὁ Κύνωψ καὶ οὐκέτι
ἐξῆλθεν τὸ λοιπὸν ἐκ τῆς θαλάσσης. ὁ οὖν Ἰωάννης εἶπεν 5
πρὸς τοὺς δύο δαίμονας τοὺς νομιζομένους παρὰ τοῖς πεπλα-
νημένοις ὅτι ἄνθρωποί εἰσιν· παραγγέλλω ὑμῖν ἐν ὀνόματι
Ἰησοῦ Χριστοῦ τοῦ ἐσταυρωμένου ἐξελθεῖν ἀπὸ τῆς χώρας
ταύτης. καὶ αὐτῇ τῇ ὥρᾳ ἄφαντα ἐγένοντο τὰ πνεύματα ἀπὸ
τῶν ἀνθρώπων. 10

Ἰδόντες δὲ οἱ ὄχλοι ὅτι σὺν τῇ φωνῇ Ἰωάννου ἀπώλοντο
οἱ νομιζόμενοι ἄνθρωποι εἶναι παρ' αὐτοῖς, ἠγανάκτησαν κατὰ
Ἰωάννου, μάλιστα ὁ φαντασθείς, ὅτι ὁ πατὴρ αὐτοῦ ὑπῆρχεν
ὁ ἀσώματος δαίμων, ὁμοίως καὶ ὁ ἕτερος ὁ νομίζων, ὅτι ὁ υἱὸς
αὐτοῦ ὁ κακῶς ὀλεσθεὶς ἠγέρθη διὰ Κύνωπος, καὶ κρατήσαντες 15
τὸν Ἰωάννην εἶπαν πρὸς αὐτόν· φυγοπολῖτα, παράδος ἡμῖν

1. οψεται V N m³: θεασηται c m² v, θεαση m¹ | τον ηλ. τ. N m³
B L: το φως τουτο V | καταλεχθητω N: καταλεχθη c m¹ m² m³, κατα-
ταχθη v, καταλεγεσθω V | 3. ευθεως — κατηλθεν N P³ (ηλιγγιασε) m³
(ιλιγγιασε τε): wesentlich ebenso P² m² v, ähnlich c m¹ (και ποιησαν
μεγαν ιλιγγα το υδωρ εν ω), > V | 4. κ. εβυθισθη — θαλασσης V cf
P² (και κατεποντισθη ο πλανος Κυνωψ εις την αβυσσον του πυρος και
ουκετι εφανη εν οφθαλμοις των ανθρωπων) L (et illa hora submersus est,
nunquam ab aliquo postea visus): και ουκετι ανηλθεν εκ της θαλασσης
m² v, ουκετι ανελθειν αυτον εποιησεν απο της θαλ. c m¹, > N P², ganz
anders m³ | 5. ο ουν I. ειπεν V B (v γουν): και ειπεν I. N | 6. δυο V
L: > N etc. | παρα — εισιν V: ανθρωπους ειναι N, nur ανθρωπους m³,
εκ νεκρων αναστηναι B | 7. παραγγελλω N m¹ m² v: παραγγελω V P³ c |
8. τ. εσταυρ. V B (vor Ιησ.): του σταυρωθεντος (τ. εσταυρ. N) επι Πον-
τιου Πιλατου N P³ m³, andere Zusätze L | χωρας V L (regione): νησου
N P³ B | 9. αφαντα — ανθρωπων N P³, wesentlich so B (v > απο τ.
ανθρ.) cf auch L: αφαντοι εγενοντο V | 12. ειναι παρ' αυτοις V: παρ'
αυτοις ohne ειναι vor ανθρωποι N etc. | 13. ο πατηρ V etc.: πατηρ N |
14. ασωματος V cf Ign. ad Smyrn. II u. III, 2 nebst meinen Noten:
ασωτος N P³, die andern nicht zu vergl. | ο ετερος V: ο αλλος B (P³?),
> N | ο vor υιος: > nur N | 15. ηγερθη N: ηγερθεισαν (aber σαν
punctirt) V, εστιν ο ακαθαρτος δαιμων B | δια Κυνωπος V: > N |
16. ειπαν πρ. αυ. V: ειπον αυτω N | φυγοπολιτα (geschrieben —λιτα)
V: μαγε N | παραδος — υιον μου V cf L (auch zuerst den Vater, dann
den Sohn): παραδος (δος c m¹) μοι τον υιον μου και ομοιως ο παις
(και ο ετερος m² v, κ. ο αλλος παλιν c m¹) δος (αποδος c m¹) μοι τον
πατερα μου, μαγε εξοριστε (εξορ. πλανε vor δος B) N P³ B

τὸν πατέρα μου, καὶ ὁ ἕτερος· ἀπόδος μοι τὸν υἱόν μου. λοιπὸν δὲ καὶ οἱ περιεστῶτες ἄνθρωποι ἐπῆλθον αὐτῷ λέγοντες·
εἰ ἦς ἀγαθὸς ἄνθρωπος, τὰ ἀπολεσθέντα συνήγαγες ἄν· σὺ δὲ
μάγος ὑπάρχων τὰ ὑπὸ τοῦ καθωρατάτου Κύνωπος συναχθέντα
5 ἐδίωξας· παράστησον ἡμῖν τοὺς ἀνθρώπους, ἐπεὶ ἀποκτανοῦμέν
σε. καὶ ἐζήτουν ἀποκτεῖναι αὐτόν· τινὲς δὲ ἐξ αὐτῶν εἶπον·
μηδὲν κακὸν ποιήσωμεν αὐτόν, ἕως οὗ ὁ καθαρώτατος Κύνωψ
παραγένηται πρὸς ἡμᾶς, καὶ αὐτὸς παραδώσει αὐτὸν τῇ κρίσει.
καὶ ἐπείσθησαν πάντες, ὅτι παραγγελίαν ἐδίδου ὁ Κύνωψ
10 πᾶσιν, ὅτε ἔμελλεν ἐπὶ τῆς θαλάσσης κατελθεῖν εἰς τὴν ἑαυτοῦ ἀπώλειαν, ὅπως μηδεὶς αὐτῶν ἀναχωρήσῃ ἕως τῆς αὐτοῦ
παρουσίας. ἔμειναν οὖν τρεῖς ἡμέρας καὶ τρεῖς νύκτας φωνὰς
ἀποδιδοῦντες καὶ λέγοντες· καθαρώτατε Κύνωψ, βοήθει. ἦσαν
δὲ καὶ ἄσιτοι διατελέσαντες τρεῖς ἡμέρας καὶ τρεῖς νύκτας καὶ
15 εἰς ἀδυναμίαν πολλὴν ἦλθον οἱ πάντες ἀπὸ τῆς ἀσιτίας καὶ
τῶν φωνῶν τῶν ἀποδιδομένων παρ' αὐτῶν. τινὲς δὲ ἐξ αὐτῶν
πεσόντες ἄφωνοι ἔμειναν, τρεῖς δὲ ἐξ αὐτῶν καὶ ἀπέθανον. ὁ
οὖν Ἰωάννης θεωρήσας αὐτοὺς ἀπολλυμένους, στενάξας πικρῶς
καὶ κλαύσας εἶπεν· κύριε Ἰησοῦ Χριστέ, δι' ὃν ἐγὼ ταῦτα ὑπο-

1. λοιπον — ανθρωποι V: και παντες οι παρεστωτες N, ομοθυμαδον
δε παντες B (P³?) | 2. επηλθ. αυ. λεγ. V: κατα Ιωαν. (sic) και ελεγον
προς αυτον οτι N, ελεγον προς αυτον B | 3. αγαθος hier V: hinter ανθρ.
N B | αν hier V v: vor συνηγ. N etc. | 4. καθαρωτατου V: καθαρου
N P³, ευεργετου ημων c m¹ m² (> ημων), αριστου v | 5. παραστ. N
(+ ουν) P³ B: δος V | ανθρωπ. V m² v: δυο × N P³, ανδρας c m¹,
illos duos L | επει αποκτ. (geschr. — ενομεν) σε V cf L (aut nobis propo-
situm est te interficere): ει δε μη αποκτενουμεν σε c m¹, > N P³ m² v |
6. κ. εζητ. αποκτ. (αποπνιξαι N, ανελειν B) αυτον N P³ B: > V L !
εξ αυτων ειπον V P³ B L: παλιν ελεγον N | 7. αυτον V P³: αυτω N |
ου N (> das folgende ο) P³ B: αν V | 9. κ. επεισθ. παντες V P³ L
(> παντες): > N, alles bis εμειναν l. 12 > B | οτι παρ. εδ. V: πα-
ρηγγειλε(ν) γαρ N P³ | 10. πασιν V: > N P³ L | εμελλεν V: ημελλεν
N P³ | εις — απωλειαν V: > N P³, noch mehr > L | 11. αναχωρηση
N: —σει V P³ | εως τ. αυ. παρουσ. V: > N P³ | 12. ουν V L: δε B,
και vor εμειναν N P³ | 13. αποδιδουντες V N: αποδιδοντες P³ | κ. λε-
γοντες V: > N | 14. διατελ. V: διαμειναντες N P³ | τρ. ημ. — νυκ-
τας V: > N P³ | 15. εις V: εκ τουτου × N P³ | ασιτιας V c m¹ m²:
—ειας N P³ v | 16. τ. αποδιδ. παρ' αυτων N P³: τ. διδομενων υπ' αυ.
τω Κυνωπι V, > B | 17. πεσοντες V: καταπεσοντες επι της γης N P³ |
εμειναν V: διεμειναν N P³ | 18. θεωρησας V: ιδων m² v, ως ειδεν N P³
c (m¹ ειπεν) | απολλυμ. N P³ B m³ (nur dieser + εικη wie L sine
ratione): απολελυμενους V | 19. ον N P³ B (> εγω): ων V

μένω, ἔμβαλε εὐθύτητα εἰς τὰς καρδίας τοῦ λαοῦ τούτου, ὅπως μηδεὶς αὐτῶν ἀπόληται. καὶ ταῦτα εἰπὼν παρῄνει πᾶσιν, λέγων· ἄνδρες ἀδελφοὶ καὶ πατέρες, ἀκούσατέ μου· ἤδη τετάρτην ἡμέραν ἔχετε ἄσιτοι διατελοῦντες καὶ προσδέχεσθε τὸν μὴ ἐρχόμενον· Κύνωψ γὰρ εἰς ἀπώλειαν ἀπῆλθεν. διὸ παρακαλῶ 5 ὑμᾶς μεταλαβεῖν τροφῆς, καὶ ἔκαστος ὑμῶν ἀναχωρῆσαι εἰς τὸν ἑαυτοῦ οἶκον. καὶ ταῦτα εἰπὼν ἐπέστη τοῖς τρισὶν τοῖς τεθνηκόσιν ἀπὸ ἀσιτίας καὶ εἶπεν εὐχόμενος· ὁ ἐν τῇ σάλπιγγι καὶ ἐν τῇ ἐσχάτῃ ἡμέρᾳ ἐγείρων τὸ γένος τῶν ἀνθρώπων τῶν ἀπ᾽ αἰῶνος κοιμηθέντων, κύριε Ἰησοῦ Χριστέ, δὸς τὴν χάριν 10 σου ἐπὶ τοὺς τρεῖς ἀνθρώπους τούτους. καὶ εὐθέως ἀνέστησαν οἱ τεθνεῶτες. ἰδόντες δὲ πάντες οἱ ὄχλοι ὃ ἐποίησεν σημεῖον ὁ Ἰωάννης πεσόντες ἐπὶ τὴν γῆν προσεκύνησαν αὐτὸν λέγοντες·

1. τας καρδιας V B: την καρδιαν N P³ | 2. αυτων V B: εξ × N P³ | αποληται: απολει (sic) V, απωλειται m¹ m² v, απωληται N P³ c | ταυτα ειπων N P³ B (nur m¹ ευξαμενος): > V | πασιν V N P³ m² v: αυτοις c, αυτους m¹ | 3. μου N P³ B L (me patienter): > V | 4. εχετε N P² m³ (+ σημερον): > V | διατελουντες κ. προσδεχεσθε N P³ m³: διατελειτε προσδεχομενοι V, διαμενοντες προσδεχομενοι B | τον — απηλθεν V N P³ m³ (+ τελειαν nach απωλ.): τον εις απωλειαν χωρησαντα B (nur v εν απω. Nach diesen am Ende von fol. 76 v. stehenden Buchstaben geht v auf fol. 77 mit αυτου υπουργους και μαθητας απεστειλεν zu p 109, 12 sqq. über) | 6. μεταλαβειν m³ B (aber anders gestellt): μεταλαβοντας N, λαβειν V | και — οικον V m² (αναχωρησατε εκ. υμων): αναχωρησαι εκαστον εις τ. οικον αυτου N (cf c m¹, welche dies hinter υμας stellen u. + υμων hinter εκαστον, dann εαυτου οικον), > m³ | 7. ειπων: + ο αποστολος του Χριστου nur V | τρισιν V: ανδρασιν + N m³, παισιν B (P³?) | 8. απο ασιτιας V L: της θλιψεως της ασιτειας· ην γαρ εικεινος ο τοπος τιμωριας αυτους απο του καυσωνος του ηλιου N P³, απο τε ασιτιας και καυσωνος m³, > B | και ειπεν ευχομ. V: κ. ειπεν N P¹, κ. προσηυξατο λεγων B, λεγων m³, super eos ita orans L | εν τη σαλπ. — ημερα V L (in novissimo die et in novissima tuba): εν τη εσχατη ημ. δια σαλπιγγος N P³, wie es scheint auch m³, δια της εν τη εσχατη ημ. φοβερας σαλπιγγος B | 9. εγειρων N P³ B: εγειραι μελλων m³, excitabis L, λογω εγειρας V | το γενος — κοιμηθεντων V L: τους απ᾽ αιωνος κοιμηθεντας N P³ B m³ (κεκοιμημενους) | 10. δος V P³ m³: μοι + N, δωρησαι μοι τω σω δουλω B (dann aber ganz abweichend) | τ. χαριν σου N P³ V (verschrieben της χαρισου) L: τ. χαριν της αναστασεως σου m³ | 11. επι V L: και × N P³ m³ | τρεις V P³ m³: > N | 12. οι τεθν. V: οι ανθρωποι m³, οι νεκροι B, a morte L, οι τρεις ανδρες οι τεθνηκοτες N P³ | παντες οι οχλοι V: οι οχλοι (+ του λαου m²) B L, παντες N P³ m³ | ο εποιησεν σημ. ο Ιω. V cf L: ο εποιησεν Ιω. N P³, το γεγονος m³, το γεγονος (γεγενημενον m²) σημ. B | 13. επι την γην V L: > N P² m³, anders B | λεγοντες V m³ B L: και ειπον N P³

διδάσκαλε, νῦν ἔγνωμεν ὅτι ἀπὸ τοῦ θεοῦ ἐλήλυθας πρὸς ἡμᾶς.
ἰδὼν δὲ αὐτοὺς Ἰωάννης, ὅτι ἐκλελοίπασιν ἀπὸ τῆς ἀσιτίας,
εἶπεν πρὸς αὐτούς· ἀπέλθατε εἰς τοὺς οἴκους ὑμῶν καὶ μετα-
λάβετε τροφῆς καὶ ἀνακτήσασθε ἑαυτούς· κἀγὼ γὰρ πορεύσομαι
5 εἰς τὸν οἶκον Μύρωνος τοῦ δούλου τοῦ θεοῦ καὶ πάλιν ἐλεύ-
σομαι πρὸς ὑμᾶς ἐπὶ συντυχίᾳ ἀμφοτέρων. καὶ ἀπῆλθον ἕκαστος
εἰς τὸν ἑαυτοῦ οἶκον, καὶ ἡμεῖς ἐπορεύθημεν ἐν τῷ οἴκῳ Μύρωνος, καὶ ἐγένετο χαρὰ μεγάλη ἐν τῷ οἴκῳ εἰσελθόντων ἡμῶν,
καὶ παρέθηκεν ἡμῖν τράπεζαν Μύρων, καὶ μετελάβαμεν τρο-
10 φῆς, καὶ ἦν ἀγαλλίασις μεγάλη ἐκεῖ.

Τῇ δὲ ἐπαύριον συνήχθη σχεδὸν πᾶσα ἡ πόλις καὶ ἦλθον
ἐπὶ τὴν οἰκίαν Μύρωνος καὶ ἔκραζον λέγοντες· Μύρων, Μύρων,
ἄξιε πλείστων ἀγαθῶν, προένεγκε τὸν διδάσκαλον ἡμῶν, ὅπως
ὠφεληθῶμεν. ἐνόμισεν δὲ Μύρων, ὅτι δόλῳ φωνοῦσιν, ὅπως
15 παραγάγῃ τὸν Ἰωάννην, καὶ λαβόντες ἀποκτείνωσιν αὐτόν. καὶ
εἶπεν Ἰωάννης πρὸς Μύρωνα· τί τεταραγμένη ἐστὶν ἡ καρδία
σου; πιστεύω γὰρ τῷ ἐσταυρωμένῳ, ὅτι οὐδὲν κακόν ἐστιν ἐν

---

1. νυν V m¹ L: > N P³ c m² m³ | εγνωμεν V L (cognoscimus):
+ παντες N P², + αληθως B, αληθως εγν. απαντες m³ | του V: > N
P³ m³, nicht zu vergl. B | 2. ιδων — Ιω. V: ιδων δε ο Ιω. B, ο δε Ιω.
ιδων m³, ο δε Ιω. ορων N | εκλελοιπασιν N cf L (defecti erant): εκλελυ-
μενοι εισιν B m² (P³?), ετελευσαν (?) V | της: > nur V | 3. απελθατε
V P³: απελθετε N B, ganz anders m² | και μεταλαβετε (nur V εσθιεται)
τροφης V N P³: > B | 4. ανακτησ. V N P³ c: ανασιησασθε m¹ m² |
καγω N P³ B L: εγω V | γαρ V L: > N P³ B | πορευσομαι V P³
c m¹: πορευσωμαι N, πορευομαι m² | 5. Μυρωνος N P³ B L: μου προς
V ohne anders fortzufahren | 6. προς υμας V L: > N P³ B | αμφοτερων
N P³: υμων + V, nur υμων B | απηλθον N (P³?) L: απηλθεν V | 8. εν
τω οικω V N m²: + εκεινω P³, der daran sofort τη δε επαυρων l. 11
anschliesst, > c m¹. Vor χαρα ist bei Amphil. eine ganze Zeile aus-
gefallen | 9. μετελαβαμεν V: —βομεν N B | 10. μεγαλη εκει V: πολλη
εν τω οικω Μυρωνος N | 11. ηλθον V N: ηλθεν P³ | 12. κ. εκραζον
V P³ c m¹: κ. εκραξον (sic) N, κ. εκραξαν m², κραζοντες και m³ | Μυ-
ρων zweimal V N P³ m³: einmal B L | 13. αξιε πλειστων (geschrie-
ben πασων, s. aber die andern) αγαθων V L (plurimorum bonorum):
αξιε πλειστων (πολλων c m¹) επαινων P³ B m³, επαινων αξιε πλειστων
N | προενεγκε P³ m³: προσεν. V N, προαγαγε c m¹, προσαγαγε m² | διδ.
ημων V m³: ημ. διδ. N P³, διδασκ. B | 14. ωφεληθ. V N B m³: δι' αυτου
+ P³ | δολω φωνουσιν N P³ (P² der hier sich von B emancipirt, als ein
Wort mit nur einem Accent): δολω φθονουσιν V, εν δολω κραζουσιν B |
15. παραγαγῃ V (- γει) N P³: επαγει P³ | και ειπεν V: ειπεν δε N P³ |
17. γαρ N P³ L: > V B m³ | τω εστ. V N m³: Χριστω × P³, domino
meo × L, nur τω Χρ. B

τοῖς ἀνθρώποις τούτοις. καὶ ταῦτα εἰπὼν ἐξῆλθεν ἀπὸ τοῦ
οἴκου, καὶ ἰδόντες αὐτὸν οἱ ὄχλοι ἤρξαντο λέγειν πρὸς Ἰω-
άννην· σὺ εἶ ὁ εὐεργέτης τῶν ψυχῶν ἡμῶν, σὺ εἶ ὁ μέγας
θεός, ὁ φωταγωγῶν ἡμᾶς τῷ ἀθανάτῳ φωτί. ἀκούσας δὲ
ταῦτα Ἰωάννης διέρρηξεν τὰ ἱμάτια αὐτοῦ, καὶ λαβὼν γῆν 5
ἐπέχεεν ἐπὶ τὴν κεφαλὴν αὐτοῦ, καὶ ἐξέστησαν ἅπαντες ἐπὶ
τούτῳ. κατασείσας δὲ τῇ χειρὶ αὐτοῦ, ἐσιώπησαν πάντες. καὶ
ἀναβὰς ὁ Ἰωάννης ἐπὶ τοῦ δώματος καὶ συναχθέντων πάντων
ἔγγιστα τοῦ οἰκήματος, εἶπεν Ἰωάννης· ἀκούσατέ μου, ἀδελφοί,
τῆς πρὸς ὑμᾶς ἀπολογίας. οἱ δὲ περισσοτέρως ἡσυχίαν παρ- 10
έσχον, ὁ δὲ Ἰωάννης ὑπολαβὼν ἀπὸ τῶν βίβλων Μωσέως,
ἔπειτα καὶ τῶν προφητῶν διηρμήνευεν αὐτοῖς τὰ περὶ τοῦ
υἱοῦ τοῦ θεοῦ, ὅτι οὗτός ἐστιν ὁ εὐεργέτης καὶ ὁ φωταγωγὸς
τῶν ψυχῶν ἡμῶν τῶν πιστευόντων εἰς αὐτόν, καὶ ὅτι διὰ τὴν
πλάνην τῶν ἀνθρώπων ἐξαπέστειλεν τὸν υἱὸν αὐτοῦ, γενόμενον 15
ἐκ γυναικός, γενόμενον ὑπὸ νόμον, ὅπως τοὺς παραβάντας τὸν
νόμον ἐλευθερώσῃ. ταῦτα εἰπὼν καὶ πλείονα τούτων κατῆλθεν
ἀπὸ τοῦ δώματος, καὶ πάλιν εἰσῆλθεν ἐν τῷ οἴκῳ Μύρωνος.

2. οικου: nur V + Μυρωνος | Ιωαννην V: αυτον N (P³?), εαυτον
P² | 3. ο μεγας θεος ο φωτ. V N P³ L (unter anderem auch dies): το φως
το φωταγογουν P², nur ο φωταγωγων B | 4 ημας N P² P¹: > V B,
hominem L | ακουσας δε τ. Ιω. N P³ (ο Ιω. so auch m³) P² (> ταυτα):
και ακουσας Ιω. ταυτα V | 5. λαβ. γην V P³: γην λ. P² P³, χουν λ. N |
6. επεχ. V P² m³: εχεεν N P³ | απαντες V N P³: > P² m³ | επι τουτω
P³ m³: επι τουτο N P², > V | 7. κατασεισας — ειπεν 1. 9 P² P³ (ο vor
Ιω.) N (dieser εγγις statt εγγιστα): κατασεισας δε τη χειρι κατεσιγησεν
απαντας dann sehr abweichend m³, κατασισαντος δε την χειρα αυτου Ιω.
ειπεν V | 9. μου hier V N P³: hinter αδελφοι P² | 10. περισσοτερως ησ.
παρ. N P³ P² (σχωντες statt παρ.): περισσως ησυχασαν V | 11. ο δε Ιω.
υπολ. N P³: υπολ. δε Ιω. V, τοτε Ιω. επιλαβομενος P² | βιβλων V P³:
βιβλιων N P² | Μωσ. επειτα N P² P³: Μωυσεως V | 12. αυτοις V P³ L:
> N P²; die folgende Rede giebt B sehr abweichend; im Verlauf der-
selben tritt auch v wieder ein als Zeuge für B | 13. οτι αυτος N P² P³:
ουτως γαρ V | φωταγωγος των ψ. N P² P³: φωταγωγων τας ψυχας V |
14. ημων V N: > P² P³ | πιστευοντων εις αυτον N P² P³ (auch B, nur
anders gestellt): ελπιζοντων εις αυτον V | την πλανην N P² P³: της πλα-
νης V | 15. γενομ. εκ γυν. V L: τον μονον. N P² P³ | 16. das zweite
γενομ. in V γεναμενον | οπως V P² P³: ινα N | παραβαντας τον ν. V:
παραβατας του νομου N P² P³, υπο νομον m³, qui sine lege erant L |
17. ελευθερωση (oder —σει) V N P² m³: εξαγορασει P³, salvaret L |
ταυτα — τουτων N P² P³: διδαξας αυτους V, sehr anders m³ L | 18. πα-
λιν εισηλθεν N P² P³: εισελθων παλιν V

καὶ τινες ἐκ τοῦ ὄχλου συνῆλθον αὐτῷ καὶ ἠξίωσαν αὐτόν,
ὅπως δώσῃ αὐτοῖς τὴν ἐν Χριστῷ σφραγῖδα. καὶ πάλιν διδάξας αὐτοὺς ἐβάπτισεν εἰς ὄνομα πατρὸς καὶ υἱοῦ καὶ ἁγίου
πνεύματος. ἦσαν δὲ οἱ φωτισθέντες τὸν ἀριθμὸν ἄνδρες
5 τριάκοντα.

Τῇ δὲ ἐπαύριον προελθὼν Ἰωάννης ἀπὸ τῆς οἰκίας, ἠκολουθήσαμεν αὐτῷ ἐγώ τε καὶ Μύρων καὶ οἱ τριάκοντα οἱ
φωτισθέντες. ἤλθαμεν δὲ παρὰ τὸ ἱπποδρόμιον, καὶ ἰδοὺ ἦν
ἐκεῖ ἄνθρωπος Ἰουδαῖος, ὀνόματι Φίλων, ἐπιστάμενος τὸν νό-
10 μον κατὰ τὸ γράμμα. ὡς οὖν εἶδεν τὸν Ἰωάννην, ἤρξατο αὐτὸν
διεγείρειν ἀπό τε τῶν βιβλίων Μωσέως καὶ τῶν προφητῶν. ὁ
οὖν Ἰωάννης ἑρμήνευεν αὐτῷ κατὰ τὸ πνεῦμα· τοῦ δὲ Φίλωνος φιλονεικοῦντος κατὰ τὸ γράμμα, ἀσύμφωνα εὑρίσκετο τὰ
ἑρμηνευόμενα παρὰ Ἰωάννου καλῶς πρὸς τὰ φιλονεικούμενα
15 ὑπὸ Φίλωνος κακῶς. ὁ οὖν Ἰωάννης εἶπεν πρὸς τὸν Φίλωνα·
Φίλων, Φίλων, οὐ χρείαν ἔχει ἡ θεία γραφὴ πολυγρημονίας
ἀλλὰ καρδίας καθαρᾶς καὶ πίστεως ὀρθῆς. ἀνεχώρουν οὖν
ἀπ' ἀλλήλων ἀσύμφωνοι εὑρισκόμενοι. μικρὸν δὲ Ἰωάννης

---

1. και τινες — συνηλθον N P³: και το πλειστον εκ του οχλου συνει-
σηλθον P², συνηλθον αυτω τινες εκ τ. οχ. V | ηξιωσαν: nur V ηξιουν |
2. δωση N: δωσει V P² P³ | παλιν διδαξ. V P²: διδαξας και κατηχησας
N P³ | 3. αυτους εβαπτισεν κτλ.: nur V hinter εβαπτισεν αυτους u. dann
το ονομα του πατρος κτλ. | 4. τον αριθμον: > V | ανδρες τρ. V P² P³:
τρ. ανδρες N | 6. Ιω. V P²: ο Ιω. N P³ | της οικιας — φωτισθεντες P²
P³ (ο vor Μυρων) N (ηκολουθησαν): του οικου Μυρωνος ελαβεν εμε τε
και τους V | 8. ηλθαμεν δε P² (P³ N ηλθομεν): και ηλθαμεν V | ιππο-
δρομιον V (ursprünglich υππο—) P² P³: ιπποδρομειον N, hiervon nichts
in B u. m³. Letzterer geht nach αγιου πνευματος l. 3 mit den Worten
μειναντες δε εν τη πολει Φθορα ετη τρια εκειθεν απηραμεν και ηλθομεν
εις Μυρρινουσαν πολιν über Vieles hinweg | ιδου: > V | 9. εχει V P²: >
N P³ | Φιλων: Φιλωνος V | 10. κατα το γρ. B L (ad litteram): κατα το
γεγραμμενον V, και το γραμμα N P² P³ | αυτον διεγ. V: διεγ. αυτον P²,
διεγ. αυτω λογους N P³, συζητειν αυτω B (m¹ > αυτω) | 11. τε — Μωσ.
N P² P³: των Μωσαικων βιβλων V, των Μωσεως βιβλων B | 12. ερμη-
νευεν V P²: ερμηνευσεν P³, ηρμηνευεν N | αυτω N P² P³: αυτας V |
το V P³: > N P² | δε V N B (der übrigens abweicht): > P² P³ |
13. ασυμφωνα: nur P² ασυμφωνια | ευρισκετο: nur V ην | 14. ερμην. hier
V P² P³: hinter καλως N | καλως — κακως N P² P³: > V | 15. ουν Ιω.
N P² P³: δε αποστολος V | τον Φιλ. N P² P³: αυτον V | 16. Φιλων: nur
P² zweimal Φιλον | πολυγρημ. N P² (—ριμ.) P³ B (—ορημ.) cf L: πο-
λυπραγμονιας V | 17. ανεχωρ. — ευρισκομενοι P² P³ (⊃ ουν) N (και
δη ανεχ.) cf B: >V | 18. Ιωαννης P² V (hinter υπαναχ.): ο × N P³

ὑπαναχωρήσας τοῦ Φίλωνος, ἰδού τις ἐπὶ τῆς γῆς ἔρριπτο χα-
μαί, συνεχόμενος πυρετῷ, καὶ νεανίσκος ἐκαθέζετο ἔγγιστα
αὐτοῦ. ὡς οὖν εἶδεν ὁ νεανίσκος τὸν Ἰωάννην καὶ ὄχλον πολὺν περὶ αὐτόν, εἶπεν πρὸς αὐτόν· ἄνθρωπε τοῦ θεοῦ, ἐλέησον
τὸν κατακείμενον καὶ κούφισον ἐξ αὐτοῦ τὸν πυρετόν. καὶ 5
ἐγγίσας Ἰωάννης τῷ νοσοῦντι εἶπεν αὐτῷ· ἐν ὀνόματι Ἰησοῦ
Χριστοῦ, οὗ ἐγὼ κήρυξ καὶ δοῦλός εἰμι, ἀνάστα καὶ πορεύου
εἰς τὸν οἶκόν σου ὑγιαίνων. καὶ εὐθέως ἀνέστη ὁ νοσῶν ὑγιῆς
καὶ προσεκύνησεν τὸν Ἰωάννην καὶ ἐπορεύθη εἰς τὸν οἶκον
αὐτοῦ. ἰδὼν δὲ Φίλων ὃ ἐποίσεν Ἰωάννης, δραμὼν ἐκράτησεν 10
αὐτὸν τῆς χειρὸς καὶ εἶπεν· διδάσκαλε. ὁ δὲ εἶπεν· τί ἐστιν,
νομικέ; ὁ δὲ Φίλων ἔφη· τί ἐστιν ἀγάπη; ὁ δὲ Ἰωάννης εἶπεν·
ὁ θεός ἐστιν ἀγάπη, καὶ ὁ ἔχων τὴν ἀγάπην, ἔχει τὸν θεόν.
ὁ δὲ Φίλων πρὸς αὐτόν· εἰ ὁ θεός ἐστιν ἀγάπη, καὶ ὁ ἔχων
τὴν ἀγάπην ἔχει τὸν θεόν, δεῖξον δὴ οὖν τοῦ θεοῦ τὴν ἀγάπην 15
καὶ εἴσελθε ἐν τῷ οἴκῳ καὶ φαγώμεθα ἄρτον, καὶ πίωμεν
ὕδωρ, ὅπως ὁ θεὸς εἴη μεθ᾽ ἡμῶν. καὶ εὐθέως Ἰωάννης ἠκολούθησεν αὐτῷ. εἰσελθόντων δὲ ἡμῶν ἐν τῷ οἴκῳ Φίλωνος ἡ

1. του Φ. N P² P³: τω Φιλωνι V | ερριπτο hier V: hinter τις P² P³,
ηρπετο N hinter γης | χαμαι V: > N P² P³ | 2. συνεχ. πυρ. V P²: πυρ.
συνεχ. N P³ | νεανισκος N P² P³: νεανιας τις V | 3. οχλον πολυν N P²
P³ L (turbam sequentem): ο οχλος ο εστικως V | 4. προς αυτον N P² P³:
ο νεανιας V | θεου V N: ου συ κηρυττεις + P² P³ | 5. κατακ. V B:
κειμενον N P² P³ | εξ αυτου V: αυτου N P³, > P² | 6. Ιω. V P²: ο ✕
N P³ | Ιησου Χρ. V B L (✕ domini nostri): του θεου N P² P³ | 7. κη-
ρυξ — ειμι V cf L (licet indignus servus sum et apostolus): ου εγω
κηρυττω N, ου ειμι εγω και κηρυττω P² P³, > B | 8. υγιαινων V P² P³:
υγιης N m², > c m¹ | ανεστη hier V: hinter νοσων N P² m², ebenda
αναστας ohne και c m¹ | 9. κ. επορ. — αυτου N P² B (+ δοξαζων την θεον):
illi gratias agebat L, > V | 10. δε V P²: + ο B, ουν ο N | 11. αυτον
της χ. V N: τον Ιω. εκ της χ. P², της χ. αυτου B | και ειπεν: nur V +
αυτον (sic) | ο δε ειπεν — εφη N P²: > V L B (aber m¹ c haben
νομικε in der nächsten Antwort des Joh. l. 13) | 12. Ιω. V P² B L: >
N | 13. ο — αγαπη P² P¹ N (aber η αγ.): ο θ. αγ. εστιν V, η αγ. ο θ.
εστιν B | εχει τ. θ. V P² B: τ. θ. εχει N | 14. ο δε N P²: ειπεν δε V,
λεγει ο B | ει -- θεον P² P³ N (εχει hinter θεον) cf L: > V B | 15. δη
ουν V cf L (ergo im Vordersatz u. hier nunc): ουν P² B, > N P³ |
του θ. V c m¹: δια του θεου hinter αγαπην N P³, ebenda δια τον θεον
P², > m² L | 16. φαγωμεθα V N P³: φαγωμεν P² B | πιωμεν V: πιω-
μεθα N P² P³, και π. υδ. > B | 17. ειη V c m¹: η N, ει P²
P³ | κ. ευθεως Ιω. V P²: ο δε Ιω. ευθεως N, ευθεως ουν ηκ. αυτω
Ιω. B

γυνὴ αὐτοῦ ἀκούσασα τῆς διδαχῆς Ἰωάννου ᾐτήσατο αὐτόν,
δοῦναι αὐτῇ τὴν ἐν Χριστῷ σφραγῖδα· ἦν γὰρ λεπρὰ ὡσεὶ χιὼν
ὅλη. καὶ δεξαμένη τὴν ἐν Χριστῷ σφραγῖδα παρὰ Ἰωάννου
εὐθέως ἐκαθαρίσθη τῆς λέπρας. ἰδὼν δὲ Φίλων ὁ ἀκαμπὴς
5 καὶ φιλόνεικος προσέπεσεν τῷ Ἰωάννῃ καὶ εἶπεν πρὸς αὐτόν·
διδάσκαλε, τὸν θεὸν ὃν σὺ κηρύττεις, μὴ ὀργισθῇς ἐπὶ τῷ σῷ
θεράποντι περὶ πάντων τῶν λόγων τῶν λαληθέντων ὑπ᾽ ἐμοῦ
εἰς ἀντίλεξιν τῆς σῆς διδασκαλίας, ἀλλὰ δὸς καὶ ἐμοὶ τὴν ἐν
Χριστῷ σφραγῖδα. καὶ κατήχησεν αὐτὸν καὶ ἐβάπτισεν εἰς
10 ὄνομα πατρὸς καὶ υἱοῦ καὶ ἁγίου πνεύματος. καὶ ἐμείναμεν
παρ᾽ αὐτῷ τὴν ἡμέραν ἐκείνην.

Τῇ δὲ ἐπαύριον ἐξελθόντων ἡμῶν ἀπὸ τοῦ οἴκου Φίλωνος
ἤλθαμεν παρὰ τὴν θάλασσαν, καὶ συνήχθησαν ὄχλοι πολλοὶ
διδασκόμενοι ὑπὸ Ἰωάννου καὶ ἦσαν ἡδέως ἀκούοντες αὐτοῦ.
15 παρεγένοντο δὲ καὶ οἱ ἱερεῖς τοῦ Ἀπόλλωνος, οἳ ποτε πορευθέντες πρὸς Κύνωπα διὰ τὴν ἐρήμωσιν τοῦ ἱεροῦ τὴν γεναμένην ὑπὸ Ἰωάννου. πειράζων δὲ εἰς ἐξ αὐτῶν ἔλεγεν· διδάσ-

---

1. ακουσασα — δεξαμενη l. 3 V (aber αυτω vor δουναι) L: ην λεπρωσα
(λεπρωδης N) ως (ωσει P²) χιων. φαγοντων δε ημων και πιοντων ηρξατο
διδασκειν παντας (statt π. N ο Ιωαννης) τους εν τω οικω, και παλιν ο
Φιλων (ο δε Φ. παλιν N) εν φιλονεικια εγενετο προς τον Ιωαννην. η
ουν γυνη του Φιλωνος εδεξατο N P² P³, abkürzend B | 3. παρα Ιω. V:
> N P² P³ (diese και vor ευθεως) L | 4. ακαμπης V P² P³ B: ακαμπης
N | 5. και ειπεν — διδασκ. N P² P³ cf B (m² > διδασκ., c m¹ m²
αυτω) L (dixit: magister bone): λεγων V | 6. ον συ V N: ον P² P³,
σου ον B | μη οργ. V N (οργισθεις) P³ B: > P² (dafür hinter διδασκα-
λιας l. 8 μη μνημη σοι παραδραμη) | επι: > nur V | τ. σω θεραποντι V
N P²: τ. σω δουλω P³, εμοι V, εμε c m¹, > m² | 7. περι — υπ᾽ N P² P³
(so auch c m¹, nur λαληθ. hinter εμου): επι πασι (τοις λογοις + m²)
τοις λαληθεισιν (-εισιν m²) παρ᾽ (υπ᾽ m²) V m² | 8. εις V B: προς N
P² | και εμοι V: μοι N P² L, εμοι τε και τη δουλη σου τη συμβιω μου
(εμη m²) B | 9. και κατ. αυ. και V: και κατηχησας αυ. P², κατηχησας
ουν B, ο δε Ιωαννης διδαξας και κατηχησας αυ. N | εις ονομα — πνευ-
ματος N P² L: > V | 11. την ημ. εκ N P²: τη ημερα εκεινη V, ημερας
τινας B, den Satz > L | 12. τη δε N P² L: και τη V | εξελθοντων —
ηλθαμεν P²: εξελθοντες απο — ηλθομεν N cf B L, nur απηλθαμεν V |
14. ησαν — αυτου P² N (αυτου αχ.): > V L B | 15. ποτε N P² of L
(qui prius congregati erant): > V | 16. ιερου V N: ναου P² | γεναμ.
υπο V: γινομενην δια P², γενομενην παρα N | 17. πειραζων δε τον Ιω.
εις εξ αυτων ελεγεν V of L (et unus eorum tentavit Joannem dicens):
λεγει ουν εις εξ αυ. πειραζων B, και επειραζον τον Ιω. και ελεγεν αυτω
εις εξ αυτων N P²

καλε, υἱὸν ἔχω καὶ χωλὸς ὑπάρχει ἀμφοτέροις τοῖς ποσίν·
τοῦτον ποίησον ὑγιῆ, καὶ πιστεύσω κἀγὼ τῷ ἐσταυρωμένῳ. ὁ
δὲ Ἰωάννης εἶπεν πρὸς αὐτόν· ἐὰν πιστεύσῃς τῷ ἐσταυρωμένῳ,
ἔσται ὁ υἱός σου ὑγιής. ὁ δὲ εἶπεν· πρῶτον ποίησον ὑγιῆ καὶ
οὕτως πιστεύω. ὁ δὲ ἀπόστολος εἶπεν πρὸς αὐτόν· μὴ πείραζε 5
τὸν ἀπείραστον καὶ μὴ βλασφήμει κακῶς· ἐν ὀνόματι τοῦ
ἐσταυρωμένου ἔσῃ καὶ σὺ κυλὸς ἀμφοτέροις τοῖς ποσίν. καὶ
εὐθέως ἐλύθησαν αὐτοῦ οἱ πόδες, μὴ δυνάμενος μετελθεῖν.
αὐτοῦ δὲ κειμένου χαμαὶ εἶπεν Ἰωάννης τῷ ἑταίρῳ αὐτοῦ·
ἄπελθε, δεῖξον τὸν υἱὸν αὐτοῦ τῷ ἐμῷ μαθητῇ. καὶ προσκα- 10
λεσάμενός με εἶπεν πρός με· τέκνον Πρόχορε, ἄπελθε πρὸς
τὸν υἱὸν τοῦ ἱερέως τοῦ Ἀπόλλωνος καὶ εἰπὲ αὐτῷ· εἶπεν Ἰω-
άννης· ἐν ὀνόματι τοῦ υἱοῦ τοῦ θεοῦ, τοῦ σταυρωθέντος ἐπὶ
Ποντίου Πιλάτου τοῦ ἡγεμόνος, ἐλθὲ πρός με. καὶ ἐπορεύθην
καὶ ἐλάλησα αὐτῷ κατὰ τὸν λόγον Ἰωάννου, καὶ εὐθέως ἀνέστη 15
καὶ ἠκολούθησέν μοι, καὶ ἐλθόντες πρὸς Ἰωάννην, ἔπεσεν εἰς
τοὺς πόδας αὐτοῦ καὶ προσεκύνησεν αὐτόν. ἰδὼν δὲ ὁ πατὴρ
αὐτοῦ ὅτι ὁ υἱὸς αὐτοῦ ἐγένετο ὑγιής, ἔκραξεν φωνῇ μεγάλῃ

1. υιον εχω Ν P² B L: υιος εστιν μοι V | χωλος υπ. V: εστι χωλος
B, αυτος χωλος Ν P² (dieser χωλος hinter τοις ποσιν αυτου) | 2. και
πιστευσω — υγιη l. 4 Ν P² (dieser l. 3 πιστευσεις, l. 4 ποιησον αυτον
πρωτον υγιει) B (Χριστω statt εσταυρ. l. 3, φησιν statt ειπεν l. 4, αυτον
vor υγιη l. 4) L: > V | 5. πιστευω V N: πιστευσω P² B L | αποστολος
V m¹: Ιωαννης Ν P² c m² L | πρ. αυτον V: αυτω vor ο απ. B, cui L,
> N P² | 6. μη vor βλασ. V B: > N P² | εν ον. τ. εστ. V: αλλ' X N
P² P³, εν γαρ τω ον. Ιησου Χρ. B (ο γαρ hinter ον.), et ideo L | 7. κυ-
λος V: κυλλος c, κολλος m¹ m², κοιλλος P², χωλος Ν | 8. αυτου hier V:
hinter ποδες Ν P², τα αρθρα των ποδων αυτου B | μη V cf L: μηκετι
N P² | μετελθειν V L (ambulare): τον τοπον εφ' ον (ων P²) επεσεν +
N P² | 9. αυτου δε κειμ. V: και αυτου οντος N P², > B L | ετοιρω αυ.
N: ετερω αυ. V P², αλλω ιερει B, uni L | 10. τω N P² B: > V | 11. με
N P²: Ιωαννης + V | προς με τ. Προχορε V L: > N P² | προς — αυτω
V L: ειπε· υιε του ιερεως του Απ. N, και ειπε τω υιω του μηερεως του
Απ. P². Der Spottname μηερευς oder richtiger μιερευς, einmal auch μὴ
ιερεύς statt ιερευς findet sich nicht nur in P² von hier an häufig, sondern auch in v consequent in dem Abschnitte vom Sohn des Zeus-
priesters | 12 Ιωαννης V P²: ο μαθητης του Χρ. + N, ο αποστολος του
Χριστου X B, magister meus + L.| 13. τ. υιου τ. θ. N P² L: Ιησου
Χρ. X V, > B | 14. τ. ηγεμονος V P² L: > N, mehreres > B |
16. ελθοντες N P²: ελθοντων ημων V | εις — αυτου V L: > N P² |
17. δε V B L: ουν N P² | πατ. αυτου V c m¹ cf L (nur pater): πατ.
του παιδος N P² m² | 18. εγενετο V P² B: γεγονεν hinter υγιης N | φωνη
μεγ. N c: μεγαλη (τη + P²) φωνη m¹ m² P², φωνην μεγαλην V

8

πρὸς Ἰωάννην λέγων· ἐλέησόν με μαθητὰ τοῦ εὐλογημένου
θεοῦ. καὶ ἐγγίσας Ἰωάννης καὶ σφραγίσας αὐτὸν τρίτον, εὐθέως ἀνέστη καὶ προσέπεσεν τῷ Ἰωάννῃ, καὶ ἐβάπτισεν αὐ-
τούς· καὶ εἰσήγαγεν ἡμᾶς ἐν τῷ οἴκῳ αὐτοῦ, καὶ ἐμείναμεν
5 παρ' αὐτῷ τὴν ἡμέραν ἐκείνην.

Καὶ τῇ ἑξῆς ἤλθαμεν ἐπὶ τῇ στοᾷ τῇ καλουμένῃ Δομετίᾳ,
καὶ συνήχθησαν ὄχλοι πολλοὶ καὶ ἐδιδάσκοντο ὑπὸ Ἰωάννου.
καὶ ἦν ἐκεῖ ἄνθρωπος ὑδρωπικός, ἔχων ἐν τῇ ἀσθενείᾳ ἔτη
ἑξκαίδεκα, καὶ μηκέτι δυνάμενος ἐκ τοῦ τόπου αὐτοῦ μετελθεῖν
10 μήτε δὲ λαλιὰν ἐπιφέρειν ἐκ τοῦ στόματος αὐτοῦ. οὗτος διὰ
νεύματος αἰτήσας μέλαν καὶ χάρτην διαχαράττει δίστιχον πρὸς
Ἰωάννην λέγων· ἀπόστολε τοῦ Χριστοῦ Ἰωάννη, ὁ ταλαίπωρος
ἐγὼ δέομαί σου, ἐλέησόν με ἀπὸ τῆς ἀσθενείας μου. λαβὼν
δὲ τὸ γραμματεῖον αὐτοῦ Ἰωάννης καὶ ἀναγνοὺς πάνυ ἐθλίβη
15 ἐπ' αὐτῷ. καὶ πάλιν Ἰωάννης ἔγραψεν βιβλίον πρὸς αὐτὸν

1. λεγων V P² B: ＞ N | ευλογημ. V N P² L: ευσπλαγχνου B |
2. Ιω. και σφραγ. N P²: αυτω εσφραγισεν V cf B (σπλαγχνισθεις δε ο
Ιω. εγγισας [αυτω + m²] εσφραγισεν) | αυτον V P² B: ＞ N | ευθεως
N P²: και ✕ V B | 3. και προσεπεσεν N P² P³ (— σον): παραχρημα δε
προσεπεσαν V | εβαπτισεν V N P³: ευθεως ✕ P² | αυτους V cf L B: εις (το
+ P³) ονομα (του + P³) πατρος και (του) υιου και (του) αγιου πνευματος +
N P² P³ | 4. εισηγαγεν V: εισηνεγκεν N P² P³ | εν τω οικω V: εις τον οικον
N P² P³ | 5. την ημ. εκ. N P² (dieser vor παρ') P³ L (die illo): ＞ V |
6. τ. εξης ηλθαμεν V cf L B (εν μια δε των ημερων ηλθομεν, nur m¹
ελθοντων ημων): τ. επαυριον προελθοντες (εξελθοντες P²) ηλθομεν N P²
P³ | επι V N P² P³ c: εν m¹ m² L | Δομετια V N P² P³ c m¹: δοματια
m², Domitiani L | 7. και — πολλοι και V N P³ cf B L (dieser ＞ κ.
εδιδ. υπο Ιω.): nur οι και P² | 8. υδρωπικος — εξκαιδεκα P¹ N (δεκα
ετη) P² (ετι δεκα) B (ετη εξ vor εν τη ασθ.) L (decem et septem):
υδρωπα εχων ετη ιϛ V | 9. δυναμενος — αυτου V: του αυτου τοπου δυ-
ναμενος N P² P³ | 10. δε λαλιαν V P² P³: λαλια N | επιφερειν V: εξερ-
χεσθαι N P² P³ | εκ V P² c: δια N P³ m¹ m² | ουτος — αιτησας N P²
(+ τροπω vor δια) P² B (m² αιτησαμενος) L: αιτεσαμενος ουν V |
11. διαχαρ. διστ. N P² P³ B (διαχαρασσει, m² στιχον): γραφη V
scripsit L | προς Ιω. N P³ B: πρ. τον Ιω. V, τω Ιωαννη P² | 12. λεγων V
m¹ m²: ουτως N P³, εχον ουτως c (P³?) | αποστολε V L: τω αποστολω
N P² P³ B | Ιωαννη V N P²: ＞ P³, και μαθητη του B (m¹ ＞ και) | Ιω-
αννη V L m² (—νης): ＞ N P² P³ c m¹ | 13. εγω δεομαι V P² L: εγω
N P³ c, ＞ m¹ m² | σου V L: ＞ N P² P² B | 14. το γραμμ. αυτου V:
τον χαρτην P², το βιβλιον P² N (dieser hinter Ιω.), epistolam L, ＞ B |
πανυ εθλιβη V: πανυ ελυπηθη N P² P³, εσπλαγχνισθη B, gavisus est
L | 15. αυτω V P²: αυτον N P² B | και παλιν — ουτως P² N (＞ προς

περιέχον οὕτως· τῷ ἀνθρώπῳ, τῷ τὸ πάθος ἔχοντι τοῦ ὑδρώ-
πος, Ἰωάννης ὁ ἀπόστολος τοῦ υἱοῦ τοῦ θεοῦ· ἐν ὀνόματι πατρὸς καὶ υἱοῦ καὶ ἁγίου πνεύματος, ἀπολέλυσαι τῆς ἀσθενείας
σου. καὶ λαβὼν ὁ ὑδρωπικὸς τὸ βιβλίον καὶ ἀναγνοὺς εὐθέως
ἀνέστη, μὴ ἔχων ἐν ἑαυτῷ αἰκίαν τῆς βασάνου. οἱ δὲ ὄχλοι 5
ἰδόντες ὃ ἐποίησεν Ἰωάννης, περισσοτέρως προσέθεντο τοῦ
ἀκούειν τὸν λόγον αὐτοῦ. ὁ δὲ ἄνθρωπος ὁ θεραπευθεὶς
προσέπεσεν τῷ ἀποστόλῳ καὶ παρεκάλει αὐτὸν λέγων· δός μοι
τὴν ἐν Χριστῷ σφραγῖδα. καὶ ἐβάπτισεν αὐτὸν εἰς ὄνομα πατρὸς καὶ υἱοῦ καὶ ἁγίου πνεύματος.   10

Καὶ προβάντων ἡμῶν ἐκεῖθεν, ἰδοὺ ἄνθρωπος ἀπήντησεν
ἡμᾶς ἀποσταλεὶς παρὰ τοῦ ἡγεμόνος, καὶ ἐγγίσας αὐτῷ Ἰωάννης, προσέπεσεν τῷ ἀποστόλῳ λέγων· ἄνθρωπε τοῦ θεοῦ, ὁ
ἡγεμὼν λέγει· ταχύνας σπεῦσον καὶ βοήθησον ἡμῖν. ἦν γὰρ ἡ
γυνὴ τοῦ ἡγεμόνος ἐν γαστρὶ ἔχουσα καὶ ὁ καιρὸς ἔφθασεν 15
τοῦ τεκεῖν αὐτὴν καὶ οὐκ ἔτικτεν. ὡς δὲ ἦλθεν Ἰωάννης ἐν
τῇ οἰκίᾳ τοῦ ἡγεμόνος, εὐθέως ἔτεκεν ἡ γυνή. εἶπεν δὲ Ἰωάννης πρὸς τὸν ἡγεμόνα· τίς ἡ αἰτία, δι᾿ ἣν μετεστείλω ἡμᾶς;

αυτον, dann περιεχοντα) P³ (ο Ιω., dann > βιβλιον πρ. αυτον, dann
περιεχοντα): και γραφη Ιωαννης επ᾽ αυτον περιεχοντα τον τυπον τουτον
V, και αντεγραψε (αυτω + m²) λεγων B, et scripsit ad eum L | 1. τω-
υδρωπος N P² P³ B (εχοντι am Ende, τω ανθρ. > m²): τω παθει τω
υδροπος εχοντι V | 2. εν ον. π. κτλ. V N B (του πατρος κτλ.): προσταττω
εν ον. του πατρος κτλ. P² | 4. το βιβλιον V L (epistolam): > N P² B |
5. εν εαυτω V B L: > N P² | αικιαν N L (laesionem): αιτιαν V P² B |
βασανου V: ασθενειας P² N (+ αυτου), νοσου B | 7. αυτου hier V P²:
vor τον λ. N | δε N P²: ουν V, et L | 8. προσεπεσεν V L: ελθων × N
P² B | αποστολω C m¹: Ιωαννη N P² L m² | και παρ. αυτον P² N
(> αυτον): και ηξιου (βαπτισθηναι αυτον) c, κ. ηξ. (φωτισθηναι υπ᾽
αυτου) m¹, αξιων (αυτον φωτισθηναι) m², > V | δος V P²: διδασκαλε
× N | μοι N P²: καμοι V | 9. εβαπτισεν αυτον V L: διδαξας (και κα-
τηχησας + P²) αυτον εβ. N P², κατηχ. δε και αυτον εβ. B | εις ον. —
πνευματος N P² L: > V, εν αυτη τη ημερα B | 11. ιδου V P² P³ L:
> N | ανθρωπος hier V: hinter ημας P² P³ N | 12. ημας P² P³: ημιν
V N | αυτω — λεγων V: τω Ιωαννη ειπεν αυτω N P² P³, et dixit ad
Joannem L | 14. λεγει V P²: ειπεν V | και V P² P³: > N | βοηθη-
σον: nur P² βοηθει | γαρ N P² P³ L: δε V | 15. τ. ηγεμ. N P² P³ L:
αυτου V | εφθασεν V P³ (vor ο καιρος) P³ (hinter αυτην): επεφθακει N
(> τ. τεκειν αυ.) | 16. Ιω. V N P² (hinter δε, dann εισηλθεν hinter
ηγεμ.): ο Ιω. P³ | 17. τη οικια N P² P³: τω οικω V | γυνη: nur V +
αυτου

εἶπεν δὲ ὁ ἡγεμών· ὅπως εὐλογηϑῇ ὁ οἶκός μου διὰ σοῦ. καὶ
εἶπεν πρὸς αὐτὸν Ἰωάννης· ἐὰν πιστεύσῃς εἰς Ἰησοῦν Χριστὸν
τὸν υἱὸν τοῦ ϑεοῦ, ἔσται σου πᾶς ὁ οἶκος εὐλογημένος. εἶπεν
δὲ ὁ ἡγεμών· καὶ ἐπίστευσα καὶ πιστεύω εἰς τὸν ἀποστείλαντά
5 σε ϑεὸν ἐπὶ σωτηρίᾳ πάντων τῶν ἀνϑρώπων τῶν κατοικούντων
ἐν τῇ νήσῳ ταύτῃ. καὶ διδάξας αὐτὸν τὰ περὶ πατρὸς καὶ
υἱοῦ καὶ ἁγίου πνεύματος ἐβάπτισεν αὐτόν. παρεκάλει δὲ καὶ
ἡ γυνὴ αὐτοῦ ὥστε φωτισϑῆναι αὐτήν. καὶ εἶπεν πρὸς αὐτήν
Ἰωάννης· οὐ δύνασαι ἄρτι φωτισϑῆναι, ἕως οὐ πληρώσῃς τὰς
10 τεσσαράκοντα ἡμέρας. ὁ οὖν ἡγεμὼν προσήνεγκεν χρήματα
πολλὰ τῷ Ἰωάννῃ λέγων· δέξαι ταῦτα καὶ εὐλόγησόν μου τὸν
οἶκον. καὶ εἶπεν αὐτῷ Ἰωάννης· οὐ δυνήσεταί σου ὁ οἶκος διὰ
τούτων εὐλογηϑῆναι, ἀλλὰ ἄπελϑε καὶ διάδος πτωχοῖς ταῦτα,
καὶ ἔσται ὁ οἶκός σου εὐλογημένος. καὶ ἐμείναμεν ἐν τῷ οἴκῳ
15 τοῦ ἡγεμόνος ἡμέρας τρεῖς. καὶ ἐξελϑόντες ἐκεῖϑεν ἤλϑαμεν
ἐν τῷ οἴκῳ Μύρωνος, καὶ συνήχϑησαν ὄχλοι πολλοὶ καὶ ἐδιδάσκοντο ὑπὸ Ἰωάννου.

1. ο ηγεμων V L cf B (ο δε ηγ. εφη): προς τ. Ιωαννην + N P²
(> τον u. vorher o) | και — Ιωαννης V cf L (cui Joannes) B (λεγει
αυτω ο Ιω.): ειπεν δε Ιω. προς τον ηγεμονα N P² | 3. σου πας N P²:
σου V, tu et (domus tua) L | ειπεν δε N P² cf L (gaudens autem prae-
ses salute facta ex adventu Joannis dixit illi): και ειπεν V, ο δε φησι
B | 4. και επιστ. N P² B: επιστ. V L | 5. ϑεον V P² B L: ενταυϑα +
N P³ | σωτηρια: nur V —αν | παντ. τ. ανϑρ. V B: παντ. ανϑρ. N P²,
των ανϑρ. P³ | των κατοικ. κτλ. V P² P³: κατοικ. κτλ. N, > B | 6. αυτον
V L: απο των ϑειων γραφων + N P² (P³?) | 7. παρεκαλει V N: παρε-
καλεσεν P², παρακαλουσης B | 8. ωστε φωτ. αυτην N P²: ωστε αυτη φωτ.
V, βαπτισϑηναι B | και ει. πρ. αυτην V: ειπεν δε N P² | 9. ου — φω-
τισϑηναι V B (nur βαπτισϑηναι): ουκ εστι(ν) δυνατον N P² (+ βαπ-
τισϑηναι σοι) | οὐ N P² P¹ c m¹: ουν V, > m² (darauf πληρωσεως
ημερων τεσσ.) | πληρωσης V N: —σεις P² P³, —ϑωσιν c m¹ | τας V P³:
> N P², auch B > den Artikel | 11. τω Ιω. V L B (vor χρηματα):
αυτω vor χρημ. N P² | δεξαι V: κυριε × N P², πατερ + B | 12. και
ειπεν αυτω V: ειπεν δε N P², απεκριϑη αυτω B, cui Jo. dixit L | δια
τουτων hier V: hinter ευλογ. P² P³, δια χρηματων B, > N | 13. αλλα
διαδος V P² P³ B (αλλ') L: ει μη διαδωσης N | ταυτα V: αυτα vor
πτωχοις N P² P³ B, eam (sc. pecuniam) L | 14. εσται V P² P³ L:
ουτως × N B | και εμ. V L: εμ. οι δε N P² P³ B (doch εμειναν Amphil.) |
εν — ηγεμονος V N L: εκεισε B, P² geht sofort zu εμειν. δε p. 117, I
über | 15. ημ. τρ. V N: τρ. ημ. B | και εξ. εκειϑεν V B L: τη δε επαυριον
N P³ | ηλϑαμεν V: —ομεν N P³ B | 16. και συν. οχλοι πολλοι V N P³
m²: και συναχϑεντων πολλων οχλων c m¹ | και εδιδ. N P³ m²: διδασκε-

Ἐμείναμεν δὲ ἐν Φορᾷ τῇ πόλει ἔτη τρία. καὶ μετὰ ταῦτα
ἐξήλθαμεν ἐκ τῆς πόλεως ἐκείνης καὶ εἰσήλθαμεν εἰς Μυρινοῦ-
σαν, ἥτις ἀπεῖχεν τῆς πόλεως ἐκείνης τῆς λεγομένης Φορᾶς μί-
λια πεντήκοντα. αὕτη δὲ ἦν πόλις μικρὰ καὶ κατείδωλος πάνυ
καὶ ἱερὰ πολλὰ ἔχουσα τῶν λεγομένων παρ' αὐτοῖς ψευδωνύ- 5
μων θεῶν· ἦν δὲ καὶ ποταμὸς διαρρέων κύκλῳ τῆς πόλεως.
καὶ εἰσελθόντων ἡμῶν ἐν τῇ πόλει οὐδεὶς ἐπεγίνωσκεν ἡμᾶς.
ἦν δὲ τοῦ μηνὸς Λώου νεομηνία παρ' αὐτοῖς. ἐλθόντων δὲ
ἡμῶν ἐν τόπῳ καλουμένῳ Πιαστηρίῳ, ἦσαν ἐκεῖ οἱ πρῶτοι τῆς
πόλεως ἔχοντες δώδεκα παῖδας σεσιδηρωμένους καὶ κειμένους 10
ἐπὶ τῆς γῆς. ὁ οὖν Ἰωάννης ἐπερώτησέν τινα τῶν παρεστώτων

μενοι V, εδιδασκοντο ο m¹. Von hier an B ganz abweichend über den
Abschied von Phora. Nach einer Doxologie, welche m² >, m¹ kürzer
giebt als ο u. Paris. 523, folgt in m¹ ο die Ueberschrift: περι του φαι-
νομενου τοις την πολιν οικουσιν ως λυκου· ην δε ουτος ακαθαρτος δαιμων (δαιμον m¹). In Par. 523: περι της τελουμενης θυσιας εν μυρη-
νουση τη πολει. In m² folgt zunächst das Kapitel von Sosipatros und
Prokliane, dann erst das hiesige mit der Ueberschrift τα περι του λυκου
του δαιμονος. Hier tritt auch m³ wieder ein (s. oben zu p. 110, 8 n. Amphil.
p. 45. 48 èxtr.) mit den Worten μειναντες δε εν τη·πολει Φθορα ετη
τρια, εκειθεν απηραμεν και ηλθομεν εις μυρρινουσαν πολιν ετεραν απεχου-
σαν της φθορας πολεως μιλια πεντηκοντα | 1. Φορα (Tischend. las auch
hier φθορα s. oben p. 57, 1) V cf L (foro civitatis): Φθορα hinter
πολει N P² P³ m², der Name fehlt in B (auch Par. 523) | ετη τρ. V m³:
τρ. ετη N P² P³ | κ. μετα τ. V L: πληρωθεντων δε των τριων ετων N P²
P³ (> των), über m³ vorher | 2. εξηλθαμεν εκ V P²: εξηλθομεν απο N
P³ | εισηλθαμεν V: ηλθαμεν P², ηλθομεν N P³ m³ | 3. της πολ. V cf m³
vorher: εκ X N P² P³ | εκ. τ. λεγομ. Φορας V: nur Φθορας N P² P³ |
4. πεντηκ. hier V P² m³: vor μιλια N P³ | πολις V cf L (et haec civitas
populosa erat): > N P² P³ | και vor κατει. > nur N | 5. τ. λεγομενων
> nur N | παρ' αυτοις V L (der übrigens sonderbar übersetzt): > N
P² P³ | 6. δε και — πολεως V: δε κυκλω της πολεως ποταμος N P³ P²,
et civitatem in circuitu alluebat flumen L, αμφιρρυτος δε ποταμω κυκλω
περιγραφομενη m², aber hier und nachher ganz andere Stellung | 7. και
εισ. V: εισ. ουν. N P² L (dum ergo), εισ. δε P³ | ημας V N P² L: ημων
vor επεγ. P³ | 8. Λωου N P² P³ m³ B (vor μηνος): > V, den Satz
> L | παρ' αυτοις V: > N P² P³ B | 9. καλουμενω: nur P² λεγομενω |
10. εχ. δωδεκα π. V P² P³ L: εχ. δεκα π. N, δωδ. π. κατεχοντας m³
(vorher wie B ευρομεν), και παιδα B | σεσιδη. N P³ V (σεσηδ.) P² (ση-
δηρ.) ο (—γον): κατεσφιγμενους παντοθεν σιδηροις m³, σιδηροδεσμιον
m¹ m² | κ. κειμενους V: κειμενον ο m¹, > N P² P³ m² m³ L | 11. επι
τ. γ. V N P² B: > P³ m³ L | τ. παρεστ. N P² P³ L: τ. εστωτων m³,
τ. εστηκοτων B, εξ αυτων vor τινα V

λέγων· τίς ἡ αἰτία τῶν σεσιδηρωμένων τούτων; ὁ δὲ εἶπεν·
κατὰ νεομηνίαν ἑκάστου μηνὸς κρατοῦνται δώδεκα παῖδες ἄφ-
θοροι καὶ προσφέρονται θυσία τῷ εὐεργέτῃ Λύκῳ. καὶ εἶπεν
αὐτῷ Ἰωάννης· καὶ τίς ἐστιν ὁ Λύκος οὗτος, ἤθελον μαθεῖν
5 κἀγώ. καὶ εἶπεν αὐτῷ ὁ ἀνήρ· περὶ τετάρτην ὥραν τῆς ἡμέρας
ἔρχονται οἱ ἱερεῖς καὶ λαμβάνουσιν τοὺς παῖδας καὶ ἀπέρχονται
ἀνενέγκαι αὐτοὺς θυσίαν, καὶ ἀκολουθεῖ ὄχλος πολύς. εἰ οὖν
βούλει, καὶ αὐτὸς ἀκολούθησον, καὶ θεωρεῖς τὸν Λύκον καὶ
τὴν θυσίαν τὴν γινομένην αὐτῷ. καὶ εἶπεν Ἰωάννης τῷ ἀνδρί·
10 ἄνθρωπε, θεωρῶ σε ἄνδρα κεκοσμημένον· ἐξόν μοι ἐστὶν ξένῳ
ὄντι ἰδεῖν τὸν Λύκον. ὁ δὲ εἶπεν· καὶ ξένοις καὶ ἐνθαδίοις
καὶ πᾶσιν φαίνεται. καὶ εἶπεν αὐτῷ Ἰωάννης· δεῦρο, ἀπέλθωμεν ἐν τῷ τόπῳ ἐκείνῳ, ὅτι ποθῶ ἰδεῖν αὐτόν. καὶ ἐὰν
δείξῃς μοι αὐτόν, ἔχω μαργαρίτην ἀτίμητον, ὃς τιμῇ οὐχ ὑπο-
15 πίπτει, καὶ δίδωμί σοι αὐτόν. ἀκούσας δὲ ταῦτα ὁ ἀνὴρ εἰς
προθυμίαν ἦλθεν τοῦ γνωρίσαι τὸν τόπον τῷ Ἰωάννῃ καὶ δεῖξαι
αὐτῷ τὸν Λύκον. ἐλθόντων δὲ ἡμῶν ἐν τῷ τόπῳ εἶπεν ὁ ἄνθρωπος

1. λέγων V B: > N P² m³ m³ L | τουτων V P² P³: παιδων X N |
ειπεν: nur V + αυτω | 2. ἑκαστου V B (P³?) cf L: του N P² | δωδεκα:
δεκα N | αφθοροι P², vor παιδες N P³ cf B (παις αφθορος εφηβος): >
V L (> auch παιδες) | 3. θυσια N P³ B L (in sacrificium): θυσιαι V,
> P² | λυκω N P² P³ B m³: τω λυκω vor τ. ευ, V | και ειπ. αυτω V:
ειπε(ν) δε N P² P³ B, dixit L | 4. ουτος hier N V (geschr. τουτος): vor
ο λ. P² (P³?) B | 5. καγω V: > alle andern | και ειπ. αυ. V: ειπεν δε
N P² m², και λεγει c m¹ | 6. και — παιδας N P² P³ cf B (λ. τον παιδα,
nur m¹ λαβοντες): > V, mehrere > L | 7. ανενεγκαι V P²: –κειν N
P³ | αυτους: nur V αυτοις | και ακ. ο. π. V: και ακολουθουσι παντες c,
κ. παντες ακ. τουτοις m¹ m², ακολουθουντος αυτοις (αυτους N) του οχλου
N P² P³ cf L | ουν hier V N B: hinter βουλ. P² P³ | 8. και αυτος V
P² P³ m¹: αυτος N, > c m² | ακολουθησον V: ακολουθησαι N P² P³ B |
κ. θεωρεις V: θεωρεις P², θεωρεις και B (P³?), και θεωρησαι N | 9. γι-
νομ. P² B: γενομ. V N P³ | αυτω V P² P³ m¹ m²: εν αυτω c N (dieser
+ ελθε) | κ. ειπ. V: ειπεν δε N P² P³, dixit L | 10. θεωρω: ορω nur
V | κεκοσμ.: nur N + φρασον μοι, φανειται καμοι ο λυκος ουτος | εξον
P² B (X ει ουν): εξ ων V N P² | 11. οντι — λυκον V P² (+ ξενον
nach τον) P³ B (+ και ποθουντι nach οντι): > N | ενθαδιοις V N P²:
εγχωριοις P³ | 12. κ. πασιν V: > N P² P³ | κ. ειπ. αυ. V: ειπεν δε N
P² P³ (+ ο) | 13. αυτον V N P²: τον λυκον P³ | εαν — αυτον N P¹ P²
L: δειξον μοι αυτον και B, > V | 14. ος V N: ο P², ω P³ | τιμη
N P² P³: τιμην V | υποπιπτει N P² P³: υποβαλλεται V, παραβαλλεται (?)
L | 16. τον τοπον N P³: αυτον τω τοπω V, αυτω τον τοπον P², beide
trotzdem τω Ιω. | 17. αυτω τον λ. N P² (X και vor τον) P³: αυτον τω λυκω
V | εν τω τ. V (το) N P³: επι τον τοπον P² B | ανθρωπος N P² P³: ανηρ V

πρὸς τὸν Ἰωάννην· ἰδοὺ ἤλθαμεν ἐν τῷ τόπῳ· δός μοι τὸν
μαργαρίτην, καὶ δείξω σοι καὶ τὸν Λύκον. καὶ εἶπεν αὐτῷ
Ἰωάννης· ἄνθρωπε, μή μοι ἀπιστήσῃς, ἀλλὰ δεῖξόν μοι τὸν
Λύκον καὶ λαβὲ τὸν μαργαρίτην. καὶ ὡς ταῦτα διελέγοντο,
ἰδοὺ ὁ δαίμων ὁ καλούμενος Λύκος ἀνέβαινεν ἀπὸ τοῦ ποτα- 5
μοῦ. καὶ εἶπεν Ἰωάννης πρὸς αὐτόν· σοὶ λέγω πνεῦμα πονηρόν, ἄκουσον. καὶ εὐθέως ἔστη τὸ πνεῦμα καὶ εἶπεν ὁ Ἰωάν-
νης· πόσα ἔτη ἔχεις ἐν τῷ τόπῳ τούτῳ; καὶ εἶπεν ὁ δαίμων·
ἑξήκοντα. λέγει αὐτῷ ὁ Ἰωάννης· παραγγέλλω σοι ἐν ὀνόματι
τοῦ πατρὸς καὶ τοῦ υἱοῦ καὶ τοῦ ἁγίου πνεύματος ἐξελθεῖν ἐκ 10
τῆς νήσου ταύτης. καὶ εὐθέως τὸ πνεῦμα τὸ πονηρὸν ἄφαντον
ἐγένετο ἐξ ὀφθαλμῶν ἡμῶν. ἰδὼν δὲ ὁ ἄνθρωπος ἐκεῖνος ὃ
ἐποίησεν ὁ Ἰωάννης, εὐθέως ἔπεσεν εἰς τοὺς πόδας αὐτοῦ καὶ
λέγει αὐτῷ· ἐλέησόν με, ἄνθρωπε· εἰπέ μοι, τίς εἶ καὶ πόθεν,
ὅτι τοιαῦτα ποιεῖς, ὅτι θεοῖς ἐπιτάσσεις καὶ πείθονταί σοι 15
τρόμῳ. ὁ δὲ Ἰωάννης εἶπεν αὐτῷ· ἐγώ εἰμι ὁ μαθητὴς Ἰησοῦ
Χριστοῦ, τοῦ υἱοῦ τοῦ θεοῦ· οὗτος δὲ, ὃν λέγετε Λύκον θεόν,
πνεῦμα πονηρὸν ὑπάρχει ἀπόλλον τὰς ψυχὰς τῶν ἀνθρώπων.
διὰ τοῦτο ἀπέστειλέν με ὁ Χριστὸς ἐνταῦθα, ὅπως ἐκδιώξω

1. ηλθ. εν τ. τοπω V L: ο τοπος N P² P³ | 2. και vor τον V P² P³:
> N | και ειπ. αυ. V: ειπεν δε N P² P³ (+ ο) | 3. μοι απιστ. N P² P²:
απιστης μοι V | αλλα N P² P³: > V | 4. διελεγ. N P² P³: διελογιζοντο
V | 5. καλουμ. V N P² B m³ (+ και επιφαινομενος): λεγομενος P³ |
ανεβαινεν N P² P³: ανεβη B (m³?), αναβαινων V | απο: εκ B | 7. ακου-
σον V B: > N P² P³ m³ | πνευμα: nur V + το ακαθαρτον | ειπεν: nur
V λεγει αυτω | ο V P³ P²: > N P² | 9. εξηκ. V N P² P³: εκατον Χ ο
m¹, εβδομηκοντα m² L | λεγει αυ. ο V cf L (ait Joannes): και ειπεν N
P², ειπε(ν) δε αυτω ο B | παραγγελλω N P² ο m¹: παραγγελω V, επι-
τρεπω m² | 10. του dreimal V P³: > N P² | εκ της ν. τ. V: της ν. τ. B,
την νησον ταυτην N P² P³ | 11. αφαντον: nur V αφανη | 12. ανθρωπος:
nur V ανηρ | 13. ο Ιω. V P³ B (Χ σημειον): Ιω. N P² | ευθεως V L:
> N P² P³ | επεσεν — αυτου V N P³ B: προσεπεσεν αυτω P² | κ. λεγει
αυ. V L (> αυτω): λεγων N P² P³ B | 15. τοιαυτα N: τα Χ P³, σημεια
+ P² cf L (admiranda), ταυτα V | οτι V B: + και P m³, nur και N P³,
qui L | σοι N P² P³ m³ L cf B (υπακουουσι σοι hinter τρομω): > V |
16. αυτω V cf B (λεγει αυ.): > N P² | ο μαθ. V: ο αποστολος m³ L
(+ et servus), Ιωαννης ο μαθ. N P² P³ m³, Ιω. ο απ. c m¹ | 17. δε V
N B L m³: γαρ P² P³ | 18. υπαρχει: nur V εστιν | απολλον schreibe
ich; die überlieferten Formen haben sämmtlich ein απολλω = απολλυω
= απολλυμι zur Voraussetzung: απολλων V, απωλλον P³, απωλλων N,
απολλοντα P², και απολλει B (c m², απωλει m¹), > m³ (?) | 19. δια V
B: και Χ N P² P³ L | ο Χρ. hier V P² B (> ο): Χρ. vor απεστ. N |
εκδιωξω V m³: διωξω hinter δαιμ. N P² P³, ebenda φυγαδευσω B

τοὺς δαίμονας, καὶ τοὺς ἀνθρώπους εὐαγγελίσωμαι τὴν ὁδὸν
τῆς ἀληθείας. ἀκούσας δὲ ταῦτα ὁ ἄνθρωπος ἔπεσεν ἐπὶ
πρόσωπον λέγων· ἄνθρωπε τοῦ θεοῦ, ποίησον καὶ ἐμὲ τοῦ
Χριστοῦ γενέσθαι δοῦλον. ὑπολαβὼν δὲ Ἰωάννης ἀπὸ τῶν
5 θείων γραφῶν ἐδίδαξεν αὐτὸν τὰ περὶ πατρὸς, υἱοῦ καὶ ἁγίου
πνεύματος. καὶ πάλιν ἔπεσεν εἰς τοὺς πόδας αὐτοῦ λέγων·
δέομαί σου, δός μοι τὴν ἐν Χριστῷ σφραγῖδα. κατελθὼν δὲ
ὁ Ἰωάννης ἐν τῷ ποταμῷ ἐβάπτισεν αὐτὸν εἰς ὄνομα πατρὸς
καὶ υἱοῦ καὶ ἁγίου πνεύματος. ἀνελθόντων δὲ ἡμῶν ἀπὸ τοῦ
10 ποταμοῦ, εἶπεν Ἰωάννης τῷ ἀνθρώπῳ· ἰδοὺ ἔλαβες τὸν πολύ-
τιμον μαργαρίτην. καὶ ταῦτα λέγοντος αὐτοῦ, ἰδοὺ οἱ ἱερεῖς
ἔχοντες τοὺς δώδεκα παῖδας σεσιδηρωμένους, ὅπως θύσωσιν
αὐτοὺς τῷ δαίμονι τῷ ἐπικαλουμένῳ Λύκῳ — ὅταν δὲ ἤρχοντο
ἐν τῷ τόπῳ, ἐν ᾧ τὴν θυσίαν ἀπετέλουν, πρῶτον ὁ δαίμων
15 ἐφαίνετο αὐτοῖς, καὶ φόβος καὶ τρόμος ἐλάμβανεν αὐτούς, καὶ
οὕτως ἀπέσφαζον τοὺς παῖδας — ἐλθόντων οὖν αὐτῶν ἐν τῷ
τόπῳ καὶ δησάντων τοὺς παῖδας, λαβόντων τὰς μαχαίρας ἔμε-
νον τὸν χρηματισμὸν τοῦ δαίμονος, ὅπως ἀποσφάξωσιν αὐτούς.
ὁ οὖν Ἰωάννης ἐγγίσας πρὸς αὐτοὺς εἶπεν αὐτοῖς· ἄνδρες οἱ
20 τὴν ὁδὸν τῆς ἀληθείας μὴ ἐπιστάμενοι, τὸν δαίμονα τὸν κα-

---

1. τους αν. V: τοις ανθρωποις N P² P³ B (aber o m¹ darauf υπο-
δειξω) | 3. λεγων V L: λεγει B (> επεσεν επι πρ.), και προσεκυνησεν
τον Ιωαννην (αυτον P², αυτω P³) και ειπεν (+ αυτω P²) N P² P³, και
προσκυνησας ειπεν m³ | και εμε V L (ut et ego) B: με N P² P³ |
4. Χριστου V m¹ m²: σου + N P² P³ c, filii dei L | γεν. δουλον V N:
δουλ. γεν. P² P³, γεν. vor του Χρ. m², nur δουλον vor του Χρ. B | Ιω.:
o X N | 5. υιου V L: και X N P² P³, ganz anders m³ u. vollends B |
6. και — zum nächsten αγ πνευματος l. 9 N P² P³: nur εβαπτισεν
αυτον V cf L | 7. δεομαι σου N P³: > P² | 8. o N P²: > P³ | 10. τω
ανδρ. N P² P³: προς τον ανδρα V, ei L | πολυτιμον N P² P³ L (pre-
ciosissimam): τον ατημητον hinter μαργ. V | 11. λεγ. αυ. N P² P³: αυ.
λαλουντος V | οι V P² P³ L B (+ της αισχυνης): δυο N | 12. εχοντες V N
B (X ερχονται): εχοντας P², οι εχοντες P³ | τ. δωδ. παι. V L: τ. παι.
N P² P³, τον νεανισκον B | 13. οταν V: οτε N P² (P³?) | 14. εν — απε-
τελουν V: > N P², die ganze Beschreibung der Sitte > L, ganz anders
B | o δαι. hier V P²: hinter αυτοις N | 15. αυτους N P²: αυτοις V |
16. απεσφαζον N: απεσφαττον P², επεσφαζον V | αυτων N P²: > V |
17. και — λαβοντων V: και σχηματισαντες τον παιδα λαβοντες τε B, και
λαβοντων N P² P³ | 18. αυτους V L: τους παιδας N P² P³ | 19. ουν I.
εγγισας V N B: δε I. P² | πρ. αυτους V: αυτοις B, > N P² | αυτοις V:
προς αυτους N P², > B | 20. επιστ. N P² P³ L: πιστευσαμενοι V | και.
N P² P³: λεγομενον V

λούμενον Λύκον ἐν ὀνόματι Ἰησοῦ Χριστοῦ τοῦ υἱοῦ τοῦ θεοῦ
ἐγὼ ἐδίωξα ἔξω τῆς νήσου ταύτης. εἰς μάτην οὖν ὁ κόπος
ὑμῶν γίνεται ἐν τῷ τόπῳ τούτῳ. λύσατε τοὺς παῖδας, κἀγὼ
ὑμῖν ἀναγγελῶ περὶ τοῦ πνεύματος τοῦ πλανῶντος ὑμᾶς, ὅπως
ἔμελλεν ἀπολέσαι τὰς ψυχὰς ὑμῶν τε καὶ τῶν παίδων τούτων. 5
ἀκούσαντες δὲ ταῦτα οἱ ἱερεῖς παρὰ Ἰωάννου οὕτως μετὰ παρρησίας λαλοῦντος ἐξέστησαν. οὐδεὶς γὰρ ἐτόλμησεν δοῦναι
ἀπόκρισιν τῷ πλησίον αὐτοῦ ἐν τῇ ὥρᾳ ἐκείνῃ, λέγοντες· ὅτι
ὁ λύκος τὸν ποταμὸν ἀναγαγὼν ποταμοφορήτους ἡμᾶς ἐμβαλεῖ
ἐπὶ τὴν θάλασσαν. ὁ οὖν Ἰωάννης εἶπεν πρὸς αὐτούς· λύσατε 10
τοὺς παῖδας, εἶπον ὑμῖν, καὶ ἄφετε αὐτούς· ὃν γὰρ προσδοκᾶτε
δαίμονα, ἐφυγαδεύθη δι᾽ ἐμοῦ ἐκ τοῦ τόπου τούτου κελεύσει
τοῦ θεοῦ μου. καὶ οὐκ ἦν ἀπόκρισις ἀπὸ τῶν ἱερέων πρὸς
Ἰωάννην· ἐγγίσας οὖν ὁ Ἰωάννης καὶ λαβόμενος τῶν δεσμῶν
τῶν παίδων ἔλυσεν αὐτοὺς καὶ εἶπεν πρὸς αὐτούς· εἰσέλθατε 15
εἰς τὴν πόλιν πρὸς τοὺς πατέρας ὑμῶν καὶ μητέρας καὶ ἀδελφούς. οὐδεὶς γὰρ τῶν ἰδίων αὐτῶν ἠκολούθει αὐτοῖς. καὶ
πάλιν προσελθὼν ἐπῆρεν τὰς μαχαίρας ἀπὸ τῶν χειρῶν τῶν

1. του υ. τ. θ. N P² P³ L: ❭ V | 2. νησου N P² P³ B: πολεως V,
regione L | 3. λυσατε V (— ται) B (+ τον νεον oder παιδα και αφετε
αυτον υπαγειν): αλλα × N P² P³, solvite ergo L | 4. αναγγ. V P² B:
απαγγ. N P³ | οπως — τουτων V (nur απολεσει verschrieben) cf L
(contra animarum vestrarum et puerorum vestrorum salutem) B (και
απολλοντα τας ψυχας υμων): ❭ N P² P³ | 6. ταυτα hier V B (nur
m² ❭): hinter ιερεις N P² | ουτως V N P³: ❭ P² L | μετα παρρ. V L:
εν παρρησια N P² P³ | 7. ετολμησεν — εκεινη V: ετολμησεν εν τω τοπω
εκεινω αποκρ. δουναι τ. πλησιον B, εν τη ωρα εκ. ετολμα αποκρ. δουναι
τω εταιρω (ετερω N) αυτου N P² P³ | 9. εμβαλει V N P³: εμβαλλη P² |
10. επι V: εις N P² P³ | ο ουν I. V: παλιν ουν ο I. B, et Joannes iterum
L, ο δε I. N P² P³ | λυσατε — αυτους V cf L: αφετε τους παιδας (αυτους
P²) υπαγειν N P² P³ | 12. εφυγ. δι εμου V: εφυγ. υπ εμου mit vielen
Zuthaten vorher B, δι εμου εδιωχθη N P² P³ | 13. μου V N P³: ❭
P² | ην — Ιωαννην V: ην φωνη ουδε αποκρ. παρα (ο m¹, απο m²) τ.
ιερεων B, απεκριθησαν αυτω N P² P³ | 14. Ιω. N P² (❭ ο) P³ B (ο
ουν. I. εγγ.) L: αποστολος V | λαβομενος: nur V επιλαβ. | τ. δεσμ. τ.
παι. V B (του παιδος): ❭ N P² P³ | 15. αυτους V: τους παιδας N P²
P³, ❭ B | πρ. αυτους V N P³: αυτοις P², αυτω B | εισελθατε V P² P³:
—ετε N | 16. εις την π. V P²: εν τη πολει N P³ B | πατερας — αδελφους
V L: γονεις υμων N P² P³ B (γον σου vor εν τ. πολει) | 17. ιδιων V N P³ B:
γοναιων P², propinquorum L | ηκολ. αυτοις N P² P³: ηκολουθησεν αυτους
V | 18. προσελθων: nur V + Ιωαννης | επηρεν N (επειρ. V P²): απειρε
P³, ελαβε B | τ. χειρ. V B L: ❭ N P² P³ | τ. ιερεων V P³: αυτων B L,
των μητεραιων P² (s. zu p. 113, 11), των ιερων ανδρων N

ἱερέων, καὶ πάντες ἐξέστησαν ἐπὶ τοῦτο· οὐδεὶς μέντοι ἐτόλμησεν λαλῆσαι τῷ Ἰωάννῃ λόγον σκληρόν, ὅτι ἐκωλύοντο ὑπὸ
τοῦ θεοῦ, τοῦ μὴ ἐπιβαλεῖν αὐτῷ χεῖρας ἢ ὕβρεις.

Καὶ εἰσῆλθον πάντες ἐν τῇ πόλει, καὶ ἐστάθη Ἰωάννης ἐν
5 τόπῳ ἐν ᾧ ὑπῆρχεν στοὰ μικρὰ καλουμένη Θύρα, καὶ συνήχθησαν ὄχλοι πολλοὶ περὶ αὐτόν. ὑπολαβὼν δὲ Ἰωάννης ἀπὸ
τῶν θείων γραφῶν ἤρξατο διδάσκειν αὐτοὺς τὰ περὶ πατρὸς,
υἱοῦ καὶ ἁγίου πνεύματος. καὶ οἱ μὲν ἐπίστευον αὐτῷ, οἱ δὲ
ἠπίστουν, ἔτι μὴν καὶ διὰ τὴν ἀπώλειαν τοῦ δαίμονος τοῦ ἐπι-
10 καλουμένου Λύκου· καὶ οὕτως πάντες ἐπείσθησαν καὶ εὐχα-
ρίστουν αὐτῷ διὰ τὴν ζωὴν τὴν γεναμένην ἐπὶ τοὺς παῖδας.
οἱ δὲ ἱερεῖς ἀπεχθεῖς ἦσαν τῷ Ἰωάννῃ καὶ οὐκ ἐλάλουν αὐτῷ,
ἀλλ' οὐδὲ ἤκουον τὸν λόγον αὐτοῦ. ἦν δὲ πριβάτον ἀναμέσον τῆς ὁδοῦ, καὶ εἷς ἐκ τῶν ἱερέων, ὃς ἦν τοῦ Διός,
15 εἶχεν υἱόν, ὀνόματι Μωκᾶς. οὗτος εἰσελθὼν ἐν τῷ πρι-

1. τουτο V N P²: τουτοις P³ B | ουδεις μ. ετολμ. V B cf L: και
ουκ ετολμησαν N P² P³ | 2. τω Ιω. V B: προς αυτον nach σκληρον N P²
P³, ει L | οτι V: γαρ nach εκωλ. N P² P³ L (dieser sonst anders) |
3. θεου: nur P² κυριου | υβρεις V: υβριν P², iniuriam aliquam L, υβρι-
σαι N P³ | 4. εισηλθον V B L: εισηλθαμεν P², —ομεν N P³ | παντες
hier V cf B (ουν απαντες): vor εισηλ. N P² P³ | εσταθη V cf B (σταθεις
δε oder ουν): εστη N P² | Ιω. V P²: ο Ιω. N | 5. τοπω N P² B: τω ✕
V | 6. αυτον N P² B: αυτου V | απο τ. θ. γρ. hier N P²: hinter αυτους
V, > B | 8. υιον V: του ✕ N P², nicht vergleichbar L B | 9. ετι —
απωλειαν P³ N (ετιγε) P² (> δια): ομοιως και την αιτιαν της απωλειας
V, > L B m³; der richtige Text muss noch gefunden werden | τ. δαι-
μονος V P² P³: > N | επικαλ. V: επιλεγομ. P², λεγομ. N P³ | 10. ουτως
N P² P³: οι V | επεισθ. V P² (beide επισθησαν) P³: επιστευσαν N |
ευχαριστουν αυτω V L: ευχαριστησαν τω Ιωαννη N P² P³ | 11. την γεν.
— παιδας V: των παιδων N P³ P³, quia pueros a morte liberasset L |
12. ιερεις: μη ιερεις P² | απεχθεις ησαν (so ich statt απεχθησαν) τω
Ιω. — ηκουον V cf L (eum odio habuerunt nec voluerunt ab eo
baptizari nec obedire verbo eius): nur ουκ ηθελον ακουειν N P²
P³ | 13. τον λογον V N P²: των λογων P³ | πριβατον: nur N περιπατων.
Mit ην δε περιβ. beginnt das in v (fol. 90 b) erhaltene Kapitel mit der
Ueberschrift τα περι μιερεως και του υιου αυτου εις μυρνουσαν την πο-
λιν. Die Hs. gehört hier nicht zur Recension B. Die Anfangsworte des
Kapitels citirt Ducange, Gloss. med. et inf. Graec. 1226 aus einer Hs,
welche mit meinem V verwandt sein muss | 14. οδου — των V u. cod.
des Ducange: πολεως, εις δε των N P² P³ v m³ cf L B | ος — Διος N
P² P³ v: του .ιιος m³, > V B L, Duc. geht von ιερεων gleich zu εισελ-
θων über | 15. ονοματι V P³ B: ονομα αυτω N v (✕ και), και το ονομα
αυτου P², ω ονομα m³ | Μωκας V: Μωκαν B, Μωχας N m³, Μωχ P² v
(P³ darüber ein nicht ganz deutliches ᾶ), > L

βάτῳ λούσασθαι ἀπεπνίγη ὑπὸ πνεύματος πονηροῦ. ἦν
δὲ ὁ δαίμων ὁ ἐξορισθεὶς ἀπὸ Ἐφέσου ὁ καὶ ἐν τῷ πριβάτῳ
Διοσκορίδους ἀποπνίξας τὸν υἱὸν αὐτοῦ Δόμνον. ὁ οὖν ἱερεὺς
ὡς ἤκουσεν περὶ τοῦ υἱοῦ αὐτοῦ ὅτι ἀπεπνίγη, εὐθέως ἔδραμεν
ἐν τῷ βαλανείῳ, καὶ ὁρᾷ τὸν υἱὸν αὐτοῦ νεκρὸν κείμενον καὶ 5
δραμὼν πρὸς Ἰωάννην εἶπεν αὐτῷ· μύστα καὶ διδάσκαλε τῶν
Χριστιανῶν, ἰδοὺ καιρὸς ἦλθεν λοιπὸν τοῦ πιστεῦσαί με τῷ
κηρυττομένῳ ὑπὸ σοῦ· ἰδοὺ γὰρ ὁ υἱός μου ἐπνίγη ἐν τῷ πριβάτῳ ὑπὸ πνεύματος ἀκαθάρτου, καὶ οἶδα ὅτι, ἐὰν θέλῃς,
ἐγερεῖς αὐτὸν καὶ παρέχεις μοι ζῶντα. καὶ εἶπεν Ἰωάννης· καὶ 10
πιστεύεις ὅτι δύναμαι τοῦτο ποιῆσαι καὶ ἀναστῆσαι αὐτόν;
ὁ δὲ εἶπεν· ναί, κύριε. καὶ ἐπελάβετο ὁ ἱερεὺς τῆς χειρὸς
Ἰωάννου, καὶ ἐπορεύθημεν ἐν τῷ πριβάτῳ, καὶ εἰσελθόντων
ἡμῶν ἠνέχθη ὁ παῖς εἰς τοὺς πόδας Ἰωάννου νεκρός. καὶ εἶπεν
ὁ ἱερεὺς πρὸς Ἰωάννην· τὸν θεόν σου, ὃν σέβῃ, ἀνάστησον τὸν 15
υἱόν μου. ὁ δὲ Ἰωάννης κρατήσας αὐτὸν τῆς δεξιᾶς χειρὸς
εἶπεν αὐτῷ· ἐν ὀνόματι Ἰησοῦ Χριστοῦ, τοῦ υἱοῦ τοῦ θεοῦ,

1. απεπνιγη V P² v m³ B: επνιγει N, επηηγει P³ | υπο: nur V απο |
πονηρου V N P³ P² (vor πνευμ.) m¹: ακαθαρτου c v, (πνευματι) ακα-
θαρτω m², > m³ L | 2. εξορισθεις: nur v εξοριστος | απο Εφεσου N P²
P³ v cf m³ (απο του πριβατου του Διοσχ. του κατεθεσου!): υπο Ιωαννου
V, ex Epheso a Joanne L | ο P³ v: ος V N, > P² | 3. αποπνιξας V
P³ v: απεπνιξεν N, αποπνιξαι P² | 4. οτι απεπ. V cf L: > N v, Δομ-
νον l. 3 — απεπν. > P² | 5. βαλαν. V B v: πριβατω N (hier mehrmals
geschr. —αιτω) P² P³ | ορα — δραμων V cf L: ιδου ο υιος αυτου ην
τεθνηκως και εδραμεν N (> αυτου) P² v, ευρων το πτωμα του υιου
αυτου ερχεται σπουδαιως B | 6. Ιω. V v B: τον X N P² | ειπεν αυ. V
L: λεγων N P² v, και λεγει αυτω B | 7. καιρος — ιδου N P³ v P² (> με
u. stellt λοιπον vor ο κ. u.κηρυττ. hinter σου) cf L B: > V | 8. γαρ N
P³ v B L (> ιδου): > V P² | 9. θελης: —εις N P³ | 10. εγερεις P² v:
εγειρεις P³, εγειρης N V | παρεχεις μοι N P² P³ v: περιστας μοι αυτον
V, δυνασαι μοι παραστησαι αυτον B cf L | ειπεν: nur V + αυτω | και
vor πιστ. V B (P³?): > N P² v | 11. τουτο ποιησαι V B: > N P²
P³ v | και αν. αυ. V: αυτον (τουτον v) αν. N P² P³ v, > B | 12. ο δε
ει. V B (φησιν): και ει. ο ιερευς N (P² v μιερευς) | και — Ιω. P² v
(μιερευς) N (X πιστευω, > ο ιερευς): και επιλαβομενος της χ. Ιω. B,
> V | 13. επορ.: nur V X ευθεως | 14. ηνεχθη — νεκρος V L B (προς):
ιδου ο παις εκειτο νεκρος και ο ιερευς (μιερευς v, μιερεως P²) επεσεν
εις τ. π. Ιω. N P² v | και — Ιω. V L: λεγων N P² P³ v | 15. τον θ. V
B L: ορκιζω σε X N P² P³ v | σου V B: > die andern | σεβη V
(geschr. —ης) N P³ (geschr. —ει) v: συ οιδας P², καταγγελλεις B, ve-
neraris et praedicas L | 16. δε V P² B: ουν N v

ἀνάστα. καὶ εὐθέως ἀνέστη, καὶ εἶπεν Ἰωάννης πρὸς αὐτόν·
τί σοι ἐστὶν καὶ τί ἔχεις; καὶ εἶπεν ὁ παῖς· κύριε, ὡς ἤμην
λουόμενος ἐν τῷ πριβάτῳ, ἀνέβη ἀνὴρ Αἰθίωψ ἀπὸ τῆς ἐμ-
βάσεως καὶ ἀπέπνιξέν με. ἔγνω οὖν ὁ Ἰωάννης, ὅτι δαίμων
5 ἐστίν. καὶ εἰσελθὼν ἐν τῷ βαλανείῳ, ἔκραξεν ὁ δαίμων μεγάλῃ τῇ φωνῇ· Ἰωάννη, μαθητὰ τοῦ Χριστοῦ, ὁρκίζω σε τὸν
σὸν δεσπότην μή με διώξῃς ἀπὸ τοῦ τόπου τούτου. ὁ δὲ Ἰωάννης εἶπεν πρὸς αὐτόν· πόσα ἔτη ἔχεις ἐν τῷ βαλανείῳ; ὁ
δαίμων εἶπεν· ἓξ ἔτη ἔχω· ἐγὼ γάρ εἰμι ὁ ἐν Ἐφέσῳ ἐν τῷ
10 πριβάτῳ Διοσκορίδους κατοικῶν καὶ τὸν υἱὸν αὐτοῦ ἐν αὐτῷ
ἀποπνίξας καὶ διωχθεὶς ὑπὸ σοῦ. καὶ εἶπεν αὐτῷ Ἰωάννης·
σοὶ λέγω τῷ δαίμονι τῷ πονηρῷ, ἐν ὀνόματι Ἰησοῦ Χριστοῦ,
τοῦ υἱοῦ τοῦ θεοῦ, παραγγέλλω σοι ἐξελθεῖν ἐκ τοῦ τόπου
τούτου καὶ ἐκ τῆς νήσου ταύτης, καὶ μηκέτι κατοικήσεις ἀνα-
15 μέσον ἀνθρώπων, ἀλλὰ εἰς ἐρήμους τόπους. καὶ εὐθέως ἐξῆλθεν τὸ ἀκάθαρτον πνεῦμα. ἰδὼν οὖν ὁ ἱερεὺς πάντα ὅσα
ἐποίησεν Ἰωάννης ἔπεσεν εἰς τοὺς πόδας αὐτοῦ καὶ εἶπεν πρὸς
αὐτόν· κύριε, ἰδοὺ ἐγὼ καὶ ὁ υἱός μου καὶ πᾶς ὁ οἶκός μου
κατὰ πρόσωπόν σου, καὶ ὃ λέγεις ἀκουσόμεθά σου καὶ ποι-

---

1. ειπεν V P² v: αυτω + N B | προς αυτον nur V | 2. τι σοι εστιν
και V B: > N P² P³ v | εχεις V P² v: εσχες N P², υπεστης B, tibi
contigit filí L | κ. ειπεν nur V. V B (νεανιας): λεγει ο νεανιας P² v (νεα-
νισκος), ο νεανιας λεγει N | 3. εν τ. πριβ. V B L: > N P² P³ v | αϊ.
Αιθ. vor απο V B (εκ): nach εμβασ. N P² P³ v | 4. απεπν.: nur N
επνιξεν | ο: > nur V | δαιμων V P² P³ v: ο × N, ο εν τω βαλανειω
του εφεσιου Διοσκοριδους × B | 5. βαλ. V B: λουτρω v, πριβατω N P²
P³ | εκραξεν ο δ. V: ευθεως ανεκραξεν ο δ. N P³ (> ο δ.), ο δ. εκραξε
P² v (+ λεγων) | 6. τον σ. δεσπ. N P² P³ (> σον) v: εις × V | 7. με:
nur V hinter εδι. | απο V N P² v: εκ P² B (dieser bringt den Satz
nach l. 11) | 8. αυτον: τον δαιμονα nur V, derselbe + τουτω nach βα-
λαν. | 9. δαιμ.: nur P² ╳ δε | 10. κατοι. και V L B (╳ το πριν u. ο
vor και): > N P² P³ v | αυτου hier V P² v B: vor υιον P³, > N |
εν αυτω V: > N etc. | 11. υπο σου V: vor διωχθεις N etc. | και — Ιω.
V: ο δε Ιω. ει. αυ. N etc. | 12. σοι — πονηρω V: > N etc. | Ιησου Χρ.
V L: του εσταυρωμενου × N P² v, + B (> τ. υιου τ. θ.) | 13. εκ —
και V L: > N etc. | 14. εκ V P² v: απο N, > B | κατοικησεις V: κα-
τοικισης P², —ησαι N B, —ειν v | 15. ερημους V P² v L: + και αβα-
τους N, αγριους και αοικητους B | 16. το αχ. πν. πν. V L: το πν. το
πονηρον N, ο δαιμων B | παντα οσα V B L: ο N P² v | 17. κ. ει. πρ.
αυ. V B (> πρ. αυ.): λεγων N P² v cf L | 18. εγω N v L B: καγω P²,
εγω ωδε V | 19. λεγεις V N: + ημιν P² P³ v, ο εαν ειπης B | ακουσ. V
N B: —σωμεθα P² | κ. ποιησ. V (—σωμεν) B cf L: > N P² P³ v

ἤσομεν. καὶ εἶπεν πρὸς αὐτὸν Ἰωάννης· πίστευσον τῷ ἐσταυρωμένῳ Ἰησοῦ Χριστῷ, τῷ υἱῷ τοῦ θεοῦ, καὶ σωθήσῃ σὺ καὶ
πᾶς ὁ οἶκός σου. καὶ εἶπεν ὁ ἱερεύς· ἐπίστευσα, μαθητὰ καὶ
ἀπόστολε τοῦ εὐλογημένου Ἰησοῦ. καὶ παραλαβὼν ἡμᾶς εἰσήγαγεν ἐν τῷ οἴκῳ αὐτοῦ, καὶ πάλιν ἔπεσεν εἰς τοὺς πόδας 5
Ἰωάννου λέγων· δός μοι καὶ τῷ υἱῷ μου τὴν ἐν Χριστῷ σφραγῖδα καὶ πᾶσιν τοῖς ἐν τῷ οἴκῳ μου. καὶ διδάξας αὐτοὺς
ἐβάπτισεν πάντας τοὺς ἐν τῷ οἴκῳ αὐτοῦ, καὶ ἐμείναμεν παρ᾽
αὐτῷ ἡμέρας τρεῖς χαίροντες καὶ ἀγαλλιώμενοι ἐπὶ πᾶσιν τοῖς
θαυμασίοις οἷς ἐποίησεν ὁ θεὸς διὰ τοῦ Ἰωάννου. 10

Τῇ οὖν τετάρτῃ ἡμέρᾳ προσελθόντων ἡμῶν ἐν τόπῳ καλουμένῳ Φλογίῳ, συνήχθη σχεδὸν πᾶσα ἡ πόλις καὶ ἤκουον
τοῦ Ἰωάννου διδάσκοντος, καὶ ἰδοὺ γυνὴ διαδραμοῦσα ἔπεσεν
εἰς τοὺς πόδας Ἰωάννου καὶ εἶπεν· ὁρκίζω σε τὸν θεὸν ὃν κατ-

1. πρ. αυτον V: (λεγει) αυτω ο B, > N P² P³ v | 2. Ιησου V L:
> N P² P³ v, nach einem grossen Zusatz hat B hier nur τω εσταυρω-
μενω | σωθησῃ συ N P² (—σει συ) P³ v B: σωθη σοι V | και πας V N
P³ v (απας) c L: και ο υιος σου X P² m¹ m² (> nachher πας) |
4. Ιησου V: Χριστου N P³ v (dieser dann erst και αποστολε), θεου P²,
Jesu Christi filii dei (> ευλογημ.) L | εισηγ. V B: απηγ. N P² P³ v,
duxit L | 5. εν τω οι. V: εις τον οι. N P³ v, εις τον εαυτου οι. P² B |
και παλιν κτλ. N etc.: nur V stellt hierhin και εμειναμεν παρ᾽ αυτω
Ιωαννου (l. 8 — 10) und darauf die in obigem Text hier folgenden
Sätze | επεσεν εις τ. π. N V v: προσεπεσαν P² | 6. Ιωαννου V: Ιωαννη
P², αυτου N v | δος V L: κυριε X N P² v | κ. τω υ. μου V L: > N
P² v | 7. κ. πασιν — μου V cf L: > N P² v | αυτους V L c (+ και
κατηχησας cf L): αυτον και (πισας + P²) παντας τους εν τω οικω αυ-
του τα περι πατρος κ. υ. κ. αγ. πν. N P² v cf theilweise L | 8. παντας
— αυτου V cf L (eos cum omnibus qui erant in domo): N P² v | και
εμ. V (s. zu l. 5) L: εμ. δε N P² P³ v B | 9. τρεις hier V: vor ημ. N
P² P³ v, επτα nach ημ. B | αγαλλιωμ. V P² B: —λλομενοι N v | 10. θαυ-
μασ. hier V B: hinter Ιω. P² P³ v, vor δια N | θεος: nur N κυριος |
του V B: > N P² P³ v | 11. τη ουν V N P²: τη δε P³ L, και τη v.
Hier geht P³ mit den Worten τεταρτη ημερα συνταξαμενοι αυτω εξηλθομεν απο της πολεως μυρινουσης και επορευθημεν εν χαρω τη πολει zu
einem viel späteren Kapitel über. Aehnlich m³ | 12. Φλογιω m¹: Φλογω
V, Φλεγιω N P², Φλογιων v, Φλογιν c m¹, Phlago L | 13 διαδραμουσα
N P² B (+ τους οχλους και εισελθουσα): δραμουσα v, δρομω ηλθεν V |
επεσεν εις N v B: προσεπεσεν τοις πωσιν P², nur εις V | 14. Ιω. V v:
του Ιω. P² c, του αποστολου m¹, αυτου N, αυτω m² | κ. ειπεν N P² v
B (+ αυτω): λεγουσα προς αυτον V | ορκ. σε V B L: > N P² v | κα-
ταγγ. V L (ohne tu): συ X P² (σοι) v, συ διαγγελλεις N, σεβη και
καταγγ. B

ἀγγέλλεις, ἐλέησόν με. ὁ δὲ εἶπεν· τί σοι θέλεις ποιήσω; καὶ
εἶπεν ἡ γυνή· υἱόν μοι κατέλιπεν ὁ ἀνήρ μου τριῶν ἐτῶν, καὶ
ἐμόχθησα πολλὰ καὶ ἀνῆξα αὐτὸν εἰς τέλειον ἄνδρα, καὶ
πνεῦμα πονηρὸν τοῦτον ἐράπισεν, καὶ κατεδαπάνησά μου τὸν
5 πλοῦτον εἰς τοὺς κακογνώμονας ἀνθρώπους, καὶ οὐδεὶς αὐτὸν
ἠδυνήθη θεραπεῦσαι. διὸ δέομαι σοῦ, τοῦ ἀποστόλου τοῦ
Χριστοῦ, σπλαγχνίσθητι ἐπ᾽ ἐμοὶ καὶ θεράπευσόν μου τὸν
υἱόν. ὁ οὖν Ἰωάννης εἶπεν· ἄπελθε, ἄγαγέ μοι αὐτὸν ὧδε,
καὶ ὁ Χριστὸς θεραπεύσει αὐτόν. καὶ εὐθέως πιστεύσασα ἡ
10 γυνὴ ἐπορεύθη μετὰ ἓξ παίδων τοῦ ἀγαγεῖν αὐτόν. ὡς οὖν
ἐκράτησαν αὐτόν, εἶπον αὐτῷ· ἄγωμεν πρὸς Ἰωάννην τὸν ἀπόστολον τοῦ Χριστοῦ, ὅπως διώξῃ ἀπὸ σοῦ τὸ πνεῦμα τὸ πονηρόν. καὶ ἐπὶ τῷ λόγῳ τούτῳ εὐθέως ἐξῆλθεν τὸ πνεῦμα τὸ
ἀκάθαρτον ἀπὸ τοῦ παιδὸς πρὸ τοῦ παραγενέσθαι αὐτὸν πρός
15 Ἰωάννην. λαβοῦσα δὲ αὐτὸν ἡ μήτηρ αὐτοῦ σωφρονοῦντα
ἔρχεται καὶ προσπίπτει εἰς τοὺς πόδας Ἰωάννου λέγουσα· κύριε, δὸς ἐμοὶ καὶ τῷ υἱῷ μου τὴν ἐν Χριστῷ σφραγῖδα. καὶ

---

1. ειπεν V: προς αυτην N P² v, αυτη B, illi L | σοι V B: hinter
ποιησαι P² cf L, > N v | 2. ο ανηρ μου: > nur P² | τριων ετων V P²
B L: τριετη v, ωσει χρονων τριων N | 3. εμ. πολλα και V: εμ. και N v,
εμ. και ηγωνησαμην και P², μετα πολλων μοχθων B cf L | ανηξα V B:
ηγαγον N P² v | αυτον: > P² | 4. εραπ. V N v: ερραπ. P² c m², ρα-
πισας m¹ | κατεδαπανησεν nur P² | 5. τους > nur V | 6. διο N L (quare):
ουν hinter δεομαι v m¹, hinter σου P², αλλα vor δεομαι c m², > V |
7. σπλαγχνισθητι ... θεραπευσον: nur V σπλαγχνισθηναι ... θερα-
πευσαι | 8. ουν N P² v: δε V, > L B | ωδε V: ενταυθα m², > N P²
v c m¹ L | 9. Χριστος: nur N + μου | αυτον: nur V + μετα παντων |
και ευθ. V L: ευθ. δε N P² v | 10. του N P² v: ωστε V | αυτον N P²
v L: + προς Ιωαννην V | 11. αυτον N P² v: τον ανδρα τον νεον οι εξ
ανδρες V, puerum L | αυτω N P² v L: προς αυτον V | αγωμεν V P² v
B: αγομεν σε N, δευρ. απελθωμεν v, veni L | 12. διωξη N B: διωξει V
P², οπως — πονηρον > v; dieser schliesst das Kapitel und damit seine
Mittheilungen aus Prochorus so: και ευθεως εξηλθεν ο δαιμων απο του
παιδος και εκαθαρισθη. λαβουσα δε η μητηρ αυτον απο της χειρος ηγαγε
προς Ιωαννην προσπιπτουσα και ευχαριστουσα αυτω. πολλοι δε εκ του
οχλου ιδοντες επιστευσαν τω Χριστω και εβαπτισθησαν συν τω ιαθεντι
παιδι εις δοξαν πατρος κ. υ. κ. α. πν. νυν και αει και εις τους αιωνας
των αιωνων· αμην. Darauf das Kapitel aus Leucius (fragm. IV) απο
Λαοδικιας εν Εφεσω το δευτερον | το πν. το πον. V P² c (> das zweite
το): το πον. πν. N m¹ m² | 13. τ. πνευμα το ακ. N P² L: το πονηρον
πν. V, ο δαιμων B | 16. προσπιπτει V N: πιπτει P² c m², πεσουσα
m³ | 17. εμοι — μου N P² L: μοι V

λαβὼν Ἰωάννης τὸν υἱὸν τῆς γυναικὸς ἀπὸ τῆς χειρὸς αὐτοῦ
εἶπεν· δεῦρο εἰσέλθωμεν εἰς τὸν οἶκον ὑμῶν. καὶ εἰσελθόντων
ἡμῶν ἐδίδαξεν αὐτοὺς τὰ περὶ πατρὸς, υἱοῦ καὶ ἁγίου πνεύματος καὶ ἐβάπτισεν αὐτοὺς καὶ πάντα τὸν οἶκον αὐτῆς. καὶ
ἐμείναμεν παρ᾽ αὐτῇ ἡμέρας τρεῖς.   5

Καὶ τῇ τετάρτῃ ἡμέρᾳ προελθόντων ἡμῶν ἠκολούθει ἡμῖν
ὄχλος πολὺς, διδασκόμενοι ὑπὸ Ἰωάννου. ἐν δὲ τῷ τόπῳ, ᾧ
ἦν διδάσκων Ἰωάννης, ἦν ἱερὸν τοῦ Διονύσου. ἐν τούτῳ οὖν
τῷ μιαρῷ ἱερῷ εἰσήρχοντο πλήθη πολλὰ καὶ ἀνεκομίζοντο
οἶνον πολὺν ἐν τῷ μιαρῷ ἱερῷ τοῦ Διονύσου καὶ πολυτέλειαν 10
βρωμάτων. καὶ ἐν ἐπισήμῳ ἡμέρᾳ εἰσήρχοντο ἐν μιαρῷ ἱερῷ
ἐκείνῳ σὺν γυναιξὶν παρεκτὸς παιδίων καὶ ἔτρωγον καὶ ἔπινον.
μετὰ οὖν τὸ φαγεῖν αὐτοὺς καὶ πιεῖν ἔκλειον τὰς θύρας καὶ
ἀτάκτως ὥσπερ ἵπποι θηλυμανεῖς ἐπήρχοντο ταῖς γυναιξὶν διὰ
ἀτάκτου πολυμιξίας. ἔλαχεν οὖν ἐν τῇ ἡμέρᾳ, ᾗ ἦν διδάσκων 15
Ἰωάννης ἐν τῷ τόπῳ ἐκείνῳ, εἶναι τὴν ἄτακτον ἑορτὴν αὐτῶν,

1. λαβων — ημων l. 3 N P² (nach αυτου + ακολουθουσης και της
μητρος αυτου, dann l. 2 οικον ημων) cf B (nach einigen in c m¹ m²
ziemlich verschieden lautenden Zusätzen, welche theilweise an den zu
p. 126, 12 angeführten Schluss von v erinnern, heisst es z. B. in c λαβομενος τοινυν ο αποστολος της χειρος του νεανισκου εισηλθε συν τη
μητρι αυτου εις τον οικον αυτων και κατηχησας εβαπτισεν κτλ.): > V L |
3. αυτους N P²: αυτον V, eam et universam eius familiam L | 4. κ. παντα
τ. οι αυ. V: και παντας (απαντας ohne και P²) τους εν τω οικω αυτων
P² B (c hat vorher και αυτους), > N, auch αυτους vorher > L s. aber
zu l. 3 | 5. αυτη V L: αυτοις N P² B | 6. προελ. N P² B: προσελ. V |
ηκολουθει V: —ησεν P², —ησαν N | 7. οχλος πολυς V P² L: οχλοι πολ-
λοι N | διδασκομενοι N P²: —νος V | ω — Ιω. N P² (ο ην . . . ο Ιω.):
εκεινω V | 8. εν τουτω — ιερω nach V (geschr. τουτο .. το μιαρον ιερον
trotz εν) L: nur εν τουτω ουν N P² | 9. εισηρχ. V N L: ηρχοντο P² |
κ. αν. (geschr. ανεκομιζον τον) οινον π. (geschr. πολλην) V cf L (offe-
rens vinum multum): εχοντες οινον N P² | 10. εν — Διονυσου V: > N
P² L | 11. και N P² cf L (et mos erat): δε hinter επισ. V | εισηρχ. —
επινον V cf L (viros et mulieres sine pueris introire et bibere et mandu-
care): ετρογον (εφαγον N) και επινον αμα γυν. παρεκτος παιδιων N P² |
13. φαγ. αυ. κ. π. V P² (> αυτους): πιειν κ. φαγ. N, post crapulam
L | 14. αταχτως hier V: vor εκλειον N P² (L?) | ωσπερ V: ως N P² |
δια της V P² L: μαινομενοι τη N | 15. αταχτου V: αχορεστου P², αχο-
ρεστω (πολυμιξια) N, iusanum desiderium L | ουν εν V: ουν P², δε N
L | η — εκεινω V (in L ein Anklang): εκεινη N P² | 16. την — αυτων
V: αυτοις την μιαραν και αταχτον (αταχτα θυσιαν και N) εορτην NP²

καὶ συναχθέντες ἅπαντεϛ ἔλεγον πρὸς Ἰωάννην· ἄνθρωπε, ἀρ-
κέσθἠτι λοιπὸν ἐπὶ τῇ καταβολῇ τῇ κακῇ τῶν παρὰ σοῦ σπα-
ρέντων εἰς ἀνοήτους ἀνθρώπους καὶ ἀναχώρησον ἐκ τοῦ τόπου
τούτου, ὅτι ἑορτή ἐστιν ἡμῖν τοῦ μεγάλου Διονύσου, μή σε κα-
5 κῶς τιμωρήσηται. ὁ δὲ Ἰωάννης οὐκ ἐφείδετο λαλεῖν τοῖς ἡδέως
δεχομένοις τὸν λόγον τῆς ἀληθείας. ὑπῆρχον δὲ δώδεκα ἱερεῖς
μιαροὶ τοῦ Διονύσου· ἰδόντες δὲ, ὅτι οὐ φείδεται Ἰωάννης τοῦ
λαλεῖν οὔτε δὲ ἀναχωρεῖ ἀπὸ τοῦ τόπου ἐκείνου, ἐπῆλθον αὐτῷ
καὶ δήσαντες αὐτὸν ἔσυραν, πληγὰς πολλὰς ἐπιθέντες αὐτῷ
10 καὶ ἀφῆκαν αὐτὸν δεδεμένον καὶ ἐπορεύθησαν ἐν τῷ ἱερῷ. ἦν
δὲ νόμος τοῖς ἱερεῦσιν πρῶτον αὐτοὺς εἰσέρχεσθαι καὶ ἀπογεύ-
εσθαι τῶν βρωμάτων καὶ λαμβάνειν τινὰ ἐξ αὐτῶν καὶ εἶθ'
οὕτως τὸν πάντα λαὸν συγγίνεσθαι ἐπὶ τῇ μιαρᾷ αὐτῶν ἀταξίᾳ.
εἰσελθόντων οὖν τῶν δεκαδύο ἱερέων ἐν τῷ ἱερῷ τοῦ Διονύσου,
15 τοῦ παρ' αὐτοῖς ἐπιλεγομένου θεοῦ, στενάξας ὁ Ἰωάννης, ὡς
ἦν ἐπὶ τῆς γῆς κείμενος δεδεμένος, εἶπεν· κύριε Ἰησοῦ Χριστέ,
καταπέσοι τὸ ἱερὸν τοῦ Διονύσου. καὶ εὐθέως κατέπεσεν καὶ
ἐθανάτωσεν τοὺς δώδεκα ἱερεῖς.

1. απαντες V L: > N P² | προς I. V: τω Ιωαννη N P² | ανθρ. V:
+ του θεου N P², > L | 2. λοιπον — ανθρωπους N P² cf L: > V |
3. εκ τ. τοπου τ. V L: > N P² | 4. εστιν hier V: hinter ημιν N P² |
5. τιμωρησηται N P² (—εται) L: τιμωρησωμεν V | λαλειν N P²: διδασκειν
u. doch τοις κτλ. V, semper docens eos L | 6. δεχ. N P²: εχομενοις V,
qui ... audiunt L | υπηρχον — ιδοντες δε V cf L: οι δε ιερεις ιδοντες
N P² | 7. φειδεται V P²: εφειδετο N | του λαλ. N P²: το διδασκειν V |
8. δε αναχωρει V: αναχωρειν N P² | επηλθον — εσυραν N (εσηραν) P²
(αυτου statt αυτω und αυτον nach εσυραν); auch B (zu welchem hier
vt durchaus gehört) hat unter viel Fremdartigem δησαντες αυτον εσυραν
(εξω του τοπου + m² vt, εκ τ. τοπου + c): > V | 9. πληγ. — αυτω
P² N (> πολλας) Cp, dessen Fragment hier beginnt Birch 293: και ×
u. αυτον V | 10. και αφηκαν — ιερω V Cp L: και επορευθησαν εασαντες
αυτον δεδεμενον N P² | 11. νομος τ. ιε.: nur P² μονοις τοις μη ερευσιν |
12. βρωματων V P² Cp: και ποματων + N, mehreres > L | και vor
ειθ' V N Cp: > P² | 13. συγγιν. V: συναγεσθαι N P² | μιαρα V: μυ-
σαρα N P² | 14. ουν V N: δε P² Cp | των δεκαδ. ιε. N Cp: των μη ερευ
P², αυτων V | εν τ. ιερω V N P²: > Cp | 15. του — θεου V Cp (dicis
bei Birch ist Schreib- oder Druckfehler für deus. Mingarelli Aeg. codd.
rell. p. CCCIII lässt in der Uebersetzung das koptische Unutepe stehn und
bemerkt ɪ un Dio): > N P² | 16. δεδεμ. V Cp (vinctus et iacens): >
N P² | 17. καταπεσοι N P²: —σει V | του Διον. V Cp cf L: τουτο N P² |
18. ιερεις V Cp cf B: ως ουν ειδεν ο λαος το γεγονος εδραμον και (δρα-
μοντες P²) ελυσαν τον Ιωαννην λεγοντες· λυσωμεν αυτον μηπως καθ'

Ἦν δέ τις ἀνὴρ ἐν τῇ πόλει ἐκείνῃ Μυρινούσῃ ὀνόματι
Νοητιανός, καὶ ὄνομα τῇ γυναικὶ αὐτοῦ Φορά, καὶ τούτοις
δύο υἱοί· ὄνομα τῷ μείζονι Ῥώξ, καὶ ὄνομα τοῦ νεωτέρου Πολύκαρπος. ὁ οὖν Νοητιανὸς εἶχεν πεῖραν μαγικῆς κακοτεχνίας
καὶ βιβλία πολλὰ ὑπὸ δαιμόνων κατεσκευασμένα. ὡς οὖν εἶδεν 5
τὸν Ἰωάννην εὐξάμενον περὶ τῆς καταστροφῆς τοῦ ἱεροῦ καὶ
καταπεσόντος εὐθέως καὶ θανατώσαντος τοὺς δώδεκα ἱερεῖς,
ἐλυπήθη σφόδρα καὶ θυμὸν δαιμονικὸν εἶχεν κατὰ Ἰωάννου.
ὁ γὰρ πᾶς λαὸς ἔδραμεν καὶ ἔπεσεν ἐπὶ πρόσωπον καὶ προσεκύνησεν τὸν Ἰωάννην, λέγοντες αὐτῷ· μήποτε καὶ ἐφ' ἡμᾶς 10
καταράσηται, καὶ πυρίκαυστοι γενώμεθα. καὶ ἀναστάντες ἔλυσαν τὸν Ἰωάννην καὶ ἐδιδάσκοντο ὑπ' αὐτοῦ. ὁ οὖν Νοητιανὸς λέγει τῷ Ἰωάννῃ· διδάσκαλε, ἰδοὺ πάντες ἀγαπῶσίν σε·
θεράπευσον οὖν πάντας, καὶ εἰ ἔστιν εὐθύτης ἐν τῇ καρδίᾳ

ημων ευξηται (ευξ. κ. ημ. P²) πυρικαυστοι γενωμεθα (γινομ. P²) Ν P² L.
Wesentlich dasselbe haben V Cp nachher p. 129,10. Von dieser spätern
Stelle hat L ausser dem, was Ν P² hier vorweggenommen haben, auch
noch den folgenden Satz hiehergestellt: *et statim venerunt ad Joannem
et liberaverunt a vinculis et rogabant eum, et continuo Joannes surrexit
et coepit praedicare populo.* | 1. τη πολει εκ. Μυρ. V (aber Μυρινουσα)
cf B u. L *(illa civitate)* welche beide den Namen >: αυτη τη Μυρι-
νουση πολει Ν P² (*Μυρεν.*), *in civitate Merinusa* Cp | 2. Νοητιανος Ν
B Cp: Νοτιανος V P², *Nucianus* L | ον. τη γυν. Ν P² B: το ον. της
γυναικος V | Φορα V Ν P² B Cp: *Flora* L | και τουτοις (+ ησαν P²)
δ. υιοι Ν P²: υπηρχον δε τουτοις υιοι δυο V, *is duos habebat filios* Cp
L | 3. μειζονι V Ν B Cp (dieser kehrt die Sätze über die beiden Söhne
um) L (> alles von μειζονι — νεωτερου): ενι P² | Ρωξ ΝB: Ροξ V P²,
Lox Cp | ον. του νεωτ. V Cp cf B: τω ετερω Ν P² | 4. ουν V: δε Ν P²
L, > Cp | πειραν V cf B Cp (*magiae artem*): > Ν, für πειραν — και
hat P² nichts, L eine Erweiterung | 5. και V B Cp L: > Ν P² | υπο Ν
P² B Cp (*a daemone*): > V | κατεκευασμενα Ν P² (—ους): συντεθημενα
αυτω V | 6 ευξαμενον V P²: προσευξαμενον Ν | περι Ν P² Cp (*pro*):
κατα V | ιερου Ν P² Cp: μιαρου X V | 7. καταπεσοντος — ιερεις V Cp
(*ac templum concidisse et duodecim sacerdotes eo casu occisos esse*): των
δωδεκα ιερων (so Ν, μηιερεων P²) την απωλειαν Ν P² | 8. δαιμονικον V
P² Cp: > Ν | ειχεν P²: εσχεν Ν | 9. λαος Ν P²: ο X V trotz seines
ο γαρ vorher | εδρ. και V Ν: > P² Cp | επεσεν V P²: προσεπεσεν Ν |
10. λεγοντες — γενωμεθα (aber καταρησεται u. γενομεθα) V cf Cp (*dicebant ne forte nobis maledicat et igne comburamur*): > Ν P², noch
mehr > L s. vorher zu 128, 18 | 11. ελυσαν τ. Ιω. V P²: ελ. αυτον Ν,
ad Johannem confluxerunt Cp | 12. ουν V P²: δε Ν Cp | 13. αγαπωσιν
V Cp L: αγαπωμεν Ν P² | 14. και V cf Cp (*et corde rectus esto*): > Ν
P², ganz frei L

σου, ποίησον τοὺς δώδεκα ἱερεῖς ἀναστῆναι, τοὺς ἀποθανόντας
ἐπὶ τῇ καταστροφῇ τοῦ ἱεροῦ. ὁ δὲ Ἰωάννης εἶπεν πρὸς αὐτόν·
εἰ ἦσαν ἄξιοι τοῦ ἀναστῆναι, οὐκ ἂν ἀπέθνησκον τῇ πτώσει
τοῦ ἱεροῦ. ὁ δὲ Νοητιανὸς εἶπεν· ἐγὼ δόξαν σοι περιποιῶν
5 ταῦτα φθέγγομαι πρός σε· ἢ ἀνάστησον τοὺς ἱερεῖς, κἀγὼ
πιστεύσω τῷ ἐσταυρωμένῳ, ἢ ἀνιστῶ αὐτούς, καὶ ἔσῃ σὺ κακῇ
τιμωρίᾳ ἐξερχόμενος τὸν βίον τοῦτον. καὶ ἐπὶ τῷ λόγῳ τούτῳ
ἐπορεύθη Νοητιανὸς καὶ περιῆλθεν τὴν ἐρήμωσιν τοῦ ἱεροῦ καὶ
δι' ἐπικλήσεως ἐποίησεν παραστῆναι αὐτῷ δώδεκα δαίμονας,
10 τὰς μορφώσεις ἔχοντας τῶν ἱερέων, καὶ εἶπεν πρὸς αὐτούς·
δεῦτε ὀπίσω μου, ὅπως ποιήσωμεν κακῶς ὀλεσθῆναι τὸν Ἰωάννην. οἱ δὲ δαίμονες εἶπον πρὸς Νοητιανόν· οὐ δυνάμεθα
ἐγγίσαι τῷ τόπῳ, ἐν ᾧ ἐστιν Ἰωάννης, ἀλλ' ἰδοὺ ἱστάμεθα
ὧδε, καὶ ἄγαγε τὸν ὄχλον ἐνταῦθα, καὶ ὄψονται καὶ πιστεύ-
15 σουσιν, ὅτι ἡμεῖς ἐσμὲν οἱ ἱερεῖς καὶ πορεύσονται καὶ λιθο-
βολήσουσιν τὸν Ἰωάννην, καὶ ἔσται ἄτιμος ἐξερχόμενος τὸν
βίον τοῦτον. καὶ ἐπείσθη ὁ Νοητιανὸς τοῖς λόγοις τῶν ἀκαθάρτων δαιμόνων καὶ παραγίνεται πρὸς Ἰωάννην καὶ πρὸς τὸν
ὄχλον τὸν περιεστῶτα αὐτῷ καὶ ἔκραξε μεγάλῃ τῇ φωνῇ· ἄν-
20 δρες ἀδελφοί, τί πλανᾶσθε ὑπὸ ἀνθρώπου ἐμπαίκτου καὶ λαλοῦντος λόγους ἀνωφελεῖς, μηδὲν ἀγαθὸν δυναμένου ἡμῖν ποι-

---

1. ποιησον V: και ✕ N P² (Cp?) | αναστηναι N P²: αναστωσιν V |
τους αποθ. — ιερου V Cp: qui mortui sunt L, > N P² | 4. περιποιων
P² V (Schreibfehler περιποιω): περιποιουμενος N | 5. ιερεις N P² Cp:
δωδεκα ✕ V | καγω V P² Cp L: και πιστ. καγω N | 6. πιστευσω V N
Cp L: πιστευω P² | αυτους V P²: + εγω N | εση συ N P² (dieser aber
σοι geschrieben): εσται σοι V | 7. επι τ. λ. τουτω V Cp L (his dictis):
ευθεως P², > N | 8. περιηλθεν hier N P²: hinter ιερου V | την N P² Cp
L: πασαν ✕ V | 9. δαιμονας — ιερεων V (aber εχοντα) L cf Cp: nur ιερεις
N P² | 10. πρ. αυτους V L: αυτοις N P² | 12. προς N. V Cp: > N P²
L > | 13. εγγισαι N P² Cp: στηναι εν V, in loco ullo habitare L | Ιω.
N P²: ο ✕ V | 14. ωδε N P²: ενθαδε V | ενταυθα hier N P²: hinter
οχλον V | πιστευσουσιν N P² (—σωσιν): πεισθησονται V | 15. ιερεις N
P² Cp: δωδεκα ✕ V | πορευσ. κ. λιθοβ. N P²: πορευθεντες λιθασωσιν
V | 16. και εσται — εξερχομενος N P² (ατιμως) Cp (et in suo ex hac
vita exitu erit condemnatus): και εξερχεται V | 17. ακαθαριων V Cp:
> N P² | 18. προς τ. οχλ. V: τ. οχλ. N P², cum multitudine Cp |
19. περιεστωτα V cf L (et circumstante turba): παρεστωτα N P² | 20 υπο
N P²: απο V | ανθρωπου V P² Cp L (homines hos): Ιωαννου N | 21 μη-
δεν — ποιησαι (aber δυναμενον) V: μηδεν δυναμενου αγαθοποιησαι P²
N (+ ημας), > Cp, et nihil facere possunt L

ἦσαι. ἠκούσατε τὸν λόγον, ὃν ἐλάλησα πρὸς αὐτὸν λέγων· ὅτι
ἢ ἀνάστησον τοὺς ἱερεῖς, καὶ πιστεύσω τῷ ἐσταυρωμένῳ, ἢ
ἀναστήσω αὐτούς, καὶ ἔσῃ κακῶς ἐξερχόμενος τὸν βίον τοῦτον·
καὶ εἰπέν μοι, ὅτι οὐκ εἰσὶν ἄξιοι τοῦ ζῆν. καὶ ἐπορεύθην
ἐγὼ καὶ ἤγειρα αὐτούς, ἀλλὰ καὶ τὸ ἱερὸν μέλλω ἐγείρειν. νῦν 5
οὖν πάντες ἀκολουθήσατέ μοι, καὶ ὄψεσθε αὐτούς, καὶ οὕτω
τὴν τιμωρίαν ἐπάγωμεν ἐπ᾽ αὐτόν. μόνον δὲ οὗτος καὶ ὁ τούτου μαθητὴς μενέτωσαν ἐν τῷ τόπῳ τούτῳ. ἀκούσαντες δὲ
πάντες περὶ τῶν ἱερέων ἠκολούθησαν τῷ Νοητιανῷ, μηκέτι
προσέχοντες τῷ Ἰωάννῃ. καὶ ὡς ἤρχοντο εἰς τὸν τόπον, ἐδι- 10
δάσκοντο ὑπὸ Νοητιανοῦ τὸ πῶς ἀπολέσωσιν τὸν Ἰωάννην.
λαβὼν δὲ Ἰωάννης ἐμέ, δι᾽ ἄλλης ὁδοῦ παρεγενόμεθα πρῶτοι
ἐπὶ τῷ πτώματι τοῦ ἱεροῦ. καὶ ὡς εἶδον τὸν Ἰωάννην οἱ δαίμονες, πρὸ τοῦ ἐγγίσαι αὐτὸν αὐτοῖς ἄφαντοι ἐγένοντο ἐκ τοῦ
τόπου ἐκείνου. ἡμεῖς δὲ ἐκρύβημεν ἐν σπηλαίῳ ἐγγὺς τῆς ἐρη- 15
μώσεως τοῦ ἱεροῦ. ὡς δὲ ἦλθεν ὁ Νοητιανὸς καὶ πᾶς ὁ ὄχλος
σὺν αὐτῷ, παρεκάλει τοὺς δαίμονας τοὺς λεγομένους παρ᾽ αὐτοῦ ἱερεῖς, καὶ οὐκ ἦν φωνὴ καὶ οὐκ ἦν ἀκρόασις, καὶ κατεδα-

---

1. ηκουσατε τ. λογ. N P² (✗ υμεις) Cp: > V, ungenau L | λεγων
V Cp (cum dixi): > N P² | 2. η vor αναστ. N P²: > V | ιερεις N P²
Cp: mortuos L, δωδεκα ιερεις V | 3. αυτους V P²: + εγω N | εση V P²:
+ συ N | 4. ειπεν μοι V L (respondit autem mihi): ειπεν N P², dixerunt
Cp | εισιν V P² L: ησαν N, est (vita dignus) Cp | 5. αλλα και N P²:
και βουλομαι και V, et aliud (αλλο) etiam Cp | μελλω N P²: > V | νυν
ουν παντες V L (nunc autem) Cp (ergo nunc): παντες ουν N P² | 6. και
οψεσθε (–σθαι) V Cp: οπως οψεσθε N L, οψεσθαι P² | 7. την N P²:
> V | επαγ. επ᾽ αυτον V: επαγαγωμεν αυτω N P² | μονον V Cp: μενετω
N, μαινετω P² | τουτου V: αυτου N P² | 8. μενετωσαν V Cp (da er vorher
μονον hat): > N P², aber μονοι hinter τουτω | 9. παντες V cf L
(turba): > N Cp, και P² | ιερεων N P² Cp L: δωδεκα ✗ V | μηκετι —
Ιωαννη V N P²: relicto Joanne L, > Cp | 10. και ως — Νοητ. V: κ.
ως απηρχοντο εδιδ. υπο N. N P², ut viderent Cp, et cogitabant turbae
L | 11. το πως V P²: πως N | απολ. τ. Ιω. N V P² Cp: nos male per-
derent L | 12. δε V L: ουν N P², > Cp | Ιω. εμε V N: εμε ο Ιω. P² |
δι αλλης οδου N P² Cp: > V L | 13. τω πτ. N P²: το πτωμα V | και
ως V Cp: ως δε N N² L | δαιμονες V P² L: δεκαδυο ✗ N Cp | 14. αυτον
αυτοις V: αυτοις N, αυτους P² | αφαντοι V Cp: εφυγον και ✗ N P²
(L?) | εκ τ. τοπου εκ. N P² Cp: ab oculis nostris L, > V | 15. εγγυς
— ιερου V Cp L: > N P² | 16. ως — ο V: ελθων δε N P² | και —
αυτω V: μετα του οχλου N | 17. παρεκαλει V: παρεκαλειτο N P² |
τ. δαιμονας V P² Cp L: > N | αυτου N P²: αυτω V | 18. και ουκ ην
ακρ. V: ουδε ακρ. N, ουτε ακρ. P² | ακροασις V N P²: αποκρισις Cp L |
και κατεδ. V: κατεδαπανατω (sic) δε N P²

πανᾶτο ἡ διάνοια αὐτῶν ἐπὶ τῇ 'προσδοκίᾳ τῆς τῶν δαιμόνων
ὀπτασίας. καὶ ἔμειναν ἐν τῷ τόπῳ ἐκείνῳ ἀπὸ ὥρας τετάρτης
ἕως ὥρας δεκάτης. ὁ δὲ Ἰωάννης εἶπεν πρός με· ἀνάστα, τέκνον Πρόχορε, ἀπέλθωμεν ἐν τῷ τόπῳ, ἐν ᾧ ἤμεθα· μέλλει γὰρ
5 ὁ ὄχλος ἀπέρχεσθαι ἐκεῖ καὶ ἀναστάντες ἐπορεύθημεν ἐν
αὐτῷ τῷ τόπῳ. ὁ δὲ ὄχλος ἐπέστη τῷ Νοητιανῷ καὶ διελέγοντο
λόγοις σκληροῖς πρὸς αὐτὸν λέγοντες· τί ἐποίησας ἡμᾶς ἀπολέσαι τὰς ἐλπίδας ἡμῶν, φαντάσας ἡμᾶς καὶ χωρίσας ἀπὸ τοῦ
διδασκάλου ἡμῶν, τοῦ δικαίου Ἰωάννου, καὶ ἐζήτουν ἐπιβαλεῖν
10 αὐτῷ τὰς χεῖρας λέγοντες· ὅτι θανατώσομέν σε, καθὼς σὺ
ἐπονηρεύσω ποιῆσαι τῷ ἡμῶν διδασκάλῳ. τινὲς δὲ ἐξ αὐτῶν
εἶπον· μὴ θανατώσωμεν αὐτόν, ἀλλ' ἀπάγωμεν αὐτὸν πρὸς
Ἰωάννην, καὶ τῇ γνώμῃ αὐτοῦ ἐπενέγκωμεν αὐτῷ τὴν κρίσιν.
καὶ λαβόντες τὸν Νοητιανὸν ἤγαγον πρὸς τὸν Ἰωάννην καὶ
15 εἶπαν πρὸς αὐτόν· διδάσκαλε, τοῦτον εὕραμεν διαστρέφοντα
τὴν ὁδὸν τῆς ἀληθείας, ἣν σὺ μόνος ὑπέδειξας ἡμῖν καλὴν καὶ
εὐθεῖαν· καὶ ἐζήτησεν καὶ σὲ θανατῶσαι καὶ ἡμᾶς ἀπολέσαι·
κέλευσον οὖν ἡμῖν, ὅπως ἀποκτείνωμεν αὐτόν, καθὼς ἠβουλήθη
ποιῆσαι σοι. ὁ δὲ Ἰωάννης εἶπεν πρὸς αὐτούς· τέκνα, ἄφετε

1. αυτων N P² (vor η διανοια) Cp: αυτου V, d. Satz > L | προσδ.
N P²: κακη και μιαρα ✕ V, frustratam Cp | 2. εμειναν N P²: διεμει-
ναν V | εκεινω V Cp: > N P² | τεταρτης N P² Cp: τριτης V, a mane
L | 4. ημεθα N P²: ημεν V | 5. εν αυτω τ. τοπω N P² cf Cp: > V |
6. τω N. N P²: N. V | και διελ — τι N P²: διαλεγομενοι προς αυτον
λογους σκληρους λεγοντες οτι V, auch Cp keine Frage, wohl aber L |
7. ημας V: ημιν N P² | απολεσαι P²: απολεσθαι V, απολυσαι N, frustra-
tus es Cp | 8. και χωρ. V P² Cp: > N | 9. Ιωαννου N P² Cp: > V |
10. τας χειρας P² V (+ αυτων): χειρας N | οτι V: αρτι N, > P² | θα-
νατωσομεν (geschrieben —ωμεν) V Cp: θανατουμεν N P² | συ V: > N
P² | 11. ποιησαι — διδ. V: κατα του διδ. ημων N P² | 12. μη θ. αυτον
N P² Cp L: > V | απαγωμεν V L Cp: απενεγκωμεν N P² | 13. Ιωαννην
V Cp L: τον διδασκαλον ημων N P² | αυτου N P²: του (sic) V | επενεγκ
αυ. (ενενεγκ. ohne αυτω P²) την κρισιν N P² Cp: καταλειψωμεν αυτον V |
14. τον N. V Cp: αυτον N, > P² | ηγαγον V N: απηγαγον P² | 15. ειπαν
V: ειπον N P² | προς αυτον V: αυτω P², > P | ευραμεν V P²: ευρομεν
N | 16. της αληθ. V L: ημων vor τ. οδον N, > P² Cp | συ (geschrieben
σοι) μονος V: > N P² Cp, den ganzen Satz > L | υπεδειξας V P²:
επεδειξας N | 17. και εξ. και V Cp (et te insuper quaesivit): εξητ. δε και
N P² | και ημ. απ. N P²: ut nos dispergeremur Cp, > V | 18. ημιν —
αυτον V: ημας αποκτειναι αυτον P², nobis (igitur praecipe) et illum
interficiemus Cp, > N, der dafür παθη hinter ποιησαι σοι | 19. προς
αυτους V P² Cp: > N | τεκνα N P² Cp: > V

τὴν σκοτίαν ὑπάγειν εἰς τὸ σκότος, ὑμεῖς δὲ υἱοὶ φωτὸς ὄντες
πορεύεσθε πρὸς τὸ φᾶς, καὶ σκοτία οὐ μὴ καταλάβῃ ὑμᾶς, ὅτι
ἡ ἀλήθειά τοῦ Χριστοῦ ἐστιν ἐν ὑμῖν. καὶ οὐκ ἔασεν αὐτοὺς
ὁ Ἰωάννης θανατῶσαι τὸν Νοητιανόν, πολλοὶ δὲ τοῦ ὄχλου
παρεκάλουν τὸν ἀπόστολον τοῦ Χριστοῦ καὶ θεοῦ· ἀξιοῦμέν 5
σε, πάτερ, δὸς ἡμῖν τὴν ἐν Χριστῷ σφραγῖδα. ὁ δὲ Ἰωάννης
εἶπεν· ἀπέλθατε, τέκνα, ἐν εἰρήνῃ εἰς τοὺς οἴκους ὑμῶν, ὅτι
πρὸς ἑσπέραν ἐστίν, καὶ τῇ ἕωθεν λήψεσθε τὴν δωρεὰν τοῦ
θεοῦ. καὶ ἀπῆλθον ἕκαστος εἰς τὸν ἑαυτοῦ οἶκον· τῇ οὖν
ἐπαύριον ἔρχονται πρὸς Ἰωάννην οἱ πλούσιοι αὐτῶν λέγοντες· 10
διδάσκαλε, ἀξιοῦμέν σε, δὸς ἡμῖν τὴν ἐν Χριστῷ σφραγῖδα. ὁ
οὖν Ἰωάννης εἶπεν πρὸς αὐτούς· ἀκολουθήσατέ μοι ἐν τῷ ποταμῷ, κἀκεῖ βαπτίσω ὑμᾶς. καὶ λαβὼν πάντας τοὺς πιστεύ-
σαντας ἤγαγεν ἐν τῷ ποταμῷ καὶ ἐδίδασκεν αὐτούς, ὥστε φωτίσαι πάντας. ὁ οὖν Νοητιανὸς διὰ μαγικῆς κακοτεχνίας ἐποίη- 15
σεν αἷμα τὸ ὕδωρ τοῦ ποταμοῦ, καὶ εἶδον ἅπαντες καὶ ἐξέστησαν. καὶ εἶπεν Ἰωάννης· κύριε Ἰησοῦ Χριστέ, υἱὲ τοῦ θεοῦ, ὁ
τὰς καθαρὰς φύσεις ἐνθεὶς τοῖς ἀνθρώποις, ἀποκατάστησον
τὸ ὕδωρ τοῦ ποταμοῦ εἰς τὴν κατάστασιν τὴν δοθεῖσαν αὐτῷ
παρὰ σοῦ, καὶ τὸν Νοητιανὸν πάταξον ἀορασίᾳ, ὥστε μὴ 20

1. την — σκοτος V: την σκ. εις τ. σκοτος απελθειν N, το σκοτος εν
τη σκοτια απελθειν P² | 2. πορευεσθε (oder —σθαι) V· N: πορευθητε
P² | προς N P²: εις V | καταλ. V Cp L: φθηση N P² | 3. εασεν N P²:
αφηκεν V | αυτους V P²: αυτοις N | 4. ὁ Ιω. N P²: Ιω. V | του οχλου
V L: εξ αυτων N P², ex iis qui erant in illo loco Cp | 5 τ. απ. — θεου
V: apostolum L, Joannem Cp, αυτον N P² | 6. πατερ hier V (Cp?): vor
αξιουμεν N P² | ο δε Ιω. bis zum zweiten σφραγιδα l. 11 N P² cf B
(Beilage B, 3): > V Cp L. Ich gebe den Text nach P², die Varianten
in N sind απελθετε.. μετ᾽ ειρηνης... δωρεαν του Χριστου... απηλθεν... οικον αυτου... λεγοντες vor πλουσιοι (ob πλειστοι zu emen-
diren?) | 12. ακολουθησατε V: ακολουθητε P², ακολουθειτε N | 13. κακει
V: και εκει N, και P² | 14. ηγαγεν — παντας N P² Cp: και διδαξας
εβαπτισεν εις το ονομα του πατρος και του υιου και του αγιου πνευμα-
τος V, wieder anders L | 15. ουν V Cp: δε N P² L | δια μαγικης κακ.
N P²: μαγικη κακοτεχνια V. | 16. ειδον.. και V: ιδοντες N P² | απαντες
V P²: παντες N | 17. και ειπεν V L: ειπεν δε N P² Cp | 18. τας κ.
φυσεις V N P² L: naturam mundam Cp | ενθεις N V: διενθεις P² | τοις
ανθ. V: homini Cp cf L, πασιν ανθ. N P² | 19. του ποτ. V N L: τουτο
P² Cp | καταστασιν V (Cp?): φυσιν N P², naturam et conditionem L |
την δοθ. — σου V P² Cp L: αυτου N | 20. παταξον: hier endigt Cp |
αορασια V P²: ✕ εν N

δύνασθαι αὐτὸν ἐκ τόπου εἰς τόπον μετελθεῖν. καὶ εὐθέως ἐπὶ
τῷ λόγῳ Ἰωάννου ἐκαθάρθη τὸ ὕδωρ, καὶ ὁ Νοητιανὸς ἔμεινεν
ἐπὶ τοῦ τόπου τυφλός, καὶ πάλιν διδάξας Ἰωάννης πάντας
τοὺς πιστεύοντας ἐβάπτισεν αὐτούς. ἦσαν δὲ οἱ φωτισθέντες
5 ἐν τῇ ἡμέρᾳ ἐκείνῃ ἄνδρες τὸν ἀριθμὸν διακόσιοι. ὁ δὲ
Νοητιανὸς ἔκραξεν μεγάλῃ τῇ φωνῇ λέγων· ἐλέησόν με, ἀπόστολε τοῦ εὐλογημένου θεοῦ, καὶ ποίησόν με ἀναβλέψαι καὶ
δός μοι τὴν ἐν Χριστῷ σφραγῖδα. καὶ κρατήσας ὁ Ἰωάννης
τὸν Νοητιανὸν τῆς δεξιᾶς χειρὸς ἀπήγαγεν ἐπὶ τὸ ὕδωρ τοῦ
10 ποταμοῦ καὶ διδάξας αὐτὸν τὰ περὶ πατρὸς καὶ υἱοῦ καὶ
ἁγίου πνεύματος ἐβάπτισεν αὐτόν, καὶ εὐθέως ἠνεῴχθησαν
αὐτοῦ οἱ ὀφθαλμοί, καὶ ἐπιλαβόμενος τῆς χειρὸς Ἰωάννου
ἀπήγαγεν ἡμᾶς ἐν τῷ οἴκῳ αὐτοῦ. ἦσαν δὲ ἐν τῷ οἴκῳ αὐτοῦ
εἴδωλα πολλά· ὡς οὖν εἰσῆλθεν ὁ Ἰωάννης, εὐθέως ἔπεσαν καὶ
15 συνετρίβησαν καὶ ἐλεπτύνθησαν ὡσεὶ χνοῦς. καὶ ὡς εἶδεν Νοητιανὸς καὶ τοῦτο τὸ θαῦμα καὶ τὰ εἴδωλα οὕτως γενόμενα,
πλειόνως ἐπίστευσεν τῷ Χριστῷ. ἰδοῦσα δὲ ἡ γυνὴ αὐτοῦ καὶ
οἱ υἱοὶ αὐτοῦ, καὶ αὐτοὶ ἐπίστευσαν καὶ ἐβαπτίσθησαν ὑπὸ
Ἰωάννου καὶ πᾶς ὁ οἶκος αὐτοῦ. ἐμείναμεν δὲ παρ᾽ αὐτῷ

1. τοπον V P²: ετερον X N | 2. εκαθαρθη V: εκαθερισθη P², εκα-
θαρισθησαν N | το υδ. V L: τα υδατα N P² | 3. Ιω. V cf L: > N P² |
παντας — αυτους V N cf L: αυτους εβαπτ. P² (N P² + εις ονομα π. κ.
υ. κ. αγ. πν.) | 5. εν τ. η. εκ. V L: > N P² | τ. αριθμ. V: ωσει N, >
P² L | δε N P² L: ουν V | 6. τη hier V P²: vor μεγ. N | με N P² (ανα-
βλεψειν): μοι V | 8. ο Ιω. τ. Νο. V: αυτον Ιω. N P² | 9. απηγ. V N
(+ αυτον): ηγαγεν αυτον P² | επι V P²: εις N | του ποταμου V cf L:
> N P² | 10. αυτον τα V: τα P², αυτον N | 11. ηνεωχθ. V P²: ανεωχθ.
N | 12. επιλ. τ. χ. Ιω. V: λαβομενος του Ιω. P² N (τον Ιωαννην) | 13. εν
τω οικω V: εις τον οικον N P² | ησαν — πολλα N P² (εις τον οικον)
cf L (> πολλα) B (ησαν δε εκει ειδ. εστηκοτα πολλα): ην δε εκει ειδ.
πολλα εχων V | 14. εισηλθεν V P² B: ηλθεν N | ο Ιω. N P² (> ο) B
L: ο αποστολος του Χρ. V | επεσαν V N P² m²: επεσον c m¹ | κ. συ-
νετρ. V cf L: > N P² B | 15. ωσει χνους V cf L (pulvis χους): > N P²
B | κ. ως ειδ. V m¹ m²: ως ουν ιδεν P², ιδων δε N, τουτο ως εθεα-
σατο c | 16. και τουτο — γενομενα V: ταυτα ουτως γεγονοτα m¹,
nur ταυτα N P² m², τουτο ο (s. vorher), quod L | 17. πλειονως V:
περισσοτερως N P² B | Χριστω V P² B L: θεω N | 18. οι υιοι V L: ο
υιος N P², οι δυο υιοι B | και αυ. επ. V: ταυτα επ. P² N (+ και αυτοι),
πιστευσαντες ohne folg. και B | κ. πας ο οι. αυ. V L (etwas vorher):
> N P² B | 19. εμειν. — δεκα V L B (+ αγαλλιωμενοι [και χαιροντες
m¹] επι τη χαριτι του κυριου): > N P²

ἡμέρας δέκα. καὶ διδάξας αὐτοὺς πάλιν ἱκανῶς καὶ συνταξάμενος αὐτοῖς, ἐξήλθαμεν ἀπὸ τῆς πόλεως Μυρινούσης καὶ ἐπορεύθημεν ἐν Κάρῳ τῇ πόλει ἀπὸ σημείων δεκατριῶν Μυρινούσης. καὶ εἰσελθόντων ἡμῶν ἐν τῇ πόλει, ὑπήντησεν ἡμῖν ἀνὴρ
σώφρων, Ἰουδαῖος ὀνόματι Φαῦστος, καὶ εἰσήγαγεν ἡμᾶς ἐν 5.
τῷ οἴκῳ αὐτοῦ καὶ ἐδίδαξεν ἅπαντας, καὶ ἐβαπτίσθησαν παρ᾽
αὐτοῦ. καὶ ἤμεθα παρ᾽ αὐτῷ ἕως χρόνου ἱκανοῦ.

Διαδεχθέντος δὲ τοῦ ἡγεμόνος τῆς νήσου ἐπέστη τις ἀνθύπατος τῇ νήσῳ ὀνόματι Μακρῖνος, Ἕλλην καὶ ὠμότατος καὶ
ἄσπλαγχνος περὶ τοὺς Χριστιανούς. ἐξῆλθεν οὖν οὗτος εἰς 10
ἐπίσκεψιν τῶν λοιπῶν πόλεων· ἦν γὰρ ἡ κατοίκησις αὐτοῦ ἐν
Φορᾷ τῇ πόλει. ἔρχεται οὖν ἐν Κάρῳ τῇ πόλει. ἦν δέ τις
ἐκεῖ γυνὴ πλούτῳ πολλῷ περικεκοσμημένη· αὕτη ἦν χήρα, καὶ
ὄνομα αὐτῇ Προκλιανή. καὶ ἦν αὐτῇ υἱὸς ἐτῶν εἴκοσι τεσσά-

1. ικανως V: ⟩ N P², die andern nicht vergleichbar | συνταξαμενος
P²: —νοις V, —νοι N | 2. αυτοις V: αυτους N, ⟩ P¹ | εξηλθαμεν V P²:
—θομεν Ncm¹, —θεν m². Mit den Worten εξηλθομεν απο τ. πολεως Μυρ.
tritt P³ u. ähnlich m³ wieder ein s. oben zu p. 125, 11 und Amphil.
p. 51 | 2. Μυριν. — Μυριν. l. 3 N P² P³ (+ ως hinter πολει) cf B L
(⟩ beide Namen): nur μιλια δεκα τρια V | 4. εισελθοντων ημων V P²
P³: εισελθοντες N | υπηντ. V P²: απηντ. N P³ | 5. εισηγαγεν V: εισηνεγ-
κεν N P² P³ | εν τω οικω V N: εις τον οικον P² P³ | 6. απαντας V:
παντας P³, Ιωαννης (+ απαντας P²) τους εν τω οικω (+ αυτου P²) N
P² | εβαπτισθησαν V P² P³: εβαπτισεν N | παρ᾽ αυτου V: υπ᾽ αυτου P²,
⟩ N P³ | 7. ημεθα N P² P³: ημεν V | παρ᾽ αυτω V (geschr. αυτου) P²
P³: μετ᾽ αυτου hinter χρονου N | ικανου V | παρ᾽ αυτω (ικανου χρονον, anders
gestellt in m²): ⟩ N P² P³ | 8. διαδεχθ.: ✕ περι Προκλιανης και Σωσι-
πατρου (+ του υιου αυτης c) m¹ c, περι Σωσιπατρου και Προκλ. της
αυτου μητρος m² (s. über dessen Ordnung zu p. 116, 16). Hinter διαδεχθ.
δε ist in P³ wenigstens ein Blatt ausgefallen s. Einl. | 9. τη νησω P²
(geschr. σσω): εν ✕ N, της νησου V, των κυκλαδων (νησων + c) m¹
c, ⟩ m² | Μακρ. N P² B: Καρινος V | και vor ωμοτ. V P²: ⟩ N B |
και ασπλ. V N P² c m² (⟩ και): απανθρωπος τε ✕ m¹ | 10. περι V
B: εις N P² | ουτος V: ο Μακρινος N P², ⟩ B | 11. ην — αυτου V: η
γαρ κατ. αυ. ην N P² | 12. Φορα s. oben p. 57, 1: Φθορα N P², den
Satz ⟩ B, viel mehr ⟩ L | ερχεται — πολει N P²: ηλθεν ουν και εν
Καρω B, ⟩ V | ην — γυνη V B (εκεισε): εν δε τη πολει εκεινη ην τις
γυνη N P² (⟩ τις) cf L | 13. πλου. π. περικ. V: πλουτω κομωσα πολλω
m², πλουσια N L, πλουσια σφοδρα P² c m¹ | αυτη V: και ✕ N B, δε
+ P² | κ. ονομα V P²: κ. το ον. N, ον. δε B | 14. d. erste αυτη V B:
αυτης N P² | Προκλ.: Prodiana L | και — υιος V: ειχεν δε υιον μονο-
γενη ωσει N P² (⟩ ωσει) cf L, υπηρχε δε αυτη υιος B

ρων ὀνόματι Σωσίπατρος, εὔμορφος ὑπὲρ πᾶσαν φύσιν ἀνθρώπων τῇ ἔξωθεν μορφῇ, τῇ δὲ ἔσω ἐσθήσει εἶχεν τὴν σω-
φροσύνην τοῦ Ἰωσήφ. ἡ οὖν Προκλιανή, ἡ μήτηρ αὐτοῦ, κεν-
τηθεῖσα τῇ διανοίᾳ ἐξ ὑποθέσεως δαίμονος ἀκαθάρτου εἰς
5 ἐπιθυμίαν τοῦ ἑαυτῆς υἱοῦ ἤγετο, διωκομένη ὑπὸ λογισμοῦ
διαβολικοῦ καὶ λέγει πρὸς τὸν ἑαυτῆς υἱόν· τέκνον Σωσίπατρε,
ἔστιν ἡμῖν χρήματα καὶ ἀγαθὰ πολλά· φάγωμεν καὶ πίωμεν
καὶ εὐφρανθῶμεν, καὶ μὴ ἔστω σοι ξένη γυνή, μήτε ἐγὼ στε-
ρηθῶ σου· ἰδοὺ γὰρ γηραλέα οὐκ εἰμί, ἀλλὰ καὶ νεωτέρα καὶ
10 εὔμορφος. ἔσομαί σοι ἀντὶ γυναικός, καὶ αὐτὸς ἐμοὶ ἀντὶ ἀνδρός, καὶ μὴ ἐάσῃς εἰς τὸν οἶκον ἡμῶν εἰσελθεῖν ἄνδρα ξένον.
καὶ ἔσομαί σε ἀποκωλύουσα ἀπὸ πάσης γυναικός. ὁ οὖν Ἰωάννης ἦν ἐν δημοσίῳ τόπῳ τῆς πόλεως διδάσκων, καὶ συνήχθησαν ὄχλοι πολλοὶ περὶ αὐτόν, ἦλθεν δὲ καὶ Σωσίπατρος καὶ
15 ἤκουεν τοῦ Ἰωάννου διδάσκοντος· μετὰ οὖν τῶν παραπτω-

1. Σωσιπατρος V: —ον N P², > ον. Σωσ. B | ευμορφος — μορφη
V P² (ευμορφον . . . εξω . .): υπηρχεν δε ουτος ευμορφωτατος πανυ
N, ευμορφοτ. πανυ vor ως ετων, nach τεσσαρων aber κατα δε την του
σωματος και της ψυχης διαθεσιν του καλλους και της ευπρεπειας ετυγχανε
του δικαιου (και σωφρονος + c m¹) Ιωσηφ ομοιος B | 2. τη δε - Ιωσηφ
V (geschr. τη σωφροσυνη) cf B (s vorher) L (sed castitatis amatorem
et imitatorem continentiae Joseph): > N P² | 3 ουν V N B: δε P² |
η μητ. αυ. V L B (Σωσιπατρου): > N P² | κεντηθεισα nach V (κεν-
τισθησα): εκεντηθη N P² m², ganz anders c m¹ | 4. τη διανοια V P²:
την διανοιαν N m² | εξ — ακαθαρτου V: εξ υποβολης δαιμονικης B (δαι-
μονων m²), υπο πνευματος ακαθ. N P² (δαιμονος) | 5. εαυτης V B:
ταυτης P², αυτης hinter υιον N | ηγετο — υιον V cf B (και ηγετο
φλεγομενη και διελκομενη τω [τοιουτω + c m¹] δαιμονιωδει λογισμω
[—μου m¹ m²] εν μια ουν των ημερων απαναισχυντησασα λεγει προς αυτον):
nur και ειπεν προς αυτον N P² cf L | 7. χρηματα — πολλα P² c m¹:
+ πολλα nach χρημ. N, nur αγαθα V, noch anders L m² | και πι. και
ευφ. N P² L m¹ m²: πι. ευφ. V, nur και ευφ. c | 8. ξενη V N B: χρημα
η ✕ P², sehr frei L | μητε — σου V: > N P² B | 9. γαρ V B: > N
P² L | γηραλεα m¹: —λαια V P² c, —λια N, —λεος m² | 10. ευμορφος
V B L: ευμορφωτατη N P² | σοι V L: ουν + N P², ουν ✕ B | και —
ανδρος N B L: > V, alles bis ο ουν l. 12 > P² | 11. και μη — ξενον
V B (aber μητε συ statt μη) L: > N P² | 12. και εσ. — γυναικος N:
και παλιν εγω σε αποκωλυσω απο πασης (+ αλλης m¹) γυν. B cf L,
> V P² | 13. εν δ. τοπω V B (übrigens abweichend): επι δημοσιου
τοπου N P² | 15. ηκουεν P²: —σεν V N | τ. Ιω. διδ. V: αυτου N P² |
μετα ουν τ. παραπτωμενων (von παραπτω?) — λεγοντων V: ταραττομε-
νων δε των ανδρων κατα Ιωαννου και λεγοντων N P² (λαλουντων), aus
B L m² nichts zu gewinnen

μένων παρὰ Ἰωάννου ἦν ἑστὼς ὁ Σωσίπατρος, καὶ ὡς ἤκουσεν
αὐτῶν λεγόντων· ὅτι φαῦλός ἐστιν καὶ πάντα τὰ λεγόμενα παρ᾽
αὐτοῦ πονηρά εἰσιν, μετῆλθεν ἀπὸ τοῦ τόπου, οὗ ἦν ἑστώς,
καὶ ἦλθεν ἐγγὺς τοῦ Ἰωάννου. ὁ δὲ Ἰωάννης ἔγνω τὸν πονηρό-
τατον δαίμονα, τὸν ἐπὶ καταστροφῇ τοῦ νεωτέρου διεγείραντα 5
τὴν αὐτοῦ μητέρα, καὶ ἀποβλεψάμενος Ἰωάννης εἶπεν τῷ Σωσι-
πάτρῳ· Σωσίπατρε. ὁ δὲ εἶπεν· τί ἐστιν, διδάσκαλε; ὁ δὲ Ἰωάννης πρὸς αὐτόν· ἔχω σοί τι εἰπεῖν. ὁ δὲ Σωσίπατρος· εἰπέ,
διδάσκαλε. ὁ δὲ Ἰωάννης εἶπεν· γυνή τις ἦν ἐν πόλει τινὶ καὶ
ὑπῆρχεν αὐτῇ υἱὸς νεώτερος μονογενής, καὶ τὸ ὄνομα τῆς γυ- 10
ναικὸς Ἀπάτη, τὸ δὲ ὄνομα τοῦ υἱοῦ Μὴ ἀπατώμενος. οὗτοι
ἦσαν πλούσιοι σφόδρα· εἰς δέ τις κάκιστος ἐχθρὸς ἐφθόνησεν
τούτοις καὶ ὑπέβαλεν τῇ Ἀπάτῃ, τῇ μητρὶ τοῦ Μὴ ἀπατωμένου,
ἀπατῆσαι καὶ θανατῶσαι τὸν υἱὸν αὐτῆς. ἡ δὲ Ἀπάτη ἠπατᾶτο, ὁ δὲ Μὴ ἀπατώμενος οὐκ ἠπατᾶτο. ἐπὶ πολὺν δὲ χρό- 15
νον ἐνοχλήσασα ἡ Ἀπάτη τῷ υἱῷ αὐτῆς, πολὺ ἑαυτὴν κατα-
δαπανήσασα τῇ ἐπιθυμίᾳ ὕστερον εἰς θάνατον παρέδωκεν τὸν

2. παντα τ. λεγ. V: τα λαλουμενα N P² | 3. εισιν V: > N P² | απο
V P²: εκ N | του V B (vorher πλησιον): > N P² | 4. δε V P²: ουν N |
τ. πονηροτατον — μητερα N P² (dieser καταστροφην u. διεγειροντα u.
εαυτης): τον φθονον ον επι τη καταστροφη ηγειρεν ο εχθρος του νεω-
τερου την τουτου μητερα V wo wahrscheinlich zwei Sätze durch Ausfall
einiger Worte zu einem geworden sind cf L, την επι τω νεω παγιδα του
δαιμονος m³ | 6. και αποβλ. V P²: κατ᾽ αυτου και αποκλεψαμενος N |
Ιω — Σωσιπατρω V: αυτον ειπεν N P² (dieser aber zweimal Σωσι-
πατρε, so auch L) | 7. ο δε Ιω. πρ. αυτον N P² (> πρ. αυ.) cf L B:
και ειπεν αυτω V | 8. εχω — ειπειν N P² B: > V L | ο δε Σω. — Ιω.
ειπεν P² cf B: > V N L | 9. ην — υπηρχεν N P² B (αυτη vor υπηρ.):
εν τινι πολει υπηρχεν και ην V | 10. της γυν. V c m¹: αυτης N P² m² |
11. το δε V P² B: και το N | υιου V P²: αυτης + N B | 12. πλουσιοι
σφοδρα V L: πλουτω πολλω κεκοσμημενοι N P², > B | εις — εχθρος
V: κακ. δε εχθ. P², εχθ. δε κακ. N B (+ τις nach δε) | 13. τουτοις V:
> N P² | υπεβ. P²: υπερβ. m³, επεβ. N, ενεβ. B, εβαλεν V | τη Απ. —
απατωμ. P² N (+ τουτεστιν nach Απατη): nur τη μητρι αυτου V, nur
τη Απ. B | 14. απαιησαι N P² B m³: Χ του V | και — αυτης V N P²
m³: τον μη απατωμενον B | η δε V P²: και η μεν N B | 15. Μη απατ.
B: απατωμενος V, > N P² m³ | πολυν N: πολλυν V, πολυ P² |
16. ενοχλησασα V P² B: οχλησασα N | η Απ. N P² B: > V | πολυ —
καταδ. V: και πολυ του εχθρου καταδαπανησαντος αυτην N P² |
17. υστερον — παρεδωκεν V cf L (ut morti vellet eum tradere): εις θαν.
λοιπον ηγαγεν P² N (ηγεν), εις κριμα θανατου τουτον ενεβαλεν B (θαν.
εβαλεν m²) | τον V P²: > N

υἱὸν αὐτῆς καὶ τῷ ἀγχιστεῖ τοῦτον διέβαλεν ἡ Ἀπάτη ὡς ἀπατηθέντα. ὁ δὲ ἀγχιστεὺς ἐκέλευσεν τὸν Μὴ ἀπατώμενον ὡς
ἀπατηθέντα θηριομαχῆσαι. ἡ δὲ ἄνωθεν δίκη τὸν καθαρὸν
ἐκαθάρισεν καὶ τὸν σκοτεινὸν καὶ ῥυπαρὸν ἐξόφωσεν. τίνα
5 οὖν, Σωσίπατρε, ἄξιον ἐπαινέσαι, τὸν υἱὸν ἢ τὴν μητέρα; ὁ
δὲ Σωσίπατρος, ὥσπερ γῆ διψῶσα δεχομένη ὑετὸν ἐπιτήδεια
γίνεται πρὸς καρποφορίαν, οὕτως καὶ οὗτος τοὺς λόγους Ἰωάννου ἐδέξατο εἰς ἑαυτὸν καὶ εἰς τὴν ἑαυτοῦ μητέρα καὶ εἶπεν·
ἄξιον ἐπαινέσαι τὸν υἱὸν καὶ πομπεῦσαι τὴν μητέρα. ὁ δὲ
10 Ἰωάννης εἶπεν· βάδιζε, τέκνον, ὑγιαίνων ἐν τῷ οἴκῳ σου καὶ
πρόσεχες τῇ σῇ μητρὶ ὡς μητρί, καὶ μὴ ἀπατηθήσει, καὶ ἡ
ἄνωθεν δίκη ἀντιλήψεταί σου. καὶ ὁ Σωσίπατρος ἔπεσεν ἐπὶ
πρόσωπον αὐτοῦ καὶ προσεκύνησεν τῷ Ἰωάννῃ λέγων· κύριε,
εἰ εἰμὶ ἄξιος, ἀκολούθησον τῷ δούλῳ σου καὶ εἴσελθε ἐν τῷ
15 οἴκῳ μου, καὶ παραθήσει ὁ δοῦλός σου ἄρτον καὶ φαγώμεθα,
καὶ ὕδωρ καὶ πίωμεν, καὶ ἔσται ὁ οἶκος τοῦ δούλου σου εὐλογημένος. ὁ δὲ Ἰωάννης ἠκολούθησεν τῷ Σωσιπάτρῳ, καὶ εἰσελ-

---

1. αγχιστει N P² (— τη) B (c, —τη m¹, > m²): + ταυτης ηγεμονι
m², αρχοντι V, apud iudicem L, dieselben Varianten l. 2 | η Απ. ως
απατηθ. N P² L: ως απατηθ. vor διεβ. B, > V | 2. τον — απατηθεντα N
cf P² der an das vorige απατηθ. sofort θηριομαχησαι anschliesst: αφρο-
νως τον μη απατηθ. B, τουτον V | 3. τον: nur V hier u. l. 4 το | 4. και
ρυπαρον V P²: >N B | 5. Σωσ hier N P² B (✗ ω) m³: hinter επαιν. V | αξιον:
nur N + εστιν | επαινεσαι: nur V —εσω | 6. επιτηδεια — καρποφ. N P²
m³: εις παραστασιν καρπων V, reddens uberem fructum L, > B | 7. και
ουτος N m²: και αυτος P², > V B | 8. και εις — μητερα V cf B (και
την ιδιαν μητ. vor εδεξατο): >N P², so auch L, welcher für εις εαυτον
intime | ειπεν: nur V + προς Ιωαννην | 9 αξιον V P² B: N ✗ αληθως,
vielleicht zu ειπεν gehörig, wie m³ ορθως απεκριθη | πομπευσαι schreibe
ich nach V (πομπεψαι) cf Ducange 1200: αποπεμψασθαι N P² B, επι-
μεμψασθαι m³, culpari L | μητερα N P² m³ L: εαυτου ✗ V, τουτου ✗
B | 10. βαδ. τ. υγ. N P² (> τεκνον) m³ (ουν vor υγ. u. τεκνον hinter
σου) L (vade igitur fili mi salvus): απελθε V | 11. προσχες V P² m¹
(aber alle geschr. προσχ.): προσεχε N c m² m³ | ση μ. V P² B: μ. ση
N, μ. σου m³ | ως μητρι B L: ως μητερα V, ως απατη N P² m² | και μη
απατηθ. V: και μη ως απατη B L (seductricem), >N P² s. aber vorher !
12. επι προσ. αυτου N P² (> αυτου) m³ cf B L: > V | 13. τω Ιω. P²
m³: τον Ιω. N, τω αποστολω Χριστου V | λεγων N P² m³: και ειπεν
αυτω V | 15. παραθησει V m² L (apponam): παραθη P², παραθητω N |
φαγωμεθα V N m³ (—ομεθα): φαγωμεν P² | 16. κ. υδωρ hier V: hinter
αρτον N L, > P² m³ | πιωμεν V P²: πιωμεθα N, >m³ | 17. ηκολ.: nur
V ✗ ευθεως | τω Σωσ. V L: αυτω N P² m³

θόντων ἡμῶν ἐν τῷ οἴκῳ αὐτοῦ εἶδεν ἡ Προκλιανὴ τὸν Ἰωάννην, καὶ θυμοῦ πλησθεῖσα κατ᾽ αὐτοῦ καὶ διανευσαμένη τῷ
Σωσιπάτρῳ, οἱ δύο καθ᾽ ἑαυτοὺς ἐγένοντο, καὶ εἶπεν πρὸς
αὐτόν· οὐκ ἐλάλησα πρός σε, υἱέ μου, μὴ ἀφῇς ἕτερον ἄνδρα
εἰσελθεῖν πρός με, κἀγὼ οὐκ ἐάσω ἄλλην γυναῖκα γίνεσθαι 5
μετὰ σοῦ; καὶ τί εἰσήγαγες δύο ἄνδρας, τοῦ ἐμπαῖξαι τὸν οἶκον
ἡμῶν; καὶ εἶπεν Σωσίπατρος πρὸς αὐτήν· μῆτερ, μὴ οὕτως
πρόσεχε τοῖς ἀνθρώποις τούτοις, οὐ ἕνεκεν εἰσῆλθον εἰς τὸν
οἶκον ἡμῶν, ἀλλὰ παραθήσωμεν αὐτοῖς τράπεζαν, καὶ φαγόντες
ἄρτον καὶ πιόντες ὕδωρ ἀπελεύσονται τὴν ὁδὸν αὐτῶν. καὶ 10
εἶπεν Προκλιανή· οὔτε φάγονται οὔτε πίονται, ἀλλὰ μετὰ ἀτιμίας διώξω αὐτοὺς ἐκ τοῦ οἴκου μου, μήποτε διαστρέψαντες
τὸν σὸν λογισμὸν ποιήσωσίν σε μισῆσαι τὴν σὴν μητέρα, κἀγὼ
ἀποθανοῦμαι διὰ σὲ πικρῶς. ὁ δὲ Σωσίπατρος ὑπεκουρίζετο
τὴν Προκλιανὴν διὰ τὴν ἀνάπαυσιν ἡμῶν καὶ λέγει αὐτῇ· οὐκ 15

1. ειδεν (geschr. ιδεν) V: ως ✕ B, ιδουσα N P² m³ | 2. και vor
θυμου V: > die andern | θυμου V m²: πολλου + N P² L m³, εθυ-
μαθη πανυ c m¹ | πλησθεισα V N P²: επλησθη m² m³, über c m¹ s.
vorher | διανευσαμενη V B: διανευσασα N P² | τω Σ. V: προς Σ. N P²,
τω υιω αυτης B | 3. οι δυο V: > N P² | 4. αυτον V N (+ η μητηρ
αυτου): Σωσιπατρον P² | ελαλησα V c m²: ειπον N P² m¹ m³ | προς σε
V m² (+ λεγουσα οτι): σοι N P² (m¹ c + οτι) | υιε μου V L: > N
P² B m³ | αφης N P² B: αφισης V, εασαι m³ | 5. εισελθειν: nur V ✕
του | καγω — σου P² N (γενεσθαι) cf m³ L B: > V | 6. και τι V P²:
οτι + B, δια τι ουν m³, den Fragsatz > N | εισηγ. V B: εισηνεγκας
P² m³ | δυο — εμπεξαι (so geschr.) V L: δυο ανδρας εμπεχτας εμπεξαι
P², τους δυο ανδ. τουτους ενταυθα m³, τους εμπαικτας τουτους ενταυθα
B (m² ενθαδε) | τον οι. ημ. P² L: > V B m³ | 7. Σωσ. V N m³: ο ✕
P², ο υιος αυτης B | μητερ V: μηρ B, μητηρ μου N P² | 8. ου — ημων
V B (c m² εις τον οικον) cf L: > N P² | 9. παραθησωμεν N B: —θη-
σομεν P², παραθωμεν V, βουλομαι παραθηναι m³ | φαγοντες — απελευσ.
V cf B (c m¹ > και π. υδ., m² > auch αρτον u. hat πορευσονται) L:
φαγωσιν και πιωσιν και απελ. P², φαγωντων και πιωντων και απελ. N,
nur και απελ. m³ | 10. οδον αυτων V m³ B (m² + μετ ειρηνης): εαυτων
οδον N P² | κ. ειπεν Πρ. V cf L (nequaquam inquit Prodiana): η δε
ειπεν προς αυτον N P² (ειπεν δε), η δε φησιν B (m² + προς αυτον) |
12. εκ τ. οικου μου V L: τ. οικου B (+ μου m², ημων + c), > N P²
aber hinter πιονται dafür εν τω οικω ημων (υμων P²) | 13. ποιησωσιν
N P² m³: —σουσιν V | σε μισησαι V: μισησαι vor ποιησ. N m³, ebenda
μισησην σε P² | 14. Σωσιπ. —´ αυτη V B (aber das gewöhnliche υπεκο-
ριζετο, ferner ελεγεν c, ειπεν m¹ m²): nur ειπεν N P² m³, dixit Sosipater: nequaquam ita futurum est mater, nam in mundo etc. L.

ἔστιν ἄνθρωπος, μῆτερ ἐμή, τῶν ἐπὶ γῆς, ὃς δυνήσεταί με
πεῖσαι εἰς μῖσος ἐλθεῖν τῆς ἐμῆς μητρός· μόνον θεραπεύσωμεν
τοὺς ἀνθρώπους τούτους, καὶ ἀπελεύσονται· καὶ εἴ τι βούλει,
μῆτερ, θεραπεύσω σε. ἡ δὲ Προκλιανὴ ἤκουσεν Σωσιπάτρου,
5 ὅπως καὶ αὐτὸς ἀκούσῃ τῆς πονηρᾶς ἐπιθυμίας αὐτῆς, καὶ παρέθηκεν ἡμῖν τράπεζαν Σωσίπατρος ταῖς χερσὶν αὐτοῦ, καὶ
αὐτὸς μόνος ἤσθιεν μεθ' ἡμῶν. ἡ δὲ Προκλιανή, ὡς ποθοῦσα
αὐτόν, διὰ τὸ μὴ διδάσκεσθαι αὐτὸν ἦν ἐγγὺς καθεζομένη ἐν
ἀποκρύφῳ τόπῳ, ἀκούουσα πάντα. ὁ δὲ Ἰωάννης ἔγνω τὴν
10 πονηρίαν αὐτῆς, καὶ λόγον οὐκ ἔδωκε τῷ Σωσιπάτρῳ. μετὰ
δὲ τὸ εὐφρανθῆναι ἡμᾶς εἶπεν Ἰωάννης πρὸς Σωσίπατρον·
δεῦρο, τέκνον, ἀκολούθησον ἡμῖν καὶ ἐξάγαγε ἡμᾶς ἔξω τοῦ
οἴκου σου. καὶ ἀνέστη Σωσίπατρος τοῦ πορευθῆναι μεθ' ἡμῶν.
ἠκολούθει δὲ καὶ Προκλιανή, ὅπως διὰ τάχους ἐπιστρέψας ὁ
15 υἱὸς αὐτῆς ἐπιτελέσῃ τὴν ἀκάθαρτον ἐπιθυμίαν αὐτῆς. ἐλθόντων

1. μητηρ εμη (geschr. εμοι) hier V: μητηρ εμη vor ανθρ. N P² m²,
hinter γης B | των: τω V | δυνησεται με πεισαι N P² m² cf L B (>
πεισαι, weil nachher σαγαγειν): ποιησει με V | 2. μητρος: μητερος N |
θεραπ. — τουτους B V (wohl nur Schreibfehler τοις αν. τουτους): παραθη-
σωμεν (ασπαραθησησομεν? P²) αρτον τοις ανθρωποις P² N (+ τουτοις)
m² | 3. και απελ. V: και φαγονται και πιονται υδωρ × N P² m², fer-
ner + την οδον αυτων P², τ. εαυτων οδ. N, alles > B, sehr abkürzend
L | 4. μητερ V: > die andern | θεραπ. σε (geschr. σαι) V m² m²: εγω
+ N, θεραπευσαι σοι εγω P², επακουσω σου m¹ c | η δε Πρ. — αυτης
V (nur statt αυτος falsch αυτη) cf B (z. B. m² ηκουσε δε Πρ. του Σωσιπατρου οπως και αυτη ακουσθη υπ αυτου επι τη αισχρα και αθεμιτω
επιθυμια) cf auch L: η δε Πρ. ως ηκουσεν ταυτα εσιωπησεν P², nur και
εσιωπησεν N, noch anders m² | 6. τραπ. hier V P² (+ ο): hinter Σωσ.
N, hinter χερσιν B | τ. χερσιν αυ. V: ιδιαις χερσιν N P², ταις εαυτου
χερσιν B | 7. ως — διδασκεσθαι αυτον V: >die andern s. jedoch zu l. 9 |
9. ακου. παντα V: και αχ. N, αχ. Ιωαννου P², anders m²; diese drei +
οπως μη (μηπως N) διδαξη τον υιον αυτης cf B | 10. ουκ εδ. N P² m²:
ου δεδωκε V | τω Σωσ. V L: εν τω εσθιειν ημας N P² m² | 11. ευφραν-
θηναι V: φαγειν και πιειν N, αριστησαι P², ανασταντες δε της του αρτου
μεταληψεως m², postquam autem manducavimus L | Ιω. V N L m² (hinter
Σωσ.): > P² | 12. τεκνον: nur V repetirt darnach προς Σωσ. ειπεν |
ακολουθ. η. και V P² m²: προηγησε ημιν και m², > N | εξω N P² cf B:
εκ V, > m² | 13. Σωσ. V cf B L: > N P², ganz anders m² | του —
ημων V: ακολουθησαι ημιν N P² cf B L | 14. ηκ. δε hier V: συνηκο-
λουθει (c m², ηκολ. m¹) hier B, οπισω (+ ημων P²) ηκολ. hinter Προκλ.
N P² | δια ταχους N P² B m²: > V | επιστρεψας V N P²: επιστρεψη
B, αποστρεψη m² | ο υιος αυτης N P²: αυτον V, Σωσιπατρον B, τον
υιον αυτης m² | 15. ακαθ. επιθ. αυτης V: πονηραν πραξιν N P², επιτελ.
— αυτης > m² B

δὲ ἡμῶν ἐπὶ τὰς ἔξω θύρας, ἐβούλετο Σωσίπατρος ἀκολουθεῖν
ἡμῖν πρὸς τὸ ἀκοῦσαι λόγον ἀγαθὸν παρὰ Ἰωάννου, μάλιστα
διὰ τὸ μηδὲν ἀκοῦσαι αὐτὸν ἐσθιόντων ἡμῶν. καὶ ἐλθόντων
ἡμῶν πρὸς τὴν ἔξοδον, ἐπελάβετο Προκλιανὴ Σωσιπάτρου, λέγουσα αὐτῷ· δεῦρο, τέκνον, ἐν τῷ οἴκῳ σου. ὁ δὲ πρὸς αὐτήν· 5
ἔασόν με ἀκολουθεῖν τοῖς ἀνθρώποις μικρόν, καὶ εὐθέως
ἐπιστρέψω πρός σε. ἡ δὲ Προκλιανὴ ἦν ἀπὸ πολλῶν ἡμερῶν
δεξαμένη τὸν διαβολικὸν σπόρον ἐπὶ καταστροφῇ τοῦ υἱοῦ
αὐτῆς Σωσιπάτρου. καὶ λέγει πρὸς αὐτὸν Προκλιανή· οὐκ ἐξελεύσει, ἀλλ' ἐπιστρέψεις καὶ ποιήσεις τὸ θέλημα τῆς σῆς μη- 10
τρός, καὶ εἶθ' οὕτως ἐξελεύσει. λοιπὸν ἠγωνία Σωσίπατρος ἐπὶ
τούτῳ· ᾔδει γὰρ τὴν δαιμονιώδη γνώμην τῆς μητρὸς αὐτοῦ, ὅτι
πολλάκις ἐπελάβετο αὐτοῦ καὶ ἐσίανεν αὐτὸν οὐ μικρῶς. ἀλλ'
ὁ θεὸς ἐρρύσατο αὐτὸν ἀπὸ τοῦ ἰοῦ τοῦ θανατηφόρου. λέγει
οὖν Σωσίπατρος πρὸς αὐτήν· μῆτερ, εἴσελθε ἐν τῷ οἴκῳ σου, 15

---

1. τας ε. θυρας: nur V ταις ε. θυρες | εβουλ. V B L: προτεθυμητο
μεν m², και βουληθεις V P² | Σωσ. V N: ο × P¹ B m³ | ακολ. V L
(sequi apostolum): συνεξελθειν P² B m³, εξελθειν συν N | 2. προς τ. ακ.
V L: οπως ακουση B, και ακουσαι N P² | αγαθον V m²: ωφελειας c m¹,
dei L, > N P² | μαλιστα — ημων V (μηδεν habe ich eingefügt) L
(praesertim cum nihil, dum manducaremus, audisset ab eo): > N P² B
m³ | 3. και ελθ. — εξοδον V m² (> την u. hat ουν statt και): και εν
τω μελλειν ημας εξελθειν c m¹, > N P² m³ | 4. επελ. Προκλ. V B (m¹
m² η Πρ.): η (δε + P²) Προκ. (hier + δε m²) N P² m³ | Σωσιπατρου
B: —ον V, αυτου N P² m³ | 5. αυτω (geschr. αυτον) V L: προς αυτον
m¹, > N P² c m² | δευρο V B L (veni): > P², dies und alles bis ουκ
εξελ. l. 9 > N | εν τ. οι. σου V L: εισελθε × P² | προς αυτην V: ειπεν
P², λεγει B (m² + αυτη) | 6. ακολουθειν V: —θησαι P², προπεμψαι
B | μικρον V L (modicum): μικραν οδον P¹ B | 7. η δε Προκλ. — Προκλ.
l. 9 V: η δε τον διαβολικον σπορον της απωλειας και τον θανατηφορον
της επιθυμιας (c m¹, αμαρτιας m²) ιον εν εαυτη εχουσα ελεγεν αυτω B,
nur η δε ειπεν P² of L | 9 ουκ εξ. V P² B (—ση εξω): ου μη εξελθης
N (s. zu l. 5) | 11. ειθ — τουτω V: ουτω (ουτως N) λοιπον εξ. ηγω-
νιασεν ουν (ο + N) Σ. ου μικρως N P², ηγων. — μικρως B mit N, aber
+ επι τουτω (m¹, τουτο m² c) | 12. δαιμονιωδη V: δαιμονικην N m² c,
ακαταστατον και δαιμονικην P², διαβολικην m¹ | τ. μητ. αυ. V: αυτης N
P², Προκλιανης B | 13. εσιανεν V P² (ob σιανω = σιχχαινω statt σαινω
verschrieben?): εβιασεν N, διαφορως ην ενοχλησασα B | ου μικρως V:
> die andern | 14. ερρυσ. P²: ερυσ. V N | απο — θανατηφ. V: εκ τ.
θανατηφ. ιου αυτης N P² | λεγει ουν Σω. πρ. αυ. V: ειπεν δε πρ. αυ.
N P², και λεγει αυτη c m¹, εσχατως λεγει αυτη ο Σω. m² | 15. μητερ
(geschr. μῆρ) V B (m¹ + μου): > N P²

καὶ ταχύνας ἐπιστρέψω πρός σε. καὶ οὐκ ἠθέλησεν Προκλιανή,
καὶ σπαράξας ἑαυτὸν Σωσίπατρος ἐρρύσθη ἀπὸ τῶν χειρῶν
αὐτῆς καὶ ἠκολούθησεν ἡμῖν. καὶ ἐποίησεν τρεῖς ἡμέρας μεθ᾽
ἡμῶν διδασκόμενος ὑπὸ Ἰωάννου, μὴ ἀπερχόμενος ἐν τῷ οἴκῳ
5 αὐτοῦ διὰ τὴν μητέρα αὐτοῦ. καὶ τῇ τετάρτῃ ἡμέρᾳ ἔκκαυσις
ἐγένετο τῇ Προκλιανῇ δαιμονικὴ ἐπὶ τὸ ἐξελθεῖν τὸν ἑαυτῆς
οἶκον καὶ ἀναζητῆσαι Σωσίπατρον. ἐξελθοῦσα οὖν ἦλθεν ἐν
δημοσίῳ τόπῳ, ἔνθα Ἰωάννης ἦν ἑστὼς καὶ διδάσκων. ἡ οὖν
Προκλιανὴ ἀποβλεψαμένη εἰς τὸν ὄχλον, τὸν περιεστῶτα τῷ
10 ἀποστόλῳ, εἶπεν πρὸς αὐτούς· οὐκ ἔστιν ὁ Σωσίπατρος ἐνθάδε;
καὶ τί ἐγὼ ἵσταμαι ἐνθάδε; τῆς δὲ πορευομένης ἐκ τοῦ τόπου
ἐκείνου οὐ μακράν, ἰδοῦσα Σωσίπατρον, ἀπαντᾷ αὐτῇ. καὶ
ἐγγίσασα αὐτῷ ἐπελάβετο τῶν ἱματίων αὐτοῦ καὶ κατέσχεν

1. ταχυνας V: ταχιον c m², συντωμως m¹, ευθεως N P² | επιστρεψω
V N c m²: −φω P² m¹ | και ουκ ηθ. Πρ. V: κ. ουχ υπηκουσεν αυτω P²,
η δε ουχ υπηκ. αυτου N, της δε μη βουλομενης B | 2. σπαρ. — ερρυσθη
V B: διαρρηξας αυτον N, διασπαραξας αυτον P² | απο των χ. V N: εκ
των χ. m², των χ. c m¹, της χειρος P² | 3. και ηκολ. V: (ο Ιωαννης N)
απεχωρισθη απ αυτης Χ N P², συνακολουθησας ουν B | μεθ ημων V
(geschr. υμ.) B (vor ημερας): > N P² | 4. μη — μητερα αυτου V: ουκ
εβουλετο εισελθειν (μη εισελθων m²) εν .... την απωλειαν της εαυτου
μητρος B cf L, > N P² | 5. τεταρτη V B L: τριτη N P² | εκκαυσις N
(B unter vielen Aenderungen εκκαυσιν): εγκαυσις P², εκλυσις V | 6. δαι-
μονικη hier V: vor τη Πρ. N P² | επι — αναζη. V: και εξηλθεν του
αναζ. N P², εξηλθεν αναζητουσα B | 7. Σωσ. V B (Χ τον): τον υιον
αυτης η γαρ πονηρα επιθυμια του διαβολου ουκ εια (ιασεν P²) αυτην
ησυχασαι N P² | εξελθουσα ουν ηλθεν V: ελθουσα ουν N P² m³, nicht
vergleichbar B | 8. δημοσιω V cf B: τω N P² m³ L | Ιω. ην εστ. και V:
ην (+ ο m³) Ιω. N m³, Ιω. ην P² | η ουν — ενθαδε l. 10 V: ουκ οιδα
κατα ποιαν προφασιν ουκ ην εκει ο υιος αυτης, η δε μη ιδουσα αυτον
ανεχωρησεν N P², και του Σωσιπατρου τη ωρα εκεινη συν ημιν (c +
μη) υπαρχοντος (τυγχανοντος m¹ m²) ηλθεν εκει η Προκλ. περιβλεψα-
μενη δε και (c + μη) ιδουσα τον Σωσ. (αυτον m¹) ανεχωρησεν (υπεχω-
ρησεν αφ ημων m²) δια (αιδουμενη c) τον περιεστωτα οχλον B, et circum-
spiciens in turba non vidit eum, nam illic non erat; quem cum non
vidisset discessit L | 11. εκ — αυτη V: nur ιδουσα αυτον P², ειδεν αυτον
N, υπηντησεν ο Σωσ. αγνοων c, ιδου ο Σωσ. υπηντ. αυτη αγνοων m²,
εν τοπω τινι συνηντησεν αυτη αγνοων ο Σωσ. m¹, non longe a loco, ecce
Sosipatrus factus est illi obrius L (er las obigen Text nur ιδον ο Σ.
statt ιδουσα Σ. Die Härte der zweimal fallengelassenen Participal-
constructionen schuf die Varianten | 13. αυτω V m²: > N P² m¹ c L |
και κατ. αυ. κρ. V L cf B (> επελαβετο — αυτου, dann aber κατεσχε
των ιματιων αυτου κραταιως): > N P²

αὐτὸν κραταιῶς. τοῦ δὲ λέγοντος· ἔασόν με, μῆτερ, καὶ πάντα
τὰ ἐν τῇ καρδίᾳ σου ποιήσω καὶ θελήσω· αὐτὴ δὲ οὐχ
ὑπήκουεν αὐτοῦ. κατὰ δὲ συντυχίαν συνέβη τὸν ἀνθύπατον
παριέναι ἐπὶ τοῦ τόπου ἐκείνου· ὡς οὖν ἤγγισεν ὁ ἀνθύπατος
πρὸς αὐτούς, ἔκραξε Προκλιανὴ μεγάλῃ τῇ φωνῇ· ἀνθύπατε, 5
βοήθει μοι. καὶ λαβοῦσα ἀπὸ τῆς κεφαλῆς αὐτῆς τὸ σκέπασμα,
ἐδράξατο τὰς τρίχας αὐτῆς καὶ ἐξέσπα αὐτάς, καὶ ἀπὸ τῆς μανίας
ἧς εἶχεν κατὰ Σωσιπάτρου, τοῦ υἱοῦ αὐτῆς, κατέφερεν δάκρυα
πολλά. καὶ εἶπεν ὁ ἀνθύπατος· τί σοί ἐστιν; καὶ τί θέλεις;
ἀποκρίθητι συνετῶς. ἡ δὲ Προκλιανὴ εἶπεν πρὸς αὐτόν· οὗτος 10
υἱός μου ἐστίν, χήρα δὲ γυνή εἰμι ἐγώ. καὶ ἔμεινέν μοι οὗτος
παρὰ τοῦ ἐμοῦ ἀνδρὸς τεσσάρων ἐνιαυτῶν, καὶ πολλὰ δαπανήσασα ἀπεκατέστησα αὐτὸν εἰς τέλειον ἄνδρα — κατῆγεν δὲ
δάκρυα πολλὰ ἐξηγουμένη — καὶ σήμερόν ἐστιν δεκάτη ἡμέρα,
ὅτι διενοχλεῖ μοι λέγων· μῆτερ, κοιμήθητι μετ᾽ ἐμοῦ. ταῦτα 15

---

1. του δε λεγ. V m²: ο δε προς αυτην N P², ο δε ελεγεν B | μητερ
(μῆρ) V P²: εμη + B, μου + B | 2. ποιησω κ. θελ. V: ποιησαι θελησω
B, ποιησω P² L, πληρωσω N | ουχ υπηκουεν αυτου (sic) V: ουκ εασεν
(εα N) αυτον N P² L (+ abire), ganz abweichend von hier an B |
3. κατα — εκεινου V cf P² (δε hinter συντυχ. u. > επι τ. τ. εκ.): συνεβη δε κατ εκεινου καιρου τον ανθ. παριεναι N, παρην δε κατ αυτην
ωραν ο ανθ. m³, eo tempore insulae illius factus est proconsul quidam,
Graecus nomine, crudelis et immisericors, qui Christum et Christianos
odio persequebatur. et ingressus est locum, ut eiiceret nos de civitate L |
5. προς αυ. V: αυτοις vor ο ανθ. N P² | Προκλ. V: ο X N P² | 6. μοι
V L: > N P² | απο τ. κεφ. hier V: hinter σκεπασμα N P² (dieser >
απο) | 7. εδραξατο — αυτας V: εσπαρασσεν (—ασεν P²) τας τριχας των
πολιῶν (της κεφαλης P²) αυτης N P² | και απο — πολλα V: κατιουσα
(καταχεουσης P²) δακρυα πολλα απο της πικροτητος ης ειχεν κατα Σωσι-
πατρου N P² cf L (z. B. prae amaritudine) | 9. και ει. V: ει. δε N P²
L | ο V P²: > N | τι V P²: γυναι X N | σοι hier V P²: hinter εστιν
N | και τι θ. V L (+ et quae tanti causa doloris): > N P² | 10. απο-
κριθ. V: —ινου N P² | συνετως V P² (—τος): ινα γνωμεν + N | Προκλ.
V L: > N P² | πρ. αυτον V: > N P² L | 11. χηρα — εγω V: χηρα
υπαρχω και vor ουτος l. 10. N, ebenda χ. τυγχανω εγω ουτως (sic) δε
P²; ebenso gestellt, aber mulier sum vidua et L | χ. εμ. μοι ουτος V:
εμ. δε μοι N P² (> μοι) | 12. του εμου α. V B: (του P²) ανδρος μου
N P² | δαπαν. V: καταδαπαν. N P² | 13. τελειον ανδρα V: τελειαν ηλικιαν
N P², ταυτην . . την ηλικιαν B L | κατηγεν — εξηγουμενη V: statt dessen
εστιν δε (ουν N) σημερον εικοσι τεσσαρων ετων (ενιαυτων N) P² N cf
B, beides > L | 14. σημερον V B L: > N P² | 15. οτι διεν. N: ος
διενοχλη V, διενοχλη P², andre Construction B | ·μῆρ V P²: μου
+ N

ἀκούσας ὁ ἀνθύπατος ἠγανάκτησεν κατὰ Σωσιπάτρου καὶ ἐκέλευσεν κρατηθῆναι αὐτὸν καὶ ἐνεχθῆναι δέρματα βοῶν ὑγρὰ
καὶ θανατικὰ - θηρία, ἀσπίδας καὶ ἐχίδνας καὶ κεράστας καὶ
εἰς τὰ δέρματα ἐλιγῆναι τὸν Σωσίπατρον σὺν αὐτοῖς, ὅπως
5 κακῶς ὀλεσθῇ. καὶ δὴ ἐλθόντων τῶν δερμάτων καὶ τῶν θηρίων
ἐπὶ τῇ ἀπωλείᾳ Σωσιπάτρου, εὐθέως ἔδραμεν Ἰωάννης πρὸς
τὸν ἀνθύπατον καὶ ἔκραξεν μεγάλῃ τῇ φωνῇ λέγων· ἀνθύπατε,
ἄδικος ἡ κρίσις, ἣν ἔκρινας κατὰ σώφρονος καὶ ἀναιτίου παιδός. ἡ δὲ Προκλιανὴ ἐπελάβετο τοῦ Ἰωάννου καὶ ἔκραξεν λέ-
10 γουσα· ἀνθύπατε, βοήθει μοι· διὰ γὰρ τούτου τοῦ ἀνθρώπου
ὁ ἐμὸς υἱὸς τὴν ἄτακτον γνώμην ἀνεδέξατο κατ᾿ ἐμοῦ. οὗτος
γὰρ εἰσελθὼν ἐν τῷ οἴκῳ μου, φαγὼν καὶ πιὼν ἔλαβεν τὸν
υἱόν μου καὶ ἐδίδαξεν αὐτὸν τὴν ἄτακτον ταύτην καὶ ἀναιδῆ
κατ᾿ ἐμοῦ προαίρεσιν. ἀκούσας δὲ ταῦτα ὁ ἀνθύπατος περὶ
15 Ἰωάννου ἐκέλευσεν αὐτὸν ἀσφαλῶς κρατηθῆναι καὶ ἐνεχθῆναι
καὶ ἄλλα δέρματα ὑγρὰ καὶ θηρία θανατικά, ὅπως τῇ τιμωρίᾳ
Σωσιπάτρου καὶ τὸν Ἰωάννην ὑποβάλλῃ ὡς συνίστορα αὐτοῦ.
ὁ δὲ ἀπόστολος τοῦ Χριστοῦ Ἰωάννης ἀναβλέψας εἰς τὸν οὐ-

1. ηγαν. — και Ν P²: ηγανακτησε σφοδρα και πιστευσας τω γυναικ
κτλ. Β, > V L | 2. κρατηθ. V Ν: κρατεισθαι P² | αυτον hier V P²: vor
κρατ. Ν | 3. θανατικα V: θανατιμα Ν, θανατηφορα P², ιοβολα Β | κ.
εχιδνας Ν P² Β cf L: > V | κεραστας V c m¹: κεραστεις Ν, κερατας
P² | 4. ελιγηναι V: ειλιγηναι m¹ m², ηλιγηναι P², ειλιθηναι Ν, ηλιθηναι
c m³ | τον Σωσ. V (geschr. τονον Σ) Β L: αυτον Ν P² | συν αυ. V:
μετα των θηριων Ν P², συν τοις θηριοις vor ελιγ. Β | 5. ολεσθη V P²:
ωλεσθη Ν | δη V cf L (paratis igitur): > Ν P², τουτων δε ετοιμαζο-
μενων Β | τ. δερματων hier V P² L; hinter θηριων Ν | 6. επι — Σωσ.
V L: > Ν P¹ Β | Ιω. V P²: ο X Ν cf Β | προς — λεγων V cf L Β:
και ειπεν προς (τον + P²) ανθυπατον Ν P² | 8. αδικος — εκρινας Ν P²
(> η) Β (c m² X ανθυπατε vor ην) cf Acta Thecl. 32 extr.: αδικως
εκρινας V L | σωφρονος V Β: του X Ν P² | παιδος hier V Ν Β: vor
και αν. P² | 9. και εκραξεν λ. V: εκραξε μετα δακρυων λεγουσα Β, κρα-
ζουσα Ν cf L, λεγουσα P² | 10. μοι V L: > Ν P² | τουτου hier V:
hinter ανθρ. Ν P² | 11. ατακτον V: ταυτην + Ν P², αναιδη ταυτην Β |
ανεδεξατο hier V: vor την ατ. Ν, ebenda εδεξατο P² | κατ εμου V: >
die andern | 12. φαγων κ. πιων V cf L Β (επ αριστω): > Ν P² |
13. ατακτον — εμου V: nur ατακτον (αθεσμον Ν) ταυτην Ν P², ατ. ταυ.
και βδελυκτην (καταστασιν) Β | 14. ταυτα V Ν L: > P² | περι Ιω. V:
> Ν P² L | 15. κρατηθ. V: κρατεισθαι Ν P² Β | και ενεχ. V: ενεχ. δε
Ν P² Β | 16. υγρα V Β (vor δερματα): > Ν P² | θανατικα V Β: > Ν
P² | τη — αυτου V cf L: τη αυτη τιμωρια και Ιω. υποπεσοι Ν P² (υπο-
πεση), και Ιωαννην τω ισω τροπω του Σωσιπατρου τιμωρησηται (m², θα-
νατωση c m¹) Β | 18. αποστ. τ. Χρ. V L (> Ιω.): > Ν, P²

ρανὸν καὶ στενάξας εἶπεν· κύριε Ἰησοῦ Χριστέ, ἡ ἀκίνητος καὶ
ἀσάλευτος φύσις σαλευθήτω, καὶ κινηθήτω ὁ τόπος οὗτος διὰ
τὴν ἄδικον καὶ πονηρὰν τοῦ ἀνθυπάτου κρίσιν. καὶ σὺν τῷ
λόγῳ Ἰωάννου βρασμὸς ἐγένετο καὶ κίνησις τῆς γῆς· καὶ ὡς ἦν
ἐκτείνας τὴν χεῖρα ὁ ἀνθύπατος, κρίνων τὸν Ἰωάννην, ἔμεινεν 5
ἡ χεὶρ αὐτοῦ ἀποξηρανθεῖσα. ὁμοίως καὶ ἡ Προκλιανὴ ἐκτε-
τακυῖα τὴν δεξιὰν χεῖρα ἄνω καὶ τὴν ἀριστερὰν κάτω καὶ
τοὺς ὀφθαλμοὺς παραστρέψασα ἔμεινεν οὕτως. οἱ δὲ λοιποὶ
πάντες ἔπεσαν ἐπὶ τὴν γῆν καὶ ἔμειναν νεκροί· μόνοι δὲ ἡμεῖς,
ἐγὼ καὶ Σωσίπατρος σὺν τῷ ἀποστόλῳ καὶ μαθητῇ τοῦ Χριστοῦ 10
ἤμεθα ἑστῶτες παρὰ τὰ δέρματα τῶν βοῶν τὰ ὑγρὰ καὶ τὰ
θανατικὰ θηρία, καὶ ὁ συσσείων ἔσειε τὸν τόπον. ὁ δὲ ἀνθύπατος εἶπεν πρὸς Ἰωάννην· ἀπόστολε καὶ μαθητὰ τοῦ Χριστοῦ τοῦ εὐλογημένου, ἀποκατάστησον τὴν χεῖρά μου εἰς τὸν
τόπον αὐτῆς ὑγιῆ, καὶ πιστεύσω κἀγὼ τῷ θεῷ τῷ κηρυττο- 15

1. κ. στεναξας N P² m³ L cf B: > V | η — σαλευθητω V: η ασαλ.
και ανικητος (so Neander am Rand, ανικαστος im Text) βοηθεια (βοηθα
N) σεισθητω N P² m³, cuius natura est immobilis et cuius virtus invicta
L, nichts in B | 2. ο τοπος ουτος V m³ L (locus totus): η γη επι του
τοπου τουτου N, επι του τοπου τουτου βρασμος P² | 3. αδικον κ. πον.
V m³: αδ. κ. παρανομον N, inconstans et iniustum L, > P² | 4. κινησις
τ. γης V c m²: κλονος (μεγας + m¹) της γης m¹ m³, σεισμος επι την
γην N P² (της γης) | 5. την χειρα N P² B m¹ L: τας χειρας αυτου V |
ο ανθ. hier V B: vor εκτεινας N P² m³ | κρινων V: (και X N) κατα-
κρινων B | προς (c m¹, εις m²) ερωτησιν (c m², επερωτησιν m¹)
B | 6. αποξηρ. V cf B (επι του τοπου απεξηρανθη c m¹, εξηρανθη m²):
ξηρα N P² L | η V P² m³: > N | εκτετ. N P² m³: εκτεταχεῖα ανω V
und dennoch nach χειρα auch ανω | 7. και την N P² m³: την δε V,
dieser hat nach κατω allein εμεινεν ξηραν εχουσα | 8. παραστρεψασα N
P² cf L (oculi eius in capite versi): παρατρεψασα m³, αυτης παραβλεψα-
σασα (sic) V | λοιποι V: αλλοι N P² m³, > L | 9. επεσαν . . και V L
(schon vorher): πεσοντες P² m³, πεσουντες N, καταπεσοντες B | την γην
V N m³: της γης P², (εις) γην B | νεκροι V N: ωσει X B (m²?), ξηροι
P² | μονοι — Χριστου V: μονος (μονοι c) δε (τε P²) Ιωαννης (καγω
+ P² m³) κ. Σωσ. N P² m³ B, excepto Jo. et Sos. et me L | 11. ημεθα V N P²:
ημεν m³, εμειναν B | τ. βοων τα υγρα V: τ. βοων B, > N P² | 12. θανατικα
V cf L: ιοβολα B, > N P² | και ο συσσειων (c m², συνσιων P², σειων m¹,
σειως N, σεισμος m²) εσειε (B, εσιεν P², εσεισεν N) τον τοπον (την γην
m²) N P² B, in freier Paraphrase auch m³: > V L | δε N B L: ουν V,
τοτε νοr ο ανθ. P² | 13. τ. Χριστου τ. ευλ. V cf L (Christi, serve dei
benedicti): τ. ευλογημενου θεου N P² m³, ανθρωπε του θεου B | 14. εις
— υγιη V L: ως ην υγιης N P², υγιη και ο τοπος στηριχθητω B |
15. καγω V cf B (οπως καγω πιστευσω) L (ego): > N P²

μένῳ ὑπὸ σοῦ. καὶ πάλιν Ἰωάννης ἀναβλέψας εἰς τὸν οὐρανὸν καὶ στενάξας προσηύξατο εἰπών· υἱὲ τοῦ θεοῦ, ὁ τὴν
ἀνίκητόν σου δύναμιν ἐπιπέμψας ἐν τῷ τόπῳ τούτῳ ἐπὶ παι-
δεύσει ἀνθρώπων ἀκολάστων, νικησάτω δὴ τὸ πλῆθος τῶν
5 οἰκτιρμῶν σου τὰς ἁμαρτίας τῶν ἀνθρώπων τούτων, καὶ πάλιν
στήτω ἡ γῆ ἐν τῇ αὐτῆς καταστάσει καὶ σιγῇ, καὶ πάντες οἱ
ἄνθρωποι γενέσθωσαν ὑγιεῖς καθὼς ἦσαν τὸ πρότερον. . καὶ
σὺν τῷ λόγῳ Ἰωάννου εὐθέως ἡσύχασεν ἡ γῆ, καὶ ἡ χεὶρ τοῦ
ἀνθυπάτου ἔστη ἐν πάσῃ καταστάσει, καὶ ἡ Προκλιανὴ ἐγένετο
10 ὑγιὴς ὡς ἦν τὸ πρότερον, καὶ πάντες οἱ πεσόντες ἀνέστησαν.
— ὦ δύναμις, ἀγαπητοί· αὐτὸς ἔσεισεν, αὐτὸς καὶ ἔστησεν,
αὐτὸς ἐποίησεν πάντας ὑγιεῖς.

Ὁ δὲ ἀνθύπατος εἶπεν πρὸς Ἰωάννην· ἄνθρωπε τοῦ θεοῦ,
εἴσελθε ἐν τῷ οἴκῳ μου, καὶ φαγώμεθα ἄρτον ὁμοῦ. λαβὼν
15 οὖν ἡμᾶς ὁ ἀνθύπατος ἐν τῷ οἴκῳ αὐτοῦ παρέθηκεν ἡμῖν
τράπεζαν, καὶ ἐφάγομεν καὶ ἐμείναμεν παρ' αὐτῷ τὴν ἡμέραν
ἐκείνην· ἦν δὲ καὶ ὁ Σωσίπατρος μεθ' ἡμῶν. καὶ τῇ ἐπαύριον

1. υπο σου hier V N: vor κηρ. P² B (dieser θεω hinter κηρ.) | κ.
παλιν V: κ. ο u. παλιν nach στεναξας P², ο δε u. παλιν nach ουρανον
N, nur ο δε B | 2. κ. στεν. N P² B L: ⊃ V | προσ. ειπ. N P² m³ L
(oravit ad dominum dicens): προσευξαμενος ειπεν V, nur ειπεν N | υιε
τ. θ. V: κυριε Ιησου Χριστε × N P² m³ L, υιε κ. λογε τ. θεου (και
+ m¹ c) πατρος B | 3. σου V cf L (⊃ ανικητου) B (παντοδυναμον σου
χειρα): ⊃ N P² | εν τω τ. τ. V L: τω τ. τ. P² m³, επι τον τοπον του-
τον N, ενθαδε B | 4. δη V P² (δει): ⊃ N m³ | 5. τας αμ. V N m³ L:
τα πληθει των αμαρτιων P² | τουτων N P² L: ⊃ V, αυτων (⊃ τ. ανθρ.)
m³ | παλιν V cf L (resideat): ⊃ N P² m³ | 6. καταστασει και N P²:
⊃ V, nicht zu vergl. m³ L B | 7. γενεσθ. V m³ L (umgestellt): εστωσαν
N P² | καθως V: καθωσπερ m³, ως N P² | προτερον V m³: πρωτον P²,
πριν N | 9. εστη V P²: εγενετο N | παση V: τη P³, ⊃ N | η Πρ. V: Πρ.
N P² | εγενετο V P²: ομοιως γεγονεν N | 10. υγιης — προτερον V: ως
ην υγιης P², nur υγιης N | 11. ω — υγιεις V mit kleinem Zwischenraum
vor ω, ohne solchen P² ebenso bis zum ersten αυτος, dann εστησεν,
αυτος ανεστησεν, αυτος εποιησεν τους παντας υγιεις, cf die Anrede
des Prochorus an die Leser unten p. 150, 8 — 10: ⊃ N m³ B L |
14. εν τω οικω V P² c m¹: εις τον οικον N m² m³ | ομου V cf B (φα-
γης συν εμοι αρτον): ⊃ N P² m³ | λαβων ουν V B: και λαβων N P² |
15. ημας ο ανθυπ. V: εισηνεγκεν ημας N P² m³ (⊃ ημας), ημας τε και
Σωσιπατρον εισηγαγεν B | παρεθ. V: × και N P² m³ | 16. εφαγομεν
V L: και επιομεν + N P² | αυτω: αυτου V | την — ημων N (⊃ ο) P²
m³: την εσπεραν mit anderen Zusätzen B, alles ⊃ V

παρεκάλεσεν ὁ ἀνθύπατος τὸν Ἰωάννην λέγων· κύριε, εἰ ἄξιός
εἰμι, δός μοι τὴν ἐν Χριστῷ σφραγῖδα. καὶ διδάξας αὐτὸν τὰ
περὶ πατρὸς καὶ υἱοῦ καὶ ἁγίου πνεύματος ἐβάπτισεν αὐτόν.
ἰδοῦσα δὲ ἡ γυνὴ αὐτοῦ, ὅτι ἐπίστευσεν ὁ ἀνὴρ αὐτῆς, λαβοῦσα
τὸν υἱὸν αὐτῆς ἦλθεν εἰς τοὺς πόδας Ἰωάννου, λέγουσα αὐτῷ· 5
ἄνθρωπε τοῦ θεοῦ, ὡς ἐδόξασας τὸν ἄνδρα μου, δόξασον καὶ
ἐμὲ καὶ τὸν υἱόν μου. καὶ ἐβάπτισεν καὶ αὐτούς, καὶ ἠγαλ-
λιάσατο ὁ ἀνθύπατος πανοικὶ πεπιστευκὼς τῷ θεῷ. ἐξελθόντων δὲ ἡμῶν ἐκ τοῦ οἴκου τοῦ ἀνθυπάτου εἶπεν Ἰωάννης τῷ
Σωσιπάτρῳ· δεῦρο, τέκνον, εἰσέλθωμεν ἐν τῷ οἴκῳ σου πρὸς 10
τὴν σὴν μητέρα. ὁ δὲ Σωσίπατρος οὐκ ἐβούλετο τοῦ λοιποῦ
εἰσελθεῖν ἐν τῷ οἴκῳ αὐτοῦ καὶ εἶπεν πρὸς Ἰωάννην· διδάσκαλε,
ἀκολουθήσω σοι ὅπου ἂν ἀπέρχῃ, καὶ οὐκ εἰσελεύσομαι ἐν τῷ
οἴκῳ μου, ἀλλὰ πάντα καταλείψας τερφθήσομαι τοῖς Χριστοῦ
λόγοις, τοῖς διὰ τοῦ στόματός σου κηρυττομένοις. καὶ εἶπεν 15
αὐτῷ Ἰωάννης· τέκνον, μηκέτι μνήμην ἔχε τῶν κακῶν λόγων,
ὧν ἤκουσας παρὰ τῆς σῆς μητρὸς Προκλιανῆς· τὰς γὰρ διαβολι-

1. ο ανθυπ. N P² m³ cf B: > V L | λεγων — μοι N P² (ημι αξιος)
m³ (διδασκαλε, δος μοι): δουναι αυτω V L | 4. αυτου V N: του ανθυ-
πατου P² L, abkürzend m³ | 5. ηλθεν — Ιωαννου V cf L (aber procidit):
προσεπεσεν τω Ιωαννη N P² | αυτω V: > N P² L | 6. ανθρ. τ. θεου V:
+ του ευλογημενου N, ανθρ. του ευλογ. Χριστου P², apostole Christi
L | και εμε V: καμε N P² | 7. κ. εβαπτ. κ. αυ. V: κ. διδαξας αυτους
απο των θειων γραφων εβαπτισεν (+ αυτους P²) εις ονομα πατρος κ. υ.
κ. αγ. πν. και παρεθηκεν ημιν τραπεζαν ο ανθυπατος και εφαγομεν και
επιομεν N P² ohne Bestätigung in m³ B L | 8. ο ανθυπ. V: > N P² |
τω θεω V: εν κυριω N P² | 9. του ανθ. V L: αυτου N P² | τω V P² B:
> N | 10. τεκνον N c P² (vor δευρο) L (drückt δευρο nicht aus): +
Σωσιπατρε m², > V m¹ | 11. ο δε — αυτου l. 12 V: ο δε ουκ εβουλετο
εισελθειν εις τον οικον αυτου δια την αυτου μητερα ουκετι P², ο δε ουκ
εβουλετο λεγων B, > N L | 12. προς Ιω. P² V (+ τον αποστολον
του Χριστου): προς αυτον N, > L B | 13. αν V N B: εαν P² | απερχη
V P² B: πορευη N | και ουκ. εισελ. (ελευσωμεθα V) εν τω οικω μου
(εις τον οι. μ. B, εμω οι. P²) V P² B: εις δε τον οικον μου ουκ εισελευ-
σομαι N cf L | 14. Χρ. λογοις V B: λογοις του Χρ. N P² | 15. δια του
στ. σ. V cf B (τοις εκ του αγιου σου στοματος εκπορευομενοις c m¹, >
m²): δια σου N, υπο σου P² | κ. ειπεν V: ειπεν δε N P², λεγει B |
16. αυτω V B: προς αυτον hinter Ιω. N P² | εχε V B: εχης N, εχεις P² |
λογων V P² B (πονηρων λ.): > N L | 17. Προκλ. V: > die andern |
τας γαρ V: οτι πασας τας N P² B, nam . . omnes L | διαβ. hier V N B:
hinter καταλ. P²

κὰς ὑποθέσεις καταλείψασα μεριμνᾷ τὰ τοῦ Χριστοῦ. οὐκέτι
οὖν ἀκούσεις λόγον πονηρὸν ἐξ αὐτῆς, οὐδὲ σχῆμα διαβολικὸν
ὄψει ἐν αὐτῇ, ἀλλὰ ἔστιν καὶ αὐτὴ μετανοοῦσα καὶ ἀπεχομένη
τῶν κακῶν λόγων καὶ σχημάτων ὧν ἐποίησεν πρός σε. καὶ
5 ἔλαβεν Ἰωάννης τὸν Σωσίπατρον ἐκ τῆς χειρὸς αὐτοῦ καὶ εἰσήλθαμεν ἐν τῷ οἴκῳ αὐτοῦ. ἦν δὲ Προκλιανὴ πεσοῦσα ἐπὶ τοῦ
ἐδάφους πενθοῦσα καὶ μετανοοῦσα ἐπὶ τοῖς κακοῖς τοῖς προγε-
γονόσιν αὐτῇ. ὡς οὖν ἤκουσεν ὅτι εἰσήλθομεν ἐν τῷ οἴκῳ
αὐτῆς, εὐθέως ἀνέστη εἰς ἀπάντησιν ἡμῶν καὶ πεσοῦσα εἰς
10 τοὺς πόδας Ἰωάννου εἶπεν· διδάσκαλε, ἥμαρτον εἰς τὸν θεὸν
τὸν κηρυττόμενον ὑπὸ σοῦ, ἀλλὰ δέομαί σου καὶ ἱκετεύω, μὴ
ὀργισθῇς ἐπὶ τῇ δούλῃ σου· ἰδοὺ γὰρ ἅπαντα τὰ πραχθέντα
μοι εἰς τὸν ἐμὸν υἱὸν ἀναφέρω πρός σε, τὸν καλὸν ἰατρόν,
τὸν δυνάμενον θεραπεῦσαι τὰ ἐμὰ ἀνίατα τραύματα. ἀπὸ
15 γὰρ πολλῶν ἡμερῶν ἐκεντήθη εἰς τὴν ἐμὴν διάνοιαν ὑπὸ πνεύματος πονηροῦ ἐπὶ τῇ καταστροφῇ τῇ ἐμῇ καὶ τοῦ υἱοῦ μου

1. καταλ. V (geschr. —λυ—) P² B L: καταβλεψασα N | τα N P² B
cf L: > V | τ. Χρ. V L: περι Χρ. N P², της (οικειας + m²) σωτηριας
της (ιδιας + m¹) ψυχης (+ αυτης c) B | 2. πονηρον εξ V: κακον παρ
N P², κακον εκ του στοματος αυτης B | ουδε σχημα (σχισμα P²) διαβο-
λικον (δαιμονικον B) οψει εν (οψη επ P²) αυτη N P² B: > V cf L |
3. αλλα εστιν V: εστιν γαρ B, αλλ εσται P² L, αλλα μαλλον εσται N |
απεχ. V N B: ανεχ. P² | 4. των (τον) V: Χ απο N P² B | και (των +
P²) σχημ. V P² B (m¹ c Χ και εργων): > N | 5. ελαβεν V: λαβων N
P² (m¹ m²) και u. —ρ), λαβομενος ο c | τον — και V: της χειρος
Σωσιπατρου B, (τον Χ P²) Σωσιπατρον N P² | εισηλθαμεν V: —ομεν
P², ανηλθομεν B, εισηλθεν N | 6. ην N P² cf B (η δε Πρ. ην): η V |
7. τοις κακοις V c (m¹ m² anders gestellt): πασιν Χ N P² | τ. προγ.
αυτη N P²: γενομενοις παρ αυτης V (> τοις), τ. πεπραγμενοις αυτη B |
8. ως — εισηλθ. N cf L: ως δε ηκουσεν οτι Ιωαννης ηλθεν (ανηλθεν m¹
m²) B, ως ουν ηλθαμεν P², alles bis Ιωαννου l. 10 > V | 9. ειπεν N P²:
και ειπεν προς Ιωαννην V, εβοα λεγουσα B | 10. διδ. N P²: και μαθητα
του Χριστου + V, benigne apostole Christi L, > B | θεον V m³ cf L
(coram te et coram deo quem colis) B (εις τ. θεον και εις τον εμον υιον
κτλ.): + τον μεγαν N P² | 11. σου V P² m³ B: > N | κ. ικετ. V N:
> P² m³ B | 12. επι V N m³: > P² | δουλη σου V: ση δουλη N P²,
εμοι m³ | τα πραχθ. μοι V P² (παρ εμου, so auch m³ der übrigens ab-
weicht): υπ εμου κακα sogar ohne τα N | 13. προς σε V: επι σε N P²,
σοι m³ | 14. τον δυν. V P² L: ο δυν. N | ανιατα V P² L: > N | απο
— εκεντ. V P² (ημ. πολλ.) L: εκεντηθη γαρ N cf m³ | 15. εις — διανοιαν
V: η εμη διανοια N P² | πνευμ. V N: δαιμονος P³, diaboli L | 16. πο-
νηρου V L: ακαθαρτου N P² | τη καταστρ. — και V: καταστρ. N P² |
υιου μου V N: εμου υιου P²

Σωσιπάτρου, καὶ πολλάκις ὀχλήσασα, αὐτὸς οὐ συγκατέθετό μοι συγκαθευδῆσαι. καὶ εἰς θυμόν με ἐνέβαλεν ὁ δαίμων ὁ πονηρὸς πρὸς τὸν ἐμὸν υἱὸν διὰ τὸ μὴ εἶξαι αὐτὸν τῇ ἐμῇ πονηρᾷ ἐπιθυμίᾳ· τούτου χάριν προσῆλθον τῷ ἀνθυπάτῳ, ὅπως τοῦτον ἀπολέσῃ, κἀγὼ κουφισθῶ ἀπὸ ταύτης τῆς ἀνάκτου καὶ 5 κακῆς μανίας. ἀλλὰ δέομαί σου, δυσώπησον· τὸν θεόν σου, ὅπως μὴ τιμωρήσῃ με διὰ πάντα τὰ πραχθέντα μοι κακά. ὁ δὲ Ἰωάννης ὑπολαβὼν ἀπὸ τῶν θείων γραφῶν καὶ διδασκαλίαν ἱκανὴν ποιησάμενος πρὸς τὴν Προκλιανὴν περὶ μετανοίας καὶ τῆς εἰς πατέρα καὶ υἱὸν καὶ ἅγιον πνεῦμα πίστεως, ἐβάπτισεν 10 αὐτήν, ὁμοίως καὶ Σωσίπατρον τὸν υἱὸν αὐτῆς καὶ πάντας τοὺς ἐν τῷ οἴκῳ αὐτῶν. καὶ λαβοῦσα Προκλιανὴ χρήματα ἱκανὰ ἤνεγκε καὶ ἔθηκεν παρὰ τοὺς πόδας Ἰωάννου λέγουσα· κύριε, λαβὲ ταῦτα εἰς διάδοσιν τῶν χρείαν ἐχόντων. ὁ δὲ Ἰωάννης εἶπεν αὐτῇ· ἔστιν σοι καὶ ἄλλα ἐν τῷ οἴκῳ; ἡ δὲ εἶπεν· ναί, 15 κύριε, ἔστιν μοι καὶ ἄλλα πολλά. ὁ δὲ Ἰωάννης εἶπεν

---

1. *Σωσ.* V L: > N P² | αυτος V: δε + N P² | συγκατεθετο N m²: —θεντο V P² | 2. μοι συγκαθ. N P²: καθισαι μετ εμου V, nicht ausgedrückt in L m³ | και V: οθεν N P² m³ L (*ideo*) | ενεβαλεν V: ηγαγεν N P², αγαγων m³ | ο πονηρος — προσηλθον l. 4 V (μη ειξαι schreibe ich statt ἦξαι): nur και προσηλθον N P² (—θα), προσελθων m³, *ut eum apud proconsulem falsi criminis accusarem* L | 5. τουτον V N m³: αυτον κακως P² L | ταυτης — κακης V: της αταχτου N P², της ασχετου m³, sehr anders L | δεομαι σου V L: ελεησον με και N P² | 7. τιμωρηση (—σει) V: —σηται N P² | με hier N: vor τιμωρ. P² | δια — κακα V: υπερ παντων των πραχθεντων μοι κακων N P² | 8. δε V N P² m²: ουν B der endlich wieder vergleichbar wird | υπολαβων V N m³ B: —βομενος P² | 9. ικανην V N m³ B: καλην και αγαθην P² | ποιησαμενος: nur V ποιησας | την Προκλ. V: αυτην N P² L, αυτην και Σωσιπατρον m³ | περι μεταν. V N P²: > m³, hinter die πιστις gestellt L, mehr > B | και της — πιστεως V N L: nur και πνευμα πιστεως P², > m³ B | 11. ομοιως V N: > P² L | τον υιον αυτης V L (vor *Sosipatrum*) B (> den Namen): > N P² | 12. Προκλ. V L cf B: > N P² | 13. ικανα V B: πολλα N P² L | ηνεγκεν (ηγαγεν V) και B V cf L (*attulit Joanni*): > N P² | εθηκεν N P² B: εθυκεν V | Ιω. N P² of L (vorher) B (του Ιω. m¹ m², nur c αυτου, aber τω αποστολω vor και εθ.): του αποστολου του Χριστου Ιωαννου V | λεγουσα N P² B: και ειπεν προς αυτον V | 14. χρειαν V N B: πτωχων και παντων των × P² cf L | Ιω. V cf L B: > N P² | 15. και αλλα V (m¹ c × τεχνον u. + χρηματα): αλλα N P², αλλο τεχνον m² | 16. μοι και P² B: μοι N, και V ; ο — αυτην V: ο δε ειπεν N, ειπε δε (+ αυτη m²) ο αποστολος (+ αυτη + c) B, > P²

πρὸς αὐτήν· ἤδη οὖν ταῦτα ἀφορίσασα εἰς χρείαν τῶν δεο-
μένων ἀπόθες αὐτὰ ἐν τῷ οἴκῳ σου καὶ ταῖς σαῖς χερσὶν διάδος
αὐτὰ τοῖς χρείαν ἔχουσιν, καὶ ἕξεις θησαυρὸν ἐν οὐρανοῖς.
αὕτη οὖν ἐκράτησεν τὴν ἐντολὴν Ἰωάννου καὶ καθ' ἡμέραν ἐπὶ
5 ταῖς ἔξω θύραις τοῦ οἴκου ἑαυτῆς ἵστατο, πᾶσιν τοῖς ἐρχομέ-
νοις καὶ χρήζουσιν τὴν διακονίαν ἀποπληροῦσα. διετρίψαμεν
δὲ ἐν τῷ οἴκῳ Προκλιανῆς καὶ Σωσιπάτρου ἡμέρας πολλὰς καὶ
καρποὺς ἀγαθοὺς εἴδομεν ἐπ' αὐτῇ καὶ Σωσιπάτρῳ, τῷ υἱῷ
αὐτῆς· διὰ γὰρ νηστείας καὶ προσευχῆς ἐταπείνωσεν ἑαυτήν,
10 δεομένη τοῦ θεοῦ, ὅπως συγχωρήσῃ αὐτῇ τὰ προγεγονότα. με-
τάνοια οὖν, ἀγαπητοί, εἰσάγει ἡμᾶς πρὸς τὸν θεὸν καὶ τὸν
ῥύπον τῆς ψυχῆς καθαίρει.

Τοῦ δὲ κυρίου ἡμῶν Ἰησοῦ Χριστοῦ τὴν χάριν ἐπιδώσαντος

---

1. ηδη ουν V N P² (ηδει) m²: ιδου c m¹ | αφορισασα N c m¹
(—ησασα): αφωρησας V, αφορησας m², ἡ φώρησας P² | χρειαν τ. δεομ.
V cf L: λογον (λογων P²) των χρειαν εχοντων N P², > B | 2. σου N
P² cf B: > V | διαδος αυτα V: διανεμε αυτα B, διδου πασιν N P² |
3. ουρανοις V N B: ουρανω P² | 4. εκρατησεν V N: επεκρατησεν P² | Ιω.
V P²: του × N B | 5. ταις ε. θυραις V P² B: τας ε. θυρας N | του
οικου εαυτης V: του ιδιου οικου m¹ m², της οικιας N P² c (+ αυτης) |
πασιν: nur V × και | 6. και χρηζ. V N: και χρειαν εχουσιν P², ενδεεσιν
m² c, > m¹ | την διακ. αποπλ. V: την χρειαν ποιουσα N, την αποκρισιν
ποιουσα P², επαρκουσα τα προς την χρειαν B | 7. Προκλ. κ. Σωσ. V L:
Προκλιανης B, αυτης N P² | 8. ειδομεν V L B (anders gestellt): οιδαμεν
N P² | επ αυτη — αυτης V (N P² > Σωσ.): επι τε αυτης και Σωσι-
πατρου του υ. αυ. m², εν αυτη m¹ c, in ipsis L | 10. του θεου V P² B: τω
θεω N | τα προγεγ. V: αυτη αμαρτηματα, ην γαρ και η θυρα αυτης (αυτου
N) ανεωγμενη παντι (ανθρωπω + P²) τω χρειαν εχοντι, απο προαιρε-
σεως (προθεσεως N) αγαθης + N P² ohne Bestätigung durch L B |
11. ουν V N cf B: γαρ αγαθη P², den Satz > L und mit vielem andern
m² | τον θεον V N: θεον P² | 12. της ψυχης καθαιρει V P²: του σωμα-
τος αποκαθαιρει, οτι αυτω πρεπει η δοξα εις τους αιωνας των αιωνων.
περι της εξηγησεως του αγιου ευαγγελιου του κατα Ιωαννην εν ποιω
τοπω εξηγησατο V. In B lautet Schluss u. Ueberschrift: μεγιστον ουν
αγαπητοι δωρον παρα θεου και φαρμακον ζωης (αιωνιου + c) η μετα-
νοια τοις ανθρωποις δεδωρηται εν Χρ. Ι. τω κυριω ημων, ω η δοξα και
το κρατος εις τους αιωνας των αιωνων. αμην (so c, nach δοξα hat m¹
συν τω πατρι και τω αγιω πνευματι ohne αμην, von εν Χρ. — αμην
> m²). Περι της εξηγησεως του αγιου ευαγγελιου και της μεταστασεως
του θεολογου Ιωαννου (c m¹, nur τα περι του αγιου ευαγγελιου m²).
Hier beginnt auch das Stück in Coisl. 121, welchen ich durch P⁴ be-
zeichne. S. Einleitung, dort auch die Ueberschrift | 13. δε V N P² P⁴
m³: > B | επιδωσ. V N P²: επιδοντος P⁴, επιδιδοντος B, ενδαψιλευσα-
μενου m²

διὰ τῶν λόγων Ἰωάννου, τοῦ ἀποστόλου αὐτοῦ, ἐπίστευσαν
πάντες οἱ ἄνθρωποι σχεδὸν οἱ ἐν Πάτμῳ τῇ νήσῳ. ἀνέστη δὲ
βασιλεὺς ἕτερος, ὃς οὐκ ἐκώλυσεν τὴν περὶ τοῦ Χριστοῦ διδασ
καλίαν ἄγεσθαι πρὸς πάντας τοὺς Χριστιανούς. πολλοὶ οὖν
ἀπελθόντες πρὸς τὸν βασιλέα ἔλεγον τὰ περὶ τοῦ Ἰωάννου, 5
ὅτι ἄνθρωπος ὅσιος καὶ εὐσεβὴς τυγχάνει, καὶ πάντα τὰ λα
λούμενα παρ᾽ αὐτοῦ καλά εἰσιν λίαν. ὁ οὖν βασιλεὺς ἐποίησεν
βιβλίον καὶ ἀπέστειλεν πρὸς Ἰωάννην, περιέχον τὴν λύσιν τῆς
ἐξορίας ἡμῶν. μετὰ οὖν τὸ δέξασθαι τὸ βιβλίον τὸν Ἰωάννην,
ἰδὼν ὅτι ἐπίστευσαν πάντες οἱ ἐν Πάτμῳ τῇ νήσῳ τῷ Χριστῷ, 10
ἠβουλήθη πάλιν ὑποστρέψαι εἰς Ἔφεσον. καὶ δὴ μαθόντες
πάντες οἱ ἀδελφοὶ παρεκάλουν αὐτὸν μὴ ἀποπλεῖν, ἀλλὰ μέ
νειν αὐτὸν ἐν Πάτμῳ τῇ νήσῳ μετ᾽ αὐτῶν ἕως θανάτου. ὁ δὲ
Ἰωάννης παρῄνει αὐτοῖς λέγων· τί ποιεῖτε, τέκνα, κλαίοντες

1. των λογων N m³ (P⁴ των λογον) cf B: τον λογον V P², per praedicationem Joannis am Schluss des Satzes L | τ. αποστ. αυ. V P⁴ (m¹
τ. απ. vor Ιω.) L: > N P² c m² m³ | 2. παντες — σχεδον V P⁴: σχε
δον παντες N P² B m³ | ανεστη δε V P⁴ (+ και): ανεστη P² P³ (der
hier wieder eintritt s. zu p. 135, 8), τελευτησαντος ουν του βασιλεως του
παραπεμψαντος ημας εν Πατμω τη νησω ανεστη N, τελευτησ. ουν του
εκεισε ημας εξορισαντος ημας βασ. ανεστη B, mortuo autem Domitiano,
qui nos transmiserat in exilium, successor eius etc. L | 3. εκωλυσεν
V etc.: nur N εκωλυεν | περι του V m¹ m²: περι P² m³ c, του N P⁴,
> P³ | Χριστου V etc.: nur m¹ m² κυριου | διδασκ. V P⁴ m¹ m²: δι
δαχην N c m², διαδοχην P² (P³?) | 4. αγεσθαι V P⁴: λεγεσθαι N P² P³,
nicht vergleichbar L B m³ | τους V P² P⁴: > N P³ | ουν V etc.: >
nur N | 5. απελθ. πρ. τ. βασ. V P⁴: εισελθοντες N P² P³ | ελεγον τ. π.
τ. Ιω V P⁴ (> τα υ. του): εξηγησαντο αυτω (τα + P²) περι Ιωαννου
λεγοντες N P² P³ | 6. ευσεβης τυγχ. V P⁴ m³ (εστιν): ευλαβης (ευλα
βεστατος N) εστιν P² P³ N | 7. παρ V N P² P³: υπ P⁴ | εισιν λιαν V
(geschr. λια) P⁴: λιαν P², > N P³ | ουν V P⁴: δε N P² P³ | επ. βιβλιον
κ. απεστ. V N P³ P⁴: εγραψεν και απελυσεν βιβλ. P² | 8. περιεχον N P³:
περιεχοντα V P² P⁴ | 9. ημων: nur P² αυτου | τον Ιω. hier V P⁴: vor
το βιβ. P², ebenda ohne τον N P³ | 10. ιδων οτι V P⁴ (diese beiden
geschr. ιδον) N P³: ιδοντες P² | παντες V P² (vor επιστ.) P⁴: απαντες
N P³ | Πατμω V N P⁴: > P² P³ | 11. ηβουλ: nur P² —λησην δε | πα
λιν V N P² P³: > P⁴ B | υποστρ. V P² P³ (× Ιωαννης) c m¹: επιστρ.
N P⁴ m² | δη V P⁴ (δει): > N P² P³ | 12. παντες hier V P⁴: hinter
αδελφοι N P² P², > B (nur m¹ πιστευσαντες vor αδ.) | αυτον V P⁴ B:
τον Ιωαννην N P² P³ | μη V P⁴: του × N P² P³ | αποπλειν V etc.: nur
P² αποπλευσαι | 13. μετ αυτων: > nur N | εως θανατου P² P³ cf L:
αυτων + V, αυτου + N m³, > P⁴ cf B | 14. παρηνει mannigfaltig verschrieben: nur P² + πασιν | τεκνα: > nur N

καὶ ὀδύνας ἐπιφέροντες τῇ ἐμῇ ψυχῇ· ὁ γὰρ Χριστός, ᾧ ἐπι-
στεύσατε, αὐτός μοι ἀπεκάλυψεν τοῦ ὑποστρέψαι πάλιν ἐν
Ἐφέσῳ διὰ τὴν πολλὴν ἀσθένειαν τὴν οὖσαν ἐν τοῖς ἐκεῖσε
ἀδελφοῖς. ἰδόντες οὖν πάντες οἱ ἀδελφοί, ὅτι οὐ πείθεται τοῖς
5 λόγοις αὐτῶν, ἔπεσαν ἐπὶ πρόσωπον ἐπὶ τὴν γῆν καὶ παρεκάλουν αὐτὸν μετὰ δακρύων λέγοντες· καὶ εἰ τοῦτο βούλεσαι
διδάσκαλε ποιῆσαι τοῦ ἀποπλέειν καὶ ἐᾶσαι ἡμᾶς ὀρφανούς,
παράδος ἡμῖν ἐγγράφως, ἅπερ εἶδες σημεῖα παρὰ τοῦ υἱοῦ τοῦ
θεοῦ καὶ τοὺς λόγους, οὓς ἤκουσας παρ' αὐτοῦ καὶ περὶ τῆς
10 ἡμῶν ἀκαταληψίας πρὸς αὐτόν, ὅπως ἐσώμεθα ἑδραῖοι καὶ
ἀμετακίνητοι πρὸς αὐτόν, καὶ μηδεὶς τῶν ἀδελφῶν ὀλιγωρήσας
ἀπέλθῃ πάλιν ὀπίσω τοῦ διαβόλου καὶ γενώμεθα πάντες κα-
τάβρωμα αὐτοῦ. ὁ δὲ Ἰωάννης εἶπεν πρὸς αὐτούς· ἠκούσατε,
τέκνα, παρ' ἐμοῦ περὶ πάντων ὧν ἐποίησεν σημείων ὁ Ἰησοῦς,

1. οδυνας: nur N οδυνην | ω P³ m², dasselbe ist o in V: ον P² P⁴,
εις ον N c m¹ | 2. απεκαλ.: επεκαλ. nur V | υποστρεψαι N P² P³ P⁴ c
m³: επιστρεψαι V, υποστρεφειν m¹, επιστρεφειν m² | παλιν hier V P⁴:
vor υποστρ. N P² P³, vor απεκαλ. m², > m¹ c | εν Εφ. V N P² P³ P⁴:
εις Εφεσον B m³ | 3. εκεισε V P⁴ m³ L cf B: > N P² P³, welche dafür
εν Εφεσω (P² τοις εν Ε.) hinter αδελφοις | 4. ουν V P² m³: δε N P³
P⁴ B | παντες V P⁴ L: > N P² P³ B m³ | οι αδ. V P² P³ P⁴ B: >
L | πειθεται V P⁴ B: Ιωαννης + P² P³ m³ L, ο Ιω. + N | 5. αυτων V
P⁴ L c m¹: αλλα βουλεται εν Εφεσω αποπλειν + N P² P³, αλλα β. απο-
πλευσαι + m³, του μη αποπλειν + m² | επεσαν V N P² P³: επεσον P⁴
(+ παντες) m³, προσεπεσον m¹ c, προσεπεσαν m² | επι προσ. V P³ P⁴:
+ αυτων N P², > m³ | επι την γην V P² P³ m³: επι της γης P⁴, > N |
κ. παρεκ. αυτον: > nur N | 6. βουλεσαι V: βουλεται P⁴, βουλει N P²
P³ m³ (✕ ου), σοι κεκριται B | 7. διδασκαλε V m³ L (bone magister):
ο διδασκ. P⁴, ο ημων διδασκαλος N P² P³, > B | ποιησαι V N P² P³
B: > P⁴ | αποπλεειν V P⁴ (- εην): -λειν N P² P³, > mit mehrerem
B m³ | και — ορφανους V P⁴: απο της νησου και καταλιπειν ημας ορφ.
P² P³, απο τ. νησου ταυτης και ορφ. ημας ποιησαι N | 8. εγγραφως V N
P² P³ cf L B m³: > P⁴, welcher allein hier σημεια | 9. και περι P⁴:
περι P² P³, και V N | 10. ακαταληψιας V P² P³ P⁴ (—λυψιας): κατα-
ληψιας N, den unverständlichen Satztheil > L, περι της σαρκωσεως και
οικονομιας (του υιου + m² c) του θεου B, περι της σωτηριας ημων
m³ | οπως εσωμεθα (ημεθα P²) — και μηδεις V P² P⁴ cf L B, auch
einige Trümmer in m³: ινα μηδεις N P³ von einem προς αυτον zum an-
dern abspringend | 12. απελθη N P² P³ B: -σω V, —θειν P⁴ | παλιν
hier V P⁴: vor απελ. N P² P³, > B | οπισω: nur N vor παλιν απελ. |
γενωμεθα N P² P³: γενομ. P⁴, γινομ. V | παντες V P² P⁴: απαντες N
P³ | 14. παρ εμου V P⁴ cf L (ab ore meo): > N P² P³ B | σημειων hier
P⁴ V (verschrieben σημεια): των θεοσημειων vor ων N P² P³, ebenda
των σημειων ohne παντων B | ο Ιησους V: > die andern

ὁ υἱὸς τοῦ θεοῦ, κατὰ πρόσωπόν μου καὶ πάντας τοὺς λόγους
οὓς ἐλάλησεν πρός με περὶ τοῦ διδάξαι ὑμᾶς καὶ προσέχειν
θεῷ. ἀρκεῖσθε οὖν τούτοις, καὶ παρέξει ὑμῖν τὴν αἰώνιον ζωήν.
ὡς δὲ εἶδον οἱ ἀδελφοὶ πάντες, ὅτι οὐ πείθεται Ἰωάννης τοῦ
ἐγγράφως ἐκθέσθαι αὐτοῖς τὰ περὶ τοῦ Χριστοῦ, κλαυθμῷ με- 5
γάλῳ ἔκραξαν ἅπαντες· ἀξιοῦμέν σε καὶ ἱκετεύομεν πάντες,
πάτερ, ἐγγράφως ἡμῖν παράδος τὰ περὶ Ἰησοῦ Χριστοῦ, τοῦ
υἱοῦ τοῦ θεοῦ. ὁ δὲ Ἰωάννης σπλαγχνισθεὶς διὰ τὰ πολλὰ
δάκρυα αὐτῶν εἶπεν πρὸς αὐτούς· ἀπέλθατε, τέκνα, εἰς τοὺς
οἴκους ὑμῶν, καὶ ἐὰν ὁ κύριος θελήσῃ, κελεύσει αὐτοῦ καὶ 10
τοῦτο τὸ αἴτημα ὑμῶν δώσω ὑμῖν. ἐπορεύθησαν δὲ ἕκαστος
ἐν τῷ οἴκῳ αὐτοῦ.

1. μου: > nur N | 2. περι του V P⁴ m²: επι του P², επι το P³,
προς το N, nicht vergleichbar L c m¹ m³ | υμας N P² P⁴ m² cf L (do-
cui vos) c m¹ (εγνωρισα υμιν): ημας V P³ | και: nur N του | 3. θεω V
P⁴ cf L (servite ergo deo): αυτω N P³, αυτοις P² | παρεξει V N P² P⁴
(> και) m²: παρεχει P³, παρασχοι c m¹ | υμιν: nur N ημιν | 4. ειδον
V (geschr. ιδον so auch m²) P⁴ (ιδων): ηκουσαν N P² P³ cf B (ταυτα
δε ακουσαντες οι αδελφοι), nicht zu vergl. sind m³ L; letzterer fügt zur
Rede des Johannes hinzu: Revelationem, quam mihi dominus Jesus, qui
est principium et finis, revelare dignatus est, vobis revelavi, et signa vi-
distis, quae dominus, qui me verba vitae huius docuit, per me operatus
est | παντες V P⁴ m²: > die andern | οτι V P⁴ m²: τον λογον τουτον
και ✕ N P² (των λ. τουτων) P³ | Ιω. του V P⁴ m²: αυτοις N P³, αυτοις
του P², nur dieser hat dann ειναι μετ αυτων, κλαυθμω κτλ. | 5. εκθεσθαι
αυτοις V m²: αυτοις εκθ. P⁴, αποθεσθαι N P³ | του Χρ. V P³: Ιησου
Χρ. P⁴ m², Χρ. N | 6. απαντες hier V N P² m⁴ m²: vor εκραξαν P² |
αξιουμεν V P⁴ m²: προς Ιωαννην λεγοντες ✕ N P¹, πρ. Ιω. ✕ P² | σε
hier V P⁴ m²: hinter ικετ. N P² P³ | παντες V m²: απαντες P⁴, > N
P²P³ | 7. Ιησου Χρ. V P⁴ m² L: Χριστου N, > P³ P² (dieser > auch
das folgende του) | 8. σπλαγχνισθεις V P⁴ B L: εσπλαγχνισθη επ αυτοις
N P² P³ | 9. αυτων hier V P² P³ m²: vor δακρυα N c m¹ (P⁴?) | ειπεν
πρ. αυ. V: και ειπεν αυτοις N P² P³ (c m¹ P⁴ ohne και) | απελθατε V
P² P³ P⁴: απελθετε N B (auch m²) | 10. και vor εαν: > nur V | θεληση
(oder —σει) V N P² P³ m²: ευδοκισει P⁴, δωη την χαριν αυτου m³, den
Satztheil > c m¹ | αυτου V N (am Rand αυτο) P² P³ P⁴ m²: του κυ-
ριου c m¹, αυτος (ipse praecipiet) L | 11. υμων V P⁴ m² cf L auch m³
(γενησεται το αιτ. υμων): > N P² P³, υμιν hinter τουτο u. dann το
ευσεβες αιτημα γενησεται c m¹ | δωσω P⁴: δωει V, δωσει N P² P³ m²
cf L | υμιν V N P² P³ L: > P⁴ (?) m², über B u. m³ s. vorher | δε
εκαστος V P⁴ m²: ουν εις εκαστος αυτων N P³, ουν εκαστος P² L | 12. εν
τ. οικω αυτου V P⁴ m²: εις τον (εαυτου + P²) οικον (+ αυτου P³) P²
P³, εις τους εαυτων οικους N

*Καὶ παρέλαβέν με Ἰωάννης καὶ ἐξήλθαμεν ἔξω τῆς πόλεως
ἀπὸ μιλίου ἑνὸς ἐν τόπῳ ἡσυχαστικῷ· τὸ δὲ ὄνομα τοῦ τόπου
ἐκείνου ἐκαλεῖτο Κατάστασις· ἦν δὲ ἐκεῖ ὄρος μικρόν. ἀνελθόντων οὖν ἡμῶν ἐν τῷ ὄρει ἐποιήσαμεν ἡμέρας τρεῖς, καὶ
5 διετέλει Ἰωάννης ἄσιτος, προσευχόμενος καὶ δεόμενος τοῦ θεοῦ,
ὅπως δώσῃ τὰ ἀγαθὰ εὐαγγέλια τοῖς ἀδελφοῖς. τῇ οὖν τρίτῃ
ἡμέρᾳ ἐλάλησεν Ἰωάννης λέγων· τέκνον Πρόχορε, βάδιζε καὶ
εἴσελθε ἐν τῇ πόλει καὶ λαβὲ μέλαν καὶ χάρτας καὶ ἄγαγέ μοι
ὧδε, καὶ μὴ ἀναγγείλῃς τοῖς ἀδελφοῖς, ἐν ποίῳ τόπῳ ἐσμέν.
10 ἀπελθὼν οὖν ἐγὼ ἐν τῇ πόλει καὶ λαβὼν τὸ μέλαν καὶ τοὺς
χάρτας ἐπορεύθην πρὸς Ἰωάννην, καὶ λέγει πρός με· ἀπόθου
τὸ μέλαν καὶ τοὺς χάρτας καὶ εἴσελθε ἐν τῇ πόλει καὶ μετὰ
δύο ἡμέρας ἐλθὲ πάλιν πρός με. καὶ εἰσῆλθον ἐν τῇ πόλει καὶ
μετὰ δύο ἡμέρας ἐξῆλθον πάλιν πρὸς αὐτόν, καὶ εὑρὼν ἑστῶτα*

1. παρελ. με Ι. και V N P³ P⁴ (ο Ιω.) m²: παραλαβων με Ιω. P³, παραλ. εμε c m¹ | εξηλθαμεν V P² P⁴: —ομεν N P³ B | εξω τ. π. V P⁴ m²: εκ τ. π. P², απο τ. π. N P³ cf L, > c m¹, ως + N P² P³ | 2. μιλιου V P² B P⁴ L: σημειου N P³ | το δε — εκαλ. V m²: και το ονομα τ. τοπου εκαλ. N P² P³, λεγομενω P⁴ (?) c, λεγομενη m¹ | 3. καταστασις V P⁴: καταπαυσις N P² P³ B (auch m²?) m³, > L | μικρον V N P² P³ P⁴ m² m³: υψηλον c m¹, praeruptus L | 4. ουν V N P³: δε P², και vor ανελθ. P⁴ B | ημ. τρεις V: τρεις ημ. P² P³ m², εκει τρ. ημ. N P⁴ B | 5. Ιω. V P² P³: ο × N P⁴ B | του θεου: nur V u. P⁴ (dieser aber > και δεομενος) τω θεω | 6. δωσῃ N m²: δωσει V P² P³ P⁴, δωη m³, ganz anders c m¹ | αγαθα V P² P³ P⁴ m²: αγια N, αιτωμενα m³, περι της του αγιου ευαγγελιου δωρεας της οφειλομενης δοθηναι c m¹ cf L | τριτη: nur V πρωτη im Vorblick auf l. 13 | 7. ελαλ. I. λεγων V: ελαλησεν προς με m², ειπεν Ιω. προς με N P² P³, λεγει μοι c m¹ (P⁴?), vocavit me et dixit L | βαδιζε και V P⁴ m²: ειπον δε προς αυτον· τι θελεις διδασκαλε. ειπεν δε μοι N P² P³, beides > c m¹ | 8. εν: nur N × τεκνον | 9. ποιω V P² P⁴ m² (dieser u. m³ απαγγ.): ω N P³, den Satz > c m¹ | εσμεν V P⁴ m² cf m³ (τον τοπον της διατριβης ημων): ειμι N P² P³ cf L | 10. απελθων (εισελθων c m¹) ουν εγω V P⁴ B: εισηλθον ουν N P², και εισελθων εγω P³ | το V N: τον P² P³, > P⁴ B | τους: > P⁴ B | 11. λεγει πρ. με V P⁴ B: ειπεν μοι N P² P³ | αποθου V N P² P³: τεκνον + P⁴ B | 13. ελθε — πολει V m² N (> παλιν) P³ (aber N P³ + καθως ενετειλατο μοι): ελθε και εποιησα ουτως c m¹, > P² P⁴ | και μετα — προς V m², auch N P³ (aber > παλιν) c m¹ (ηλθον ohne παλιν): nur εξηλθον P², εξ. παλιν P⁴, diese beiden also von δυο ημ. l. 13 zu δυο ημ. l. 14 abgeirrt | 14. ευρων . . . ειπεν V m² (obwohl dieser ευρον haben soll): ευρον . . και ειπεν N P² P³, ευρον . . λεγει m¹ (s. vorher m²), ευρον . . λεγει δε c P⁴ | εστωτα και V: αυτον × P⁴ B, nur αυτον N P² P³

καὶ προσευχόμενον, εἶπεν πρός με· λαβὲ τοὺς χάρτας καὶ τὸ
μέλαν καὶ στῆθι ἐκ δεξιῶν μου. καὶ ἐποίησα οὕτως, καὶ ἐγένετο ἀστραπὴ μεγάλη καὶ βροντή, ὥστε σαλευθῆναι τὸ ὄρος,
καὶ ἔπεσα ἐγὼ ἐπὶ πρόσωπον ἐπὶ τὴν γῆν καὶ ἔμεινα νεκρός.
ὁ δὲ Ἰωάννης ἐπελάβετό μου καὶ ἀνέστησέν με καὶ εἶπέν μοι· 5
κάθου ἐπὶ τὰ δεξιά μου ἐπὶ τῆς γῆς. καὶ ἐποίησα οὕτως, καὶ
πάλιν προσηύξατο καὶ μετὰ τὴν εὐχὴν εἶπεν πρός με· τέκνον
Πρόχορε, ἅπερ ἀκούεις ἀπὸ τοῦ στόματός μου κατάγραφε ἐπὶ
τοὺς χάρτας. καὶ ἀνοίξας τὸ στόμα αὐτοῦ ὁ Ἰωάννης, ἑστὼς
καὶ ἄνω προσέχων εἰς τὸν οὐρανὸν εἶπεν· „Ἐν ἀρχῇ ἦν ὁ λό- 10
γος, καὶ ὁ λόγος ἦν πρὸς τὸν θεόν, καὶ θεὸς ἦν ὁ λόγος. οὗτος
ἦν ἐν ἀρχῇ πρὸς τὸν θεόν. πάντα δι᾿ αὐτοῦ ἐγένετο, καὶ
χωρὶς αὐτοῦ ἐγένετο οὐδὲ ἕν, ὃ γέγονεν. ἐν αὐτῷ ζωὴ ἦν, καὶ
ἡ ζωὴ ἦν τὸ φῶς τῶν ἀνθρώπων, καὶ τὸ φῶς ἐν τῇ σκοτίᾳ
φαίνει, καὶ ἡ σκοτία αὐτὸ οὐ κατέλαβεν". καὶ κατὰ ἀκολου- 15
θίαν λοιπὸν ἔλεγεν πάντα οὗτος ἑστώς, καὶ ἐγὼ καθεζόμενος

1. τ. χαρτας κ. το μ.: nur P² τον μελαν και τ. χ. | 2. και εγενετο V
N P³ m²: και εγενηθη P², ευθυς δε γεγονε c m¹ (P⁴?) | 3. μεγαλη hier
V P⁴ B: vor βροντη N P² P³ | 4. επεσα V N P² P⁴ m²: επεσον P³
c m¹ | επι προσ. V P² P⁴ m²: μου + N P³, > c m¹ | την γην: της γης
c m¹ | 5. επελαβετο V P⁴ m²: εκτεινας την χειρα ✕ N P² P³ (c m¹
fahren fort και επιλαβομενος) cf L | μοι N P⁴ B (auch m²): > P² P³,
von diesem ειπεν zu dem l. 7 überspringend προς με V, auch L > das
Zwischenliegende, hat aber dixit ohne Zusatz | 6. επι N P² P³ P⁴ m³:
εις B (auch m²?) | μου — γης N etc. | 8. απο V B: παρα
N P⁴, εκ P² P³ m³ | καταγρ. V m²: ταυτα γραφε P⁴, γραφε P² P³
c m¹ m³ | 9. ο Ιω. N P³ P⁴: Ιω. V m² m³, > P² c m¹ | εστως V P⁴
m²: ως ην ✕ c m¹, εστηκως N P³ m³, vor ανοιξας nur P² ως ην εκτε-
ταμμενος τας χειρας και ανω προσεχων und daher hier το στομα αυτου
ειπεν | 10. προσεχων V P³ P⁴ N m² m³: βλεπων c m¹ | εις τον ου. V
P³ P⁴ m¹ m² m³: εις τους ουρανους c, > N cf P² vorher | εν αρχη —
κατελαβεν l. 15 V P⁴ m² cf L (hucusque „et tenebrae eum non compre-
henderunt"): bis ο γεγονεν l. 13 P², bis θεος ην ο λογος N P³ c, der
Bericht des Amphil. über m¹ m³, theilweise auch m² ist unglaublich, da
alle anderen Hss. einen ganz correcten kürzeren oder längeren Text
geben. Hinter γεγονεν interpungiren V P⁴, dasselbe bezeugt P², indem
er hier abbricht | 15. και — ελεγεν V N P³ P⁴ (ουτος μοι statt λοιπον)
m²: και καθεξης αυτος ελαλει P², και ακολουθως καθεξης ελεγεν c m¹,
noch anders m³ | 16. παντα V P⁴ m²: > N P² P¹ c m¹ | ουτος V (hier
geschr. ουτως) m² cf P⁴ vorher: αυτος N P² P³ c m¹ | εστως V etc.:
εστηκως N P³ | και εγω V P⁴ B (m²): καγω N P² P³ | καθεζομενος V etc.:
> nur P²

ἔγραφον. ἐποιήσαμεν δὲ ἐκεῖ δύο ἡμέρας καὶ ἓξ ὥρας· οὗτος
ἔλεγεν καὶ ἐγὼ ἔγραφον. καὶ πληρώσαντες τοὺς θείους λόγους,
παρέλαβέν με Ἰωάννης καὶ εἰσήλθαμεν ἐν τῇ πόλει καὶ κατελύσαμεν ἐν τῷ οἴκῳ Σωσιπάτρου καὶ Προκλιανῆς, τῆς μητρὸς
5 αὐτοῦ. καὶ παρέθηκεν ἡμῖν τράπεζαν καὶ ἐφάγομεν καὶ ἐπίομεν καὶ ἐμείναμεν παρ᾿ αὐτοῖς. καὶ τῇ ἐπαύριον εἶπεν Ἰωάννης πρὸς Σωσίπατρον· τέκνον, ζήτησόν μοι μεμβράνας καλὰς
εἰς καθαρογραφίαν τοῦ ἁγίου εὐαγγελίου. καὶ ἤγαγεν Σωσίπατρος τὰς μεμβράνας, καὶ εἶπεν. πρός με Ἰωάννης· τέκνον

1. εγραφον: nur P³ εγραφα | εποιησαμεν — εγραφον l. 2 fehlt nur
in V, der von einem εγραφον zum andern abirrte. Von aller sonstigen
Tradition abweichend giebt P² nach dem ersten εγραφον folgenden
Schluss μεχρι συμπληρωσεως του αγιου ευαγγελιου. τελεσθησαντων ουν
ημερων ιβ´ κατηλθομεν απο του ορους και εκελευσεν ο αποστολος του
Χριστου καθαρογραφησαι με το αγιον ευαγγελιον. και συνηγμενων παντων των αδελφων υπανεγνωσθη αυτοις εν τω ᾽αμβωμ (sic), και εχαρησαν παντες χαραν μεγαλην. και εκελευσεν Ιωαννης μεταγραφηναι και
αποτεθηναι εν πασαις ταις εκκλησιαις εις δοξαν του μεγαλου θεου και
σωτηρος ημων Ιησου Χριστου. αμην. Der weiter folgende Abschnitt
Παλιν ουν μετα ημερας τινας findet sich unten als Beil. D abgedruckt |
εποιησαμεν N P³ P⁴ L: εποιησε B (auch m²?) | εκει P⁴ L: > N P³ B |
ουτος — εγραφον P⁴ (s. zweite Note zu l. 1, darnach setzt auch V diese LA
voraus): αυτος (εστως και + B) λεγων καγω (και εγω καθεζομενος και
B) γραφων N P³ B L m³ | 2. πληρωσαντες V N P³ P⁴ m² m³: πληρω-
σαντων ημων c m¹ | λογους: > V | 3. Ιω. V m²: ο × P⁴, > N P³ m²,
ganz anders c m¹ | εισηλθαμεν V: —ομεν P³ P⁴ m², ηλθομεν N | εν
— κατελυσαμεν V P⁴ m²: > N P³ m¹, (κατηλθομεν) εκ του ορους. κατε-
λυσαμεν δε c m¹ | 4. εν τω οικω V N P³ c m¹ m²: επι τον οικον P⁴,
εις τον οι. m² | κ. Προκλ. — αυτου V N P³ (τουτου μητρος) P⁴ m² L:
nur κ. Πρ. m³, > c m¹ | 5. κ. παρεθηκεν V N (P⁴?) m²: κ. παρεθηκαν
P³ m³ (× οι), κ. παρατεθεισης κτλ. c m¹ | τραπ. V m² m³: και εκ
αυτην (αυτη N) πολυτελειαν βρωματων × N P³ | κ. επιομεν N P³ m²
m³: > V, Tischendorfs Collation von P⁴ scheint hier unvollständig |
6. Ιω. V (nur dieser hinter Σωσ.) N: ο × die andern | 7. τεκνον V N
P³ m¹ m²: + Σωσιπατρε c m² L | μοι V N P³ m²: ημιν c m¹ m² L |
μεμβρανας: nach καλας nur c m¹ (m² m²?). Tischend. glaubte in V
lesen zu sollen βενθρανας u. l. 9 βεβρανας, aber die Buchstaben μ, ν, β
sind in V nur zum Verwechseln ähnlich, und auch Tischendorfs ausdrückliche Bemerkung, dass V consequent Πατνος schreibe, ist gewiss
nicht der Absicht des Schreibers entsprechend. P³ irrt von diesem
μεμβρανας zu dem andern l. 9 ab | 8. αγιου V P⁴ c m¹ m² L: > N
m³ | ηγαγεν V P⁴ m²: ηνεγκεν N c m¹ m³ | Σωσ. V N P⁴: ο × c m¹
(m²?) | 9. Ιω. hier V m² (ebenda ο αποστολος c m¹): vor προς N P³

Πρόχορε, κάθου ὦδε καὶ διατυπώσας τὰ σωμάτια ταῦτα, καθαρογράφησον ἐν αὐτοῖς τὸ ἅγιον εὐαγγέλιον τοῦτο. ἐγὼ δὲ
ἐκάθισα χάριτι Χριστοῦ τοῦ θεοῦ ἐν τῷ οἴκῳ Σωσιπάτρου καὶ
μετὰ ἐπιμελείας πολλῆς ἔγραψα τὸ ἅγιον εὐαγγέλιον. ὁ οὖν
Ἰωάννης ἐδίδασκεν καὶ καθίστα ἐπισκόπους καὶ διακόνους καὶ 5
πρεσβυτέρους καθ᾽ ὅλης τῆς νήσου ἐν ταῖς ἁγίαις τοῦ θεοῦ
ἐκκλησίαις αἷς ἦσαν ποιήσαντες κατ᾽ ἐπιτροπὴν Ἰωάννου, τοῦ
ἀποστόλου καὶ μαθητοῦ τοῦ κυρίου. μετὰ οὖν τὸ καθαρο-
γραφῆσαί με τὸ ἅγιον εὐαγγέλιον εἰσηνέγκαμεν αὐτὸ ἐν τῇ
ἁγίᾳ τοῦ θεοῦ ἐκκλησίᾳ, καὶ ἐκέλευσεν Ἰωάννης συναχθῆναι 10
ἅπαντας τοὺς ἀδελφοὺς καὶ ἀναγνωσθῆναι αὐτοῖς τὸ ἅγιον
εὐαγγέλιον. καὶ συναχθέντων πάντων εἶπεν Ἰωάννης πρός με·
ἀνάστα, τέκνον Πρόχορε, καὶ ἀνάγνωθι τὸ ἅγιον εὐαγγέλιον ἐν
τοῖς ὠσὶν πάντων τῶν ἀδελφῶν ἡμῶν. καὶ ἀνέγνων ἀκουόντων
πάντων, καὶ ἐχάρησαν πάντες χαρὰν μεγάλην καὶ ἦσαν ἀγαλ- 15

1. Πρόχορε V m²: > N etc. | καθου hier V N P³: vor τεκνον c m¹
(m² P⁴?) | ωδε V m²: ενθαδε c m¹, > N P³ | τα σω. ταυτα V c m¹ m²:
τους χαρτας P⁴, τας μεμβρανας ταυτας N P³ | 2. εν αυτοις V c m¹ m²:
(μοι X N P³) εν αυταις N P³ P⁴ (trotz τους χαρτας) | αγιον V m² L:
> N etc. | τουτο V (geschr. —ον) N P³ m²: > P⁴ c m¹ L | 3. εκαθισα
— θεου V m² cf L: εκαθεσθην N P³, καθισας P⁴ c m¹ | 4. πολλης V
(vor επιμ. c m¹, dasselbe Wort m² P⁴, aber wo?): πασης vor επιμ. N
P³ | τ. αγιον ευ. V m²: τ. ευ. N P³, αυτο c m¹ (P⁴?) | ουν: nur V δε |
5. καθιστα: nur N εκαθιστα | κ. διακ. V cf L: > N etc. | 6. καθ — εκ-
κλησιαις V P⁴ m²: εν τ. εκκλησιαις P³ (so auch c m¹, aber + κατα πο-
λιν), εν τη εκκλησια N | 7. αις — Ιωαννου V P³ m³ cf L (quas instru-
xerat praecipiens): ας . . . οι πιστευσαντες . . . αυτου του Ιω. m², > N
P⁴ c m¹ | του απ. — κυριου V m²: > N etc | 8. ουν V m²: δε N etc. |
9. αγιον V P⁴ m²: > N P³ c m¹ | 10. αγια τ. θεου V P⁴: αγια αυτου
m², > N P³ c m¹ | 11. αγιον V m² (dieser wie c m¹ > αυτοις): > N
P³ P⁴ (c m¹, die überhaupt anders) | 12 — p. 158, 6 και συναχθεντων
— πολει V m² (die einzige Variante s. zu l. 15), ebenso in der Haupt-
sache und vielen Einzelnheiten L: den Satz (και) το μεν εν δερμασιν —
Εφεσιων πολει p. 158, 4—6 stellen alle andern hinter ευαγγελιον l. 12
(s. die Varianten zu p. 158, 4 sqq.); c m¹ ziehen ausserdem die Sätze
και εκελευσεν κτλ. l. 10 und και συναχθεντων — παντων l. 12 — 14 so
zusammen: και κατα κελευσιν του Ιωαννου συναχθ. παντων τ. αδ. ανεγνωσθη το ευαγγ. Darauf και το μεν εν δερμ. ειπε κτλ. (c, in m¹ ist
hier arge Verwirrung) = p. 158, 4—6 | 12. συναχθεντων παντων V m²
L: συναχθεντες απαντες οι αδελφοι N cf P³ (συνηχθησαν u. + και) |
13. αγιον: > N P³ | ευαγγ.: + τουτο nur N | 14. ανεγνων: ανεστην και
ανεγνων το ευαγγελιον N P³ | 15. παντες V m² (+ οι αδελφοι): απαντες
N P³ | κ. ησαν αγ. (αγαλλιομενοι N P³) — θεον V N P³ m²: παντων δε
αγαλλιωμενων επι τη χαριτι του ευαγγελιου c m¹

λιώμενοι καὶ δοξάζοντες τὸν θεόν. καὶ εἶπεν Ἰωάννης πρὸς πάντας τοὺς ἀδελφούς· λάβετε τὸ εὐαγγέλιον τοῦτο καὶ μεταγράψατε πάντα καὶ ἀποθέσθε εἰς πάσας τὰς ἐκκλησίας. καὶ ἐποίησαν οὕτως, καὶ εἶπεν αὐτοῖς Ἰωάννης, τὸ μὲν ἓν δέρμασιν 5 κρατεῖν αὐτοὺς ἐν Πάτμῳ τῇ νήσῳ, τὸ δὲ ἐν χάρταις ἀποκομίσαι ἐν τῇ Ἐφεσίων πόλει.

Καὶ εἶπεν πρός με Ἰωάννης· δεῦρο, τέκνον Πρόχορε, ἐξέλθωμεν πρὸ τοῦ ἀποπλεῖν ἡμᾶς ἐντεῦθεν. καὶ ἐξήλθομεν εἰς τὰς ἔξω κώμας καὶ ἐμείναμεν μετὰ ταῦτα μῆνας ἕξ.

1. και ει. V m²: ειπεν δε N P³, ειπεν ο ο m¹ | 2. παντας τ. αδ. V P³ m²: με και Χ N, τοις αδελφοις ο m¹ | 8. παντα V P⁴ m²: απ αυτου N P³ ο m¹ | αποθεσθε: nur N μεταθεσθε | εις: nur m¹ κατα | πασας τ. εκκλ.: πασαν εκκλησιαν ο m¹ | και επ. ουτ. V etc.: > N P³ | 4. και — το μεν V m² L (et dixit iterum illis, quod etc.): και το μεν (vorher zu p. 157, 12 sqq.) N P³ ο | 5. αυτους P³ m²: αυτοις V N, > ο m¹ | εν Π. τ. νησω V N P³ m² cf L: την εν Π. εκκλησιαν ο m¹ | χαρταις: nur P⁴ βαμβακοις (= βαμβακινοις Ducange 172) | αποκομισαι V P³ m²: + ημας N m², αποκομισθηναι ο m¹ (P⁴?) | 6. εν — πολει V N P³ P⁴ m²: εις Εφεσον ο m¹, εν Εφεσω m² | 7. και ειπεν προς με V N P³ m²: μετα δε την λειτουργιαν και την θειαν κοινωνιαν απελυσε την εκκλησιαν και τη εξης ημερα λεγει μοι ο m¹; statt des hier beginnenden Stücks bis l. 9 hat L: et postquam haec facta fuerunt, Joannes per septem menses circuiens vicos et castella evangelizando verbum, insulam reliquit in qua prius et apoculypsim scripserat sua manu, sicut deus illi revelaverat. Episcopi Asiani et populus una cum Caio et Aristarca, apostoli Joannis discipulis, dederant epistolas ad Romanum senatum, desiderantes Joannis absolutionem ab exilio. Qui ubi sciverunt, consilium statuisse, ut quicquid Domitianus statuisset cassaretur, et Joannem ab exilio liberum facerent, venerunt obviam Joanni et eum cum honore duxerunt Ephesum. Ipso autem unam civitatum insulae intrante et praedicante affuit filius Eucharis etc. | δευρο hier V m²: hinter Προχορε N P³ ο m¹ | 8. προ — εξηλθομεν N cf B (d. h. hier ο m¹ εις την αγροικιαν και διδαξωμεν προ του αποπλευσαι ημας εντευθεν και εξηλθομεν), ähnliches auch m³: > V P³ P⁴ von εξελθωμεν l. 7 zu εξηλθομεν l. 8 abirrend; über m² berichtet Amphil. nicht deutlich | 9. εξω V N P² P³ P⁴: εξ m² (?), > ο m¹ | κ. ειμειν. — εξ V P⁴ m² (N P³ > μετα ταυτα u. haben εξ μηνας): και εδιδασκεν ο Ιωαννης ο, so auch m¹, wenn ich Amphil.'s sehr kurze Angaben richtig verstehe. Darnach wären diese Worte, welche Amphil. p. 65 Z. 36 an die dazu nicht passenden letzten Worte einer aus m³ in seinen Text aufgenommenen Episode anschliesst, nicht in m², selbstverständlich nicht im m³, also in m¹ allein enthalten. Woran sie sich dort angeschlossen haben, bleibt dem Leser zu rathen. Am nächsten liegt es, dass sie hier ebenso wie in dem so naheverwandten ο auf εξηλθομεν εις τας κωμας (oben l. 8 sq. nebst

Ἦν δέ τις ἐν μιᾷ κώμῃ ἱερεὺς τοῦ Διὸς ὀνόματι Εὐχάρης·
οὗτος εἶχεν υἱὸν τυφλόν, καὶ διδάσκοντος τοῦ Ἰωάννου παρῆν
ὁ υἱὸς τοῦ Εὐχάρη καὶ ἡδέως ἤκουεν τοῦ Ἰωάννου καὶ ἔκραξε
φωνῇ μεγάλῃ λέγων· διδάσκαλε. ὁ δὲ Ἰωάννης εἶπεν πρὸς
αὐτόν· τί θέλεις; καὶ εἶπεν ὁ τυφλός· τὸν θεόν σου, ὃν σέβῃ 5
καὶ κηρύττεις, ἐπειδὴ ἡδέως σου ἀκούω, πρόσευξαι ὑπὲρ ἐμοῦ,
ὅπως ἀναβλέψω καὶ ὄψωμαι τὸ πρόσωπόν σου, καὶ χαρήσομαι περισσοτέρως. ὁ δὲ Ἰωάννης περίλυπος ἐγένετο καὶ κρατήσας αὐτὸν τῆς χειρὸς εἶπεν· ἐν ὀνόματι Ἰησοῦ Χριστοῦ ἀνά-
βλεψον· καὶ εὐθέως ἀνέβλεψεν. ἰδὼν δὲ ὁ Εὐχάρης, ὁ πατὴρ 10

Noten) folgten und der Erzählung von Euchares vorangingen. Nach der
Stellung der Worte bei Amphil. scheint vielmehr die Erzählung von
Euchares in m¹ zu fehlen, und die Hs. aus welcher Amphil. diese nebst
eingeschalteten Varianten von m² abdrucken liess, m³ zu sein. Das
wird aber nicht gesagt; und die aus m³ aufgenommene Episode über
die Apokalypse schliesst sich formell nicht an die Geschichte von Euchares, sondern an den dieser vorangehenden Text an (ἐξῆλθομεν εἰς τας
κωμας) και εκπεριελθοντες ταυτας επι ολους εξ μηνας εδιδαξεν απαντας
ο Ιωαννης. ελθοντες τοινυν επι τι σπηλαιον κτλ. Also fehlt in m³, obwohl es Amphil. nicht der Mühe werth hielt zu sagen, die Geschichte
von Euchares; sein Text derselben stammt aus m¹; und wie Amphil.
dazu gekommen ist, die Schlussworte des vorangehenden Abschnitts aus
m¹ 1½ Folioseiten hinter der richtigen Stelle ohne allen Zusammenhang
anzubringen, bleibt, da auch die Berichtigungen nichts sagen, ein
Räthsel | 1. ονοματι V P⁴ c, ferner Amphil. (also hier m¹ und, da keine
Variante gegeben ist, auch m²): και (το + N) ενομα αυτου N P³ |
Ευχάρης V N: εὐχάρης m¹ m², εὔχαρις c P⁴, ευχαριστος P³, Eucharis L
(Nominativ u. Genitiv) | 2. παρην — Ιωαννου: > N P³ | 3. Ευχαρη V c
m¹ m²: ευχαρι P⁴, cf über die Declination Sophocles vor seinem Glossary
p. 82 | τ. Ιω. V P⁴ m²: των λογων αυτου c m¹, apostolum praedicantem
L | και εκρ. V L: εκρ. N P³, εκρ. δε c m¹ (m² P⁴?) | 4 φωνη μ. V (ver-
schrieben zweimal —ην) c m¹ m²: μεγ. τη φ. N P³ | λεγων V m² L:
ο τυφλος × c m¹, > N P³ | ο δε — ο τυφλος V m² (N P³ > πρ.
αυτον) P⁴ (και λεγει ο Ιω. κτλ.) L: > c m¹ | 5. σου V P⁴ c: σοι Am-
phil. ohne Variante, > N P³ L (illum deum) | σεβη και V: σεβεις και
P⁴, > N P³ c m¹ m² L | 6. επειδη — ακουω N P³ P⁴ c m¹ m² cf L:
> V | υπερ: περι c m¹ m² | 7. οψωμαι V P⁴ m²: οψομαι N P³, ιδω c
m¹ | χαρησωμαι V P⁴ (beide ι statt η): χαρησομαι N P³ m², obwohl an
sich sehr möglich, doch wohl nur mechanische Beseitigung des coniunct.
fut. wie vorher, ευφρανθω c m¹ (dieser περισσως vorher). Von hier an
weichen c m¹ wieder stärker ab | 9. Χριστου V P⁴ c m¹ m²: + του
υιου του θεου N P³, domini nostri vorher L | 10. δε: nur N P³ ουν,
N > das folgende ο | Ευχαρης V N c m¹ m²: —ρις P⁴, —ριστος P³ |
ο πατ. αυ. V P⁴ m² L: > N P³ c m¹

αὐτοῦ, ὃ ἐποίησεν Ἰωάννης, ἔπεσεν ἐπὶ τὴν γῆν λέγων· δὸς
καὶ ἐμοὶ καὶ τῷ υἱῷ μου τὴν ἐν Χριστῷ σφραγῖδα. καὶ εἰσήλθαμεν ἐν τῷ οἴκῳ αὐτοῦ, καὶ ἐβάπτισεν αὐτοὺς εἰς τὸ ὄνομα
τοῦ πατρὸς καὶ τοῦ υἱοῦ καὶ τοῦ ἁγίου πνεύματος. καὶ ἐξελ-
5 θόντες ἀπὸ τοῦ οἴκου αὐτοῦ εἰσήλθαμεν ἐν τῇ πόλει.

Τῇ οὖν ἐπαύριον προῆλθεν ὁ Ἰωάννης ἐν τόπῳ δημοσίῳ,
καὶ συνήχθησαν ἅπαντες οἱ ἀδελφοὶ ἀπὸ Ἰουδαίων τε καὶ Ἑλλήνων καὶ ἐδιδάσκοντο ὑπὸ Ἰωάννου. μετὰ δὲ τὸ διδάξαι
αὐτοὺς εἶπεν Ἰωάννης πρὸς πάντας τοὺς ἀδελφούς· τέκνα, κρα-
10 τήσατε τὰς παραδόσεις, ἃς ἐλάβετε παρ' ἐμοῦ καὶ φυλάσσετε
τὰς ἐντολὰς τοῦ Χριστοῦ, ὥσπερ ἐδέξασθε διὰ τοῦ εὐαγγελίου,
καὶ ἔσεσθε υἱοὶ φωτός· ἐγὼ γὰρ ἔκρινα τοῦ ἀπελθεῖν ἐν τῇ
Ἐφεσίων πόλει διὰ τὴν ἐπίσκεψιν τῶν ἐκεῖσε ἀδελφῶν. ἀκού-

---

1. ο εποι. V N P³ (P⁴ m² + o): το σημειον ο εποι. ο c m¹ | επεσεν
— γην V P⁴ m²: + και προσεκυνησεν τον Ιω. N P³, πεσων προσεκυ-
νησεν αυτω c m¹ | δος — μου V m² P⁴ (δως u. > das zweite και) cf
L: διδασκαλε δος μοι N, δος μοι u. dann nach σφραγιδα noch και εμοι
κ. τ. υ. μου P³, ganz anders c m¹ | 2. και εισηλθαμεν (—ομεν P⁴ m²)
— εβαπτισεν V P⁴ m²: και απελθων (εισελθων Ιω. P³) εις τον οικον
αυτων (αυτου P³) εβαπτισεν N P³ | 3. το u. dreimaliges του: > N P³ |
5. εισηλθαμεν V: —ομεν N P³ P⁴ m²; den Satz > L c m¹. Die beiden
letzteren gehen mit den Worten τη δε επαυριον ησπασαμεθα παντας
τους αδελφους και ευροντες πλοιον διαπερων εις τους κατα την Ασιαν
τοπους (nach c, wesentl. so m¹ bei Amph. 65 Z. 9 von unten) zu p. 161,
5 meines Textes fort. N P³ m³ lassen hier die als Beil. C abgedruckte
Episode folgen, womit die kürzere Darstellung derselben Sache in P²
(Beil. D) und die Andeutungen in L (zu p. 153, 4; 158, 7) zu vergleichen
sind | 6. τη — δημοσιω P⁴ (aber προσηλθεν) m² cf L, ebenso N (Nean-
der p. 658) P³ (> o) nach der Episode, nur τη ουν επαυριον (συνηχ-
θησαν) m² (Amphil. p. 65 med): > V | 7. απαντες V P³ P⁴ m²: παντες
N, dies hinter αδ. m² | απο V P⁴ m² m³: οι X N P³ | 8. υπο Ιω. V P⁴
m²: υπ αυτου N P³ m³ | δε V P³ P⁴ m²: και vor μετα N m² | 9. αυτους
V P⁴ m² m³: αυτον N P² | Ιω P⁴ m²: ο αποστολος V, > N P³ m³ |
προς — αδελφους V P⁴ m²: πρ. παντας P³, > N | τεκνα: nur m³ τεκνια,
nur N + μου | κρατησατε V P⁴ (ει statt η) m²: κρατειτε N P³ m³ |
10. ελαβετε: nur N παρελ. | φυλασσετε (oder —ται) V P⁴ m²: φυλαξατε
N P³ m³ | 11. Χριστου: nur P⁴ θεου | ασπερ — ευαγγελιου V (απερ)
P⁴ m² cf L: > N P³ m³ | 12. και εσ.: nur m³ ινα γενησθε | γαρ: nur
P⁴ δε | απελθειν V P⁴ m² L (redire): αποπλειν N P², απολευσαι m³ |
εν — πολει V P⁴ (Εφεσω π.): επι την (των + N) Εφεσιων πολιν N P³,
εις Εφεσον m³ | 13. επισκ. — αδελφων V P³ P⁴ m²: των αδ. εκει επισκ.
N, anders m³

σαντες δὲ ἅπαντες οἱ ἀδελφοὶ ἐπένθουν πικρῶς, λέγοντες πρὸς
αὐτόν· ἀξιοῦμέν σε, πάτερ, τὰ σὰ τέκνα μὴ ἐάσῃς ἡμᾶς. ὁ δὲ
Ἰωάννης παρῄνει αὐτοῖς λέγων· εὔθυμοι γίνεσθε, υἱοί μου καὶ
θυγατέρες, καὶ χαίρετε ἐν κυρίῳ· ἐγὼ δὲ ἀπελεύσομαι πρὸς
τοὺς ἀδελφοὺς ἐν Ἐφέσῳ. καὶ εὑρόντες πλοῖον διαπερᾶν ἐν 5
τῇ Ἀσίᾳ, ἐνέβημεν εἰς αὐτὸ καὶ διὰ δέκα ἡμερῶν παρεβάλαμεν
ἀπὸ δέκα σημείων τῆς Ἐφεσίων πόλεως. ἐξελθόντων δὲ ἡμῶν
εἰς τὴν γῆν εἰσήλθαμεν ἐν Ἐφέσῳ.

Ἀκούσαντες δὲ οἱ ἀδελφοὶ παρεγένοντο ἐν τῷ τόπῳ, ἐν
ᾧ ἦμεθα καταψύχοντες. ὁ δὲ Δόμνος, ὁ υἱὸς Διοσκορίδους, 10
παρέλαβεν ἡμᾶς ἐν τῇ οἰκίᾳ αὐτοῦ· ὁ γὰρ τούτου πατὴρ Διοσκορίδης ἤδη τεθνηκὼς ἦν. ὁ οὖν Δόμνος παρέθηκεν ἡμῖν τράπεζαν
καὶ ἐφάγομεν καὶ ἐπίομεν καὶ ἐμείναμεν παρ᾽ αὐτῷ. καὶ πάν-

1. απ. οι αδ. V P⁴ m² (trotz Druckfehler bei Amphil.): παρ αυτου
παλιν ταυτα παντες N P³ (παλιν vor παρ u. απαντες) | επενθουν V P⁴
m²: —θησαν N P³ m³ | 2. ημας V N P³ m² m²: > P⁴ | 3. παρηνει N
P³ m²: παραινει V, παρεινει P⁴, πορηνεσεν (sic Amphil.) m² | γινεσθε
(oder —θαι) V P³ P⁴ m²: γενεσθε N | μου κ. θυγ. V P³ (> μου) P⁴
m²: φωτος N | 4. απελευσομαι (oder —σωμαι) V P³ P⁴ m²: αποπλευσομαι
N | 5. εν Εφ. hier V P⁴ m²: vor αδελφους N P³ | και ευρ. V P⁴ m² cf
L: τη ουν επαυριον ησπασαμεθα (παντας + P³) τους αδελφους X N P³;
beinah ebenso m¹ c, welche hier wieder eintreten s. zu p. 160,5 | πλοιον:
nur P⁴ πλοιαριον | διαπερων N P⁴ c: διαπεροντα V, —ρωντα m², —ρουν
m¹, —ραν μελλοντα P³, απαιροντα m² | εν τ. Ασια V m² L: επι τους
κατα την Ασιαν τοπους N P³ (> την) P⁴ c m¹ m² | 6. ενεβ. V m¹ m²:
ανεβ. N P³ P⁴ c m³ | δεκα V P⁴ m² L: τεσσαρων + N P³ c m¹ m³ |
παρεβαλαμεν V: —λλομεν P⁴, —λομεν N etc. | 7. δεκα V P⁴ m²: δωδεκα
N P³ m³, τριων c m¹ (μιλιων), > L | δε V (m²?): και vor εξ. die an-
dern | 8. εις V: επι N etc. | γην V m²: δια της οδου + N P³ P⁴ c m¹,
προς Εφεσον απαγουσαν m³ | εισηλθαμεν V: —ομεν die andern | Εφεσω:
dies das letzte Wort in V. — L schliesst mit den Worten: pervenimus
Ephesum, ubi cum magno gaudio occurrerunt nobis Asiani clamantes et
dicentes „Benedictus qui venit in nomine domini" | 9. οι αδ. V P³: παν-
τες X P⁴ c, οι παντες (u. doch οι αδελφοι?) m², παντα οι αδ. m¹ |
παρεγενοντο — καθ ημεραν p. 162, 1: > nur P⁴ | εν τω τοπω N m¹ m²:
εν τοπω c, > P³ | 10. ημεθα N P³: ημεν c m¹ m² | καταψ. N P³ c:
καταλυσαντες και αναπαυομενοι m¹, > m², noch mehr > m³ | 11. παρελ.
N P³ c m¹ m³: ελαβεν m² | τη οικια N P³: τω οικω c m¹ m² m³ | τουτου
πατ.: > m² | 12. τεθν. ην N: τελευτησας ην m¹, τεθνηκε P³ c m²,
ετεθνηκει m³ | ο ουν — επιομεν N P³ c: παρατεθεισης δε τραπεζης με-
τελαβομεν τροφης συν τω Δομνω m¹ m², > m³ | 13. κ. εμειν. π.
αυ. και N P³ c (m² παρα Δομνω): και παρ αυτω μενοντων ημων
m¹, > m³

τες οἱ ἀδελφοὶ καθ᾽ ἡμέραν εἰσήρχοντο καὶ ἐδιδάσκοντο ὑπὸ
Ἰωάννου ἐν τῷ οἴκῳ Δόμνου, καὶ πάντες λοιπὸν ἐπίστευσαν
τοῖς λαλουμένοις ὑπὸ Ἰωάννου, καὶ οὐδεὶς ἠπίστει αὐτῷ. διετρίψαμεν δὲ ἐν Ἐφέσῳ μετὰ τὸ ἐλθεῖν ἡμᾶς ἀπὸ τῆς ἐξορίας
5 ἔτη εἴκοσι ἕξ. ἐποιήσαμεν δὲ καὶ ἐν Πάτμῳ τῇ νήσῳ ἔτη
δεκαπέντε, πρὸ δὲ τῆς ἐξορίας τὸ πρὶν ἐν Ἐφέσῳ ἔτη ἐννέα.
ἦν δὲ ὁ Ἰωάννης, ὅτε παρεγενόμεθα ἐξ Ἱερουσαλὴμ εἰς Ἔφεσον ἐτῶν πεντήκοντα καὶ μηνῶν ἑπτά, ἐγὼ δὲ Πρόχορος, ὁ
μαθητὴς Ἰωάννου, ἤμην ἐτῶν τριάκοντα καὶ μηνῶν τριῶν.
10 Πληρώσαντες δὲ ἔτη εἴκοσι ἓξ μετὰ τὸ ἐλθεῖν ἡμᾶς ἀπὸ
Πάτμου ἐν Ἐφέσῳ, ἐξῆλθεν ὁ Ἰωάννης ἐκ τοῦ οἴκου Δόμνου
καὶ παρέλαβεν ἑπτὰ τῶν αὐτοῦ μαθητῶν, ἐμέ τε Πρόχορον καὶ
ἄλλους ἕξ, καὶ εἶπεν πρὸς ἡμᾶς· λάβετε ὀρυκτῆρας ἐν ταῖς
χερσὶν ὑμῶν καὶ ἀκολουθήσατέ μοι. καὶ ἐλάβομεν ὀρυκτῆρας
15 ἐν ταῖς χερσὶν ἡμῶν καὶ ἠκολουθήσαμεν αὐτῷ καὶ ἤλθομεν ἐν

1. καθ ημ. N P³ m²: κατα πασαν ημ. c, dasselbe vor παντες οι αδ.
m¹, > m² | εισερχ. N P³ P⁴ (s. zu p 161, 9) c m²: ηρχοντο m³, παρ-
εγινοντο m¹ | υπο Ιω: nur P⁴ hinter Δομνου | 2. εν τ. οι. Δ. P³ P⁴ (τη
οικια) c m¹ m² (m³ vorher εν αυτω): > N | κ. παντες λ. επ. τ. λαλ.
(λεγομενοις P³ m²) υ. Ιω. P³ P⁴ c m² (+ και γινομενοις): nur N stellt
um και ουδεις ηπιστει τοις λαλουμενοις υπο Ιω. αλλα παντες επιστευον
αυτοις, ganz anders m¹ u. wieder anders m³ | 3. και — αυτω P³ P⁴ c:
> m², über N vorher, m¹ m³ nicht vergleichbar | διετριψ. κτλ. N P³ P⁴
c m³: μετα δε το ελθειν ημας απο της εξωριας διετριψαμεν εν Εφ. m¹
m² | 4. ελθειν N m¹ m²: εξελθειν P³, επανελθειν P⁴ c m² | 5. και N P⁴:
> P³ c m¹ m², sehr verwirrt m¹ | 6. το πριν N P³ m³: το προτερον
εποιησαμεν P⁴ c m¹ m² | 7. ο Ιω. — επτα P³ m² m³, wesentlich so P⁴
(aber εν Εφεσω εξ Ιερ.), m¹ c (diese πεντηκ εξ), alle ausser P³ m²
Ιεροσολυμων: nur N και ετων πεντηκοντα Ιω. οτε παρεγ. εξ Ιερουσαλημ
εις Εφεσον | 8. Προχ. — Ιωαννου P⁴ m² (αυτου statt Ιω.): > die an-
dern | 9. κ. μηνων τριων P⁴ m² m³ N (εξ): > P³ c m¹ | 10. πληρωσαν-
τες — ημας N P³ P⁴ c m² (ουν statt δε), ähnlich m³ (aber εικοσι επτα):
πληρωθεντων δε των εικοσι εξ χρονων μετα την εκ της Πατμου επανοδον
m¹ | απο Πατμου P⁴ c m² cf m¹ vorher: > N P³ m³ | 11. εν Εφ.: nur
m² + εν τω οικω Δομνου, nur m³ εις Εφεσον | εξηλθεν ο Ιω. N (> ο
so auch m³; P³ P⁴ c: μια των ημερων εξελθων ο Ι. m¹, > m² | εκ: >
m¹ | οικου: > P³ | 12. και παρελ. N P³ m³: παρελ. m², και παραλαβων
P⁴ c, παραλαβων m¹ | Προχορον P⁴ c m¹ m²: > N P³ m³ | 13. αλλους
N P³ P⁴ m³: ετερους c m¹ m² | κ. ει. N P³ m³: λεγει P⁴ c m¹ m² |
14. υμων: nur N ημων, der aber alles > bis ημων l. 15 | κ. ελαβ. — ημων P³:
ελαβομεν δε ορυκτηρας c m¹, και λαβοντες m³, και εποιησαμεν ουτως P⁴
m² | 15. και ηκολ. — τοπω και P³ (wesentlich so c m¹ nur και ελθοντων
ημων) N (> και ηλθομεν) m³ (και ελθοντες): nur και ηλθομεν εν τοπω
και P⁴

τίνι τόπῳ καὶ εἶπεν ἡμῖν· καθίσατε ὧδε. καὶ ἐκαθίσαμεν ἐν
τῷ τόπῳ ἐκείνῳ· ἦν δὲ πρὸς ὄρθρον· νὺξ γὰρ ἦν. καὶ αὐτὸς
ἀπῆλθεν ἀφ᾽ ἡμῶν ὡσεὶ λίθου βολὴν καὶ προσηύξατο, ἵνα
ἡσυχίαν σχῇ ὁ τόπος, καὶ μηδεὶς παραγένηται ἐν τῷ τόπῳ
ἐκείνῳ παρὲξ ἡμῶν τῶν ἑπτά. καὶ μετὰ τὸ εὔξασθαι αὐτὸν 5
ἦλθεν πρὸς ἡμᾶς καὶ εἶπεν ἡμῖν· ὀρύξατε τῷ ὀρυκτῆρι τὸ μῆ-
κος τῆς ἐμῆς ἡλικίας σταυροειδῶς. καὶ μετὰ τὸ ὀρύξαι ἡμᾶς,
καθὼς εἶπεν ἡμῖν, προσηύξατο καὶ μετὰ τὴν εὐχὴν ἔθετο ἑαυτὸν ἐν τῷ ὀρύγματι, ὃ ὠρύξαμεν, καὶ εἶπεν πρός με· τέκνον
Πρόχορε, ἐν Ἱεροσολύμοις βάδιζε, ὅτι ἐκεῖ σε δεῖ τελειωθῆναι. 10
καὶ διδάξας ἡμᾶς ἠσπάσατο ἡμᾶς καὶ εἶπεν ἡμῖν· ἐπισύραντες
γῆν, τὴν ἐμὴν μητέρα, καλύψατέ με. ἡμεῖς δὲ ἠσπασάμεθα

2. και εκαθ. — γαρ ην Ν P³ c (m¹ νυκτος ουσης ηδη): bis εκεινω
auch p (= Paris. 881 s. Einleitung, welcher von p. 162, 11 an wieder
eintritt), > P⁴ m², undeutlich Amphil. über m³ | 3. απηλθεν Ν P³ c m²
(m¹ απελθων): διεστη P⁴ m², διηλθεν p | ινα — επτα Ν (> ο τοπος)
P³ c (εχει statt εν εκ. τ. τοπω, so auch m¹, welcher ετερος hinter μηδεις
u. πλην statt παρεξ) ähnlich m³: εστως και ουδεις παρεγενετο εν τω
τοπω οπου (ενθα m²) ην ο Ιω. εως πρωι P⁴ m², > p vorher aber και
εστη και προσηυξατο | 5. κ. μετα Ν P³ c m³: μετα δε P⁴ m¹ m² p | το
ευξ. αυτον P³ P⁴ c m¹: τελεσθαι αυτον m², τελεσαι αυτον ευχην p |
6. ειπεν Ν P³ m² m³ p (> ηλθεν πρ. ημ. και): λεγει P⁴ c m¹ | ημιν:
προς ημας p, dieser u. P⁴ + εγγισατε μοι αδελφοι και (ως δε p) ηλθο-
μεν προς αυτον και (και > p) ειπεν ημιν | τω ορυκτηρι P³ c m¹: μετα
του ορυκτηρος p, > Ν P⁴ m² m³ | τ. μηκος P³ P⁴ c m¹ m² m³ p: το ορυκ-
τηριον Ν, ορυγμα m³ | 7. σταυροειδως Ν P³ c m¹: + κατα την απλωσιν
των εμων χειρων P⁴ m² p (dieser σταυροειδες) | 8. ημιν Ν P³ p (+ και
εστη παλιν και): > P⁴ c m¹, καθως ειπεν ημιν > m³, auch m² (sonst
wie p) | και μ. τ. ευχην Ν P³ P⁴ c m¹: μετα δε το ευξασθαι αυτον
ησπασατο παντας ημας και p, ganz ähnlich m² | εθετο Ν P³ P⁴ c m³:
εθηκεν m² p, ανεκλινεν m¹ | 9. εν τω ορυγμ. Ν P³ P⁴ c m¹: προγματι (!)
m³, επι του τοπου p, επι χειρας και ποδας m² | ο Ν P⁴ c: ω P³ m³,
ου p, ο ωρ. > m¹, auch m² der mit και εδιδαξεν ημας zu l. 11 über-
geht u. den Auftrag an Prochorus später bringt; ähnlich p | ειπε Ν P³
m³: λεγει P⁴ c m¹ | 10. βαδιζε hier Ν P³ (m³?): vor εν Ι. P⁴ c m¹ |
εκει σε: von allen als ein Wort, nur Ν εκειν σε | 11. επισυραντες Ν P³
m¹ p (× τεκνια): επισυρατε P⁴ m², συραντες c | 12. γην P³ c m¹,
hinter μητερα Ν: > P⁴ m² p | καλ. με Ν P³ c m¹ m³: και σκεπασατε
με εως των γονατων μου m² P⁴ (σκεπασται) p (> και u. μου) | ημεις
— αυτον Ν P³ c m¹ (παλιν vor αυτον): > p, και παλιν προσηυξατο
και εδιδαξεν ημας και παλιν ησπασατο ημας και ειπεν ημιν p. 164, 2
m², ebenso P⁴ im Anfang, diese Hs. bricht aber mit εδιδα ab

αὐτὸν καὶ ἐπισύραντες γῆν ἐσκεπάσαμεν αὐτὸν ἕως τῶν γονά-
των. καὶ πάλιν ἠσπάσατο ἡμᾶς καὶ εἶπεν ἡμῖν· ἐπισύραντες
γῆν καλύψατέ με ἕως τοῦ τραχήλου. καὶ ἠσπασάμεθα αὐτὸν
καὶ ἐπισύραντες γῆν ἐσκεπάσαμεν αὐτὸν ἕως τοῦ τραχήλου.
5 καὶ εἶπεν ἡμῖν· ἐνέγκαντες ὀθόνην ἐπίθετε εἰς τὸ πρόσωπόν
μου καὶ ἀσπάσασθέ με κραταιῶς, ὅτι οὐκ ὄψεσθέ με οὐκέτι ἐν
τῷδε τῷ βίῳ. ἡμεῖς δὲ πάλιν ἠσπασάμεθα αὐτὸν κλαίοντες,
καὶ ἐπισύραντες γῆν ἐσκεπάσαμεν αὐτόν· καὶ ὁ ἥλιος ἀνέτει-
λεν, καὶ αὐτὸς παρέδωκεν τὸ πνεῦμα. εἰσελθόντων δὲ ἡμῶν
10 ἐν τῇ πόλει εἶπον ἡμῖν οἱ ἀδελφοί· ποῦ ἐστιν ὁ διδάσκαλος
ἡμῶν; εἴπομεν δὲ αὐτοῖς τὰ γεγονότα, οἱ δὲ παρεβιάσαντο
ἡμᾶς τοῦ δεῖξαι αὐτοῖς τὸν τόπον. καὶ ἐλθόντων ἡμῶν ἐν τῷ
τόπῳ, ὀρύξαντες οὐδὲν εὕρομεν καὶ ἐκλαύσαμεν σφοδρῶς.

1. γην P³ c m¹: την X N p | εσκεπασ. P³ c (> das folgende
αυτον) m¹ m² p: εκαλυψαμεν N | 2. και παλιν ησπ. ημ. και N P³ m²:
παλιν δε ασπασαμενος ημ. ειπε c m¹, κ. παλιν προσηυξατο και p | 3. γην:
nur p την εμην μητερα | καλυψατε N P³ c m¹ m²: σκεπασατε m² p |
ησπασαμεθα — εσκεπασαμεν N (X παλιν) P³ c m¹: nur εσκεπασαμεν p |
4. τραχηλου N P³ c m¹: αυτου + p und lässt hier die Weisung an
Prochorus folgen (p. 163, 9 sqq.), ähnlich m² mit Auslassungen vorher;
abkürzend m³ | 5. ενεγκαντες — μου N P³ c m¹ (+ εμοι αδελφοι zu
επιθ.): ενεγκατε μοι οθονην αδελφοι p, ενεγκαντες οθωνην καλιψατε το
προσ. μου m², über m² ist Amphil. nicht deutlich | 6. ουκ οψ. με ουκετι
P³ c m²: ουκετι οψ. με N p m¹ (με οψ.), ουκετι το προσωπον μου οψ.
m² | 7. ημεις δε — κλαιοντες N P³ c m¹, wesentlich so m²: και επισε-
σοντες αυτω ησπασαμεθα αυτον κλαιοντες πικρως m², so bis αυτον p
dann εμπονως και κλαυσαντες ου μικρως | 8. και επισυρ. — πνευμα N
P³ ähnlich m³: και διασκεπασαντες το προσωπον αυτου ως ο ηλιος ανε-
τειλεν κ. αυτος παρεδ. τ. πνευμα και επεσυραμεν γην επι το προσωπον
αυτου και εκρυβη εξ οφθαλμων ημων m², ähnlich aber kürzer p; και
ειρηνην δους ημιν απελυσεν ημας c m¹ | 10. ειπον — αδελφοι N P³ m¹
c (> ημιν) m²: ειδον ημας οι λοιποι αδελφοι (μαθηται αυτου m²) και
ειπον (ειπεν προς ημας m²) p m² | εστιν: > p m² | 11. ημων P³ m² m³
p: > N c m¹ | ειπ. δε αυτοις N P³ m²: κ. απηγγειλαμεν αυτοις m² p,
ημεις δε διηγησαμεθα αυτοις c m¹ | τα γεγονοτα N P³ c m¹ m²: απαντα
m² p (+ τα γεγενημενα) | οι δε παρεβ. N etc.: και παραβοσαντο (?)
m² | 12. του δειξαι N P³: επιδειξαι c m¹, υποδειξαι m², ακολουθησαι
και δειξαι m², μετα δακρυων οπως δειξωμεν p | και ελθ. (απελθοντων c
m¹, παραγενομων m²) ημ. P³: εισελθοντων ουν ημ. N, και ελθοντες (>
εν τω τοπω) p, και απελθοντων ομοθυμαδον (εις τον τοπον) m² | 13. ορυ-
ξαντες P³: εισορυξ. N, και ορυξ. m², και διορυξ. m², και αναχωσαντες P,
> c m¹ | ουδεν N m²: ουδενα P³, αυτον μεν ουχ c m¹, ουχ ευρ. ουδεν
m², ουκετι ευρ. το τιμιον και αγιον σωμα του μακαριου αποστολου και
ευαγγελιστου Ιωαννου p | 13 — p. 165, 4. και εκλαυσαμεν — αμην N P³

ἐστάθημεν δὲ εἰς προσευχήν, καὶ μετὰ τὴν εὐχὴν ἠσπασάμεθα ἀλλήλους καὶ εἰσήλθομεν ἐν τῇ πόλει, δοξάζοντες πατέρα καὶ υἱὸν καὶ ἅγιον πνεῦμα, ᾧ ἡ δόξα καὶ τὸ κράτος νῦν καὶ ἀεὶ καὶ εἰς τοὺς ἀτελευτήτους αἰῶνας τῶν αἰώνων. ἀμήν.

(die einzigen Varianten σφοδρα. εστημεν p. 164, 13 u. Χ το vor αγιον p. 165, 3 N, dagegen P > και vor υιον u. νυν και αει l. 3 und ατελευτητους l. 4): και (τοτε p) κλαυσαντες απαντες ικανως (ου μικρως εκει p) εσταθημεν (εστημεν p) εις προσευχην και μετα την προσευχην (πληρωσαντες την ευχην ημων p) εξηλθαμεν (κατηλθομεν p) εκ του τοπου (εκεινου + p), δοξαζοντες πατερα κ υ. κ. αγ. πν. ω η δοξα κ. το κρ. (πρεπει πασα δοξα τιμη κ. προσκυνησις νυν και αει και p) εις τους αι. των αι. αμην m² p, wieder anders m³. Nach ευρομεν p. 164, 13 schliessen c m¹ so: αλλα μονον τα σανδαλια αυτου. και εμνησθημεν του ειρημενου (το ειρημενω τω c) Πετρω υπο του κυριου περι Ιωαννου (αυτου c.), οτι εαν αυτον θελω μενειν εως ερχομαι, τι προς σε; εδοξασαμεν τε (και εδοξαμεν? c) επι τουτω τον πατερα και τον υιον και το αγιον πνευμα, οτι αυτω πρεπει η δοξα. (so m¹, ω πρεπει δοξα τιμη κ. προσκυνησις νυν κ. αει κ. εις τους αιω. των αιωνων. αμην. c)

Beilagen zu Prochorus.

A. Eine Episode aus cod. Vatic. 455 zu p. 6, 5 obigen Textes nach Engelbreth (Birch auctar. p. 266—271).

Καὶ ἀποκριθεὶς ὁ Ἰωάννης εἶπεν· ἥμαρτον, Πέτρε, τῇ ὥρᾳ
ταύτῃ καὶ μέλλω κατὰ θάλασσαν κινδυνεύειν· ὡς γὰρ ἔπεσεν
5 ὁ κλῆρος τῆς Ἀσίας ἐπ’ ἐμέ, βαρέως ἤνεγκα· ἐμνήσθην γὰρ τοῦ
ἡμετέρου διδασκάλου, τοῦ κυρίου ἡμῶν Ἰησοῦ Χριστοῦ, ἅπερ
εἴρηκέ μοι περὶ τῆς ἁγίας Θεοτόκου, τῆς τούτου μητρός, ἐπὶ
σταυροῦ κρεμάμενος· ὅτι ἰδοὺ ἡ μήτηρ σου. καὶ οὐ δύναμαι
αὐτὴν μόνην καταλιπεῖν ἐν τῇ γῇ ταύτῃ, μήπως οἱ Ἰουδαῖοι
10 φθόνῳ κινηθέντες ἀποκτείνωσιν αὐτήν· πολλάκις γὰρ τοῦτο
ἐβουλεύσαντο ποιῆσαι. πλὴν παρακαλῶ, εὔξασθε ὑπὲρ ἐμοῦ.
οἱ δὲ ἀναστάντες καὶ σταθέντες κατὰ ἀνατολὰς ᾐτήσαντο Ἰάκωβον, τὸν ἀδελφὸν τοῦ κυρίου, εὐχὴν ποιῆσαι, καὶ τελέσαντος
αὐτοῦ τὴν εὐχὴν ἀπελύθησαν εἰς ἕκαστος αὐτῶν εἰς τὸν ἴδιον
15 κλῆρον μετ’ εἰρήνης· ἀπελύθη δὲ ἕκαστος (sic) ὑπηρέτης ἀπὸ
τῶν ἑβδομήκοντα, ἔλαχον δὲ κἀγὼ Πρόχωρος Ἰωάννῃ. ὁ οὖν
θεολόγος, μὴ ἰσχύων τε ὡς ἐκδρομῆσαι ἐν τῷ ἰδίῳ κλήρῳ διὰ
τὸ μὴ δύνασθαι αὐτὸν ἐᾶσαι τὴν παναγίαν Θεοτόκον, ἀξιοῖ
τὸν μακάριον Παῦλον, οὕτως λέγων αὐτῷ· ἀδελφὲ Παῦλε,
20 διερχόμενος καὶ κηρύσσων τοῖς ἔθνεσι τὸν λόγον τῆς ζωῆς καὶ
ἐπιστρέφων πάντα τὰ ἔθνη πρὸς κύριον τὸν θεὸν ἡμῶν, παραγενόμενος ἐν τῇ Ἀσίᾳ εἴσελθε καὶ ἐν Ἐφέσῳ, ἐν τῇ λαχούσῃ
μοι πόλει, καὶ σπεῖρον ἐν αὐτῇ τὸν λόγον τῆς ἀληθείας καὶ
τοῦ κυρίου Ἰησοῦ συνεργοῦντος προκατασκευάσαι λαὸν ἅγιον
25 κυρίου. ὡς συμπαρόντος τοῦ κυρίου ἡμῶν Ἰησοῦ Χριστοῦ καὶ

---

1. Ich lasse wörtlich Birch's Text abdrucken bis auf die angegebenen orthogr. Aenderungen. Nur die Accentuation ist meine Zuthat.
13. τελησαντος Birch | 17. εκδρωμησαι Birch | 24. συνεργοντος προκατα-
σκευασε Birch

τοῦ ἐμοῦ πνεύματος ἀξιῶ σου δὲ τὴν ἀγάπην, ἀδελφέ, χρῖσαι
αὐτοῖς καὶ ἐπίσκοπον, ἀνταναπληροῦντα τὸν ἐμὸν τόπον. ὁ δὲ
Παῦλος ταύτην τὴν παράθεσιν τῶν λογίων παρὰ τοῦ θεολόγου
εἰληφώς, πλήρης πνεύματος ἁγίου ὑπάρχων, ἐλθὼν ἐν Ἐφέσῳ
καὶ εὑρὼν ψυχὰς προκαταρτισμένας ὑπὸ κυρίου εἰς σωτηρίαν   5
καὶ εἰς ζωὴν αἰώνιον, ἔτι ἐπιμελησάμενος αὐτῶν τοὺς τῆς διδασκαλίας λόγους, ἔχρισεν αὐτοῖς καὶ ἐπίσκοπον Τιμόθεον, τὸν
ἀγαπητὸν καὶ συνεργὸν μαθητήν, ὑπακοὴν πληρώσας ὁ μακάριος Παῦλος, ἣν ἐπετράπη παρὰ τοῦ μακαριωτάτου Ἰωάννου
τοῦ θεολόγου. δεῦρο οὖν λοιπὸν εἰς τὸν τῆς διδασκαλίας ὅρον   10
τοῦ θεολόγου παρακύψωμεν, καὶ εἰς τῆς πολιτείας αὐτοῦ θαύ-
ματά τε καὶ σημεῖα, ἅπερ ἐποίησεν ἐν Ἐφέσῳ καὶ ἐν ὅλῃ τῇ
Ἀσίᾳ καὶ ἐν πόλει τῆς Μηλίτου, καὶ εἰς τὰς θλίψεις τὰς ἐπελ-
θούσας αὐτῷ ἐν τῇ θαλάσσῃ καὶ ἐν Πάτμῳ τῇ νήσῳ ἐμβα-
τεῦσαι ἀρξόμεθα. μετὰ γοῦν τὸ μετελθεῖν τὴν ἁγίαν θεοτόκον   15
ἐκ ζωῆς πρὸς ζωήν, ἐκ τῆς προσκαίρου πρὸς τὴν αἰώνιον καὶ
ἄληκτον βασιλείαν τῶν οὐρανῶν, εὐθέως ὁ θεολόγος καὶ ἀπόστολος, ὁ πνευματικὸς οὐρανός, ἡ ἀστραπὴ τῶν ἐν σκότει, ὁ
ῥήτωρ τῶν λογίων τοῦ Χριστοῦ, ἡ βροντοειδὴς καὶ ὀμβροτόκος
νεφέλη, ὑπὸ τοῦ πνεύματος τοῦ ἁγίου κινηθεὶς εἶπε πρός με,   20
τὸν αὐτοῦ μαθητήν· τέκνον Πρόχωρε, δεῦρο πορευθῶμεν εἰς
τὸν κλῆρον τὸν λαχόντα ἡμῖν παρὰ κυρίου. ἐγὼ γὰρ οἶδα, ὅτι
πολλαὶ θλίψεις ἀπόκεινται ἡμῖν· πλὴν τὸ θέλημα τοῦ κυρίου
γενέσθω. καὶ παραλαβών με κατήλθομεν ἀπὸ Ἱεροσολύμων εἰς
Ἰόππην ἐπὶ τὸ πλεῦσαι ἡμᾶς ἐν τῇ Ἀσίᾳ. ἐμείναμεν δὲ ἐν   25
Ἰόππῃ τρεῖς ἡμέρας παρὰ Ταβιθά, καὶ ἐλθόντος πλοίου ἀπὸ
Αἰγύπτου κτλ.

B. Proben der Recension B.

I. Nach c m¹ m² v, theilweise auch p = p. 28, 3 sqq. obigen Textes =
Amphilochius p. 11 sqq.   30

Ἰδοῦσα δὲ ἡ Ῥωμάνα τὸ γεγονός, ἐξέστη τὸ πνεῦμα αὐτῆς,
καὶ φόβος καὶ τρόμος ἔλαβεν αὐτὴν καὶ οὐκέτι τὴν μνήμην

1. χρισε B. | 7. Θιμοθεον B. | 8. συνηργον B. | 19. ομβροτοκος: ομυ-
ροτοκος B. | 21. μαθητον B. | 31. η Ρωμ. c v p (> η): εκεινη m¹ m² |
τ. πνευμα αυ. c m¹ v: > m² p | 32. και ουκετι — αυτω p. 168, 13
c m¹ v: dafür in m² p nur μη τολμωσα (καν + p) ατενισαι το προσωπον
Ιωαννου και (ευθεως + p) πεσουσα εις τους ποδας αυτου κλαιουσα και
οδυρομενη ειπεν

εἶχεν περὶ τοῦ θανάτου Δόμνου, ἀλλ' ἐπὶ τῷ σημείῳ, ὃ ἐποίησεν
ὁ Ἰωάννης, ἐξέστη καὶ ἀποπαγεῖσα τὴν καρδίαν ὡς λίθος ἔμεινεν ὡσεὶ νεκρά. εἶτα ὡς μετὰ δύο ὥρας εἰς ἑαυτὴν ἦλθεν καὶ
οὐκ ἠτένιζεν εἰς τὸ πρόσωπον Ἰωάννου· αἰσχύνη γὰρ πολλῇ
5 συνείχετο καὶ ἔζήτει ἀποθανεῖν λογιζομένη· ὅτι πῶς ἐμβλέψω
εἰς ὃν τοσαῦτα ἠσέβησα καὶ εἰς δουλείαν ἐσυκοφάντησα καὶ
πληγὰς τοσαύτας ἐπήγαγον ἀναιτίῳ ὄντι; πῶς ἐμαυτὸν κατα-
χώσω; εἴθε χάνασα ἡ γῆ κατέπιέ με. τί ποιήσω; θάνατε, σὲ
ἐπικαλοῦμαι πατέρα μου. ἰδὼν δὲ ὁ Ἰωάννης τὸ πρόσωπον
10 τῆς γυναικὸς ἠλλοιωμένον, καὶ ὅτι μέλλει εἰς τὴν γῆν καταπίπτειν, λαβόμενος τῆς χειρὸς αὐτῆς καὶ κρατήσας αὐτὴν καὶ
σφραγίσας τρίτον ἤγαγεν εἰς κατάστασιν. αὐτὴ δὲ πεσοῦσα
εἰς τοὺς πόδας αὐτοῦ, κλαίουσα πικρῶς εἶπεν αὐτῷ· δέομαί
σου, ἀνάγγειλόν μοι, τίς εἶ σύ· πάντως γὰρ ἢ θεὸς εἶ ἢ υἱὸς
15 θεοῦ, [καὶ διὰ τοῦτο τοιαύτας δυνάμεις ποιεῖς]. εἶπε δὲ αὐτῇ
ὁ Ἰωάννης· οὔτε θεός εἰμι οὔτε υἱὸς θεοῦ, ἀλλ' ἐγώ εἰμι Ἰωάννης, ὁ μαθητὴς τοῦ υἱοῦ τοῦ θεοῦ ζῶντος, ὁ ἀναπεσὼν ἐπὶ
τὸ στῆθος αὐτοῦ καὶ ἀκούσας μυστήρια θεῖα. ἐὰν οὖν πιστεύσῃς αὐτῷ, ἔσῃ αὐτοῦ δούλη ὡς κἀγὼ δοῦλος αὐτοῦ εἰμι. ἡ δὲ
20 μετ' αἰσχύνης καὶ τρόμου πολλοῦ εἶπε πρὸς Ἰωάννην· πρῶτον,
ἄνθρωπε τοῦ θεοῦ, συγχώρησόν μοι ὅσα εἰς ὑμᾶς ἐγὼ ἡ ἀθλία

---

1. Δόμνου m¹ v: του ✕ c | o επ. c m¹: ω επ. v | 2. και c v: o ✕
m¹ (?) | αποπαγεισα . . . ως λιθος εμεινεν c m¹: απεπαγη . . και εμεινεν
v | 3. ειτα ως c m¹: επειτα v | ηλθεν και m¹: ηλθεν o, ελθουσα v |
4. ητεν. c v: ηδυνατο ατενισαι m¹ | Ιω. m¹ v: του ✕ c | πολλη c m¹:
αφατω v | 5. εζ. αποθ. λογιζ. c m¹: θανατος ηδυς ην εναντιον αυτης· ελο-
γιζετο γαρ v | εμβλεψω — ησεβησα m¹ v: > c | 7. αναιτιω οντι c m¹:
αναιτιως vor επηγαγον v | 9. πατερα μου v s. oben p. 28, 13: dafür c
m¹ ελθε και απαλλαξον με της αισχυνης ταυτης | ιδων c m¹: ειδεν v |
10. της γυν. c m¹: του γυναιου v | και vor οτι c m¹: > v | 11. λαβομ.
c m¹: και ✕ v | 13. αυτου c m¹ (s. vorher zu p. 167,32 m² p): Ιωαννου v |
14. σου: + κυριε p | παντως — θεου c (θεου υιος) m¹ (> ει, ebenso
m²) p (> das erste η): > v | 15. και δια — ποιεις m² p: > c m¹ v |
ειπε δε κτλ. c m¹ m² v: o δε Ιω. ειπεν αυτη p | 16. ουτε θεος — αλ:
> nur v | 17. του υιον c m¹ m²: Ιησου (sic) v, > mit mehrerem p |
18. θεια c m¹ m² (+ παρ αυτου) p (+ παρ αυτου αναγγελλω σοι ακρι-
βως): > v | ουν: > nur p, der hier allmählig zur andern Recension
übergeht | 19. αυτου δου. c v: δου. αυτου m¹ m² | δουλος αυτου c m¹
m²: > v | 20. ειπε πρ. Ιω. c m¹ v: λεγει παλιν πρ. αυτον m¹ | πρωτον
c m¹ v: > m² | 21. μοι c v: σοι m¹ m² | οσα — επλημ. c m¹ v: α
εποιησα εν λογω και εργω η αθλια και ανομος εγω m² p (εν σοι statt
εγω)

ἐπλημμέλησα. ὁ δὲ Ἰωάννης εἶπεν αὐτῇ· ἐὰν πιστεύσῃς εἰς
τὸν κύριον ἡμῶν Ἰησοῦν Χριστόν, πάντα συγχωρηθήσεταί σοι
τὰ ἁμαρτήματα. ἡ δὲ πρὸς αὐτὸν εἶπεν· πιστεύω, ἄνθρωπε τοῦ
θεοῦ, πιστεύω πᾶσιν, οἷς ἐγὼ ἀκούω ἐκ τοῦ στόματός σου.
ἀκούσας δὲ ὁ Διοσκορίδης τὸν θάνατον ἐξαίφνης τοῦ υἱοῦ 5
αὐτοῦ παρ᾽ ἑνὸς τῶν παίδων, ἀμηχανίᾳ καὶ λύπῃ ἀρρήτῳ κα-
ταπλαγεὶς πεσὼν ἐξέψυξεν. δραμόντος δὲ καὶ ἑτέρου [ὀξυδρό-
μου τινὸς] ἀπαγγεῖλαι [αὐτῷ] τὴν τοῦ υἱοῦ αὐτοῦ Δόμνου
ἀνάστασιν, καὶ εὑρὼν αὐτὸν τεθνεῶτα, ὑπέστρεψε μετὰ κλαυθμοῦ, ἔνθα ἦν ὁ Δόμνος σὺν τῷ Ἰωάννῃ, ἀπαγγέλλων αὐτῷ τὴν 10
τελευτὴν τοῦ πατρὸς αὐτοῦ. ὁ δὲ ἀναχωρήσας ἀπὸ Ἰωάννου,
ἀπελθών τε καὶ θεασάμενος τὸν πατέρα τὸν ἴδιον τελευτή-
σαντα, ὑπέστρεψεν πένθει πρὸς Ἰωάννην καὶ πεσὼν πρὸς τοὺς
πόδας αὐτοῦ παρεκάλει αὐτὸν λέγων· ἄνθρωπε τοῦ θεοῦ, ὡς
ἐμὲ νεκρὸν ὄντα ἐξανέστησας, δώρησαί μοι καὶ τὸν πατέρα 15
μου τὸν δι᾽ ἐμὲ τελευτήσαντα· αἱρετώτερον γὰρ ἐμὲ μεῖναι
νεκρὸν καὶ μὴ πατέρα νεκρὸν θεωρεῖν. ὁ δέ Ἰωάννης [ἀπελ-
θὼν καὶ] κρατήσας τῆς χειρὸς αὐτοῦ ἤγειρεν αὐτόν, λέγων τῷ
Δόμνῳ· μὴ λυποῦ, τέκνον· ὁ γὰρ θάνατος τοῦ πατρός σου
ζωὴν αὐτῷ καὶ σοὶ προξενήσει. παραλαβὼν οὖν ὁ Δόμνος τὸν 20
Ἰωάννην εἰσήγαγεν πρὸς τὸν πατέρα αὐτοῦ· ἠκολούθει δὲ ἡ Ῥω-

1. ειπεν c v: λεγει m¹ m² | αυτη m¹ m² v: προς αυτην c | πιστευσης
εις c m¹ m²: πιστευης επι v | 2. ημων: μου m² | 3. πρ. αυτον ειπεν m¹
m²: λεγει πρ. αυτον c, εφη αυτω v | 4. πιστευω v: > c m¹ m² | εγω ακ.
hier v: hinter σου m¹ m², εγω εκ τ. στομ. σου ακ. c | 5. εξαιφνης hier
v: vor του θ. c m¹ m² | 6. παρ ενος — εξεψυξεν v m² (+ αυτου hinter
παιδων): παραχρημα και νεκρος εξεψυξεν c m¹ | 7. δραμοντος — προς
Ιω. l. 13 v m² (> das in [ ] Gesetzte, ferner επεστρεψε statt υπεστρ.
l. 9, απηγειλεν (sic) statt απαγγελλων l. 10, δε statt τε l. 12, ενθεν statt
πενθει l. 13): και ελθων εις των παιδων αυτου οπου ην ο υιος αυτου
Δομνος συν τω Ιωαννη απηγγειλεν (απηγειλεν m¹) αυτω μετα δακρυων
(τον του πατρος αυτου θανατον + c). ο δε Δομνος δραμων εν τω οικω
και θεασαμενος τον εαυτου πατερα νεκρον κειμενον υπεστρεψε μετα
πενθους προς Ιω. c m¹ | 13. προς τους c v: εις τους m¹ m² | 15. εξανεστ.
m² v: εζωοποιησας c m¹ | 16. τον vor δι c v: > m² m² oder Amphil. |
αιρετωτ. m² v: αιρετον c m¹ | γαρ m¹ v: ην + c m² | 17. νεκρον vor
πατερα v | θεωρειν c m¹ m²: θεασασθαι v | ο δε: nur v και ο | απελθ.
και v: > c m¹ (m² nur ο δε Ιω. ειπεν αυτω) | 18. αυτου v: του Δομνου
c m¹ | τω Δ. v: > c m¹ | 20. και σοι c m¹ (× τε): αμφοτεροις m²,
> v | προξενησει c m¹ m²: —νει v | παραλ. c m¹: συμπαραλ. v, και
λαβομενος Δομνος της χειρος Ιωαννου m² | ο Δομνος v cf m² vorher: ο
νεανιας c m¹ | 21. εισηγαγ. v: ηγαγεν αυτον c m¹, απιει m² | προς τ. π.
αυτου v m²: εν τω οικω προς τ. εαυτου πατερα c m¹

μάνα ὀπίσω αὐτῶν καὶ πλῆθος λαοῦ. ὁ οὖν Ἰωάννης προσευξάμενος καὶ κρατήσας τῆς δεξιᾶς χειρὸς τοῦ Διοσκορίδους
εἶπεν· ἐν τῷ ὀνόματι Ἰησοῦ Χριστοῦ, τοῦ υἱοῦ τοῦ θεοῦ, ἀνάστηθι. παραχρῆμα δὲ ἀνέστη ὥστε πάντας θαυμάζειν καὶ
5 ἐξίστασθαι. καί τινες αὐτῶν θεὸν ἔλεγον εἶναι Ἰωάννην, ἕτεροι
δὲ μάγον· ἄλλοι δὲ ἔλεγον, ὅτι μάγος νεκρὸν οὐκ ἐγείρει. ὁ
μέντοι Διοσκορίδης εἰς ἑαυτὸν ἐλθὼν εἶπε τῷ Ἰωάννῃ· σὺ εἶ,
ἄνθρωπε τοῦ θεοῦ, ὁ καὶ τὸν υἱόν μου ζωοποιήσας; ὁ δὲ πρὸς
αὐτὸν ἔφη· Ἰησοῦς ὁ Χριστός, ὁ υἱὸς τοῦ θεοῦ, ὁ δι᾽ ἐμοῦ
10 κηρυττόμενος, αὐτὸς ἐχαρίσατο ἀμφοτέροις ὑμῖν τὴν ζωήν. ἐὰν
οὖν τούτῳ πιστεύσητε, καὶ τῆς αἰωνίου ζωῆς ἀξιωθήσεσθε. ὁ
δὲ Διοσκορίδης πεσὼν εἰς τοὺς πόδας Ἰωάννου λέγει αὐτῷ·
ἰδοὺ ἐγὼ καὶ ὁ υἱός μου καὶ πάντα τὰ ἐμὰ εἰς τὰς χεῖράς σου
ἐσμέν. καὶ ἔδειξεν αὐτῷ πᾶσαν αὐτοῦ τὴν ὑπόστασιν λέγων·
15 ταῦτα πάντα λαβὲ καὶ ποίησον ἡμᾶς δούλους τοῦ θεοῦ σου.
εἶπεν οὖν αὐτῷ ὁ Ἰωάννης· οὔτε ἐγὼ τούτων χρῄζω, οὔτε ὁ
θεός μου· καὶ γὰρ ἡμεῖς ἀφέντες πάντα ἠκολουθήσαμεν αὐτῷ.
λέγει ὁ Διοσκορίδης· ποῦ ἠκολουθήσατε αὐτῷ; ἀποκριθεὶς δὲ
ὁ Ἰωάννης ἤρξατο λέγειν αὐτῷ· ἄκουε λοιπόν, Διοσκορίδη,
20 μυστηρίων θείων. ὁ πολυεύσπλαγχνος καὶ πανάγαθος θεὸς
θεωρήσας ἅπαν τὸ τῶν ἀνθρώπων γένος χαλεπῇ πλάνῃ καὶ
λατρείᾳ δαιμόνων κρατούμενον καὶ ἐν ἐσχάτῃ ἀγνωσίᾳ βυθι-
ζόμενον, οἰκτείρας τὸ ἴδιον πλάσμα ἐξαπέστειλε τὸν ἴδιον υἱὸν

---

1. οπισω αυ. hier c m¹ m²: hinter λαος πολυς (so statt πληθος λαου)
v | ουν: δε v | προσευξ. c m² v: εφ ικανον + m¹ | 2. κρατησας c m² v:
λαβομενος m¹ | 3. του υιου: > v | 5. εξιστ. m² v: τους ουρανους + c
m¹ | κ. τινες αυτων c m¹ m²: τινες γαρ v | θεον — Ιωαννην m¹ m² c
(τον vor Ιω.): ελεγον αυτον ειναι θεον v | ετεροι — εγειρει m²: nur bis
μαγον v, αλλοι (δε + m¹) ελεγον οτι μαγος εστιν c m¹ | 7. μεντοι: δε
v | ειπε m² v: λεγει c m¹ | συ ει κτλ. c m¹ v: ανθρ. του θ., ο εγειρας
νεκρους οντας τον υιον μου και εμε, δεομαι σου, αναγγειλον ημιν, τις ει
συ. ειπεν δε Ιω. Ιησους Χρ. κτλ. m² | 9. ο Χρ. m¹ v: Χρ. c m² | υιος
hinter θεου v | 10. κηρυττ. m¹ m² v: κρυπτομενος c | αυτος — ζωην m¹
m² c (> υμιν): αμφοτεροις εδωρησατο υμιν τ. ζωην v | 12. δε c v: ουν
m¹ m² | Ιω. v c (× του): αυτου m¹ m² | 14. εσμεν c m¹ v: εισιν m² |
15. σου c m¹ v (+ hier δουλους): + γενεσθαι m² | 16. ουν: δε v |
αυτω m¹ v: > c m² | 17. παντα c m¹ m²: ταυτα v | 18. λεγει ο Δ. m¹
m² c (× και): > v | αποκρ. δε ο Ιω m¹ m² v: και δε ο Ιω. αποκρ. c,
ειπε δε Ιω. v | 19. ηρξ. λ. c m¹: λεγει m², > v alles bis θειων | 20. θειων
c m¹ (+ διηγησεις): ενθεων m² | 22. λατρεια hinter δαιμ. v | κρατουμ.
c m¹ v: κατακρατουμενον m²

εἰς τὸν κόσμον, γεννηθέντα ἐκ πνεύματος ἁγίου καὶ Μαρίας
τῆς παρθένου, καὶ εὐδόκησε προκόψαι αὐτὸν τῇ οἰκονομίᾳ τῆς
σαρκὸς ὡς ἄνθρωπον καὶ διδάξαι τοὺς ἀνθρώπους ἀποστῆναι
τῆς δαιμονικῆς πλάνης ἰάσασθαί τε πᾶσαν νόσον καὶ πᾶσαν
μαλακίαν ἐν ἀνθρώποις. οἱ δὲ πρῶτοι τῶν Ἰουδαίων κατέκρι- 5
ναν αὐτὸν σταυρωθῆναι· οὕτως γὰρ ἦν αὐτῷ δεδογμένον. πα-
θὼν οὖν σαρκὶ καὶ ἀποθανὼν ἑκουσίως ὑπὲρ ἡμῶν καὶ σκυ-
λεύσας τὸν ᾅδην καὶ ἐλευθερώσας τὰς ἐκεῖσε ψυχὰς ἀνέστη
τῇ τρίτῃ ἡμέρᾳ θεοπρεπῶς καὶ ἐνεφανίσθη ἡμῖν τοῖς δώδεκα
ἀποστόλοις καὶ συνέφαγεν ἡμῖν καὶ συνέπιε καὶ ἐνετείλατο 10
ἡμῖν πορευθῆναι εἰς ὅλον τὸν κόσμον καὶ διδάξαι καὶ βαπτίσαι
πάντας εἰς τὸ ὄνομα τοῦ πατρὸς καὶ τοῦ υἱοῦ καὶ τοῦ ἁγίου
πνεύματος. ὁ οὖν πιστεύσας καὶ βαπτισθεὶς σωθήσεται, ὁ δὲ
ἀπιστήσας κατακριθήσεται. ἀποκριθεὶς δὲ ὁ Διοσκορίδης λέγει
αὐτῷ· ἄνθρωπε τοῦ θεοῦ, βάπτισον ἡμᾶς εἰς τὸ ὄνομα τοῦ 15
θεοῦ σου. λέγει αὐτῷ ὁ Ἰωάννης· κέλευσον πάντας τοὺς ἐν
τῷ οἴκῳ σου ἐξελθεῖν ἔξω. καὶ πάντων ἐξελθόντων ἰδοὺ ἦλθεν
ἡ Ῥωμάνα, κατέχουσα τοὺς χάρτας ἤγουν τὰς ὠνὰς ἡμῶν καὶ
ῥίψασα ἑαυτὴν εἰς τοὺς πόδας τοῦ Ἰωάννου κλαίουσα ἔλεγε·
δέξαι καὶ διάρρηξόν μου τὰς ἁμαρτίας καὶ δώρησαί μοι τὴν 20
ἐν Χριστῷ σφραγῖδα. ὁ δὲ λαβὼν τοὺς χάρτας καὶ διαχίσας
αὐτοὺς αὐτῇ τῇ ὥρᾳ ἐβάπτισε τὸν Διοσκορίδην καὶ τὸν υἱὸν
αὐτοῦ Δόμνον καὶ τὴν Ῥωμάναν. κατὰ δὲ παράκλησιν τοῦ
Διοσκορίδους ἐξελθόντες ἀμφότεροι ἤλθομεν ἐν τῷ βαλανείῳ,
ἔνθα ἐπετελοῦμεν τὰ ἔργα. καὶ εἰσελθὼν ὁ Ἰωάννης ἐν τῷ 25

---

2. και ευδοκησε — ανθρωποις l. 5 > v | και vor ευδ. c: > m¹
m² | αυτον: > m² | 5. μαλακιαν: + εγκειμενην m² | 6. δεδογμενον v:
δεδομενον c m¹ m² (falsche Erinnerung an Joh. 19, 11) | 8. κ. ελευθερ.
c m¹ v: ηλευθερωσεν m² | 9. τη τρ. ημ. c m¹ v: τριημερος m² | θεοπρ.
κ ενεφ. ημιν c m¹ m²: ενεφανισθη ημιν θεοπρ. v | δωδεκα c m¹ v: εν-
δεκα m² | 10. κ. συνεφ. ημιν: > m² | 11. ολον > v | 12. παντας in v
am Rand nachgetragen | 13. ο δε απιστ. κατακρ.: > c | 14. αποκρ. δε
ο Διοσκ. v (> ο) m² (> δε) p (der hier wieder einlenkt): ταυτα
ειποντος του Ιωαννου αποκριθεις ο Διοσκ. c m¹ | λεγει c m¹ m²: ειπεν
v p | 16. κελευσον — τον Διοσκ. l. 22 c m¹ (abgesehn von einigen Un-
glaublichkeiten im Druck des Amphil.): εξαποστειλον τους εν τω οικω
σου εξω, και ως εγενετο τουτο (ουτως m²) εβαπτισε Διοσκ. (αυτον m²)
v m², ähnlich p, der aber zwischen τουτο u. εβαπτισε eine Variation des
obigen Textes giebt | 24. εξελθοντες c m¹ v: εξηλθον m² | ηλθομεν c v:
ηλθον m¹, και εισηλθον m² | 25. επετελ. τ. εργα m² v: υπηρετουμεν c
m¹ | εν τω πρ. m² v: > c m¹

πριβάτῳ, ἔνϑα ἦν τὸ πνεῦμα τὸ πνῖγον τοὺς ἀνϑρώπους
ἀπεδίωξεν αὐτό. καὶ λαβὼν ἡμᾶς Διοσκορίδης, ὑπεστρέψαμεν
εἰς τὸν οἶκον αὐτοῦ καὶ παρέϑηκεν ἡμῖν τράπεζαν, καὶ εὐχαριστήσαντες τῷ ϑεῷ μετελάβομεν τροφῆς καὶ ἐμείναμεν ἐκεῖ.

5 II. Nach c m¹ m² v = p. 42, 1 sqq. m. Textes = Amphiloch. p. 18 sqq.

Κατήγαγεν οὖν ἡμᾶς ἐκ τοῦ οἴκου καὶ παρέδωκεν αὐτοῖς. κρα-
τούμενοι οὖν ὑπ' αὐτῶν καὶ συρόμενοι παρήειμεν διὰ τοῦ ναοῦ
τῆς Ἀρτέμιδος· ἠρώτα οὖν ὁ Ἰωάννης, τίνος εἴη ὁ μέγιστος
οὗτος ναός. οἱ δὲ εἶπεν· τῆς Ἀρτέμιδος ἱερὸν ἐστι. παρεκά-
10 λεσε δὲ ὁ Ἰωάννης, μικρὸν ἐπιστῆναι τῷ τόπῳ, καὶ ἐκτείνας
τὰς χεῖρας εἰς τὸν οὐρανὸν ἐδέετο τοῦ ϑεοῦ, στεναγμοῖς ἀλα-
λήτοις ἐκτενῶς ἱκετεύων, ὅπως τὸ μὲν ἱερὸν καταπέσῃ, ἄν-
ϑρωπος δὲ μὴ πληγῇ. καὶ παραχρῆμα ἡ αἴτησις Ἰωάννου
ἐπληροῦτο. ὡς οὖν τὸ πλεῖστον τοῦ ναοῦ κατερράγη, εἶπεν ὁ
15 Ἰωάννης πρὸς τὸν παρεδρεύοντα τῷ βωμῷ τῆς Ἀρτέμιδος δαί-
μονα· σοὶ λέγω, πνεῦμα ἀκάϑαρτον, τὸ προσεδρεῦον τῷ ναῷ
τούτῳ. καὶ εἶπεν ὁ δαίμων· τί ἐστιν; ἔφη αὐτῷ ὁ ἀπόστολος·
πόσον χρόνον ἔχεις οἰκῶν ἐνϑάδε; καὶ εἰ σὺ τοὺς ταξεώτας
καὶ τὸν ὄχλον τοῦτον ἐξήγειρας καϑ' ἡμῶν, ὁμολόγησον. ὁ δὲ
20 δαίμων ἔκραξε λέγων· χρόνους μὲν ἔχω οἰκῶν ἐνταῦϑα διακο-
σίους τεσσαράκοντα ἐννέα, πάντας δὲ τούτους ἐγὼ ἐξήγειρα
καϑ' ὑμῶν. εἶπεν οὖν αὐτῷ ὁ Ἰωάννης· παραγγέλλω σοι ἐν
τῷ ὀνόματι Ἰησοῦ Χριστοῦ τοῦ Ναζωραίου, μηκέτι οἰκῆσαι ἐν
τῷ τόπῳ τούτῳ. καὶ εὐϑέως ἐξῆλϑεν ὁ δαίμων ἀπὸ τῆς πό-
25 λεως. ἔσχεν οὖν πάντας ϑάμβος καὶ ἔκστασις, καὶ οἱ πλείονες

1. πνευμα m² v: ακαϑαρτον × c m¹ | 2. αυτο c m² v: εκειϑεν +
m¹ | υπεστρεψαμεν c m² v: –ψεν m¹ | 3. και παρεϑ. m² v: παραϑεις δε
c m¹ | και vor ευχ. c v: > Amphil. | 6. κατηγ. ουν . . και παρεδ. m² v:
καταγαγων (καταγων c) τοινυν . . παρεδ. c m¹ | οικου c m¹ v: αυτου
+ m² | 7. ουν m² v: δε c m¹ | παρηειμεν: παρειημεν m¹ m², παριημεν
v, παρημεμεν c | 8. ειη c m¹ m²: εστιν v | 9. της > v | 11. του ϑεου
> v | 12. μεν > c | καταπεση c m² v: –σοι m¹ | 13. και c m¹: ουν v,
δε m² hinter παραχρ. | 15. βωμω m² v: ναω c m¹ | δαιμονα c m¹ m²:
vor τ. βωμω v | 16. προσεδρ. m² v: παρεδρ. c m¹ | 17. αποστ. m² v:
του κυριου × c m¹ | 18. και ει κτλ. c m¹ m²: ειπε· και συ τους ταξ.
κ. τον οχ. εκινησας καϑ ημων v | 21. εξηγειρα c m¹ v: ηγειρα m²
22. υμων: ημων c | 23. μηκετι m² v: του × c m¹ | 24. τ. τοπω τουτω
c m² (> τω nach Amphil.) v: αυτω m¹ | 25. εσχεν — εκστασις v m²
(die Differenz der Wortstellung ist wohl das Werk des Amphil.): ως
δε ηκουσαν ταυτα και ειδον ο λαος, ϑαμβος και εκστασις ελαβε παντας c m¹

αὐτῶν ἐπίστευσαν τῷ κυρίῳ, ὅσοι ἦσαν ἐν μέτρῳ ζωῆς. οἱ δὲ
λοιποὶ λαβόντες ἡμᾶς παρέδωκαν τῷ ἀνθυπάτῳ, ἔχοντες
συνεργὸν Μαραιωνά τινα Ἰουδαῖον, ὃς ἦν σφόδρα ἀγωνιζόμενος
ἐπὶ τῇ ἀναιρέσει ἡμῶν καὶ διεβεβαιοῦτο τοῖς ἄρχουσι, μάγους
ἡμᾶς ὑπάρχειν, καὶ ὅτι ἀπὸ Καισαρείας παρεγένετο ταξεώτης, 5
τὰς καταθέσεις τῶν φαρμακειῶν αὐτῶν ἐπαγόμενος. βληθέν-
των οὖν ἡμῶν ἐν τῇ φυλακῇ ἐκέλευσεν ὁ ἄρχων ἀναζητεῖσθαι
τὸν κατήγορον, καὶ ἐπὶ τρισὶν ἡμέραις μετὰ κήρυκος ἐπεζήτουν
τὸν νομιζόμενον ταξεώτην ἐπὶ τὴν πόλιν ἅπασαν καὶ οὐδαμοῦ
ἐφάνη. ὁ οὖν ἄρχων ἔφη· ἐγὼ ξένους ἀνθρώπους μὴ ὄντος 10
κατηγόρου τοῦ κατ' αὐτοὺς ἐγγραφομένου κολάζειν ἢ κρατεῖν
οὐκ ἀνέχομαι. ἀποστείλας οὖν ἀπέλυσεν ἡμᾶς. πάσης δὲ τῆς
πόλεως χαλεπαινούσης ἐπὶ τῇ καταπτώσει τοῦ ναοῦ τῆς Ἀρτέμιδος, καὶ ἑτέρων πολλῶν σημείων καὶ τεράτων γινομένων διὰ
τῶν χειρῶν Ἰωάννου, ὥστε πλῆθος ἄπειρον ὑπακοῦσαι τῇ 15
πίστει καὶ καταφρονῆσαι λοιπὸν τῆς περὶ τὰ εἴδωλα θεραπείας,
ἀνηνέχθη ταῦτα πάντα τῷ τότε κρατοῦντι Ἀδριανῷ βασιλεῖ
δι' ἀναφορᾶς, ὅτι παρά τινων τῶν ἐν Ἐφέσῳ οἰκούντων, ὡς
μαγικαῖς τισι τῶν λεγομένων Χριστιανῶν παραδόσεσιν ὑπαχ-
θέντων, ἀθετοῦνται οἵ τε τῶν βασιλέων νόμοι καὶ τῶν μεγίστων 20
θεῶν τὸ σέβας περιφρονεῖται, ὥστε καὶ τὰ κράτιστα τῶν παρ'

1. αυτων m² v: αυτη τη ωρα + c m¹ | εν μετρω ζωης: > v |
2. εχοντες συν. c m² v: συν. εχων m¹ | 3. Μαραιωνα c m¹: —ριωνα'v,
—ρωνα m² | τινα Ιου. c v: Ιου. τινα m¹ m² | 4. και διεβεβ. m² v (hinter
αρχουσι): διαβεβαιουμενος c m¹ | 5. ημας: υμας m¹ | 6. τ. φαρμ. αυ.
επαγ. m² v (αυτων vor τ. φαρμ.): επιφερομενος των φαρμ. (μαγειων
m¹) αυτων c m¹ | 7. εκελευσεν: εκαλεσεν c | 8. κ. επι τρ. ημ. c m¹;
επι τρ. ουν ημ. v, τρεις ουν ημερας m² | κηρυκος c m¹: —ων m² v.
Weiterhin folge ich c m¹, da m² v von einander abweichen u. Amphil.
wieder undeutlich über m² berichtet. In v heisst es καθ ολην την πολιν
προσεκαλουντο τον νομιζομενον ταξεωτην και ουκ εφανει (darüber η) |
12. ανεχομαι c m¹ m²: —χω v | ουν: δε v | πασης κτλ. c m¹ m²: και
πασα η πολις εχαλεπαινε ... πολλα δε και ετερα σημεια εγενοντο v |
14. και τερ.: τε × c | 15. των χ. m² v: του c m¹ | 16. και καταφρονησαι
c m¹ v (καταφρονειν): καταφρονεισθαι δε ... την θεραπειαν m² |
17. ανηνεχθη c m¹: δε + m² v | κρατουντι c v: > m¹ m² | Αδριανου
m¹ v: Δομετιανου c, > m² (?) | βασιλει hier v c (τω β.): vor dem
Namen m¹ | 18. οτι v m²: > c m¹ | εν Εφ. οικ. c m¹ v: Εφεσιων
οικητορων m² | ως m²: οτι + c m¹, > v | 19. υπαχθεντων m² v: υπαχ-
θεντες οι πλειστοι αθετουσι μεν τους των βασιλεων νομους, καταφρονη-
σαντες δε και c m¹ | 20. τε των v: την m² | 21. ωστε και m² v: >c m¹

αὐτοῖς ἱερῶν κατεδαφισθῆναι. γνοὺς οὖν ταῦτα ὁ βασιλεὺς
ἀπέστειλε κέλευσιν μετὰ δέκα προτικτόρων, ἐχόντων στρατιωτι-
κὴν βοήθειαν, ὥστε ἡμᾶς ἐξορίσαι κατὰ Πάτμον τὴν νῆσον, τὰ
δὲ περὶ τῆς πόλεως καὶ τῶν ναῶν καὶ ἀρχαίων θεσμῶν· ἀκρι-
5 βέστερον διασκοπήσαντας ἀναγαγεῖν αὐτῷ.

Προφθάσας οὖν ὁ κύριος δι' ὁράματος ἐγνώρισε τῷ Ἰωάννῃ,
ὅτι δεῖ σε πολλὰ πειρασθῆναι καὶ ἐξορίᾳ ὑποβληθῆναι ἔν τινι
νήσῳ, ἥτις μεγάλως σου χρῄζει. μετ' ὀλίγας οὖν ἡμέρας ἐλθούσης τῆς τοῦ βασιλέως κελεύσεως ἐκρατήθημεν ὑπὸ τῶν
10 προτικτόρων, καὶ τῷ μὲν Ἰωάννῃ ἀποτόμως ἐχρήσαντο, σιδήροις
δήσαντες αὐτὸν ἀσφαλῶς, λέγοντες· ὅτι οὗτός ἐστιν ὁ δεινὸς
πλάνος, ὁ τὰς μαγείας ποιῶν. ἐμοὶ δὲ πληγὰς ἐπιθέντες καὶ
ἀπειλαῖς τροπωσάμενοι ἀφῆκαν ἀνετόν. ἀνελθόντων δὲ ἡμῶν
ἐν τῷ πλοίῳ, ἕκαστος αὐτῶν τόπον ἐκράτησε, κελεύσαντες ἡμᾶς
15 μέσον καθῆσθαι τῶν στρατιωτῶν. παρεῖχον δὲ ἡμῖν καθ'
ἡμέραν ἐξ οὐγγίας ἄρτου καὶ κοτύλην ὄξους καὶ ξέστην ὕδατος.
τούτων βραχύ τι λαμβάνων ὁ Ἰωάννης ἐμοὶ τὸ πᾶν παρεχώρει.
οὐκ ἐβούλοντο δὲ οἱ βασιλικοὶ εὐθυδρομῆσαι κατὰ τὴν Πάτμον
διά τινας ἐπινοίας, ἀλλὰ καθ' ἕκαστον σχεδὸν ἐμπόριον προσ-
20 ορμίζοντες ἐσπατάλων. τῇ οὖν ἐπαύριον πλεόντων ἡμῶν καθ-
ισθέντες ἐπὶ ἄριστον, πολυτέλειαν ἔχοντες βρωμάτων, μετὰ
τὸ φαγεῖν αὐτοὺς καὶ πιεῖν ἤρξαντο παίζειν καὶ φωναῖς ἀτάκ-

1. κατεδαφ. m²: και εδαφους κεισθαι v, κατηδαφισαν c m¹ | γνους
ουν ταυτα m² v: ταυτα μαθων c m¹ | 2. κελευσιν — προτ. m² v (dieser
aber 36 statt 10): δεκα προτικτορας c m¹ | εχοντων στρ. βοηθ. v: εχον-
τας μεθ' εαυτων στρ. βοη. και κελευσιν επιφερομενους c m¹, > m², der
dafür περιεχουσαν ουτως | 3. τα δε — διασκοπ. v m² (του ναου): ακρι-
βεστερον τε αυτους διασκ. τα περι των της πολεως ναων και αρχ. θεσ-
πισματων c m¹ | 5. αναγαγειν v: αναγάγαι c m¹ m² | 7. οτι m² v: λεγων
✕ c m¹ | εξορια υποβλ. v m² (υπομνησθηναι): εξορισθηναι c m¹ | 11. δη-
σαντες αυ. ασφ. v m² (ob ebenso gestellt?): τουτον ασφ. πεδησαντες c,
πεδησ. αυτον ασφ. m¹ | λεγοντες c m² v: ειποντες m¹ | οτι: > v |
12. εμοι: εμε v | και απ. τροπωσ.: > v | 13. ανετον: ανιατον v | ανελθ.
m² v: εμβαντων c m¹ | 14. τω c v: > Amphil. | 15. παρειχον c m¹ v:
εδιδοτο m² | 16. εξ ουγγ. αρτου c m¹ v (✕ εις τροφην): δυο λιτρας
αρτους (?) m² | κ. κοτυλην οξ. > m² | 17. τουτον — Ιω. m² v: εξ ων
βρ. τι ο Ιω. μεταλαμβανων c m¹ | εμοι — παρεχωρει c m¹ m² (παρειχεν):
το παν εμοι παρεχωρει v | 19. προσορμ. εσπατ. m²: προσορμ. ικανως
εσπαταλων (sic c, επαταλων m¹), προσωρμιζον σπαταλωντες v | 20. κα-
θεσθ. m² v: εκαθησαν m¹, εκαθεσθησαν c | 21. πολυτ. εχ. βρ. c m¹ m²:
πολυτελη v | μετα v: δε + m¹ (m²?) c | 22. φωναις — αναχραυγ. c m¹: φωνας
και κροτους αναχραζειν αταχτους v, über m² berichtet Amphil. undeutlich

τοις καὶ κρότοις ἀνακραυγάζειν. εἰς δέ τις τῶν στρατιωτῶν
νεανίσκος ἀποδραμὼν πρὸς τὴν πρῶραν τοῦ πλοίου διὰ χρείαν
τινὰ ἔπεσεν ἐν τῇ θαλάσσῃ· ἦν δὲ καὶ ὁ τούτου πατὴρ ἐν τῷ
πλοίῳ· βουληθέντος δὲ ἑαυτὸν ῥῖψαι μετὰ τοῦ ἰδίου υἱοῦ, οὐ
συνεχωρήθη ὑπὸ τῶν λοιπῶν. ἦν οὖν θρῆνος ἐν αὐτοῖς καὶ 5
κοπετὸς μέγας περὶ τοῦ νεανίσκου. ἔρχονται οὖν οἱ ἐν τῷ
πλοίῳ, ἔνθα ἦν καθήμενος ὁ Ἰωάννης ἠσφαλισμένος, καὶ εἶπον
αὐτῷ· ἄνθρωπε, πάντες ἡμεῖς πενθοῦμεν διὰ τὸ γεγονὸς ἐν
ἡμῖν κακόν, καὶ πῶς σὺ μόνος εὐθυμότερος γέγονας. εἶπε δὲ
πρὸς αὐτούς· καὶ τί θέλετε ἵνα ποιήσω. οἱ δὲ εἶπον· εἴ τι 10
δύνασαι, βοήθει. εἶπεν ὁ Ἰωάννης πρὸς τὸν μείζονα αὐτῶν·
ποῖον θεὸν σέβῃ; ὁ δέ φησι· τὸν Ἀπόλλωνα καὶ Δία καὶ Ἡρακλῆν. εἶτα λέγει τῷ δευτέρῳ· σὺ δὲ τίνα; ὁ δὲ εἶπεν· Ἀσκλήπιον καὶ Ἑρμῆν καὶ τὴν Ἥραν. καὶ ἁπλῶς ἕκαστος τὴν ἰδίαν
πλάνην ὡμολόγουν. εἶπεν οὖν αὐτοῖς ὁ τοῦ Χριστοῦ ἀπόστο- 15
λος· καὶ οἱ τοσοῦτοι ὑμῶν θεοὶ οὐκ ἰσχύουσι παραστῆσαι ὑμῖν
τὸν παῖδα καὶ ἀλύπους ὑμᾶς διαφυλάξαι. οἱ δὲ ἀπεκρίθησαν
λέγοντες· ἐπειδὴ οὐ καθαρεύομεν τὰ πρὸς αὐτούς, διὰ τοῦτο
τιμωροῦνται ἡμᾶς. ὁ οὖν Ἰωάννης σπλαγχνισθεὶς ἐπὶ τῇ ἀπωλείᾳ τοῦ παιδὸς καὶ ἐπὶ τῇ τούτων πλάνῃ καὶ θλίψει εἶπε 20
πρός με· τέκνον Πρόχορε, ἐπίδος μοι τὴν χεῖρά σου. δοὺς
οὖν αὐτῷ χεῖρα, ἔστη ἐπὶ τῆς ἐξοχῆς τοῦ πλοίου καὶ διακρούσας τὰ σίδηρα καὶ στενάξας καὶ δακρύσας εἶπεν· ὁ θεὸς τῶν

2. πρωραν c: προραν v Amphil. | δια χρ. τινα vor προς v | 3. εν τ.
θαλ. c m¹: εις την θ. m² v | εν πλοιω m¹ m²: τω αυτω πλ. c, εις το
πλ. v | 4. βουληθεντος — λοιπων v m² (αυτου ριψαι εαυτον): ος ιδων
τον εαυτου υιον πεσοντα εν τη θαλασσα εβουληθη και αυτος ριψαι εαυτον εις την θαλασσαν αλλ υπο των λοιπων κωλυθεις ου συνεχωρηθη
τουτο ποιησαι c m¹ | 5. εν αυτοις — νεανισκου c m² v: nur περι τ.
νεανιου m¹ | 6. ερχονται — ησφαλ. m² v (ουν εν τω τοπω ενθα): και
ελθοντες εν τω τοπω ενθα (ελθ. εν ω m¹) ην καθ. ο Ιω. (ησφαλισμενος
+ c) c m¹ | 7. και ειπον m² v: λεγουσιν c m¹ | 8. ανθρωπε m² v: ιδου
✕ c m¹ | το γεγονος — κακον m¹ m²: το κακον το εν ημιν γεγονος v,
τ. εν ημ. γεγ. κακον c | 9. ευθυμοτερος c m¹ v: ευθυμος m² | 10 αυτους
m² v: ο Ιωαννης + c m¹ | ειπον c m¹ v (+ αυτω): λεγουσιν m² |
11. ειπεν m² v (✕ ο δε Ιω.): λεγει c m¹ | 12. φησι: εφη v | Δια m² v:
Διαν c m¹ | 15. ωμολογουν m² v (ομωλ.): ωμολογει c m¹ | ειπεν m² v:
λεγει c m¹ | αυτοις: > m² | Χριστου m² v (nach αποστ.): κυριου c m¹ |
16. τοσουτοι: > m² | 17. οι δε: > v | 20. ειπε c m² v (dieser vor
ο Ιω. ohne ουν l. 19): λεγει m¹ | 21. Προχορε m² v: + ανασα και
c m¹ | σου: > v | 22. της εξοχης m² v: τη εξοχη c m¹

αἰώνων, ὁ τῶν ἁπάντων δημιουργός, οὗ τῷ νεύματι πᾶσα ἡ
τῶν κτισμάτων ἕπεται φύσις, ὁ μόνος παντοδύναμος καὶ παμ-
βασιλεὺς Ἰησοῦ Χριστέ, ὁ τὴν πρὸς ἡμᾶς οἰκονομίαν πληρῶν,
ὁ εὐδοκήσας περιπατῆσαι ἐπὶ θαλάσσης ὡς ἐπὶ ἐδάφους ἀβρό-
5 χοις ποσίν, ὁ ἐπαγγειλάμενος ἡμῖν αἰτεῖν παρὰ σοῦ ὁλοψύχως
καὶ λαμβάνειν μεγαλοδώρως, αὐτὸς δέσποτα, παρὰ τοῦ σοῦ
Ἰωάννου ἱκετευόμενος τάχυνον εἰσακοῦσαί μου· κράτει γὰρ
βραχίονός σου τίς ἀντιστήσεται; ἔτι δὲ τοῦ θεολόγου προσευχομένου γέγονεν ἦχος τῆς θαλάσσης καὶ σάλος μέγας, ὥστε
10 παρ᾽ ὀλίγον κινδυνεῦσαι πάντας· καὶ ὑψωθὲν κῦμα ἐκ δεξιῶν
τοῦ πλοίου ἀπέρριψε τὸν παῖδα ζῶντα παρὰ τοὺς πόδας τοῦ
Ἰωάννου. πάντες δὲ τοῦτο θεασάμενοι, πεσόντες ἐπὶ πρόσωπον
προσεκύνησαν αὐτῷ καὶ εἶπον· ἀληθῶς ὁ θεός σου θεὸς οὐρανοῦ καὶ γῆς καὶ θαλάσσης. εὐθὺς οὖν ἦραν τὰ σίδηρα ἀπ᾽
15 αὐτοῦ καὶ ἐν παρρησίᾳ πολλῇ διῆγε μετ᾽ αὐτῶν.

Ἐλθόντων δὲ ἡμῶν ἐν κώμῃ τινὶ ὀνόματι Κατοικίᾳ παρεβάλομεν, καὶ πάντων εἰς τὴν γῆν ἐξελθόντων μόνοι ἡμεῖς μετὰ
τῶν φυλασσόντων ἡμᾶς ἐμείναμεν ἐν τῷ πλοίῳ. περὶ δὲ δυσμὰς ἡλίου παραγενομένων αὐτῶν συνεῖδον οἱ ναῦται ἀναχθῆναι
20 ἡμᾶς [καὶ ἐξελθόντες ἐκεῖθεν ἐπλέομεν]. περὶ δὲ πέμπτην ὥραν
τῆς νυκτὸς γίνεται λαῖλαψ μέγας ἐν τῇ θαλάσσῃ, ὥστε κινδυ-
νεύειν τὸ πλοῖον. πάντων δὲ τὸν θάνατον προορωμένων εἶπον
οἱ πρωτίκτορες τῷ Ἰωάννῃ· ἄνθρωπε τοῦ θεοῦ, τὸν νεανίαν
παραδόξῳ θαύματι διὰ προσευχῆς ζῶντα ἀνήγαγες ἐκ τοῦ βυ-
25 θοῦ τῆς θαλάσσης· καὶ νῦν δεήθητι τοῦ θεοῦ σου πάλιν, ὅπως
κουφίσῃ ἀφ᾽ ἡμῶν τὸν μέγαν κλύδωνα τοῦτον, μήποτε ἀπολώμεθα. εἶπε δὲ ὁ Ἰωάννης πρὸς αὐτούς· ἡσυχάσατε ἕκαστος ἐν

1. ο των απαντων: nur παντων v | νευματι πασα η των: >m² | 2. των
κτισμ. επ. φυσις c m¹ m²: κτισις επεται v | 3. προς ημας: + και δι
ημας c | πληρων m² v: πληρωσας c m¹ | 4. αβροχοις: επι X v | 5. αιτειν:
αιτεισθαι v | 6. αυτος: ουτος m² | του σου Ιωαννου: εμου του σου δουλου
v | 7. εισακουσαι: —σας v | κρατει γαρ: τω γαρ κρ. v | 8. θεολογον m²
v: αποστολου c m¹ | 10. παντας c m¹ v: ημας X m² | 12. τουτο: τουτον
v | πεσοντες: επεσον m² | 13. σου: αυτου v | θεος ουρ. v: ουτος X c m¹,
υιος θεου και ουρανου m² | 14. θαλασσης: + ποιητης και εξουσιαστης
m² | 15. διηγε m² v: διηγομεν c m¹ | 16. κατοικια c v: κατοικιω m¹,
οικια m² | 18. εμειναμεν: κατελειφθημεν v | 20. και εξ. εκ. επλ. c m¹:
>m² v | 23. τω Ιω. m² v: >c m¹ | 24. παραδ. θαυμ. m² v: παρα-
δοξως c m¹ | προσευχης: + σου m² | ζωντα vor δια nur v | 26 απολω-
μεθα c m² (+ εν τη θαλασση): απολλωμεθα m¹ v | 27. ησυχασατε m¹ |
εκαστος: + υμων m¹ | εν τω τοπω: εις τον τοπον v

τῷ τόπῳ αὐτοῦ. τοῦ δὲ κλύδωνος μᾶλλόν ἐξεγειρομένου
ἀναστὰς προσεύξατο, καὶ εὐθέως ἐκόπασεν ὁ ἄνεμος, καὶ ἡ
θάλασσα κατέστη τοῦ σάλου αὐτῆς. προσορμισθέντων δὲ ἡμῶν
ἐν Μύρωνι, νόσος δυσχερὴς ἐπῆλθεν ἑνὶ τῶν προτικτόρων καὶ
ἐκινδύνευε δυσεντερίᾳ συνεχόμενος. ἐποιήσαμεν οὖν ἐκεῖσε 5
ἑπτὰ ἡμέρας, καὶ τῇ ὀγδόῃ ἡμέρᾳ φιλονεικούντων αὐτῶν πρὸς
ἑαυτοὺς καὶ τῶν μὲν λεγόντων· ὅτι οὐκ ὀφείλομεν βραδύνειν
ἐνταῦθα καὶ ῥᾳθυμεῖν τὰ τῆς κελεύσεως τοῦ βασιλέως, τῶν δὲ
ἀντιλεγόντων, μὴ εἶναι πρέπον καταλιπεῖν ἐκεῖσε τὸν ἀρρω-
στοῦντα ἑταῖρον ἢ ἐμβαλεῖν ἐν τῷ πλοίῳ τοιαύτῃ ἀνάγκῃ κρα- 10
τούμενον, εἶπεν ὁ Ἰωάννης πρός με· ἀνάστηθι, τέκνον, καὶ
ἀπελθὼν εἰπὲ τῷ ἀσθενοῦντι· εἶπεν Ἰωάννης ὁ ἀπόστολος τοῦ
Χριστοῦ· ἐν τῷ ὀνόματι Ἰησοῦ Χριστοῦ δεῦρο πρός με ὑγιής.
ἀπῆλθον οὖν καὶ εἶπον αὐτῷ κατὰ τὸν λόγον Ἰωάννου, καὶ
ἀναστὰς παραχρῆμα ἠκολούθησέ μοι καὶ ἦλθε πρὸς Ἰωάννην, 15
μὴ ἔχων αἰτίαν ἐν ἑαυτῷ ἀσθενείας. καὶ λέγει αὐτῷ· λάλησον
τοῖς σοῖς ἑταίροις, ὅπως ἀναχθῶμεν ἐντεῦθεν. καὶ ἀπελθὼν
ὁ ἑβδόμην ἡμέραν ἐν ἀσιτίᾳ καὶ κινδύνῳ θανάτου κατακείμενος προετρέπετο τοὺς ἑταίρους αὐτοῦ τοῦ εὐθύμως ἀποπλέειν
ἡμᾶς. πάντες δὲ τὸ γεγονὸς θαῦμα ἰδόντες προσέπεσον τῷ 20
ἀποστόλῳ λέγοντες· ἰδοὺ πᾶσα ἡ γῆ ἐνώπιόν σου· ὅπου ἂν
κελεύῃς, βάδιζε· ἔγνωμεν γάρ σε ἀληθινοῦ θεοῦ ὑπηρέτην

2. προσευξαντο m² | ευθεως m¹ m²: ευθυς hinter εκοπασεν v, > c |
και η — αυτης m² v: και ο σαλος της θαλασσης κατεστη c m¹ | 4. και
εκινδυνευε κτλ. m² v: η λεγομενη δυσεντερια και ταυτη σφοδρα συνεχο-
μενος εκινδυνευε προς το αποθανειν c m¹ | 6. αυτων πρ. εαυτους v m²
(ναυτων?): προς αλληλους ohne αυτων c m¹ | 7. μεν: μετα m¹ | βραδυ-
νειν: > m¹ | 8. του (σου m²?) βασιλεως v m²: > c m¹ | 9. αντιλεγ.
m² v: αντεπαγοντων c m¹ | 10. τω πλ. c m¹ m²: πλοιω εν v | 12. απελ-
θων ειπε m¹ m² v: απελθε ειπον c | 13. εν τω ον. Ι. Χρ. > m² | 14. Ιω.
c v: τον × m¹ m² | 16. αιτιαν εν ε. v m² (αιτ. hinter εαυτω): τι εν ε.
m¹ c (+ λειψανον) | αυτω m² v: + ο Ιωαννης c m¹ | 17. σοις: σου vor
οπως v | εταιροις: ετεροις c m¹ m², συνεταιροις v | αναχθ.: αναχωρησω-
μεν m² | 18. εβδ. ημ. c m¹ m²: εν εβδομη ημερα v | θανατου m² v: >
c m¹ | 19. προετρ. v: προσετρ. c m¹ m² | εταιρους c v: ετερους m¹ m² |
του: > v | ευθυμως c m¹ v: δια ταχους m² | αποπλ. ημας c m¹ m²:
τουτω συναποπλειν v | 20. παντες — λεγοντες c m¹ v: hier giebt m² die
oben p. 54, 21—56, 9 abgedruckte Erzählung απαντες δε απο Μυρωνος.
Mit ιδου l. 21 lenkt m² wieder ein | αν: εαν v | 22. κελευης c v: κελευ-
σης m¹, βουλει m² | εγνωμεν — οντα c m¹ v: και ημεις πορευσομεθα
εις τους τοπους ημων m²

ὄντα. ὁ δὲ εἶπεν αὐτοῖς· οὐχ οὕτως, τέκνα, ἀλλ' ἔνθα προσ-
ετάγη ὑμῖν ἀποκαταστήσατέ με, ἵνα καὶ παρὰ τῷ ἀποστείλαντι
ὑμᾶς εὐπροσωπήσητε. οἱ δὲ κατηχηθέντες ὑπ' αὐτοῦ ἐβαπτίσθησαν τῇ ἡμέρᾳ ἐκείνῃ. καὶ ἀπάραντες ἐκεῖθεν ἤλθομεν εἰς
5 Πάτμον τὴν νῆσον καὶ παρεβάλομεν ἐν πόλει καλουμένῃ Φλορᾷ,
καὶ παραδόντες ἡμᾶς κατὰ τὴν κέλευσιν τοῦ βασιλέως τοῖς
ὀφείλουσιν ἡμᾶς παραλαβεῖν, ἤθελον τῇ προθέσει τῆς ψυχῆς
συνεῖναι ἡμῖν. ὁ δὲ Ἰωάννης εἶπεν αὐτοῖς· τέκνα, τῆς χάριτος
ἠξιώθητε, μὴ ἀποπέσητε αὐτῆς, καὶ τόπος οὐ μὴ βλάψῃ ὑμᾶς.
10 ποιήσαντες οὖν μεθ' ἡμῶν ἡμέρας δέκα ἀγαλλιώμενοι καὶ διδασκόμενοι ὑπὸ Ἰωάννου, ἐπευξάμενος αὐτοῖς καὶ εὐλογήσας
ἕκαστον αὐτῶν ἀπέλυσεν αὐτοὺς ἐν εἰρήνῃ, παραθέμενος αὐτοὺς
τῷ θεῷ, εἰς ὃν πεπιστεύκασιν· ὅτι αὐτῷ πρέπει πᾶσα δόξα
εἰς τοὺς αἰῶνας τῶν αἰώνων. ἀμήν.

15 ### Τὰ περὶ Μύρωνος.

Ἦν δέ τις ἐν Φλορᾷ τῇ πόλει ὀνόματι Μύρων, τὸ δὲ
ὄνομα τῆς γυναικὸς αὐτοῦ Φωνή. ἦσαν δὲ αὐτῷ υἱοὶ τρεῖς
ῥήτορες, καὶ ὁ ἀνὴρ πλούσιος, καὶ ὑπηρεσία πολλὴ ἦν αὐτῷ·
τῷ δὲ μείζονι αὐτοῦ υἱῷ ὑπῆρχε πνεῦμα Πύθωνος. ὁ οὖν Μύ-
20 ρων ἰδὼν ἡμᾶς ἔλαβεν ἐν τῷ οἴκῳ αὐτοῦ· ἐγνωκὼς οὖν ὁ τὸν
Πύθωνα ἔχων υἱὸς αὐτοῦ ὑπεχώρησεν εἰς ἕτερον τόπον, ὅπως
μὴ διωχθῇ τὸ πνεῦμα ὑπὸ Ἰωάννου. μαθὼν οὖν τοῦτο ὁ Μύ-

1. ο δε ειπεν αυτοις c m¹ v (dieser schiebt Ιωαννης ein): ειπεν δε
Ιω. προς αυτους m² | 3. κατηχθ. m¹ m² v: κατηχθεντες c | εβαπτ. τη m²
v: εβαπτ. απαντες υπ αυτου εν τη c m¹ | 4. εις Π. τ. νησον m² v: εν
Πατμω τη νησω c m¹ | 5. πολει καλ. m²: > c m¹ v | Φλορα c m¹: Φορα
m², Φρουρα v | 6. και παραδ. c v: παραδ. δε m¹ m² | κατα — βασιλ.
hier c v: vor ηθελον m¹ m² | ημας c v: > m¹ m² | 7. παραλαβειν c m¹
v: φυλαττει (?) m² | της ψ. hier m² v: της ψ. δια παντος hinter ημιν
c m¹ | 8. χαριτος m² v: + ης c m¹ | 9. αποπ. αυτης m²: αποστητε c m¹,
παραπεσητε v | υμας c v: ημας Amphil. | 10. ουν c m¹ v: και vor ποιησ.
m² | μεθ ημων m² v: συν ημιν c m¹ | δεκα c m¹ v (vor ημερας): τινας
m² | αγαλλιωμενοι c v, αγαλλομενος m¹, —ιωμενος m² | και διδ. > c |
11. Ιω. c v: του × m¹ m² | αυτοις: > m² | 13. πασα m² v: > c m¹ |
14. αμην m² v: > c m¹ | 15. τα m² v: > c m², auch der Paris. 523 |
Μυρ. c v² Paris. 523: του × m¹ m² | 16. Φλορα c m¹ m²: Φορα v |
17. αυτω: αυτοις m¹ | τρεις vor υιοι v | 18. ο ανηρ: × ην m¹ | πλουσιος
v c (+ σφοδρα): ο πλουσιος Amphil. | ην: προσην v | 19. υπηρχε:
ενωχει m¹ | 20. ημας: + ξενους οντας m¹, hinter οικω αυτου + derselbe
και καθοσον εδει εθεραπευσεν | 22. Ιω. c v: του × m¹ m²

ρων εἶπε πρὸς τὴν γυναῖκα αὐτοῦ· εἰ ἦσαν οἱ ἄνθρωποι οὗτοι
ἀγαθοί, οὐκ ἂν συνέβη ἡμῖν τι δυσχερὲς εἰσελθόντων αὐτῶν
ἐν τῷ οἴκῳ ἡμῶν· ἀλλὰ, καθώς τινες ἐξηγοῦνται, μάγοι εἰσὶν
καὶ μαγεύσαντες τὸν οἶκον ἡμῶν ἐδίωξαν τὸν υἱὸν ἡμῶν. εἶπεν
δὲ ἡ γυνὴ αὐτοῦ πρὸς αὐτόν· καὶ εἰ ταῦτα οὕτως ἔχει, τίνος 5
ἕνεκεν οὐ διώκεις αὐτοὺς ἀπὸ τοῦ οἴκου ἡμῶν, μήποτε καὶ εἰς
τοὺς ἄλλους ἐνεργήσωσιν. ὁ δὲ Μύρων εἶπεν αὐτῇ· οἱ διώκω
αὐτοὺς μετὰ τὸ ποιῆσαι τὸ κακόν, ἀλλ᾽ ἐμβάλλω αὐτοὺς εἰς
θλῖψιν, ὅπως ἀναγκασθῶσι παραστῆσαι τὸν υἱὸν ἡμῶν ἐν τῷ
οἴκῳ ἡμῶν ζῶντα, καὶ τότε αὐτοὺς τιμωρήσομαι πικρῶς. ἦν 10
δὲ ὁ Μύρων πενθερὸς τοῦ ἡγεμόνος τῆς Πάτμου. ἔγνω οὖν ὁ
Ἰωάννης τῷ πνεύματι τὰ λαληθέντα ὑπὸ Μύρωνος πρὸς τὴν
γυναῖκα αὐτοῦ καὶ εἶπε πρός με· τέκνον Πρόχορε, γίνωσκε ὅτι
ὁ Μύρων κακὰ διανοεῖται καθ᾽ ἡμῶν. εὐχαρίστως οὖν ὑπενέγ-
κωμεν τοὺς πειρασμούς· οὕτως γὰρ ἡμῖν μὲν ὁ μισθὸς πλεο- 15
νάσει, τούτοις δὲ ὁ φωτισμὸς τοῦ Χριστοῦ ἀναλάμψει. καὶ
τῶν λόγων τούτων μεταξὺ ἡμῶν λαλουμένων ἦλθεν ἐπιστολὴ
τῷ Μύρωνι παρὰ τοῦ πρώτου υἱοῦ αὐτοῦ, τὸν τύπον ἔχουσα
τοῦτον·

Τῷ ἐμῷ δεσπότῃ καὶ πατρὶ Μύρωνι Ἀπολλωνίδης ὁ ῥήτωρ. 20
Ἰωάννης ὁ μάγος, ὁ παρὰ σοῦ ἐν τῷ οἴκῳ δεξιωθεὶς κακίστῃ
περιεργίᾳ χρησάμενος στέρησιν ὑμῖν τέκνου ἀντὶ τῆς καλλίστης
φιλοξενίας ὁ δείλαιος ἐμηχανήσατο. τὸ γὰρ ὑπ᾽ ἐκείνου ἐπ-
αποσταλέν μοι πνεῦμα οὐ μικρῶς με διαταράξαν μέχρι ταύτης
τῆς πόλεως κατεδίωξεν. περιτυχὼν οὖν τῷ καθαρωτάτῳ Κύνωπι 25
καὶ ἀναθέμενος αὐτῷ τὰ τῆς συμφορᾶς, οὐκ ἄλλως με ἔφησε

1. ειπε m² v: λεγει c m¹ | ανθρωποι m²: ανδρες c m¹ v | 4. εδιωξαν
m²: εξεδιωξαν c m¹ v | ημων c v: υμων Amphil. | ειπεν δε m¹ m²: ειπεν
v, και ειπεν c | 6. απο c m¹: εκ m² v | 7. ενεργ. c m¹ v (—σουσιν):
+ και εξ αμφοτερων αστοχησαντες ημεις τελευτησομεν πικρως m² | ο δε
Μ. ειπεν αυτη c v: λεγει αυτη ο Μ. m¹, και ειπεν Μ. προς την γυναικα
αυτου m² | 8. εμβαλλω: εμβαλω v | 9. εν τ. οικω ημων v cf m² (ζωντα
τω οικω ημων): > c m¹ | 10. πικρως m¹ v (vor τιμωρ.): > c m² |
13. αυτου c v: εαυτου m¹ m² | ειπε m² v: λεγει c m¹ | 14. κακα: κατα
Amphil. | 15. πλεονασει c m¹ v: πλεοναζει m² | 16. τουτοις: τοις m² |
17. ηλθεν hier c m¹ (× ιδου) m²: hinter επιστ. v | 18. τον — τουτον
m² v: ταδε περιεχουσαν c m¹ | 21. οικω c m¹ v: + ημων m² | 22. υμιν
c m¹ v (hier ursprünglich ημιν): > m² | της: > v | 23. ο δει-
λαιος: > m² | επαποστ. m¹ m² v: εξαποστ. c | 26. εφησε c m¹ m²:
εφη v

12*

τοῦ ἰδίου οἴκου κύριον γενέσθαι ἢ γονικῆς κληρονομίας καὶ
ἀδελφῶν ἀπολαύειν φιλοστοργίας, πρὶν ἂν Ἰωάννην τὸν ἐξόριστον, τὸν τῶν Χριστιανῶν μύστην καὶ μάγον, θηρίων γενέσθαι
βοράν. σπεῦσον οὖν πάτερ πρὸς τὴν τούτου ἀναίρεσιν, εἰ
5 περὶ πολλοῦ ποιῇ τὴν πρὸς ἐμέ, τὸ σὸν τέκνον, διάθεσιν.
ἔρρωσο πανοικί.

III. Nach c m¹ m² (v hat den Abschnitt nicht) = p. 128, 8 — 134, 3
m. Textes, Amphil. p. 53 sqq.

Λαβόμενοι δὲ τοῦ Ἰωάννου καὶ πληγὰς βαρείας καὶ πολλὰς
10 ἐπιθέντες αὐτῷ, δήσαντες αὐτὸν ἔσυραν ἐκ τοῦ τόπου καὶ
ἀφῆκαν ἡμιθανῆ κείμενον. ἐκεῖνοι δὲ ἀπῆλθον τελέσαι τὴν
ἑορτὴν τῆς αἰσχροπραγίας αὐτῶν. ὡς οὖν εἰσῆλθον ἐν τῷ ἱερῷ
κατὰ τὸ εἰωθὸς αὐτοὶ μόνοι, ὥστε ἐκτελέσαι τὰ δαιμονικὰ
μυστήρια καὶ ἀπογεύσασθαι πρῶτοι τῶν μιαρῶν εἰδωλοθύτων
15 ἀλισγημάτων, ὁ Ἰωάννης κείμενος ἐπὶ τῆς γῆς προσηύξατο λέ-
γων· ὁ θεὸς καὶ πατὴρ τῆς ἐλπίδος ἡμῶν Ἰησοῦ Χριστοῦ, ὁ
ἐπὶ τοῦ γενναίου Σαμψὼν τοὺς μεγίστους οἴκους τῶν ἀλλο-
φύλων καταβαλών, καὶ νῦν τὸν ναὸν τῆς ἀσωτίας καταστρα-
φῆναι εὐδόκησον. ἔτι δὲ τοῦ Ἰωάννου προσευχομένου, ἰδοὺ ὁ
20 ναὸς ἠδαφίσθη ὅλος ἐκ θεμελίων, κατελείφθησαν δὲ ἐν αὐτῷ
καὶ ἀπέθανον οἱ δώδεκα ἱερεῖς μόνοι.
Περὶ Νοητιανοῦ καὶ παντὸς τοῦ οἴκου αὐτοῦ. Ἀνὴρ δέ τις
ἦν ἐν τῇ πόλει ἐκείνῃ, Νοητιανὸς ὄνομα αὐτῷ καὶ ὄνομα τῇ
γυναικὶ αὐτοῦ Φορά. τούτῳ ὑπῆρχον δύο υἱοί· ὄνομα τῷ μεί-

1. τ. ιδιου οικου κ. γεν. c m¹: του ιδ. οι. ηγεισθαι m², εισοδιον τω
οικω μου γενεσθαι v | κληρον. c m¹: > v m², dieser müsste nach
Amphil. haben γονικης αδελφων απολαυσεως αξιωθηναι πριν αν | 2. τον
εξορ. τον c m¹: τον εξορ. v, > m² | 3. θηριων v: + ανημερων c m¹,
+ ατιφασσων (?) m² | γεν. βοραν m² v (βορραν): βοραν ποιησης c m¹ |
4. σπευσον: σπευδε v | 5. το σον — διαθεσιν c m¹ m²: τον σον φιλτατον
φυσικην διαθεσιν v | 10. επιθ. αυτω c: αυτω επιθ. m¹ m² | εκ τ. τοπου
c: εξω τ. τ. m², > m¹ | 11. ημιθανη c m¹ (Amphil. liess ημιφανη
drucken): τουτον κεισθαι + m² | τελεσαι: επιτελεσθαι m¹ | 12. αυτων
c: > m¹ m² | 16. ημων c m¹: > m²? | 18. και νυν c m¹: αυτος X m² |
19. του Ιω. c m²: του αποστολου m¹ | 20. ηδαφισθη c: ηδαφισθη m²,
συνεποθη και ηδιαφ. m¹ | ολος εκ ο: ολως εως m¹ m² | κατελειφθησαν c:
—ληφθησαν m¹ m² | 21. και απεθ. κτλ. c: οι μεν ιερεις εκεινοι μονοι
οι δωδεκα και απεθανον m², ebenso, nur αισχρως εναπεθανον m¹ |
22. περι — αυτου c: τα περι Νοητιανου του μαγου του γαρ (!) φαντα-
σιας ποιουντος m², > m¹ | 24. τουτω υπηρχον c m¹: τουτοις m²

ζονι Ῥὼξ καὶ τῷ νεωτέρῳ Πολύκαρπος. εἶχε δὲ ὁ Νοητιανὸς
πεῖραν μαγικῆς κακοτεχνίας καὶ βιβλία πολλὰ ὑπὸ δαιμόνων
συντεθειμένα. ὡς οὖν εἶδε τὸ ἱερὸν διὰ τῆς ἐπικλήσεως Ἰωάννου συμπεπτωκὸς καὶ τοὺς ἱερεῖς ἀποθανόντας, ἐλυπήθη
σφόδρα καὶ θυμὸν δαιμονιώδη κατὰ Ἰωάννου ἀνέλαβε. πᾶς 5
γὰρ ὁ λαὸς δραμόντες ἔλυσαν τὸν Ἰωάννην καὶ προσπίπτοντες
παρεκάλεσαν, μὴ ὀργισθῆναι αὐτοῖς. ὁ οὖν Νοητιανὸς εἶπε
τῷ Ἰωάννῃ· ἰδοὺ πάντες ἀγαπῶμεν καὶ πειθόμεθά σοι καὶ οὐκ
ἐγκαλοῦμεν ἐπὶ τῇ καταστροφῇ τοῦ ἱεροῦ· πλὴν αἰτούμεθά σε,
ὅπως τελείως πληροφορήσῃς ἡμᾶς, ὅτι ἔστιν εὐθύτης ἐν τῇ 10
καρδίᾳ σου καὶ ζῶντα θεὸν καταγγέλλεις ἡμῖν, ἀνάστησον τοὺς
δώδεκα ἱερεῖς τοὺς καταχωσθέντας ἐν τῷ ναῷ. ὁ δὲ Ἰωάννης
εἶπεν αὐτῷ· εἰ ἦσαν ἄξιοι ἀναστῆναι, οὐκ ἂν μόνοι οἱ δώδεκα
ἐτελεύτησαν. ὁ οὖν Νοητιανὸς λέγει τῷ Ἰωάννῃ· ἐγὼ μὲν δόξαν
περιποιούμενός σοι ταῦτα φθέγγομαι πρός σε· ἢ ἀνάστησον 15
τοὺς τεθνηκότας, καὶ πιστεύσω κἀγὼ τῷ ἐσταυρωμένῳ, ἢ εἰδέ-
ναι ἔχεις, ὅτι ἐμοῦ ἀνιστῶντος αὐτοὺς ἐσχάτῃ τιμωρίᾳ ὑπο-
βληθήσῃ αὐτὸς ὡς καταστροφεὺς τοῦ κρατίστου ναοῦ. λέγει
αὐτῷ ὁ Ἰωάννης· μὴ πλανῶ, Νοητιανέ, μαγείαις καὶ ψευδέσιν
ἐλπίσιν ἐπερειδόμενος. τοῦ οὖν Ἰωάννου διδάσκοντος τὸν 20
λαόν, ἀναχωρήσας ὁ Νοητιανὸς ἐν πολλῇ δυσμενείᾳ καὶ περι-
ελθὼν τὴν ἐρήμωσιν τοῦ ναοῦ δι᾽ ἐπικλήσεως δαιμονικῆς
ἐποίησε παραστῆναι αὐτῷ δώδεκα δαίμονας ἐν μορφαῖς τῶν
δώδεκα ἱερέων καὶ εἶπεν αὐτοῖς· δεῦτε ὀπίσω μου, ὅπως ποιήσωμεν ἀποκτανθῆναι τὸν Ἰωάννην. οἱ δὲ εἶπον· οὐ δυνάμεθα 25

---

3. συντεθημενα m¹ m² | ως ουν ειδε ο m²: ουτος ο Νοητιανος ως
ειδεν m¹ | 4. συμπεπτ. hier c: vor δια της m¹ m² | 5—7. και θυμον —
ειπε c m² (dieser jedoch ανελαβεν. ο γαρ πας und l. 7 παρεκαλουν):
ιδων δε και παντα τον λαον ελθοντας και λυσαντας τον αποστολον
προσπιπτοντας τε αυτω και παρακαλουντας μη οργισθηναι αυτοις λεγει
και αυτος ο Νοητιανος m¹ | 9. ιερου: ναου m² | σε: σου m² | 10. τελειως
c: > m¹ m² | 11. καταγγελεις c | 12. δωδεκα: > m¹ | τους καταχ. εν τ.
ναω c: τους εν τω ναω (ιερω m¹) καταλωσθεντας m¹ m² | 13. ειπεν:
λεγει m² | 14. ο. — λεγει c: λεγει ο Ν. m¹ m² | Ιω. c m²: αποστολω m¹ |
15. περιποιουμενος c m¹: περιποιων m² | σοι vor περιπ. m¹ | προς σε
hier c: vor φθεγγομαι m¹ m² | 16. και c m¹: ινα m² | πιστευω m¹ |
καγω c m² (hinter εσταυρ.): > m¹ | ειδεναι εχεις c m²: γνωθι m¹ |
18. αυτος: > c | καταστροφης c m² | κρατιστου: > c | 19. μαγειαις κ.
ψευδεσιν c m¹ (μαγειας): ματαιως m² | 21. και περιελ. c: περιελ. τε m¹
m² | 23. μορφη m² | 24. ποιησωμεν c m²: παρασκευοσωμεν (!) m¹

ἐγγίσαι αὐτῷ, ἀλλ᾽ ἰδοὺ ἡμεῖς στήκομεν ἐνταῦθα, σὺ δὲ ἀπελθὼν φέρε τὸν λαόν, καὶ ἰδόντες ἡμᾶς πιστεύσουσι καὶ ἀπελθόντες λιθοβολήσουσι τὸν Ἰωάννην καὶ ἀποθανεῖται. ἔγνω
οὖν ὁ Ἰωάννης τῷ πνεύματι καὶ λέγει μοι· ἡνίκα παραγένηται
5 ὁ Νοητιανὸς ἐνταῦθα, σὺ πορεύθητι δι᾽ ἑτέρας ὁδοῦ ὄπισθεν
τῆς πτώσεως τοῦ ναοῦ καὶ εὑρήσεις ἐκεῖ δώδεκά τινας ἱστα-
μένους ἐν μορφῇ τῶν ἱερέων καὶ εἰπὲ αὐτοῖς· λέγει ὁ ἀπόστολος τοῦ Χριστοῦ Ἰωάννης, ἀφαντώθητε ἐκ τῆς νήσου ταύτης
εἰς τόπους ἀνύδρους. ἔτι δὲ λαλοῦντος τοῦ Ἰωάννου πρός με,
10 ἦλθεν ὁ Νοητιανὸς κράζων καὶ λέγων· ἄνδρες ἀδελφοί, μέχρι
τίνος ἀκούετε τῶν διεστραμμένων λόγων τοῦ ἀπαταιῶνος τού-
του· ἰδοὺ γὰρ ὡς ὑπεσχόμην τοὺς ἱερεῖς ἀνέστησα, οὓς εἶπεν
αὐτὸς ἀναξίους τοῦ ζῆν, μέλλω δὲ καὶ τὸ ἱερὸν ἀνεγείρειν, ἐὰν
αὐτὸν θανατώσητε. ἐλθόντες λοιπὸν ἅπαντες παρεκτὸς τοῦ
15 πλάνου ὄψεσθε ἐρρωμένους τοὺς ἄνδρας. οἱ δὲ ὄχλοι ἀκούσαντες περὶ τῆς ἐγέρσεως τῶν ἱερέων ἠκολούθησαν τῷ Νοητιανῷ,
μηκέτι τοῦ Ἰωάννου φροντίσαντες, καὶ ἀνερχόμενοι ἐδιδάσκοντο
ὑπὸ Νοητιανοῦ τὸ πῶς ἀπολέσωσι τὸν Ἰωάννην. ἐλθόντες οὖν
ἐπὶ τὸν τόπον, ἔνθα ἐνόμιζον εὑρίσκειν τοὺς λεγομένους ἱερεῖς,
20 καὶ μηδένα ἰδόντες ἐξέστησαν· πορευθεὶς γὰρ ἐγὼ κατὰ τὴν
ἐντολὴν τοῦ ἀποστόλου ἠφάντωσα αὐτούς. ὁ μέντοι Νοητιανὸς
κατεδαπανᾶτο ἐν αὐτῷ μυρίαις ἐπικλήσεσι, μὴ δυνάμενός τι
πρᾶξαι. πολλὰς οὖν ὥρας ὁ ὄχλος προσκαρτερήσας τῷ τόπῳ
ἀνωφελῶς, ἤρξαντο πάντες σκληρῶς ἐπιφέρεσθαι τῷ Νοητιανῷ
25 καὶ λέγειν· ὅτι πλάνος ὑπάρχων ἐφάντασας ἡμᾶς ἀπὸ τῆς ζω-

1. στηκομεν c m²: ισταμεθα m¹ | συ δε απ. c m¹: απ. ουν m² |
2. φερε c m²: αγαγε m¹ | πιστευσ. και απ.: >m² | 3. λιθοβολησωσι m¹ |
4. ουν: ταυτα + m¹ | λεγει: ειπεν m² | μοι c: τεκνον m², + τεκνον
Προχωρε m¹ | 7. ιερεων c: δωδεκα × m², τεθνηκοτων × m¹ | αποστ.
hier c: hinter Χριστου m¹ m² | 8. αφαντ.: + συντομως m¹ | 9. ανυδρους:
+ και αοικητους m¹ | λαλουντος: + κατ ιδιαν m² | 10. ηλθεν c m²: και
ιδου m¹ | 11. απαταιωνος m¹ m²: απαιται. c | 12. τ. ιερεις hier c: hinter
ανεστησα m¹ m² | 13. αναξιους c m²: ειναι + m¹ | δε: + παρευθυ m¹ |
ανεγειρειν: εγειρειν m² | 14. αυτον: τουτον m² | λοιπον: ουν m² | απαν-
τες c: παντες m¹ m² | 15. οψεσθε c: + ζωντας και m¹, + ζωντας m² |
17. μηκετι τ. Ιω. φροντισ. c m¹: μικρα τ. Ιω. φροντιζοντες m² | κ. απερχ.
c m¹: απερχομενων αυτων m² | 18. ελθοντες ουν c m¹: ελθοντων ουν
αυτων m² | 19. λεγομενους c: ανασταντας δηθεν m¹, > m² | 20. εγω c:
> m¹ m² | 22. κατεδαπανατο εν αυτω c m²: κατεδαπανα εαυτον m¹ |
23. ο οχλος προσκ. τ. τοπω c: ο οχ. εκεισε προσκ. m¹, προσκαρτερη-
σαντες το (!) τοπω m² | 25. ημας c m¹: + και απιστησας m²

τικῆς διδασκαλίας· καὶ νῦν ποίοις ὀφθαλμοῖς ἐπιστρέψομεν
πρὸς αὐτόν, μετὰ τοσαύτην διδαχὴν ἐγκαταλιπόντες αὐτὸν καὶ
σοὶ πεισθέντες τῷ ἀπαταιῶνι. τινὲς δὲ ἐξ αὐτῶν ἐζήτουν
ἀποκτεῖναι τὸν Νοητιανὸν λέγοντες· ὃν τρόπον ἐπονηρεύσατο
ποιῆσαι τῷ διδασκάλῳ, οὕτω ποιήσωμεν αὐτῷ. ἄλλοι δὲ διεκώ- 5
λυον αὐτοὺς λέγοντες· ὅτι οὐ δεῖ χωρὶς γνώμης τοῦ ἀποστόλου
πρᾶξαί τι προπετές. ἐλθόντες τοίνυν πρὸς Ἰωάννην εἶπον
αὐτῷ· διδάσκαλε, δεόμεθα τῆς σῆς ἀγαθότητος μακροθυμῆσαι
ἐπὶ τοῖς σοῖς τέκνοις, ἐφ᾽ οἷς ἀνοήτως τὴν πηγὴν τῆς γλυκύτη-
τος καταλείψαντες ἐπορεύθημεν ὀπίσω χολῆς καὶ πικρίας. ἰδοὺ 10
οὖν ὁ πλάνος ὁ τούτου αἴτιος γεγονώς, ὁ καὶ σοὶ ἐπιβουλεύσας
εἰς θάνατον· τὸ γοῦν παριστάμενόν σοι πράξομεν ἐπ᾽ αὐτόν·
ἔνοχος θανάτου ἐστίν. ὁ δὲ Ἰωάννης εἶπεν αὐτοῖς· τεκνία,
ἄφετε τὴν σκοτίαν εἰς τὸ σκότος ὑπάγειν, ὑμεῖς δὲ υἱοὶ φωτὸς
ὄντες πορεύεσθε εἰς τὸ φῶς, καὶ σκοτία οὐ μὴ φθάσῃ ὑμᾶς, 15
ὅτι ἡ ἀλήθεια τοῦ Χριστοῦ ἐν ὑμῖν ἐστι. καὶ οὐκ ἀφῆκεν
αὐτοὺς θανατῶσαι τὸν Νοητιανόν. παρεκάλουν δὲ οἱ πλείονες
τοῦ λαοῦ τὸν Ἰωάννην, ὅπως ἀξιωθῶσι τοῦ φωτισμοῦ τοῦ
Χριστοῦ· ὁ δὲ ἀπέλυσεν αὐτοὺς εἰς τοὺς οἴκους αὐτῶν, ὅτι
ἑσπέρα ἦν καὶ κέκλικεν ἡ ἡμέρα. τῇ οὖν ἐπαύριον συνήχθησαν 20
σχεδὸν οἱ πάντες πρὸς Ἰωάννην, ἀξιοῦντες φωτισθῆναι. ὁ δὲ
Ἰωάννης ἐπένευσε, καὶ μυσταγωγήσας αὐτοὺς καὶ καταγαγὼν
ἐν τῷ ποταμῷ ἐβάπτισεν· ἦσαν δὲ οἱ φωτισθέντες ἄνδρες
διακόσιοι εἴκοσι. ὁ μέντοι Νοητιανὸς οὐκ ἐπαύσατο τῆς κα-
κουργίας, ἀλλ᾽ ἐπεχείρει διὰ πλειόνων ἐκκόψαι τὴν τῶν βαπτι- 25
ζομένων προθυμίαν. γνοὺς δὲ ὁ Ἰωάννης εἶπε· κύριε Ἰησοῦ
Χριστέ, ὁ ἐπὶ Ἐλισσαίου τοῦ προφήτου τοὺς ἐπ᾽ αὐτὸν παρα-
γενομένους πατάξας ἀορασίᾳ, αὐτὸς πάταξον καὶ τὸν Νοητιανὸν πηρώσει τῶν ὀμμάτων αὐτοῦ τῶν σωματικῶν, ὅπως ἀνα-
βλέψῃ πρός σε τοῖς τῆς ψυχῆς ὀφθαλμοῖς. εὐθέως δὲ ἐτυ- 30

2. αυτον c m¹: Ιωαννην m² | διδαχην c m¹: διδασκαλιαν m² |
3. πεισθεντες c m²: + και ακολουθησαντες m¹ | τινες δε εξ αυτων c m¹:
ετεροι. δε m² | 4. τ. Νοητ. c m¹: αυτον m² | 6. ου δει c m¹: ουδεις m² |
7. προπετως m² | 8. μακροθυμησον m² | 10. καταλειψαντες c m²: κατα-
λιποντες vor της γλυκ. m¹ | και vor πικριας: > c | 11. τουτου c: του-
των m² m¹ (dieser + ημιν nach αιτιος) | σοι: συ c | 12. γουν c: ουν
m¹ m² | 13. ενοχος c: γαρ + m¹ m² | 14. σκοτειαν c | 18. του λαου: >
m² | του Χριστου: > m² | 22. και vor καταγ.: > m² | 24. επαυσατο c
m¹: εληξε m² | 25. επεχειρησεν m² | 29. των ομματων αυτου τ. σωμ. c:
του σωματος οφθαλμων m¹ m² | αναβλεψη m¹ m²: —ει c | 30. τοις c m¹:
εν X m² | οφθαλμοις c m²: + και σωτηριας αξιωθη m¹

φλώϑη ὁ Νοητιανὸς καὶ χειραγωγούμενος ἦλϑε πρὸς Ἰωάν-
νην κτλ.

C. Ueber die Abfassung der Apokalypse nach N (Neander
p. 654 — 658), P³, m³ (Amphil. p. 64 sq.) s. oben zu
5 **p. 160, 5.**

Ἐξελϑόντων δὲ ἡμῶν ἀπὸ τῆς πόλεως ἀπὸ σημείων τριῶν
ἐν τόπῳ ἡσυχαστικῷ, εὕρομεν σπήλαιον ἐν αὐτῷ τῷ τόπῳ καὶ
ἐμείναμεν ἐκεῖ δέκα ἡμέρας· ἦν δὲ καὶ ὕδωρ ἐν τῷ σπηλαίῳ.
πληρουμένης δὲ τῆς ἡμέρας εἰσηρχόμην ἐγὼ ἐν τῇ πόλει καὶ
10 ἤσϑιον μετὰ τῶν ἀδελφῶν. ὁ δὲ Ἰωάννης ἦν ἐν τῷ σπηλαίῳ
τὰς δέκα ἡμέρας ἄσιτος διατελῶν. τῇ οὖν δεκάτῃ ἡμέρᾳ ἠβου-
λήϑη εἰσελϑεῖν ἐν τῇ πόλει, καὶ κλίνας τὰ γόνατα καὶ προσευξάμενος ὅπως ἐξέλϑῃ, ἐγένετο φωνὴ πρὸς αὐτὸν λέγουσα·
Ἰωάννη, Ἰωάννη. ὁ δὲ εἶπεν· τί ἐστι, κύριε; καὶ εἶπε πρὸς
15 αὐτόν· ποίησον ἐν τῷ σπηλαίῳ ἄλλας δέκα ἡμέρας, καὶ ἀπο-
καλυφϑήσεταί σοι μυστήρια πολλὰ καὶ μεγάλα ἐν τῷ τόπῳ
τούτῳ. καὶ πάλιν ἐποίησεν ἄλλας δέκα ἡμέρας ἄσιτος διατελῶν, καὶ ἐγένετο ἐν ἐκστάσει μεγάλῃ, καὶ εἶδεν δυνάμεις πολλὰς καὶ μεγάλας καὶ ἄγγελον ϑεοῦ διακρίνοντα αὐτῷ ἃ εἶδεν
20 καὶ ἤκουσεν. καὶ πάλιν προσκαλεσάμενός με εἶπε· τέκνον
Πρόχορε. καὶ εἶπον· τί ἐστι, διδάσκαλε; καὶ εἶπεν· εἴσελϑε
ἐν τῇ πόλει καὶ λαβὲ χάρτας καὶ μέλαν καὶ ἐλϑὲ ἐνταῦθα. καὶ
εὐϑέως ἐγὼ εἰσῆλϑον καὶ ἐπεκόμισα τὸ μέλαν καὶ τοὺς χάρτας
καὶ ἐπορεύϑην πρὸς Ἰωάννην, καὶ εἶπε πρὸς με· ἅπερ ἀκούεις
25 ἐκ τοῦ στόματός μου γράψον ἐπὶ τοὺς χάρτας. καὶ ἀνοίξας
τὰ χείλη αὐτοῦ ἤρξατο λέγειν, κἀγὼ ἔγραφον. ἐποιήσαμεν δὲ

6—13. εξελϑοντων — φωνη N P³ (dieser aber. εισερχομην l. 9): ελ-
ϑοντες τοινυν επι τι σπηλαιον ο ην απο σημ. τρ. της πολεως, εχον υδωρ,
εμειναμεν εκει δεκα ημερας. και ο μεν Ιωαννης ασιτος διετιαν (?) ησυχα-
ζων και προσευχομενος, εγω δε εν τη πολει πορευομενος πληρουμενης της
ημερας ησϑιον μετα των αδελφον. τη ουν δεκατη ημερα ηβουληϑη και ο
Ιω. εισελϑειν εν τη πολει, και κλινας τα γονατα προσηυχετο. εγενετο δε
φωνη m³. Es ist unnöthig, alle Abweichungen dieser schlechten Hs. an-
zugeben | 14. Ιωαννη P³ m³: Ιωαννης N zweimal | τι: > m³ | ειπε P³:
ειπεν N hier u. im gleichen Fall durchweg, m³ hier, nur weil er αυτω
statt προς αυτον folgen lässt | 18. μεγαλη P³ m³: > N | πολλας και N:
> P³ m³ | 19. α ειδεν N (ιδεν) m³: και ειδε P³ | 21. Προχωρε P³ | 22. εν-
ταυϑα N m³: ενϑαδε P³ | 23. επεκομισα N: απεκομησαμην P³, abkürzend
και εποιησε (lies εποιησα) ουτως m³ | 25. εκ P³ m³: παραN | γραψον P³
N (× ταυτα): γραφε m³

δύο ἡμέρας, αὐτὸς λέγων κἀγὼ γράφων. καὶ πάλιν εἰσήλθομεν
ἐν τῇ πόλει καὶ κατελύσαμεν ἐν τῷ οἴκῳ Σωσιπάτρου, καὶ
παρέθηκεν ἡμῖν τράπεζαν, καὶ ἐφάγομεν καὶ ἐπίομεν καὶ ἐμείναμεν παρ' αὐτῷ. καὶ τῇ ἐπαύριον εἶπεν Ἰωάννης πρὸς Σωσί-
πατρον· τέκνον, ζήτησόν μοι καὶ ἄλλας μεμβράνας εἰς γραφὴν 5
τῆς ἀποκαλύψεως. καὶ ἤνεγκε τὰς μεμβράνας ὁ Σωσίπατρος,
καὶ εἶπεν Ἰωάννης πρὸς με· τέκνον, διατύπωσον τὰς μεμβράνας
καὶ καθαρογράφησον ἐν αὐταῖς τὴν ἀποκάλυψιν ταύτην. ἐγὼ
δὲ μετὰ πάσης ἐπιμελείας ἔγραψα ἐπὶ τῶν σωμάτων τὴν ἀποκάλυψιν. μετὰ δὲ τὸ ἀπογράψαι με αὐτήν, προσκαλεσάμενος 10
Ἰωάννης τοὺς ἀδελφούς, εἰσήλθομεν ἐν τῇ ἐκκλησίᾳ καὶ εἶπεν
Ἰωάννης πρὸς με· τέκνον, λαβὲ τὸ βιβλίον τοῦτο τῆς ἀποκαλύψεως καὶ ἀνάγνωθι αὐτὸ ἐν τοῖς ὠσὶ πάντων τῶν ἀδελφῶν.
καὶ ἔλαβον τὸ βιβλίον καὶ ἀνέγνων αὐτὸ ἀκουόντων πάντων
τῶν ἀδελφῶν, καὶ ἐχάρησαν πάντες χαρὰν μεγάλην. καὶ εἶπεν 15
Ἰωάννης· λάβετε τὸ βιβλίον τοῦτο τῆς ἀποκαλύψεως καὶ μεταγράψατε αὐτὸ καὶ ἀπόθεσθε αὐτὸ ἐν πάσαις ταῖς ἐκκλησίαις.
καὶ ἔδωκεν αὐτοῖς τὸ ἐν δέρμασι, καὶ κατείχομεν ἡμεῖς τὸ ἐν
χάρταις. τῇ οὖν ἐπαύριον κτλ. cf. p. 160, 6.

D. Der Schluss des Prochorus im cod. Paris. 1468 20
fol. 80 r. — 82 r. s. oben zu p. 156, 1.

Πάλιν οὖν μετὰ ἡμέρας τινὰς εἶδεν ὁ Ἰωάννης τὸν κύριον
ἡμῶν Ἰησοῦν Χριστὸν ἐν ὀπτασίᾳ λέγοντα αὐτῷ· ἄνελθε ἐν
τῷ ὄρει καὶ ἀποκαλύψω σοι μυστήρια μεγάλα καὶ φρικτὰ ἃ
μέλλει μετὰ ταῦτα γενέσθαι. καὶ ἀνελθόντων ἡμῶν ἐποίησεν 25
ἐν τῷ ὄρει ἄσιτος προσευχόμενος ἡμέρας γ', καὶ πάλιν καλέσας
εἶπεν πρός με· σπεύσας ἄγαγε χάρτην καὶ μέλαν. καὶ τοῦτο

---

5. μεμβρανας N· βεμβρανας P³ m³, so P³ auch l. 6 u. 7; m³ geht
von αποκαλυψεως l. 6 zu l. 15 mit folgenden Worten über εναχθεισων (!)
δε τουτων και της αποκαλυψεως γραφεισης ανεγνωσθη και αυτη εν τοις
ωσι παντων των αδελφων συναχθεντων εις εκκλησιαν και εχαρησαν χαραν
μεγαλην | 11. Ιω. N: ο Ιω. P³ | 12. Ιω. P³: ˃ N | τουτο N: ˃ P³ |
15. χαραν hier N m³ (s. vorher): vor παντες P³ | 16. τουτο N P³: ˃
m³ | 17. αυτο και αποθ. — εκκλησιαις N P³: ˃ m³ | αυτο vor εν P²:
˃ N | 18. εδωκεν P³: δεδωκε (δε) m³, εδωκαμεν N | κατειχομεν N P³:
κατεχομεν m³ | 20. Abgesehn von Interpunction, Accentuation und einigen
ganz gewöhnlichen Vocalvertauschungen notire ich alle Abweichungen
der Hs. von obigem Druck und bezeichne jene wie immer durch P² |
23. αυτω: αυτον P²

ποιήσαντός μου ἐκάθισα παρὰ τοὺς πόδας αὐτοῦ, καὶ γενομένης ἄφνω βροντῆς ἀπὸ τοῦ φόβου ἀπενεκρώθην. καὶ ὁ Ἰωάννης κρατήσας τῆς χειρός μου ἀνέστησέν με εἰρηκώς· ἃ ἀκούεις
ἀπὸ τοῦ στόματός μου γράφε ἀκριβῶς. καὶ ἀνοίξας τὸ στόμα
5 αὐτοῦ εἶπεν· „ἀποκάλυψις Ἰησοῦ Χριστοῦ, ἣν ἔδωκεν ὁ θεὸς .
δεῖξαι τοῖς δούλοις αὐτοῦ ἃ δεῖ γενέσθαι ἐν τάχει“, καὶ καθε-
ξῆς αὐτὸς ἐλάλει κἀγὼ ἔγραφον. καὶ καθελθόντων ἡμῶν καὶ
καθαρογραφηθείσης τῆς ἀποκαλύψεως ἀνεγνώσθη ἐν τῇ ἐκκλησίᾳ παντὶ τῷ λαῷ, καὶ πάντες ἐδόξαζον τὸν θεόν.
10 Μετὰ δὲ τὸ τελέσαι ἡμᾶς πάντα, ἐν τῷ μέλλειν ἡμᾶς
πλεῦσαι ἐπὶ Ἔφεσον ἠκολούθει ἡμῖν ὄχλος πολὺς κλαίοντες καὶ
ὀδυρόμενοι. ἐν δὲ τῷ κατέρχεσθαι ἡμᾶς ἐν τῇ ὁδῷ, ἔν τινι
κώμῃ ἦν τις ἱερεὺς τοῦ Διὸς ὀνόματι Εὐχάρης, ὃς εἶχεν υἱὸν
τυφλόν, καὶ παριόντος τοῦ Ἰωάννου καὶ διδάσκοντος αὐτοῦ τὸν
15 ὄχλον ἔκραξεν ὁ τυφλὸς φωνῇ μεγάλῃ λέγων· ἐλέησόν με, μαθητὰ τοῦ Χριστοῦ, καὶ μὴ παρέλθῃς τὸν δοῦλόν σου, ἀλλὰ
πρόσευξαι τῷ θεῷ σου περὶ ἐμοῦ, ὅπως ἀναβλέψω καὶ ἴδω τὸ
πρόσωπόν σου· πάνυ γὰρ ἐφλέχθη ἡ καρδία μου τῷ φίλτρῳ
τοῦ Χριστοῦ σου, ἀκούσας τὴν διδαχήν σου. σπλαγχνισθεὶς δὲ
20 ἐπ᾽ αὐτῷ ὁ Ἰωάννης καὶ ἁψάμενος τῶν ὀφθαλμῶν αὐτοῦ εἶπεν·
ἐν τῷ ὀνόματι Ἰησοῦ Χριστοῦ τοῦ υἱοῦ τοῦ θεοῦ ἔσῃ ὑγιής·
καὶ εὐθέως ἀνέβλεψεν καὶ πεσὼν παρὰ τοὺς πόδας αὐτοῦ
αὐτός καὶ ὁ πατὴρ αὐτοῦ ἐδέοντο τὴν ἐν Χριστῷ σφραγίδα.
καὶ κατηχήσας καὶ βαπτίσας αὐτοὺς πανοικί, οὕτως ἀνήλθομεν
25 ἐν τῷ πλοίῳ πάντων θρηνούντων καὶ κοπτομένων τὴν στέρησιν
αὐτοῦ. παραθέμενος δὲ αὐτοὺς τῷ κυρίῳ καὶ ἐπευξάμενος καὶ
σφραγίσας τόν τε λαὸν καὶ τὴν νῆσον καὶ ἀσπασάμενος πάντας,
αἰσίου ὄντος τοῦ πλοὸς ἀπεπλεύσαμεν ἐπὶ Ἔφεσον πάντων
ἱσταμένων ἐν τῷ αἰγιαλῷ καὶ θρηνούντων, ἕως οὗ ἀπεκρύβημεν
30 ἐξ ὀφθαλμῶν αὐτῶν.
Τοῦ δὲ θεοῦ κατευοδοῦντος ἡμῖν διὰ πέντε νυχθημέρων
ἐφθάσαμεν εἰς Ἔφεσον. καὶ εἰσελθόντων ἡμῶν ἐν τῇ πόλει,
ὡς εἶδεν ἡμᾶς ὅ τε Διοσκορίδης καὶ Δόμνος ὁ υἱὸς αὐτοῦ καὶ
ἡ Ῥωμάνα καὶ οἱ λοιποὶ ἀδελφοὶ ἐχάρησαν χαρὰν μεγάλην.
35 καὶ ὑπεδέξατο ἡμᾶς ὁ Διοσκορίδης εἰς τὸν οἶκον αὐτοῦ καὶ
παραθεὶς ἡμῖν τράπεζαν, ἠγαλλιασάμεθα πανοικί. καὶ συνηγμένων τῶν ἀδελφῶν διηγήσατο αὐτοῖς ὁ Ἰωάννης πάντα ὅσα

11. ηκολουθη ... πολλυς P² | 13. κομη P² | Εὐχάρις P² | 28. αισιου:
εσειου P², so derselbe fol. 58 verso εσιου ανεμου οντος u. fol. 59 verso
εσιου οντος του πλοος | 34. Ρωμαννα P²

ἐποίησεν ὁ θεὸς μεθ᾽ ἡμῶν ἐν τῇ ἐξορίᾳ, καὶ ἀκούοντες τὰ
μεγαλεῖα τοῦ θεοῦ ἐθαύμαζον καὶ ἐδόξαζον τὸν θεόν. μετὰ
δὲ τρεῖς ἡμέρας ἐνεφάνισεν ἑαυτὸν ὁ Ἰωάννης τοῖς Ἐφεσίοις
καὶ ἤρξατο διδάσκειν αὐτούς, καὶ οἱ μὲν ἐπείθοντο τοῖς λεγομένοις ὑπ᾽ αὐτοῦ, οἱ δὲ μυκτηρίζοντες ἀνεχώρουν. συνηγμένων 5
οὖν πάντων ἐν τῇ ἑορτῇ τῆς μιαρᾶς Ἀρτέμιδος καὶ τὰς θυσίας
ἐπιτελούντων· τὸν γὰρ ναὸν αὐτῆς καταστραφέντα ὑπὸ Ἰωάννου ὄντων ἡμῶν ἐν τῇ ἐξορίᾳ οὗτοι πάλιν ἀνοικοδόμησαν. ὁ
δὲ Ἰωάννης ἐν τῇ ἑορτῇ αὐτῶν ἔστη ἐφ᾽ ὑψηλοῦ τόπου καὶ
ἐδίδασκεν τοὺς ὄχλους ἀποστῆναι τῆς μυσαρᾶς θυσίας. οἱ δὲ 10
οὐκ ἠνέσχοντο ἀκοῦσαι αὐτοῦ λέγοντες· τίς σε ἔφερεν ὧδε,
μάγε· μὴ καὶ τοῦτον τὸν ναόν, ὃν μετὰ πολλοῦ κόπου οἰκο-
δομήσαμεν, βούλει καταστρέψαι, ὃν τρόπον καὶ πρότερον
πεποίηκας; ὁ δὲ Ἰωάννης ἔφη πρὸς αὐτούς· οὐ μόνον ὁ ναὸς
ὑμῶν ἀφίεται ἔρημος, ἀλλὰ καὶ ὑμεῖς καὶ τὰ τέκνα ὑμῶν παν- 15
ολεθρίᾳ παραδοθήσεσθε, ἐὰν μὴ ἐπιγνῶτε τὸν ὄντως ὄντα
θεόν, τὸν κύριον ἡμῶν Ἰησοῦν Χριστόν. πλησθέντες δὲ θυμοῦ
καὶ καταγαγόντες αὐτὸν τύπτοντες ἔσυραν ἀνηλεῶς. κείμενος
δὲ ὁ ἀπόστολος τοῦ Χριστοῦ ἐπὶ τὴν γῆν προσεύξατο λέγων·
κύριε Ἰησοῦ Χριστέ, καταπέσοι τὸ ἱερὸν τῆς μιαρᾶς Ἀρτέμιδος, 20
καὶ ἔμβαλε εὐθύτητα εἰς τὰς καρδίας τοῦ λαοῦ τούτου, ἐπι-
γνῶναί σε, τὸν ἀληθινὸν θεὸν καὶ ὃν ἀπέστειλας υἱόν σου
μονογενῆ Ἰησοῦν Χριστόν, σωτῆρα τοῦ κόσμου. καὶ εὐθέως
σεισμὸς ἐγένετο καὶ βροντὴ φοβερὰ καὶ κατεστράφη ὁ ναὸς
τῆς Ἀρτέμιδος ἄνω κάτω, καὶ τὰ εἴδωλα πάντα συνετρίβησαν, 25
καὶ πλῆθος τοῦ λαοῦ ἐκ τοῦ φόβου ἀπέθανον. ἰδόντες δὲ οἱ
λοιποὶ τὸ γεγονὸς εἶπον· οὐαὶ ἡμῖν, ἕως πότε παροργίζομεν
τὸν θεὸν ἀνεχόμενον ἐπὶ ταῖς κακίαις ἡμῶν, μήποτε ἐν τῇ
ἀπιστίᾳ ἡμῶν πανολεθρίᾳ παραπέμψει ἡμᾶς καὶ τὴν πόλιν
ἡμῶν. καὶ ἐλθόντες ἅπαντες ὁμοθυμαδὸν κράζοντες καὶ λέ- 30
γοντες· μηδαμῶς ἀπολλώμεθα, δοῦλε τοῦ θεοῦ, ἀλλ᾽ εὖξαι ὑπὲρ
ἡμῶν· νῦν ἔγνωμεν, ὅτι παρὰ θεοῦ ἀπεστάλης ἐπὶ σωτηρίᾳ
ἡμῶν, καὶ μέγας ἐστὶν ὁ θεός, ὃν κηρύττεις, καὶ οὐκ ἔστιν
θεὸς πλὴν αὐτοῦ. τότε ἀναστὰς ὁ ἀπόστολος εὐλογήσας αὐτοὺς καὶ ἱκανῶς διδάξας, καθ᾽ ἑκάστην ἡμέραν ἐβάπτιζεν χι- 35
λιάδας καὶ ἑκατοντάδας. καὶ πάντες ἔφερον τὰ εἴδωλα αὐτῶν καὶ
συνέτριβον αὐτὰ πρὸ προσώπου Ἰωάννου. προσελθὼν δὲ

9. sqq. cf oben p. 33 sq. 42 | 9. υψηλου: ηψιλου P² | 10. μυσσαρας
P² | 11. εφερεν: ηφερεν P² | 16. οντως: οντος P² | 31. απολλωμεθα: sic P²

Ἰωάννης καὶ ἐπὶ τοῖς τεθνήξασιν ἀνθρώποις προσευξάμενος
ἀνέστησεν αὐτούς. καὶ οὐκέτι λοιπὸν ἦν ἐν αὐτοῖς σκάνδαλον,
ἀλλὰ πᾶσα ἡ πόλις ἀπὸ μικροῦ ἕως μεγάλου γεγόνασιν Χρι-
στιανοί, οὐ μὴν ἀλλὰ καὶ πᾶσα ἡ περίχωρος.

5   Καὶ ἦν Ἰωάννης οἰκοδομῶν ναοὺς καὶ καταρτίζων ἱερεῖς
καὶ ἐπισκόπους καὶ πρεσβυτέρους καὶ θεραπεύων πᾶσαν νόσον
καὶ πᾶσαν μαλακίαν ἐν τῷ λαῷ. εἶθ' οὕτως ἐν τῇ Σμυρναίων
πόλει ἀπελθόντων ἡμῶν πάντα τὰ εἴδωλα συνετρίβησαν τῇ
δυνάμει τοῦ Χριστοῦ, καὶ καθιερώσας ναοὺς ὁ ἀπόστολος τοῦ
10 Χριστοῦ καὶ κατηχήσας αὐτοὺς ἐβάπτισεν ἅπαντας καὶ πᾶσαν
τὴν παράλιον ἐκείνην, καταλείπων ἐκεῖσε πρόεδρον Βούκολον
καὶ Πολύκαρπον, τοὺς αὐτοῦ μαθητὰς καὶ Ἀνδρόνικον. καὶ
ἦσαν ἐκεῖ δύο ἱερεῖς τῆς Ἀρτέμιδος, ἀδελφοὶ τυγχάνοντες σαρ-
κικοί. συνέβη οὖν τὸν ἕνα τελευτῆσαι, καὶ δραμὼν ὁ ἕτερος
15 πρὸς Ἰωάννην λέγων ἐν ἑαυτῷ· πάντως ἐμοῦ πιστεύοντος καὶ
τὴν ἐμαυτοῦ ψυχὴν διασώσαντος οὐκ ἀντερεῖ ὁ Ἰωάννης ἀναστῆσαι νεκρὸν τὸν ἀδελφόν μου. καὶ ἡνίκα ἤγγισεν πρὸς Ἰωάννην, εἶπεν πρὸς αὐτόν· οὐ ταῦτα ἐνεθυμήθης, τέκνον; ὄντως
καὶ καλὴν βουλὴν ἐποιήσω. τρόμος δὲ καὶ φρίκη κατέσχεν τὸν
20 ἱερέα, ὅτι οὕτως εἶπεν αὐτῷ ῥαδίως ὁ ἀπόστολος τοῦ Χριστοῦ
τὰ ἐνθυμήματα αὐτοῦ. τότε λαβόμενος αὐτοῦ τῆς χειρὸς ἀπῆλθεν ἐν ᾧ τὸ πτῶμα ἦν τοῦ τεθνηκότος, ὄχλου πολλοῦ περιόν-
τος, καὶ κρατήσας τῆς χειρὸς αὐτοῦ εἶπεν· ἀνάστα, ὁ καθεύδων,
ἐν τῷ ὀνόματι Ἰησοῦ Χριστοῦ τοῦ Ναζωραίου. καὶ εὐθέως
25 ἀνέστη ὁ ἱερεὺς ὑγιής· τοῦ δὲ ὄχλου θαυμάζοντος καὶ κρά-
ζοντος „μέγας ὁ θεὸς Ἰωάννου“, ἐπιλαβόμενος αὐτοῦ ὁ Ἰωάννης
καὶ κατηχήσας ἐβάπτισεν εἰς τὸ ὄνομα τοῦ πατρὸς καὶ τοῦ
υἱοῦ καὶ τοῦ ἁγίου πνεύματος σὺν πολλῷ πλείονι ὄχλῳ. ἐμείναμεν δὲ ἐν ταῖς περὶξ χώραις ἔτη τέσσαρα, βαπτίζοντες καὶ
30 καταρτίζοντες ἱερεῖς καὶ θεραπεύοντες πᾶσαν νόσον καὶ πᾶσαν
μαλακίαν, πάντων πιστευσάντων ἀπὸ θαλάσσης ἕως θαλάσσης.
καὶ μετὰ ταῦτα πάλιν ὑπεστρέψαμεν ἐν Ἐφέσῳ δοξάζοντες
τὸν θεόν.

    Μετὰ οὖν ἡμέρας τινὰς κατὰ θείαν ἀποκάλυψιν ἐξῆλθεν
ὁ Ἰωάννης ἔν τινι κώμῃ εἰς ἐπίσκεψιν τῶν ἀδελφῶν, καὶ ἦν
35 ἐκεῖ τις νεανίας χωρικός, νουθετούμενος πολλάκις παρὰ τοῦ
ἰδίου πατρός, ἵνα μὴ λάβῃ τοῦ συνεργοῦ τὴν γυναῖκα· φθόνῳ

11. παραλειον P² | βουκόλον accentuirt P² | 20. αυτω: αυτον P² |
26. αυτου: αυτους P² | 31. απο θαλασσαν εως θαλασσαν P² | 35. χωρικος:
χορηκος P²

δὲ διαβόλου κινηθείς, μὴ φέρων ὁ παῖς τὴν τοῦ πατρὸς νου-
θεσίαν, λακτίσας αὐτὸν ἄφνω ἔθηκεν ἐπὶ τὴν γῆν νεκρόν.
τοῦτον οὖν ὁ Ἰωάννης ἰδὼν εἶπεν· ὦ κύριε, σήμερον ἕνεκεν
τούτου με ἐκάλεσας ἐνθάδε. ὁ δὲ νεανίας ἰδὼν τὸν ἄωρον
θάνατον τοῦ πατρὸς αὐτοῦ, προσδοκῶν συλληφθῆναι καὶ ἀντι- 5
φονευθῆναι, τὴν λύπην μὴ φέρων, ὃ ἐπεφέρετο δρέπανον
τρέχων ἐν τῇ οἰκίᾳ ἠβουλήθη σφάξαι τὴν γυναῖκα, εἶθ᾽ οὕτως
ἑαυτόν. τοῦτον οὖν ἰδὼν ὁ Ἰωάννης τρέχοντα καὶ γνοὺς τῷ
πνεύματι εἶπεν πρὸς αὐτόν· στῆθι, δαῖμον, καὶ ἀνάγγειλόν μοι,
τί τρέχεις. ὁ δὲ παῖς τρέμων καὶ κλαίων διηγήσατο τῷ Ἰω- 10
άννῃ· ὅτι πατρὸς φονεὺς γέγονα ὁ ταλαίπωρος, καὶ ἰδοὺ διὰ
τὴν πολλὴν θλῖψιν μέλλω καὶ ἣν ἐμοίχευσα γυναῖκα ἀνελεῖν
καὶ ἐμαυτόν· ἀλλ᾽ εἴ τι δύνασαι, βοήθησον ἡμῖν, μαθητὰ τοῦ
Χριστοῦ. ἐὰν οὖν τοῦτον ἀναστήσῃς, ἀπὸ τοῦ λοιποῦ ἀπο-
στήσομαι τὸ κακόν. τοῦ δὲ Ἰωάννου εἰπόντος πρὸς αὐτόν· 15
οὐδὲ τὰς πολιὰς τοῦ πατρός σου ᾤκτειρας, ταλαίπωρε; εἰς τὸν
οὐρανὸν ἀναβλέψας καὶ στενάξας εἶπεν· κύριε, σοῦ μόνου ἐστὶν
τὸ ἔργον τοῦτο. καὶ κρατήσας τῆς χειρὸς τοῦ τεθνηκότος εἶπεν·
ἐν τῷ ὀνόματι Ἰησοῦ Χριστοῦ, τοῦ υἱοῦ τοῦ θεοῦ, ἀνάστα. καὶ
εὐθέως ἀνέστη. ἰδὼν δὲ ὁ παῖς τὴν παρ᾽ ἐλπίδα ἀναβίωσιν 20
τοῦ πατρὸς αὐτοῦ καὶ τὴν ἑαυτοῦ σωτηρίαν, λαβὼν τὸ δρέπανον τὰ ἑαυτοῦ μόρια ἀφείλετο, καὶ δραμὼν εἰς τὴν οἰκίαν εἰς
ὄψιν τῆς μοιχαλίδος αὐτοῦ ἔρριψεν αὐτὰ λέγων· διὰ σὲ πατρὸς
φονεὺς καὶ ἡμῶν τῶν δύο γέγονα, καὶ ἰδοὺ ἔχεις τὰ τούτων
αἴτια· ἐμὲ γὰρ ὁ θεὸς ἠλέησεν ἐπιγνῶναι αὐτὸν διὰ τοῦ δού- 25
λου αὐτοῦ Ἰωάννου. ταῦτα ἀκούσας ὁ Ἰωάννης καὶ λυπηθεὶς
εἶπεν πρὸς αὐτόν· ταλαίπωρε, ὁ ὑποβάλας σε τὸν πατέρα σου
φονεῦσαι δαίμων αὐτός σε ὑπέβαλεν καὶ τοῦτο ποιῆσαι. ἔδει
γάρ σε οὐχὶ τοὺς τόπους αὐτῶν ἀφανίσαι, ἀλλὰ τὴν ἔννοιαν
ἐκ τῆς ψυχῆς σου· οὐ γὰρ τὰ ὄργανά εἰσιν βλαπτικά, ἀλλ᾽ ὁ 30
νοῦς ὁ συγκαταβαίνων τῇ ἁμαρτίᾳ. μετανόησον οὖν, ἄθλιε,
ἐπὶ τῇ παρανόμῳ τόλμῃ ᾗ ἐποίησας. ὁ δὲ παῖς στένων καὶ
τρέμων παρεκάλει τὸν τοῦ Χριστοῦ ἀπόστολον, συγγνώμην λαβεῖν τῶν ἡμαρτημένων. ὃν λαβὼν ὁ ἀπόστολος τοῦ Χριστοῦ
εἰσήγαγεν ἐν τῇ πόλει καὶ κατηχήσας καὶ βαπτίσας αὐτὸν ἅμα 35
τοῦ πατρὸς αὐτοῦ προσήγαγεν τῇ ἐκκλησίᾳ. καὶ ἦν ὁ παῖς

1. διαβολου: διαβολω P² | 9. δαῖμον: δαιμων P² | 10. τον ιω P² |
15. το κακον: sic P² | 29. τους τοπους αυτων nach P² als ob ἐπιθυμιαι
oder dergleichen vorher erwähnt wäre | 33. λαβειν: λαβων P² | 35. αυτον:
αυτω P²

μεθ' ἡμῶν πάντοτε ὑπηρετῶν, ὥστε πάντας θαυμάζειν καὶ
δοξάζειν τὸν θεόν.

Ἐν μιᾷ οὖν τῶν ἡμερῶν ὡς ἦν Ἰωάννης καθεζόμενος, πέρδιξ διάπτασα καὶ ἐλθοῦσα ἐκονίζετο ἔμπροσθεν αὐτοῦ· ὁ οὖν
5 Ἰωάννης βλέπων αὐτὸ ἐθαύμαζεν. ἱερεὺς δέ τις ἐλθών, εἷς τῶν
ἀκροατῶν ὤν, εἰσελθὼν πρὸς Ἰωάννην εἶδεν τὴν πέρδικα κονι-
ζομένην ἔμπροσθεν αὐτοῦ, καὶ σκανδαλισθεὶς ἐν ἑαυτῷ ἔλεγεν·
ὁ τοιοῦτος καὶ τηλικοῦτος τέρπεται ἐπὶ πέρδικος κονιαζομένης.
γνοὺς δὲ ὁ Ἰωάννης τῷ πνεύματι τὴν ἐνθύμησιν αὐτοῦ εἶπεν
10 πρὸς αὐτόν· ἄμεινον ἦν καὶ σέ, τέκνον, ὁρᾶν πέρδικα κονιζο-
μένην καὶ μὴ εἰς αἰσχρὰς καὶ βεβήλους πράξεις μολύνεσθαι. ὁ
γὰρ πάντων τὴν ἐπιστροφὴν καὶ τὴν μετάνοιαν ἀναμένων διὰ
τοῦτο ἐνταῦθά σε ἤγαγεν· ἐπεὶ ἐγὼ πέρδικος κονιζομένης οὐ
χρῄζω· ἡ γὰρ πέρδιξ ἡ σή ἐστιν ψυχή. ταῦτα ἀκούσας ὁ
15 πρεσβύτης καὶ ἰδὼν ὅτι οὐκ ἔλαθεν, ἀλλὰ πάντα τὰ ἐν τῇ
καρδίᾳ αὐτοῦ εἶπεν αὐτῷ ὁ ἀπόστολος τοῦ Χριστοῦ, πεσὼν
ἐπὶ πρόσωπον ἐπὶ τὴν γῆν ἐβόα λέγων· νῦν οἶδα, ὅτι ὁ θεὸς
οἰκεῖ ἔν σοι, μακάριε Ἰωάννη· καὶ μακάριος, ὅστις οὐκ ἐπείρασεν ἔν σοι τὸν θεόν. ὁ γὰρ σὲ πειράζων τὸν ἀπείραστον
20 πειράζει. παρεκάλει δὲ αὐτὸν εὔχεσθαι ὑπὲρ αὐτοῦ, καὶ κατηχήσας αὐτὸν καὶ δοὺς κανόνας ἀπέλυσεν εἰς τὸν οἶκον αὐτοῦ
δοξάζοντα τὸν ἐπὶ πάντων θεόν.

6. ων: ὃν P² | 8. κονιαζομενης: so nur hier P² cf l. 4. 6. 10. 13.
Zur Sache ist zu vergleichen die ursprünglichere Gestalt dieser Sage bei
Cassian (collat. XXIV, 21 Bibl. P. Max. VII, 246): Fertur beatissimus evangelista Joannes, cum perdicem manibus molliter demulceret, quendam ad
se habitu venatorio venientem subito conspexisse. Qui miratus, quod
vir tantae opinionis ac famae ad tam parva et humilia se oblectamenta
submitteret: Tune es, inquit, ille Joannes, cuius fama insignis atque
celeberrima me quoque summo desiderio tuae agnitionis illexit? cur ergo
oblectamentis tam vilibus occuparis? Cui beatus Joannes: Quid est,
quod manus tua gestat? At ille: Arcus, inquit. Et cur, ait, non eum
tensum ubique semper circumfers? Cui ille respondit: Non oportet, ne
iugi curvamine rigoris fortitudo laxata mollescat atque depereat, et cum
oportuerit ut fortiora in aliquam feram spicula dirigantur, rigore per
nimietatem continuae tensionis amisso violentior ictus non possit emitti.
Nec nostri, inquit beatus Joannes, animi te offendat, o iuvenis, tam
parva haec brevisque laxatio, quae (lies qui) nisi remissione quadam
rigorem intentionis suae interdum relevet ac relaxet, irremisso vigore
lentescens virtutis spiritus, cum necessitas poscit, obsecundare non po-
terit. — Thilo acta Jo. p. 9 fordert und Fabric. II, 775 schreibt *rigore*
statt *vigore* vor *lentescens* und beide in derselben Zeile *intensionis*. S.
übrigens m. Einl. § 9 | 22. δοξαζοντα: δοξαζων P²

Διετρίψαμεν δὲ ἐν Ἐφέσῳ μετὰ τὸ ἐλθεῖν ἡμᾶς ἀπὸ τῆς ἐξορίας ἔτη κς'· ἐποιήσαμεν δὲ ἐν τῇ Πάτμῳ νήσῳ ἐξόριστοι ἔτη ιε', πρὸ δὲ τῆς ἐξορίας τὸ πρὶν ἐν Ἐφέσῳ ἔτη θ', καὶ ἐν Ῥώμῃ ἔτη δ'. ἦν δὲ ὁ Ἰωάννης, ὅτε παρεγενόμεθα ἀπὸ Ἰερουσαλὴμ εἰς Ἔφεσον, ἐτῶν ν', μηνῶν ἑπτά, ἐγὼ δὲ Πρόχορος ἤμην ἐτῶν 5 λ', μηνῶν πέντε, ὡς εἶναι τὸν Ἰωάννην ἐν βαθυτάτῳ γήρᾳ ὡσεὶ ἐτῶν ρδ', μηνῶν ἑπτά. ὡς δὲ ἔγνω τὴν μετάστασιν αὐτοῦ δι' ἀποκαλύψεως κυρίου, κυριακῆς ἡμέρας οὔσης συνὼν τοῖς ἀδελφοῖς, μετὰ τὴν θείαν καὶ φρικτὴν μυσταγωγίαν καὶ τὴν κλάσιν τοῦ ἄρτου πάντων συνηγμένων εἶπεν· ἐπειδή, ὦ τεκνία μου, 10 ὁ χρόνος τῆς ζωῆς μου βραχὺς καὶ ὀλιγοστός ἐστιν, καὶ μέλλω πρὸς τὸν κύριόν μου πορεύεσθαι, στηρίζεσθε ἐν τῇ πίστει καὶ ἀγάπῃ τοῦ Χριστοῦ, καὶ ἃ εἴδετε παρ' ἐμοῦ ἐπιτελούμενα καὶ παρελάβετε μὴ ἐπιλάθεσθε, ἵνα κἀγὼ ἐν τῇ ἀναστάσει τοῦ κυρίου εἴπω· ἰδοὺ ἐγὼ καὶ τὰ παιδία, ἅ μοι ἔδωκεν ὁ θεός. 15 μνημονεύετε, ὅσας δι' ἐμοῦ ὑμῖν παρέσχεν ὁ θεὸς ἀντιλήψεις, χαρίσματα ἰαμάτων, κυβερνήσεις, γνώσεις, κοινωνίας, πίστεις, διδασκαλίας, δωρεὰς ἰαμάτων, καὶ γίνεσθε χρηστοὶ καὶ οἰκτίρμονες, ἀλλήλους οἰκοδομοῦντες, ἀναστρεφόμενοι ἐν πάσῃ ἐγκρατείᾳ καὶ σεμνότητι. ταῦτα λέγω πρὸς ὑμᾶς, ἀδελφοί· ἤδη πρὸς 20 τὸ προκείμενόν μοι ἔργον πορεύομαι. καὶ εἰ καὶ τῷ σώματι ἀποληφθῶ ἀφ' ὑμῶν, ἀλλὰ τῷ πνεύματι οὐκ ἀποληφθήσομαι. ἔχετε τοῦ θεοῦ ἡμῶν τὰ ἐνέχυρα, ἔχετε τοὺς ἀρραβῶνας τῆς ἀγαθωσύνης αὐτοῦ, ἔχετε αὐτὸν ἐν μέσῳ ὑμῶν, πάντοτε καλῶς πολιτευομένων ὑμῶν. ταῦτα καὶ πλείονα εἰπόντος αὐτοῦ, καὶ 25 τοῦ λαοῦ τοῖς δάκρυσιν τὰ ἐδάφη βρεχόντων, εἶπεν πρὸς Εὐτύχην τὸν καὶ Οὔηρον· τέκνον Εὐτύχη, σὲ καθίστημι μετὰ θεοῦ πρωτόθρονον καὶ ποιμένα τοῦ λαοῦ τούτου. βλέπε, τέκνον Οὔηρε, πῶς μέλλεις ποιμᾶναι τὸ ποίμνι [ον] . . . . δὲ τῷ βίῳ ὄψεσθαί με. ἡμῶν δὲ βρεχόντων τὴν γῆν τοῖς δάκρυ- 30 σιν καὶ ἐπισύραντες γῆν ἐκαλύψαμεν αὐτὸν ἕως τοῦ τραχήλου. καὶ πάλιν εἶπεν πρὸς ἡμᾶς· ἐνέγκαντες ὀθόνην καλύψατε τὸ πρόσωπόν μου, καὶ ἐπισύραντες γῆν τὴν ἐμὴν μητέρα καλύψατέ με. καὶ ἐνέγκαντες ὀθόνην ἐσκεπάσαμεν τὸ πρόσωπον αὐτοῦ . . . .

6. γηρᾳ: γειρη P² | 13. ειδετε: ιδεται P² | 18. χρηστοι: χριστοι P² | 20. ηδη: ειδη P² | 22. απολειφθω — απολειφθησομαι P² | 23. αραβωνας P² | 24. αγαθοσυνης P² | 25. ταυτα και: και ταυτα P² | 26. τα: τω P² | Εὐτύχην τον και: Εὐτυχη και τον P² cf l. 27 u. Sophocles glossary of later Greek p. 82 | 29. ποιμνι: so schliesst fol. 82 vers. Dass zwischen fol. 82 u. 83 ein Blatt fehle, bemerkte schon Thilo Acta Thomae proll. LXXX

εἰρηκώς· τὸ τελευταῖον κραταιῶς ἀσπάσασθέ με, ὅτι οὐκέτι
ὄψεσθέ με ἐν τῷδε τῷ βίῳ. καὶ μετὰ τὸ ἀσπάσασθαι αὐτὸν
καὶ κλαῦσαι ἱκανῶς, ἐπισύραντες γῆν ἐκαλύψαμεν αὐτόν, καὶ
οὕτως ἀπεκρύβη ἀφ' ἡμῶν, καὶ οὐκέτι εἴδομεν αὐτόν. οἱ δὲ
5 ἀδελφοὶ ἀκούσαντες ἔκλαυσαν πικρῶς. καὶ τῇ αὔριον ἐξελθόντες πάντες μετὰ λιτῆς ἆραι τὸ σῶμα αὐτοῦ, ἐν τῇ μεγάλῃ
ἐκκλησίᾳ ὅπως κατατεθῇ, ἀνοίξαντες τὸ ὄρυγμα οὐδὲν εὕρομεν,
καὶ μνησθέντες τοῦ Χριστοῦ εἰρηκότος πρὸς Πέτρον· „ἐὰν
αὐτὸν θέλω μένειν ἕως ἔρχομαι, τί πρὸς σέ“; ὑπεστρέψαμεν
10 ἐν τῇ πόλει δοξάζοντες πατέρα καὶ υἱὸν καὶ ἅγιον πνεῦμα, ᾧ
ἡ δόξα καὶ τὸ κράτος νῦν καὶ ἀεὶ καὶ εἰς τοὺς αἰῶνας τῶν
αἰώνων. ἀμήν.

---

1. ειρηκως: ohne Lücke vorher P² | 6. λιτης: λητης P², so lese ich
deutlich; Tischendorf copirte und notirte als unverständlich γη της.
Ueber λιτη s Ducange 817.

II.

Die Wanderungen des Johannes

nach

Leucius Charinus.

Nachrichten und Urtheile der Alten über Leucius und sein Werk.

I. Eusebius (h. e. III, 25) beschreibt im Gegensatz sowohl zu den unbedingt kanonischen Schriften des N. Testaments (ὁμολογούμενα, ἀνωμολογημένα, ἐνδιάθηκα), als auch zu den nur von einigen Kirchen und Schriftstellern ebenso oder ähnlich geschätzten Schriften (ἀντιλεγόμενα) eine dritte Classe mit [5] folgenden Worten: τὰς ὀνόματι τῶν ἀποστόλων πρὸς τῶν αἱρετικῶν προφερομένας, ἤτοι ὡς Πέτρου καὶ Θωμᾶ καὶ Ματθία ἢ καί τινων παρὰ τούτους ἄλλων εὐαγγέλια περιεχούσας, ἢ ὡς Ἀνδρέου καὶ Ἰωάννου καὶ τῶν ἄλλων ἀποστόλων πράξεις, ὧν οὐδὲν οὐδαμῶς ἐν συγγράμματι τῶν κατὰ διαδοχὰς ἐκκλησιαστι- [10] κῶν τις ἀνὴρ εἰς μνήμην ἀγαγεῖν ἠξίωσεν. πόρρω δέ που καὶ ὁ τῆς φράσεως παρὰ τὸ ἦθος τὸ ἀποστολικὸν ἐναλάττει χαρακτήρ, ἥ τε γνώμη καὶ ἡ τῶν ἐν αὐτοῖς φερομένων προαίρεσις πλεῖστον ὅσον τῆς ἀληθοῦς ὀρθοδοξίας ἀπάδουσα, ὅτι δὴ αἱρετικῶν ἀνδρῶν ἀναπλάσματα τυγχάνει σαφῶς παρίστησιν, ὅθεν [15] οὐδὲ ἐν νόθοις αὐτὰ κατατακτέον, ἀλλ' ὡς ἄτοπα πάντη καὶ δυσσεβῆ παραιτητέον.

II. 1. Epiphanius haer. 47, 1 (κατὰ Ἐγκρατιτῶν): κέχρηνται δὲ γραφαῖς πρωτοτύπως ταῖς λεγομέναις Ἀνδρέου καὶ

1. Die Gründe, aus welchen die hier zusammengestellten Angaben, auch diejenigen, welche den Namen den Leucius nicht enthalten oder nicht unmittelbar von einem unter seinem Namen verbreiteten Buch sagen, auf die Apostelgeschichten und insbesondre die Johannesacten des Leucius zu beziehen sind, werden in der Einleitung dargelegt | 8. η vor ως nach cod. A (Paris. 1437) Vales., auch mehreren Hss. bei Lämmer: > die andern | 9. πραξεις A Val. Lämmer, dessen krit. Note zu διαδοχας hieher zu gehören scheint: τας ✕ die andern | 14. απαδουσα A Rufinus und die Mehrzahl der Hss.: αποδεουσα andere | 18. Mit Unrecht wollte Fabricius (cod. pseud. N. Ti II, 765, ed. 2) auch in Epiphan. haer. 30, 23 eine Spur von apokryphischen Johannesacten und zwar ebjonitischen Ursprungs finden, wogegen Thilo (Osterprogramm, Fragm.

Ἰωάννου πράξεσι καὶ Θωμᾶ καὶ ἀποκρύφοις τισὶ καὶ οἷς βού-
λονται λόγοις τῆς παλαιᾶς διαθήκης. Cf. haer. 45, 4 (κατὰ
Σευηριανῶν); 61, 1 (κατὰ Ἀποστολικῶν): καὶ οἱ μὲν Καθαροὶ
ταῖς ῥηταῖς μόνον γραφαῖς κέχρηνται, οὗτοι δὲ ταῖς λεγομέναις
5 πράξεσιν Ἀνδρέου τε καὶ Θωμᾶ τὸ πλεῖστον ἐπερείδονται,
παντάπασιν ἀλλότριοι τοῦ κανόνος τοῦ ἐκκλησιαστικοῦ ὑπάρ-
χοντες. — haer. 63, 2 (κατὰ Ὠριγενιανῶν τῶν πρώτων τῶν καὶ
αἰσχρῶν): κέχρηνται δὲ, ὡς ἔφην, διαφόροις γραφαῖς παλαιᾶς
καὶ νέας διαθήκης καὶ ἀποκρύφοις τισὶ, μάλιστα ταῖς λεγο-
10 μέναις πράξεσιν Ἀνδρέου καὶ τῶν ἄλλων.

2. In seiner ausführlichen Erörterung über die Ergänzung
der synoptischen Evangelien durch das johanneische sagt Epiphanius (haer. 51, 6 Petav. 427 C; Oehler I, 2, 56; Dindorf
II, 456): Ματθαίου μὲν γὰρ κεκηρυχότος τὸν Χριστὸν γεννη-
15 θέντα καὶ ἐκ πνεύματος ἀγίου συλληφθέντα, ἐκ σπέρματος
Δαβὶδ καὶ Ἀβραὰμ κατὰ σάρκα οἰκονομηθέντα, πλάνη τισὶ
γεγένηται τοῖς μὴ νενοηκόσιν — οὐ τοῦ εὐαγγελίου αἴτιου ὄντος
αὐτοῖς εἰς τὸ πλανηθῆναι, ἀλλὰ τῆς αὐτῶν διανοίας πεπλανη-
μένης – εἰς παράστασιν τῆς περὶ τῶν αὐτῶν πληροφορίας τὰ
20 ἀπὸ τοῦ εὐαγγελίου κακῇ ὑπονοίᾳ ἐπινενοημένα. Ἔνθεν γὰρ

actuum S. Joannis, a Leucio Charino conscriptorum, Halle 1847 p. 4)
nicht entschieden genug sich erklärt. Der Ausdruck des Epiphanius,
die Ebjoniten zählten auch den Namen Johannes mit auf (ἐγκαταλέγουσιν)
unter den Namen der Apostel, unter deren Namen sie Bücher erdichtet
haben, spricht durchaus dagegen, dass sie ein Buch besassen, welches
speciell den Johannes zum Verf. oder gar zum Gegenstand hatte. Wäre
ein apostelgeschichtliches Werk gemeint, was nach vielen Analogien so
ungenau ausgedrückt sein könnte, so wäre nur an das haer. 30, 16 erwähnte zu denken und aus unsrer Stelle zu entnehmen, dass darin auch
Johannes erwähnt worden sei, was sich freilich von selbst versteht (cf.
Clem. recogn. I, 57). Handelt es sich aber, wie der Ausdruck zunächst
besagt, um Bücher, welche von Aposteln geschrieben sein sollen, so
kann nur jenes ebjonitische Evangelium gemeint sein, in welchem die
12 Apostel das „Wir" der Erzähler sind, und Jesus selbst in der Aufzählung der von ihm erwählten Apostel den Johannes zuerst nennt
(haer. 30, 13 cf. Hilgenfeld, Nov. T. extra canon. IV, 33. 35). Auf
diesen κατάλογος blickt Epiphanias an der späteren Stelle zurück, hat
also überhaupt dort vor allem, wenn nicht ausschliesslich, jenes evange-
lium iuxta duodecim apostolos im Sinn | 17. ου του ευαγγελιου κτλ.:
durch Auffassung dieses Satzes als Parenthese (Oehler) ist freilich der
Satz noch nicht klar, und wahrscheinlich etwas ausgefallen (Petavius) |
20. κακη . . επινενοημεναι cod. Ven. καλη . . νενοημενα

οἱ περὶ Κήρινθον καὶ Ἐβίωνα ψιλὸν τὸν ἄνθρωπον κατέσχον
καὶ Μήρινθον καὶ Κλεόβιον εἴτ᾽ οὖν Κλεόβουλον καὶ Κλαύδιον
καὶ Δημᾶν καὶ Ἑρμογένην, τοὺς ἀγαπήσαντας τὸν ἐνταῦθα
αἰῶνα καὶ καταλείψαντας τὴν ὁδὸν τῆς ἀληθείας. ἀντιλέγοντες
γὰρ τοῖς τοῦ κυρίου μαθηταῖς κατ᾽ ἐκεῖνο καιροῦ, ἀπὸ τῆς 5
κατὰ τὸν Ἀβραὰμ καὶ Δαβὶδ γενεαλογίας τὴν αὐτῶν ἄνοιαν
παριστᾶν ἐπειρῶντο, οὐ καλῶς μὲν οἰόμενοι, πλὴν ἐντεῦθεν
τὴν πρόφασιν θηρώμενοι. ἀντελέγοντο γὰρ πολλάκις ὑπὸ τοῦ
ἁγίου Ἰωάννου καὶ τῶν ἀμφ᾽ αὐτόν, Λευκίου καὶ ἄλλων πολλῶν. παρατρίψασα δὲ ἑαυτῆς τὸ μετώπιον ἡ ἀναισχυντία 10
ἑαυτῇ κακὰ ἐπισπάσασθαι ἐφιλοτιμήσατο.

III. Τοῦ ἁγίου Ἀμφιλοχίου ἐπισκόπου Ἰκονίου περὶ τῶν
ψευδεπιγράφων τῶν παρὰ αἱρετικοῖς, οὐ ἡ ἀρχή· „Δίκαιον δὲ
ἡγησάμεθα πᾶσαν αὐτῶν γυμνῶσαι τὴν ἀσέβειαν καὶ δημο-
σιεῦσαι αὐτῶν τὴν πλάνην, ἐπειδὴ καὶ βιβλία τινὰ προβάλλον- 15
ται ἐπιγραφὰς ἔχοντα τῶν ἀποστόλων, δι᾽ ὧν ἁπλουστέρους
ἐξαπατῶσι“. καὶ μετ᾽ ὀλίγα· „Δείξομεν γὰρ τὰ βιβλία ταῦτα,
ἃ προφέρουσιν ἡμῖν οἱ ἀποστάται τῆς ἐκκλησίας, οὐχὶ τῶν
ἀποστόλων πράξεις, ἀλλὰ δαιμόνων συγγράμματα“. καὶ μεθ᾽
ἕτερα· „Ταῦτα μὲν ὁ ἀπόστολος Ἰωάννης οὐκ ἂν εἶπεν, ὁ 20
γράψας ἐν τῷ εὐαγγελίῳ, ὅτι ὁ κύριος ἀπὸ τοῦ σταυροῦ λέγει·
ἰδοὺ ὁ υἱός σου, ὡς καὶ ἀπὸ τῆς ἡμέρας ἐκείνης λαβεῖν τὸν
ἅγιον Ἰωάννην τὴν Μαρίαν εἰς τὰ ἴδια. πᾶς ἐνταῦθα λέγει
μὴ παρεῖναι; ἀλλ᾽ οὐδὲν ξένον· ὥσπερ γὰρ ὁ κύριος ἀλήθειά
ἐστιν, οὕτως ὁ διάβολος ψεύστης τυγχάνει. ἐκεῖνος γὰρ ψεύστης 25

1. τον: αυτον Dindorf nach Ven. | 5. κυριου: Χριστου Dind. nach
Ven. | 7. ου καλως: ουχ αγνως Ven. | 9. αυτον Oehler, Dind. nach Ven.:
αυτων andere | Λευκιου: Λουκιου Dind. ohne Rechtfertigung | 10. με-
τωπιον: μετωπον Dind. nach Ven. | 11. ἑαυτῇ (geschr. ἑαυτὴ) κ. επισ-
πασασθαι: τα εαυτης κ. επισπασθαι Dind. nach Ven. | 12. Sammt der
Ueberschrift aus den Acten der 2. Nicänischen Synode v. J. 787, 5. Sitzung,
entnommen (Acta Concil. ed. Harduinus IV, 302 cf. Mansi XIII, 176) |
17—19. και μετ᾽ ολιγα — συγγραμματα fehlt in der Uebersetzung des
Anastasius, findet sich dagegen ausser im gedruckten griech. Text in
der aus einer anderen griechischen Hs. angefertigten lat. Uebersetzung
des Gybertus Longolius bei Harduin l. l. 668; Mansi l. l. 640. S. über
diese Version Harduin l. l. p. 529. 530 und Thilo im Osterprogramm von
1847 p. 13 | 23. Amphilochius bezieht sich auf die Stelle des unten mit-
getheilten Fragm. II, wo dem Johannes zur Zeit der Kreuzigung Jesu
dieser in einer Höhle erscheint | λεγει, so auch Anast.: dicitur Lon-
golius

ἐστὶ καὶ πατὴρ αὐτοῦ· καὶ ὅταν λαλῇ τὸ ψεῦδος, ἐκ τῶν ἰδίων λαλεῖ. καὶ ταῦτα μὲν περὶ τοῦ ψεύδους".

IV. Philaster Brixiensis de haer. c. 88: Scripturae autem absconditae id est apocrypha, etsi legi debent morum
5 causa a perfectis, non ab omnibus debent, quia non intelligentes multa addiderunt et tulerunt qnae voluerunt haeretici. Habent Manichaei apocrypha beati Andreae apostoli, id est actus quos fecit veniens de Ponto in Graeciam, quos conscripserunt tunc discipuli sequentes beatum apostolum; unde et habent Manichaei
10 et alii tales Andreae beati et Joannis actus evangelistae beati et Petri similiter apostoli et Pauli pariter apostoli, in quibus quia signa fecerunt magna et prodigia, ut pecudes et canes et bestiae loquerentur etiam, et animas hominum tales velut canum et pecudum similes imputaverunt esse haeretici perditi.
15 V. Pacianus Barcelonensis in ep. III, 2 contra No-vatianos (Gallandi bibl. VII, 257): Et primum hi plurimis ni-tuntur auctoribus; nam puto et Graecus Blastus ipsorum est; Theodotus quoque et Praxeas vestros aliquando docuere, ipsi illi Phryges nobiliores, qui se animatos mentiuntur a Leucio, se
20 institutos a Proculo gloriantur.
VI. Hieronymus 1. Comm. in Matth. praef. sagt er über

4. *debent* nach A, der einzigen vorhandenen Hs.: Oehler nach den früheren Auszg. × *legi* | 5. *quia* A Fabric. Oehler: *qui* andere | 6. *Ha-bent* Oehler: *nam* die andern | 10. *et alii:* davor interpungirt Oehler falsch; wahrscheinlich gehört auch *tales* nicht zu dem folgenden *actus* sondern zu *alii* d. h. andere derartige Häretiker wie z. B. die Priscil-lianisten | 13. *et: eo* Oehler's Conjectur | 21. Hieron. opp. ed. Vallarsi (Quartausg. v. 1769) vol. VII, 5 sq. cf. de vir. ill. 9 (vol. II, 843; ed. Herding p. 14: *Johannes apostolus ... novissime omnium scripsit evan-gelium, rogatus ab Asiae episcopis, adversus Cerinthum aliosque haere-ticos et maxime tunc Ebionitarum dogma consurgens, qui asserunt Christum ante Mariam non fuisse)* cf. Canon Murat. l. 9 — 16; Clem. Alex. hypotyp. bei Eus. h. e. VI, 14, 7; Victorini Petabon. scholia in apocal. (Gallandi, Bibl. P. ed. II, Venet. 1788, IV, 59: *cum enim essent Valentinus, Cherintus et Ebion et ceteri [!] scholae Satanae diffusi per orbem, convenerunt ad illum de finitimis provinciis omnes episcopi et compulerunt eum, ut et ipse testimonium conscriberet* cf. die andere Re-cension dieses Commentars Bibl. Maxima III, 418 C); s. ferner den unten excerpirten augustinischen oder pseudoaugustinischen Tractat (Mai, Nova P. Bibl. I, 1, 381) und den vor Augustins Tractaten zum Ev. Joh. ge-druckten Prolog (ed. Ven. III vol. IV p. 382: *inter ipsos autem evan-geliorum scriptores Johannes eminet in divinorum mysteriorum profun-*

Johannes: Ultimus Joannes apostolus et evangelista, quem Jesus
amavit plurimum, qui supra pectus domini recumbens purissima
doctrinarum fluenta potavit, et qui solus de cruce meruit audire
„Ecce mater tua". Is cum esset in Asia et iam tunc haereticorum semina pullularent, Cerinthi, Ebionis et caeterorum qui 5
negant Christum in carne venisse, quos et ipse in epistola sua
Antichristos vocat et apostolus Paulus frequenter percutit, coactus
est ab omnibus paene tunc Asiae episcopis et multarum ecclesiarum legationibus de divinitate salvatoris altius scribere et ad
ipsum, ut ita dicam, dei verbum non tam audaci quam felici 10
temeritate prorumpere; ut ecclesiastica narrat historia,
cum a fratribus cogeretur, ut scriberet, ita facturum se respon-
disse, si indicto ieiunio in commune omnes deum deprecarentur,
quo expleto relevatione saturatus in illud prooemium caelo veniens eructavit: In principio erat verbum etc. 15
    2. Comm. in Matth. l. III (vol. VII, 655 sq.) zu c. 20, 23:
Quaeritur, quomodo calicem martyrii filii Zebedaei, Jacobus
videlicet et Joannes biberint, cum scriptura narret Jacobum
tantum apostolum ab Herode capite truncatum, Joannes autem
propria morte vitam finierit. Sed si legamus ecclesiasticas 20

ditate, qui a tempore dominicae adscensionis per annos sexaginta quinque verbum dei absque adminiculo scribendi usque ad ultima Domitiani
praedicavit tempora. Sed occiso Domitiano, cum permittente Nerva de
exsilio rediisset Ephesum, compulsus ab episcopis Asiae de coaeterna
patri divinitate Christi scripsit adversus haereticos, qui eo absente irru-
perant in eius ecclesias, qui Christum ante Mariam fuisse negabant).
S. auch das Buch des sogen. Isid. Hispal. de vita et obitu utriusque
T. Sanctorum (Monum. Patr. Orthodoxogr. Basil. 1569, 2. Theil p. 598)
und den damit fast identischen Prolog in Bibl. Casinensis III, 2, 38;
ferner Primas. comm. in apocal. lib. I prooem. (Maxima P. Bibl. X, 288).
Die Vorrede zu den vier Evv. im cod. Amiatinus ed. Tischendorf p. 8 sq.
ist identisch mit der oben excerpirten Vorrede des Hieron. zum Matthäuscommentar mit wenigen Varianten. S. auch den Prolog zu einer Catene
des Claudius von Turin bei Mai, Nova P. Bibl. I, 502 | 5. pullularent
Vall.: pullulassent Amiat. | Hebionis Amiat. | 11. ut Amiat. u. 2 codd.
Palatini bei Vall.: et Vall., unde et andere codd. und ältere edd. | 12. se
Vall.: > Am. | 13. deprecarentur Am. u. codd. bei Vall.: precarentur
Vall. | 20. cf. Tertull. de praeser. 36, ferner den unten excerpirten Trac-
tat des Augustin (Mai Nova P. Bibl. I, 1, 379); Abdias, hist. ap. V, 2
(Fabric. Cod. ps. N T. II, 534: . . proconsul iussit eum velut rebellem
in dolio ferventis olei mergi, qui statim ut coniectus in aeneo est, veluti
athleta, unctus non adustus de vase exiit); die Erweiterung des Mellitus
(im Druck des Florentinius, wiederholt bei Fabric. III, 606 fehlt dies),

historias, in quibus fertur, quod et ipse propter martyrium
sit missus in ferventis olei dolium, et inde ad suscipiendam co-
ronam Christi athleta processerit, statimque relegatus in Pathmos
insulam sit, videbimus martyrio animum non defuisse et bibisse
5 calicem confessionis.

3. Comm. in Jes. l. XV (vol. IV, 658) zu Jes. 56, 4 sq.:
Talem fuisse eunuchum, quem Jesus amavit plurimum, evangelistam Joannem, ecclesiasticae tradunt historiae, qui
recubuit super pectus Jesu, qui Petro tardius ambulante elatus
10 virginitatis alis cucurrit ad dominum, qui in secreta divinae se
nativitatis immergens ausus est dicere, quod cuncta saecula
nesciebant: In principio erat verbum etc.

4. Adv. Jovin. 1, 26 (vol. II, 278): Possumus autem de
Petro dicere, quod habuerit socrum eo tempore quo credidit et
15 uxorem iam non habuerit, quamquam legatur in περιόδοις et
uxor eius et filia; sed nunc nobis de canone omne certamen
est. . . . . Et tamen Joannes unus ex discipulis, qui minimus
traditur fuisse inter apostolos et quem fides Christi virginem
repererat, virgo permansit et ideo plus amatur a domino et
20 recumbit super pectus Jesu . . . . . . (Nach Anführung von
Joh. 21, 22:) Ex quo ostenditur virginitatem non mori nec sordes
nuptiarum abluere cruore martyrii, sed manere cum Christo et
dormitionem eius transitum esse, non mortem . . . . Ut autem
sciamus Joannem tunc fuisse puerum, manifestissime docent
25 ecclesiasticae historiae, quod usque ad Traiani vixerit

welche sich im cod. Casin. 99 (Bibl. Casin. II, 2 [Florileg.], p. 67 n. 1)
findet, und die viel ausführlichere, welche der cod. Casin. 101 (l. l.
p. 68, an zwei Stellen) an derselben Stelle einschaltet; sodann den
lateinischen Prochorus (Bibl. Max II, 1, 52) und Victor von Capua in
seinen Respons. capit. (Iren. quinque libr. ed. Feuard. p. 240 sq. cf Patr.
apost. opp. unserer Ausg. II p. XLVII; denn dass die dem dortigen
Fragment des Polykarp folgenden Worte *legitur et in dolio ferventis olei
pro nomine Christi beatus Johannes fuisse demersus* nicht dem Polykarp,
sondern dem Victor angehören, ist nicht erst hier zu beweisen s. Patr.
ap. II, 171 Anm. | 7. cf Frg. VI der Leuciusacten = Tischend. Acta
apost. apocr. p. 275. Tertull. de monog 17: *Joannes aliqui Christi
spado* | 18. Vgl. die aus August. tract. 124 in Jo. u. dem Sermo aus
Mai, Nova P. Bibl. I, 378 unten mitgetheilten und dazu citirten Stellen,
und etwa noch Hieron. ep. ad Principiam (Vallarsi I, 955) | 25. Comment.
in Daniel 9 (Vallarsi V, 690) findet sich Aehnliches, aber nur in einem
Referat aus Euseb. ecl. prophet. III, 26 (ed. Gaisford p. 164). Es sind

imperium, id est post passionem domini sexagesimo octavo anno
dormierit, quod et nos in libro de illustribus viris breviter per-
strinximus . . . Refert autem Tertullianus, quod a Nerone
missus in ferventis olei dolium purior et vegetior exiverit quam
intraverit. . . . Joannes vero noster quasi aquila ad superna 5
volat et ad ipsum patrem pervenit dicens „in principio erat
verbum" etc. Exposuit virginitas, quod nuptiae scire non poterant, et ut brevi sermone multa comprehendam doceamque,
cuius privilegii sit Joannes, immo in Joanne virginitas, a domino virgine mater virgo virgini discipulo commendatur. 10

5. Pseudohieronymus in der Dedication des Buchs de nativitate S. Mariae an Chromatius und Heliodorus (Vallarsi XI, 2,
382) sagt von diesem angeblich von Matthaeus hebräisch ge-
schriebenem Buch: Sed factum est, ut a Manichaei discipulo
nomine Seleuco, qui etiam apostolorum gesta falso sermone 15
conscripsit, hic liber editus non aedificationi, sed destructioni
materiam exhibuerit, et quod talis probaretur in synodo, cui
merito aures in ecclesia non paterent.

Ferner in c. 1: Quidam namque Seleucus, qui passiones
apostolorum conscripsit, hunc libellum composuit. Sed sicut de 20
virtutibus eorum et miraculis per eos factis vera dixit, de doctrina vero eorum plura mentitus est, ita et hic multa non vera
de corde suo confinxit.

VI. Augustinus. 1. De actis cum Felice Manichao II, 6
(tom. X, 586): Habetis etiam hoc in scripturis apocryphis, 25
quas canon quidem catholicus non admittit, vobis autem tanto
graviores sunt, quanto a catholico canone secluduntur. Aliquid

auch nur Eusebs dortige Worte καὶ γὰρ οὖν ἐκ τῶν ἱστοριῶν δείκνυται,
welche Hieronymus hier durch *tradentibus ecclesiasticis historiis* wieder-
giebt und erweitert | 3. Tertull. de praesor. 36. Der Ausdruck entspricht
aber nicht dem des Tertullian, der von der römischen Kirche sagt, *ubi
apostolus Johannes, posteaquam in oleum igneum demersus nihil passus
est, in insulam relegatur,* sondern dem des Hieronymus selbst s. p. 200, 2
und der anderen dort citirten Abendländer | a *Nerone* haben nach Vall.
mss. omnes et vetus editio: das übliche *Romae* ist also nur Conjectur |
9. Cf das aus Augustin und einem angeblich augustinischen Tractat unten
p. 205, 34; 206, 7 und in den Noten dazu Citirte | 11. Ueber andere
Verbindungen des Namens Leucius oder Seleucus mit apokryphischer
Literatur s. noch Thilo, cod. apocr. p. CVII; CVIII not. 1; CXIV |
24. Ich citire Augustin nach der Editio tertia Veneta cum supplementis
nuper Vindobonae repertis. Bassani 1797. voll. 18. 4°

etiam inde commemorem, cuius ego auctoritate non teneor, sed
tu convinceris. In actibus scriptis a Leucio, quos tamquam
actus apostolorum scribit, habes ita positum: „Etenim speciosa
figmenta et ostentatio simulata et coactio visibilium nec quidem
5 ex propria natura procedunt, sed ex eo homine, qui per se
ipsum deterior factus est per seductionem".

2. Contra advers. legis et prophet. I, 20 (tom. X, 684):
Sane de apocryphis iste posuit testimonia, quae sub nominibus
apostolorum Andreae Johannisque conscripta sunt; quae si illo-
10 rum essent, recepta essent ab ecclesia, quae ab illorum temporibus per episcoporum successiones certissimas usque ad nostra
et deinceps tempora perseverat etc.

3. Contra Faustum XXII, 79 (tom. X, 490): Legunt scripturas apocryphas Manichaei, a nescio quibus sutoribus fabu-
15 larum sub apostolorum nomine scriptas, quae suorum scriptorum
temporibus in auctoritatem sanctae ecclesiae recipi mererentur,
si sancti et docti homines, qui tunc in hac vita erant et exami-
nare talia poterant, eos vera locutos esse cognoscerent. Ibi
tamen legunt, apostolum Thomam . . . . Utrum illa vera sit

2. *Leucio:* hier *Leutio* gedruckt mit Angabe der Varianten aus Hss.
und älteren Ausgaben *Levitio* und *Lenticio*. In der Schrift de fide
contra Manichaeos, welche dem Euodius von Uzala, einem Zeitgenossen
und Landsmann Augustins zugeschrieben wird (August. op. XVII, 2310),
wird dieselbe Stelle citirt: *in actibus etiam conscriptis a Leucio* (so
nach einer Anzahl von Hss., in den früheren Drucken *Leontio*, in einem
cod. Vatic. *Lecutio), quos ipsi accipiunt, sic scriptum est*. In demselben
Buch c. 38 p. 2323 werden die Andreasacten citirt *adtendite in actibus
Leucii, quos sub nomine apostolorum scribit*. Hier wie gleich nachher
ohne Varianten diese richtige Namensform. Was Euodius c. 40 p. 2325
aus den Johannesacten citirt s. unten zu Fragm. V. Dagegen fehlen die
Mittel zu entscheiden, welchen Theil des leucianischen Werks obiges
Citat des Augustinus und des Euodius angehört. Ueber verschiedene
Deutungen dieser Stelle, auf welche sich die Gegner der Manichäer
jedenfalls mit Recht gegen dieselben beriefen, s. Thilo a. a. O. p. 7
Anm. | 4. *ac coactio* Euod. | *ne quidem* Euod. | 5. *procedit* Euod. | 6. *fac-
tus: effectus* Euod. | 19. Dieselbe Erzählung giebt Augustin contra Adim.
17 (tom. X, 164) mit der Einleitung: *ipsi autem legunt scripturas apocryphas, quas etiam incorruptissimas esse dicunt, ubi scriptum est apostolum Thomam* etc. und de serm. domini in monte I, 20 (tom. IV, 256):
*aut in illis libris, quibus ipsi magnam tribuunt auctoritatem, animad-
vertant quod dicimus, ubi scriptum est apostolum Thomam . . . . Cui
scripturae licet nobis non credere, non est enim in catholico canone; illi
tamen eam et legunt et tamquam incorruptissimam verissimamque honorant.*

aut conficta narratio, nihil mea nunc interest. Certe enim Manichaei, a quibus illae scripturae, quas canon ecclesiasticus respuit, tamquam verae ac sincerae acceptantur, saltem hinc coguntur fateri etc.

4. Der Manichäer Faustus bei Aug. c. Faust. XXX, 4 5 (tom. X, 535) sagt nach Anführung des Paulus aus den Acten der Thekla und Christi aus Matth. 19, 22: Et quis erit alius in deo loquens, si Paulus et Christus daemoniorum probantur fuisse sacerdotes. Mitto enim ceteros eiusdem domini nostri apostolos, Petrum et Andream, Thomam et illum inexpertem Veneris inter 10 ceteros beatum Johannem, qui per diversa possessionem boni istius inter virgines et pueros divino praeconio cecinerunt, formam nobis atque adeo vobis ipsis faciendarum virginum relinquentes. Sed hos quidem ut dixi praetereo, quia eos exclusistis e canone facileque mente sacrilega vestra daemoniorum 15 his potestis importare doctrinas.

5. August. epist. 237 ad Ceretium (tom. II, 1106): Hymnus sane, quem dicunt esse domini nostri Jesu Christi, qui maxime permovit vererationem tuam, in scripturis solet apocryphis reperiri, quae non proprie Priscillianistarum sunt, sed alii quoque 20

11. *possessionem* mss.: *professionem* edd. | 17. Augustin antwortet in diesem Gutachten auf eine Anfrage des Bischofs Ceretius, dem gegenüber ein gewisser Argirius sich auf apokryphische Schriften berufen hatte, welche die Priscillianisten in Gebrauch hatten. Vor obigem Citat sagt Augustin: *nam scripturas illas Priscillianistarum esse non dubito.* Dies wird im Folgenden limitirt, wenigstens in Bezug auf den besprochenen Hymnus Christi. Dass dieser aus den Johannesacten des Leucius stammt, s. unten zu Fragm. I | 20. Auch c. Faust. XI, 2 (tom. X, 263) unterscheidet er zwischen den von den Häretikern angefertigten und auf den Kreis einzelner häretischer Kreise beschränkten Büchern einerseits und den apokryphischen Schriften andrerseits, welche sie den kanonischen vorziehen, während die Kirchlichen sie nur benutzen, ohne ihnen irgend welche bindende Autorität zuzuschreiben: *Aliud est, ipsos libros accipere et nullo eorum vinculo detineri, quod pagani de omnibus libris nostris, quod Judaei de novo testamento faciunt, quod denique nos ipsi de vestris et aliorum haereticorum scriptis, si quos suos et proprios habent, vel de iis qui appellantur apocryphi, non quod habendi sint in aliqua auctoritate secreta, sed quia nulla testificationis luce declarati, de nescio quo secreto nescio quorum praesumtione prolati sunt. Aliud est ergo, auctoritate aliquorum vel librorum vel hominum non teneri, et aliud est dicere: Iste quidem vir sanctus omnia vera scripsit et ista epistola ipsius est, sed in ea ipsa hoc eius est, hoc non est eius.*

haeretici eis nonnullarum sectarum impietate vanitatis utuntur,
inter se quidem diversa sentientes, sed scripturas istas habent
in sua diversitate communes; easque illi praecipue frequentare
assolent, qui legem veterem et prophetas canonicos non acci-
5 piunt. . . . . Habes verba eorum in illo codice ita posita:
„Hymnus domini, quem dixit secrete sanctis apostolis discipulis
suis, quia scriptum est in evangelio: *hymno dicto ascendit in
montem*, et qui in canone non est positus propter eos, qui secundum se sentiunt, et non secundum spiritum et veritatem dei,
10 eo quod scriptum est: *sacramentum regis bonum est abscondere,
opera autem dei revelare honorificum est*".

6. Tract. 124 in Joh. c. 21, 19 sqq. (tom. IV, 1082). Nachdem er das Verständnis jenes Ausspruchs Jesu *si eum volo manere, donec veniam, quid ad te?*, wonach Johannes überhaupt
15 nicht sterben sollte, als das nächstliegende bezeichnet, dann
aber durch Berufung auf den unzweideutigen Widerspruch des
Evangeliums (21, 23) abgewiesen hat, fährt er fort: Sed cui
placet, adhuc resistat et dicat verum esse quod ait Johannes,
non dixisse dominum, quod discipulus ille non moritur, sed
20 hoc tamen significatum esse talibus verbis, qualia eum
dixisse narravit, et asserat apostolum Joannem vivere atque in
illo sepulcro, quod est apud Ephesum, dormire eum potius quam
mortuum iacere contendat. Assumat in argumentum, quod illic
terra sensim scatere et quasi ebullire perhibetur, atque hoc

---

5. Aus dieser Einleitung ist vollends deutlich, dass jenes Werk nicht
die Acten des Leucius selbst waren, in welchen der Hymnus ganz anders eingeführt war (Fragm. I), sondern eine vielleicht den Priscillianisten
eigenthümliche Lehrschrift, welche diesen Hymnus aus den Johannesacten des Leucius aufgenommen hatte. Neben den Apokryphen, wozu
die Apostelgeschichten des Leucius gehörten, und welche die Priscillianisten ganz ebenso wie die kanonischen Schriften gebrauchten (August.
ad Ceret. l. l. *Priscillianistae vero accipiunt omnia et canonica et apocrypha simul.* cf. libr. de haeres. 70 tom. X, 25 sq.), hatten sie von
Anfang an ein Buch, welches sich inhaltlich vielfach mit Leucius berührt
haben mag, unter dem Titel *Memoria apostolorum* s. weiter unten das
Citat aus Turibius. Dasselbe citirt Orosius in seiner Consultatio ad
August. (Aug. opp. X, 730) so als ob Priscillian selbst schon sich darauf
berufen hätte: *et hoc ipsum confirmans ex libro quodam, qui inscribitur
„Memoria apostolorum", ubi salvator interrogari a discipulis videtur
secreto et ostendere, quia de parabola evangelica, quae habet „exiit se-
minans seminare semen suum", non fuerit seminator bonus* etc.

eius anhelitu fieri sive constanter sive pertinaciter asseveret.
Non enim possunt deesse qui credant, si non desunt qui etiam
Moysen asserant vivere, quia scriptum est, eius sepulcrum non
iuveniri, et apparuit cum domino in monte, ubi et Elias fuit,
quem mortuum legimus non esse, sed raptum. . . . . Quanto 5
magis Johannes ex istorum occasione verborum, ubi dominus
ait *si eum volo manere donec venio* creditur vivus dormire sub
terra! Quem tradunt etiam (quod in quibusdam scripturis
quamvis apocryphis reperitur), quando sibi fieri iussit sepulcrum incolumen fuisse praesentem, eoque effosso et diligen- 10
tissime praeparato ibi se tamquam in lectulo collocasse statimque eum esse defunctum, ut autem illi putant, qui haec verba
domini sic intellegunt, non defunctum, sed defuncto similem
cubuisse et, cum mortuus putaretur, sepultum fuisse dormientem
et donec Christus veniat sic manere suamque vitam scaturigine 15
pulveris indicare, qui pulvis creditur, ut ab imo ab superficiem
tumuli ascendat, flatu quiescentis impelli. Huic opinioni super-
vacaneum existimo reluctari. Viderint enim qui locum sciunt,
utrum hoc ibi faciat vel patiatur terra quod dicitur, quia et re
vera non a levibus hominibus id audivimus. Interim credamus 20
opinioni, quam certis documentis refellere non valemus, ne rur-
sus aliud, quod a nobis quaeratur, exsurgat, cur super humatum
mortuum ipsa humus quodammodo vivere ac spirare videatur.....
Si autem, quod magis creditur, ideo sanctus Johannes ait, non
dixisse dominum *non moritur*, ne illis verbis quae dixit hoc 25
voluisse intelligi putaretur, corpusque eius in sepulcro eius ex-
anime sicut aliorum mortuorum iacet, restat ut, si vere ibi fit
quod sparsit fama de terra quae subinde ablata succrescit, aut
ideo fiat, ut eo modo commendetur pretiosa mors eius, quoniam
non eam commendat martyrium — non enim eum pro fide 30
Christi persecutor occidit — aut propter aliquid aliud, quod
nos latet. . . . . . Sunt qui senserint et hi quidem non con-
temptibiles sacri eloquii tractatores, a Christo Johannem propterea plus amatum, quod neque uxorem duxerit, et ab ineunte
pueritia castissime vixerit. Hoc quidem in scripturis cano- 35
nicis non evidenter apparet; verumtamen id quoque multum

---

1. *constanter:* es wird *cunctanter* zu lesen sein, wie bald nachher
§ 4: *hic plane cunctatur responsio et augetur quaestio* | 33. Cf. Hieron.
adv. Jovin. I, 26 oben p. 200, 18.

adiuvat congruentiam huiusce sententiae, quod illa vita per eum significata est, ubi non erunt nuptiae.

7. In einem Tractat unter Augustins Name (Sermo CLXIX bei Mai, Nova Patr. bibl. I, 1, 378) wird die Freundschaft Jesu
5 zu Johannes so erklärt: Hunc prae omnibus diligit, qui virgo electus ab eo virgo permansit. Tradunt namque historiae, quod eum de nuptiis nubere volentem vocaverit, et propterea quem a carnali volumptate retraxerat, potiore sui amoris dulcedine donavit.

10 In der Deutung von Joh. 21, 22 heisst es p. 379: Non, inquit, eum per passionem martyrii volo consummari, sed absque violentia persecutoris diem exspectare novissimum, quando ipse veniens eum in aeternae beatitudinis mansione recipiam. Doch sollte

3. Cf Augustin selbst vorher p. 205, 34; ferner den Anfang des alten Prologs zum Evang. Johannis wie er im cod. Amiatinus ed. Tischendorf p. 144, cod. aureus ed. Belsheim p. 297 und anderwärts sich findet: *Joannes evangelista, unus ex discipulis dei (domini), qui virgo electus a deo (domino) est, quem de nuptiis volentem nubere revocavit* (so cod. Aur, *vocavit* Am.) *deus (dominus), cui (cuius) virginitatis in hoc duplex testimonium in evangelio datur, quod et prae ceteris dilectus a deo (domino) dicitur et huic matrem suam iens ad crucem* (Am., *de cruce* Aur.) *commendavit deus (dominus), ut virginem virgo servaret.* Aehnlich der überhaupt ähnliche Prolog zur Apokalypse (Cod. Fuldensis ed. E. Ranke p. 432; cf Belsheim, die Apostelgesch. und die Offenbarung Johannis aus dem Gigas librorum p. 63) . . . *ut, quem nubere nolentem* (lies *volentem*) *ad amplexum virginitatis asciverat, ipsi etiam custodiendam virginem tradidisset.* Cf ferner den Prolog vor Augustins Tractaten zu Johannes (tom. IV, 382): *Iste siquidem est Johannes, quem dominus de fluctivaga nuptiarum tempestate vocavit et cui matrem virginem virgini commendavit.* — Die Quelle der Tradition und ihrer stereotypen Form ist Fragm. VI des Leucius cf Tischend. acta apocr. p. 275. Spätere, welche den alten Prolog zum Johannesevangelium nicht mehr verstanden, entwickelten dann aus dessen weiter folgenden Worten (Cod. Amiat. p. 144) den sonderbaren Irrthum, Johannes sei der Bräutigam der Hochzeit zu Kana (Fabric. II, 587 Anm.). — Die Erklärung des *ἴδε ἡ μήτηρ σου* Joh. 19, 27 aus der Virginität des Johannes, finde ich zuerst Epiph. haer. 28, 7; 78, 10 (*δῆλον ὅτι Ἰωάννῃ διὰ τὴν παρθενίαν*) cf Caesar. dial. III, 177 (Gallandi VI, 133); Paulin. Nol. ep. 51 (Migne 61, 416); ferner in stereotyper Form ausser in den genannten Prologen und bei Hieron. adv. Jov. I, 26 oben p. 201, 10 auch noch in einer kurzen Gedächtnisrede Augustins auf Johannes (Mai, Nova Bibl. I, 1, 450): *et Mariae dixit „ecce filius tuus", ut pietatis suae affectum circa eum demonstraret et eius integritatem comprobaret, cum virgini virginem commendaret*

es nicht ganz an Leiden fehlen, wie schon die Apostelgeschichte zeigt. Et a Domitiano Caesare in ferventis olei dolium missus in ecclesiastica narratur historia, ex quo tamen divina se protegente gratia tam intactus exierit, quam fuerit a corruptione concupiscentiae carnalis extraneus. Nec multo post tempore ab 5 eodem principe propter insuperabilem evangelizandi constantiam in Patmos insula exilio relegaretur (l. relegatur). Ubi humano licet destitutus sola̧tio, divinae tamen visionis meruit crebra consolatione relevari. Denique ibidem apocalypsin, quam ei dominus de statu ecclesiae praesenti vel futuro revelavit, manu sua 10 conscripsit. Unde constat promissum sic manendi, donec veniret dominus, non eo pertinere, quod sine lˉabore certaminis victurus in mundo, sed illo potius, quod sine dolore passionis transiturus esset de mundo. Sic enim in patrum literis legimus: Cum longo confectus senio sciret imminere diem re- 15 cessus sui, convocatis discipulis suis per monimenta exhortationum ac missarum celebrationem ultimum eis patefecit diem. Deinde descendens in defossum sepulturae suae locum, facta oratione positus est ad patres suos, tam liber a dolore mortis, quam a corruptione carnis invenitur alienus. 20

Weiter zu c. 21, 24 p. 381. Perhibuit quippe testimonium, verbum dei praedicando, perhibet etiam nunc pandendo (?); si-

2 sqq. cf oben p. 199, 20; 201, 1 sqq. aus Hieronymus und die dazu citirten Parallelen. Die Worte *ex quo tamen* etc. kehren wieder in der erweiterten Recènsion des Mellitus (Bibl. Cas. II, 2, 68): *unde tam illaesus protegente eum gratia dei a paena exiit, quam a corruptione carnis mansit immunis*, oder im lateinischen Prochorus (Bibl. Max. II, 1, 52): *qui divina domini nostri Jesu Christi protegente gratia a bullientis et ferventis olei dolio velut athleta fortissimus non combustus, sed tamquam unctus, illaesus ac intactus exivit, et domini qui eum dilexit salvante gratia et refrigerante tam illaesus ac liber a paena apparuit, quam a corruptione carnis mansit integer ac immunis* | 14. Dieser Bericht stimmt theilweise wörtlich mit dem Prolog zum Johannesev. (Cod. Amiat. p. 144) und dem in diesem Stück beinah identischen Prolog zur Apokalypse (Cod. Fuld. 432). Das Vorauswissen seines Todestages wird noch deutlicher hervorgehoben in der kurzen Gedächtnisrede Augustins (Mai, Bibl. N. I, 1, 450) cf Abdias V, 22 (Fabric. II, 581), Mellitus (Fabric. III, 621; Bibl. Casin. II, 2, 72). Mehr an die Darstellung in Augustins Tractat 124 in Joh. (oben p. 205, 8 sqq.) schliesst sich der sogen. Isidor an (Orthoxographa Basil. 1569, 2. Theil p. 598 cf Bibl. Casin. III, 2, 38). Doch hat auch Isidor die Einleitung *longo iam vetustatis senio fessus, cum diem transmigrationis suae imminere sibi sentiret* | 22 sqq. Cf. Hieron. oben p. 200, 25 nebst Anmerkungen. Der im Prolog vor Augustins

quidem a tempore dominicae passionis, resurrectionis et ascensionis in coelum usque ad ultima Domitiani principis tempora, per annos circiter sexaginta et quinque absque ullo adminiculo scribendi verbum praedicabat. At ubi a Domitiano, qui secun-
5 dus post Neronem Christianorum persecutor exstitit, exilio missus est, irrumpentes in ecclesiam haeretici, quasi in destituta a pastore ovilia lupi, Marcion, Cerinthus et Ebion ceterique Antichristi, qui Christum fuisse ante Mariam negabant, simplicitatem fidei evangelicae perversa maculavere doctrina. Sed cum ipse
10 post occisionem Domitiani permittente pio principe Nerva rediret Ephesum, compulsus ab omnibus paene tunc Asiae episcopis et multarum ecclesiarum legationibus, de coaeterna patri divinitate Christi altius sermonem facere, eo quod in trium aliorum evangelistarum scriptis de humanitate eius sufficientem (!)
15 sibi viderentur habere testimonia. Quod ille se non aliter facturum respondit, nisi indicto ieiunio omnes in commune dominum precarentur, ut illo digna scribere possit. Et hoc ita patrato instructius revelatione spiritus sancti gratia debriatus,

Tractaten zu Johannes wie hier sich findende Ausdruck *absque adminiculo scribendi* begegnet in dem erweiterten Mellitus (Bibl. Cas. II, 2, 71) in dem Satz *Constat sane beatum Johannem usque ad ultimum poene vitae suae tempus absque ullius scripturae indiciis evangelium praedicasse.* Es heisst dann weiter: *Sed cum trium evangeliorum hoc est Matthaei, Marci et Lucae etiam ad ipsum notitia pervenisset, probavit quidem fidem et veritatem dictorum, deesse tamen vidit aliqua et ea maxime, quae primo praedicationis suae tempore dominus gesserat. Quoniam autem ab his haec videbantur omissa, rogatus est a fratribus, ut ea, quae praeterierant priores, ante traditionem Johannis salvatoris gesta conscriberet, quod et fecit. Et quia nativitatem domini secundum carnem vel Matthaeus vel Lucas descripserant, reticuit haec Johannes, et a theologia atque ab ipsa eius divinitate sumpsit exordium; quae pars sine dubio ipsi velut eximio per spiritum sanctum reservata est. Plenitudine namque gratiae* etc. Mit den letzten Worten mündet diese Recension des Mellitus in die Darstellung des Abdias (l. l. 536) ein, welcher nichts über den Ursprung des Evangeliums hat. Nach wenigen Sätzen aber geht sie zu Abdias p. 581 über, oder vielmehr zu dem kürzeren Mellitus (Fabric. III, 621). — Die Berücksichtigung der älteren Evv. stellt Hieron. vir. illustr. 9 selbständig neben die Geschichte von der Bitte durch die asiatischen Bischöfe. Ebenso der Prolog vor Augustins Tractaten über Joh. (vol. IV, 382) | 18. *debriatus:* cf das *saturatus* des Hieron. oben p. 199, 14, und den 13. der von Denis herausgegebenen Sermone (August. opp. XVIII, 1075): *qua sapientia saginatus eructavit „In principio erat verbum"* etc.

omnes haereticorum tenebras patefacta subito veritatis luce
dispulit: „In principio, inquiens, erat verbum etc."

Endlich noch p. 381: Et hoc virgini privilegium recte ser-
vabatur, ut ad scrutanda verbi incorruptibilis sacramenta in-
corrupto ipse non solum corde sed et corpore proderet (l. pro- 5
diret).

VII. Innocentius I von Rom im Brief an Exsuperius
sagt nach Aufzählung der kanonischen Bb. des N. Testaments:

Cetera autem, quae vel sub nomine Matthiae sive Jacobi
minoris, vel sub nomine Petri et Johannis, quae a quodam 10
Leucio scripta sunt, [vel sub nomine Andreae, quae a Nexocharide
et Leonida philosophis] vel sub nomine Thomae et si qua sunt
alia, non solum repudianda, verum etiam noveris esse damnanda.

VIII. Turibius von Astorga in einem Brief an die Bischöfe Idacius und Ceponius sagt nach einigen allgemeineren 15
Bemerkungen über den Gebrauch der Apokryphen bei den ver-
naculi haeretici, d. h. den Priscillianisten Spaniens:

Illud autem specialiter in illis actibus qui S. Thomae dicuntur prae caeteris notandum atque exsecrandum est, quod
dicit eum non baptizare per aquam sicut habet dominica prae- 20
dicatio atque traditio, sed per oleum solum, quod quidem isti
nostri non recipiunt, sed Manichaei sequuntur, quae haeresis
iisdem libris utitur et eadem dogmata et his deteriora sectatur.
Ita exsecrabilis universis per omnes terras ad primam profes-
sionis suae confessionem nec discussa damnetur oportet, per 25
cuius auctores vel per maximum principem Manem ac discipulos
eius libros omnes apocryphos vel compositos vel infectos esse
manifestum est, specialiter autem actus illos qui vocantur

3. Cf Hieron. adv. Jovin. I, 26 oben p. 201, 5—8. Im Prolog zum
Johannesev. (Cod. Amiat. 144): *Tamen post omnes evangelium scripsit;
et hoc virgini debebatur* | 7. Epist. VI, 13: Pontificum Rom. ep. genuinae
ed. Schoenemann p. 545 | 10. Constant (bei Schoenem.) bemerkt: „quae
uncinis inclusa sunt, omittit Quesn. nec exstant nisi in exemplaribus collect.
Dion. Hisp. et Isid. Mox idem Quesn. cum uno ms. Colbert. et altero Pith.
praefert *et si qua sunt talia*". Dem Urtheil des Fabric. II, 767 sq., dass
Nexocharide et Leonida aus *Charino et Leucio* verstümmelt seien, ist
meines Wissens nicht widersprochen worden. Cf Thilo, Acta Andreae
p. V | 18. Ich muss nach Baron. ann. ed. Mogunt. 1601 tom. VI, 55 sq.
ad ann. 447 citiren, welcher selbst wieder aus Ambros. Morales Histor.
Hisp. II, 26 citirt

S. Andreae vel illos qui appellantur S. Joannis, quos sacrilego Leucius ore conscripsit, vel illos qui dicuntur S. Thomae et his similia, ex quibus Manichaei et Priscillianistae, vel quaecunque illis est secta germana, omnem 5 haeresim suam confirmare nituntur, et maxime ex blasphemissimo illo libro qui vocatur memoria apostolorum, in quo ad magnam perversitatis suae auctoritatem doctrinam domini mentiuntur, qui totam destrit legem veteris testamenti et omnia quae S. Moysi de diversis creaturae factorisque divinitus reve- 10 lata sunt, praeter reliquas eiusdem libri blasphemias, quae referre pertaesum est. Ut autem mirabilia illa atque virtutes, quae in apocryphis scripta sunt, sanctorum apostolorum vel esse vel potuisse esse non dubium est, ita disputationes assertionesque illas sensuum malignorum ab haereticis constat insertas, 15 ex quibus scripturis diversa testimonia blasphemiis omnibus plena sub titulis suis adscripta digessi, quibus etiam ut potui pro sensus mei qualitate respondi etc.

IX. Decretum Gelasii de libris recipiendis et non recipiendis c. 6, 3 sqq. (nach dem Text bei Credner, Zur Gesch. 20 des Kanons p. 215): Actus nomine Andreae apostoli, apocryphum. Actus nomine Thomae apostoli, apocryphum. Actus nomine Petri apostoli apocryphum. Actus nomine Philippi apostoli, apocryphum. — § 18 p. 217: Libri omnes, quos fecit Leucius, discipulus diaboli, apocryphi.

25 X. Theodoretus haeret. fab. comp. III, 4 (ed. Schulze IV, 343): Ἡ δὲ τῶν τεσσαρεσκαιδεκατιτῶν αἵρεσις ταύτην ὑπόθεσιν ἔχει. φασὶ τὸν εὐαγγελιστὴν Ἰωάννην ἐν τῇ Ἀσίᾳ κηρύξαντα διδάξαι αὐτοὺς ἐν τῇ τεσσαρεσκαιδεκάτῃ τῆς σελήνης ἐπιτελέσαι τοῦ πάσχα τὴν ἑορτήν. — κέχρηνται δὲ καὶ ταῖς πεπλα- 30 νημέναις τῶν ἀποστόλων πράξεσι καὶ τοῖς ἄλλοις νόθοις, μᾶλλον δὲ ἀλλοτρίοις τῆς χάριτος, ἃ καλοῦσιν ἀπόκρυφα.

XI. Ephraemius von Antiochien beantwortet in einer Schrift an einen gewissen Scholasticus Anatolius unter anderem auch dessen Frage: πόθεν δυνάμεθα τεκμήρασθαι τὸν εὐαγγελιστὴν

21. Hinter *Thomae apostoli* giebt Credner gegen das Zeugnis mehrerer Hss. *libri decem.* Das muss aus § 2 (*Itinerarium nomine Petri apostoli, quod appellatur sancti Clementis, apocryphum*) hieher gerathen sein. Dort haben mehrere Hss. hinter Clementis mit Recht *libri numero X* oder IX oder VIII oder XII | 23. *Leucius:* es finden sich die Varianten *Leutius, Lentius, Lenticius, Lucius, Lucianus, Seleucius.*

Ἰωάννην ἔτι μένειν (Photius, cod. 229 ed. Bekker p. 252), und zwar zunächst so (p. 254): ὅτι δὲ περίεστιν ὁ παρθένος Ἰωάννης, ὅπερ ἐζήτησας, ὥσπερ τὸν Ἐνὼχ καὶ τὸν Ἠλίαν παράδοσις μαρτυρεῖ, οὕτω καὶ τοῦτον. καὶ τὸ ἐν τοῖς εὐαγγελίοις δὲ εἰρημένον εἰς τὸν αὐτὸν ἡμᾶς νοῦν ἕλκει. Nämlich Joh. 21, 22, 5 in Bezug worauf zu fragen ist: πῶς οὐχὶ τὴν μέχρι τῆς παρουσίας αὐτοῦ διαμονὴν ἡ ἀλήθεια προλέγει; Auch Joh. 21, 23 spreche nicht dagegen. Sterben soll Johannes freilich, aber erst im Moment der Parusie und nur für einen Moment, wie auch Henoch und Elias. Auch die Angabe des Lebensalters des 10 Johannes bei Kirchenhistorikern wie Eusebius spreche dagegen ebenso wenig, wie die biblische Angabe über die Jahre des Henoch. Darauf: ταύτῃ τῇ δόξῃ συνᾴδουσι καὶ αἱ πράξεις τοῦ ἠγαπημένου Ἰωάννου καὶ ὁ βίος, ἃς οὐκ ὀλίγοι προφέρουσι. κατατεθεὶς γάρ, φασί, κατὰ τὴν αὐτοῦ ἐκείνου προτροπὴν ἔν 15 τινι τόπῳ, ζητηθεὶς αἰφνίδιον οὐχ εὑρίσκετο, ἀλλὰ μόνον τὸ ἁγίασμα βρύον ἐξ αὐτοῦ τοῦ τόπου, ἐν ᾧ πρὸς βραχεῖαν ῥοπὴν ἐτέθη· ἀφ᾽ οὗ πάντες ὡς πηγὴν ἁγιασμοῦ τὸ ἅγιον ἐκεῖνο μύρον ἀρυόμεθα.

XII. Aus den Acten des Concil. Nicaenum II v. J. 787 20 erfahren wir, dass auf der bilderfeindlichen Synode zu Konstantinopel vom J. 754 unter anderen Zeugnissen der altkirchlichen Literatur auch apokryphische Apostelgeschichten citirt und insbesondere das unten als Fragm. III abgedruckte Stück vorgelesen worden war. Da mehrere dem späteren Concil an- 25 wohnende Bischöfe klagten, auf der Synode zu Konstantinopel dadurch getäuscht worden zu sein, dass nicht die citirten Werke der Väter selbst vorgelegt und in grösserem Zusammenhang vorgelesen wurden, sondern nur verstümmelte Excerpte (Harduin, Acta Concil. IV, 188. 300. 406 = Mansi XIII, 38. 174. 30 312), so wurden zu Nicäa in der IV. und V. Session ausführliche Vorlesungen aus den betreffenden Codices selbst vorgenommen, und zwar regelmässig so, dass an der Spitze der ersten Vorlesung aus einer patristischen Schrift deren Anfangsworte citirt wurden (Harduin IV, 164 sqq.). Der oben erwähnte Ab- 35

---

9. In Bezug auf alle drei heisst es schon 253, 40: πλὴν καὶ οὗτοι πολυχρόνιον βίον ἀνύοντες γεύσονταί ποτε θανάτου κἂν ἐν ῥιπῇ ὀφθαλμοῦ. Dies ist auch die Meinung des Pseudohippolytus περὶ τῆς συντελείας τοῦ κόσμου Hippol. ed. Lagarde p. 104, 13. 23; 105, 10.

schnitt (Fragm. III) findet sich nun in den Acten von Nicäa sowohl nach dem griechischen als nach beiden lateinischen Texten (Hard. p. 296. 666) als erste Lection *ἐκ τῶν ψευδεπι-γράφων περιόδων τῶν ἁγίων ἀποστόλων*, entbehrt aber des üblichen *ὧν (οὖ, ἧς) ἡ ἀρχή* und der Anfangsworte des Buchs. Dagegen ist ein anderes Stück derselben Schrift (unten Fragm. I u. II) an jenes erste mit den Worten angeschlossen *ἔτι ὁ αὐτὸς ἀνέγνω ἐκ τῆς αὐτῆς βίβλου, ἧς ἡ ἀρχή· ποτὲ βουλόμενος τὸν Ἰησοῦν κρατῆσαι. καὶ μεθ᾽ ἕτερα· ἐν ὑλώδει καὶ παχεῖ σώματι προσέβαλλον κτλ.* Ebenso in der Version des Anastasius, während Longolius in seiner aus einer andern griechischen Handschrift angefertigten Version (Harduin p. 666) schreibt: *Ex eodem libro. Aliquando cum Jesum vellem apprehendere, in materiali et crasso corpore mihi occurrit.* Jeder sieht, dass die angeblichen Anfangsworte des Buchs hier richtig als Anfangsworte des vorgelesenen Fragments erkannt sind (vgl. Thilo l. l. p. 19). Aber die LA des griechischen Textes und des Anastasius erklärt sich nur, wenn ursprünglich die jetzt verlorenen Anfangsworte des Buchs wirklich der sie ankündigenden Einführungsformel gefolgt sind. Und dass dieselben bei der zweiten anstatt bei der ersten Lection aus dem gleichen Buch vorgelesen worden seien, ist undenkbar. Das jetzt zweite ist also das erste der Zeit der Vorlesung nach. Es bedurfte dieser Beweisführung kaum, da gleich nachher zu lesen ist (Harduin p. 300): *Ταράσιος ὁ ἁγιώτατος πατριάρχης εἶπεν· αἱ προαναγνωσθεῖσαι ἔννοιαί εἰσι τοῦ εὐαγγελίου; ἡ ἁγία σύνοδος εἶπεν· μὴ γένοιτο· οὔτε τὰ προαναγνωσθέντα δεχόμεθα οὔτε τὰ ἔσχατα τοῦ Λυκομήδους* (Fragm. III). *Ταράσιος ὁ ἁγιώτατος πατριάρχης εἶπεν· ὁ δεχόμενος τὰ δεύτερα τὰ περὶ Λυκομήδους, δέχεται καὶ τὰ πρῶτα, καθ᾽ ὃν τρόπον καὶ τὸ ψευδοσύλλογον ἐκεῖνο.* — Dann ist es aber auch überwiegend wahrscheinlich, dass die Reihenfolge der Vorlesung der Aufeinanderfolge im Buche selbst entsprochen hat; daher die Ordnung der drei ersten Fragmente in meiner Ausgabe. — Es folgte noch der Antrag und Beschluss (Hard. 301): *εἰ παρίσταται τῇ ἁγίᾳ ταύτῃ καὶ οἰκουμενικῇ συνόδῳ, γένοιτο ἀπόφασις, τοῦ μηκέτι ἀπογράφεσθαί τινας τὸ μιαρὸν τοῦτο βιβλίον. ἡ ἁγία σύνοδος εἶπεν· μηδεὶς ἀπογραφέσθω· καὶ οὐ μόνον τοῦτο, ἀλλὰ καὶ πυρὶ αὐτὸ ἄξιον κρίνομεν ἀποδίδοσθαι.*

XIII. 1. Nicephorus CP. (chronogr. brevis ed. Credner in dem Doppelheft von 1832/1838, p. 53 cf. Credner, zur Gesch. des Canons p. 122):

καὶ ὅσα τῆς νέας ἀπόκρυφα·

   α. περίοδος Πέτρου στίχοι ‚βψν´.   5

   β. περίοδος Ἰωάννου στίχοι ‚βχ´.

   γ´. περίοδος Θωμᾶ στίχοι ‚αψ´.

2. [Antirrhet. adv. Epiphanidem bei Pitra, Spicil. Sol. IV, 370: Ἔτι προκομίζουσιν ἀνοσίους καὶ μυθώδεις φωνάς, εἰς

---

5. περιοδος, was der Analogie der folgenden Nummern wegen vorzuziehen ist, giebt Credner in der genannten zweiten Ausgabe, und beruft sich eben hiefür auf 2 Hss., dagegen in der Ausg. von 1832/38 ohne Variante περιοδοι, ebenso stillschweigend auch „Zur Gesch. des Canons" p. 145 περιοδοι gegen p. 122. Meine Warnung vor den Texten bei Credner, besonders in der nachgelassenen „Geschichte des Canons", deren Nothwendigkeit ich schon früher bewiesen habe, muss ich wiederholen | ‚βψν´: andre ‚βψφ´, in der Uebersetzung des Anastas. bibl. bei Credner, Zur Gesch. d. Canons p. 126: Itinerarium Petri versus 3600 | 6. ‚βχ´: andere ‚γχ´, 2500 Anast. | 7. Θωμα Credner 1832/38: Θωμαν Zur Gesch. d. C. p. 122, das richtige wieder p. 145 | ‚αψ´: ‚αχ´ cod. Coisl., 1600 Anastas. Uebrigens hat dieser vor den drei Nummern des griechischen Textes noch (Credner, Zur Gesch. d. C. p. 126): Itinerarium Pauli versus 3600 | 8 — p. 214, 14. Dies Citat setze ich in Klammern und nehme den Satz p. 214, 7 sq. auf, weil ich es nur für sehr wahrscheinlich, nicht aber für gewiss halte, dass Λεόντιος p. 214, 1 = Λεύκιος sei. Um einen Schreibfehler der pariser Hss., welche Pitra benutzte, oder einen Lese- und Druckfehler des Herausgebers handelt es sich nicht; denn Nicephorus selbst stellt diesem von den Bilderstürmern citirten Leontius sofort den Leontius von Neapolis auf Cypern als den wahren Träger desselben Namens gegenüber (Pitra IV, 371, 2). Trotzdem liegt hier wahrscheinlich eine Verschreibung des Namens Leucius zu Grunde (s. oben zu p. 202, 2; 210, 23). Denn erstens wird in diesen Streitschriften des Nicephorus theilweise die gleiche Literatur besprochen, wie in den Acten des Conc. Nic. II; und wie dort aus den Johannesacten des Leucius, ohne dass jedoch der Name Leucius genannt wäre, ein Stück angeführt wird, in welchem die Anwendung der Malerkunst zur Portraitirung verehrter Persönlichkeiten gerügt wird, so hier aus einer für mythisch erklärten Schrift des Leontius. Es kann der Satz p. 214, 7 sq. dem Fragm. III im weiteren Verlauf sich angeschlossen haben. Wie dasselbe zu Anfang abgerissen ist, so kann es am Schluss unvollständig sein; und schon im Fragment selbst wird die Parallele zwischen der bildlich dargestellten Gestalt des Johannes und derjenigen Christi gezogen. Ferner ist die doketische Christologie der Leuciusacten ebenso stark gerügt worden (s. auch Photius cod. 114,

Λεόντιόν τινα ταύτας ἀναφέροντες, τῆς τῶν ἐξαγίστων Δοκητῶν
μοίρας τυγχάνοντα, ὡς ἐκ τῶν λόγων αὐτοῦ συνιδεῖν ἐστιν, ὃς
πρός τε ἑαυτὸν διαστασιάζει καὶ τὴν ἀλήθειαν. Τούτου δὲ
πρὸς τὸ βλάσφημον ἔτι καὶ τὸ παράλογον καὶ ἀλλόκοτον ἐν
5 ἄλλοις θριαμβεύεται. καὶ τοίνυν κατασκιάζειν πειρώμενος τὴν
ἀληθῆ τοῦ σωτῆρος ἐνσωμάτησιν, φησίν·

„Καλῶς οἱ ζωγράφοι μίαν εἰκόνα τοῦ κυρίου γράφειν εὖ
μεμαθήκασι“.

καὶ βούλεται τοῦτο πιστοῦσθαι ἀπό τε τοῦ προσευχόμενον
10 τὸν Χριστὸν γεγονέναι τὸ πρόσωπον αὐτοῦ ὡς ὁ ἥλιος, καὶ
ἀπὸ τοῦ βαπτίσματος τῷ ἰδόντα αὐτὸν φρῖξαι τὸν Ἰορδάνην·
πρὸς δέ γε καὶ ἀπὸ τῆς μεταμορφώσεως τῷ μὴ ἐνέγκαι
κατανοῆσαι τοὺς ἀποστόλους· καὶ ἕτερα ἄττα προσθεὶς ἐφά-
μιλλα.]

15 XIV. Ἐπιφανίου μοναχοῦ καὶ πρεσβυτέρου περὶ τοῦ βίου
τῆς ὑπεραγίας θεοτόκου καὶ τῶν τῆς ζωῆς αὐτῆς χρόνων.

Ἡ δὲ πανύμνητος καὶ ἀεὶ παρθένος θεοτόκος πρὸ δεκαπέντε

hier p. 215, 28 sqq.), wie die des Leontius von Nicephorus. Es ist zu
vergleichen, was Nicephorus in einer andern Streitschrift (Mai, Nova P.
bibl. V, 1, 72) von den Bilderstürmern sagt: τῇ κακοδαίμονι τῶν Δοκητῶν πλάνῃ μαινόμενοι συμπεριενεχθέντες, ἐν φαντασίᾳ τὴν τοῦ κυρίου
σάρκωσίν τε καὶ σταύρωσιν ὀνειρώσσοντες· μηδὲ γὰρ εἶναι Χριστὸν τὸν
σταυρούμενον ἐφαντάζοντο, ἀλλ' αὐτὸν μὲν ἐπὶ τοῦ ὄρους καθέζεσθαι,
διαγελᾶν δὲ Ἰουδαίους ὡς Σίμωνα σταυροῦντας δόξαι Χριστὸν ἐσταυ-
ρῶσθαι. Cf. Fragm. II und in Bezug auf Simon von Cyrene Iren. I,
24, 4; Epiph. haer. 24, 3 über Basilides, wo aber der Berg d. h. der
Oelberg der Leuciusacten fehlt. Endlich entsprechen die von Nicephorus l. 9 sqq. angeführten Beispiele apokryphischer Ausschmückung der
evangelischen Geschichte genau der Art von Fragm. I. II. Völlige
Sicherheit wird erst zu erreichen sein, wenn die von Nicephorus l. 4 sq.
citirte andre Schrift gegen die Bilderstürmer wird publicirt sein s. Pitra
IV, 370 n. 1 u. 3 | 14. Epiphanii monachi et presb. Edita et inedita,
cura A. Dressel 1843 p. 13. Nach Dressel p. 85. 86 sq. gehört er in
die erste Hälfte des 9. Jahrhundert. In der Einleitung p. 14 sagt er
καὶ ἑκάστου τοῦ (lies τὸ) ὄνομα, παρ' οὗπέρ τι ἐλάβομεν, ἐπὶ τοῦ μετω-
παίου σημανοῦμεν, ἵνα μὴ δόξῃ τισὶν διαβάλλειν ἡμᾶς, ὡς ἴδιόν τι
προσθεῖναι ἢ ὑφειλαι. κἂν ἐκ τῶν ἀποκρύφων τι λάβωμεν ἢ ἐξ αἱρετι-
·κῶν, μηδεὶς ἡμᾶς ἐπιμεμφέσθω | 17. l. l. p. 42. Es geht voran eine
Kritik der verschiedenen Fabeln über die Wolkenfahrt der in alle Welt
zerstreuten Apostel nach Jerusalem bei Gelegenheit des Lebensabschieds
der Maria. Nach dem vielleicht echten Text Mingarelli's bei Dressel
p. 41, n. 16 bezeichnet er sie geradezu als Lügen. Jedenfalls giebt er
den oben mitgetheilten Bericht aus den „Wanderungen der Apostel“ als

ἡμερῶν προεφήτευσε περὶ τῆς ἐξόδου αὐτῆς, καὶ πρὸ τριῶν
ἡμερῶν ὁ ἀρχάγγελος Γαβριὴλ ἐφιστὰς κατεμήνυσεν αὐτῇ τὴν
ἀπὸ τοῦ κόσμου ἔξοδον καὶ τὴν παρουσίαν τοῦ κυρίου. καὶ
ἀποστείλασα προσεκαλέσατο πάντας τοὺς ἀποστόλους. οἱ δὲ
παρεγένοντο καὶ αὐτοὶ ὑπὸ τοῦ ἁγίου πνεύματος προγνόντες 5
τὴν αὐτῆς ἔξοδον. καὶ ἄλλοι δὲ πολλοὶ παρεγένοντο πρὸς
αὐτήν. συμπαρῆσαν δὲ καὶ γυναῖκες, ἥ τε Μαρία ἡ Μαγδα-
ληνὴ καὶ αἱ θυγατέρες τοῦ Ἰωσὴφ καὶ ἄλλαι πολλαὶ αἱ κατὰ
γένος αὐτῇ προσήκουσαι. καὶ πολὺν λόγον ἐξέθετο αὐτοῖς καὶ
μυστήρια φρικτά, ἅπερ ἐν τῇ καρδίᾳ αὐτῆς ἐμβαλοῦσα ἐτήρει, 10
καὶ τὸν χαιρετισμὸν τοῦ ἀγγέλου καὶ τὴν ὀπτασίαν αὐτοῦ καὶ
τὴν πρώην ἐπιφάνειαν, ἣν προσευχομένη ἐν τῷ ναῷ ἑώρακεν,
ὡς ἐν ταῖς τῶν ἀποστόλων περιόδοις ἐμφέρεται.

XV. Photius. 1. bibl. cod. 114, ed. Bekker p. 90: Ἀνεγνώσθη βιβλίον, αἱ λεγόμεναι τῶν ἀποστόλων περίοδοι, ἐν αἷς 15
περιείχοντο πράξεις Πέτρου, Ἰωάννου, Ἀνδρέου, Θωμᾶ, Παύλου. γράφει δὲ αὐτάς, ὡς δηλοῖ τὸ αὐτὸ βιβλίον, Λεύκιος Χα-
ρῖνος. ἡ δὲ φράσις εἰς τὸ παντελὲς ἀνώμαλός τε καὶ παρηλ-
λαγμένη· καὶ συντάξεσι γὰρ καὶ λέξεσι κέχρηται ἐνίοτε μὲν
οὐκ ἠμελημέναις, κατὰ δὲ τὸ πλεῖστον ἀγοραίοις καὶ πεπατη- 20
μέναις, καὶ οὐδὲν τῆς ὁμαλῆς καὶ αὐτοσχεδίου φράσεως καὶ
τῆς ἐκεῖθεν ἐμφύτου χάριτος, καθ᾽ ἣν ὁ εὐαγγελικὸς καὶ ἀπο-
στολικὸς διαμεμόρφωται λόγος, οὐδ᾽ ἴχνος ἐμφαίνων. γέμει δὲ
καὶ μωρίας πολλῆς καὶ τῆς πρὸς ἑαυτὸν μάχης καὶ ἐναντιώσεως.
φησὶ γὰρ ἄλλον εἶναι τὸν τῶν Ἰουδαίων θεὸν καὶ κακόν, οὗ 25
καὶ Σίμωνα τὸν μάγον ὑπηρέτην καθεστάναι, ἄλλον δὲ τὸν
Χριστόν, ὃν φησιν ἀγαθόν· καὶ φύρων ἅπαντα καὶ συγχέων
καλεῖ αὐτὸν καὶ πατέρα καὶ υἱόν. λέγει δὲ μηδ᾽ ἐνανθρωπῆσαι

seine, jenen Fabeln (cf. Tischendorf, apoc. apocr. 97 sqq. 115 sqq. 126 sq.)
entgegengesetzte Meinung | 4. οἱ δε — εξοδον fehlt im cod. Ming. | 13. ως
— εμφερεται giebt Dressel nach einem Vatic., bei Ming. fehlte dies, in
einem andern Vatic. aber heisst es ως δε εν ταις κτλ., so dass hierdurch
die folgende Thatsache καὶ διαθήκην ἐποίησε eingeleitet wäre. Aber
diese wird nach allen drei Hss. einem Apokryphon unter dem Namen
des Apostels Bartholomäus zugeschrieben, und es ist keine deutliche
Spur mehr im Folgenden zu finden, welche berechtigte, das Fragment
der περίοδοι weiter auszudehnen. Doch wird es sachlich in diesem enthalten gewesen sein, was Epiphanius p. 44 sagt: μετὰ δὲ τὴν κοίμησιν
τῆς ἁγίας θεοτόκου πάντες οἱ ἀπόστολοι διεσπάρησαν. καὶ Ἰωάννης κατῆλθεν εἰς Ἔφεσον κτλ. cf. Prochorus p. 4, 4.

ἀληθῶς ἀλλὰ δόξαι, καὶ πολλὰ πολλάκις φανῆναι τοῖς μαθηταῖς,
νέον καὶ πρεσβύτην πάλιν, καὶ πάλιν παῖδα, καὶ μείζονα καὶ
ἐλάττονα καὶ μέγιστον ὥστε τὴν κορυφὴν διήκειν ἔσθ' ὅτε
μέχρις οὐρανοῦ. πολλὰς δὲ καὶ περὶ τοῦ σταυροῦ κενολογίας
5 καὶ ἀτοπίας ἀναπλάττει, καὶ τὸν Χριστὸν μὴ σταυρωθῆναι,
ἀλλ' ἕτερον ἀντ' αὐτοῦ, καὶ καταγελᾶν διὰ τοῦτο τῶν σταυ-
ρούντων. γάμους τε νομίμους ἀθετεῖ καὶ πᾶσαν γένεσιν πο-
νηράν τε καὶ τοῦ πονηροῦ λέγει. καὶ πλάστην τῶν δαιμόνων
ἄλλον ἐκληρεῖ, νεκρῶν δὲ ἀνθρώπων καὶ βοῶν καὶ κτηνῶν
10 ἄλλων παραλογωτάτας καὶ μειρακιώδεις τερατεύεται ἀναστάσεις.
δοκεῖ δὲ καὶ κατ' εἰκόνων τοῖς εἰκονομάχοις ἐν ταῖς Ἰωάννου
πράξεσι δογματίζειν. καὶ ἁπλῶς αὕτη ἡ βίβλος μυρία παιδα-
ριώδη καὶ ἀπίθανα καὶ κακόπλαστα καὶ ψευδῆ καὶ μωρὰ καὶ
ἄλλοις μαχόμενα καὶ ἀσεβῆ καὶ ἄθεα περιέχει· ἣν εἰπών τις
15 πάσης αἱρέσεως πηγὴν καὶ μητέρα οὐκ ἂν ἀποσφαλείη τοῦ
εἰκότος.

2. cod. 179 ed. Bekker 125 sagt er von dem Manichäer
Agapius: καὶ ταῖς λεγομέναις δὲ πράξεσι τῶν δώδεκα ἀποστόλων, καὶ μάλιστα Ἀνδρέου πεποιθὼς δείκνυται, κἀκεῖθεν ἔχων
20 τὸ φρόνημα ᾑρμένον.

XVI. Mellitus in der Vorrede zu seiner Passio S. Joannis:
Mellitus, servus Christi, episcopus Laudociae, universis episcopis
et ecclesiis catholicorum in domino aeternam salutem. Volo
sollicitam esse fraternitatem vestram de Leucio quodam, qui
25 scripsit apostolorum actus, Joannis evangelistae et sancti
Andreae vel Thomae apostoli, qui de virtutibus quidem, quae per
eos dominus fecit, plurima vera dixit, de doctrina vero multa
mentitus est. Dixit enim docuisse eos duo principia, quod ex-

---

14. αλλοις: „immo αλληλοις" Bekker | 18. Agapius, angeblich ein
persönlicher Schüler des Manes Fabric. bibl. gr. ed. Harles X, 729; Cave,
histor. lit. ed. von 1720, append. p. 166 | 19. πεποιθως — εχων Bekker
nach cod. Ven offenbar richtig, ου μονον ου συντιθεται αλλα κακειθεν
εχει vulg. — Fabric. bibl. gr. X, 729 wollte durch Streichung des zweiten
ου helfen | 21. Den zuerst von Florentinius herausgegebenen, bei Fabric.
cod. pseudep. III, 604 sqq. wiederholten Text vergleiche ich mit dem in
der Bibliotheca Casinensis vol. II, 2. Abtheilung (Florileg.) p. 66 sq.
publicirten Text und bezeichne ersteren durch M¹, letzteren durch M² |
23. et eccl. cath. M¹: ecclesiarum catholicarum M² | 25. actus M²: acta
M¹, aber p. 217, 16 auch dieser jene Form | 26. qui de ... plurima
vera M²: quaedam de .... vera M¹

secratur ecclesia Christi, cum et ipse sanctus Joannes apostolus
in capite evangelii sui unum testetur principium, in quo semper
fuerit verbum, a quo universa creata sunt visibilia et invisibilia.
Leucius autem dicit eos docuisse duo principia boni et mali, et
bona a bono, mala vero a malo principe substitisse, cum constet 5
malum nihil esse substantiale. . . . Haec Leucii causa memora-
verim, qui mendacio plenus apostolos domini asserit docuisse,
duo principia hominis exstitisse facturae et animam a bono deo
conditam, carnem a malo, et necessitate carnis animam involvi
peccatis. Quod si ita esset, qui non peccat, omnino non viveret. 10
Sic qui non manducat, aut non bibit, aut non digerit, aut non
dormit, sine dubio vivere non potest. . . . Denique clausum
carcere, tentum in vinculis, deportatum exilio absque criminibus
vivere posse cognoscimus, cum absque cibo et potu et digestione
et somno penitus non posse vivere comprobemus. Sed nos ista 15
reticentes ad b. Joannis evangelistae gesta flectamus articulum,
et ad dominum de hac luce qualiter migraverit, explicemus.

XVII. Melito im Prolog zu dem Buch De transitu Mariae:
Melito, servus Christi, episcopus ecclesiae Sardensis vererabili-
bus in domino fratribus, Laodiceae constitutis in pace, salutem. 20
Saepe scripsisse me memini de quodam Leucio, qui nobiscum
cum apostolis conversatus alieno sensu et animo temerario dis-
cedens a via iustitiae plurima de apostolorum actibus in libris
suis inseruit, et de virtutibus quidem eorum multa et varia dixit;
de doctrina vero eorum plurima mentitus est, asserens eos aliter 25
docuisse et stabiliens quasi ex eorum verbis sua nefanda argu-
menta. Nec solum sibi sufficere arbitratus est, verum etiam

1. *et ipse* M²: *ipse* M¹ | 6. *memoraverim* M¹: *memoravi* M² | 7. *do-*
mini asserit M¹: *dei asseruit* M² | 8. *facturae et* M²: nur *ut* M¹ | 11. *sic*
M¹: *et sicut* M² | 13. *carcere* M¹: *in* ✕ M² | 15. *penitus* M²: > M¹ |
comprobemus M²: *comprobetur* M¹ | *sed nos ista reticentes* M²: *his agnitis*
M¹. Erstere LA besagt, dass „Mellitus" die Lehre von den beiden Prin-
cipien und Erzählungen des Inhalts, dass ein Mensch in Gefängnis,
Ketten und Exil ohne Speise und Trank existirt habe, aus seinem Origi-
nal, dem Buch des Leucius ausmerzen d. h. nicht in seine Bearbeitung
aufnehmen wolle | 16. *gesta* M²: *actus* M¹ | 17. *migraverit* M²: *migravit*
M¹ | 18. Ich gebe diesen Prolog nach der Bibl. Max. 1677, II, 2, 212.
In dem cod. Venetus, aus welchem Tischendorf das Buch herausge-
geben hat, fehlt derselbe (Tischend. apocal. apocr. p. 124 cf. proll.
XXXIV sq.)

transitum beatae semper virginis Mariae genitricis dei ita impio
depravavit stylo, ut in ecclesia dei non solum legere, sed etiam
nefas sit audire. Nos ergo vobis petentibus, quae ab apostolo
Joanne audivimus, haec simpliciter scribentes, vestrae fraterni-
tati direximus, credentes non aliena dogmata ab haereticis pullu-
lantia, sed patrem in filio, filium in patre, deitatis et indivisae
substantiae trina manente persona, neque duas hominis naturas
conditas, bonam scilicet et malam, sed unam naturam bonam,
a deo bono conditam, quae dolo serpentis est vitiata per culpam,
et Christi est reparata per gratiam.

Die Fragmente.

I.

Ποτὲ βουλόμενος τὸν Ἰησοῦν κρατῆσαι ἐν ὑλώδει καὶ παχεῖ σώματι προσέβαλλον, ἄλλοτε δὲ πάλιν ψηλαφῶντός μου αὐτὸν ἄϋλον ἦν καὶ ἀσώματον τὸ ὑποκείμενον καὶ ὡς μηδὲ 5
ὅλως ὄν. εἰ δέ ποτε ὑπό τινος τῶν Φαρισαίων κληθεὶς εἰς κλῆσιν ἐπορεύετο, συναπῄειμεν αὐτῷ, καὶ ἕκαστος ἡμῶν ἐλάμβανε τακτὸν ἄρτον ἕνα ὑπὸ τῶν κεκληκότων, ἐν οἷς καὶ αὐτὸς ἐλάμβανεν ἕνα. τὸν δὲ αὐτοῦ εὐλογῶν διεμέριζεν ἡμῖν, καὶ ἐκ τοῦ βραχέος ἕκαστος ἡμῶν ἐχορτάζετο, καὶ οἱ ἡμῶν ἄρτοι ὁλό- 10
κληροι ἐφυλάσσοντο, ὥστε ἐκπλήττεσθαι τοὺς καλοῦντας αὐτόν. ἐβουλόμην δὲ πολλάκις σὺν αὐτῷ βαδίζων ἰδεῖν, εἰ ἴχνος αὐτοῦ ἐπὶ τῆς γῆς φαίνεται — ἑώρων γὰρ αὐτὸν ἀπὸ τῆς γῆς ἑαυτὸν ἐπαίροντα — καὶ οὐδέποτε εἶδον. καὶ ταῦτα ὑμῖν ἔτι ὥσπερ προτροπῆς ἕνεκεν, ἀδελφοί, τῆς ἐπ᾽ αὐτὸν πίστεως ὁμιλῶ· τὰ 15
γὰρ μεγαλεῖα αὐτοῦ καὶ τὰ θαυμάσια τὸ νῦν σεσιγήσθω, ἄρρητα ὄντα καὶ τάχα οὐ δυνάμενα οὔτε λέγεσθαι οὔτε ἀκούεσθαι.

1. Fragm. I nach Harduin IV, 296 sqq. cf Mansi XIII, 169 sq. und Thilo's Osterprogr. von 1847 p. 15 sq. Die Voranstellung dieses Fragments vor das folgende habe ich oben p. 212,14 sqq. begründet. Mit G bezeichne ich den griechischen Text, mit A die Version des Anastasius, mit L die des Longolius s. oben zu p. 197,17—19. In diesem Fragment redet Johannes zu seinen Schülern oder der Gemeinde; es ist eine Homilie s. l. 15 | 3. κρατησαι: dass die in G A hieran sich anschliessenden Worte και μεθ ετερα ebenso wie die einleitenden Worte ης η αρχη nicht hieher gehören s. oben p. 197, 17. Zur Sache cf Clem. Al. adumbrationes (d. h. ὑποτυπώσεις) zu 1 Joh. 1. ed. Potter p. 1009: *Fertur ergo in traditionibus, quoniam Joannes, ipsum corpus quod erat extrinsecus tangens, manum suam in profunda misisse et ei duritiam carnis nullo modo reluctatam esse, sed locum manui tribuisse discipuli* | 4. προσεβαλλον G: congrediebantur A, *mihi occurrit* L, beides wohl nur Misverständnisse von G | 7. κλησιν G: recubitum (κλισιν?) A, coenam L | αυτω G: + και ημεις A, nobis comitantibus L | 8. εν οις G A: quin etiam L | 16. το νυν G L: > A

*Πρὶν δὲ συλληφθῆναι αὐτὸν ὑπὸ τῶν ἀνόμων καὶ ὑπὸ
ἀνόμου ὄφεως νομοθετουμένων Ἰουδαίων συναγαγὼν πάντας
ἡμᾶς ἔφη· πρίν με ἐκείνοις παραδοθῆναι ὑμνήσωμεν τὸν πατέρα, καὶ οὕτως ἐξέλθωμεν ἐπὶ τὸ προκείμενον. κελεύσας οὖν*
5 *ἡμῖν γῦρον ποιῆσαι, ἀποκρατούντων τὰς ἀλλήλων χεῖρας, ἐν
μέσῳ δὲ αὐτὸς γενόμενος ἔλεγε· τὸ ἀμὴν ὑπακούετέ μοι. ἤρξατο
οὖν ὑμνεῖν καὶ λέγειν·*

*Δόξα σοι, πάτερ. καὶ ἡμεῖς κυκλεύοντες ὑπηκούομεν
αὐτῷ τὸ ἀμήν.*

10 *δόξα σοι, λόγε· δόξα σοι χάρις. ἀμήν.*

*δόξα σοι, τὸ πνεῦμα· δόξα σοι, ἅγιε· δόξα σου τῇ
δόξῃ. ἀμήν.*

*αἰνοῦμέν σε, πάτερ· εὐχαριστοῦμέν σοι, φῶς, ἐν ᾧ σκό-
τος οὐκ οἰκεῖ. ἀμήν.*

15 *Ἐφ᾽ ᾧ δὲ εὐχαριστοῦμεν, λέγω·*

σωθῆναι θέλω, καὶ σῶσαι θέλω. ἀμήν.

λυθῆναι θέλω, καὶ λῦσαι θέλω. ἀμήν.

1. κac υπο ανομου οφ. νομ. G A: > L. Die Echtheit ist unzweifelhaft; aber gegen Thilo a. a. O. p. 29 ist zu erinnern, dass Leucius die Idee
vom teuflischen Ursprung des mosaischen Gesetzes mindestens geschickt
verhüllt hat. Das Partic. praes. statt perfecti oder aoristi besagt zunächst
nur, dass die Christum verfolgenden Juden als solche vom Teufel Gesetz
und Gebote sich geben lassen und befolgen cf Joh. 8, 44 | 3. υμνησω-
μεν: die Priscillianisten, welche diesen Hymnus in eine ihrer Schriften
aufgenommen hatten, fanden den geschichtlichen Anknüpfungspunct
richtig in Matth. 26, 30. Marc. 14, 26 s. oben p. 204, 7 | 5. ημιν A L:
υμιν G (Harduin), bei Mansi verbessert | 6. ελεγε — μοι nach Thilo's
Verbesserung: ελεγε το· αμην, επακουετε μου G, dicebat: Amen, obedite
mihi A, dixit: amen, auscultate autem me L s. zu l. 8 | 8. υπηκουομεν
nach L (subaudivimus) A (respondebamus ei): επηκουομεν G. Hardun
bedachte nicht dass υπακουειν „im Wechselgesang respondiren" heisst,
wenn er nach A απεκρινομεθα vorschlug, was dann bei Mansi verstüm-
melt ist | 13. cf 1 Joh. 1, 5 | 15. ευχαριστουμεν G L: gratias agebamus
A | λεγω G A L: die Randbemerkung der griech. Hs. ισως λεγει bei
Hardun taugt nichts. Jesus redet weiter: „Den Grund unsrer Dank-
sagung spreche ich jetzt aus" | 16. Unter den von Augustin aus dem
priscillianistischen Werk excerpirten und besprochenen Bruchstücken
dieses Hymnus nimmt die erste Stelle ein „solvere volo et solvi volo =
l. 17. Aber nach dessen Besprechung fährt er fort hoc de superioribus
eiusdem hymni verbis dici potest, ubi ait: „salvare volo et salvari volo".
Die Ordnung ist also die von G A L. Consequent aber ist Augustin
gegen diese drei Zeugen in der Voranstellung der activen Form vor die
passive; so die anderen erst p. 221, 3

τρωθῆναι θέλω, καὶ τρῶσαι θέλω. ἀμήν.

[γεννηθῆναι θέλω, καὶ γεννᾶν θέλω. ἀμήν.]

φαγεῖν θέλω, καὶ βρωθῆναι θέλω. ἀμήν.

ἀκούειν θέλω, καὶ ἀκούεσθαι θέλω. ἀμήν.

νοηθῆναι θέλω, νοῦς ὢν ὅλος. ἀμήν.   5

λούσασθαι θέλω, καὶ λούειν θέλω. ἀμήν.

ἡ χάρις χορεύει· αὐλῆσαι θέλω, ὀρχήσασθε πάντες.
                                        ἀμήν.

θρηνῆσαι θέλω, κόψασθε πάντες. ἀμήν.

[Lucerna sum tibi, ille qui me vides.   10
Janua sum tibi, quicumque me pulsas.
Qui vides quod ago, tace opera mea.
Verbo illusi cuncta, et non sum illusus in totum.]

II.

Ταῦτα, ἀγαπητοί, χορεύσας μεθ' ἡμῶν ὁ κύριος ἐξῆλθε, 15

1. τρωθηναι ... τρωσαι G L: *tabefieri ... tabescere facere* A, nach
Thilo l. l. = τηχθηναι ... τηξαι | 2. diesen Vers ergänze ich aus A L
nasci volo et gignere (generare L) volo. Auch Augustin hat *generari*
volo. Zur Sache cf Joh. 16, 21; 12, 24 | 3. φαγειν G L (*edere*): *man-*
ducare A vielleicht τρωγειν cf Jo. 6, 54—57 | 4. ακουειν κτλ. G L: um-
gekehrt *audiri volo et audire volo* A, bei Thilo p. 16 ist der griechische
Vers durch Versehen ausgefallen | 6. λουσασθαι κτλ. G A: *lavare ...*
lavari L, Thilo möchte lieber λουεσθαι und fragt p. 31, ob dieser Zeile
vielleicht der Satz bei Augustin *ornare volo et ornari volo* entspreche.
Zur Sache cf Mr. 10, 38 sq. Luc. 12, 50 einerseits u. Joh. 13, 8 andrer-
seits | 7. αυλησαι θελω G A L: *cantare volo* Aug., wenn anders dies dem
gleich darauf citirten *saltate cuncti* unmittelbar voranging | 9. θρηνησαι G:
lamentari A L, *plangere* Aug. | κοψασθε παντες G A (*plangite omnes*): *tun-*
dite pectora omnes L, *tundite vos omnes* Aug. | 10—13. bei Augustin erhalten,
wurden in Nicäa nicht mit vorgelesen, natürlich nicht wegen ihres besonders
anstössigen Inhalts — denn diese Vorlesung sollte gerade den häretischen
Charakter des Buchs beweisen —, sondern eher des Gegentheils wegen.
Ob sie einander unmittelbar gefolgt sind, und wieviel zwischen l. 9 und
10 verloren ist, lässt sich nicht mehr sagen. Nur vor l. 9 lässt das ni-
cänische Excerpt keinen Raum zur Einschiebung, und andrerseits folgt
aus der Einleitung des folgenden Fragm., dass der Hymnus nicht vollständig
vorgelesen wurde | 10. Cf Joh. 8, 12, φως = λυχνος Matth. 5, 14. 15. Beides
verbunden Apoc. 18, 23; 22, 5 | 11. Cf. Joh. 10, 7. 9 combinirt mit
Matth. 7, 7 und den Parallelen | 14. Fragm. II aus derselben Quelle wie
das vorige | 15. die Worte και μεθ ετερα vor ταυτα G A, welche selbst-
verständlich dem Vorleser zu Nicäa angehören, hat L misverstanden: *et*
inter alia: haec dilecti mei saltate nobiscum; dominus autem egressus est

καὶ ἡμεῖς ὥσπερ πλανηθέντες ἢ καὶ ἀποκοιμηθέντες ἄλλος
ἀλλαχόσε πεφεύγαμεν. ἐγὼ μὲν ἰδὼν αὐτὸν πάσχοντα οὐδὲ
προσέμεινα αὐτοῦ τὸ πάθος, ἀλλ᾽ ἔφυγον ἐπὶ τὸ ὄρος τῶν
ἐλαιῶν, κλαίων ἐπὶ τῷ συμβεβηκότι. καὶ ὅτε το „ἆρον“ ἐβοᾶτο,
5 ἀπεκρεμάσθη ὥρας ἕκτης ἡμερινῆς, καὶ σκότος ἐφ᾽ ὅλης τῆς
γῆς ἐγεγόνει. καὶ στὰς ὁ κύριός μου ἐν μέσῳ τοῦ σπηλαίου
καὶ φωτίσας με εἶπεν· „Ἰωάννη, τῷ κάτω ὄχλῳ ἐν Ἱεροσολύμοις σταυροῦμαι καὶ λόγχαις νύσσομαι, καὶ καλάμοις ὄξος τε
καὶ χολὴν ποτίζομαι· σοὶ δὲ λαλῶ καὶ ὃ λαλῶ ἄκουσον. ἐγώ
10 σοι ὑπέβαλον ἀνελθεῖν εἰς τοῦτο τὸ ὄρος, ὅπως ἀκούσῃς ἃ δεῖ
μαθητὴν παρὰ διδασκάλου μανθάνειν καὶ ἄνθρωπον παρὰ
θεοῦ“. καὶ εἰπὼν ταῦτα ἔδειξέ μοι σταυρὸν φωτὸς πεπηγ-

___

1. αποκοιμηθ. G A (obdormientes): e somno mox experrecti L nur
falsche Uebersetzung | 2. πεφευγαμεν cf Matth. 26, 56. Marc. 14, 50 f.
(Joh. 16, 32). Aber auch der Johannes des Leucius nimmt eine Ausnahmestellung ein. Mit εγω μεν κτλ. wird gesagt, dass er das Todes-
leiden Jesu zeitweilig mit angesehn (Joh. 19, 26 ff.), aber nicht dabei
Stand gehalten habe. Mit και οτε l. 4 wird dann auf einen früheren
Zeitpunct zurückgegriffen | μεν G: ergo A, autem L | 3. προσεμεινα G:
exspectavi A, potui ferre (υπεμεινα?) L | 4. αρον nur Joh. 19, 15 cf Luc.
23, 18 | 5. εκτης ημερινης cf Matth. 27, 45; Marc. 15, 33; Luc. 23, 44.
An diese Stellen ist wegen der folgenden Finsternis zunächst zu denken;
aber der Widerspruch mit Marc. 15, 25 würde kaum gewagt worden sein
ohne Joh. 19, 14, was um so sicherer, da Joh. 19, 15 in derselben Zeile
berücksichtigt ist. Der Zusatz ημερινης dient nur, die Wunderbarkeit
der Finsternis zu heben, beweist aber, dass dieser Kleinasiat bei Joh.
19, 14 an keine andre als die gewöhnliche Stundenzählung von Sonnen-
auf- bis Untergang dachte; denn bei der sogen. römischen Stundenzählung, d. h. der unsrigen, würden die beiden sechsten Stunden als
vor- und nachmittägige zu unterscheiden gewesen sein, und nicht als
Tages- und Nachtstunde, da sie je nach der Jahreszeit beide entweder
in die Zeit des Nachtdunkels oder der Tageshelle oder der Dämmerung
fallen | 6. σπηλαιου: da vorher nur der Oelberg genannt war, scheint
etwas ausgefallen. Uebrigens bezieht sich Amphilochius von Ikonium
(oben p. 197, 23) auf diese Stelle. Er hätte aber statt Joh. 19, 26,
was Leucius nicht ganz ignorirt hat, Joh. 19, 35 gegen diesen anführen
sollen | 7. τω κατω οχλω: ab inferiori turba A, a perversis Judaeorum
turbis (ohne εν Ιεροσ.) L; beide verderben durch ihre Wiedergabe des
Dativs den doketischen Sinn | 8. λογχαις νυσσομαι cf Joh. 19, 34:
λογχη . . ενυξε. A L und die Interpunction der früheren Ausgaben
ziehen irrig και καλαμοις hierzu. Gemeint ist vielmehr der καλαμος
Matth. 27, 48; Marc. 15, 36 cf Joh. 19, 29 und dieser Act nach be-
kannter Manier mit dem Matth. 27, 34; Marc. 15, 23 confundirt | 12. φω-
τος G A: per lumen L | πεπηγμενον G A (infixum): > L

μένον καὶ περὶ τὸν σταυρὸν ὄχλον πολύν, μίαν μορφὴν μὴ
ἔχοντα· καὶ ἐν αὐτῷ ἦν μορφὴ μία καὶ ἰδέα ὁμοία. αὐτὸν δὲ
τὸν κύριον ἐπάνω τοῦ σταυροῦ ἑώρων σχῆμα μὴ ἔχοντα, ἀλλά
τινα φωνὴν μόνον, φωνὴν δὲ οὐ ταύτην τὴν ἡμῖν συνήθη,
ἀλλά τινα ἡδεῖαν καὶ χρηστὴν καὶ ἀληθῶς θεοῦ, λέγουσαν πρός 5
με· „Ἰωάννη, ἕνα δεῖ παρ᾽ ἐμοῦ ταῦτα ἀκοῦσαι· ἑνὸς γὰρ
χρῄζω τοῦ μέλλοντος ἀκούειν· ὁ σταυρὸς ὁ τοῦ φωτὸς ποτὲ
μὲν λόγος καλεῖται ὑπ᾽ ἐμοῦ δι᾽ ὑμᾶς, ποτὲ δὲ νοῦς, ποτὲ δὲ
Χριστός, ποτὲ θύρα, ποτὲ ὁδός, ποτὲ ἄρτος, ποτὲ σπόρος, ποτὲ
ἀνάστασις, ποτὲ Ἰησοῦς, ποτὲ πατήρ, ποτὲ πνεῦμα, ποτὲ ζωή, 10
ποτὲ ἀλήθεια, ποτὲ πίστις, ποτὲ χάρις".

III.

Ὁ οὖν ζωγράφος τῇ πρώτῃ ἡμέρᾳ σκιαγραφήσας αὐτὸν
ἀπηλλάγη, τῇ δὲ ἑξῆς καὶ τοῖς χρώμασιν αὐτὸν κατεχέρασε,
καὶ οὕτως τῷ Λυκομήδει χαίροντι τὴν εἰκόνα ἀπέδωκεν· ἣν 15
ἀναθεὶς εἰς τὸν ἑαυτοῦ κοιτῶνα ἔστεφεν, ὡς ὕστερον γνόντα

1. μιαν κτλ. gut L non *unius figurae*, eine.bunte Menge, Juden und
Römer etc. | 2. και εν αυτω (am Kreuz cf A L) κτλ. Es scheint ein
Gegensatz sowohl zu der vielgestaltigen Menge unter dem Kreuz als zu
der gestaltlos zerfliessenden Lichtgestalt des Herrn selbst über dem
Kreuz. Aber ομοια bleibt sonderbar | 5. ηδειαν G: *ιδιαν (propriam)*
A L | 6. ινα — ακουσαι G: *unum oportet te a me ex his audire* A,
unum oportet ut a me audias L | ενος — ακουειν G: *unius enim egeo
pro futuro ut audias* A, *unum enim in futuro opus est ut audias* L |
7. ο σταυρος τ. φ. G: οτι *(quod)* ✕ A, *haec crux huius lucis* L. Man
erwartet vielmehr ο επανω του σταυρου του φωτος | 8. λογος Joh. 1, 1.
14; 1 Joh. 1, 1; Apocal. 19, 13. Nur Leucius-Johannes legt es Jesu
in den Mund | καλειται — υμας G A: *a me per vos verbum vocabitur*
L | 9. θυρα Joh. 10, 7. 9 cf p. 221, 11 | οδος Joh. 14, 6 | αρτος Joh. 6,
35 ff. | σπορος Joh. 12, 24; ob auch Luc. 8, 5. 11? oder Marc. 4, 26? |
10. αναστασις Joh. 11, 25 | Ιησους G A: υιος L | ζωη und αληθεια Joh.
14, 6 | 11. πιστις cf Ign. ad Smyrn. X, 2 η τελεια πιστις, Ιησους Χρι-
στος | 12. Fragm. III. Dies von den Bilderfeinden benutzte Stück steht
in den Acten der nic. Synode (Harduin IV, 296; Mansi XIII, 168) vor
Fragm. I. II. S. darüber oben p. 212 | 13. αυτον sc. den Johannes |
14. απηλλαγη G: *quievit* A, *cessavitque* L | 15. ουτως G L: > A | Λυ-
κομηδει s. unten Fragm IV | 16. εστεφεν: Thilo p. 17 citirt Iren. I, 25, 6
(Harvey I, 210), wo von den Karpokratianern gesagt wird *Etiam ima-
gines, quasdam quidem depictas, quasdam autem et de reliqua materia
fabricatas habent, dicentes formam Christi factam a Pilato illo in tempore, quo fuit Jesus cum hominibus. Et has coronant et proponunt eas
cum imaginibus mundi philosophorum, videlicet cum imagine Pythagorae*

τὸν Ἰωάννην εἰπεῖν αὐτῷ· ἀγαπητόν μου τέκνον, τί διαπράττῃ
ἀπὸ βαλανείου εἰσερχόμενος εἰς τὸν κοιτῶνά σου μόνος; οὐχὶ
σὺν σοὶ ἐγὼ καὶ τοῖς λοιποῖς ἀδελφοῖς εὔχομαι; ἢ ἡμᾶς κρύπ-
τεις; καὶ ταῦτα λέγων καὶ παίζων μετ᾽ αὐτοῦ εἴσεισιν εἰς τὸν
5 κοιτῶνα καὶ ὁρᾷ εἰκόνα περιεστεμμένην πρεσβύτου καὶ παρα-
κειμένους λύχνους καὶ βωμοὺς ἔμπροσθεν, καὶ φωνήσας αὐτὸν
εἶπε· Λυκόμηδες, τί βούλεταί σοι τὸ τῆς εἰκόνος ταύτης; τίς
τῶν θεῶν σου τυγχάνει ὁ γεγραμμένος; ὁρῶ γάρ σε ἔτι ἐθνι-
κῶς ζῶντα. καὶ ὁ Λυκομήδης αὐτῷ ἀπεκρίνατο· ὁ θεὸς μέν
10 μοι ἐστὶν ἐκεῖνος μόνος, ὁ ἐμὲ ἐγείρας ἐκ τοῦ θανάτου μετὰ
τῆς συμβίου μου. εἰ δὲ καὶ μετὰ τὸν θεὸν τοὺς εὐεργέτας
ἡμῶν ἀνθρώπους θεοὺς χρὴ καλεῖσθαι, σὺ εἶ ὁ ἐν τῇ εἰκόνι
γεγραμμένος, ὃν στέφω καὶ φιλῶ καὶ σέβομαι, ὁδηγὸν ἀγαθόν
μοι γεγονότα. καὶ ὁ Ἰωάννης, μηδέπω τὸ ἑαυτοῦ πρόσωπον
15 θεασάμενος, εἶπεν αὐτῷ· παίζεις με τεκνίον· τοιοῦτός εἰμι
μορφῇ ὑπὲρ τὸν κύριόν σου; πῶς με πείθεις, ὅτι μοι ἡ εἰκὼν
ὁμοία ὑπάρχει; καὶ ὁ Λυκομήδης αὐτῷ προσήγαγε κάτοπτρον,
καὶ ἰδὼν ἑαυτὸν ἐν τῷ κατόπτρῳ καὶ ἀτενίσας τῇ εἰκόνι εἶπε·
ζῇ κύριος Ἰησοῦς Χριστός, ὁμοία μοι ἡ εἰκών· κακῶς δὲ τοῦτο
20 διεπράξω.

et Platonis et Aristotelis et reliquorum, et reliquam observationem circa
eas similiter ut gentes faciunt. Cf Hippol. refut. VII, 32 ed. Gotting.
404, 36. Epiphan. haer. 27, 6. — August. de haer. c. 7 erwähnt auch
Bilder des Paulus bei derselben Partei. — Die Bekränzung von Bildern
erinnerte an sich schon an götzendienerischen Brauch (στεφανοῦν θεοὺς
ἄνθεσι καὶ κλάδοις τοῖς προσήκουσι Artemid. Oneirocr. II, 33) | ως κτλ.
G L: quod cum postea Jo. cognovisset, dixit ei A | 1. αγαπ. μου τεκνον
G: diligende mihi fili A, der weiterhin genau mit G stimmt, dagegen L
Malogranata ista de balneo aufer, dilecte fili; solus enim cubiculum in-
gredior; neque tecum, neque cum aliis orare possum. Haec dicens etc. |
4. εις τ. κοιτωνα G A: > L | 5. πρεσβυτου G A: senex autem voran-
gestellt L | 6. και βωμους εμπρ. G L (aram): > A, dafür aber et accer-
sito vor et vocato eo dixit | 10. ο εμε εγειρας κτλ. Ob eine eigentliche
Todtenerweckung, deren dies Buch viele erzählte s. Photius oben p. 216, 9
und Fragm. IV, V, oder im Sinn von Acta Theol. c. 14 extr. (Tischend.
acta apocr. p 46) und 2 Tim. 2, 18? | 13. αγαθον G A: bonorum om-
nium L | 16. υπερ τ. κυριον σου G A: > L, man möchte lieber μου.
Man könnte denken, Jesus werde nach Jesaja 53, 2 hässlich vorgestellt.
Das Gegentheil folgt aus Fragm. IV | 18. και ατενισας τη εικονι G A:
> L | 19. ζη κυριος I. Χρ. cf Clem. R. ad Corinth. I, 58, 2

IV.

Ἀπὸ Λαοδικείας ἐν Ἐφέσῳ τὸ δεύτερον.

Χρόνου δὲ ἱκανοῦ διελθόντος καὶ μηδενὸς τῶν ἀδελφῶν
λυπηθέντων πώποτε ὑπὸ Ἰωάννου, ἐλυπήθησαν τότε εἰρηκότος
αὐτοῦ· ἀδελφοί, ἤδη με καιρὸς τὴν Ἔφεσον καταλαβεῖν — συν-
τίθεμαι γὰρ τοῖς ἐκεῖ μένουσι, μήπως ῥαθυμήσωσι, πολλῷ   5
χρόνῳ μὴ ἔχοντες ἄνθρωπον τὸν ἐπιστηρίζοντα αὐτούς — εἰς δὲ
τὸν θεὸν ἔχειν ὑμᾶς πάντας τὸν νοῦν, τὸν μὴ ἀπολιμπανόμε-
νον ἡμῶν. ἀκούοντες δὲ ταῦτα παρ' αὐτοῦ οἱ ἀδελφοὶ ἐπένθουν, ἐπειδὴ αὐτοῦ ἐχωρίζοντο. καὶ ὁ Ἰωάννης εἶπεν· εἰ ἐγὼ
χωρίζομαι ὑμῶν, ἀλλ' ὁ Χριστὸς σὺν ὑμῖν ἐστιν ἀεί· ὃν ἐὰν   10
καθαρῶς φιλῆτε, ἀνεπίληπτον ἕξετε τὴν ἀπ' αὐτοῦ κοινωνίαν·
φιλούμενος γὰρ φθάνει τοὺς φιλοῦντας αὐτόν. καὶ ταῦτα
εἰπὼν καὶ συνταξάμενος αὐτοῖς, καταλιπών τε πολλὰ χρήματα
τοῖς ἀδελφοῖς εἰς διάδοσιν, πενθούντων ἁπάντων τῶν ἀδελφῶν
καὶ στεναζόντων ἐξῆλθεν εἰς Ἔφεσον. συνῆσαν αὐτῷ ἐκ τῆς   15
Ἐφέσου Ἀνδρόνικός τε καὶ Δρουσιανὴ καὶ οἱ περὶ τὸν Λυκο-
μήδην καὶ Κλεόβιον. ἠκολούθησαν δὲ αὐτῷ καὶ Ἀριστόβουλα,
ἐγνωκυῖα τὸν ἄνδρα Τέρτυλον ἐν τῇ ὁδῷ τεθνάναι, Ἀρίστιππος
δὲ ἅμα τῷ Ξενοφῶντι καὶ ἡ σώφρων πόρνη καὶ ἕτεροι πλείονες,
οὓς ἑκάστοτε προέτρεπεν ἐπὶ τὸν κύριον, καὶ μηκέτι βουλόμενοι   20
χωρίζεσθαι αὐτοῦ.

Καταχθέντων δὲ ἡμῶν ἔν τινι πανδοχείῳ ἐρήμῳ τὴν πρώ-
την ἡμέραν καὶ ἀπορούντων κραββάτου ἕνεκεν Ἰωάννου, παίγ-
νιον εἴδομεν. εἷς τις ἦν ἄστρωτος κράββατος ἐκεῖ κείμενος ἐν

Fragm. IV gebe ich nach cod. 363 (Zanetti) der Marcusbibliothek
zu Venedig, fol. 92r. — 98r., welchen ich auch hier wie im Apparat zu
Prochorus durch v bezeichne. Ich notire jede Abweichung meines Drucks
von der Hs. mit Ausnahme ganz gleichgültiger Verschiedenheiten der
Orthographie, Accentuation und Interpunction. Ueber das diesem Frag-
ment in v Vorangehende s. oben zu p 126, 12 | 1. Λαοδικείας: Λαοδι-
κιας v | 4. ηδη: v hat ursprünglich ηδει, dann η über ει. Vielleicht ist
vor oder nach καιρος ein καλει ausgefallen; ohne Annahme einer Paren-
these wäre ausserdem noch l. 7 ein χρη erforderlich | 8. ημων v: ich
ändere nicht | 16. Ανδρονικος: s. den Schlusstheil der Prochorushs. Paris.
1468 oben p. 188, 12. Es scheint kein Zusammenhang zu bestehen mit
dem Andronikus Röm. 16, 7, welchen Dorotheus zu einem der 70 Jünger
und zu einem Bischof von Spanien macht Chron. pasch. ed. Dindorf II,
124 | Λυκομιδην v: s. Fragm. III p. 223, 15 sqq. | 17. Κλαιοβιον v: s.
Epiphan. haer. 51, 6 oben p. 197, 2 und Einleitung § 6

τινὶ τόπῳ, ἐφ᾽ ᾧ ἃ ἐφερόμεϑα περιβόλαια στρώσαντες, παρε-
καλέσαμεν αὐτὸν πεσόντα ἀναπαυϑῆναι, τῶν λοιπῶν ἁπάντων
ἐπὶ τοῦ ἐδάφους ὑπνωσάντων. καταβληϑεὶς οὖν ὑπὸ κορίων
παμπόλλων διοχλεῖτο. καὶ ὡς ἐπὶ πλεῖον αὐτῷ ὀχληρότεροι ἐγί-
5 νοντο, ἤδη τῆς νυκτὸς τὸ μέσον καταλαβούσης, ἀκουόντων πάντων ἡμῶν ἔφη αὐτοῖς· ὑμῖν λέγω, ὦ κόρεις, εὐγνωμονήσατε
σὺν ἑνὶ πάντες, καὶ καταλιπόντες τὴν νύκτα ταύτην τὸν οἶκον
ὑμῶν ἡσυχάσατε ἐν ἑνὶ τόπῳ, [ὃς] κεῖται πόρρω τῶν δούλων τοῦ
ϑεοῦ. καὶ ἡμῶν γελώντων καὶ ἐπὶ πλέον ὁμιλούντων ὁ Ἰω-
10 άννης εἰς ὕπνον ἐτράπετο, αὐτοὶ δὲ ἠρέμα λαλοῦντες ἀδιόχλητοι
αὐτῷ ἐγινόμεϑα. ἡμέρας δὲ ἐπιφαυούσης ἤδη, φϑάσας ἀνίστα-
μαι, καὶ σὺν ἐμοὶ Βῆρος καὶ Ἀνδρόνικος, καὶ ὁρῶμεν πρὸς τὴν
ϑύραν τοῦ οἰκήματος, οὗ εἰλήφαμεν, πλεονασμὸν κορίων ἑστῶτα.
ἑστηκότων δὲ ἡμῶν ἐπὶ τῇ πολλῇ ϑέᾳ αὐτῶν καὶ τῶν ἀδελφῶν
15 πάντων ἐγηγερμένων δι᾽ αὐτοὺς ὁ Ἰωάννης ἐκάϑευδεν. καὶ
μετὰ τὸ διυπνισϑῆναι αὐτὸν ἀνακαϑίσας τοῦ κραββάτου καὶ
ϑεασάμενος αὐτοὺς εἶπεν· ἐπειδὴ εὐγνωμονήσατε, φυλάξαντές
μου τὸ ἐπιτίμιον, ἔλϑετε εἰς τὸν τόπον ὑμῶν. καὶ εἰπόντος
τοῦτο καὶ ἀναστάντος ἐκ τοῦ κραββάτου οἱ κόρεις δρομαῖοι
20 ἀπὸ τῆς ϑύρας ἔσπευδον εἰς τὸν κράββατον, καὶ διὰ τῶν αὐτοῦ
ποδῶν ἀνελϑόντες εἰς τὰς ἁρμογὰς ἀφανεῖς ἐγένοντο. καὶ ὁ
Ἰωάννης ἔφη· τὸ μὲν ζῶον τοῦτο φωνὴν ἀνϑρώπου ἀκοῦσαν
ἔμεινε παρ᾽ ἑαυτῷ ἠρεμῆσαν καὶ μὴ παραβάν, ἡμεῖς δὲ φωνὴν
ϑεοῦ ἀκούοντες καὶ ἐντολῶν παρακούομεν καὶ ῥᾳϑυμοῦμεν, καὶ
25 μέχρι πότε;

Μετὰ δὲ ταῦτα γινόμεϑα εἰς τὴν Ἔφεσον, καὶ οἱ ἐκεῖ

---

4. διοχλειτο: so v | 6 κορεις: κοραι v | ευγνωμονισατε v hier und
nachher | 8. [ος] κειται: nur κειτε v, vielleicht κεισϑε, aber das ενι τοπω
scheint einer Näherbestimmung bedürftig | 11. εγινωμεϑα v | επιφαυουσης:
so v | 12. Βηρος: s. cod. Paris. 1468 oben p. 191, 27 und Fragm. VI |
17. ευγνωμονισατε v s. zu l. 6 | 24. παρακουωμεν ursprünglich in v
mit o darüber, dann ohne Correctur ραϑυμωμεν | 26. Von hier an geht
Abdias (histor. apost. V, 4 bei Fabric. cod. pseudepigr. N. Ti ed. 2. II,
542 sqq.) parallel. Mellitus (Passio S. Joannis bei Fabric. l. l. III, 607;
nach anderen Hss. in dem Florileg. des II. Bandes der Bibl. Casinensis
p. 68) schliesst an die Rückkehr des Johannes von Patmos nach Ephesus folgende völlig umgestaltete Erzählung von der Auferweckung der
Drusiana: Cum autem ingrederetur civitatem, Drusiana quae semper se-
cuta eum (monitis eius obsecuta Cas.) fuerat, et adventus eius desiderio
(fuerat + Fabr.) fatigata, (mortua + Cas.) efferebatur. Tunc sanctus
Joannes, videns flentes pauperes et parentes ac viduas simul cum orpha-

ἀδελφοὶ ἐγνωκότες διὰ χρόνου ἱκανοῦ τὸν Ἰωάννην ἀφικόμενον
συνέτρεχον ἐν τοῖς Ἀνδρονίκου, ἔνθα καὶ κατήγετο, τῶν ποδῶν
αὐτοῦ ἁπτόμενοι καὶ τὰς χεῖρας αὐτοῦ εἰς τὰ ἴδια πρόσωπα
τιθέντες ἐφίλουν αὐτάς. ὡς ὅτε κἂν ἥψαντο τῶν ἐκείνου ἐν-
δυμάτων . . . . καὶ πολλῆς ἀγάπης οὔσης καὶ χαρᾶς ἀνυπερ- 5
βλήτου ἐν τοῖς ἀδελφοῖς, εἶς τις ἐπίπεμπτος τοῦ Σατανᾶ ἐρᾷ
τῆς Δρουσιανῆς, ὁρῶν καὶ ἐπιστάμενος, τοῦ Ἀνδρονίκου ταύτην
εἶναι γυναῖκα· ᾧ οἱ πλείονες ἔλεγον· ἀδύνατόν σε τυχεῖν ταύτης τῆς γυναικός, ἐκ πολλοῦ καὶ τοῦ ἀνδρὸς κεχωρισμένης αὐτῆς
διὰ θεοσέβειαν. σὺ μόνος ἀγνοεῖς, ὅτι μὴ πρὶν ἂν ὁ Ἀνδρό- 10
νικος τοῦτο, ὅπερ ἐστὶ νῦν, θεοσεβής, ὁ ἀνὴρ κατέκλεισεν αὐτὴν
εἰς μνημεῖον λέγων· ἢ γυναῖκά σε ἔχω, ἣν εἶχον πάλαι, ἢ
τεθνήξῃ, καὶ εἵλατο μᾶλλον ἀποθανεῖν, ἢ τῷ ἀνδρὶ κοινωνῆσαι;
εἰ οὖν δεσπότῃ αὐτῆς καὶ ἀνδρὶ μὴ συνέθετο πρὸς συνέλευσιν
διὰ θεοσέβειαν, ἀλλὰ καὶ ἔπεισε τὰ ἴσα τοῦτον φρονῆσαι, σοὶ 15
μοιχῷ αὐτῇ θέλοντι γενέσθαι συνθήσεται; ἀπόστηθι μανίας
μὴ ἐχούσης ἔν σοι ἀνάπαυσιν· ἀπόστηθι πράγματος, ᾧ τέλος
ἐπαγαγεῖν οὐ δύνασαι. καὶ λέγοντες ταῦτα οἱ συνήθεις αὐτοῦ

nis clamantes et dicentes: Sancte Joannes (Johannes Cas.) apostole,
ecce Drusianam efferimus, quae sanctis monitis tuis obtemperans nos
omnes alebat, serviens domino (deo Cas.) in castitate et humilitate, et
quotidie (cotidie Cas.) desiderabat reditum tuum (Cas tuum vor desid.)
dicens: ecce (si Cas.) videam apostolum domini (dei Cas.) oculis meis,
antequam moriar. ecce tu venisti et te videre non potuit. (In Cas. folgt
hier Tunc beatus Johannes iussit deponi feretrum, et coram omnibus
iussit revolvi corpus eius, et voce clara ait:) dominus (meus + Cas.)
Jesus Christus excitat te, Drusiana; surge et pedibus tuis revertere ad
domum tuam, et praepara mihi refectionem. Ad hanc vocem surrexit et
coepit ire, sollicita de iussione apostoli, ita ut videretur ipsi Drusianae,
quia non de morte, sed de somno excitasset eam. Factus est autem
clamor populi per tres horas, dicentes: Unus (est + Fabr.) deus, quem
praedicat Joannes, unus est dominus Jesus Christus | 2. κατηγετο:
καθηγετο v | 4. οτε: οτι v, aber das ι punctirt Die folgende, in der
Hs. durch nichts augezeigte Lücke kann man aus A (so nenne ich von
hier an den Abdias) ergänzen: plerique etiam tactu vestis exhilarati,
quia tetigerant amictum eius, sanabantur | 6. επιπεμπτος: A hat kein
Aequivalent. S. die Lexica z. B. Ducange p. 424 zu επιπομπη = Be-
hexung, Besessenheit | 8. πλειονες ελεγον κτλ.: A giebt den Inhalt
der folgenden Rede mit der Einleitungsformel frequens erat sermo et
certa opinio, quod ea femina etc., bringt aber später p. 543 nach verum
haec amore insaniens adolescens, quem diximus, tametsi sciret et audiret,
cum revocaretur a plurimis, eo quod nihil esset effecturus, contempsit |
15. ισα: εἶσα v | 16. αυτη v: vielleicht besser αυτης

φίλοι οὐκ ἔπεισαν αὐτόν, ἀλλ᾽ ἀναιδείᾳ χρησάμε[νος]
αὐτήν, καὶ γνοὺς τὰς παρ᾽ ἐκείνης ἀτιμίας καὶ ἐφρ[...]
διῆγεν αὐτοῦ τὸν βίον. μετὰ δὲ ἡμέρας δύο [...]
Δρουσιανὴ ἀπὸ τῆς ἀθυμίας ἐπύρεττε λέγουσα· εἴθε [...]
5 τὴν ἐμὴν πατρίδα εἰσεληλύθειν, ἢ σκάνδαλον γεν[...]
ἀμνήτῳ θεοσεβείας. εἰ γὰρ ἦν τις ὑπὸ λόγων πε[...]
ἂν εἰς τοσοῦτον ἐληλύθει μανίας. ἀλλ᾽ οὖν, κύρι[...]
μου γενομένης πλήξεως ἰδιωτιζούσῃ ψυχῇ, ἀπόλυσ[ον]
δεσμοῦ τούτου, ἐπὶ δὲ σὲ μετάστησον τάχιον. καὶ [...]
10 Ἰωάννου, μηδενὸς ἄλλου ἐγνωκότος τὸ τοιοῦτον, ἀπ[...]
τοῦ βίου ἡ Δρουσιανή, οὐ πάνυ ἡδομένη, ἀλλὰ καὶ [...]
διὰ τὴν ἐκείνου ψυχικὴν θραῦσιν.

Ὁ δὲ Ἀνδρόνικος λυπούμενος λύπην ἀπόκρυφον [...]
τῇ ψυχῇ, καὶ φανερῶς δὲ ἔκλαυσεν, ὡς τὸν Ἰωάνν[ην]
15 ἐπιστομίζειν καὶ λέγειν αὐτῷ· ἐπὶ βελτίονι ἐλπίδι με[...]
Δρουσιανὴ τοῦτον τὸν βίον τὸν ἄδικον. καὶ ὁ Ἀν[...]
αὐτῷ ἀπεκρίνατο· καὶ πέπεισμαι, Ἰωάννη, καὶ οὐκ ἀ[...]
ὅλως περὶ τῆς εἰς τὸν θεόν μου πίστεως, ἀλλὰ μᾶλλο[ν]
αὐτὸ κρατύνω, ὅτι καθαρῶς τοῦ βίου ἀνέλυσεν. ἐκ[...]
20 δὲ αὐτῆς ἐπιλαβόμενος ὁ Ἰωάννης τὸν Ἀνδρόνικον καὶ [...]
τὴν αἰτίαν, μᾶλλον ἐπένθει τοῦ Ἀνδρονίκου καὶ [...]
ἀφορῶν εἰς τὰς ἐπηρείας τοῦ ἀλλοτρίου, ἐπ᾽ ὀλίγον κα[...]
εἶτα τῶν ἀδελφῶν συλλεγέντων ὑπὲρ τοῦ ἀκοῦσαί τιν[...]
αἱρεῖ πρὸς τὴν ἀπηλλαγμένην καὶ ἤρξατο λέγειν· ὁ κυ[...]

1. αναιδεια: αναιδειαν v | προσεπεμψεν αυτην v: cum co[...]
feminam nuncio A | 4. επυρρετε: επυρετε v, in febrem inc[...]
5. εισεληλυθην v | 6. θεοσεβειας: hiermit beginnt fol. 94, dessen Vo[...]
seite nicht ganz so gut erhalten ist wie das Uebrige | 7. ειληλυθε[...]
λυθην v | 8. ιδιωτιζουση: ηδιωτ. v | 9. ταχειον v | και παροντος κα[...]
gegen A haec praesente Joanne apostolo Drusiana dicebat; se[...]
tenderet sermo, nec apostolus, nec alii intelligebant. Tristis [...]
moesta propter vulnus adolescentis illius obiit diem | 11. Δρουσιαν[...]
Δρουσινα v, aber nur hier | 16. και ο Ανδρονικος κτλ.: cui [...]
Andronicus, se non diffidere, quod resurrectura sit Drusiana, [...]
tare fidem, sed putare, quod qui pure vitae confecerit cursum, [...]
vetur; sibi autem hoc dolori esse, quod cognoverit, latentem [...]
moerorem subisse sorori suae (ita Drusianam appellabat), ea[...]
cognoscere ex illa nunquam potuerunt (lies potuerit) nec [...]
corpore sciret. Et cum interrogasset apostolus Andronicum se[...]
causa fuisset, residens paulisper praesentibus fratribus [...]
convenerant alloquio dulci apostoli frui cupientes, in haec v[...]
est A | 17. πεπεισμα v | 24. αιρει: αιρεῖ v, ob αἴρει so. λέγειν[...]

ναυτιλλόμενος ἅμα τοῖς ἐμπλέουσι καὶ αὐτῇ τῇ νηΐ, ὁπηνίκα
ἂν καταχθῇ εἰς εὔδιον καὶ ἀχείμαστον λιμένα, τηνικαῦτα φασ-
κέτω σεσῶσθαι. καὶ ὁ γεωργὸς παραδοὺς τῇ γῇ τὰ σπέρματα
καὶ πολλὰ καμὼν ἐπὶ τὴν τούτων ἐπιμέλειαν καὶ φρουρὰν, τότε
τῶν πόνων τὴν ἀνάπαυλαν ἐχέτω, ὁπόταν ἐν ταῖς ἀποθήκαις 5
ἀποθῆται τὰ σπέρματα πολλαπλασίονα. ὁ ἐν σταδίῳ δρόμον
ὑπισχνούμενος τότε ἀγαλλέσθω, ὁπόταν τὸ βραβεῖον κομίσηται.
ὁ πυκτικὴν ἀπογεγραμμένος τότε καυχάσθω, ὅταν τοὺς στεφά-
νους δέξηται, καὶ τὰ ἑξῆς ἅπαντα ἀγωνίσματα καὶ αἱ τέχναι,
ὁπόταν ἐν τῷ τέλει μὴ ἔρημοι ὦσιν, ἀλλὰ δεικνύονται ἐκείνοις, 10
πρὸς ἅπερ ἐπηγγέλλοντο. τὸ αὐτὸ δὲ ἡγοῦμαι ὑπάρχειν καὶ
πρὸς ἣν ἕκαστος ἡμῶν ἀσκεῖ πίστιν, τότε ταύτην ἐκκρίνεσθαι,
εἰ ἄρα ἀληθής, ὁπόταν μέχρις ἔξω τοῦ βίου ὁμαλισθῇ. πολλὰ
γὰρ ἐμπόδια παρεμπίπτει καὶ θόρυβον παρασκευάζει τῷ ἀν-
θρωπίνῳ λογισμῷ, μέριμνα, παῖδες, γονεῖς, δόξα, πενία, κολα- 15
κεία, ἀκμή, κάλλος, ἀλαζονία, ἐπιθυμία πλούτου, ὀργή, ἔπαρ-
σις, ῥαθυμία, φθόνος, πλοῦτος, ζῆλος, ἀμέλεια, ὕβρεις, ἔρως,
δόλος, χρήματα, πρόφασις καὶ ἄλλα ὁπόσα ἐστὶν ἐν τῷ βίῳ
τοιαῦτα ἐμπόδια, ὡς καὶ τῷ κυβερνήτῃ, φερομένῳ εὐδίῳ δρόμῳ,
ἐναντιοῦται πνευμάτων ἐναντίων ἐπιβολὴ καὶ χειμὼν μέγας 20
καὶ τρικυμία ἐξ εὐδίας, καὶ τῷ γεωργῷ χειμὼν ἄωρος καὶ
ἐρυσίβη καὶ ἑρπετὰ ἐκ τῆς γῆς ἀναφανέντα, καὶ τοῖς ἀγωνισταῖς
τὸ παραμικρόν, καὶ τοῖς τὰς τέχνας μετιοῦσι τὸ παρ' ἐκείνων.
χρὴ δὲ πρὸ τῶν ἄλλων ἁπάντων τὸν πιστὸν ἄνθρωπον τὴν
ἔξοδον προορᾶν καὶ καταμανθάνειν ταύτην, ὁποῖά τις ἐπιστή- 25

5. εχετω: εχεται v, accipit A | 6. αποθηται: αποθειται v, locaverit
A | 10. ερημοι sic v | 14. τω ανθρωπινω λογισμω· μεριμνα v: humanae
cogitationis sollicitudini A | 16. επιθυμια πλουτου nach A (cupiditas
divitiarum): επιθυμια πλουτος v, aber der πλουτος selbst und ausser-
dem noch die χρηματα kommen sogleich | οργη v: > A | 17. πλουτος
v: > A, der zwischen φθονος (invidia) und ερως (amor) nur dissimu-
latio, iniuria hat | 18. δολος χρ. προφ. v: tristitia, possessio servi, patri-
monium, occasio A | 19. κυβερνητι v | 22. και τοις αγωνισταις — εκεινων
v, nur dass dieser παρα μικρόν schreibt, was hier, wenn der Text überhaupt vollständig ist, weniger passt. Leider > A die beiden Sätze; ob
wegen Unverständlichkeit? Der Sinn scheint: den Wettkämpfern ver-
eitelt den gehofften Erfolg das „beinahe" (das Urtheil der Kampfrichter
und Zuschauer „er ist beinah, also nicht wirklich Sieger geworden")
und denen, welche die Künste betreiben, das von diesen ausgehende
(Hinderniss, etwa εμποδιον aus dem Zusammenhang zu suppliren)

σεται, ἆρα διεργὴς (?) καὶ νηφαλαία καὶ μηδὲν ἐμπόδιον
ἔχουσα, ἢ τεθορυβημένη · καὶ τὰ ὧδε κολακεύουσα καὶ κατα-
δεδεμένη ἐπιθυμίαις. οὕτως ἔστιν ἐπαινεῖσθαι καὶ σῶμα εὔμορφον, ὁπόταν ὅλον ἀποδύσηται, καὶ στρατηγὸν μέγαν
5 ὁπόταν τὸ τοῦ πολέμου ἐπάγγελμα πᾶν κατορθώσῃ, καὶ
ἰατρὸν ἄριστον ἐκεῖνον, τὸν διὰ πάσης ἰάσεως χωροῦντα,
καὶ ψυχὴν πίστεως καὶ θεοῦ ἀξίαν, ὁπόταν ἴσον τὸ τῆς ἐπαγ-
γελίας καταστήσῃ, οὐχὶ τὴν ἀρξαμένην καὶ ὑπολυθεῖσαν εἰς τὰ
τοῦ βίου πάντα καὶ ἐκπεσοῦσαν, οὐδὲ τὴν ναρκῶσαν (?), βιαζο-
10 μένην πρὸς τοῖς κρείττοσιν εἶναι, εἶτα δὲ κατενεχθεῖσαν εἰς τὰ
πρόσκαιρα, οὐδὲ τὴν ποθήσασαν μᾶλλον τὰ χρόνια τῶν αἰωνίων,
οὐδὲ τὴν καταλλασσομένην τὰ μὴ μένοντα, οὐδὲ τὴν τιμήσασαν
τὰ ἀτιμίας ἄξια, οὐδὲ τὴν ἐνέχυρα παρὰ τοῦ Σατανᾶ λαμβά-
νουσαν, οὐδὲ τὴν ὑποδεξαμένην τῷ ἑαυτῆς οἴκῳ τὸν ὄφιν, ἀλλὰ
15 τὴν ὑπομείνασαν, ὑπὸ ἡδονῆς ῥυπαρᾶς μὴ ἐκλυθῆναι, ὑπὸ ῥα-
θυμίας μὴ ἡττηθῆναι, ὑπὸ ἀκμῆς σώματος μὴ προδοθῆναι.

Καὶ ἔτι πλείονας λόγους ποιουμένου τοῦ Ἰωάννου πρὸς
τοὺς ἀδελφούς, ὡς τῶν προσκαίρων ἕνεκεν τούτων (?) κατα-
φρονεῖν, ὁ τῆς Δρουσιανῆς ἐρῶν, ἐξαφθεὶς δεινοτάτῃ ἐπιθυμίᾳ
20 καὶ ἐνεργείᾳ τοῦ πολυμόρφου Σατανᾶ, τὸν τοῦ Ἀνδρονίκου
ἐπίτροπον, ὄντα φιλάργυρον, ὠνεῖται χρήμασιν ἱκανοῖς· ὅστις
ἀνοίξας τὸν τάφον Δρουσιανῆς ἐπέτρεψε διαπράξασθαι τὸ
ἀπηγορευμένον εἰς νεκρὸν σῶμα. τοῦτο οὖν ἐνθυμούμενος καὶ
κατασκευάσας ἑαυτῷ τὴν διὰ τοῦ μιαροῦ ἐπιτρόπου ἀσέβειαν,
25 εἰσεπήδησεν εἰς τὸ μνῆμα σὺν ἐκείνῳ ἅμα. καὶ ἀνοίξαντες τὴν
θύραν ἤρξαντο ἀποδύειν τοῦ πτώματος τὰ ἐντάφια, λέγοντες·
τί ὠφέλησας, ταλαίπωρε Δρουσιανή; τοῦτο ζῶσα πεποιηκέναι
οὐκ ἠδύνασο, ὃ τάχα ἂν οὐδέν σε ἐλύπησεν, ἑκοῦσαν τοῦτο
ποιησαμένην· καὶ ταῦτα τούτων λεγόντων, καὶ μόνον ὃ σύνηθες καρ-
30 κάλιον περὶ τὴν σάρκα ταύτης ἐναπομεῖναν, ξένον ὁρᾶται θέαμα,

1. διεργης v: vigilantem (also eine Bildung von διεγειρω) A | νηφα-
λαια v: ob νηφαλεα nothwendig ist? | 2. και τ. ωδε κολ. v cf trotz des
verschiedenen Sinnes Ign. ad Pol. II: > A | 7. αξιαν nach A (nisi is
qui plenum fidei animum et templo dei dignam carnem suam praestite-
rit): δεξιαν v | ισον το v: vielleicht το ισον | 14. τω εαυτης οικω v:
intra pectus suum A | 18. τουτων v: vielleicht των αιωνιων, ad concu-
piscenda aeterna et contemnenda temporalia A | 19. εξαφθεις: εξαφεις v,
consumebatur incendio A | 29. καρκαλιον: Ducange 593 giebt kein Bei-
spiel, sondern weist zurück auf καρακάλλιον p. 590 und caracalla, cu-
culla im Gloss. med. et inf. latin. A hat keine Uebersetzung, sondern
cum , . . solum genitalis partis superesset velamen

δ παθεῖν ἄξιον τοὺς ταῦτα δρῶντας. ὄφις ποθὲν φανεῖσα τὸν
μὲν ἐπίτροπον μονόπληγα τίθησιν, ὃν καὶ ἀνεῖλεν, ἐκεῖνον δὲ
τὸν νεανίσκον οὐ τύπτει, ἀλλὰ τοῖς ποσὶν αὐτοῦ περιειλεῖτο
δεινῶς ἀποφυσῶν, καὶ πεσόντος αὐτοῦ ἐπαναβὰς ὁ ὄφις ἐπάνω
αὐτοῦ ἐκαθέζετο.   5

Τῇ δὲ ἑξῆς ἡμέρᾳ ἕωθεν ἅμα τῷ Ἀνδρονίκῳ καὶ τοῖς ἀδελφοῖς [Ἰωάννης] παραγίνεται εἰς τὸ μνῆμα, τρίτην ἡμέραν ἐχούσης τῆς Δρουσιανῆς, ὅπως ἄρτον κλάσωσιν ἐκεῖ. καὶ τὰ μὲν
πρῶτα ἐξερχομένων αὐτῶν αἱ κλεῖς οὐχ εὑρίσκοντο ζητηθεῖσαι.
ὁ δὲ Ἰωάννης εἶπε πρὸς τὸν Ἀνδρόνικον· εἰκότως ἀπώλοντο, 10
Δρουσιανὴ γὰρ ἐν τῷ μνήματι οὐκ ἔστιν· ἀλλ' ὅμως ἀπέλθωμεν, ὅπως μὴ ῥᾳθυμήσῃς, καὶ αὐτόμαται αἱ θύραι ἀνοιχθήσον-
ται, ὡς καὶ ἄλλα πολλὰ παρέσχεν ἡμῖν ὁ κύριος. καὶ γενομένων ἡμῶν ἐν τῷ τόπῳ, κελεύσει τοῦ διδασκάλου αἱ θύραι
ἠνοίχθησαν, καὶ περὶ τὸν τάφον τῆς Δρουσιανῆς εἴδόν τινα 15
νεανίσκον εὔμορφον μειδιῶντα. ὃν ἰδὼν ὁ Ἰωάννης ἔφη· καὶ
ὧδε φθάνεις ἡμᾶς, ὁ καλός; τίνος χάριν ἄρα; καὶ ἀκούει φωνῆς λεγούσης αὐτῷ· Δρουσιανῆς ἕνεκεν, ἣν σὺ μέλλεις ἀναστή-
σειν· παρὰ βραχὺ γὰρ ἤμην εὑρὼν αὐτήν. καὶ εἰπὼν ταῦτα ὁ
καλὸς πρὸς τὸν Ἰωάννην, εἰς οὐρανοὺς ἀνῄει, βλεπόντων πάν- 20

4. αποφυσων v. A weicht sachlich ab *et ecce subito, incertum
unde, ingens serpens occurrit, cuius uno saucius morsu, sed magis diro
furentis terrore perculsus corruit iuvenis, ita ut veneni frigore subito
omnis eius vis evanuerit, supra quem statim serpens lapsum adsendens
quiescebat.* Aber wo bleibt der Procuratur, welcher auch nach A ins
Grab gestiegen und die Todte mit angeredet hat? | 6. ημερα v: *qui erat
tertius a die mortis Drusianae* + hier A, und dagegen erst später ma-
tutinis horis (εωθεν) | 7. Ιωαννης: *sanctus Joannes* A, > v | 8. αρτον
κλασωσιν v: *sacra celebrarent* A | και τα μεν πρωτα κτλ. v: A, welcher
die auf den Moment des Ausgehns aus dem Hause zurückgreifende Erzählung nicht verstand, kürzte nicht nur hier (*ecce claves non invenie-
bantur*), sondern musste in Folge dessen auch weiterhin ändern ;
10. απωλοντο: απωλλοντο v | 11. μνηματι v: *inter mortuos* + A cf Luc.
24, 5 | απελθωμεν v: *ingrediamur* A s. zu l. 8 | 14. του διδασκαλου v:
Joannis A | 15. ειδον v, was dann das „Ich" des Leucius sein würde:
besser vielleicht ειδομεν nach A (*vidimus*) | 16. μειδειωντα v | 17. ο
καλος v: *domine Jesu Christe* A; gleich nachher hat er dafür *bonus*,
was Fabr. p. 549 Anm. x richtig auf ο καλος zurückführt | αρα v: *venisti
domine* + A | ακουει v: *audivimus* A | 19. παρα — αυτην v: statt
dessen A *et propter illum qui propior sepulchro eius exanimatus iacet,
qui et honorificabunt propter me deum.* Aehnliches fordert nachher der
griech. Text | 20. αντει v | παντων ημων v: *Joanne et caeteris* A

τῶν ἡμῶν. ὁ δὲ Ἰωάννης ἐπιστραφεὶς εἰς τὸ ἕτερον μέρος ὁρᾷ
τὸν ἐρῶντα Δρουσιανῆς νεανίσκον Καλλίμαχον — τοῦτο γὰρ
ἐκαλεῖτο — ἐπικαθεύδοντα αὐτῷ ὄφιν παμμεγέθη, καὶ τὸν ἐπίτροπον Ἀνδρονίκου, Φουρτουνᾶτον λεγόμενον, τεθνεῶτα. καὶ
5 ἀμφοτέρους ἰδών, ἠπορημένος εἱστήκει, λέγων πρὸς τοὺς ἀδελ-
φούς· τί βούλεται τὸ τοιοῦτον θέαμα; ἢ διὰ τί μοι ὁ κύριος
οὐκ ἐνεφάνισε τὰ ὧδε πραχθέντα, μηδέποτέ μου ἀμελήσας;
καὶ ὁ Ἀνδρόνικος ἰδὼν ἐκείνους νεκρούς, ἀναπηδήσας ἦλθεν
ἐπὶ τὸν Δρουσιανῆς τάφον. καὶ ἰδὼν αὐτὴν ἐν μόνῳ τῷ δι-
10 κροσσίῳ, ἔφη τῷ Ἰωάννῃ· ὁ Καλλίμαχος οὗτος ἤρα τῆς ἀδελφῆς
μου καὶ μὴ ἐπιτυχὼν αὐτῆς, πολλάκις τοῦτο τολμήσας, τὸν
κατάρατον ἐπίτροπόν μου τοῦτον ὠνήσατο χρήμασιν ἱκανοῖς,
ἴσως ἐν νῷ λαβών, ὥς γε νῦν ἐστι μαθεῖν, τὴν τῆς ἐπιβουλῆς
δραματουργίαν δι᾽ αὐτοῦ μέλλειν ἐκπληροῦν. καὶ γὰρ ὠμο-

---

1. ο δε Ιωαννης κτλ. v: A, welcher den Namen Callimachus schon
vorher gebracht hat, hat hier *conversus autem Joannes, cum vidisset duo
iacentia prope sepulchrum corpora, quorum unum Callimachi erat, qui
princeps Ephesiorum erat, supra eius corpus serpens cubabat immensus.
Alterum vero corpus erat Fortunati, qui procurator fuerat Andronici.
Intuens igitur utriusque corpus, cogitabat secum ipse et dicebat* etc. Die
einigermassen anakoluthische Satzbildung des Originals blickt noch
durch | 7. ενεφανησε v | αμελησας: αμελησαντος v, *qui nunquam dedignari
solet* A | 8. νεκρους Correctur in v, erste Schrift γυμνους: ersteres be-
stätigt A (*verum Andronicus cum seminudum corpus Drusianae vidisset
cum uno tantum velamine iacere in sepulchro, illos autem duos mortuos,
ait ad Joannem*) | 9. δικροσσιω schreibe ich: δικρουσιω v. Jedenfalls
liegt dasselbe Wort vor wie fr. VI (Tischend. acta apocr. 275, 6) wo
die Ueberlieferung zwischen διγρωσιω und διγροσιω schwankt, zwei
ebensowenig sonst nachweisbare Formen wie δικρουσιον. Statt letzteres
als eine barbarische Bildung von δικροος, δικρους „zweizackig, zwei-
zipfelig" (s. Lobek ad Phryn. 233) stehen zu lassen, schien es richtiger
δικρόσσιον zu substituiren, welches die Lexica, auch E A. Sophocles,
Glossary of later and byzantine Greek (Mem. of the Americ. Acad.
New Ser. VII, 258), allerdings nur in Arriani Peripl. mar. Erythr. 6
(λεντία καὶ δικρόσσια) nachweisen. Ein „doppeltgesäumtes" Kleidungs-
stück, unmittelbar auf dem Leib getragen nach den beiden Stellen des
Leucius, identisch mit καρκαλιον p. 230, 30, vielleicht auch mit ἐπενδύ-
της Joh. 21, 7. Der erste Herausgeber jenes Periplus, Stuckius (Ge-
nevae 1577) übersetzte *mantilia utrimque fimbriata* | 10. αδελφης μου
v: *Drusianam* A. Hier wird jener Ausdruck nicht so harmlos sein wie
bei Tobias (7, 16; 8, 4) Paulus (1 Cor. 9, 5) und Hermas (vis. II, 2, 3;
3, 1 vgl. m. Buch über Hermas S. 179 und Harnack zur ersteren Stelle),
sondern aus p. 227, 9 sqq. zu erklären | 14. εκπληροιν v

λόγησε τοῦτο πολλοῖς ὁ Καλλίμαχος· ὅτι κᾶν μὴ ζῶσα βουληθῇ
συνϑέσϑαι μοι, τεϑνηκυῖα ἐνυβρισϑήσεται. καὶ τάχα, διδάσκαλε, ὁ καλὸς ἐγνώρισε, τὸ λείψανον αὐτῆς μὴ ὑβρισϑῆναι
συγχωρήσας, καὶ διὰ τοῦτο οὗτοι τεϑνήκασιν, οἳ ταῦτα ἐτόλ-
μησαν· καίτοιγε ἡ φωνὴ ἡ εἰρηκυῖα πρός σε „ἀνέγειρον τὴν   5
Δρουσιανήν“, τοῦτο προεδήλου, ἐπειδὴ λύπην ἔχουσά τοῦ βίου
τούτου ἀπηλλάγη. πείϑομαι δὲ τῷ εἰρηκότι, ὅτι τῶν πλανη-
ϑέντων οὗτος ὑπάρχει ἀνϑρώπων· καὶ γὰρ αὐτὸν ἐκελεύϑης
ἀναστῆσαι. περὶ γὰρ τοῦ ἑτέρου ｜οἶδα, ὅτι ἀνάξιός ἐστιν ἡ
ἐκείνου [ψυχὴ] σωτηρίας. ἀλλ᾽ ἕν σε τοῦτο παρακαλῶ· ἀνέγει- 10
ρον πρῶτον τὸν Καλλίμαχον, καὶ οὗτος ἡμῖν ὁμολογήσει τὸ γεγονός. ὁ δὲ Ἰωάννης ἀπιδὼν τῷ πτώματι καὶ εἰπὼν τῷ ἰοβόλῳ
ἑρπετῷ· ἀπόστηϑι τοῦ μέλλοντος Ἰησοῦ Χριστῷ δουλεύειν,
ἀναστὰς ἐπηύξατο· ὁ ϑεός, οὐ τὸ ὄνομα δοξάζεται ὑφ᾽ ἡμῶν
ἀξίως, ὁ ϑεός, ὁ πᾶσαν ἐνέργειαν κακωτικὴν δαμάζων, ὁ ϑεός, 15
οὐ τὸ ϑέλημα τελειοῦται, ὑπακούων ἡμῶν πάντοτε, καὶ νῦν
τελειούσϑω σου ἡ δωρεὰ ἐπὶ τῷ νεανίσκῳ τούτῳ. καὶ εἴ τις
δι᾽ αὐτοῦ οἰκονομία γίγνοιτο, ταύτην ἐγηγερμένου αὐτοῦ ἐμ-
φάνισον ἡμῖν. καὶ εὐθέως ὁ νεανίσκος ἀναστὰς ὅλην τὴν ὥραν
ἡσύχαζεν. ὡς δὲ [ἐν] τῷ ἑαυτοῦ λογισμῷ ἐγίνετο, ἐπύϑετο 20
αὐτοῦ ὁ Ἰωάννης, τῇ ἐν τῷ μνημείῳ εἰσόδῳ τί ἐβούλετο. καὶ
μαϑὼν παρ᾽ αὐτοῦ ἅπερ ὁ Ἀνδρόνικος εἰρήκει αὐτῷ, ὡς δῆϑεν
ἐρῶντος αὐτοῦ Δρουσιανῆς, ἐπύϑετο αὐτοῦ ὁ Ἰωάννης πάλιν,
εἰ τοῦ μιαροῦ ἔσχε τέλος. ὁ δὲ ἀπεκρίνατο αὐτῷ· πῶς γὰρ

2. μοι: μου v | διδασκαλε v: Joannes A | 3. ο καλος — αυτης v:
bonus iste velat eius reliquias A | 7. Vor oder hinter οτι scheint etwas
zu fehlen, s. auch zu p. 231, 19 | 8. εκελευϑης v: ich ändere nicht |
9. αναξιος: ανξιος v | 10. ψυχη musste ergänzt werden: > v, der übri-
gens in σωτηριας ein sonderbares Schluss-σ; quod indignus beneficio do-
mini nostri Jesu Christi existimetur A | 13. μελλωντος v | 14. αναστας
επηυξατο v: et statim recessit serpens. quo facto procumbens humi pre-
catus est dominum in haec verba A | 16. υπακουων ημ. παντοτε v, be-
darf vielleicht der Emendation υπακουοντων nicht: propter gloriam tuam
exaudi nos A genau an dieser Stelle | 17. δωρεα v: gratia A | 18. εγηγερ-
μενου v, ursprünglich angefangen εγει, dann η darüber: surgente A |
εμφανησον v | 19. ολην την v: integram A | 20. εν ergänze ich: > v,
ad vigorem sensus sui reversus est A | εποιϑετο v, so auch l. 23 |
21. αυτου: αυτω v | τη εν κτλ. v: darnach ist A anders zu verbessern
und besonders zu interpungiren, als bei Fabr. | 24. τελος: τελους v, viel-
leicht fiel ein Substantiv zu μιαρου aus; utrum nunc temeritatis suae
circa reliquias plenas venerationis et gratiae aliquem habere potuisset
fructum A

ἠδυνάμην τοῦτο διαπράξασθαι, ὅπου τὸ δεινὸν τοῦτο ζῷον τὸν
μὲν Φουρτουνᾶτον μονόπληγα ἔβαλεν, ἐμοῦ ὡς εἰκὸς ἤδη τῆς
ἀκαίρου ἐκείνης καὶ δεινῆς πεπαυμένου μανίας τῷ φόβῳ τοῦ
τοιοῦδε ὄψεως. ἕτερον δέ σοι θαυμασιώτερον ἐρῶ, τὸ μᾶλλόν
5 με ἀνελὸν καὶ νεκρὸν παρὰ μικρὸν θέμενον. ὅτε μοι ἡ ἀκα-
τάσχετος νόσος διώχλει, ἀποσυλήσαντός μου ἤδη ἅπερ ἦν ἠμ-
φιεσμένῃ, εἶτα δὲ ἀποβάντος μου τοῦ τάφου καὶ θεμένου μου
αὐτὰ ὡς ὁρᾷς, ἀπῆλθον καὶ ὁρῶ τινα νεανίσκον εὔμορφον
περισκέποντα αὐτὴν τῷ ἑαυτοῦ ἱματίῳ, οὐ ἀπὸ τῆς ὄψεως
10 λαμπηδόνες φωτὸς ἐξήρχοντο εἰς τὰς ὄψεις αὐτῆς, ὃς καὶ εἴρηκέ
μοι· Καλλίμαχε, ἀπόθανε, ἵνα ζήσῃς. τίς μὲν οὖν ἦν, οὐκ
ᾔδειν, ἄνθρωπε τοῦ θεοῦ· σοῦ δὲ ὀφθέντος ἐνθάδε γνωρίζω
ἄγγελον αὐτὸν εἶναι θεοῦ τοῦ ὑπὸ σοῦ κηρυττομένου, καὶ τοῦτο
πέπεισμαι· ἀλλὰ δέομαί σου, μὴ ἀμελήσῃς τῆς ἐμῆς ἕνεκεν
15 σωτηρίας, ἀλλὰ σπούδασον προσαγαγεῖν με τῷ σῷ δεσπότῃ
Χριστῷ. ὁ δὲ Ἰωάννης, ὡς εἶχεν, εὐθὺς προσλαβόμενος τὸν
Καλλίμαχον ἠσπάζετο λέγων· δόξα τῷ θεῷ ἡμῶν, τέκνον, τῷ
ἐλεήσαντί σε καὶ ἐκ τῆς μανίας μεταστήσαντι ταύτης, ἐπὶ δὲ
τὴν αὐτοῦ βασιλείαν καλέσαντι.
20 Ὁ δὲ Ἀνδρόνικος ἐδέετο τοῦ Ἰωάννου, ὅπως καὶ τὴν Δρου-
σιανὴν ἀναστήσῃ. καὶ ὁ Ἰωάννης, μὴ μελλήσας, προσελθὼν τῷ
τάφῳ αὐτῆς καὶ τῆς χειρὸς κρατήσας τῆς Δρουσιανῆς ἔφη·
Δρουσιανή, ἀνάστηθι. ἡ δὲ ἀναστᾶσα ἀπέβη τοῦ τάφου, καὶ
μαθοῦσα ἀκριβῶς τὰ ἐπ᾽ αὐτῇ γεγενημένα, μετὰ πάντων καὶ
25 αὐτὴ ἐδόξασε τὸν θεόν, [τὸν διὰ τοῦ θεράποντος αὐτοῦ Ἰωάννου ποιοῦντα ἔνδοξά τε καὶ ἐξαίσια, ὧν οὐκ ἔστιν εἰκασμός].

---

2. εικως v | 6 διοχλη v | 10. λαμπηδονες κτλ. v: scintillae ignis re-
siliebant in totum sepulchrum, ex quibus una in me veniens vocem dedit:
Callimache morere, ut vivas A | 11. ην — θεου v: fuerit homo iste,
nescio A. Die folgenden Sätze giebt er in rhetorischer Erweiterung |
22. της Δρουσιανης v (ursprünglich τη Δρουσιανη): eius A | 25. τον
δια κτλ. v: diese Worte werden nicht mehr dem Leucius zugehören, wie
auch die Vergleichung mit A zeigt: quae surgens ascendit de tumulo,
et cum vidisset se nudam in illo tenui tantum velamine, causam quae-
sivit. Quam ubi ab apostolo cognovit, honorificavit dominum ac se in-
duit. Deinde respiciens Fortunati corpus ait ad Joannem etc. Drusiana
bittet um dessen Auferweckung; Kallimachus protestirt dagegen; Johannes spricht dafür; Drusiana erweckt durch ihr Gebet den Fortunatus.
Dieser aber erklärt, er wäre lieber todt geblieben, als sehen zu müssen,
dass Drusiana erweckt und Kallimachus bekehrt worden. Johannes hält
eine Rede, deren dualistisch-gnostische Lehre nur mangelhaft verwischt

V.

[Am nächsten Tage zeigt der Philosoph Kraton auf dem Markt von Ephesus an zweien seiner Schüler, welche um ihr väterliches Erbe je einen Edelstein gekauft haben und diesen vor allem Volk zertrümmern, die Macht seiner Lehre von der Verachtung des Reichthums. Der vorübergehende Johannes 5 tadelt die nutzlose Prahlerei und hält dagegen Jesu Wort an den reichen Jüngling (Matth. 19, 21). Von Kraton herausge-

ist, excommunicirt den Fortunatus (a fidelium conversatione, et ab omni opere timentium deum, ab omni devotorum munere, a congregatione sanctorum et a communione sacramentorum), feiert mit den Anderen am Grabe die Eucharistie und kehrt ins Haus des Andronikus zurück. Dort erkennt Joh. durch den Geist, dass Fort. aufs neue von einer Schlange gebissen sei; ein dahin geschickter Bote bestätigt, dass Fort. bereits dem Tode nahe sei und Joh. schliesst mit dem Wort: Habes filium tuum, diabole. — Dass hierin echt Leucianisches steckt, unterliegt keiner Frage. Der griechische Text (v) schliesst an die im Text in Klammern gesetzten, den fehlenden Schluss der Geschichte der Drusiana dürftig verbüllenden Worte eine kurze Geschichte des Lebensausgangs des Johannes, welche im Buch des Leucius weder hier sich angeschlossen, noch so kurz gewesen sein kann. Im Vergleich mit dem in Fragm. VI nach Möglichkeit hergestellten Text kann dieser Bericht nur als mageres Excerpt gelten, während er sich andrerseits in nichts Charakteristischem mit Prochorus berührt. Er lautet so: κλάσας οὖν ἄρτον ὁ Ἰωάννης καὶ ἑκάστῳ δούς, καὶ ἐν τούτῳ ἀξίως εὐχαριστήσαντες τῷ κυρίῳ, τῷ Βήρῳ ἔφη ὁ Ἰωάννης· παραλαβών τινας σὺν σοὶ δύο, ἔχοντας κοφίνους καὶ σκάφια, ἀκολουθήσατέ μοι. Βῆρος μὴ μελλήσας τὸ κελευσθὲν αὐτῷ ἐκετέλεκεν. καὶ γενόμενος ἐν τινι μνημείῳ ἔφη τοῖς νέοις· σκάψατε ὧδε, τέκνα. καὶ οἱ νεανίσκοι τὸ ὄρυγμα ἐκετέλεσαντες, σφραγισάμενος ἑαυτὸν ὅλον τῷ τοῦ σταυροῦ τύπῳ, τοῖς τε ἀδελφοῖς ἐπευξάμενος καὶ τὸ „σὺ μετ᾽ ἐμοῦ, κύριε" εἰρηκώς, ἑαυτὸν ὅλον ἐν τῷ μνήματι ἀνακλίνει πάντων ἡμῶν ὁρώντων. εἰς δόξαν πατρὸς καὶ υἱοῦ καὶ ἁγίου πνεύματος, τῆς μιᾶς θεότητός τε καὶ βασιλείας, ᾗ πρέπει πᾶσα δόξη, τιμὴ καὶ προσκύνησις νῦν καὶ ἀεὶ καὶ εἰς τοὺς αἰῶνας τῶν αἰώνων. ἀμήν. | Fragm. V nach den meist genau übereinstimmenden Berichten des Abdias (V, 14—21 Fabric. II, 557—581) und des Mellitus (Fabric. III, 607 — 621; Bibl. Casin. vol. II, 2 [Florileg.] p. 68 b — 71 b) kurz registrirt. Abdias ist auch hier A, der Mellitus von Monte Cassino = M², der von Florentinius herausgegebene bei Fabricius = M¹. Griechischer Text fehlt | 1. Kraton: trefflich Fabricius hierzu Cratonis huius nomen forte confictum e nomine Cratetis, philosophi Thebani, quem notum est pecuniam proiecisse additis verbis „pereas, ne me perdas", ut Graeci quidem narrant: Κράτης ἀπολύει τὰ Κράτητος, ἵνα μὴ τὰ Κράτητος κρατήσῃ τὸν Κράτητα. — Gregor Naz. or. 43 (ed. Bened. I, 815 D) citirt den Krates sogar auf der Kanzel.

fordert, das von ihm um Menschenruhms willen Gethane durch
ein Wunder in eine Verherrlichung Jesu zu verwandeln, sam-
melt Johannes die Bruchstücke der Edelsteine und stellt sie
durch ein, von den anwesenden Christen durch ein Amen be-
5 siegeltes Gebet wieder her; worauf Kraton ein Christ und Ver-
kündiger Christi wird. — Jene beiden reichen Jünglinge ver-
kaufen die Edelsteine zum Besten der Armen. Ihrem Beispiel
folgen zwei andere vornehme Epheser, vertheilen ihre Güter an
die Armen und begleiten fortan den Apostel auf seinen Wan-
10 derungen. Aber schon bald reut diese letztern — erst später
werden sie genannt, Atticus und Eugenius — ihr Entschluss.
Beim Anblick in Seide gekleideter Sclaven in Pergamum sehnen
sie sich zurück nach ihrem ehemaligen Reichthum, und Johannes
verschafft ihnen wieder, was sie geopfert hatten, indem er
15 Bündel von Ruthen in Gold und kleine Steine vom Meeresstrand, welche sie ihm bringen müssen, in Edelsteine verwandelt. In der mit bitterer Ironie beginnenden langen Rede, womit der Apostel sie vorläufig entlässt, wird die Geschichte vom
reichen Mann und armen Lazarus ausführlich referirt, aber
20 durch Bericht einer apokryphen Todtenerweckungsgeschichte
erweitert. Es folgt die Berufung auf die eigenen Wunder des
Apostels und der abtrünnigen Jünger selbst, und endlich eine
fulminante Rede gegen den Mammonsdienst. Im Augenblick,

5. In diesem Gebet Berufung auf die Heilung des Blindgeborenen
(Joh. 9) und die Auferweckung des Lazarus (Joh. 11) | 7. So nach
Abdias und M². Der M¹ (Fabric. p. 609) confundirt die beiden Paare
und verräth sich dadurch, dass er jene ehemaligen Schüler Kratons nicht
sowohl die Edelsteine als ihre längst verkauften Güter verkaufen lässt |
15. Diese Reihenfolge in A M², dagegen M¹ zuerst *lapides*, dann *virgae*.
Cf Enodius de fide c. Manich. 40 (Aug. opp. XVII, 2325); Isid. Hisp.
de vita et obitu etc. in S. Patr. Orthodoxogr. Basil. 1569, II, 578; Bibl.
Casin. III. 2, 38. S. übrigens die Einleitung | 17 sqq Diese Rede
fehlt in M² bis auf den Eingang | 20. Bei A: *Hos autem sermones do-
minus et magister noster virtutum firmabat exemplis. Nam cum dicerent
ei: Quis inde huc venit, ut credamus ei? respondit ille: deferte huc
mortuos, quos habetis. Cumque apportassent coram illo adolescentem
mortuum, veluti dormiens excitatus est ab eo et dabat fidem cunctis ser-
monibus suis.* M¹ macht wegen des Pluralis in der Aufforderung Jesu
aus dem einen Jüngling drei; M² fehlt | 23. *Mamona (Mammona* M¹)
*autem daemonis nomen est, qui lucris carnalibus praeest, et dominator
eorum (dominatur his* M¹), *qui diligunt mundum.* Der Schluss der Rede

CPSIA information can be obtained
at www.ICGtesting.com
Printed in the USA
BVHW041137221021
619637BV00010B/165